铁路科技图书出版基金资助出版

铁路岩石边坡工程研究

谢　强　赵　文　郭永春　梁　树◎著

中国铁道出版社有限公司

2022年·北　京

内 容 简 介

本书依据近年来对铁路、特别是高等级铁路建设中遇到的一些典型岩石边坡工程问题的实践和相应的研究成果写成。在系统论述铁路岩石边坡的地质基础、力学行为、分析技术的基础上，对近年来高速铁路、高等级公路修建中较为突出的深切峡谷大跨度桥梁基础荷载作用下的岩石岸坡、涉水岩石岸坡、发生崩塌落石的陡坡、规模较大的顺层边坡、特殊红层边坡、膨胀岩边坡等的力学行为、计算方法、工程设计进行了较为深入的分析和论述，给出一些工程研究的实例。本书可供相关工程技术人员、研究人员及高校研究生参考。

图书在版编目(CIP)数据

铁路岩石边坡工程研究/谢强等著. —北京：中国铁道出版社有限公司，2022.5
ISBN 978-7-113-27531-0

Ⅰ. ①铁… Ⅱ. ①谢… Ⅲ. ①铁路工程-岩石-边坡-研究 Ⅳ. ①U213.1

中国版本图书馆 CIP 数据核字(2022)第 016596 号

书　　名：铁路岩石边坡工程研究
TIELU YANSHI BIANPO GONGCHENG YANJIU
作　　者：谢　强　赵　文　郭永春　梁　树

策划编辑：张苍松
责任编辑：牛泽平　张少涵　胡娟娟　　**编辑部电话：**(010)51873155　　**邮箱：**yxdz@tdpress.com
封面设计：郑春鹏
责任校对：孙　玫
责任印制：赵星辰

出版发行：中国铁道出版社有限公司(100054，北京市西城区右安门西街 8 号)
网　　址：http://www.tdpress.com
印　　刷：北京富资园科技发展有限公司
版　　次：2022 年 5 月第 1 版　2022 年 5 月第 1 次印刷
开　　本：787 mm×1 092 mm 1/16　**印张：**25.25　**字数：**626 千
书　　号：ISBN 978-7-113-27531-0
定　　价：180.00 元

前言

本书是一本关于铁路岩石边坡工程研究的学术著作。随着我国铁路的重大发展,特别是高速铁路的发展,在铁路建设中,遇到一些新的铁路岩石边坡工程问题。对这些问题的研究和处理,使我们获得了一些关于铁路岩石边坡工程的新知识和新经验,同时也深感对一些问题的认识和研究还有待深入。因此,将这些新的知识和经验总结出来,使之得到更多工程实践的检验,逐渐完善,是很有必要的。同时,如能引起更多的研究者关注那些尚未很好解决的问题,推动研究的深入,促进铁路岩石边坡工程的技术进步,是一件很有意义的事。这就是作者撰写本书的初衷。

本书主要作者谢强教授自 20 世纪 80 年代中期跟随蒋爵光先生开始研究铁路岩石边坡,并参与完成《铁路岩石边坡》一书的编写。其后多年来,作者团队先后承担并完成了国家博士点基金课题"峡谷桥基岸坡力学行为研究"、铁道部"铁路特殊路基边坡岩土工程分析系统""峡谷岸坡桥基合理位置及基础稳定性分析方法研究""宜万铁路长大顺层路堑稳定性试验分析研究"等项目的研究,以及铁路勘察设计单位委托的水柏、南昆、朔准、玉蒙、大瑞、川藏、石太高铁、京沈高铁、成贵高铁、郑万高铁、张吉怀高铁等新线修建中有关铁路岩石边坡稳定性的评价工作。在上述工作中,完成项目研究报告 20 余份,指导完成硕士、博士学位论文近 30 篇,发表相关研究论文上百篇。这些资料,构成了本书写作的基础。

本书是关于铁路岩石边坡工程研究成果的系统论述。根据设想,本书应该是一本理论和实践相结合的学术著作,读者对象只需具有一般的地质学、工程数学、工程力学和土木结构知识,而不要求具备专门的岩土工程专业知识。因此,本书的内容安排大致分为两大部分:绪论、第 1 章至第 3 章为基础知识部分,分别介绍铁路岩石边坡工程的特点和研究方法、边坡工程的地质基础、边坡基本力学行为、常用边坡分析计算方法。第 4 章至第 10 章为实践部分,除第 4 章介绍一般铁路岩石边坡的设计方法外,在第 5 章至第 10 章中,分别介绍了近年来铁路岩石边坡工程中的一些典型问题,如桥基岸坡、涉水岸坡、长大顺层边坡、红层软岩边坡、膨胀性岩石边坡、崩塌落石边坡等的最新研究成果。书中详细介绍了研究思路和过程,给出了研究结果及工程应用的情况。需要说明的是,由于铁路岩石边坡工程的复杂性，本书所提供的研究成果并不是解决问题的最终结论，很多问题还需继续研究。这点尤请读者自鉴。

本书由西南交通大学作者团队集体撰写而成，很多内容是第一次公开发表。根据分工，谢强规划全书并编写前言、绪论和第1、4、8、10章，赵文编写第3、5、7章和第2章第1、2节，郭永春编写第9章，梁树编写第6章，谢强、梁树编写第2章第3节。全书由谢强审核并修改。

在本书的编写中，除作者团队的研究报告和研究生学位论文外，还参考了部分国内外研究者的学术成果。这些成果都在正文中标注并详列于各章末的参考文献中，谨此致谢。

本书所及研究，得到原铁道部科技司、建设司、第一、二、三、四铁路勘察设计院、中铁咨询、中铁大桥院、中建西南勘察设计研究院、湖南省交通科学研究院等单位在项目研究中的大力支持。特别感谢顾聪、杨志鋐、徐涌、薛玉秀、康景文、荆志东、杜文山、李志勇、汪小平、项后军、刘坡拉、徐红星、杜宇本、何平等专家给予的指导和支持。

项目研究中，许多铁路、公路、建筑等工程建设、施工单位的领导和同行，在项目、技术、人力等各方面给予了大力支持和协助，特此致谢。

衷心感谢为本书提供指导、资料和帮助的专家、学者、研究生。他们是：西南交通大学蒋爵光、李隽蓬、钱惠国、李秉生、魏安、吕小平、付永胜、王鹰、李俊、文江泉、钟凯等教授/高级工程师，西南交通大学原博士研究生王春雷、胡启军、邱恩喜、郑立宁、渠孟飞、叶唐进、朱磊，原硕士研究生李萼雄、李娅、封辉、周海、张立伟、谢承平、赵阳、张毅、孙彩婷、金奖等。西南交通大学博士研究生赵梦怡帮助校对了全书文字并清绘了部分插图，硕士研究生荆腾申、许福周等帮助进行了个别章节的计算，清绘了部分图件，在此一并致谢。

本书得以出版，得到中国铁道出版社有限公司、铁路科技图书出版基金、西南交通大学研究生教材（专著）建设项目的大力支持和资助，值此本书出版之际，特向上述组织表示深深的感谢。

本书编辑为本书的出版付出了极大的心血。在书稿规划、撰写过程中自始至终都及时给予了专业指导和帮助，并对全书文字作了大量修改和润色工作，特此致谢。

限于作者学术水平和实践经验，书中不足甚至错误之处，恳请读者批评指正。

作　者

2021年12月

目 录

0 绪 论

0.1 铁路岩石边坡工程研究现状与本书的目的

1997 年，蒋爵光先生等人编撰出版了国内第一本关于铁路岩石边坡的学术专著《铁路岩石边坡》(中国铁道出版社)。这本专著，总结了 1997 年前三十年间我国铁路岩石边坡工程的成功经验，以硬岩结构性岩体边坡的定量分析为主要方法，初步建立起铁路岩石边坡理论体系，并在大量铁路和公路建设中得以验证推广。自《铁路岩石边坡》出版至今的二十年间，中国铁路建设飞速发展，运营铁路总里程从 6.6 万 km(1997 年)快速增加至 14.63 万 km(其中高铁 3.79 万 km)(2020 年)，翻了一倍。大量新建铁路项目的岩石边坡开挖过程中，以前很少遇见或没有遇见过的问题也随之显现。例如，我国南方地区普遍存在的红层边坡，以前只是作为普通软岩边坡处理的。但在成(都)—达(州)铁路、遂(宁)—渝(重庆)铁路等新(复)线中，出现不少红层的腐蚀溶蚀膨胀的特殊边坡工程问题。在南(宁)—昆(明)铁路修建中，膨胀岩边坡问题十分突出。在渝(重庆)—怀(化)铁路修建中，有大量无法回避的顺层边坡问题等。特别是在最近二十年的铁路大发展中，普通铁路的设计速度从 80 km/h 提高到 200 km/h，高速铁路的设计速度高达 250～350 km/h。铁路设计速度提高，其铁路平纵面标准也大为提高。对我国这样一个多山的国家而言，平纵面标准的提高自然带来了更多的、前所未有的铁路岩石边坡问题。比如，正在建设中的郑(州)—万(州)高铁，沿长江北岸布线，线路多次跨越长江支流的高陡峡谷。由于高铁线路平直性的高要求，跨越高陡峡谷的大桥特大桥的基础，通常设置在离谷底数百米的陡峭岸坡之上。在数万吨的桥基荷载作用下，岸坡的稳定性如何评价？基础位置和埋深如何确定？又如宜(昌)—万(州)铁路，由于线路难以绕避，在一些车站和长隧洞口遇到长达数百米甚至上千米的长大顺层边坡。这些长大顺层边坡稳定性如何计算？工程结构的设计参数如何确定？再如，近二十年来，我国西部山区兴建了大量河道型水库。水库水位是随季节上下涨落的，库水的频繁涨落，对库岸铁路边坡和桥梁岸坡的影响如何评价？上述这些问题，特别是高速铁路带来的特殊类型的岩石边坡问题，都是在过去的铁路岩石边坡研究和工程实践中没有遇到或没有完全解决的。

随着科学技术的发展，对铁路工程中不断出现的岩石边坡工程问题的认识也日渐深入。以往主要基于工程经验和一些简单数学力学模型的分析评价方法，对解决目前这些复杂边界条件下特殊的岩石边坡工程问题已略显不足。比如，在建的大(理)—瑞(丽)铁路澜沧江大桥，地处澜沧江活动断裂带，被若干次级活动断裂包围，地震烈度高达Ⅷ度以上，而且处于下游小湾电站库水变动区域，修建中还将采取转体法施工。其桥基岸坡的稳定性，已不仅仅是岸坡在桥基荷载和转体临时荷载作用下自身的力学特征问题，而是一个包括区域稳定性、桥基荷载作用下峡谷岸坡稳定性、库水涨落影响、地震、施工、列车振动作用等复杂边界条件的系统稳定性分析问题。

因此,承担勘察设计任务的工程技术人员与从事理论研究的研究人员通力合作,在水柏、南昆、西康、渝怀、宜万、朔准、遂渝、玉蒙、大瑞、川藏等普通铁路和石太、京沈、成贵、郑万等高速铁路工程中,开展了大量铁路岩石边坡工程的研究和实践,获得了大量新的成功经验,也有失败的教训。本书将这些经验和教训进行科学地总结,对铁路岩石边坡工程技术水平的持续提升,对新一代工程技术人员和科研工作者的快速成长,是十分有益的。这正是作者编撰本书的初衷。

0.2 铁路岩石边坡工程定义和研究原则

本书是以铁路岩石边坡工程为研究对象的学术著作。"铁路岩石边坡工程"这一表述包含着若干约定和限制。首先,本书所说的"边坡",指的是在自然形成的斜坡上,为了工程目的,经过开挖,形成的新的坡面或是增加了不可忽视的工程荷载,因而改变了原有力学边界或受力状态的斜坡。简言之,边坡是人工改造后的斜坡。因此,凡天然斜坡,无论破坏与否,或人工填筑的边坡,均不属于本书论述的范畴。其次,本书所称的岩石边坡,指明边坡的物质组成,是地质学意义上的岩石,而非经后天各种内外动力地质作用破坏改造的松散堆积物,即"土"。关于"岩石边坡"这个术语,在岩土工程领域,一些严谨的学者会强调应该称为"岩质边坡"或"岩体边坡"。时至今日,已经很少会有人认为岩石工程领域中的岩石,是不包括节理裂隙这些不连续界面的。为了与国际通用术语"rock slope"(岩石边坡)保持一致,不必刻意写作"岩质(rocky)/岩体(rock mass)"边坡。在本书的叙述中,会交替使用"岩石"和"岩体"这两个名词。原则上,如果叙述对象是边坡工程,本书用"岩石"这个名词,即"岩石边坡"或"岩石边坡工程";如果叙述对象是组成边坡的介质,本书用"岩体"这个名词。再次,本书的核心内容是"边坡工程",表明本书论述的是边坡地质环境和岩体性质的勘察、边坡结构形式和设计参数、稳定性与安全性分析、与边坡有关的工程结构物设计参数的确定,以及必要的防护工程。最后,"铁路岩石边坡工程"这一限定语,不仅说明本书内容的服务对象和服务领域是铁路,也说明,和通常的岩石边坡工程相比,有其自己的特征。

我国地域辽阔、地质复杂,山区约占国土面积的三分之二。我国的一条铁路干线短则数百公里,长可达两千公里,穿越的地质单元种类繁多,这就决定了我国铁路岩石边坡工程的基本特点是分布广、数量大、种类多、地质条件复杂。

铁路列车是严格定时定线运行的。繁忙线路的行车间隔仅 5 min 甚至更短,普通铁路列车速度为 120～200 km/h,高速铁路列车速度为 250～350 km/h。任何突发的边坡失稳,哪怕零星落石都可能会引发重大行车安全问题,带来严重的社会负面影响和巨大的经济损失。因此,铁路边坡工程的高度安全性是它的重要特征。

我国铁路岩石边坡的勘测设计,从经济和安全的目的出发,通过线路平纵面的优化,边坡的高度一般控制在 20～30 m 之间。但是,车站、隧道口等特殊地段的岩石边坡,以及设置桥梁墩台的峡谷岸坡等,高度可达数十、数百米,这类边坡属于特殊岩石边坡。对于高陡边坡或复杂边坡,现在已经日渐趋于采用专题研究的方法进行研究。但限于工期和投入,这样的专题研究较之矿山、水利水电等行业,不论勘察工作量和精度,还是工时、经费都是不可相提并论的。因此,我国铁路岩石边坡工程最突出的特点,就是复杂多变的地质条件、高度的安全性与勘察程度有限之间的协调平衡。

以上这些铁路岩石边坡工程的特点，往往是相互矛盾的。比如，复杂的地质条件和高度安全性的要求就不是有限的勘探能满足的。正是这些彼此矛盾的特点，决定了铁路岩石边坡工程问题的研究，要以理论为指导，以实践为基础，以方便实用为标准，这也应当是目前所有岩石工程研究的原则和有效途径。下面详细介绍边坡工程研究的几条原则。

理论研究可以为解决岩石边坡工程问题提供指导，这是边坡工程研究的第一条原则。所谓理论研究，就是将需要解决的问题，在详细调查、深入分析的基础上，提炼本质性的控制因素，暂时忽略形式上的次要因素，简化计算边界，建立起具有代表性的分析模型。采用理论计算、数值分析、模型试验、现场测试等多种手段，获取该模型在诸因素影响下的力学行为，即应力、位移、强度的分布特征及变化规律，为最终解决问题提供原则、方向和指导意见。理论研究，最重要的作用就是查明主控因素，掌握各因素控制下研究对象的变化规律。

以往，岩石边坡工程问题没有得到很好的解决甚至失败，往往就是所采用的设计理念或工程措施缺乏一定的理论依据。例如，边坡的坡度和坡高是控制边坡安全性至关重要的设计参数，但是哪一个参数对边坡的安全性影响更大？又如，从维持岸坡的稳定性和安全讲，峡谷岸坡桥基设置的原则是什么？桥基位置设置参数如何确定？再如，一些膨胀岩边坡工程失效的原因，是边坡岩体参数确定失准，还是对膨胀岩体与支挡结构物相互作用机理认识不足？如果这些问题不经过理论模型的研究，获得对其基本力学原理和变化规律的认知，那么，所提出的设计原则和解决方案难免有较大的盲目性。

理论研究的重要性是无需置疑的。但正如我们所知，岩体是地质历史的产物，本身具有不连续性、非均匀性和各向异性的力学特征，又常处于天然存在的应力场、渗流场、温度场甚至化学场等极其复杂的环境之中。而目前的数学力学理论和分析测试手段，尚不能较好地还原这些特征和边界。由于认知水平的不足，在模型的建立和简化中还可能丢失不易察觉的重要因素。因此，我们往往发现，理论分析的结果与客观现实存在不小的差距。面对这样的窘境，从事理论研究的研究者们殚精竭虑、孜孜以求地改善模型，从线性到非线性、从有形到无形，其计算工具越来越复杂，所需要的参数越来越难以获取，其结果却使人感到离工程应用目的越来越远，似乎不太受工程技术人员的欢迎。客观地讲，出现这种情况，一方面是在过去的一段时间里，一些理论研究者过分拘泥于微观系统的局部优化，而忽略了宏观系统的整体优化。另一方面，一些工程技术人员出于当前应用的需要，没有正确认识到，对目前的岩石工程理论研究而言，利用现有的理论可以解决一些实际问题，有一些还不能解决，还有一些只能得到趋势性的结论。尽管如此，有理论作指导，岩石边坡工程问题的解决就能实现方向明确、进展有序、措施有据。

工程实践是解决岩石边坡工程问题的基础，这也是岩石边坡工程研究的第二条原则。数十年的铁路岩石边坡工程实践，为边坡工程问题的研究积累了大量数据。采用数学方法，可以对这些数据进行处理，以分析各参数与岩石边坡工程问题的相关性，确定哪些因素是重要的，哪些因素是次要的，为边坡稳定分析提供依据。这些源于实际工程的数据，也是边坡工程理论研究模型和参数的来源。借助理论分析模型，可以揭示各因素的变化对边坡工程性态的影响，并与实际样本对比，验证其分析结论的正确性，进而用于指导工程设计。更为重要的是，在理论研究成果的指导下，通过对这些数据的整理、统计、分析，筛选出合理部分，剔除其不合理部分，用于建立工程实用的经验公式，达到解决岩石边坡工程问题的目的。

从工程实用和方便的角度讲，任何技术研究的结果最好以数学关系(即“公式”)表达出来。

数学关系可以源于力学模型的数学推演，也可以通过模型试验、工程实践总结建立起来。对岩石边坡工程而言，由于地质条件和物理力学特征的复杂性，基于力学模型的数学推演方法尚不能普遍应用于岩石边坡分析。而对源自工程实践的大量数据进行科学统计和理论分析，建立经验公式，仍然是工程应用研究的主要方法。所以岩石边坡工程研究的基础和核心是工程实践。

如何看待工程界普遍采用的经验公式，不同学术和技术背景的人可能有不同的看法。主要分歧之一是如何看待研究成果的可信度问题。长期的经典数学教育，导致我们片面理解了“只有通过数学推导出来的才是科学的”这一观点。实际上，人们对客观世界的基本认识方法本来就有两种，一种是演绎法，一种是归纳法。演绎法通过对事物内在规律和外在联系的认识，进行逻辑推理来获得结论，是“连续性”模型，具有普遍性和严密性。但是，在岩石工程中，演绎法往往遇到其致命弱点，就是前提的正确性。例如，岩石力学发展过程中非著名的“没有岩石的岩石力学”问题。而归纳法则是通过对大量样本的统计总结，找出事物的本质规律，是“离散性”模型。样本越多，范围越广，它的普遍性就越好，可信性就越高。归纳法也有其致命弱点，就是反例问题。如果需要求解的问题中的某个实例恰好不在统计样本类型之内，据此作出的结论就有可能是完全错误的。岩石边坡工程是由各种复杂的、变化着的自然地质因素和人类活动的总和所决定的。虽然目前人们还没有完全了解决定这一复杂事物内外因素间的相互关系，但相对于演绎法需要假设一个前提进而推理演绎，大量源于实践的岩石边坡工程样本，经过实践检验，包含着客观真理，在理论研究成果的指导下，采用包括大数据挖掘技术在内的各种先进数学工具，进行科学归纳总结，可以得到满足当前工程所需的结论。

强调工程实践的基础性和重要性，并不意味着所有的工程经验都是完美的。对岩石边坡工程而言，存在的最大不足有两点。一是合理性。例如，实际调查发现，很多边坡虽然是稳定的，满足使用要求的，但坡度偏缓，不完全经济。二是随机性。例如，边坡岩体参数的定性描述甚至定量量测，是由勘察者个人在现场完成的。囿于勘察者个人的认知能力、专业精神、技术能力，同一对象可能有不同的结果。上述两点，可能对基于数据统计的经验获取造成干扰。因此，在实际工作中，一方面技术人员需要客观看待经验数据；另一方面，在工程应用研究中，研究人员要善于吸取工程实践中的合理部分，剔除不合理部分，使研究成果趋向完善。只有这样，才能真正把经验公式做得更真实、更客观、更科学。

源于工程实践的经验公式的表达形式有两种：一种是传统的“连续性”函数形式，是“确定性”模型，结论一般是“非此即彼”的单值判断，是一种“必然”，如常用的强度校核；而另一种则是“离散性”多值选项，是“可能性”模型，结论一般用“概率”表达，是一种“或然”，如日常天气预报中的降雨概率。这就使得不少习惯于传统“确定性”模型的技术人员对“可能性”模型结论的精度满怀疑问。这是一种误解。其实，人们对复杂事物的认知从来就是“可能性”而不是“必然性”。以在边坡工程中最常使用的滑坡稳定性分析为例，当按照“确定性”函数关系计算得到边坡的稳定性系数大于1时，有经验的计算者并不会简单地根据计算结果，立即作出边坡是稳定的这一判断，而是根据其经验和资料的综合分析，仔细评估这个计算结果的可靠性，然后再作出结论。可见，精度绝不是表面的、单纯的、确定性的数字所能表达的。更深一层，岩石边坡工程的安全性是由各种复杂因素综合影响的，这些因素还在变化和发展中。例如岩石的强度会随着风化的进程而弱化，人们对边坡的维护又在提高边坡的安全性等。这种复杂的、变化着的事物不是1＋1＝2这种简单、机械的“确定性”推理所能表达的。正因为如此，现代自然科学早就超越了单纯的机械决定论而提倡统计决定论。因此,“可能性”更合适于描述岩石边坡工程的安全性。

方便实用是边坡工程研究的第三条原则,也可视为技术标准。这一原则在铁路岩石边坡工程中的具体表现就是“综合优化”和“简单就是好”。

“综合优化”的原则表达了这样一种观念:在一个系统中,也许任何环节或任何个体都不一定是最好的,然而其共同作用的结果可以达到系统最优。正如一支全由明星临时组成的球队,由于彼此疏于配合,常常会在一支队员一般但组织有力、配合默契的球队的进攻面前败下阵来一样。追求系统最优,就是要抓住系统各环节中最重要的关键部分,深入分析各关键部分对系统稳定性的影响,同时合理简化各环节的次要部分和某些对系统影响较小的细节,才能最终形成解决系统问题的最佳方法。

铁路岩石边坡工程也是一个系统。在这个系统中,包括了勘察、试验、分析、计算、设计等诸环节,这些环节中,哪些是关键问题?哪些是次要问题?哪些细节可以合理简化而不至影响最终结果?这些都是在综合优化中需要认真分析、决定取舍的。比如,稳定性分析是岩石边坡工程中最基本、最关键的环节,如果不是把分析的重心,放在决定边坡稳定性的地质环境稳定性上,而放在提高计算模式的“形式精度”上,这样的系统,大概称不上最佳。至于在个别实际工程中,设计人员为了追求结构的优化,而无视边坡岩体基本力学特征和潜在破坏模式,那更是与系统最优背道而驰。

“简单就是好”是岩石工程研究成果工程化的基本要求。它的具体表现就是成果的公式化,公式化的特征就是简单、明确、直接。由于学科专业背景的不同,很多岩体工程的基础资料和勘察报告对地质背景的描述十分详尽,面面俱到,但对工程设计者所关心的具体措施和设计参数却较为空泛,缺乏针对性,使人不得要领。这样的勘察报告或研究成果,会因使用者接受困难而使工程设计遗漏重要信息,带来隐患。这样的成果也就很难说是好的。

“简单就是好”这个原则同样应体现在公式化成果中。在以往的岩石工程应用研究中,为了描述复杂的、多因素影响下的岩石工程问题,研究者建立了多参数的复杂模型(公式)。由于很多参数取值不易或计算过程复杂,对从事实际工作的工程技术人员而言,这样的成果就成了“叫好不叫座”的产品。从工程应用的角度讲,一个研究成果如果在实践中过于繁琐,不好用,这样的成果只能束之高阁,等于无用。由于铁路岩石边坡工程对安全性要求很高,任何新推出的成果,如果不经历实践的检验,是难以推广的,更不要说形成技术标准。这样,就形成一个难解的死结,不但影响有价值的成果的推广,也影响到岩石边坡工程的技术进步。

然而,“简单”必然会牺牲部分“精度”,而这个缺陷,又常常招致严谨的先生们质疑甚至轻视。其实,从认识论的角度讲,人们对任何事物的认识都是从简入深,由表及里,从低级到高级,反复实践,逐步完成的,铁路岩石边坡工程问题也是如此。当一个新的边坡工程问题出现时,从缺乏经验、无章可循,到采用简单技术和分析手段大胆实践,积累经验,修正成果,循序渐进,逐步提高,才是唯一正确的解决复杂工程问题的途径。在这个过程中,每前进一步,都是在原来的基础上“简单”地改进,这就使每一次的提高,都容易被使用者接受,从而获得实践检验的机会,为最终问题的解决奠定基础。所以,简单的就是好的。

同时,“简单就是好”也在一定程度上反映了人们把握问题实质的水平。例如,岩石边坡工程设计,必然涉及对边坡潜在的破坏模型的研究和分析。岩石力学理论已经告诉我们,岩体的破坏主要是岩石块体在结构面控制下的运动。结构面的几何特征是破坏模式分析的基本参数，如果根据地质学理论，获取结构面几何参数应该进行大量的现场量测和统计分析。但对勘察时间有限的铁路岩石边坡工程而言，通过对现场岩体结构的仔细观察和判断，对关键的几组结构面进行简单量测，即可获得岩体破坏模式的控制性结构面参数，达到认识问题的目的，因而无需花费大量时间，对数以百计的结构面逐一进行冗余测量。这个例子表明，如果一个事物能以最简单、最直接的方式描述出来，那么，人们已经在相当程度上认识到了这个事物的本质。

以上所述的“理论为指导、实践为基础、方便实用”的原则，正是本书关于铁路岩石边坡工程研究的原则。本书所提供的所有成果，也正是对这些原则的实践。

0.3 铁路岩石边坡工程研究思路和方法

铁路岩石边坡工程是岩石工程的一部分。对岩石工程的研究，首先是正确地认识其基本属性和本质特征。

岩体是地质历史的产物，这就表明，岩体不是静止、一成不变的，而是随着时间的推移，逐渐演化着的。我们今天看到的岩体，在各种地质营力的作用下，正悄然产生改变，变成明天的岩体。这种变化，也许很缓慢，对人类工程几乎不产生影响。但有些变化，可能比我们认为的快得多，比如风化、岸坡再造、地壳抬升等，更不要说地震瞬间带来的变化。因此，在岩石边坡工程的研究中，除了要仔细查明边坡岩体的现状，更要根据边坡所在区域的岩性特征、地质构造、岩体结构、水、地形地貌环境的格局和相互作用，预测在工程使用期间，岩体斜坡性状的自然演变对拟建岩石边坡工程的影响。

除了岩体自然演变之外，作为人类活动的岩石工程，其实质就是人为改变天然岩体的边界条件，主动打破岩体本身的自然平衡状态的活动。岩体作为一个与自然环境相适应的产物，如果原有的平衡被破坏，它必然会根据自然法则重建新的平衡。比如，边坡的开挖或边坡上增加工程荷载(如桥梁基础的荷载)，使边坡岩体失去了原有的应力平衡，它将通过岩体位移来调整不平衡的应力，以重建新的平衡，呈现新的边坡形态。在这个过程中，边坡岩体的演变必然也将对岩石边坡工程本身产生影响。

岩体天然演变和人类工程活动引起的演变，都是在岩石工程建造完成后产生的，是之前的勘察中不能确定的，需要我们根据上述理念，采用各种理论知识和手段去认识并预测的。因此，铁路岩石边坡工程的研究理念之一，就是不仅要查清现状，即“向前看”，也要预知未来，即“向后看”(王继光，1988)。

现在的土木结构工程师们的知识结构很容易使他们接受“向前看”的理念，但那些对岩石工程学科体系了解不深的人，让他们接受根据“向后看”的观点作出的结论就有一定的难度。其原因，一方面是目前与岩石工程有关的学科理论尚不完善，难以为岩体演化和改变的模式提供更加充分的、有说服力的证据；另一方面，是一些从事岩体研究的专业人员，工程概念较为欠缺，考虑问题过于复杂，提出的工程措施较为抽象，而又难以用浅显易懂的语言讲清楚自己的观点。因此，在更加积极地向土木结构工程师们普及岩石工程知识的同时，岩石工程工作者要提高简明扼要地阐述岩石工程原理和证据依据的能力，并尽量提出具体的、有针对性的工程措施建议，让边坡岩石工程研究的成果更好地用于实践，推动岩石工程理论发展和技术进步。

铁路岩石边坡工程作为工程的一种，最终的技术体现是工程设计。而工程设计最核心的内容可以浓缩为“形式”与“参数”。工程形式是由使用目的、结构原理、美学体现决定的，在此不涉及这方面的内容。工程参数包括结构参数和材料参数两部分，其中结构参数与结构形式和力学原理相关，在此也不讨论。这里，我们着重讨论的是“材料”参数问题。

岩体作为岩石工程“材料”，和我们熟悉的人工材料和部分天然材料最大的区别就是它并不脱离其生长环境，因此，岩体常被描述为岩石工程的天然介质和环境。前面已经提到，岩体是地质历史的产物，具有复杂的力学性质，并处于复杂的边界条件之中，因而它的工程性质（即物理、水理、力学性质）是随时间和空间的变化而变化的。岩体工程性质的量化指标（即岩体参数），具有可变性和随机性。这一特征，是岩石工程与其他使用人工材料或天然石材工程最显著的区别。

前面已经讲过，岩石边坡研究的成果，最终要以各因素间的数学关系，即“公式”表达出来。而工程设计计算，就是将参数代入公式的运算。因此，在岩石工程中，参数的重要性怎么强调都不为过。从这个角度看，虽然一些岩石工程研究者为提高模型（公式）精度、改善算法作出极大努力是必要的，但是，如何采用更加先进的技术手段，尽量提高参数的精度，却更重要。

从事岩石工程实际工作的工程师们都是非常重视岩体参数试验的，所有关于岩石工程的技术规范也都仔细规定了试验的要求，因此我们可以从试验中获得大量的工程岩体数据。但是，有两个重要的技术原因，会使我们获得的这些岩体参数很大部分并不能真正反映岩体的性质。原因之一是工程勘察中采用的取样试验或原位试验，都或多或少地改变了岩体样本原有的物理力学环境，试验得到的参数并非完全能代表岩体介质原来的性质。原因之二则是由于随机性，有限的试验可能难以获得岩体性质随空间的变化规律。

这似乎使我们陷入了岩体参数的不可知困境，但是，岩石工程的工程师们找到了解决问题的办法。从理论上讲，取作试验的岩体样本多是完整性、强度值相对同一环境岩体中更好的部分，因此，试验得到的参数值多大于该岩体普遍的参数值。岩石工程的工程师们在使用这些试验值进行计算时，会采用降低试验值（即打折或折减）的方法处理数据，使之接近于真实值。实践经验越丰富，折减就越合理，也就越接近于真实。

参数折减法是岩石工程中最常用且行之有效的替代方法。然而，参数折减法在使用中也经常遇到问题。问题之一是如果一个结构工程师对岩石工程的特点了解甚少，他可能会质疑为什么不使用试验得到的数据，而要使用折减率可能高达 50% 的经验值。基于经验的岩石工程师往往不能提供充足依据，对此作出合理的解释。参数折减法遇到的问题之二，是缺乏一定理论依据的盲目折减，这种折减有时根本解决不了遇到的工程问题。比如，曾经在某膨胀岩边坡工程中，由于对膨胀应力的作用方式和计算方法缺乏必要的理论支撑，在支挡设计中盲目地对膨胀岩体抗剪强度参数一减再减，甚至已将摩擦角减至 10°以下，但仍然没能阻止边坡破坏。

要解决上述问题，采用的原则依然只能是理论指导和实践积累。针对当前岩石工程学科理论研究不充分、技术发展不完善的缺陷，参数折减法包含着为处理缺陷而凝聚的实践经验和赋予的安全储备。岩体参数不仅仅是表征岩体性质的指标，更是岩石工程成功实践的载体。但是很多时候，这些宝贵的经验数据仅分散于局部甚至个人，而且数据覆盖的密度和广度还远远不够。要将这些经验上升到有依据的、可靠的普遍成果，首先要在理论研究的指导下，界定这些经验数据的内涵和使用界限。其次要随着岩石工程的增加，积累数量更多、覆盖面更广、经过实践检验的数据，通过大数据挖掘等新技术手段，把这些隐含在经验数据之下的客观真理和成功经验发掘出来，形成有科学依据的共享成果。这是当前岩石工程研究的现实途径之一。

铁路岩石边坡工程涉及的岩体性质和地质环境的复杂性、可变性和随机性，加之理论研究不成熟、实践积累不充分，使得在当前的岩石边坡工程研究中，基本不可能靠单一方法解决问题。因此，边坡工程的研究，需要借助野外调查分析、模型试验、模拟计算、现场监测等方法的综合运用，使其成果相互支撑，相互印证，有所作为。

野外调查是获取岩体地质背景和工程属性的基础。重点是判明场地的稳定性和边坡岩体的基本工程特征，同时，对野外环境中已经存在的岩体运动破坏模式的观察分析，即可指示后续研究的方向，也是"向后看"的判断依据之一。

野外调查并不能精确描述在工程建设过程中和建成后，边界条件的改变对岩体性状的影响。因此要借助模型试验和数值模拟等手段，模拟边界条件改变时边坡岩体发生的变化。在进行模型试验和数值模拟时，模型边界和各种荷载条件的确定要以野外调查分析为基础，这是模型模拟不能脱离野外调查而单独存在的根本原因。但模型模拟可以将同时出现的极端边界条件（即工程上所称的最不利条件）加入分析，获得野外调查难以获得的结果，这正好补充了野外调查的不足和缺陷。

模型模拟的理论基础是现有的数学力学理论，而目前的理论并不能完美描述岩体的性质。因此，模型模拟的成果仍需在实际工程中验证，这就是现场监测的作用和目的。现场监测也不能单独解决岩石边坡工程问题，其原因在于监测的对象是已经设计施工的实际工程。虽然通过现场监测能够发现设计的不足乃至错误，并及时作出变更，但毕竟只是不得已而为之的补救措施。现场监测的主要作用是验证研究成果，并为以后的研究提供新起点和支持。

参考文献

[1] 蒋爵光．铁路岩石边坡[M]．北京：中国铁道出版社，1997.
[2] 谢强．铁路岩石边坡研究[D]．成都：西南交通大学，1998.
[3] 谢强，赵文．岩体力学与工程[M]．成都：西南交通大学出版社，2011.
[4] 王继光．岩体工程地质分析[M]．成都：西南交通大学出版社，1988.

1　地质环境对岩石边坡工程的影响

边坡工程的地质环境，主要指边坡的物质组成和地质条件，如岩体的性质、历史和演变，边坡岩体的地质边界，岩体所处的应力、温度、渗流等物理场特征及变化。本章将介绍上述内容并讨论其在边坡工程分析中的意义。本章内容主要是概念性的，特别是面向地质专业知识背景不多的人员介绍相关的基础知识，一般不涉及具体的分析和计算方法。

1.1　岩体特征对边坡工程的影响

1.1.1　边坡工程中的岩体

岩石边坡的组成物质是岩体。什么是岩体？岩体最初的简单表达就是完整岩块(岩石)和切割岩块的结构面(不连续面、节理)的总和(王继光，1988)，这也是目前针对非岩石工程专业背景的工程技术人员对岩体定义的基本概念。这一概念，强调了野外实际岩体中含有结构面，而不再将其视为完整的岩石。除此之外，有岩石工程相关工作经验的技术人员，还对岩体的另外两个基本力学特征，即非均一性和各向异性，有一定的感性认识。

以上关于岩体的基本概念，适用于一般的岩石工程中，但对复杂的岩石边坡工程而言，却远远不够。从专业的角度看，构成边坡的岩体，是地质历史的天然产物，在地质历史中形成并演化，受不同级序的结构面控制，且处于复杂的地质和工程环境之中。岩体的这些特征，有着十分深厚的内涵，本章将分别展开详细讨论，在此略过。

在岩石工程中，经常涉及到的岩体概念当数“硬岩”和“软岩”。在现行的各种技术规范中，虽然标准略有差异，但硬岩和软岩界线，大都是基于完整岩块的单轴抗压强度试验结果划分的。从岩体的角度看，这种不考虑岩体切割程度的划分过于简单了。对完整岩块单轴抗压强度较低的岩石组成的岩体，如泥岩、页岩、部分副变质岩以及风化严重的其他岩石组成的岩体，固然是“软”的岩体。但显然的是，由“硬”岩块组成的岩体，如未风化的岩浆岩、正变质岩和大部分碳酸岩、胶结良好的碎屑岩等“硬岩块”组成的岩体，如果它的平均块度(结构面切割后完整岩块的平均大小)在 10 cm 以下，可能是无法在工程上作为“坚硬的”岩体对待的。因此，“软岩块”和“软岩体”、“硬岩块”和“硬岩体”是要区别开来的。在岩石边坡工程中，“软岩”和“硬岩”指的是后者。

从力学的角度看，岩体的软硬主要表现为岩体的强度特征和抗变形能力。在边坡工程中，岩体的软硬以破坏模式、自稳坡度、计算方式和防护加固措施等各种特征来体现。

根据 20 世纪 80 年代我国铁路岩石边坡的调查数据分析，那些岩块强度在 15 MPa 以上(回弹强度大于 10)、结构面发育程度中等以下(结构面间距大于 40 cm)的边坡，大部分岩石为风化程度不高的岩浆岩、正变质岩、部分原岩为非黏土岩的副变质岩、沉积岩中的碳酸岩、大部分碎屑岩等。这些边坡破坏时，岩块本身是很少破坏的，绝大部分的破坏模式，是岩块沿着不利边坡稳定的结构面或结构面组合向下运动。如果无不利结构面或结构面组合，这些岩石边坡的自稳坡度都在45°以上。它们的稳定性计算方法，要么采用基于极限平衡的刚体沿下滑面或下滑面组合的滑动，要么采用基于离散数学的综合评判方法，而不采用传统土力学中土坡稳定性计算方法。边坡防护和加固措施，以提高潜在下滑面的抗剪性能（灌浆、锚杆等）或提供潜在运动块体的支撑反力（支挡结构体、锚杆等）为主要形式。符合上述描述的各种特征的岩体，一般可以视为“硬岩”岩体，哪怕按照传统规范，岩体中岩块的强度没达到规定的30 MPa。由于边坡岩体的变形破坏特征主要受结构面控制，这类边坡也常称为“结构性硬岩边坡”。

与结构性硬岩边坡有些类似的是结构性软岩边坡，其主要岩石成分为中—厚层状泥岩、副变质岩中以黏土矿物为主的变质岩。和结构性硬岩边坡相比，最大的区别是边坡岩体中岩块的强度明显较低，一般都在15 MPa以内（回弹强度小于10）。在新鲜岩体中，岩块块度一般在20～30 cm之间，也可以大于40 cm。但边坡开挖后的很短时间内，如果坡面未能及时封闭，由于风化崩解，其坡面岩体块度可能很快降低到20 cm以下。这类边坡的破坏模式基本上仍然是单一块体或受同一结构面及结构面组合控制的多块块体，沿不利结构面或结构面组合向下运动，运动中，软岩块体可能发生解体。这种软岩边坡的自稳坡度一般都在45°以下。对结构性软岩边坡的稳定性计算，通常采用传统土坡稳定性计算方法。其防护和加固工程措施，通常采用支挡结构。但由于这类软岩边坡的破坏面不一定符合土坡破裂面假设，因此，在实际工程中会存在一定风险。

除了结构性软岩边坡，还有与岩体结构关系不明显，主要由岩块自身力学性质的“柔软”构成的软岩边坡。这种软岩边坡的主要岩石构成为成岩时期较晚、成岩作用较弱的泥（页）岩，一些研究还会把像煤层、泥炭这类矿层归类其中。这种边坡就是一般概念中的软岩（soft rock）边坡。在边坡使用过程中，它的变形甚至会随着时间的延续而增加，发生“蠕变”。它的破坏模式通常为边坡应力作用下过大的变形、剪切滑动和流动。此类边坡自稳坡度的意义不大。边坡稳定性分析计算方法，除了传统的土坡稳定性计算方法外，还常用弹塑性理论分析其变形、蠕变。其防护加固工程主要为支挡结构。

另一类边坡岩体，它的岩块的抗压强度可能大于15 MPa，也可能小于它，但岩块的块度多小于10 cm，看起来就像一堆有序堆积在那里的碎块体，这种岩体称为“松散岩体”。这类岩体的岩石成分比较复杂，碳酸岩、变质岩（如构造强烈地区的千枚岩）等比较常见。由松散岩体构成的边坡，整体强度较低，变形较大，破坏模式与散粒体的土坡破坏模式相同，破坏面与岩体中的结构面关系不大，也可以认为理论破坏面追踪合并结构面贯通而成。这类边坡的自稳坡度与松散块体休止角有关，一般不大于45°，稳定性计算方法按土力学相关理论计算，防护加固措施以支挡结构为主。从上述特征看，这类“松散岩体”边坡当属“软岩”边坡。

在岩石边坡工程中，还有一类边坡的物质构成是“软岩”和“硬岩”相互成层组合而成的，称为“软硬互层”的岩体，通常是砂岩与泥（页）岩互层。这种软硬互层的岩体构成的边坡，其破坏模式既有受结构面控制和影响的特征，比如硬岩部分块体的形成、运动；又有边坡应力作用的结果，如坡脚应力集中区软岩部分的剪切破坏；还有软硬岩差异风化形成的悬空块体的崩落、坠落等。这类边坡的自稳坡度与具体的岩层结构和层理产状等因素有关，可陡可缓。对这类边坡稳定性的计算，实际工程中虽借用土力学理论，但其实并没有什么依据，是无奈之举。这类边坡的防护加固措施也比较复杂，支挡、支撑、锚固都有，总体看来，还是偏向于按软岩边坡分析处置。所以，在本书中，也将其归为软岩边坡。从这个角度看，软岩边坡其实是“软弱岩体边坡”(weak rock slope)，而不仅是“软岩块边坡”(soft rock slope)。

1.1.2 边坡工程中的特殊岩体成分

岩体是在复杂的地质环境中形成的。受物理、化学环境的影响，岩体中的一些特殊矿物成分会使其形成特殊的工程性质。例如，岩石中含有亲水性矿物，如蒙脱石、伊利石等，会引起岩石的膨胀；一些含有硫酸盐矿物，如石膏、芒硝等，会带来腐蚀性等。此外，含有泥化夹层的岩体，也是一种常见的、有特殊构造形式的边坡岩体。

1. 膨胀性岩体

具有膨胀性的岩石主要分为两类，一类是富含亲水性黏土矿物的岩石，一类是因为盐类结晶而膨胀的岩石，它们的共同特征是有水的参与才会产生膨胀。在实际岩石边坡工程中，因冻胀、剪胀等外界因素引起的岩体膨胀不包含在膨胀性岩体中。

含亲水矿物的岩石，主要是沉积岩中的泥质岩、喷出岩中凝灰质火山岩等。这类岩石主要是由于黏土矿物晶体内部或表面电荷不平衡，吸附环境水中的水分子，造成矿物颗粒表面的结合水膜增厚，矿物颗粒体积变大，引起岩石膨胀。

含膏盐成分的岩石，主要是指含有硬石膏、芒硝等矿物成分的泥质岩、碳酸岩以及硬石膏岩等蒸发岩。这类岩石的膨胀性，主要是膏盐矿物在与水的作用中，发生水合反应，形成结晶水，使矿物晶体体积增加，导致岩石体积膨胀。例如，硬石膏在水合反应中转变为石膏，矿物晶体理论体积会增加约 62%。

岩石的膨胀是有上限的。亲水矿物是导致岩石膨胀的物质基础，含水量的变化是岩石膨胀的决定性外因。但从原理上讲，当矿物晶体吸收的水分子达到极限后，水化水合作用逐渐趋于停止，膨胀过程也逐渐稳定下来。这一点，对膨胀性岩石工程是有重要意义的。

现行各类技术规范中，对膨胀岩土的判定有较为严格的标准。但是，从工程实践看，标准可能都过于严格了。例如大部分规范都规定了膨胀性指标的最低值，如果达不到规定标准则不能判定为膨胀性岩石，那么相应的工程设计就不会做特殊处理。但是达不到规范指标的膨胀性岩石还是要膨胀的，设计时没有考虑其膨胀性，导致边坡、隧道、基础工程发生病害的情况并不少见。最典型的就是西南地区的红层泥岩，一般不会被当成膨胀岩勘察设计。但在红层地区的基坑边坡、隧道围岩因红层泥岩的膨胀带来的边坡支护破坏、隧道衬砌开裂等工程问题常有发生。此外，在近年铁路建设中，分布于华北中部和西南部的含膏岩(主要为碳酸岩类)和分布于东北西南部的凝灰质火山岩(安山岩、凝灰质角砾岩、凝灰岩)，都不是传统意义上的膨胀岩，但都具有膨胀性，在边坡和隧道工程中都有病害发生，应予高度重视。

在边坡工程中，膨胀性岩体的主要影响有两个方面：一是膨胀性岩石边坡在地表水和地下水的作用下，力学性质容易发生改变，变成具有塑性变形和流变特征的软岩边坡；二是膨胀力作为附加土压力，作用在支挡结构上，增加了工程荷载。

2. 含腐蚀成分岩体

含腐蚀成分的岩体，主要指由含有石膏、芒硝、碳酸钙等硫酸盐、碳酸盐矿物成分的岩石构成的岩体。这些特殊的膏盐矿物，或以分散的形式分布于岩石胶结物中，或以集中的形式，成团、成条带、成层分布于岩层中。当地表水或地下水通过孔隙、裂隙入渗并流经岩体时，将出现以下三种现象:(1)可溶的膏盐组分发生溶解,使原有的岩石结构破坏、强度衰减,造成岩体溶蚀;(2)膏盐矿物中的化学成分溶解于水,形成含有硫酸根、碳酸根等有腐蚀性的水溶液,作用于工程结构物,导致混凝土、钢材等材料被腐蚀;(3)当包含可溶成分的水溶液从岩体中流出地表时,由于温度、压力等条件的变化,可能产生重新结晶并沉淀,使边坡排水系统(侧沟、泄水孔等)堵塞,增大边坡中的水压力,降低支挡工程的安全性、甚至造成边坡破坏。

含膏盐组分的岩体,常见于西北、西南的中生代以来的陆相浅水咸化湖沉积的泥岩和页岩等黏土岩,海相泻湖沉积的石灰岩等碳酸岩类,以及泻湖相的石膏岩和芒硝岩等蒸发岩。在华北地区,也有分布较广的古生代海相膏溶角砾岩。

含膏盐组分岩体的工程危害因 20 世纪 60～70 年代成昆铁路的修建引起重视。相应技术规范对这类特殊岩体的勘察也有详细规定。但是,近年来的工程实践和专门研究发现,在勘察时判定为没有腐蚀性含膏盐组分的岩体,随着工程的开挖,其溶蚀性和腐蚀性急剧上升,造成工程病害。原因是工程开挖改变了原有的地下水径流条件,打破了原来的平衡,造成溶蚀和腐蚀加剧。这是典型的关于岩体工程“向后看”理念的实证。

腐蚀和溶蚀对岩石边坡工程的影响,看起来不如隧道工程严重,因此在实际工作中的关注度不高。但是,随着认识的深入,特别是一些已经出现问题的边坡工程病害的一再出现,提醒我们这也是一个不容忽视的特殊岩石边坡工程问题。

尤其是一些区域性的特殊地层,如西南地区白垩纪的红层泥岩和华北地区奥陶纪的含膏碳酸岩,都是同时具有膨胀性和溶蚀腐蚀性的岩体,在这些地区进行岩石边坡工程建设,其特殊性是不得不注意的。

3. 软弱夹层

软弱夹层主要指的是顺层岩石边坡中抗剪强度较低、厚度较小、极易成为顺层滑动面的岩层。软弱夹层是边坡中一种常见的特殊岩体结构,例如在三峡地区的宜(昌)—万(州)铁路、重庆乌江沿岸的渝(重庆)—怀(化)铁路岩石边坡工程中,都有大量含软弱夹层的顺层边坡出现。在边坡岩体中,软弱夹层应引起充分的重视。

在岩石工程中,软弱夹层并不都是在成岩阶段天然形成的。它的成因多是在地质构造作用中,原始岩层受到构造应力产生弯曲,岩层弯曲时必然引起层间错动,原来在岩层中处于较弱环节的较薄的夹层,因层间错动经受剪切、挤压而破碎,破碎的夹层物质在渗入其间的水的作用下,发生水化泥化,成为强度大大低于原岩的软弱夹层。由于形成过程中可能泥化,软弱夹层也常称为泥化夹层。

按照原岩物质成分,泥化夹层大致可分为三类:泥(页)岩泥化夹层、碳酸岩泥化夹层和炭质页岩泥化夹层。泥质岩(包括黏土成分占多数的炭质页岩)中夹层的泥化是很容易理解并容易注意的。但碳酸岩中的夹层是否泥化,需要预先有此概念并在通过野外观察才能注意并判断。特别是在碳酸岩地区存在顺层边坡的情况下,尤其要注意调查其泥化夹层的存在与否、层数、分布位置。这在顺层岩石边坡的稳定性分析和工程设计中,具有十分重要的意义。

1.1.3 边坡工程中的水岩作用

水在岩体的孔隙和裂隙中流动,溶解岩石中的可溶成分,并通过冲蚀、侵蚀作用带走岩石中的物质成分,与此同时溶解的岩石化学成分和冲蚀侵蚀下来的物质成分又改变了水的性质,如此循环并相互作用的物理化学过程，就是水岩作用，也叫水岩相互作用。

传统的水岩作用主要指化学作用，广义的水岩作用包括水岩化学作用和水岩物理作用。在岩石工程中，水岩作用改变了岩体的成分和物理力学性质，从而对岩石工程产生影响。

在岩石边坡工程中，水岩化学作用主要表现为溶蚀、腐蚀、软化和膨胀，其中溶蚀是最为人们所熟知的，比如各种岩溶。腐蚀和膨胀在上面小节中已经提及，在此不再重复。这里补充一下水岩作用下岩石的软化。

在工程上，岩石软化的物理概念是用饱水后岩石强度的变化来表征的。软化的本质是水进入岩石的孔隙和裂隙，通过溶解、分散岩石颗粒之间的胶结，或是水分子被岩石颗粒吸附为结合水，离散颗粒的联结，使岩石结构变得疏松，从而降低岩石的力学性质。

从以上软化机理不难看出，对于结晶联结的侵入岩、非凝灰质火山岩、大部分正变质岩、重结晶硅质岩、硅质胶结的碎屑岩等，总体上抗软化能力较强，软化系数一般都在 0.75～0.95 之间。与之相反，三大类岩石中，以黏土矿物、可溶性矿物（如方解石）为主的泥质岩、凝灰质岩、大部分碳酸岩，以及泥质、钙质、铁质胶结的碎屑岩，总体上抗软化能力较弱，软化系数一般在 0.4～0.6 之间，如考虑围压的影响，可在 0.3～0.7 之间。

在岩石边坡工程中，水岩物理作用的主要表现有侵蚀和冲刷。侵蚀和冲刷作用都是指在水流动力作用下，岩石表面物质受到水流的摩擦、冲击后，剥离并被带走，使岩石表面受到损伤破坏。一般将静态的或流速极缓的水流为主造成的水蚀称侵蚀，也称水蚀；而将流速较大的面流、股流等水流为主造成的水蚀叫冲刷。

在水岩物理作用中，边坡冲刷是最直观且最为人们所熟知的。在实际工程中，对边坡的面蚀、沟蚀等的防护，也有相应的经验。但是对岩石边坡而言，特别是对涉水（水下）的结构性硬岩边坡，水蚀在改变结构面力学性质，进而影响岩体的强度和稳定方面的作用，还涉及不多。

前面已经讲到，结构性岩石边坡的破坏模式，主要是岩石块体沿切割它的结构面的运动。岩体的强度，简化为基本的力学模型，就是结构面的抗剪强度。在岩石力学中，结构面的强度由其表面的起伏、粗糙和抗压强度决定。当结构面处于水中时，水蚀将改变结构面表层的几何形态，而结构面表面形态的改变，又反过来使原来的水蚀条件发生改变。一般来说，这种变化都是向着结构面隙宽加大、起伏和粗糙度降低方向发展的。同时，水流冲蚀的物理作用和流水溶蚀腐蚀的化学作用，将使结构面表面的岩石疏松，抗压强度降低，摩擦性能下降，两者作用的结果，都是岩体强度降低，稳定性变弱。从上述叙述中，还可以看到，水岩作用中，物理作用和化学作用是同步进行的。

近年来，我国西部山区修建了大量大规模和超大规模的河道型水库，铁路跨越库区峡谷和沿库岸布置十分常见，而库区峡谷桥基岸坡和库岸路基岩石边坡都是涉水边坡。库水作用，特别是水库运行带来的库水周期性涨落，使得水岩作用十分强烈，而且速度很快。比如在郑（州）—万（州）高铁跨越的长江支流大宁河三峡水库库水涨落带内，灰岩岸坡岩体表面平行水面的水蚀凹痕，仅 8 年间，已深达 5～10 cm。水岩作用对铁路涉水岩石边坡工程的影响很大，当引起充分重视。

1.2 地质构造对边坡工程的影响

1.2.1 地质构造对岩石边坡稳定性的控制作用

岩石边坡工程是以天然岩体作为介质和环境的。岩体作为地壳岩石圈的一部分，运动是永恒的，而静止是相对的，边坡的稳定性必然和岩体的稳定性密切相关。只有在边坡使用期间，边坡工程所在的区域内的岩体是稳定的，才谈得上边坡工程自身的稳定性，这就是区域稳定性（土木工程中也叫场地稳定性）对边坡稳定性的控制作用。

影响区域内岩体稳定性的因素，主要是地球内力地质作用，如重力作用、地壳运动、岩浆活动、变质作用、地震等。地球外力地质作用也会对区域稳定性产生一定影响，但不是主要的。地球内力和外力地质作用如何影响区域内岩体的稳定性？从力学的角度分析，就是这些地质作用产生的地应力对区域内地壳岩体的作用。

根据地质学知识，在地球内力和外动力作用下，或者简单表达为在地应力作用下，组成地壳的岩层（体）会发生变形、弯曲（褶皱）甚至断裂。褶皱和断裂被称为地质构造，这句话的意思也可以另一种方式来表达，即地质构造作用影响了区域岩体的稳定性。

综上所述，可以得到这样的逻辑关系，地质构造作用影响区域稳定性，区域稳定性决定区域内边坡岩体的稳定性，边坡岩体的稳定性也就是岩石边坡稳定性，所以地质构造作用控制着岩石边坡的稳定性。这就是岩石工程中的“构造控制论”的核心。

之所以用以上文字来说明构造控制论的内容，是因为一段时间内，在岩石工程的研究和应用中，存在两种值得注意的现象。一种现象是一些不太具有地质专业知识背景的人，不太清楚区域稳定性的概念，在实际工作中，没有在岩石工程分析中考虑区域稳定性这个必要的边界条件，因而可能给工程带来一定的风险。另一种现象是某些专业理论研究的人，在区域稳定性研究中，无限放大了某些地球内外动力作用的影响，把工程岩体的稳定性与日月引力、区域性板块作用都直接联系起来，分析内容过于复杂，影响了分析成果的应用。

研究岩石边坡工程的区域稳定性，首先要确定影响岩体稳定性的空间范围。岩石边坡工程的规模再大，所能涉及和影响的岩体在地壳岩石圈中也是一小部分，我们把对边坡工程有影响的空间范围内的岩体，称工程岩体。而影响工程岩体稳定的地壳区域，就是区域稳定性的研究区域。

在区域稳定性的具体研究中，区域应该有一个可以识别的基本边界。不论从构造地质学、还是力学的角度讲，边界大体上是按区域性褶皱和断层来划分的，这些边界，有些是清晰准确的，比如断层边界，有些较为模糊，如褶皱边界，但都不影响区域稳定性分析的结果。

在区域范围内，包括边界在内的所有褶皱、断层、节理、劈理等地质构造形迹的类型、发育程度、活动性、分布和组合方式，构成区域构造特征。地质学家正是根据对区域地质构造特征的分析，来推断区域地壳岩体的应力环境、运动方式和演化历史，从而确定区域稳定性的。因此，从形式上看，区域构造特征控制着岩石边坡的稳定性，这就是“构造控制论”的表象。

构造控制论是区域稳定性分析的基本理论。在日常应用中，“构造”这个术语包含两方面的内容，即地质构造作用和地质构造形迹。在“构造控制论”中，地应力对边坡所在区域岩体的作用(即构造作用)是本质,是“实”,地质构造形迹是借以探寻地应力作用方式和结果的工具和方法,是“构造控制论”的外在体现,是“形”,形和实的统一,就是构造控制论的全部内容。

在区域稳定性分析中,还有一个重要的因素是时间。这就是说,我们不仅要了解地应力作用的历史,更要认识地应力作用的现状。现代地应力场特征和作用方式,与当前工程区域内岩体的变形、运动密切相关,现代地应力作用的活跃程度,是以地震的发生、震级(烈度)大小、活动性断裂的规模和活动强度为指标的。在地震频繁、烈度较大、断层活动强烈地区,地震安全性评价是区域稳定性分析最重要的内容,没有之一。

在铁路岩石边坡工程中,根据实际工程需要,合理有效地进行区域稳定性分析、确认或排除区域不稳定因素,应该列为一项基本工作。下面以两个实例来说明区域稳定性分析的原理、方法、结果,以及在岩石边坡工程中的作用和意义。

实例一:大(理)—瑞(丽)铁路澜沧江大桥区域稳定性

大(理)—瑞(丽)铁路在云南省保山市平坡村古霁虹桥遗址附近,设特大桥跨越澜沧江,桥基位于澜沧江两岸陡峭峡谷岩石岸坡上。

澜沧江断裂为一级规模的构造形迹,控制了滇西中生界红层盆地西界,是一条深大活动性断裂。在澜沧江断裂西侧,发育有大量平行次级断裂。桥址区域,澜沧江断裂沿北西—南东向展布,长约 95 km,宽 4～15 km。在构造应力长期作用下,区内岩石混合岩化、碎裂岩化、糜棱岩化强烈,侵入岩、变质岩片理呈北西长条状产出,与构造带展布一致,反映出该断裂带为长期活动的挤压构造带特征。

桥位东距主断裂约 1 km,处于澜沧江深大断裂带影响范围,断层密布发育(图 1.2.1)。其中稻柳河断层(F_1)、平坡断层(F_2)、燕子窝断层(F_3)、水寨断层(F_4)、撒寨断层(F_5)等均为活动性断裂。桥址区岩体的稳定性成为桥位选择和桥基稳定的控制因素之一。

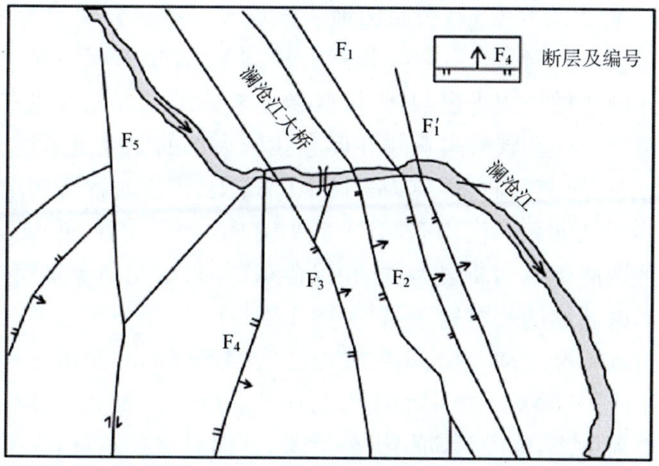

图 1.2.1 澜沧江铁路大桥桥址断裂构造

澜沧江活动性断裂带是滇西地震活动带的控制性断裂带。桥址区地震频繁,强震发生率高,地震基本烈度为Ⅷ度。根据地震研究,估计澜沧江断裂带未来百年内可能发生多次 7 级以上地震,断裂位移可达 2.41 m。

根据以上区域地质背景，通过对地质构造特征、岩体物理力学性质、地应力现场测试数据分析，采用现场调查、构造分析、数值模拟等手段，并考虑地震作用，得到了桥址区域地应力分布特征(图 1.2.2,深色为应力集中区)。分析结果确定，地震作用下，在三条断层包围中的岩体，地应力水平变化不大，即地震活动对该处岩体地应力水平影响不大，可视为稳定岩体。桥位设置在此稳定岩体(称为安全岛)内，即可保证桥基岩石岸坡的稳定性。澜沧江大桥区域稳定性分析，为大桥桥位设置和安全性提供了基础和保障。

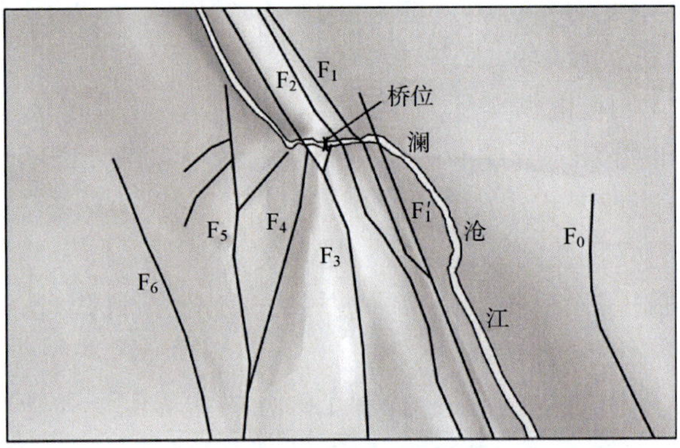

图 1.2.2 澜沧江铁路大桥桥址区域应力分布

在分析成果提交数年后，发生了距此桥位仅 130 km 的盈江 6.1 级地震。据震后调查，这次地震对在建桥基岸坡岩体几乎没有造成影响，这次事件对区域稳定性分析结果是一次验证。

实例二：石(家庄)—太(原)铁路客运专线 314 省道 2 号特大桥边坡稳定性

石太铁路客专在太原范庄附近，以大桥跨越 314 省道(公路)所在峡谷。受区域构造控制，桥址位于向斜一翼，大桥太原端边坡岩体呈顺层状态，铁路大桥数个桥墩设于顺层边坡上，最高桥墩高度达 60 m。施工现场显示，公路边坡岩层坡脚已有部分发生滑塌。顺层边坡是否对铁路桥墩构成危害，需要分析确定，并需要根据分析结果，提出工程加固方案。

区域地质资料分析和现场调查表明，大桥区域内岩体组成以元古代古老变质岩为基底，以奥陶纪灰岩为主要盖层。这套碳酸岩盖层在席卷我国大部的三叠纪末到白垩纪的燕山构造运动时期，经历了北北东—南南西向(主应力方向 20°)挤压、再逆时针转向南西—北东向(主应力方向 230°)挤压、又转回北北西—南南东向(主应力方向 340°)挤压，形成了区域内以北东—南西向延伸的一系列区域性褶皱和断裂为主，并保存东西向、南北向等早期褶皱断裂的复杂构造体系。就此奠定了本区区域的基本构造格局(图 1.2.3)。

在新生代喜马拉雅构造运动时期，本区在山西台地产生的北北东向右旋剪切作用下，形成了北西—南东向拉张应力，继承了中生代应力场松弛后的反向发展，构成了一个强有力的独立拉张应力场。至下更新世末，断裂活动仍十分活跃，区内分水岭东移，水系袭夺，造成桥址区峡谷地形。现代地震记录表明，这些断裂至今仍在活动。至此，本区现代区域地质构造特征确立。

上述关于该桥址区域地质演化历史和构造特征的描述，非地质专业背景的人读起来比较复杂。简而言之，这个区域的构造作用从古至今一直在进行，构造应力作用方向一直在变化，现在构造应力作用还很强烈。

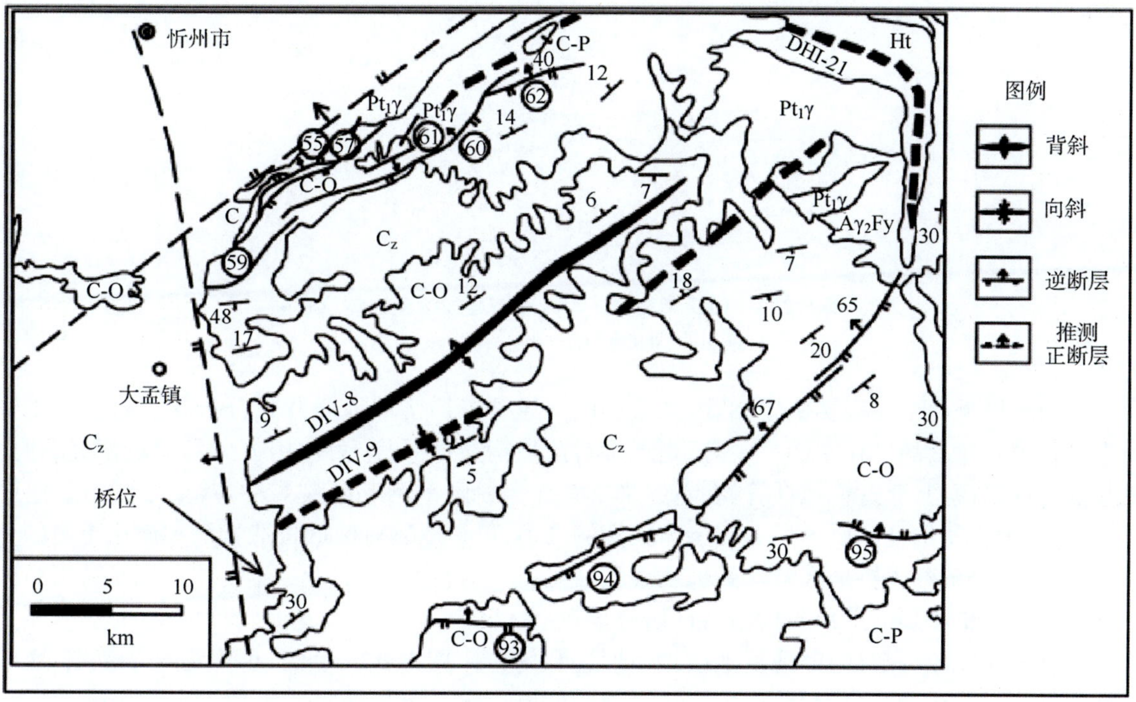

图 1.2.3　山西阳曲范庄附近区域地质构造略图

之所以要详细描述区域构造的历史，首先是与桥址区的各种特殊的地质现象有关，而对这些特殊地质现象的解释，如果有误，将对已经施工的大桥带来较大影响。其次，是与桥墩所在岩石顺层边坡稳定性评价有关。关于第二个问题，我们将在“1.3 岩体的演化”中讨论。

关于第一个问题。在大桥所斜跨的范庄峡谷，为西面汾河和东面滹沱河的分水岭所在。峡谷深度不过百米，长度不足 1 km，大致为北西—南东走向。314 省道沿谷底修建。在峡谷西北端出口两侧斜坡，岩层产状平缓且连续一致。但在峡谷内两侧斜坡，岩层产状相向倾斜，形似向斜，坡度在 30°～60°之间。其峡谷东南端，坡顶还覆盖有河流冲积阶地特有卵石层与黏土层构成的二元结构。在不足千米的峡谷内，岩层产状变化如此巨烈，难免会怀疑桥址区有较大规模的断裂存在。加上此处是现代地应力活动较强的区域，基本地震烈度为Ⅷ度。如果存在未被勘察发现的活动断裂，那么大桥的选址和安全性可能就要重新考虑，带来的损失难以估计。

经过区域地质资料的仔细研究和对现场的深入调查发现，峡谷区两端岩层产状变化极大的原因，是区域性向斜（北东—南西向）之东南翼发育有与之近直交的次级小向斜（北西—南东向），轴向与峡谷走向一致，小向斜枢纽向西北上仰（图 1.2.4）。由于地表剥蚀，在峡谷西北端，向斜上仰后褶曲消失，两侧斜坡岩层产状一致。在峡谷内，向斜倾伏，两侧岩层产状保留相向倾斜。垂直区域构造线方向的次级小向斜的成因，是地质历史中，本区构造应力作用方向，在某段时间转为北东—南西向挤压所致。至此，峡谷区特殊地质构造现象得到合理解释，大桥选址疑问也被排除。

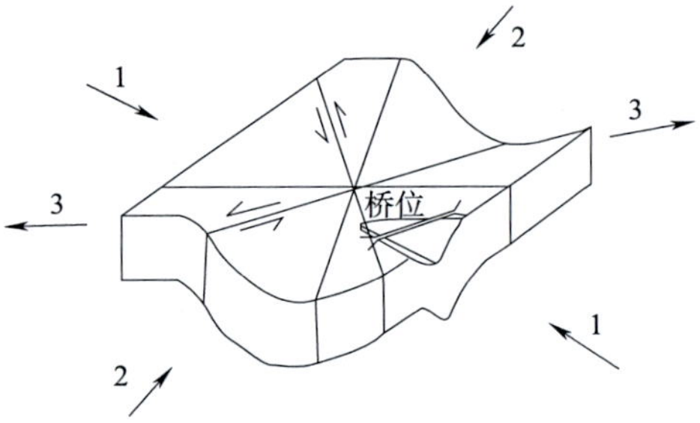

图 1.2.4 山西阳曲范庄附近区域地质构造立体示意图

1—燕山早期和晚期；2—燕山中期；3—喜山期

通过以上两个工程实例，我们可以获得以下经验：(1)区域地质背景分析在岩石边坡工程中不是没有意义的。在实例一中，正是通过对区域构造体系、应力作用方式的分析研究，建立起数值计算模型，通过模拟计算，在看起来不宜作为桥址的活动断裂带中，找到了相对稳定的安全岛，为大桥选址提供了强力支持。在实例二中，更是依靠对区域构造特征和演化历史的分析研究，合理解释了桥址区特殊的地质现象，解决了建设中对桥址区域稳定性的疑问。(2)区域稳定性分析必须借助地质构造特征研究。在上述两个实例中，不论是计算模型的建立，还是对特殊地质现象的解译，都是从地质构造形迹和构造作用方式入手的，正因为这个特点，区域稳定性分析的原理被称为“构造控制论”。(3)区域稳定性分析的技术手段，既有“定性”分析，如实例二；也有“定量”分析，如实例一。需要注意的是，由于学科理论和技术手段不完善，在岩石工程中，大部分定量分析的结果，其实是作为定性分析的依据使用的。

1.2.2 岩体结构特征决定岩石边坡破坏模式

在岩石边坡工程中，当区域稳定性问题解决之后，对边坡工程有直接影响的那部分岩体(即边坡工程岩体)的稳定性就是接下来需要研究的问题。工程岩体变形破坏模式，是岩体稳定性分析的主要内容。所谓变形破坏模式，主要指岩体组成部分的变位、运动、形态和规模。只有破坏模式清楚了，才能建立正确合理的稳定性计算方法。

在前面章节的叙述中，我们反复提到两个概念：①岩体是被结构面切割的；②大部分岩体的变形破坏模式是岩块体沿结构面或结构面组合运动。两个概念中的关键词都是结构面。

结构面这个术语，在本章的第 1 节中就出现了。但是，我们并没有讨论过它的专业意义。结构面是我国独有的术语，源自工程地质和岩体力学的前辈谷德振先生所著《岩体工程地质力学特征》(1983)一书。从专业角度讲，结构面的内涵和外延较为丰富，但简单地讲，结构面就是那些将完整岩块切割开来的界面。由于在岩体力学研究的领域内，结构面主要是节理，国外文献中常用术语就是节理(joint)，也有一些国外学者，如古德曼(R. E. Goodman)，从结构面是力学性质不连续的界面的角度出发，称结构面为不连续面(discontinuous plane)。从岩体几何形态学和岩体变形破坏模式的角度看，结构面这个术语还是最恰当、准确的。

结构面包围的岩石块体，叫结构体。结构面和结构体的组合关系，称为岩体结构。结构面形态、方位、组数、密度千变万化，切割出来的岩块的大小形状也千姿百态。在岩体受力作用时，变形特征和破坏模式不同，对工程的影响程度也就不同，这就是“岩体结构论”的基本概念。

按照岩体结构理论，在岩体中，所有分离完整“物质”的界面，大至区域性断裂、小到岩石内部细微界面，不论规模大小，都叫结构面。为了区别这些发育在不同尺度对象中的结构面，岩体结构理论将其分为5级，用罗马数字代表，Ⅰ级最大，Ⅴ级最小。各级结构面的特征以及在岩石工程中的作用简述如下：

Ⅰ级结构面　延伸长，一般几千米至几十千米以上，构成对区域构造起控制作用的断裂带，是区域稳定性分析的基础之一。

Ⅱ级结构面　一般指延展性较强而宽度较窄的地质界面，如不整合面、假整合面、原生软弱夹层；亦包括延伸数百米以上，宽度1 m至数米，一般贯穿整个工程区域或某一具体部位的断层、层间错动、接触破碎带、风化夹层等。这类结构面控制了工程岩体的边界和稳定性。

Ⅲ级结构面　延伸长度短，一般十多米、数十米左右或更长的断层、挤压或接触破碎带、风化夹层、软弱夹层、层间错动、开裂的层面等，其宽度多在1 m以下。这类结构面往往是岩体工程稳定分析的边界和基础。

Ⅳ级结构面　延伸短，无论走向方向还是纵深方向上的发展，均是很有限的，一般数米至30 m，无明显宽度，多未错动，不夹泥，如节理、劈理、层面、次生裂隙等。不仅破坏了岩体的完整性，直接影响到岩体的力学性质和应力分布状态，而且在很大程度上决定着岩体的破坏形式。这类结构面是决定岩体力学性质、岩体结构效应的基础。

Ⅴ级结构面　是指结构面微小，且连续性差的小节理、隐节理、不发育的片理、微层理和隐微裂隙等。这种结构面决定岩块的力学性质，在非贯通裂隙的岩体中起重要作用，是岩体细观力学研究的主要对象。在岩体工程中的作用，通常通过岩体的力学特征（岩体参数）表现出来。

从上述各级结构面特征的描述中，可以看出，与边坡工程岩体关系最直接的，主要是Ⅲ级和Ⅳ级结构面。从野外实际表现看，Ⅲ级结构面中的断层主要是充当边坡工程岩体的边界，而层面、夹层等Ⅲ级结构面，在某些情况下会成为边坡工程岩体中的特殊结构面，如顺层滑动面。在实际岩石工程中，对岩体的力学性质影响最大的是Ⅳ级结构面。Ⅳ级结构面大多数情况下是节理，这也是国际上通称结构面为节理的原因。

根据结构面发育程度、结构体形态特征及两者组合方式的不同，岩体结构分为五种：

整体状结构　巨块状岩浆岩、变质岩，巨厚层沉积岩、正变质岩。巨块状。以原生结构面为主，间距大于1.5 m，一般不超过1～2组，可视为连续介质。这种结构在岩石边坡中较少见。

块状结构　厚层状沉积岩、正变质岩，块状岩浆岩、变质岩。块状、柱状。有少量贯穿性较好的节理，层理不是主要控制性结构面，裂隙结构面间距0.7～1.5 m。一般为2～3组，是岩石边坡中最常见的结构之一。具有块状结构的岩体就是结构性岩体，国际上通常叫节理化岩石(jointed rock)。

层状结构　薄层及中厚层状沉积岩、副变质岩。层状、板状。起主要控制作用的结构面为层理，岩体变形及强度特征受层面及岩层组合控制。层状结构岩体也是岩石边坡中最常见的结构。如果层理倾向与边坡倾向一致，就构成顺层边坡。

碎裂状结构　结构面密集发育的破碎岩体。碎块状。断层破碎带、片理、劈理、层理、页理为主，间距0.05～0.25 m，一般在3组以上，整体强度很低。

散体状结构　构造影响剧烈的断层破碎带、强风化带、全风化带。碎屑状、颗粒状。断层

破碎带交叉，构造及风化裂隙密集，结构面及组合错综复杂，完整性遭到极大破坏，基本上可视作保留部分构造特征的土。

以上五类岩体结构中，在岩石边坡工程最常用到的是块状、层状、碎裂状结构。整体结构少见，散体结构在工程中很少作为岩体看待和处理，因此，这两种结构不常用到。

有了以上基础，现在可以讨论边坡岩体破坏模式问题了。

大量的野外观察和工程实践表明，除了整体结构和散体结构的岩体外，几乎所有边坡岩体的变形都与结构面的存在有关。结构面在岩体中存在的形式，从连续性的角度看，有贯通结构面和非贯通结构面两类。贯通结构面，即结构面的延伸终止于另一结构面或临空面，非贯通结构面，即结构面的延伸终止于岩石块体内部。

先讨论贯通结构面的情况。在块状结构的岩体中，当结构面贯通时，结构面分割岩体成为若干可以独立运动的块体单元。如果作为块体单元支撑面的结构面倾斜，且倾斜方向指向边坡临空面时，在重力、水压、地震等自然作用力或工程荷载的作用下，那些块体单元或单元集合体就可能沿支撑它们的结构面向坡外滑动，直至从边坡上掉下来，即平面破坏或楔形体破坏。如果支撑面较为平缓，在未被平衡的、指向边坡外的力的作用下，那些块体就可能发生向外转动，失去平衡支撑掉落下来，即倾倒破坏。如果支撑结构面倾斜，但倾斜方向指向坡内，那么块体沿结构面移动的结果是块体间相互挤压紧密。以上三种块体运动的结果，前两种运动可产生滑动破坏和转动破坏，破坏的形态与块体的几何形态相关，规模与结构面的规模有关，当结构面长度较大时，可能形成数米至数十米的大型滑塌、倒塌。第三种运动本身不引起破坏，有时这种结构的边坡发生破坏，通常与岩体整体强度与边坡内应力的大小有关。

层状结构岩体的特征就是存在大型贯通性结构面，如层理、夹层等。在实际应用中，只有当层理作为岩体破坏的控制性界面时，才将这类岩体视为层状岩体，否则将它划入块状岩体。

在层状岩体中，岩体的破坏模式由层理的产状决定。如果层理倾向坡外，但倾角既不平缓也不太陡，处于正常水平（一般在 15°～45°）时，某个软弱层理以上的岩层可能发生整体滑移，即顺层滑坡。如果倾角很陡（比如倾角大于 60°）、岩层很薄、坡高较高，层状岩体可能产生溃屈破坏（一种薄岩层下部向外弯曲并脱层的破坏）。如果倾向向外、产状平缓（比如倾角小于 10°），边坡下部存在软弱岩层，而上覆岩层总厚度较大时，下伏软岩层可能进入蠕动滑移状态，引起边坡岩体缓慢向外流动，即深层蠕滑。如果层状岩体为软硬互层岩体，可能因为软岩层的风化凹进，硬岩成为悬空块体，使块体底部失去支撑发生转动，即倾倒。层状岩体中，顺层滑动、下伏软弱岩层蠕滑等形式破坏规模都较大。溃屈破坏岩体的规模虽然总方量可大可小，但一般在长度方面都是较长的，通常都可达数十米甚至上百米。而软硬互层结构岩体破坏规模，视硬岩层块体大小而定，小的仅在 40～60 cm 左右，大的也可达几米至十几米。

碎裂岩体中虽然结构面贯通，但由于块体太小，只有那些延伸较长且依旧保留较完整的结构面，才能在岩体碎块的运动中充当约束性界面的作用。只有此时，才可能出现大量碎块集合体沿连续贯通结构面的滑塌、堆塌。一般情况下，碎裂岩体遵从散粒介质的圆弧形滑动。

对于非贯通结构面而言，当结构面前端止于岩块内部未贯通时，在岩体内部应力的作用下，非贯通结构面的前端可因应力集中而引起裂面扩展，最终可能导致结构面贯通，岩块破裂。当贯通破裂后的结构面充当破坏面时，和上述块状岩体的破坏模式相似。在软硬互层的层状岩石中，悬空的硬岩体可因结构面拉裂、剪断而使分离的硬岩岩块滑动或倾倒，脱离边坡岩体。

从上述描述中我们可以看到，岩体结构和结构面规模不同，造成的岩石边坡破坏形式和规模各不相同。换言之，岩体结构特征决定着岩石边坡的破坏模式。

在大多数情况下，上述结论是正确的，但这并不是岩石边坡破坏模式的全部结论。在某些特殊情况下，边坡的破坏模式可以受其他条件控制。例如，软岩边坡的风化剥落，高应力区硬岩边坡的松动，特殊软岩边坡的蠕变、流动、膨胀等。但这些特例，丝毫不影响岩体结构控制论的意义。

关于岩体结构的讨论，还有一个问题需要提到，就是工程岩体的边界问题。如前所述，工程岩体是有尺度的，这个尺度一般以直接影响岩石边坡工程的力学边界作为标准。因此，与区域稳定性研究中全以构造界线作为边界不同，除了以边坡工程岩体周围的大型结构面（一般是断层）作为边界外，地表特征，如沟谷、山脊、河流等，也是构成边坡工程岩体边界的要素之一。

1.3　岩体的演化

岩体是地质历史的产物，是地球内力和外力地质作用对地表岩石圈共同孕育和改造的结果。从地质历史的角度看，岩体具有形成（孕育）—发展（成长）—稳定（成熟）—重建（消亡）的生长发育规律，它是有“生命”的。

1.3.1　岩体的形成期

岩体的形成（孕育）期是区域地质构造格局形成时岩体所赋存的基本地质环境，它决定岩体最基本的物质组成和地质构造格局。

从工程应用的观点看，分析岩体形成期特征，主要确定四个问题：物质组成、区域构造边界、原始构造应力场特征及区域构造体系。

从工程时限看，岩体的物质组成在形成时由成岩环境决定，在工程使用期间基本不会发生变化。通过物质成分的研究，还可还原古地理地质环境，对进一步深入了解岩体物质成分的性质会有帮助。

在形成期，区域构造的边界和构造应力场特征，是区域构造体系的基础。在本章第 1.2.1 节中介绍的实例二，详细描述了石太铁路客运专线 314 省道 2 号大桥桥址区域地壳岩体的边界范围、应力作用方式和演化历史，为我们清楚地勾勒出本区区域构造的基本格局。后来的演化，都是在这个基础之上进行的。

基本构造格局是一个地区最基础的地质构造特征。它决定了该区域主要构造线的走向和配套，以及最初地应力场方向和强度，也奠定了后期山脉水系展布规律。这些特征，影响到工程的选址和布局，如本章 1.2.1 部分实例一中介绍的大瑞铁路澜沧江大桥的选址。

1.3.2　岩体的发展期

发展（成长）期是新构造运动的作用和现代外营力作用对岩体的“雕刻”和“改造”，该时期的岩体总体来说还处在变动演化阶段，一般是欠稳定或不稳定的。

发展期的岩体在地质上主要有四种标志：活动性断裂影响（包括高烈度区）、地壳上升形成深切峡谷、不良地质（地质灾害）发育、岩浆活动地热异常。这些现象有时单独出现，有时同时存在。发展期岩体最基本的特征是变化。如果说形成期形成的基本地质环境通常由普通的地质勘察就可以查清，那么，发展期的岩体地质特征通常要经过深入细致的专门工作才能了解清楚。例如深切河谷谷底的堆积物、陡岸峭壁上的新近崩塌、卸荷裂隙松动岩体的发育、岩溶侵蚀基准面的变化、坑道开挖中的岩爆、软岩围岩收敛变形、区域滑坡、泥石流发育等。

仍然以前面给出的石太铁路客运专线314省道2号大桥峡谷岩石边坡工程为例。在对该工程实例的介绍中，我们已经获得了关于形成期区域岩体的物质组成和构造格局。但前面的叙述仅止于区域基本构造格局形成的中生代燕山运动期，在那之后，在桥址区主要构造盖层（即古生代奥陶纪碳酸岩层）之上，还覆盖着不完整的、产状平缓的第三纪红色泥岩和新近时期的第四纪黄土。新生代表层与下伏古生代构造层为不整合接触，在下伏基岩中，那些和新生代喜山构造运动的东西向拉伸相对应的南北向结构面被拉开后，被上覆第三纪红色泥岩充填。下伏基岩中一些薄层灰岩层间错动明显，且都泥化。以上现象说明，新生代以来，该区经历着构造运动的强烈作用。

除了岩体组成和结构面的这些变化外，地表形貌和水系的变化也很明显。现在峡谷所在的分水岭以西是汾河水系，以东是滹沱河水系。但分水岭山脊高处河流冲积层表明，在不久之前，现在的山脊还是汾河河床的一部分。此外，在分水岭以东的滹沱河上游支流与干流相交的锐角方向，不是指向正常的干流下游方向。上述现象说明，由于现代构造运动，造成该区地壳差异上升，使分水岭向西移动，先前低处的汾河河床上升成为山脊，使河流冲积层抬升到高处。原先流向西面的汾河支流，成为流向东面的滹沱河的支流，这种现象称为河流袭夺。由于袭夺发生的时间距现代不久，支流的方向还没有改造完成。这些现象再次说明本区构造运动距今并不遥远。

地震研究表明，本区基本地震烈度达到Ⅷ度，现代构造运动仍十分强烈。

通过上述一系列现象的详细观察和综合分析，表明现代构造运动对本区岩体的调整改造并没有结束，不难判断岩体处于不稳定的发展期。

实际上，分析判别岩体处于发展期并不难，难的是这项工作常常被忽略。而且，除地震指标被用于抗震工程设计外，其稳定性分析成果如何在工程中体现，还没有形成概念和共识。

对岩石工程分析而言，发展期岩体的概念主要可在两个方面应用：一是通过地质构造分析确定现代地应力场的方向，甚至通过实测了解现代地应力场的强度；二是对岩石工程计算结果进行评价。特别是后者，在实际工程分析中非常有用。比如石太铁路客专大桥边坡这个实例。通过勘察试验，计算出桥墩所在的顺层边坡基本处于规范所允许的稳定状态，一般情况下不需要设置加固工程，但考虑到边坡工程岩体处于发展状态，为确保安全计，仍建议对该边坡进行适当处理，该边坡工程最终采用了锚索加固措施。虽说这是一个成功运用岩体演化概念处理实际工程的案例，但要在岩石工程中被更多的人接受，还任重道远。

1.3.3 岩体的成熟期

稳定（成熟）期是新构造运动和外力作用都相对平静的时期，岩体处于相对稳定状态。该时期的地质特征，是没有挽近以来形成的构造形迹，地震烈度低于Ⅵ度。野外观察可以发现岩体相对完整，较少区域性不良地质发育。

稳定期岩体的分析，可以不考虑区域构造的影响，但工程岩体边界的划定应根据构造格局确定。在岩体工程分析中，岩体的稳定性主要由其基本力学性质和工程荷载决定，一般不用或用很少的工程防护加固措施。

1.3.4 岩体的消亡期

消亡期是新一轮区域构造体系的重建，岩体卷入到大规模、区域性破坏变化之中，也是新岩体孕育的开始。这种地质构造强烈变动区域，一般是不适合进行工程建设的。

岩体是自然地质历史的产物，岩体的孕育、发展、变化是自然规律控制的结果，人们应尽量适应岩体，努力保持岩体原有状态，在工程建设中对其进行有限的、顺其自然的利用。

1.4 边坡中的物理场

边坡岩体是天然地质体，和任何人工或天然材料（包括开采后的石材）不同，不能脱离原有的地质环境单独存在。前面的叙述中，已经反复提到过岩体的构造应力环境，其实除此之外，还有很多直接影响地壳岩体性质和生存状态的各种地球物理化学环境。从岩石工程目前的设计理论基础看，地球的物理环境是影响岩体力学特征的主要边界条件。对岩体力学特征影响最典型的物理因素是地壳应力、地下水压力和地壳温度，这些因素的物理值是随空间位置变化的，分别称其为地应力场、渗流场和温度场。

1.4.1 边坡岩体中的应力场

边坡岩体中，由于重力、地质构造作用、温度、地下水及其他地质作用，存在天然应力场。地应力也称原岩应力、初始应力、一次应力。在通常情况下，自重应力是地应力中最主要的成分，构造应力场则多出现在新构造运动比较强烈的地区。根据国内外实测地应力资料，边坡岩体中的地应力场基本特征可归纳为：①在浅部岩层，地应力垂直分量 σ_v 接近于岩体自重应力；②水平分量 σ_h 有各向异性。华北地区实测结果表明 $\sigma_{hmin}/\sigma_{hmax}$ 在 0.19～0.78 之间，主要比值在 0.43～0.64 之间；③最大主应力在平坦地区或深层受构造方向控制，而在山区则和地形有关，在浅层往往平行于山坡方向；④由于多数岩体都经历过多次地质构造运动，组成岩石的各种矿物的物理力学性质也不相同，因而地应力中的一部分以“封闭”或“冻结”状态存在于岩体中。

在岩石边坡工程中，地应力大小和作用方式是计算边坡天然应力场的必要条件，而边坡应力值是评价边坡强度和破坏的工程力学标准。

按地应力值的大小，可划分为正常地应力场和高地应力场。高地应力是个模糊的概念，在原理上应该根据岩体在地应力作用下的自然表现来确定，如硬岩的饼化、硬岩边坡表面的松动破坏（应力松弛的结果）、软岩的流变等。在工程应用中，高地应力场一般根据所在地区岩石单轴抗压强度与最大主应力值的比值确定，标准也不统一，大致在 7 以上。在高应力地区的岩石边坡工程中，需要对岩体的变形破坏格外留意。

按地应力场的作用方式，可划分为静应力场和动应力场。一般情况下，如果没有特别说明，地应力场指静应力场，动应力场主要指地震作用和工程动荷载作用引起的应力场。对工程动荷载，在力学中是按应变速率划分的。当荷载作用下材料应变速率在 $10^{-1}/s$～$10^{4}/s$ 的荷载范围，属于动力学范畴。

在静力学中，所描述的荷载是与时间无关的。但是，在动力学中，荷载是时间的函数。因此，动力学常以应力波的传播来描述荷载的作用。例如，在计算地震引起的岩体应力时，静力学采用地震加速度值(地震系数)计算,而动力学则需要地震加速度频谱曲线来计算。岩石边坡工程的动力学分析问题,将在第2章介绍。

1.4.2 边坡岩体中的渗流场

岩体作为天然物质,由于成因不同,很多岩块内部具有孔(空)隙。同时,几乎所有岩体都存在节理、裂隙。孔隙裂隙的存在,为岩体介质中水气的贮存提供空间,也为水气的运移提供了通道。岩体中水气的运移叫作渗流。

贮存在岩体中的水,叫地下水。地下水在岩体中贮存,使得岩体内部承受着静水压力;而地下水的运动,又使岩体承受动水压力。静水压力和动水压力通称渗流压力。渗流压力随岩体空间位置的变化而变化,因此,岩体处于渗流场中。

岩石边坡工程是地面工程。一方面是边坡的临空面将引起地下水面的畸变,另一方面降水入渗也将改变地下水位,两者都将造成岩体渗流特性的改变。特别是降水量和时长都是随机变化的,因此边坡岩体中的渗流场特征也是变化的。岩体渗流场分析问题将在本书后续章节中介绍。

岩石边坡工程中研究渗流的目的,主要是解决渗流压力的存在和变化时,岩体中原有应力场的改变。但是在某些情况下,渗流压力和渗流速度会改变水岩作用的强烈程度,对岩体力学性质带来额外的影响。这是边坡工程研究中需要注意的问题。

1.4.3 边坡岩体中的温度场

地表下岩浆活动和岩石中某些放射性元素的蜕变会在地球内部形成热源,而太阳的热辐射也会给地面岩体带来热量。内外热源的共同作用,会造成地壳岩体中温度的变化,即岩体中存在温度场。

在内外热源的影响下,地表及以下岩体中温度(简称岩温或地温)可以形成三个分带:在地表一定深度内,岩温受太阳辐射作用强度的变化而变化,称为变温带,由于太阳辐射的角度、时间、地球纬度的不同,变温带的深度在不同的地区是不同的;在变温带的下限界面,岩温保持恒定,称为恒温带;在恒温带以下,随着深度的增加,不断产生的内源热量无法通过地表散发而积聚,深度越大,热量积聚越多,因而温度越高,所以,从恒温带向下,温度随深度的增加而增加,称为增温带,地下增温梯度大致为2.5~3.5 ℃/100 m。

对岩体温度场(也叫地温场)影响最大的外界因素是地下水。水体是岩体中热对流的主要载体。当水流从高温的地下深部流向地表时,将把更多的热量带给地面岩体,造成温度上升;当水流为地表融雪融冰渗入地下时,地表层岩体温度下降。因此在地表地下水的流动,对边坡岩体温度的影响是较为明显的。

"热"带给岩体的影响主要是岩体物理性质的变化,其中最主要的就是热应力造成岩体内部应力的改变。边坡岩体处于地表,极易接受太阳辐射。因此,在我国南方地区,太阳辐射对边坡温度场的影响十分明显,比如红层软岩边坡的表面剥落就是坡面热应力作用的结果。同时,温度增高也会带来岩体强度、刚度的下降。

除了"热"带来影响,在岩体孔隙裂隙中充水的条件下,"冻"造成的水冰相变会使水体积膨胀,在岩体中形成冻胀应力。冻土地区边坡的表层破坏,是与冻胀作用破坏了原岩结构有关的。由此可以看出,岩体温度场是影响岩体工程性质的重要因素之一。

在以上几节中，我们介绍了岩体中的应力场、渗流场、温度场。其中，渗流和温度是相互作用、相互影响的，而结果最终为应力场带来改变。因此，岩石工程中的多场分析是研究岩体复杂地质环境的工具之一。不过需要指出的是，一度十分热门的多场耦合计算方法，实际上都因预设了一个有缺陷的前提，而使计算结果与实际有较大差距。

参考文献

[1] 王继光．岩体工程地质分析[M]．成都：西南交通大学出版社，1988.
[2] 谢强，赵文．岩体力学与工程[M]．成都：西南交通大学出版社，2011.
[3] 谷德振．岩体工程地质力学基础[M]．北京：科学出版社，1983.

2　岩石边坡工程分析方法

岩石边坡工程是在岩石边坡地质特征定性分析基础上，概化出岩土力学模型，借助于数学力学的分析计算方法得出工程所需的结论。因此，在岩石边坡工程中，分析计算方法是最基础、最重要的部分。

包括边坡工程在内的岩土工程发展至今，借助于数学、物理、力学、机械、电子等学科的发展，已经基本形成了包括经典数学力学理论分析、数值模拟、模型试验、现场测试分析为主要手段的完整体系。在这个系统中，各种分析手段都可对所属对象开展独立研究，通过各自结论的相互支持、相互印证来解决复杂的岩土工程问题。因此，岩石边坡工程分析是一个庞大复杂的系统，显然一个章节的内容是无法对其进行全面系统阐述的。在本章中，仅从日常工程应用的角度出发，考虑到本书内容的完整性，对岩石边坡工程分析中最常用的计算方法进行介绍，突出具体应用，以期读者对后续各章所及分析方法有初步了解。

2.1　边坡稳定性极限平衡分析

在岩石边坡稳定性分析中，对由确定性结构面构成的边坡岩体部分，通常将其破坏视为刚体运动，因而可以依据极限平衡原理，建立解析式计算其稳定性。对于复杂岩体结构面组合关系的分析，则采用赤平投影分析。两者的结合，构成岩石边坡稳定性极限平衡分析计算方法。

2.1.1　层状边坡稳定性分析

1. 赤平投影原理

赤平投影的全称是极射赤平投影。赤平投影的原理可以图 2.1.1 来说明。

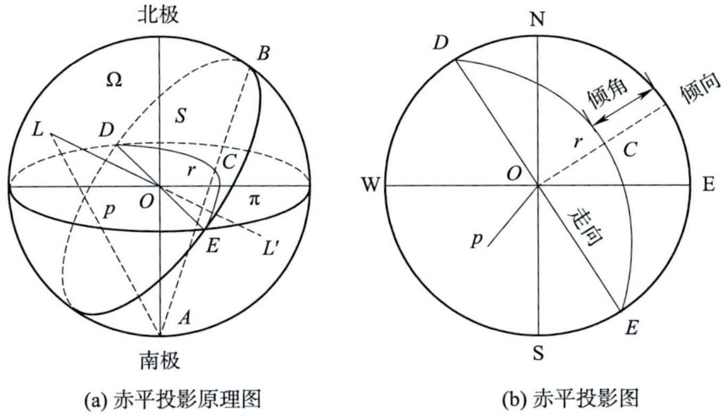

图 2.1.1　极射赤平投影原理与投影图

图 2.1.1(a)表示空间球体 Ω(地球)与球体中空间线 LL'、面 S(假定都移动到经过球心

O)延伸并相切于球面的几何关系。空间球体中过球心 O 的赤道水平面 π(赤平面)为投影面,垂直于赤平面的直径(极轴)与球面的上下交点(北极、南极点)为投影光源。投影光源与空间线、面在球面相切的迹点(线)的连线 AL、AB 为投影射线。投影射线经过赤平面,与赤平面相交的点 p、C 为投影点。容易理解,直线的投影为点 p,面的投影为弧线 r。投影射线从南北极射出,简称为极射。投影射线以南极为光源(射线原点)射出,在赤平面上得到的投影为上半球投影。反之,为下半球投影。

空间线、面在赤平面上的投影,展现在平面上就是常见的赤平投影图,如图 2.1.1(b)所示。在赤平投影图中,任何一个空间平面显示为经线过圆心的圆弧 r,称为大圆圆弧。任何一条直线显示为一个点 p。平面可视为一系列共面直线的组合,因此圆弧上的任何一点,即代表一条与之共面的空间直线。由此可以得知,两条不重合的大圆圆弧的交点,即为空间两个不重合的平面的交线。

赤平投影图中的方位与地质学习惯方位一致,即上北下南,左西右东。北为 0°,顺时针递增。这样,代表空间直线的点与圆心连线 Op 的方位,为直线走向。代表空间平面的圆弧的走向,为圆弧过圆心的经线(直径)DE。平面的倾向,根据上下半球投影的不同,相互之间有 180°的差别。在下半球投影中,平面倾向为与圆弧直径垂直,过圆心,指向圆弧外凸方向的射线 OC 的方位。根据投影原理,空间直线的倾角,以代表直线的点距圆周的距离表示。在圆周上的点,代表倾角为 0°的直线(水平直线),在圆心上的点,代表倾角为 90°的直线(垂直线)。对空间平面而言,倾角以代表平面的圆弧的弧顶到圆周的距离(倾向线上圆弧到圆周的距离)表示。当平面为水平时,平面圆弧与圆周重合。当平面垂直时,退化为一条直径。

赤平投影能直观解析空间线与线、面与面、线与面之间的相互关系,是工程地质勘察、岩石边坡稳定性、地下洞室围岩稳定性、坝基岩体稳定性等分析的常用工具和手段。赤平投影图的制作、定量分析及其应用,可参考孙玉科等(1980)所著《赤平极射投影在岩体工程地质力学中的应用》一书。在本书第 10 章中也有具体应用方法可供参看。

2. 平面滑动条件

当边坡中发育有倾向与坡向相近的层状结构面时,边坡岩体可沿层状结构面做平面滑动。工程实践中常见的砂泥岩互层顺层边坡、灰岩顺层边坡、千枚岩顺层边坡或存在单一长大贯通结构面的其他边坡,可以概化成平面滑动破坏边坡。平面滑动定性判定可采用赤平投影图分析(图 2.1.2)。

不稳定条件　层面与边坡面的倾向相近,并且层面的倾斜角 β 比坡面倾角 α 缓时($\beta<\alpha$),如图 2.1.2(a),边坡构成不稳定状态,剖面图上画线条的部分 ABC 有可能沿层面 AB 滑动。若只有一个结构面的条件,如图 2.1.2(a)中的 EF,虽然其倾斜角较边坡角缓,但它未在边坡面上出露,由于产生了一定的支撑,边坡岩体的稳定条件将获得改善。

基本稳定条件　如图 2.1.2(b)所示,层面的倾斜角等于边坡坡角($\beta=\alpha$),沿层面不易出现滑动现象,边坡稳定。这种情况下的边坡角,就是岩体结构分析得到的稳定边坡角。

稳定条件　如图 2.1.2(c)所示,层面的倾斜角大于边坡角($\beta>\alpha$),边坡处于稳定状态。这种情况下,边坡角可以提高到图上虚线 AB 的位置,使 $\alpha=\beta$,此时的坡角是较为经济合理的边坡角。

最稳定条件　如图 2.1.2(d)所示,当层面与边坡面的倾向相反,即层面倾向坡内时,不管层面的倾斜角陡与缓，对于滑动破坏而言，边坡都处于稳定状态。但从变形观点来看，反倾向边坡也可能发生破坏，只不过不是沿贯通性反倾结构面滑动。

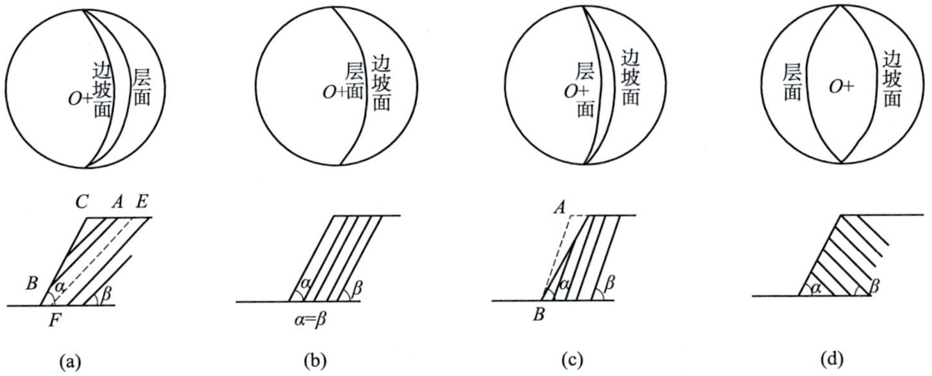

图 2.1.2 受一组结构面控制的边坡稳定条件

3. 稳定性分析

对发生平面滑动破坏的边坡，可采用极限平衡理论分析其稳定性，方法如下。

设坡面的倾向与结构面的倾向的夹角为 ω，坡角为 α，结构面倾角为 β，则当 $\omega<30°$，且 $\beta<\alpha$ 时，则可能产生平面滑动破坏(图 2.1.3)，单平面滑动稳定性计算式如下

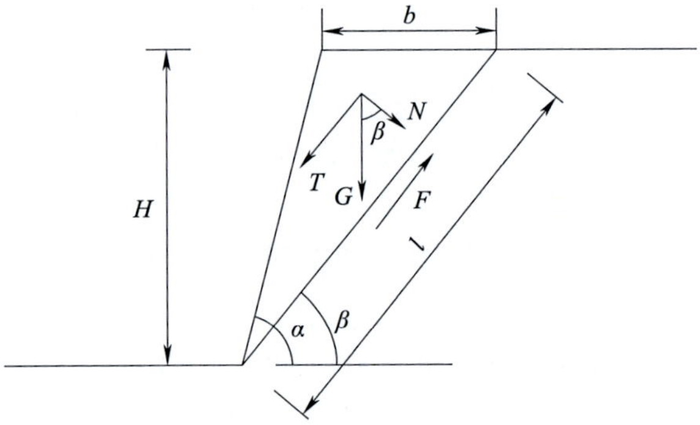

图 2.1.3 单平面滑动稳定性计算简图

$$K=\frac{\tan\varphi}{\tan\beta}+\frac{2c\sin\alpha}{\gamma H\sin\beta\sin(\alpha-\beta)} \tag{2.1.1}$$

式中 K——边坡的稳定系数；

H——边坡高度(m)；

α——边坡倾角(°)；

β——滑面倾角(°)；

γ——岩体重度(kN/m^3)；

c——滑面黏聚力(kPa)；

φ——滑面摩擦角(°)。

当不考虑 c 时，如硬质岩结构面，则有

$$K=\frac{\tan\varphi}{\tan\beta} \tag{2.1.2}$$

对一定条件而言，边坡存在极限坡高 H_{max}，即 $K=1$ 时的坡高，在式(2.1.1)中，令 $K=1$，可得

$$H_{max}=\frac{2c\sin\alpha\cos\varphi}{\gamma\sin(\alpha-\beta)\sin(\beta-\varphi)} \tag{2.1.3}$$

上述算式，仅是一种简单条件下的示意性算式。主要说明在单一滑面作平面滑动情况下，基于刚体运动的极限平衡稳定性计算原理。实际上当坡顶不是水平，坡顶存在充水张裂缝、地震作用等情况下，平面滑动的具体计算式均可以此原理推导。需要注意的问题是，关于静水压力、地震力的计算，目前常见的计算方法或多或少存在一定问题。具体内容的讨论，可参看本书 10.3.1 部分。

2.1.2 结构性岩石边坡稳定性分析

1. 结构性岩石边坡

对于块状结构硬质岩边坡，其变形破坏主要受两组或两组以上结构面控制时，该类边坡可称为结构性岩石边坡。结构性岩石边坡破坏模式以平面滑动、楔形滑动、倾倒、坠落等为主。本节主要讨论有两组相交结构面构成的楔形块体的滑动稳定性。

根据赤平投影图，可对边坡楔形体的滑动稳定性进行初步判断：

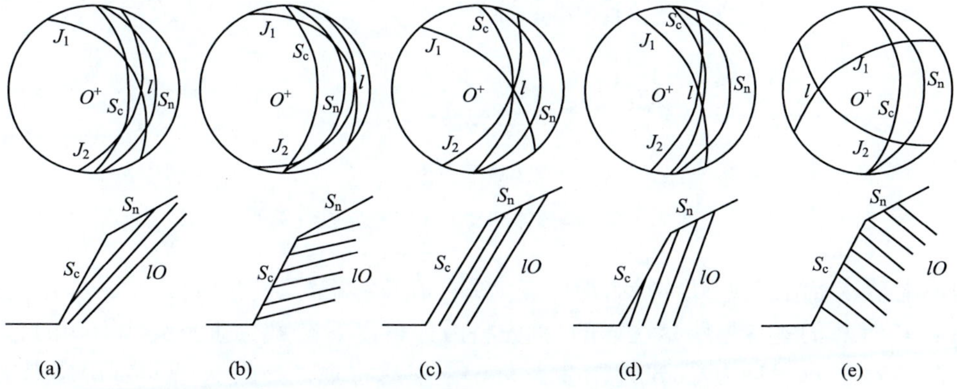

图 2.1.4 受两组结构面控制的边坡稳定条件

不稳定条件如图 2.1.4(a)所示，两结构面 J_1 和 J_2 的投影大圆的交点 l，位于开挖边坡面 S_c 的投影大圆与自然边坡面 S_n 的投影大圆之间，也就是两结构面的组合交线的倾伏角比开挖边坡面的倾角缓，而比自然边坡面的倾角陡。如果组合交线 lO 在边坡面和坡顶面上都有出露时，边坡处于不稳定状态，如图 2.1.5(a)的剖面图所示。但在某些结构面组合条件下，例如结构面的组合交线在坡顶面上的出露点距开挖边坡面很远，以致组合交线未在开挖边坡面上出露而插入坡下时，则属于较稳定条件。

较不稳定条件如图 2.1.4(b)所示，两结构面 J_1 和 J_2 的投影大圆的交点 l，位于自然边坡面 S_n 的投影大圆的外侧，说明两结构面的组合交线虽然较开挖边坡面平缓，但它在坡顶面上没有出露点。因此，在坡顶面上没有纵向切割面的情况下，边坡能处于稳定状态。如果存在纵

向切割面，则边坡易于产生滑动。

基本稳定条件如图 2.1.4(c)所示，两结构面 J_1 和 J_2 的投影大圆的交点 l 位于开挖边坡面 S_c 的投影大圆上，说明两结构面的组合交线 lO 的倾角等于开挖边坡面的倾角，边坡处于基本稳定状态。这时的开挖边坡角，就是岩体结构分析得到的稳定边坡角。

稳定条件如图 2.1.4(d)所示，两结构面 J_1 和 J_2 的投影大圆的交点 l 位于开挖边坡面 S_c 的投影大圆内侧，因而两结构面组合交线 lO 的倾角比开挖边坡面的倾角陡，边坡处于稳定状态。

最稳定条件如图 2.1.4(e)所示，两结构面 J_1 和 J_2 的投影大圆的交点 l 位于与开挖边坡面 S_c 的投影大圆相对的半圆内，说明两结构面的组合交线 lO 倾向坡内，处于滑动最稳定状态。

需要说明的是，上述分析的滑动稳定状态不等于不会发生崩塌。有关崩塌的分析，可参见第 10 章。

2. 稳定性分析

结构性岩质边坡的楔形滑动破坏，其稳定性分析仍基于极限平衡理论。楔形体滑动的滑动面由两个倾向相反且其交线倾向与坡面倾向相同、倾角小于边坡角的软弱结构面组成。如图 2.1.5 所示，假定坡顶面为一水平面，则楔形滑体 $ABCD$ 实际上是一个以△ABC 为底面的倒置三棱锥体，△ABD 和△BCD 为两个滑动面，倾向相反，倾角分别为 β_1 和 β_2，它们的交线 BD 的倾伏角为 β，边坡角为 α，坡高为 H。

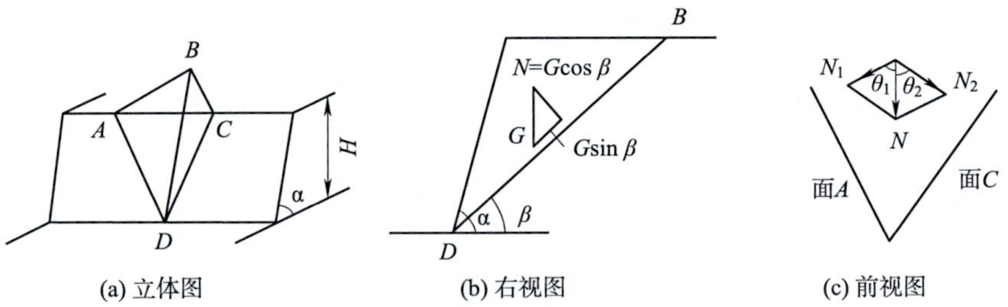

图 2.1.5 楔形体滑动模型及稳定性计算图

假设滑动体将沿交线 BD 滑动，滑出点为 D。在仅考虑滑动岩体自重 G 的作用时，边坡稳定性系数 K 计算的基本思路是这样的：首先将滑体自重 G 分解为垂直交线 BD 的分量 N 和平行交线的分量，即滑动力 $G\sin\beta$[图 2.1.5(b)]，然后将垂直分量 N 投影到两个滑动面的法线方向[图 2.1.5(c)]，求得作用于滑动面上的法向力 N_1 和 N_2，最后求得抗滑力及稳定性系数。由此，得

$$\begin{cases} N_1=\dfrac{G\cos\beta\cdot\sin\theta_2}{\sin(\theta_1+\theta_2)} \\ N_2=\dfrac{G\cos\beta\cdot\sin\theta_1}{\sin(\theta_1+\theta_2)} \end{cases} \tag{2.1.4}$$

式中，θ_1 和 θ_2 分别为 N 与二滑面法线的夹角。

设 c_1，c_2 及 φ_1，φ_2 分别为滑面△ABD 和△BCD 的黏聚力和摩擦角，则边坡稳定性系数为

$$K=\frac{N_1\tan\varphi_1+N_2\tan\varphi_2+c_1S_{\triangle ABD}+c_2S_{\triangle BCD}}{G\sin\beta} \tag{2.1.5}$$

式中，$S_{\triangle ABD}$ 和 $S_{\triangle BCD}$ 分别为滑面△ABD 和△BCD 的面积。

在以上计算中，如何求得滑动面的交线倾伏角 β 及滑动面法线与 N_1、N_2 的夹角 θ_1 和 θ_2 等参数是很关键的。而这几个参数通常可通过赤平投影等图解法或用三角几何方法求得。具体方法可参见 10.2.5 部分。

同平面滑动一样，当坡形、水压、地震等因素存在时，其具体计算亦可基于极限平衡原理推导。

2.1.3 不规则滑面岩石边坡稳定性分析

1. 不规则滑面岩石边坡

当边坡岩土体物质成分差异、风化松动、具有碎裂—散体岩体结构或特殊软弱结构面的存在，造成边坡上部岩体可能沿不规则滑面（圆弧、折线）滑动时，边坡的稳定性计算类似于土质滑坡的稳定计算。此时可根据岩体结构特征，采用不平衡推力法或 Sarma 法进行稳定性计算。

2. 不平衡推力法

不平衡推力法亦称传递系数法或剩余推力法。不平衡推力法的基础也是极限平衡理论。不平衡推力计算简单，能够为滑移式边坡提供设计推力，因此在水利部门、交通部门得到广泛应用，在国家规范和行业规范中也将其列为推荐方法。

不平衡推力的计算模型源自条分法，不同之处在于分块计算出剩余下滑力并向下传递。不平衡推力法的计算简图如图 2.1.6 所示。

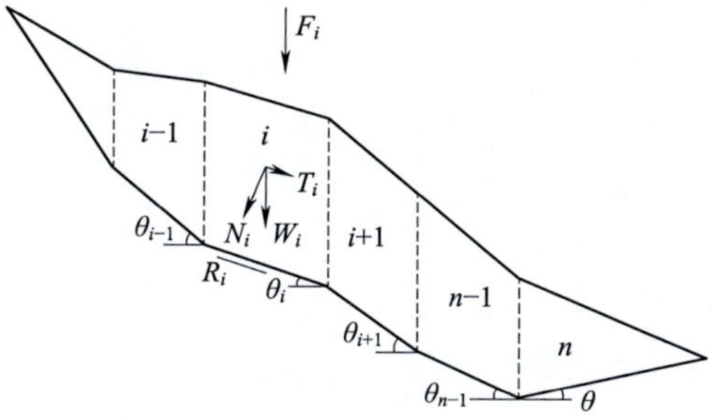

图 2.1.6 不平衡推力法计算简图

假定条间力的作用方向与上一条块的滑面方向平行，由图 2.1.6 所示简图，经过推导，即可导出显式解法的计算公式，得

$$K=\frac{\sum_{i=1}^{n-1}\left(R_i\prod_{j=i}^{n-1}\psi_j\right)+R_n}{\sum_{i=1}^{n-1}\left(T_i\prod_{j=i}^{n-1}\psi_j\right)+T_n} \tag{2.1.6}$$

其中，$\psi_j=\cos(\theta_i-\theta_{i+1})-\sin(\theta_i-\theta_{i+1})\tan\varphi_{i+1}$

$$\prod_{j=i}^{n-1}\psi_j=\psi_i\cdot\psi_{i+1}\cdot\psi_{i+2}\cdot\cdots\cdot\psi_{n-1}$$

$R_i=N_i\tan\varphi_i+c_il_i$

$T_i=W_i\sin\theta_i+P_{W_i}\cos(\alpha_i-\theta_i)$

$N_i=W_i\cos\theta_i+P_{W_i}\sin(\alpha_i-\theta_i)$

$$W_i=V_{iu}\gamma+V_{id}\gamma'+F_i$$
$$P_{W_i}=\gamma_{W_i}IV_{id}$$
$$I=\sin|\alpha_i|$$
$$\gamma'=\gamma_{sat}-\gamma_w$$

式中 K——滑坡稳定性系数；

ψ_i——传递系数；

R_i——第 i 计算条块滑体抗滑力(kN/m)；

T_i——第 i 计算条块滑体下滑力(kN/m)；

N_i——第 i 计算条块滑体在滑动面法线上的反力(kN/m)；

c_i——第 i 计算条块滑动面上岩土体的黏聚力标准值(kPa)；

φ_i——第 i 计算条块滑带土的内摩擦角标准值(°)；

l_i——第 i 计算条块滑动面长度(m)；

α_i——第 i 计算条块地下水流线平均倾角，一般情况下取浸润线倾角与滑面倾角的平均值(°)，反倾时取负值；

W_i——第 i 计算条块自重与建筑等地面荷载之和(kN/m)；

θ_i——第 i 计算条块底面倾角(°)，反倾时取负值；

P_{Wi}——第 i 计算条块单位宽度的渗透压力，作用方向倾角为 α_i(kN/m)；

I——地下水渗透坡降；

γ_w——水的容重(kN/m³)；

V_{iu}——第 i 计算条块单位宽度岩土体的浸润线以上体积(m³/m)；

V_{id}——第 i 计算条块单位宽度岩土体的浸润线以下体积(m³/m)；

γ——岩土体的天然容重(kN/m³)；

γ'——岩土体的浮容重(kN/m³)；

γ_{sat}——岩土体的饱和容重(kN/m³)；

F_i——第 i 计算条块所受地面荷载(kN)。

3. Sarma 法

Sarma(1979)法的基本思想是：将边坡岩土体滑动视为完整刚体滑动的条件，必须是滑动面为理想平面圆弧。如果不满足这种几何条件，那么，滑动的岩土体会因存在的结构面而裂成为几个断块，然后再沿滑面滑动(图 2.1.7)。在滑动过程中，断块之间有相互错动(块间剪切)。因此，滑动的断块既要满足力的平衡，又要满足力矩平衡。

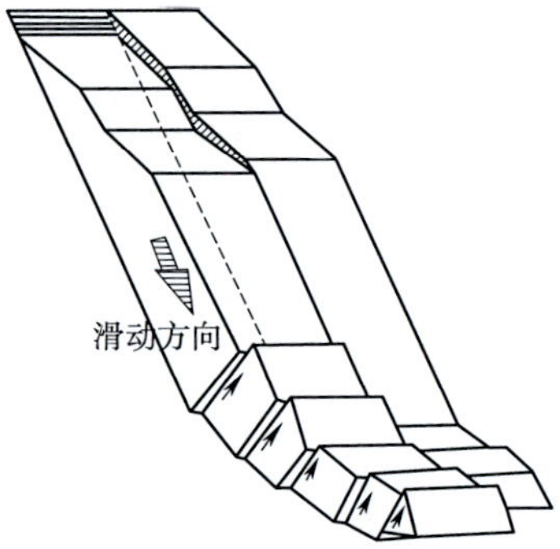

图 2.1.7 Sarma 滑动模式

Sarma 法可以用来评价各种类型的滑坡稳定性，尤其是滑动岩体明显受非垂直结构面切割的边坡。同时，由于引入了临界水平加速度判据，因此还可以用来分析地震力对斜坡稳定性的影响。

根据 Sarma 理论得到的计算简图如图 2.1.8(a)所示。图中 W_i为第 i 条块重量；KW_i为由于动荷载加速度在第 i 条块上产生的力；PW_i和 PW_{i+1}为分别为作用于第 i 和第 $i+1$ 侧面的水压力；U_i为作用于第 i 条块底面上的水压力；E_i和 E_{i+1}分

别为作用于第 i 侧面和第 $i+1$ 侧面的法向力；X_i 和 X_{i+1} 分别为作用于第 i 侧面和第 $i+1$ 侧面的剪力；N_i 为作用于第 i 条块底面的法向力；T_i 为作用于第 $i+1$ 条块底面的剪力；β 为动荷载加速度向量与垂直方向夹角；F_i 为作用于第 i 条块上的荷载。

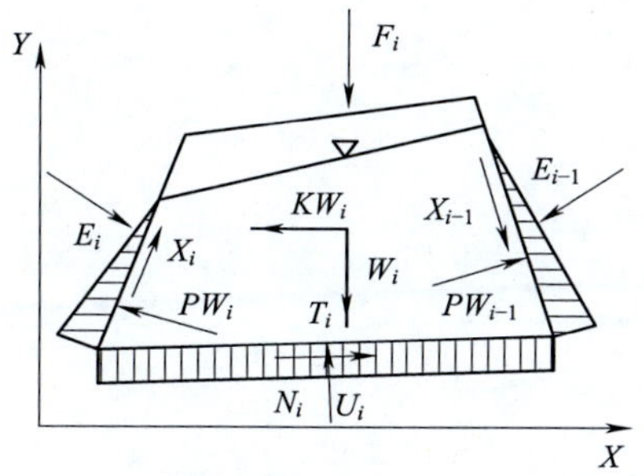

(a) 作用在第i条块上的力

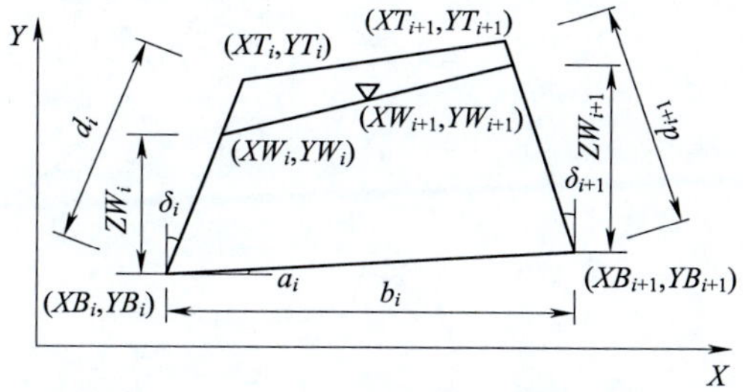

(b) 第i条块几何模型

图 2.1.8 Sarma 法计算简图

Sarma 法几何模型如图 2.1.8(b)所示。图中：XT_i、YT_i 和 XT_{i+1}、YT_{i+1} 为第 i 条块顶面坐标；XW_i、YW_i 和 XW_{i+1}、YW_{i+1} 为水位面与第 i 侧滑面交点坐标；XB_i、YB_i 和 XB_{i+1}、YB_{i+1} 为第 i 条块底面坐标；d_i 和 d_{i+1} 为第 i 侧滑面与第 $i+1$ 侧滑面长度；b_i 为第 i 条块底面宽度；α_i 为第 i 条块底面与水平方向夹角；δ_i 和 δ_{i+1} 为条块侧面与垂直方向夹角；ZW_i 和 ZW_{i+1} 为水位面与块底面之间距离。

根据刚体力学中的极限平衡原理，注意边界条件 E_i 和 E_{i+1} 都等于零，可推导出式(2.1.7)所示极限平衡条件。

$$K=\frac{a_1e_2e_3\cdots e_n+a_2e_3e_4\cdots e_n+\cdots+a_{n-1}e_n+a_n}{P_1e_2e_3\cdots e_n+P_2e_3e_4\cdots e_n+\cdots+P_{n-1}e_n+P_n} \tag{2.1.7}$$

其中，$a_i=Q_i[R_i\cos\varphi_{bi}+(W_i+F_i)\sin(\varphi_{bi}-\alpha_i)+S_{i+1}\sin(\varphi_{bi}-\delta_{i+1}-\alpha_i)-S_i\sin(\varphi_{bi}-\delta_i-\alpha_i)]+F_i$

$$P_i=Q_iW_i\sin(\gamma+\varphi_{bi}-\alpha_i)$$

$$e_i=Q_i\cos(\varphi_{bi}-\alpha_i+\varphi_{si}-\delta_i)\sec\varphi_{si}$$

$$Q_i=\sec(\varphi_{bi}-\alpha_i+\varphi_{si+1}-\delta_{i+1})\cos\varphi_{si+1}$$

$$R_i=c_{bi}d_i\sec\alpha_i-U_i\tan\varphi_{bi}$$

$$S_i=c_{si}d_i-PW_i\tan\varphi_{si}$$

式中 $c_{si}, \varphi_{si}, c_{si+1}, \varphi_{si+1}$——第 i 条块底面、第 i 和第 $i+1$ 侧面抗剪强度指标；

c_{bi}, φ_{bi}——第 i 条块底面抗剪强度指标。

尤其要注意的是，式(2.1.7)中等式左边的 K 不是通常意义上的稳定性系数，而是计算平衡时的水平加速度值。如果边坡不受外来水平加速度作用，即完全处于静力场中时，要求 $K=0$。当边坡受水平加速度作用时，如地震作用时，K 等于边坡所经受的水平加速度值。因此，Sarma 法导出的计算式(2.1.7)实际上为隐式，通常采用试算法求解。其求解步骤为：

(1)假定一系列安全系数 F，按式(2.1.8)计算 c'_e 和 $\tan\varphi'_e$；

$$c'_e=\frac{c}{F},\ \tan\varphi'_e=\frac{\tan\varphi'}{F} \tag{2.1.8}$$

(2)根据不同的 c'_e和 $\tan\varphi'_e$,按式(2.1.7)求得 K,并将其绘制成 F—K 曲线(图 2.1.9);

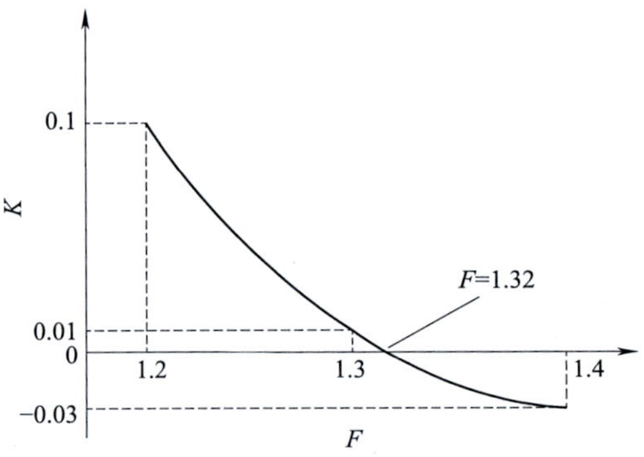

图 2.1.9 安全系数与临界加速度系数的关系

(3)在 F—K 曲线中,确定与边坡加速度值(静力学状态 $K=0$,动力学状态 $K=$动力加速度)对应的 F 值,此时的 F 值即为传统定义的稳定系数。

原始的 Sarma 法有传递系数法所没有的优点,但也存在着不少疑问和不足。首先是计算 $F-K$ 曲线的收敛性问题,需要改进算法以克服安全系数出现的震荡(朱大勇,2006)。再如熊将(2006)等人指出,原始计算公式推导中没有考虑块体完全淹没在水面以下时,块体上边界所承受的水压力,不适用于计算岸坡中延伸到水下的滑体的稳定性。又如,郑颖人(2004)等人探讨过滑面倾角差对计算精度的影响等。因此,研究者对 Sarma 法提出过一些改进算法,以提高合理性和适应性。

2.2 边坡工程常用数值分析方法

岩石边坡工程分析所依据的主要理论基础是固体力学。固体力学主要是以连续介质为描述对象的。连续介质力学的基点是微元体的力学平衡、运动特征、变形特征、物理—力学关系(本构关系)和边界条件。由于岩土材料本身的复杂性、工程岩体边界的多变性,以及考虑到岩体具有的不连续、非均质、各向异性,很难以直接解的解析式来表达所求解的实际工程问题。因此,采用数值分析方法来求解岩土工程问题就成为主要甚至是唯一的途径。数值分析方法在岩土工程问题研究中具有广泛适用性,它不仅能模拟岩体的复杂力学与结构特性,也可方便地分析各种边值问题和施工过程,并对工程过程和结果进行预测预报。数值模拟是建立在经典力学理论之上的,一般说来只有有理论解的问题,才能用数值模拟。数值模拟和理论公式解析计算最主要的区别,在于它是理论公式的一种近似解,用以解决解析计算中不能处理的复杂本构模型和边界条件。目前,数值分析已广泛应用于边坡岩体动静力学分析、岩体变形破坏模式分析、岩体边坡渗流分析、边坡岩体温度场—热应力及膨胀应力分析。目前应用较为广泛的数值分析方法有:有限单元法、边界单元法、离散单元法、有限差分法、刚体元法、流形方法等。常用商业计算软件包括 ANSYS、FLAC、UDEC 等。在后续各节中,主要介绍在岩石边坡工程中,使用数值分析时的计算原理、参数准备、建模、计算数据处理的概念和要点,并不详及具体的软件应用。各种软件的具体应用可参考相关资料和手册。

2.2.1 岩石边坡静力学分析方法

边坡在各种荷载作用下的岩体应力—变形分析，是进行边坡工程分析的基础。其中，在岩体自重和外部结构等静荷载作用下，岩体内的应力特征、变形特征和强度特征是最基本的分析内容。对边坡岩体应力、变形、强度分析的主要数值方法是有限元法和有限差分法，最常用的商业软件是 ANSYS 和 FLAC。其中，FLAC 具有较合适的岩土本构和边界模型，在岩土工程中得到广泛应用。

1. 基本计算原理

在连续介质力学中，任何一个力学问题，都可用建立在与论域坐标有关的微元体分析基础上的微分方程和边界条件（运动学中还包含初始条件）来描述。在静力学条件下，连续介质力学的基本方程包括静力平衡方程、几何方程（相容方程）和物理方程（应力、应变及温度、时间等其他变量之间的关系，也称本构方程），这些方程用张量形式简记为

$$\begin{cases}\sigma_{ij,j}+f_i=0\\ \varepsilon_{ij}=\dfrac{1}{2}(u_{i,j}+u_{j,i})\\ \sigma_{ij}=\lambda\varepsilon_{kk}\delta_{ij}+2G\varepsilon_{ij}\end{cases} \tag{2.2.1}$$

式中 σ——应力(Pa)；

f——体积力，如重力(N)；

ε——应变；

u——位移(m)；

λ, G——材料弹性参数(Pa)；

δ——Kronecker 记号（等式中 0 值和非 0 值运算符号）。

上述方程中，3 个方向的静力平衡方程，描述了 3 个主应力 σ、3 个剪应力 τ 与体积力 f（已知）及坐标(x、y、z)之间的关系。几何方程共 6 个，描述了微元体的 3 个方向的正应变 ε（体积变形）和剪应变 γ（形状变形）与 3 个方向的位移 u 及坐标(x、y、z)之间的关系。在弹性范围内，依据广义虎克（Hooke）定律，用 6 个物理方程，描述了主应力 σ 与主应变 ε、剪应力 τ 与剪应变 γ 之间的约束关系，物理方程中的系数(E、μ)即弹性常数。从中可以看出，对静力学问题而言，需要求解的未知量为应力 6 个、应变 6 个、位移 3 个，共 15 个，建立的静力平衡、几何、物理方程也是 15 个，因而问题可解。

在求解具体问题时，需要对求解域的边界加以定义或约束，称为边界条件。对静力学而言，边界条件大致分为力边界和位移边界两类。也就是说，对一个具体的工程力学问题，在边界上，或是已知力的大小和方向，或是已知位移的大小，其中。边界条件记为

$$\begin{cases}\sigma_{ij}n_j=p_j\\ u_i=\overline{u}_i\end{cases} \tag{2.2.2}$$

式中 p——边界荷载(N)；

n——荷载的方向余弦；

$\overline{u}_i$——边界位移。

微分方程[式(2.2.1)]和边界条件[式(2.2.2)]构成静力学问题的理论解。

当边界函数十分复杂时，无法得到直接解析式。因此，利用数值计算技术，将上述方程按

坐标离散后，用代数方程得到微分方程的近似解，就是数值分析的基本原理。求数值解的方法，即为数值分析方法。

经典的静力学数值计算方法是有限单元法(FEM)，以 ANSYS 为代表。在 FEM 中，首先将任意形状的计算区域，离散成若干(有限)微小区域(单元)，每个单元都是规则、均匀、连续、各向同性的。通过单元分析，采用虚功原理等方法，将描述单元内部的应力应变的微分方程，转化为描述单元节点力与位移关系的代数方程。表达单元节点力和位移关系的代数方程的系数，称为单元刚度矩阵。最后，将所有单元联立，根据已知的边界位移和边界力，求解全部方程，即求得全部未知变量。

从 FEM 的求解过程可以得知，由于以局部微小单元为基本元素，不同单元可以有不同的力学性质，因此，FEM 对解决非均质甚至各向异性问题都是有效的。但是在求解过程中，原则上由节点连接的各单元之间不能分离，限制了以块体为基本结构运动特征的岩体变形状态的描述。因此，近年来岩土工程中常用的数值分析方法，是快速拉格朗日差分法(Fast Lagrangian Analysis of Continua)，即 FLAC。

FLAC 首先也是将连续介质离散为节点围成微小区域，将介质的变形过程转化为节点的运动，根据节点运动方程按时间间隔，求解节点的不平衡力和节点运动速度。再由单元的本构关系，根据某一时刻节点运动速度，采用虚功原理，将微分方程转化为代数方程，求解单元的应变、应力和位移增量。重复上述过程，直到系统平衡为止。

FLAC 和 FEM 的相同之处都是利用规则单元，将微分方程转化为代数方程，简化计算，且都具有处理不同材料和不规则边界的能力。不同之处在于 FLAC 采用了系统单元的有限运动作为计算对象，最大优点在于网格能随单元变形而更新，这使得它能方便地处理大变形问题，克服了 FEM 中单元不可分离的不足。

在 FLAC 中，内置了大量岩土材料相关的线性、非线性等多种材料模型，有静力、动力、蠕变、渗流、温度等多种计算模式，可以模拟分析岩体特有的剪切模式、固结、渗流、软化等大变形大位移问题，也可提供实际工况中常见的分期开挖、回填、锚杆、混凝土衬砌等支护结构与岩土体的协调变形计算。因而，FLAC 是岩土工程分析中最常用的商业软件。

2. 计算参数

进行岩石边坡的静力学分析，首先要获取并确定计算参数。在采用 FLAC 作数值计算时，所需参数包括：

(1)岩体物理力学参数

主要包括岩体密度、变形模量、泊松比等，这些参数通常可通过常规室内岩样试验获取。由于计算对象为岩体，包含结构面空间，基于室内完整岩样试验得到的参数，一般并不能直接用于计算，但可以作为取值的依据。有条件的情况下，可以通过现场试验获得实际计算参数。没有现场试验条件时，可以根据岩体力学手册提供的经验数据，结合现场结构面发育情况、风化程度、水的影响等综合取值。关于关键参数的取值，可以根据参数对结果的敏感性，根据所需求解的问题，通过试算确定。例如，弹性模量对变形结果敏感，重度和泊松比对应力结果敏感。需要注意的是，在 FLAC 中，变形参数采用的是体积模量 K 和剪切模量 G，而非常见的弹性模量 E，需要换算

$$K=\frac{E}{3(1-2\mu)},\quad G=\frac{E}{2(1+\mu)} \tag{2.2.3}$$

式中 μ——泊松比。

(2)接触面

当存在接触面(如断层、长大节理、结构物与岩体接触)时,需要确定接触面的法向刚度、切向刚度、内摩擦角、黏聚力、抗拉强度等参数。其中内摩擦角和黏聚力可以通过常规摩擦试验或剪切试验确定。大部分结构面不考虑抗拉强度,一般设为0。但是一般情况下,少见法向刚度和切向刚度试验,因此,多采用经验数据,也可按相邻区域等效刚度的10倍进行取值,即

$$K_n = K_s = 10\left(\frac{K + 1.25G}{\Delta z_{min}}\right) \tag{2.2.4}$$

式中 K_n,K_s——法向、切向刚度系数;

Δz_{min}——接触面法向方向上连接处的最小尺寸。

(3)荷载

当边坡上有工程结构作用时,需要结构设计工程师提供轴力、剪力、弯矩等荷载参数,作为边界(或内部单元)节点上的已知力。

3. 建立计算模型

建立的计算模型,首先考虑的是计算范围。由于自然界中的边坡是具有自由地表面之外的半无限体(即在水平两侧和竖直向下方向近于无限延伸),因此,在建立计算模型时,必须将其截断,并作等效处理。通常,对静力学问题而言,将地表以外的截断边界视为位移为0的边界。而边界约束对内部的应力和变形是有影响的。为了消除边界影响,需要将边界设置在远离计算分析的主体部位外。根据边界理论和计算实践,对边坡工程而言,通常将边界设置在坡面各方向2倍以上的坡高值以外。对包括坡面在内的地表边界,除局部位置可能有工程荷载采用局部力边界外,其他均按自由变形(即位移不确定)边界处理。

对岩石边坡工程而言,除边界范围外,计算模型要考虑的内容包括但不限于地形起伏,物理力学相差明显的地层岩性分布,重大构造界面的分布,工程静荷载的位置和作用方式,自重之外的构造应力(静力学分析中不包括地震动荷载)等。这些条件要在野外地质调查基础上,结合工程设置,合理建立边坡概化模型。

基于有限单元(不论是ANSYS还是FLAC)的数值分析,都以单元划分作为计算基础。单元大小是保证计算精度及提高计算速度的关键参数。一般情况下,计算中的关注点,如坡脚、结构物围岩或地基等,是边坡分析的重点部位,要求有较高的计算精度,这就要求单元要小或节点要密,节点间距最好不超过0.5 m。远离关注重点的边界部位,单元可以划分大一些。但要注意,为了防止计算结果出现不应有的不连续(锯齿状),单元尺寸的变化要平滑过渡,通常采用映射方法进行网格划分。此外,由于应力值与单元形心坐标位置有关,为了相邻单元应力值的平滑过渡,划分的单元几何形状最好为等轴或近似等轴。

在边坡中,比较容易出现问题的是构造应力的施加方式。一般,处于地表的边坡受到的构造应力大多是水平应力。当在边坡模型的两侧边界上,以水平荷载的方式施加构造应力时,由于边坡坡面两侧的不对称,往往导致计算结果出现边坡坡面水平位移超出实际的情况。因此,构造应力合理的施加方式,最好以体积力方式施加到边坡岩体中。

4. 计算及成果

岩石边坡工程的静应力—强度分析,一般包括以下过程:

(1)天然状态下边坡岩体应力分析，通常采用弹—塑性分析，获得初始应力。FLAC 与 ANSYS 的明显区别，是先要计算天然应力，消除天然变形后，作为后续计算的初始状态。

(2)荷载作用下边坡岩体应力分析。工程荷载包括基础开挖卸载，应力调整；施加基础荷载，计算荷载下岩体应力。

(3)FLAC 计算是以系统运动终止为计算结束标准的。运动终止的标准是单元最大不平衡力与初值不平衡力均值之比小于默认值(称为收敛值，默认为 10^{-5})。当计算中岩体达到塑性破坏条件而出现流动时，系统无法平衡而不能自动停止计算(即不收敛)，此时，应根据流动变形出现的情况，设定结束条件。结束条件的设定，可以设定收敛值(set mech ratio＝f 命令)，也可以设定计算步数(step n 命令)。

(4)提取各工况下应力、位移，以云图或等值线图分析应力、位移分布特征，评估应力集中区和应力释放区(图 2.2.1)，定性分析边坡设计的合理性和改善途径。

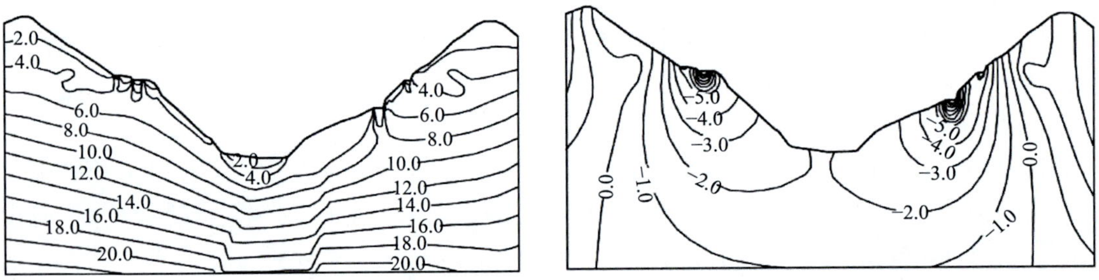

(a) 应力等值线图　　(b) 位移等值线图

图 2.2.1　应力位移等值线图

(5)提取各工况下的边坡应力数据，根据式(2.2.5)计算并绘制应力影响系数 η 等值线分布图(图 2.2.2)。采用 Mohr-Coulomb 准则[式(2.2.6)]，计算塑性条件并绘制塑性区(或稳定系数 k)分布云图(或等值线图)(图 2.2.3)，评价边坡稳定状态，为边坡加固防护提供依据。

$$\eta=\frac{\Delta\sigma_1}{\gamma h} \tag{2.2.5}$$

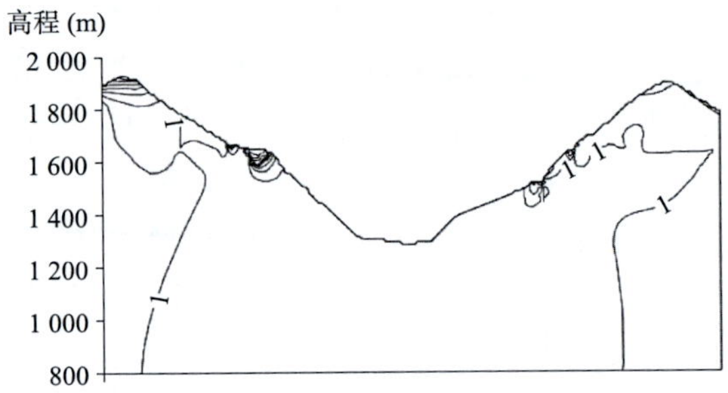

图 2.2.2　应力影响系数等值线图

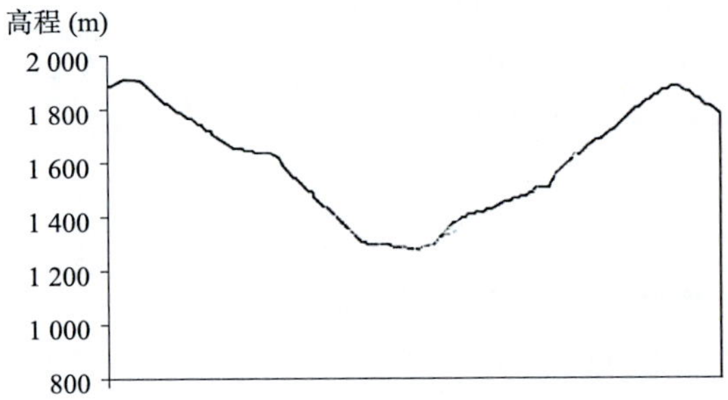

图 2.2.3　塑性区分布图

$$k=\frac{(1+\sin\varphi)\sigma_3+2c\cdot\cos\varphi}{(1-\sin\varphi)\sigma_1} \tag{2.2.6}$$

式中　σ_1，σ_3——计算点最大、最小主应力(kPa)；

h——计算点埋深(m)。

2.2.2 岩石边坡破坏模式分析方法

在基于连续介质边坡岩体力学行为分析中，岩体的变形仍然是连续介质条件下的变形。即使 FLAC 可以处理大变形，但基本上岩体还是连续的。而按照目前人们的共识，岩体是由岩块组成的。一般情况下，岩体的变形是岩块沿结构面的宏观移动，岩体最终的破坏模式是块体运动分离的结果。基于连续介质理论的有限单元或有限差分，并不能很好地模拟岩体的变形破坏模式。因此，边坡岩体变形—破坏模式分析，通常采用离散单元法（discrete element method，简称 DEM）。最常用的离散单元法商业软件是 UDEC、3DEC。

1. 基本计算原理

DEM 设定分析对象是由有限数量分离的块体（单元）集合而成的，块体之间相互接触但无连接约束。块体可以是刚性的，也可以是非刚性的。在几何形状上，块体可以是任意多边形，也可以是圆形。离散单元法假定，处于离散块体集合体中的任一单元，会受到自身的重力、临近块体的作用力以及其他荷载的作用。当作用于该单元的合力不平衡时，根据牛顿第二定律（$F=ma$ 或 $M=I\theta$），不平衡的力或力矩将使该块体获得运动加速度，使块体移动或转动。由于块体与块体之间是有接触的，因而块体的运动不是自由的，它会遇到邻接块体的阻力，限制块体的位移大小和方向。位移和阻力之间的关系即物理方程（本构关系），它可以是线性的，也可以是非线性的。由于块体是沿块体表面运动的，而在岩体中，块体表面即结构面，因此，DEM 中的物理方程，描述的是结构面的接触与运动关系，即结构面的力学模型。由于块体运动改变了块体的位置以及与邻块的接触关系，于是，在新的力系作用下，块体或是处于平衡状态，停止运动，或是由于新的不平衡力（力矩）引起新的运动，循环往复，直至平衡。上述运动对系统中的每一块体单元都是相同的。因此，需要计算每一时间间隔内，所有块体的位置状态、运动状态和接触关系，直至系统处于稳定。此时，岩体中的块体位置与初始位置之间的差距，就是岩体的位移。如果块体运动，使原有的岩体几何边界不再保留，则块体位移的结果，导致了岩体的破坏。根据块体位移后的形态特征和组合方式，可以定性—定量判断岩体变形破坏的过程、部位和规模，即岩体破坏模式。

2. 计算参数

参数主要包括块体介质材料的物理指标、力学指标和材料本构模型等。

（1）块体参数

对于弹性模型，块体参数只需要密度、体积模量和剪切模量；对于 Mohr-Coulomb 模型材料，需要的参数包括密度、体积模量、剪切模量、内摩擦角、黏聚力、剪胀角、抗拉强度等。这些参数，可通过常规试验获得，K、G 可通过弹模和泊松比换算[式(2.2.3)]。

（2）结构面模型

UDEC 提供了多种结构面本构模型，最常用的为 Coulomb 滑动模型（完全弹塑性），需要提供的参数包括法向刚度 K_n、切向刚度 K_s、内摩擦角、黏聚力、剪胀角和抗拉强度（抗拉强度一般为 0）。这些参数一般可通过常规试验获取，K_n、K_s一般不具备试验条件，通常采用其他方法确定。

王贺（2014）研究了节理刚度取值问题，通过室内物理力学试验结合理论分析推导，得出节理刚度拟合经验公式

$$\begin{cases} K_n = 21.37\sigma_n \\ K_s = 1.45\sigma_n^{0.63}\left[1 - \dfrac{\tau^2}{\tau_p(1.10\tau_p + 0.0007)}\right]^2 \end{cases} \tag{2.2.7}$$

式中 σ_n——节理面上的正应力(MPa)；

τ_p——抗剪强度(MPa)；

τ——节理面上的剪应力(MPa)。

Barton(1977)根据大量的试验资料总结分析，并考虑到尺寸效应，得到剪切刚度的经验估算公式

$$K_s = \frac{100}{L}\sigma_n \cdot \tan\left(\text{JRC lg}\frac{\text{JCS}}{\sigma_n} + \varphi_r\right) \tag{2.2.8}$$

式中 L——节理长度(m)；

φ_r——节理残余摩擦角(°)；

JRC——结构面粗糙度系数；

JCS——节理壁抗压强度(MPa)。

3. 建立计算模型

在 DEM 中，计算模型的边界尺寸对计算结果的影响比有限单元的影响小，主要考虑的边界范围，是要给潜在块体运动方向留出足够的空间，以便观察岩体变形破坏后的形态特征。如果运动空间不足，将影响块体运动结果的显示。

在模型建立中，最重要的是块体的生成。块体的生成主要包含两个方面：一是块体的大小。通常情况下，块体的尺寸和边坡尺寸相比是很小的。这意味着在实际计算中，如果完全按照野外块体和边坡比例建立模型，块体的数量可能是相当大。考虑到计算机容量、计算速度和计算结果的数据处理，块体数量应适当约束在一定范围内，一般数百至数千即可。这样，势必对实际块体进行放大处理。但如果块体太大，则影响边坡破坏模式的认定，并影响后期加固工程参数的确定。计算时，需要根据野外调查所作定性判断，平衡现实与计算的关系。

二是块体尺寸和形状的随机性。块体是岩体被结构面切割的结果，而野外结构面的间距、延长、方位等具有一定的随机性。如果仅按统计均值划分块体，就会使岩体显示为不真实的规则砌块。因此，条件许可时，应现场测试足够多的结构面样本，获得几何参数的统计分布规律，按随机模拟方法建立结构面网络，确定块体形态特征。UDEC 中，提供有生成随机块体模型的功能(Jset 命令)，但需要根据结构面的调查，给出各主要参数的均值、均方差等统计值。

在实际问题分析时，为了研究边坡关键点的变形过程，可在坡顶、坡面、变坡点、坡脚、工程结构部位等设置关键监测点，以记录各计算时步下的变形。

在建立模型过程中，和有限单元法一样，同样要根据边坡所处物理力学环境，设置边界。

4. 计算及成果

对于边坡变形破坏模式分析，根据工程具体情况，一般也分为计算初始状态和考虑工程作用两个部分。计算结束后，根据块体位移后的几何形态特征(图 2.2.4)和监测点的位移曲线(图 2.2.5)，分析边坡岩体位移特征、破坏模式、关键点变形过程及位移向量等内容。特别要注意观察分析边坡顶部陡倾节理产生的张裂，坡面岩体松动，坡脚块体的局部挤压变形，以确定边坡破坏状态，提取加固工程设计参数。

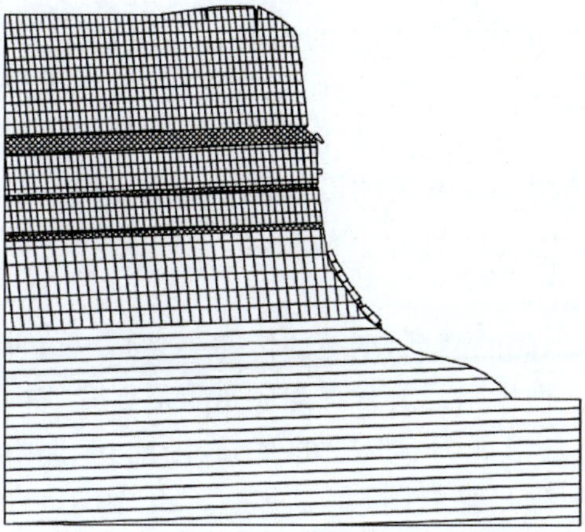

图 2.2.4　边坡岩体位移—破坏模式

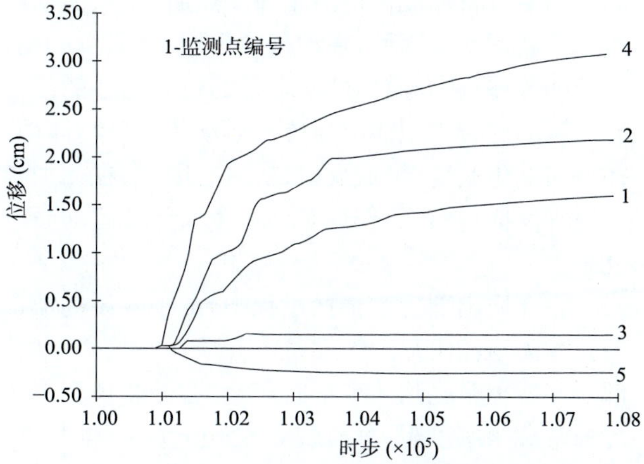

图 2.2.5　关键点水平位移曲线

2.3　几种特殊问题的数值分析方法

铁路边坡岩体除了处于自重、外部工程静荷载引起的静力场外，还可能面临列车(机械)振动、地震等动力环境，使岩体处于动力学状态。岩体中存在的地下水和地下水的运动，使岩体承受渗流压力，改变了岩体应力状态。日照、季节变化、地热等热源的作用，将改变岩体温度，在岩体中引起热应力。一些岩石的膨胀变形，也会在岩体内部形成膨胀应力。所有这些有别于静力学特征的物理力学状态，需要采用专门方法分析计算。由于这些问题大都具有复杂的本构关系和多变的边界条件，一般只能采用数值计算。最常用的商业软件，如 ANSYS、FLAC，都具有相应的计算模块，可直接或间接供边坡分析之用。

2.3.1　岩石边坡动力学分析方法

1. 基本计算原理

动力学描述的对象，是介质在动荷载作用下，其内部质点的受力和运动状态。动荷载与静荷载最大的区别，是荷载的大小和方向随时间而变化。

动力学将介质视为质点的集合(质点系)。在动荷载作用下，介质内部质点获得动能运动，同时，惯性力使质点保持静止状态不变。根据作用力与反作用力相等的原理，动能产生的作用力可以惯性力来表达。根据牛顿运动定律，惯性力等于质点质量与加速度的乘积，用微分方程的张量形式表达为

$$\boldsymbol{P}=\rho\ddot{u}_i \tag{2.3.1}$$

式中，$\ddot{u}$ 为加速度，是位置坐标与时间的函数。惯性力与作用力方向相反，由平衡方程[式(2.2.1)]可导出运动微分方程，即

$$\sigma_{ij,j}+f_i=\rho\ddot{u}_i \tag{2.3.2}$$

在动力学条件下，式(2.3.1)中的几何相容方程和物理方程同样成立。在动力学中，运动微分方程没有增加新的未知量，因此，方程仍然是可解的。

在连续介质中，质点受动荷载作用而产生的运动，将传递到相邻质点，引起相邻质点的运

动。当质点将动能传递给相邻质点后，质点因动能损耗而回复到初始位置状态。在下一周期，质点重新运动。因而，在动荷载作用下，质点的运动是与荷载变化相应的振动。同时，质点间动能的传递，使介质内部质点系的运动与波的传播相同。动力学的主要研究内容，就是介质内质点运动的传播规律。当质点运动传播到物体内外界面时，由于界面的限制和影响，使动能传播方向发生改变，形成反射、折射。因此，在动力学中，边界力学性质的设置是非常重要的。由于边界反射、折射的作用，质点运动会因运动叠加而加强或抵消，使介质内部质点运动十分复杂。

在介质内部运动传播过程中，由于介质的惯性和质点间的摩擦，动能的传播会衰减。这种现象称为运动阻尼。惯性是由介质的质量产生的，因此，惯性阻尼通常称为质量阻尼。介质内部质点摩擦是在物体变形时产生的，而物体变形与它抗变形能力（即刚度）有关，因此，摩擦阻尼通常称为刚度阻尼。在动力学分析中，常用的阻尼理论是黏滞阻尼（也称 Voight 阻尼）理论。黏滞阻尼被视为与应变速率有关的应力。当考虑阻尼时，运动微分方程中将增加阻尼项。此时，运动微分方程改写为

$$\boldsymbol{M}\ddot{u}+\boldsymbol{C}\dot{u}+\boldsymbol{K}u=\boldsymbol{F}(t) \tag{2.3.3}$$

式中，$\boldsymbol{C}\dot{u}$ 为阻尼，其系数矩阵 $\boldsymbol{C}$ 为阻尼矩阵；$\boldsymbol{M}$ 为关于惯性力的系数矩阵，即质量矩阵；$\boldsymbol{K}$ 为变形系数矩阵，即刚度矩阵；$\boldsymbol{F}(t)$ 为动荷载。

在静力学条件下，荷载与时间无关，因此，质点受力产生的位移是一次完成的。但是，在动力学条件下，荷载是随时间变化的，质点的位移也将随荷载的变化而变化。因此，在动力学条件下，物体内部的位移、应力等不仅是坐标的函数，还是时间的函数。

由于动力学问题远比静力学问题复杂得多，除了极其理想的简单条件下，可以得到解析算式之外，均采用数值计算。在采用数值方法计算岩石边坡动力学问题时，其基本原理和静力学分析相似，也是将计算区域离散成规则的微小单元。通过单元分析，将微分方程化为代数方程，建立单元动刚度矩阵。在建立单元矩阵过程中，由于惯性力是以加速度表达的，是与时间有关的变量，因此，将采用差分形式，将与时间有关的微分化为代数式，这与静力学分析有所不同。

2. 计算参数

岩体物理力学参数中，岩体物理参数与静力学分析相同，通过常规试验即可获得。但力学参数（主要是弹塑性力学参数）和静力学分析有较大区别。动力学中的弹塑性参数通常称为动参数，主要包括动强度（抗压、抗拉、抗剪）、动弹性模量、动泊松比等。由于学科发展的限制，目前，动强度准则等基本理论并没有很好地建立起来。因此，在实际应用中，强度准则和强度指标仍然沿用静力学分析中所使用的的理论和指标。但是，动弹模和动泊松比与应力波传播关系密切，因此，采用动力学分析时，必须使用动弹模和动泊松比。一般情况下，动参数主要指动弹模、动泊松比和动抗压强度。

岩石动参数在实验室由动三轴试验获得。动三轴试验一般通过分级加载完成试验。数据处理与静力学分级加载没有实质性区别。图 2.3.1 是动力学试验曲线示意图，其中图(a)为分级加载的动应力，图(b)为对应的动应变。

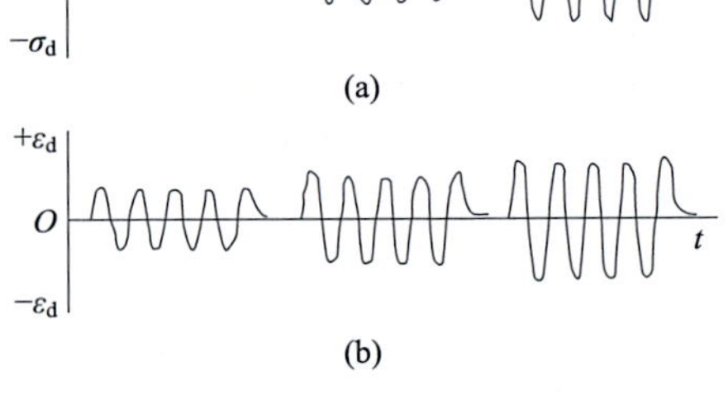

图 2.3.1　动变形试验曲线示意图

对野外的实际岩体而言，动力学变形试验较为困

难。有条件时，可以通过测试动荷载作用下的动加速度，通过对时间积分得到动位移，再通过几何方程和物理方程计算动应力。一般情况下，也可采用测试岩体弹性波速的方法间接得到动变形参数。由弹性波波速计算动变形参数的公式为

$$E_d=\frac{\rho v_s^2(3v_p^2-4v_s^2)}{v_p^2-v_s^2},\quad \mu_d=\frac{(v_p^2-2v_s^2)}{2(3v_p^2-4v_s^2)} \tag{2.3.4}$$

式中　E_d——动弹模(MPa)；

μ_d——动泊松比；

ρ——密度(g/cm^3)；

v_p——纵波波速(m/s)；

v_s——横波波速(m/s)。

3. 建立计算模型

(1)几何模型

由于动力学分析的原理是质点振动和波的传播，因此，用于动力学计算的几何模型，要比静力学分析模型严格得多。首先，由于计算中对边坡半无限体采用了截断边界的方式，除了要估计边界效应对计算主体的影响，还要考虑在计算时段内，波动不因截断边界的反射、折射对分析域产生实际不存在的叠加效应。为了消除截断边界的影响，最直接的方法，就是将边界设置到足够远处，在动荷载作用时段内，波的传播或是未达边界，或是反射波未回到分析主体。因此，动力学分析中的理论边界距离为

$$B\geqslant 0.75v_p t+D \tag{2.3.5}$$

式中　B——分析主体距截断边界的最小距离(m)；

v_p——岩体纵波波速(m/s)；

t——动荷载作用时段(s)；

D——动荷载源距分析主体的最短距离(m)。

如果计算得到的理论距离过大，难以满足计算精度对时间的要求，则可采取相应的边界模型设置边界。

在动力学数值分析中，根据波在边界的传播特征，可将边界分为自由边界、反射边界、吸收边界、透射边界几种。理论上，自由边界指无约束边界。动能传播到边界时，以边界的自由变形吸收动能。边坡地表即为自由边界。但对截断边界而言，自由变形不符合实际情况，不能采用。反射边界会将到达边界的动能以反射的方式完全释放到介质内，一般将边界设为固定端即可成为反射边界。吸收边界则将到达边界的动能完全消耗在边界内。一般，在边界处设置适当的弹塑性介质，即可成为吸收边界。透射边界指动能能穿过边界传播到界外。通常是边界两边的介质具有相同的力学特征。一般情况下，岩土工程中的截断边界采用吸收边界。在常用的数值分析软件中，ANSYS 没有提供吸收边界模型，需要自行定义。在 FLAC 中，吸收边界被叫作自由边界，要注意其含义与一般定义不同。

建立几何模型的第二个要点是网格尺寸。由于输入荷载波形频率成分和岩体波速特性会影响波传播，如果网格划分不合适，数据会产生高频震荡，严重时会淹没真实数据。动力学分析中的网格尺寸必须要小于荷载最小波长的 1/8 到 1/10。根据岩体性质与波速关系，容易判断，岩体越软，网格尺寸越小，网格数量越多。

边界设定后，一般应通过试算，提取重要关注点的时程曲线，对比输入的动荷载曲线，看是否出现反射、震荡等错误波动现象，并根据需要调整边界。

(2)动荷载

根据动力来源和性质不同，动荷载一般分为四类：交变荷载(简谐振动)、冲击荷载(瞬态，如强夯)、随机振动荷载(荷载谱，地震、列车振动等)和特定频率机械振动(模态)。对岩石边坡工程而言，主要是冲击荷载和随机振动荷载。

对冲击荷载，一般可以通过实测冲击时的振动波，规整拟合为函数，以解析式提供。如地震勘察冲击时面波(图 2.3.2)的解析方程为

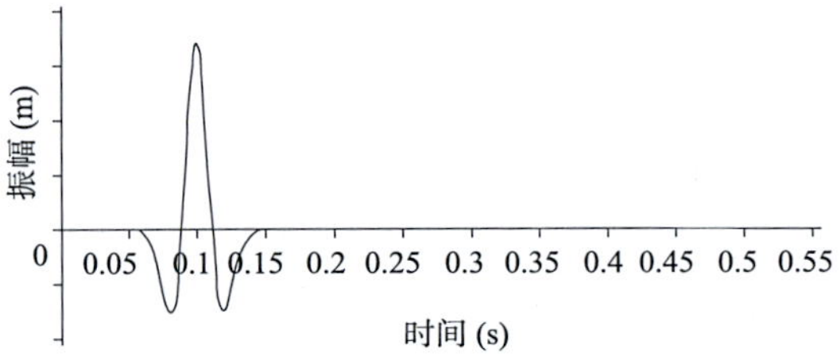

图 2.3.2 雷克(Ricker)子波波形

$$F=-A\cdot\left[1-2(\pi f)^2(t-t_0)^2\right]\cdot e^{-(\pi f)^2(t-t_0)^2} \quad (2.3.6)$$

式中 A——振幅(m)；

f——主频率(Hz)；

t_0——起始时间(s)；

t——时间(s)。

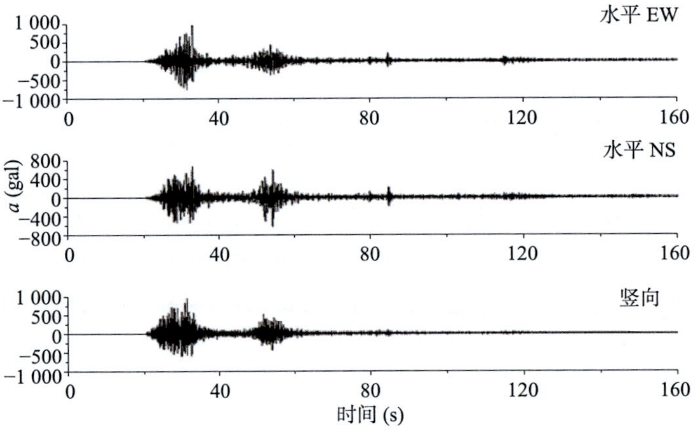

(a) 地震加速度波形

5
4000 0.0002 (文件编号)
3.230996E-001 (数据数量,采样间隔,s)
2.772574E-001 (加速度,gal,以下相同)
2.590141E-001
3.081307E-001
2.290764E-001
3.193574E-001
2.220597E-001
2.566752E-001
2.959685E-001
1.921220E-001

(b) 加速度谱表(局部)

图 2.3.3 汶川地震加速度波形和谱表

但边坡工程中的大部分动荷载都是随机振动，需要用振动谱表(时间—物理量对应关系)的形式表达。图 2.3.3 显示的是汶川地震时记录的地震加速度波形和谱表(局部)。在作动力学分析前，不论是解析式还是谱表，需要在计算前获取。在计算中，解析式可以直接输入，谱表要以纯文本格式提供以便读取。

(3)阻尼

在计算中，阻尼参数根据阻尼模型的不同有所不同。最常用的阻尼模型是瑞雷

(Rayleigh)阻尼模型。瑞雷阻尼以质量阻尼系数α和刚度阻尼系数β来描述黏滞阻尼，即

$$\boldsymbol{C}=\alpha\boldsymbol{M}+\beta\boldsymbol{K} \tag{2.3.7}$$

在要求较高的工程计算中，阻尼系数按理论公式计算，即

$$\alpha=\frac{2(\xi_i\omega_j-\xi_j\omega_i)\omega_i\omega_j}{\omega_j^2-\omega_i^2},\beta=\frac{2(\xi_j\omega_j-\xi_i\omega_i)}{\omega_j^2-\omega_i^2} \tag{2.3.8}$$

式中　ξ——材料的阻尼比；

ω——自振频率(Hz)，自振频率通过模态分析可以得到；

i,j——自振振型(阶数)，工程中取前2阶。

在一般应用中，可以不考虑质量阻尼，刚度阻尼按经验公式估计，即

$$\alpha=0,\beta=\frac{0.1}{f} \tag{2.3.9}$$

式中，f是动荷载的平均频率。

在FLAC中，采用最小临界阻尼比$\xi_{\min}$和最小中心频率$\omega_{\min}$来确定瑞雷阻尼(set dyn damp rayleigh $\xi_{\min}$ $\omega_{\min}$)，其与质量阻尼系数α和刚度项阻尼系数β的换算关系为

$$\xi_{\min}=\sqrt{\alpha\beta},\omega_{\min}=\sqrt{\alpha/\beta} \tag{2.3.10}$$

对于岩土材料而言，临界阻尼比的范围一般是2%～5%，而结构系统的临界阻尼比为2%～10%。在使用弹塑性模型进行动力学计算时，相当多的能量消散于材料发生的塑性流动阶段，因此在进行大应变的动力分析时，只需要设置一个很小的阻尼比(如0.5%)就能满足要求，而且达到塑性以后，随着应力—应变回滞圈的扩大，能量的消散也逐渐明显。

4. 计算及成果

由于动力学计算过程和结果与动荷载持续时间有关，因此，在求解时，应力、应变、位移与时间历程的关系是重要计算成果。因此，在求解阶段，合理输出过程数据是需要重点关注的内容。其中有三个内容值得注意：一是计算时长，二是采样频率，三是取样数量。

动力学分析计算量大，费时长。因此，对持续时长较长的动荷载或特殊情况下的连续振动，可以根据边界尺寸决定的时长，或计算时间的控制，截取最有代表性的一段动载时程数据进行分析。

对于连续解析函数给出的动荷载，需要考虑合适的采样时间间隔，采集时程数据。采样间隔小，采样精度高。但采样间隔过小，导致数据量过大，因此对计算精度并没有明显提高的，要降低采样间隔，一般情况下，可取荷载主周期的1/50～1/100作为采样间隔，或取0.001～0.000 2 s作为采样间隔。

取样数量是指采集时程数据的计算域内的节点数量。由于动力学分析中岩体工程规模较大，划分的节点多，采样频率高，计算时长长，如果采集全部节点的全部时程数据，将会是一个海量数据，且存储数据将占用大量计算时间。多数情况下，这些海量数据的采集既非必须，甚至也无可能。因此，要有选择地提取那些与分析对象相关的有效区域，如边坡坡面、工程结构设置部位等区域的数据。

动力学分析获得的计算物理量(如应力、应变、位移等)与时间进程的关系，即时程曲线。因此，首先应选择最重要的关键点展示计算结果。图2.3.4是某关键点的应力时程曲线的示意图。图中可以看出，在动荷载作用时段内节点应力值的大小和变化。

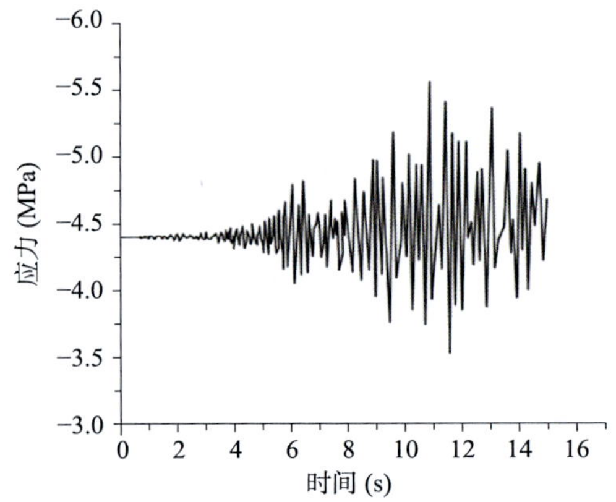

图 2.3.4　动力学分析得到某节点处的应力时程曲线

从图中可以看出，动力学分析结果和我们熟悉的静力学分析结果有很大的不同。对一个确定位置的点而言，其应力值不再是一个单值，而是一个多值集合。如果要根据应力大小进行强度分析，如何取值是一个问题。如果取时程曲线中的最大峰值应力，由于这只是一个瞬间值，考虑到岩体材料的弹性性质，显然过于保守而造成浪费。如果取平均值，又恐带来偏于危险的计算结果。如何取值最为合理，目前并没有一个有共识的理论结论。一般情况下，可以考虑采用最大峰值所在的波峰内，90%包络线范围内的均值应力作为计算应力。或者按最大峰值应力的 70%作为计算应力。对计算域内全部节点的应力按此处理后，再根据相应公式和静力学强度准则，计算并绘制应力影响曲线、塑性区分布云图等成果图件供分析之用。

2.3.2　岩石边坡等效连续介质渗流分析方法

1. 基本计算原理

当岩石边坡中存在地下水时，水的压力会改变岩体应力。从力学观点看，地下水的赋存和流动将引起静水压力和动水压力作用。静水压力是由水的重量产生的，与水头高度有关。动水压力是水流动过程中对岩体物质的拖曳，与水的流速有关，而流速与水压差（水力梯度）有关。水的压力、流速、流向等通常称为渗流特征。因此，对岩体中地下水作用的分析，一般就称为地下水渗流分析。

经典的地下水动力学研究，是将岩土体视为均匀透水的孔隙介质，因而采用连续介质理论描述地下水渗流特征。根据连续介质理论，在单位时间内流入流出微元体的水量之差与微元体水量的增量相等，以及流量等于流速与断面面积的乘积（达西定律）关系，建立渗流基本微分方程

$$\frac{\partial}{\partial x}\left(K\frac{\partial h}{\partial x}\right)+\frac{\partial}{\partial y}\left(K\frac{\partial h}{\partial y}\right)+\frac{\partial}{\partial z}\left(K\frac{\partial h}{\partial z}\right)\pm W=S_{\mathrm{J}}\frac{\partial h}{\partial t} \tag{2.3.11}$$

式中　K——渗透系数（m/s）；

h——水头高度（m）；

W——源（汇）流量（m^3/s）；

S_{J}——疏/释水系数，是单位水头变化时的水量变化值；

t——时间（s）。

式(2.3.11)表达了水头 h 与介质的水力学参数渗透系数 K、系数 S_J、源(汇)流量 W、时间 t 以及位置坐标(x,y,z)的关系。方程中只有一个未知量 h,方程可解。

需要注意的是,方程中表达的渗透系数 K 并不是一个常数。其原因是,当含水层的透水性在各向不同时,即含水层具有各向异性,不同方向的渗透性都会对其他两个方向的渗透性产生影响。由于含水层各向异性的影响,任一点的水流方向和水力梯度往往不一致,因此,表示过水能力的渗透系数与水力梯度的关系、水力梯度与整体坐标轴的关系变得复杂得多,已经无法用简单的、与整体坐标系一致的 3 个分量来表达。正如在应力微元体上有正应力和剪应力一样,渗透系数也按照与坐标的关系,用 3 个与坐标轴方向一致的分量(相当于正应力)和 6 个与另外两个坐标轴方向一致的分量(相当于剪应力)来表达,即

$$\boldsymbol{K}=\begin{bmatrix}\boldsymbol{k}_{xx} & \boldsymbol{k}_{xy} & \boldsymbol{k}_{xz}\\ \boldsymbol{k}_{yx} & \boldsymbol{k}_{yy} & \boldsymbol{k}_{yz}\\ \boldsymbol{k}_{zx} & \boldsymbol{k}_{zy} & \boldsymbol{k}_{zz}\end{bmatrix} \tag{2.3.12}$$

用张量形式简记为 K_{ij},K_{ij} 就是常说的渗透张量。

在式(2.3.11)中,如果水头高度 h 与时间无关(任何时刻的水头值只与位置有关),称为稳定流,此时等式右边为 0,方程变成齐次方程。

方程的求解需要已知初始条件和边界条件。对岩体渗流场而言,边界条件有三类:如果部分边界上某一时刻的水头已知,如边坡面的溢水位,称为Ⅰ类边界(给定水头边界)。如果部分边界上流入(流出)的水量已知,如隔水底板($q=0$),称为Ⅱ类边界条件(给定流量边界)。如果某段边界上的水头和水力梯度已知,称为Ⅲ类边界(混合边界)。而初始条件,指的是某一时刻介质中的水头值。渗流微分方程和边界(初始)条件,构成对均匀介质中渗流问题的理论解。和前述章节一样,由于边界条件的复杂性,岩土工程中的渗流分析,主要采用数值计算。

但是,均匀透水介质的假定与岩体裂隙介质相差较大。对岩体而言,地下水赋存和流动于岩体结构面间和透水性好的碎屑岩内。由于大部分岩石的透水性不如结构面的透水性,因此,控制地下水渗流特征的主要因素是岩体中的结构面。结构面为地下水提供赋存和流动环境的前提是结构面的张开,因此,在岩石水力学中,通常将结构面改为裂隙。

在均匀孔隙介质中,水在任一断面上的流动是均匀的。而在裂隙介质中,水仅可在断面的裂隙部分流动,并不符合均匀过水的假设。但是,如果裂隙尺度和分析对象相比是微小的,从宏观看起来,纵横交叉而又密集的裂隙网络断面,可视作统计均匀的过水断面。这样,就可将众多微小密集裂隙组成的裂隙介质,等效为孔隙介质,从而采用连续介质理论来求解裂隙介质的渗流问题。这就是等效连续介质方法。在工程实践中,裂隙尺寸与岩体尺寸之比达到多少可以视为等效连续介质,并没有一个公认标准。根据计算实践,如果裂隙的平均长度小于岩体有效计算范围的 1%,计算结果可以满足等效假定。张有天(2005)在《岩石水力学与工程》中,通过定义岩石样本单元体积(REV)的方法,提出了一个判定等效介质的方法,有关内容可参看相关文献。如果裂隙介质不满足等效连续介质的要求,则地下水渗流分析需要采用其他计算方法,如线素法(仵彦卿,1995)。本节介绍的是等效连续介质方法。裂隙介质方法将在第 6 章中专门介绍。

在裂隙介质中,由于裂隙的存在,水流方向与裂隙发育的方向密切相关。因此,等效连续介质中渗透张量的计算,就与裂隙发育联系起来。如果能定义出裂隙介质中渗透张量的确定方法,则裂隙介质的渗流计算即可进行下去。

在一般的岩石水力学计算中，确定裂隙介质渗透张量的常用方法是理论计算。根据渗透系数的基本定义，在单条过水裂缝中，流量可用立方定律来描述，即

$$q=\frac{ga^3}{12\nu}J \tag{2.3.13}$$

式中 a——隙宽(m)；

ν——黏滞系数(Pa·s)，常温下一般取 1×10^{-3}；

根据裂隙的空间方位，可由几何关系得到裂隙中水的流向与坐标系的关系，从而得到任一裂隙的渗透张量计算式，即

$$K_i=\frac{ga_i{}^3}{12\nu\cdot d_i}\begin{bmatrix} 1-\sin^2\beta_i\cos^2\omega_i & -\sin^2\beta_i\cos^2\omega_i & -\sin\beta_i\cos\beta_i\cos^2\omega_i \\ -\sin^2\beta_i\cos^2\omega_i & 1-\sin^2\beta_i\cos^2\omega_i & -\sin\beta_i\cos\beta_i\cos\omega_i \\ -\sin\beta_i\cos\beta_i\cos^2\omega_i & -\sin\beta_i\cos\beta_i\cos\omega_i & \sin^2\beta_i \end{bmatrix} \tag{2.3.14}$$

式中 ω——裂隙倾向(°)；

β——裂隙倾角(°)；

d——裂隙间距(m)。

假定等效连续介质中，岩体的渗透性是所有单条裂隙渗透性的叠加，则将式(2.3.14)求和，即可得到岩体的渗透张量，既而计算岩体的渗流场分布特征。

2. 计算参数

岩石边坡渗流分析所需的主要参数是渗透张量。由上可知，在岩体这种裂隙介质中，渗透张量的计算需要的是岩体裂隙的产状、隙宽、间距。这些几何参数需要在野外通过测量获得。由于工程条件和工作量限制，获得分析对象岩体中所有裂隙的几何参数既不经济，也无可能。因此，现场测绘和后期计算通常采用的是基于蒙特卡洛(Monte Carlo)法的模拟方法。蒙特卡洛法的基本原理和方法，是通过在野外选择若干不同方向裸露的岩体表面作为测绘窗口，逐条测量窗口中出露裂隙的产状、延长、隙宽、间距。根据测绘样本参数的统计，获得各参数的分布规律，采用求随机反函数的方法，得到和现场相似度很高的裂隙网络模拟图。模拟出的裂隙网络可布满分析对象的计算域。根据模拟结果，采用上述计算方法，计算所需岩体渗流参数和渗流场特征。

要注意的是，在利用 FLAC 作渗流分析时，软件中的渗透系数单位为 m/(Pa·s)，和常用的渗透系数单位 cm/s 之间的换算关系为 K'[m/(Pa·s)]=1.02K(cm/s)$\times10^{-6}$。

在 FLAC 中，对岩石介质采用不透水的各向异性渗流模型。需要准备的参数除渗透系数外，还包括岩石的空隙率、流体模量、饱和度、流体密度和抗拉强度。这些参数中，空隙率是岩石所有裂隙体积与岩体体积之比，通过裂隙长度、宽度和隙宽计算。饱和度指裂隙充水情况，水下部分设为 1，水上部分设为 0。一般情况下，流体模量为定值(2.18×10^9 Pa)，流体密度一般为 1 g/cm^3，抗拉强度为 0。

3. 模型及计算成果

岩石边坡几何模型的边界尺寸，除了正常的边界影响之外，要考虑水位变化的影响半径。影响半径可采用地下水动力学中的经验公式(如吉哈尔特经验公式和库萨金经验公式)估算。渗流分析模型，要根据可以获得的实际资料，合理确定适当的边界条件。在边坡分析中，一般来讲，底板为不透水边界(流量为 0 的Ⅱ类边界)。边坡山体部分，根据勘察水位设定水头边界(Ⅰ类边界)。边坡临空面如果有溢流水位，也可设置为水头边界。对存在源、汇的模型，可根

据实际调查和现场试验，确定特殊的内部流量边界。

由于地下水渗流计算的复杂性，在实际计算中，一般都需要通过试算，用现场勘查资料（如钻孔水位）和井泉调查资料，反复调整水力学参数和边界参数，校核计算结果。特别是对非恒定流的计算更是如此。对岩石边坡工程而言，渗流分析的主要成果，是水头随坐标和时间的变化规律（潜水浸润面）。水头面是计算静水压力和动水压力的依据。一些特殊用途的边坡工程，如滑坡整治等，有排水要求的，需要提供地下水流线、流量等计算结果。

2.3.3 岩石边坡温度场分析方法

1. 基本计算原理

温度对边坡岩体的影响，主要是岩石力学性质的劣化（软化及强度下降）和热应力的产生。分析温度影响的前提，是岩体温度场计算。

影响岩体温度变化的热源，来自太阳的热量传递和地壳内部的热源。对处于地表的岩石边坡而言，外界太阳的热量传递是最主要的热源。根据传热学原理，太阳提供的外热源的热量，主要以辐射热传递。但对被大气包裹的地球而言，太阳热量一方面以辐射传热，另一方面也通过加热的空气，以对流的形式和地表岩体交换热量。这两种形式，是地表温度变化的来源。当地表被加热后，地表热量则以热传导（导热）的方式向岩体内部传递。如果将地表的温度作为岩体的热边界，则边坡温度场主要是边界温度在向岩体内传递热量的过程中和传递终止后，边坡内部温度的分布特征。

根据热量导入和微元中热量增量相等的热量守恒原理，建立导热微分方程，即

$$\frac{\partial T}{\partial t}=a\,\nabla^2 T+\frac{\dot{q}}{\rho c_{\mathrm{p}}} \tag{2.3.15}$$

式中 T——温度（K）；

a——导温系数（m/h），$a=\dfrac{\lambda}{\rho c_{\mathrm{p}}}$；

λ——导热系数[W/(m·K)]，单位面积单位时间内温度变化 1 K 所需要的热量；

q——内热源的单位体积热量（J/m³）；

ρ——介质密度（g/cm³）；

c_{p}——定压比热容（J/K），单位质量物质在压力不变时，温度变化 1 K 所需热量；

∇——Laplace 算子。

由上式可知，温度是坐标和时间的函数。方程中仅有一个变量，即温度 T，方程可解。

在式(2.3.15)中，如果不存在内热源（如热泉、地下燃煤、地下异常热流）时，$q=0$。此时岩体温度场仅与岩体热物理性质、边界条件和初始条件有关。如果岩体内的温度不随时间变化时，温度仅与位置有关，称为稳定（定常）温度场。如果温度随时间变化，称为非稳定（非定常）温度场。

方程的求解需要确定边界条件和初始条件。在传热学中，热边界分为三类。如果边界上温度已知，称为第Ⅰ类边界（温度边界）。如果边界上的热流密度（单位面积、单位时间传过的热量）已知，称为第Ⅱ类边界（热流边界）。如果是对流传热状态，边界上的对流换热系数和流体温度已知，称为第Ⅲ类边界（对流换热边界）。对边坡工程而言，以第Ⅰ类边界条件最为常见。但有地下水运动、边坡内存在通风隧道或地热异常时，其他两类边界条件也是经常用到

的。初始条件，是边界温度未发生变化时的温度场。导热微分方程、边界条件和初始条件构成温度场问题的理论解。

但是除了简单的一维热传导可以得到解析解外，对多维导热问题和复杂边界问题，通常采用有限差分方法求解。

有限差分法是将计算区域离散成有限个微小区域（一般是方格），每个微小区域的中心点作为节点，在每个节点上导热微分方程都是成立的。利用差分公式将微分方程化为代数方程，它包含已知的位置（坐标）信息，也包括未知或已知（边界上或特殊点）的温度信息。根据差分公式，节点的未知量可以通过紧邻节点的已知量来计算出。这样，列出全部节点的差分方程，从已知节点开始逐一传递计算，即可求得整个区域的节点温度。

需要说明的是，温度分析包括加热和冻结两类问题。特别是对高寒地区的冻结问题，由于存在流固相变（水—冰相变），计算要比一般的传热计算复杂。限于本章篇幅，在此不做介绍。此外，除特殊地区和特殊情况外，岩石边坡工程较少涉及防冻保暖设计，通常可将对流传热和辐射传热简化为边界温度条件加以计算。

在常用的 ANSYS、FLAC 中，都有温度分析模块以供应用。

2. 计算参数

温度场计算的主要参数包括导热系数、对流换热系数、比热容、密度等。除密度可通过常规试验得到外，大部分的热物理参数均需要通过专业实验室，或自制专用试验装置获取。需要自行测试时，可以根据热物理参数的定义，制作测试装置完成测试，见式(2.3.15)。通常情况下，测试装置包括热量定量计量系统、加热或冷却器件、高精度温度测量系统。

图 2.3.5 为一个实际采用的测试装置示意图。在这个装置中，加热元件和制冷元件是为保持试样两侧具有恒定温差而设置的。图中 PT100 为高精度数字测温元件。热量计量可以通过电加热/冷却器件的有效功率换算，加热/冷却器件多采用成品半导体元器件，数字式高精度温度仪为易购商品。自制装置最重要的是建立一个完全隔热的试件环境。在采用保温材料做隔热环境时，对密封的制作要求较高，且必须通过试验验证隔热层的设计参数，取得误差修正数据。

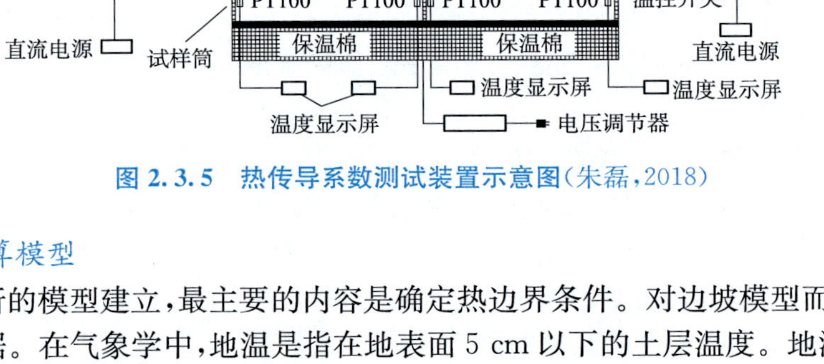

图 2.3.5 热传导系数测试装置示意图(朱磊,2018)

3. 建立计算模型

温度场分析的模型建立，最主要的内容是确定热边界条件。对边坡模型而言，地表边界一般采用地温数据。在气象学中，地温是指在地表面 5 cm 以下的土层温度。地温数据可采用实测数据或气象资料提供的数据。地温受日夜循环和季节循环的影响，是一个随时间变化的变量。在实际计算中，需要实测或收集地温随时间变化的具体数据加入计算。一般情况下，容易收集到的气象资料是气温。按气象学的定义，气温是野外空气流通地带离地面 1.5 m 高百叶箱中的温度。由于散热条件的影响，通常地温高于气温。

在确定温度场计算模型的边界条件时，必然涉及地温分带的概念。地温分带是指从地表向下，根据地壳温度变化规律进行的划分。从地表开始的一定深度内为变温带，表示地温的变化受气温变化的影响而发生变化。变温带的极限深度，不再受气温影响，保持恒值，称为恒温带（理论上是一个面，也可称为恒温面）。恒温带的温度与当地年均气温大致相当。恒温带以下，由于地球内部热流的影响，地温随深度的增加而增加，称为增温带。显然的是，如果边坡的几何模型底部边界深度不同，边界温度有很大的不同。好在一般地区的恒温带深度仅在几十厘米至几米之间，远小于一般边坡模型的边界范围，所以，模型底部边界的温度是一个定值。但是，对边坡模型的两侧边界而言，温度边界条件的确定就稍显复杂。两侧边界一般都是穿越 3 个地温带的。如果严格按各带温度赋值，变温带部分的地温应该是一个随时间变化的值，其他部分可按地热增温梯度赋值。不过在精度要求不高的边坡工程中，由于两侧边界远离边坡主体，因此，通常或是统一按地热增温梯度赋值，或是直接采用隔热边界（热量为 0）。模型中各边界温度的具体计算数据，一般通过收集当地气象资料获得。通常需要进行温度场分析的边坡工程，都是较为特殊或带研究性质的工程。除非工程近距离范围内有固定气象站资料可供使用，不然，通常都是设立小型临时气象站，观察收集气温数据，通过测温钻孔实测地温数据。

当边坡岩体中具有地下水含水层时，由于地下水水温和补给方式的不同，会造成含水层温度与围岩温度的不同，形成对流换热条件。在建立边坡计算模型时，如果计算精度要求较高，则需要对含水层采用对流模型，计算含水层与隔水层接触面之间的热交换。在对流换热模型中，需要输入换热系数这一热物理参数。但是，换热系数与流体的速度、流—固接触面的摩擦性质、流体本身诸多热物理特征相关，是很难测试和确定的一个参数。因此，在一般情况下，可以将水温视为初始条件和内部边界，在建模时采用。

边坡温度场分析模型的其他要求，如网格密度等，主要涉及计算精度问题，与前述计算模型要求一致，不再复述。

4. 计算及成果

温度场计算时的具体要求，主要是根据计算结果的使用目的，确定计算时段和时间间隔。当研究对象是不同季节的温度变化对边坡的影响时，采用年温循环周期。当重点研究日温变化时（多用于边坡热物理风化或高寒地区坡面保暖设计），采用典型季节的日温循环。在做日温变化分析时，通常会以年温变化中对应季节的计算结果，作为日温变化的初始温度场。

边坡温度场的分析结果，一般以典型时刻（高低温峰值时刻）的温度分布云图（或等值线）和关键点温度随时间变化的曲线表达。对后续需要进行热应力分析的边坡工程，需要提取节点温度数据。

2.3.4 岩石边坡热应力与膨胀应力分析方法

1. 基本计算原理

岩石在温度变化时，由于热胀冷缩会引起附加的变形，这个附加的变形在受到周围介质的约束时，形成附加应力，这就是热应力。如果热应力没有达到岩石弹性极限，则是弹性热应力。

如果超出弹性极限,进入到塑性,就是塑性热应力。在岩石力学中,采用塑性条件作为破坏判据,因此,对岩石边坡热应力的分析,主要是对边坡岩体中弹性热应力的计算。

当热应力处于弹性阶段时,热应变和原有的应变线性叠加,即

$$\varepsilon'=\varepsilon+\varepsilon_T \tag{2.3.16}$$

式中,ε_T为热应变。定义线胀系数为 α 为

$$\alpha=\frac{l_{T_2}-l_{T_1}}{l_{T_1}(T_2-T_1)}=\frac{\varepsilon_T}{\Delta T} \tag{2.3.17}$$

式中,l_{T_1}、l_{T_2}是温度为 T_1、T_2时对应的材料长度。

于是,温差 ΔT(通常简记为 T)引起的热应变为

$$\varepsilon_T=\alpha\cdot\Delta T \tag{2.3.18}$$

由式(2.3.16)、式(2.3.18)和弹性物理方程(广义 Hooke 定律),可推导出考虑热应力的平衡方程(Duharmel 方程,张量形式),即

$$\sigma_{ij,j}-\beta_j T_{j,j}+f_j=0 \tag{2.3.19}$$

式中,β 称为热应力系数,计算式为

$$\beta_i=\frac{\alpha_i E}{1-2\mu}=\alpha_i(3\lambda+2G)\qquad(i=x,y,z) \tag{2.3.20}$$

应力边界条件为

$$\sigma_{ij}n_j=p_j+\beta_j T_j n_j\qquad(n_j=l,m,n) \tag{2.3.21}$$

类似地,可以建立热分析问题的几何相容方程。注意,热应变仅改变大小,不改变形状。基本方程建立后,根据边界条件和初始条件,即可构成弹性热应力分析的定解条件,但一般采用数值方法计算。具体方法与静力学分析相似,不再重复。

对膨胀性岩石而言,根据岩土膨胀的基本原理(参见本书第 9 章),当膨胀性岩土中含水量变化时,岩土体吸水膨胀。膨胀变形是含水量的函数。如果将膨胀变形视为附加变形,在膨胀变形与含水量关系处于近似线性关系时(符合大部分工程条件),和热应力分析类似,即可定义总变形为荷载引起的变形与附加膨胀变形的线性叠加,即

$$\varepsilon''=\varepsilon+\varepsilon_E \tag{2.3.22}$$

式中,ε_E为膨胀应变。

定义膨胀系数为 α_E为

$$\alpha_E=\frac{l_{w_2}-l_{w_1}}{l_{w_1}(w_2-w_1)}=\frac{\varepsilon_E}{\Delta w} \tag{2.3.23}$$

式中,l_{w_1}、l_{w_2}为含水量为 w_1、w_2时对应的材料长度。

于是,含水量增量 Δw(简记为 w)引起的膨胀应变为

$$\varepsilon_E=\alpha_E\cdot\Delta w \tag{2.3.24}$$

对比式(2.3.16)~式(2.3.18)和式(2.3.22)~式(2.3.24)可知,除了系数、物理量不同之外,两组公式的形式完全相同,因而可以用相同的方法求解。这就是本节将热应力分析和膨胀应力分析合并论述的原因。

2. 计算参数

和静力学分析相比,热应力和膨胀应力分析需要增加提供的参数分别是热胀系数和膨胀系数。热胀系数通过带加温装置的压力机或专用的热胀系数测试装置获取。膨胀性岩石的膨

胀系数，需要通过改装后可控制加水量的膨胀仪，采用定量增加岩石含水量并测量对应变形曲线的方法获取。具体装置和测试方法可参看本书第 9.2 节。

计算所需的其他参数同静力学分析。

3. 模型建立及计算过程

对热应力分析而言，模型的建立与边坡温度场要求相同。因涉及湿度场(即含水量随位置坐标的变化)的计算，膨胀应力的分析模型与边坡渗流分析要求相同。湿度场的计算原理，与渗流场计算没有大的区别。需要特别注意的是，计算湿度场要考虑地表水(大气降水或其他地表水源)的影响，对地表边界采用流量边界。如果考虑非饱和问题，则渗透系数需按非饱和渗透定义，即渗透系数不仅是坐标的函数，还是时间 t 的函数。这使问题变得复杂得多。对裂隙过水为主的岩石边坡工程，一般不考虑为非饱和问题(实际上，裂隙的非饱和如何定义亦无统一认识)。如果需将降雨过程考虑为时间的函数，则还需对地表水入渗深度与降雨量、降雨时长之间的关系进行分析。降雨入渗问题，亦可用 FLAC 模拟。

在热应力或膨胀应力分析中，根据是否进行耦合计算的要求，决定计算步骤和计算方法。鉴于耦合分析在实际状态应用中的困难和缺陷，在一般工程条件下，不做直接耦合计算，而采用分步计算的方式。分步计算方法是，在进行热应力计算前，先计算边坡温度场，再将温度场计算结果，以节点温度荷载提供给热应力分析计算。在进行膨胀应力计算前，先计算边坡湿度场，再将湿度场计算结果，以节点含水量提供给膨胀应力分析计算。

计算结果得到的是考虑热应力或膨胀应力作用下的应力场特征，可按应力—强度分析的方法，依据强度准则确定塑性区，对边坡的稳定性进行评价。

参考文献

[1] 孙玉科，古迅．赤平极射投影在岩体工程地质力学中的应用[M]. 北京：科学出版社，1980.
[2] SARMA S K. Stability analysis of embankment and slope[J]. J. Geotech. Engn., Am. Soc. Civ. Engn., 1979:105(12).
[3] 朱大勇，范鹏贤，郭志昆．关于 Sarma 法改进算法的补充[J]. 岩石力学与工程学报，2006:25(11).
[4] 熊将，王涛，盛谦．库区边坡稳定性计算的改进 Sarma 法[J]. 岩土力学，2006:27(2).
[5] 郑颖人，时卫民，杨明成．不平衡推力法与 Sarma 法的讨论[J]. 岩石力学与工程学报，2004:23(17).
[6] 王贺，高永涛，金爱兵．节理岩体刚度参数选取与三维离散元模拟[J]. 岩石力学与工程学报，2014:33(Supp. 1).
[7] BARTON N，CHOUBEY V. The shear strength of rock joints in theory and practice[J]. Rock Mechanics and Rock Engineering，1977:10(1).
[8] 蒋春松，孙浩，朱一林．ANSYS 有限元分析与工程应用[M]. 北京：电子工业出版社，2012.
[9] 王泳嘉，邢纪波．离散单元法及其在岩土工程中的应用[M]. 沈阳：东北大学出版社，1991.
[10] 陈育民，徐鼎平．FLAC/FLAC3D 基础与工程实例[M]. 北京：中国水利水电出版社，2013.
[11] 张伯军．弹性动力学简明教程[M]. 北京：科学出版社，2010.
[12] 张有天．岩石水力学与工程[M]. 北京：中国水利水电出版社，2005.
[13] 仵彦卿，张倬元．岩体水力学导论[M]. 成都：西南交通大学出版社，1995.
[14] 林睦曾．岩石热物理学及其工程应用[M]. 重庆：重庆大学出版社，1991.
[15] 王洪纲．热弹性力学概论[M]. 北京：清华大学出版社，1989.
[16] 缪协兴．软岩力学[M]. 徐州：中国矿业大学出版社，1995.
[17] 朱磊．川藏线季节性粗颗粒冻土工程特性研究及边坡稳定性分析[D]. 成都：西南交通大学，2018.

3 铁路岩石边坡基本力学特征

边坡力学特征，是指边坡在各种荷载作用下，表现出的应力和变形特征。对铁路岩石边坡基本力学行为的认识，有助于了解边坡在不同物理力学条件下的基本力学表现，掌握边坡分析的重点，比较不同条件下边坡力学特征及其变化规律，在不同的边坡工程中采取有科学依据的、适当的工程措施，更好地解决边坡工程中出现的问题。考虑到普遍性与特殊性，本章主要介绍铁路工程中最常见的普通岩石边坡、基础荷载作用下的高陡岩石岸坡、动荷载和地震作用下的岩石边坡以及膨胀岩石边坡的基本力学行为。而像长大顺层边坡、库水涨落条件下的岩石岸坡等特殊性较强，与计算分析方法密切相关的边坡，将在专门章节中介绍。

3.1 铁路岩石边坡的一般力学特征

边坡的几何特征主要由坡形、坡高、坡度决定。坡形一般指边坡的横断面形态。常见铁路岩石边坡的坡形有直线形（也称一坡到顶）、折线形（变坡度，如下陡上缓、上陡下缓）、台阶形（分级开挖）等。铁路岩石边坡的一般坡度，对硬岩边坡，大致在 53°～84°之间。铁路、公路行业通常以坡率（单位高度与单位高度坡面的水平投影距离之比）来表示坡度，坡率范围为 1∶0.75～1∶0.1。对软岩边坡，大致为 27°～53°(1∶2～1∶0.75)。普通铁路岩石边坡的单级坡高，对硬岩边坡一般控制在 30 m 以下，软岩边坡一般控制在 6～12 m。

在一般情况下，岩石边坡的工程研究和设计计算，是以边坡中的应力大小和边坡岩体的强度特征为基本理念的。因此，边坡力学特征的描述，主要是对边坡应力大小、分布特征和变化规律的描述。

对普通铁路岩石边坡而言，由于坡高较低，处于地表，边坡主要受岩体自重作用，构造应力、渗透压力等对其影响较小。在自重应力作用下，不同坡形的边坡表现出的应力分布特征，是最基本的边坡力学行为。而边坡应力随坡形、坡度、坡高的变化产生的变化，则是边坡力学行为最重要的表现，也是边坡设计的依据。

3.1.1 直线形边坡的力学特征

直线形是边坡最基本的坡形。在直线形边坡中，应力分布的基本特征如图 3.1.1 所示。直线形边坡的基本力学特征，是最大主应力值总体上随深度的增加而增加，但在坡脚处产生应力高度集中区。在坡面附近，最大主应力的方向大致与坡面平行。在远离坡面的地方，最大主应力与重力作用方向一致，垂直于水平面。

最小主应力的分布则不同。在远离坡面处，最小主应力随深度增加而增加，方向与水平一致。在坡面附近，最小主应力垂直于坡面，且沿坡面自上而下增大，在坡脚处产生应力集中。当边坡较高较陡时，坡顶处可能有拉张区存在。

边坡坡脚处的应力集中，可能导致边坡坡脚挤压发生剪切破坏，这是边坡工程设计的重点之一。在铁路工程实践中，对强度较低的软岩边坡，常常在坡脚修筑一道保护性的矮挡墙，为边坡坡脚应力集中区提供支挡力，是非常符合边坡力学行为特征的。

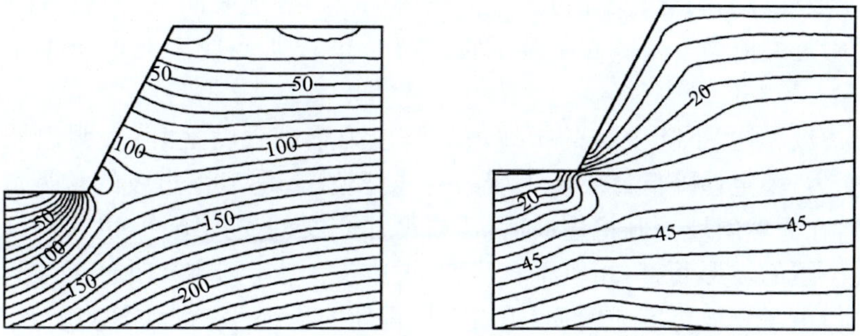

(a) 最大主应力　　(b) 最小主应力

图 3.1.1　直线形边坡主应力分布

在坡顶处的坡面附近，由于最大主应力作用方向与坡面平行，因泊松效应产生的垂直坡面方向的拉伸，可能在坡顶表面形成拉张区。在岩体结构面有利的情况下，坡顶裂隙可因拉应力张开、扩展，在水压、振动等条件下，可发生倾倒、滑坠等崩塌破坏。对高陡硬岩边坡，如果结构面产状有利，在边坡设计时，可考虑采取适当的预防措施。

3.1.2　折线形边坡的应力特征

折线形边坡有两种基本坡形形式，下陡上缓（图 3.1.2）和上陡下缓（图 3.1.3）。

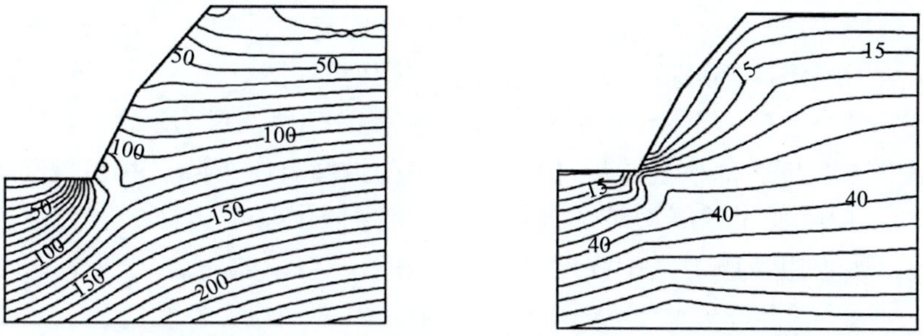

(a) 最大主应力　　(b) 最小主应力

图 3.1.2　下陡上缓折线形边坡主应力分布

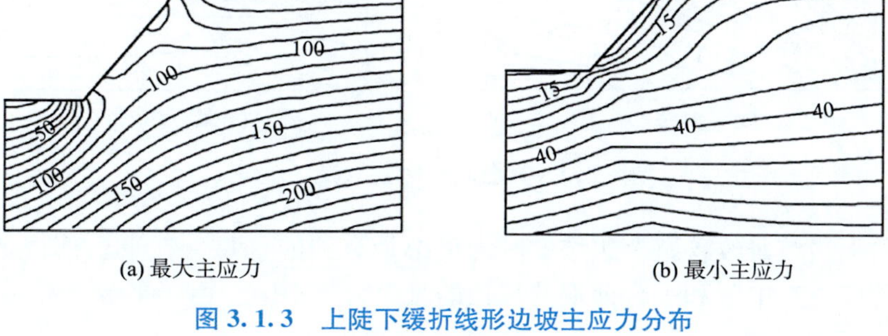

(a) 最大主应力　　(b) 最小主应力

图 3.1.3　上陡下缓折线形边坡主应力分布

折线坡一般出现在对天然斜坡的局部开挖或岩性分层的边坡工程中。两种折线形边坡应力分布的共性是，坡脚都是最大最小主应力集中区，坡顶形成拉张区。区别在于，在下陡上缓的情况下，在变坡处坡面附近，明显可见最大最小主应力等值线向下、向后弯曲(图 3.1.2)，表明变坡点坡面附近主应力下降。在上陡下缓的情况下，变坡点应力上升，形成新的应力集中点(图 3.1.3)。

同直线形边坡相比，下陡上缓的折线坡坡脚应力集中程度上升，表明边坡下部坡度增加后，坡脚应力变大，稳定性降低。下陡上缓的折线坡坡形，是工程边坡的常见坡形。当边坡岩体强度较低时，在天然斜坡上开挖边坡后，需要增加必要的支挡结构，以平衡开挖引起的应力增量。对上陡下缓的坡形而言，相较于直线坡，坡脚应力有所下降，改善了坡脚应力集中引起的失稳风险。但由于变坡点应力增加，边坡上出现新的稳定性分析关注点。从工程角度看，在以对天然斜坡开挖为主的铁路岩石边坡中，很少有实际工程采用上陡下缓的坡形设计。如因变坡点应力的增加，需要以工程措施来保持平衡，在坡面变坡点设置支挡，不仅增加了下部边坡的荷载，也增加了施工难度，因而不是一个合理的选择。但是，上陡下缓的坡形在天然斜坡中是存在的，对其应力分布特征的认识和工程加固部位的选择是有指导意义的。

3.1.3　台阶形边坡的应力特征

当边坡开挖高度较高时，为了防止坡高引起的坡脚应力集中水平超过岩体强度，通常采用分级开挖以降低单级边坡的坡高，以改善坡脚应力集中程度。虽然实际工程中，也有因为施工方便而增设平台形成台阶形边坡的，但不属于边坡力学行为讨论的对象。

在台阶形边坡中，应力分布特征与直线坡和折线坡有明显的区别。修建平台(马道)后，边坡中的最大主应力集中区，分别出现在各级边坡坡脚处，如图 3.1.4(a)所示，在各级边坡坡顶部(平台面前端)最小主应力下降，甚至成为拉张区，如图 3.1.4(b)所示。对比直线坡，台阶形边坡的应力集中区域与平台数量同步，但应力集中的强度有所下降。在总坡高相同的条件下，增加边坡级数，不但降低了单级边坡的高度，同时也降低了整个边坡的有效坡度。可见，通过增加平台级数以改善边坡应力集中强度，提高边坡的稳定性，是符合力学原理的。

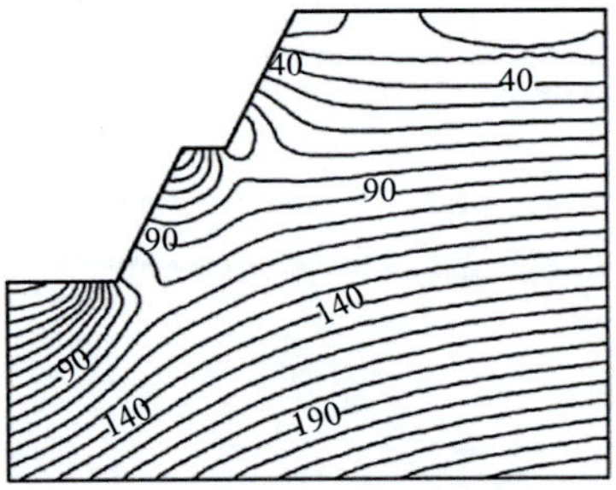

(a) 最大主应力

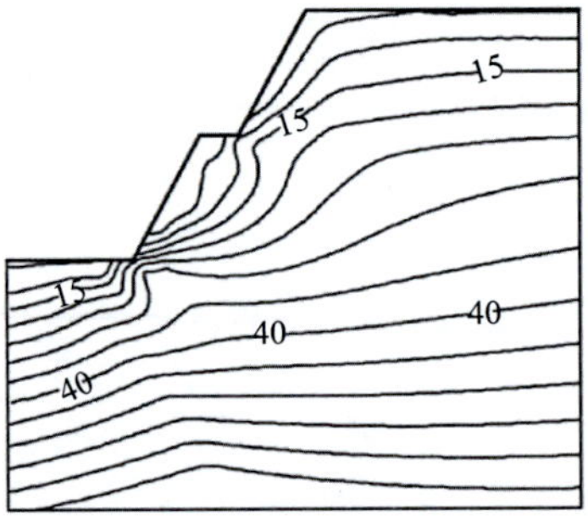

(b) 最小主应力

图 3.1.4　台阶形边坡主应力分布

虽然台阶形边坡对改善整个边坡的应力集中是有利的，但是，在平台部位，同时存在平台后缘的坡脚剪应力集中区和平台前端的坡顶的张应力集中区。由于平台上剪切拉张区相互叠加,使该处的应力特征复杂,恶化了平台处的应力环境,可能导致边坡在平台处首先进入破坏状态。实际工程中,特别一些强度衰减作用明显的软岩边坡中,平台附近坡面破坏的案例并不少见,究其原因,多半与此相关。从力学角度看,避免出现这种情况的方法,是增加平台宽度,有效分隔两种应力分布区。

3.1.4 坡度和坡高对边坡应力的影响

边坡坡高和坡度的变化,必然影响边坡应力特征。由于与边坡稳定有关的应力特征,主要是坡脚应力的大小,因此,仅讨论坡高和坡度的变化对坡脚应力的影响。

采用数值分析的方法,分别计算相同坡度不同坡高和相同坡高不同坡度两种情况下,边坡坡脚应力的变化规律。为了便于比较,对计算得到的应力按应力比($\sigma/\gamma h$)处理。

在分析坡高的影响时,采用的边坡模型坡度为 70°,坡高从 5～50 m 每 5 m 一个等级。计算表明,随着坡高的增加,坡脚处的应力比呈线性增加(图 3.1.5),其应力比梯度为 0.037/m。

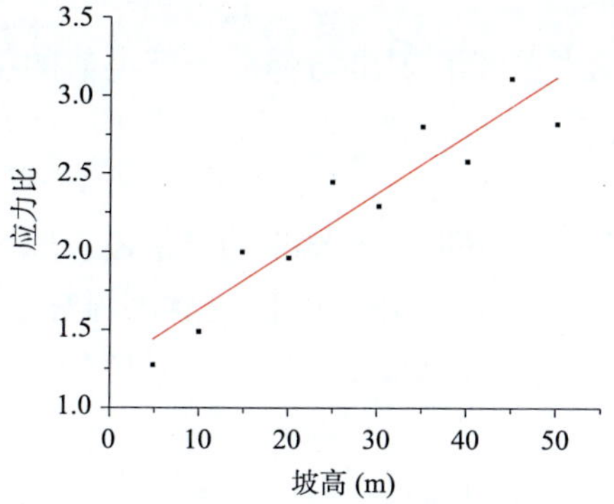

图 3.1.5 坡脚应力比随坡高的变化曲线

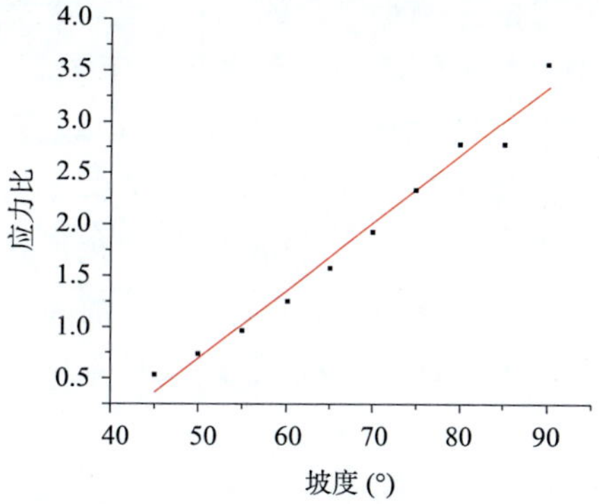

图 3.1.6 坡脚应力比随坡度的变化曲线

在分析坡度的影响时,采用的边坡模型坡高为 20 m,坡度值从 40°～90°每 5°一个等级。图 3.1.6 给出了坡脚应力比随坡度线性增加的曲线,应力比变化梯度为 0.066/(°)。

在边坡设计中,有一个困扰设计人员的问题,就是从边坡安全的角度考虑,是降低坡高更有效还是降低坡度更有效。由于坡高和坡度两者的几何意义不同,无法简单定义两者之间的换算关系,很难对两者进行直接比较。因此,我们试着以坡高和坡度对坡脚应力比的变化率来比较,然后根据工程经验来判断这个问题的答案。应力计算表明,坡度引起的应力平均变化率大约两倍于坡高引起的应力平均变化率。换言之,坡度每增加 1°引起的应力增量,大约与坡高每增加 2 m 引起的应力增量相当。这个等量比较在工程上的意义,如果以降低 2 m 坡高与增加 1°坡度时,边坡挖方量的变化来衡量的话,计算的结果见表 3.1.1。

表 3.1.1 改变坡高与坡度挖方量变化

原坡度/现坡度(°)	45/46	53/54	63/64	68/69	73/74	78/79	81/82
原坡高/现坡高(m)	20/18	20/18	20/18	20/18	20/18	20/18	20/18
挖方量变化(%)	−21.78	−21.90	−22.46	−23.04	−24.03	−25.93	−28.12

上述计算假定原始地表为平坡。计算表明，在保持坡脚应力水平基本不变的条件下，降低坡高提高坡度，可减少约 20%～30%的工程开挖量。这表明，在工程实践中，控制坡高的设计理念，是符合力学原则的。

3.1.5 岩石力学参数对边坡应力的影响

为了分析岩体的力学特征对边坡应力的影响，分别计算不同的弹模和泊松比与坡脚位移和应力的关系。由于弹模反映的是岩体抗变形的能力，因此弹模的影响用坡脚位移表示。图 3.1.7 显示了弹模与坡脚位移的关系。

从图中看到，当弹模小于某个值时（该值与边坡的几何特征和其他物理力学性质有关，图中约为 20 000 MPa），弹模的变化将引起坡脚位移明显变化。当弹模大于该值后，弹模的变化对坡脚位移的影响趋于平缓。可见，对弹模较小的软岩而言，弹模对边坡变形影响较大。而对硬岩而言，弹模对边坡变形的影响较小。因此，在实际工程分析中，对硬岩而言，弹模的取值，对计算结果的影响是不大的。

泊松比与坡脚应力的关系显示于图 3.1.8。图中曲线表现出与弹模分析类似的结果。当泊松比较小时（图中小于 0.2～0.3），坡脚应力增长较缓。当泊松比较大时，应力增长加剧。图 3.1.8 是弹性分析的结果，如果考虑软岩强度较低，当泊松比较大时，应力的增加可能已经使岩体进入塑性状态，实际曲线的变化形式与图示有所不同，但对结果的分析没有影响。由于软岩体具有泊松比较大、弹模较小的特点，因此其力学参数的较小变化，都将引起边坡力学特征的较大改变。因此，在软岩边坡计算中，参数的取值对计算结果的影响是敏感的。

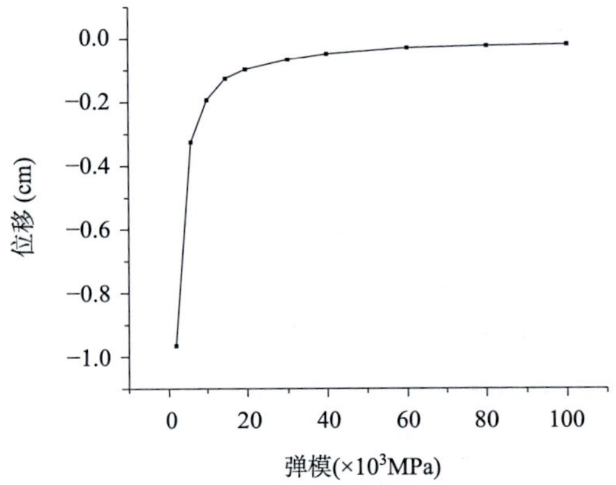

图 3.1.7 坡脚位移与弹模的关系曲线

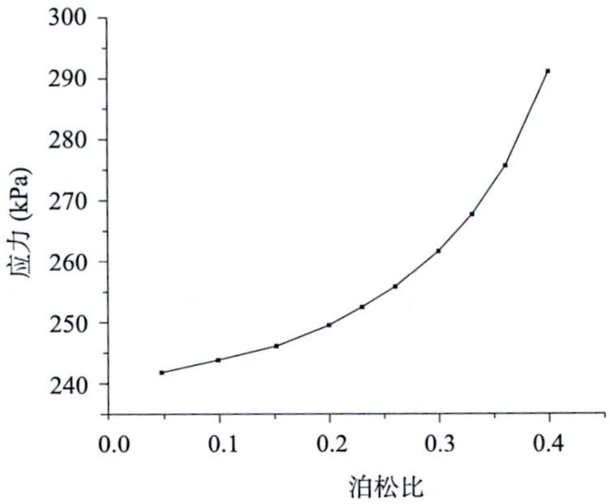

图 3.1.8 坡脚应力与泊松比的关系曲线

3.2 桥基荷载作用下高陡岩石边坡力学特征

铁路经过陡坡地段时，桥梁设置是不可避免的。在桥基荷载作用下，作为桥梁地基的岩体岸坡，是斜坡地基。对斜坡地基而言，地基岩体不仅要提供足够的承载力，还要保证不因荷载作用而被剪坏。而后者，在高陡斜坡上尤其显著。在本书中，把经工程作用改变了的天然斜坡称为边坡，因此，桥基荷载作用下的天然斜坡也称为边坡。

3.2.1　荷载作用下均质岩石边坡基本力学特征

当岩体中的块体尺度与坡高和基础尺寸相比较小，比如 1∶20 以上，且层理等连续贯通结构面产状较水平，也不存在明显影响斜坡岩体应力分布的其他贯通性长大结构面时，可将岩体视为均质岩体。对均质岩体，可采用一般的连续介质模型，分析其力学特征。

桥基荷载作用下均质岩石边坡应力分析问题，可视为平面应变问题，相关参数如图 3.2.1 所示。均质边坡分析模型几何参数包括坡高、坡度，分别用 H 和 α 表示。桥基水平距离用 S 表示，桥基水平距离是指桥基础外边缘与坡面的水平距离。桥基设计参数主要是桥基荷载强度 q、桥基埋深 D 和桥基宽度 B。

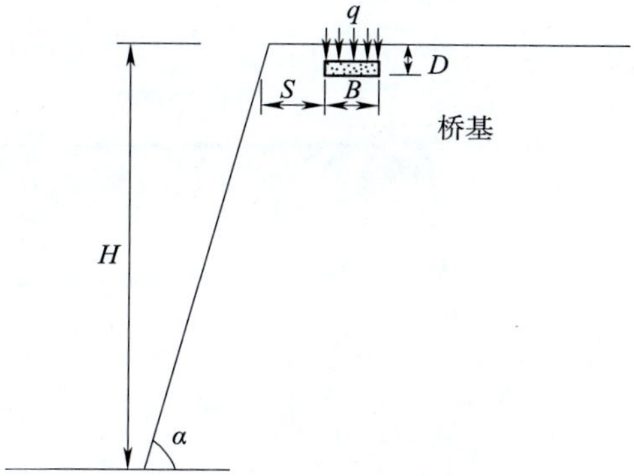

图 3.2.1　桥基荷载作用下均质岩石边坡模型

假定基本模型参数 $H=100$ m，$\alpha=80°$，$B=10$ m，$S=10$ m，$D=2$ m。高陡桥基斜坡岩体通常是强度较高、抗变形能力较强的硬岩体，因此，数值分析采用的荷载强度参考值 $q=1.0$ MPa。考虑到工程安全性，抗拉强度 $\sigma_t=0$。硬岩与混凝土接触面抗剪强度较高，取接触面抗剪强度参数 $\tan\varphi=0.85$，$c=300$ kPa。

桥梁荷载作用下，必定引起边坡岩体原始应力状态的改变。桥梁荷载对边坡岩体应力的影响以应力影响系数 η 表示，应力影响系数 η 定义如下：

$$\eta=\frac{\sigma_q}{\sigma_0} \tag{3.2.1}$$

式中，σ_q表示由桥基荷载产生的附加应力；σ_0表示岩体初始应力。

1. *荷载作用下边坡应力特征*

竖直荷载作用下边坡岩体应力分布特征如图 3.2.2 所示。荷载作用主要改变了基底附近岩体应力分布状态，在基底下方产生新的应力集中。同时，与天然斜坡应力分布比较，坡脚应力集中程度增加。表明桥基荷载同时引起基底和坡脚应力的增加。

仔细观察基底附近局部区域应力等值线分布（图 3.2.2），可以看出，在竖直荷载作用下，基底最大主应力沿基底中心呈近似对称分布，与平坡地基（半无限地基）情形相似。但受边坡坡面边界的影响，对称轴向坡面方向偏斜。表明由于坡面边界的存在，坡面对岩体应力的分布有很大的影响。

荷载引起的坡面应力分布特征如图 3.2.3 所示。由图可知，坡面上仅由荷载引起的最大主应力在坡顶面下方一段（图中 0～10 m）内为拉应力。随坡面深度的增加，坡面应力逐渐由

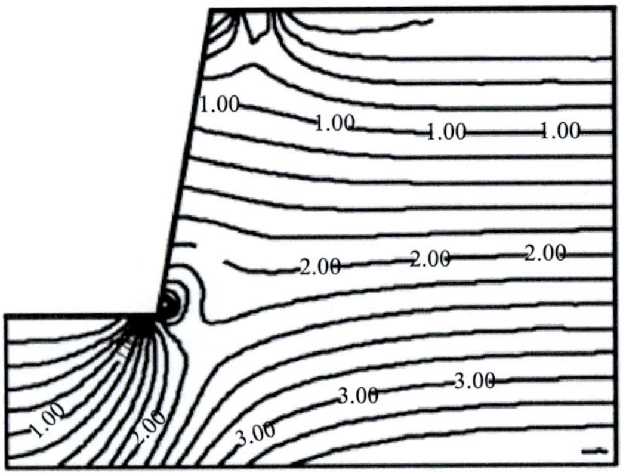

(a) 最大主应力

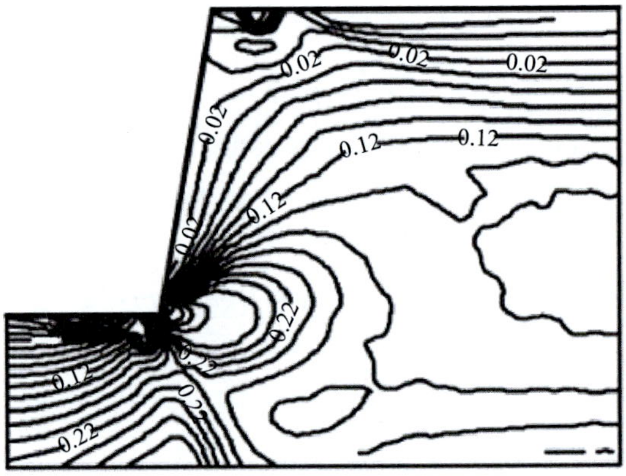

(b) 最小主应力

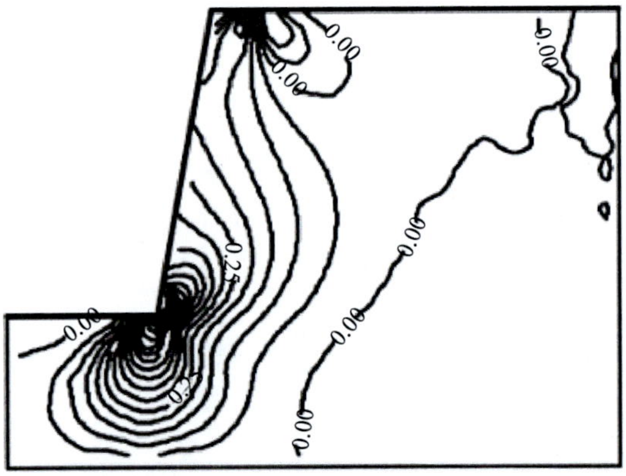

(c) 剪应力

图 3.2.2　竖直荷载作用下边坡岩体应力等值线图

拉应力转为压应力，并在一定的坡面深度(图中约 25 m)时达到极大值。然后随深度逐渐减小，至坡脚处再次增大。坡脚应力增大是由坡脚边界的约束引起的。整体上看，桥基荷载产生的应力有一个扩散范围，荷载对应力扩散范围内的岩体应力影响较大。

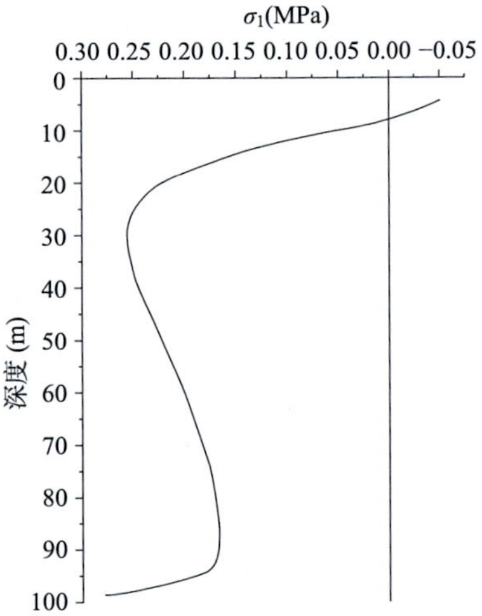

图 3.2.3　荷载产生的坡面岩体 σ_1 分布

2. 边坡岩体应力影响范围

荷载对边坡岩体应力的影响，以应力影响系数 η 的等值线表示，如图 3.2.4 所示。从图中可以看出，荷载对基底岩体应力的影响最大，对远离荷载作用部位的岩体应力影响较小。基底应力影响系数等值线非常密集，表明基底岩体应力影响系数大，这是因为基底岩体埋深小，岩体初始应力小，而由荷载产生的附加应力很大，因此应力影响系数值很大。

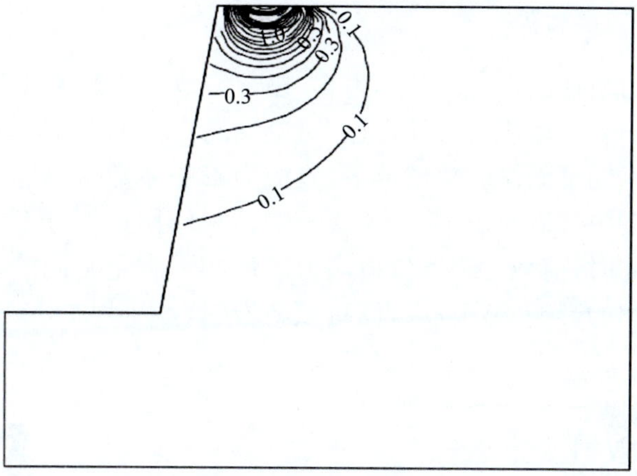

图 3.2.4 荷载对边坡岩体应力的影响

由于坡面边界的存在，相对于半无限地基来说，荷载作用对边坡岩体应力的影响范围增大。假定以 $\eta=0.1$ 的界线表示岩体应力影响范围，图 3.2.4 中应力影响范围深度约 80 m，即 $8B$。在一般情况下，半无限地基中应力影响范围深度约 $6B$（顾晓鲁等，2003）。可见，荷载对边坡岩体的应力影响范围，大于相同荷载条件下半无限地基中的应力影响范围。

需要额外说明的是，在一般的地基基础教科书中，考虑基础荷载的附加应力一般采用附加应力 σ_q 与荷载强度 q 之比（应力比 φ）来描述。由于应力比与天然应力无关，不能很好地反映实际岩体应力大小，因此，本书没有采用应力比，而代之以与天然应力有关的应力影响系数，作为描述边坡岩体应力的指标。本书涉及与地基应力有关的应力数据，均已按应力影响系数换算。

3. 坡面岩体应力特征

边坡坡面作为边坡的外在表征，是边坡最重要、最关键的分析对象。边坡的变形破坏也必然首先反映在坡面上。因此，坡面岩体力学特征是边坡研究的重要内容。

图 3.2.5 表示坡面岩体应力影响系数 η_s 随深度变化的曲线。从图中可以看出，从坡顶到坡脚，随着深度的增加，坡面应力影响系数逐渐增加至最大值 η_{smax}，然后逐渐减小并趋于零。坡顶点至坡面下一定深度内，应力影响系数为负值，表明荷载在该区域产生的附加最大主应力为拉应力。但坡面应力影响系数未达到 -1，说明总应力仍为压应力。坡面上总有一点应力影响系数为零，即荷载对该点应力无影响，该点称为零点，该点的位置与桥基水平距离等因素有关。零点以下的坡面，岩体中最大主应力受荷载的影响而增加。在距离桥基较近的坡面上，荷载对岩体应力的影响较大；远离桥基的坡面上，荷载对岩体应力的影响随深度的增加而减小。这一性质，在实际工程中，可作为荷载应力扩散指标考虑。

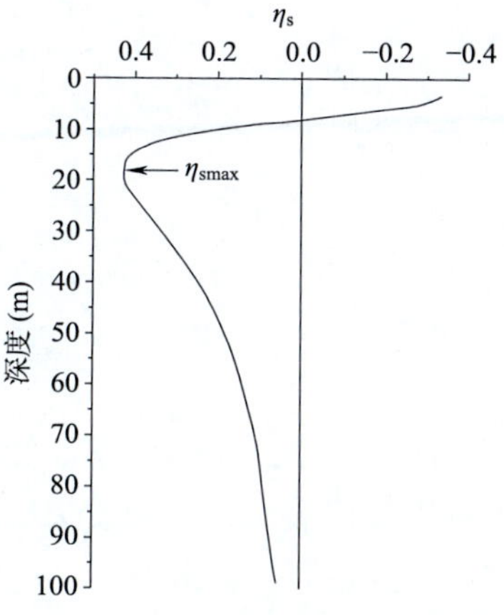

图 3.2.5 η_s 随深度变化的曲线

3.2.2 层状岩体边坡力学特征

层状半无限地基力学特征应力的基本内容，在一般地基基础教科书中已有描述，本节主要描述荷载作用下层状斜坡岩体应力特征，重点讨论层面倾斜角 θ 对岩体应力分布的影响。

图 3.2.6 所示为不同层面倾斜角情形下，以应力影响系数 η 描述的荷载作用条件下边坡岩体应力分布特征。图中可以看出，荷载主要影响荷载作用点下方一定范围内的岩体的应力状态。层面倾斜角不同时，荷载对边坡岩体应力的影响程度是不同的，相比之下，荷载对水平或者垂直岩层岩体应力的影响深度较大，而对倾斜岩层岩体应力的影响宽度较大。

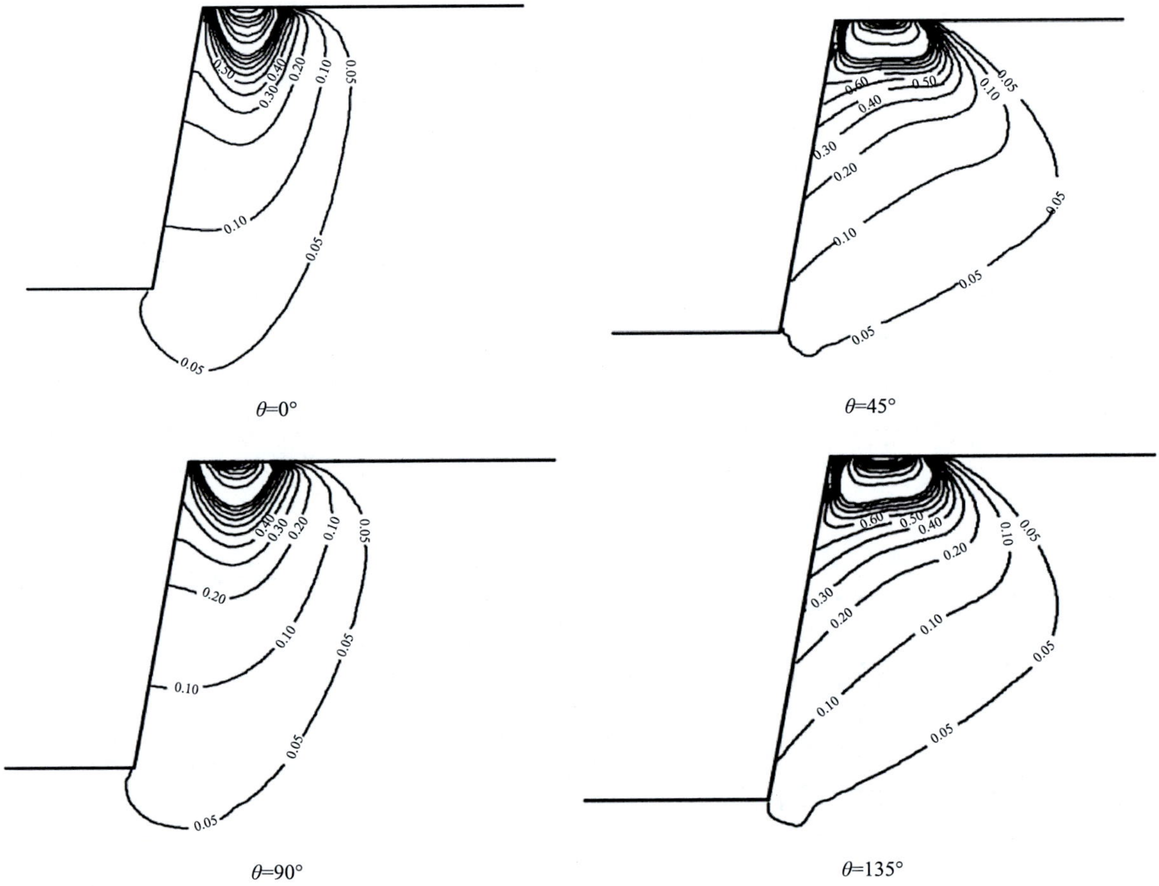

图 3.2.6 不同层面倾斜角边坡岩体应力影响系数等值线

图 3.2.7 表示不同层面倾斜角时，坡面岩体应力影响系数 η_s 在坡面上的变化，坡面各点的位置以深度表示。与均质边坡一样，荷载对坡面岩体应力的影响随坡面位置深度的增加先增加至最大值，后逐渐减小。表明荷载对坡面岩体应力影响最大的点，同样在坡面一定深度上，该位置随层面倾斜角而变。不同层面倾斜角时，荷载对坡面岩体应力的影响也不一样。荷载对倾斜岩层边坡坡面岩体应力的影响，比对水平或者垂直岩层边坡坡面岩体应力的影响大。从图中可以看出，当层面倾斜角 $\theta=0°$ 时，坡面应力影响系数最大值为 0.35，$\theta=45°$ 时为 0.63，

$\theta=90°$时为 0.43，$\theta=135°$时为 0.56。可见倾斜岩层受荷载的影响大于水平或者垂直岩层，而顺倾岩层受荷载的影响大于反倾岩层，垂直岩层的影响大于水平岩层。

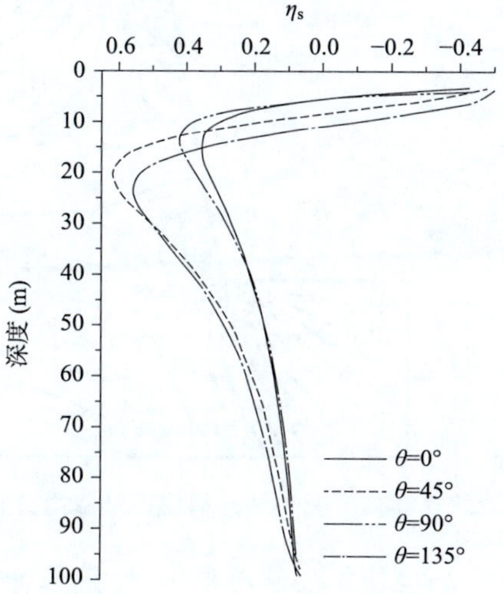

图 3.2.7 坡面岩体应力影响系数

3.2.3 卸荷裂隙对边坡力学特征的影响

高陡边坡通常发育卸荷裂隙，卸荷裂隙一般位于高陡边坡顶部，是天然应力作用下岩体张拉破坏形成的。在平面上，卸荷裂隙一般平行于边坡走向；在剖面上，卸荷裂隙竖直发育，或与边坡坡面接近平行，或迁就高角度的节理发育。卸荷裂隙普遍张开，张开宽度不等，宽者可达 1 m 以上，裂隙内地下水畅通，卸荷裂隙的充填物多为次生黏土和碎石。一般卸荷裂隙面粗糙不平，呈张性特征，并迁就原生构造结构面。

卸荷裂隙是一种较为特殊的结构面。边坡表面存在张裂隙时，岩体破坏已经开始。在桥基荷载产生的压力和侧向推力作用下，卸荷裂隙力学性质可能产生很大的变化，一方面卸荷裂隙可能产生较大的位移，另一方面，水平推力可能使卸荷裂隙与其他结构面切割的岩体倾倒或者滑动破坏。

卸荷裂隙边坡的计算模型及应力分布特征如图 3.2.8 所示。从图中可以看出，除坡脚和基底产生高度应力集中区外，卸荷裂隙附近出现了新的应力集中现象，特别是卸荷裂隙的底端位置。在天然状态下，由于卸荷裂隙一般处于张开状态，卸荷裂隙相当于一条次级临空边界，边界上的应力为零。当受到桥基传递下来的荷载作用后，基底及卸荷裂隙附近局部区域岩体应力显著增大。岩体能否满足强度要求，需要进行强度校核。荷载作用引起卸荷裂隙末端高度应力集中，可能导致卸荷裂隙的扩展，这对桥梁边坡工程来说，是相对危险的。

当卸荷裂隙张开较宽且无充填物，卸荷裂隙在荷载作用下闭合位移小于张开度时，卸荷裂隙两面不会产生接触，此时的卸荷裂隙如同一条自由边界。如果卸荷裂隙是密闭的，或者荷载足够大以致卸荷裂隙闭合接触，卸荷裂隙上将产生接触应力，包括法向应力和切向应力。当卸荷裂隙完全接触时，裂隙法向可以传递力的作用，切向可以完全或者部分传递力的作用，这与卸荷裂隙的接触摩擦力学参数有关。而法向应力将对卸荷裂隙前方的岩体产生水平推力，在

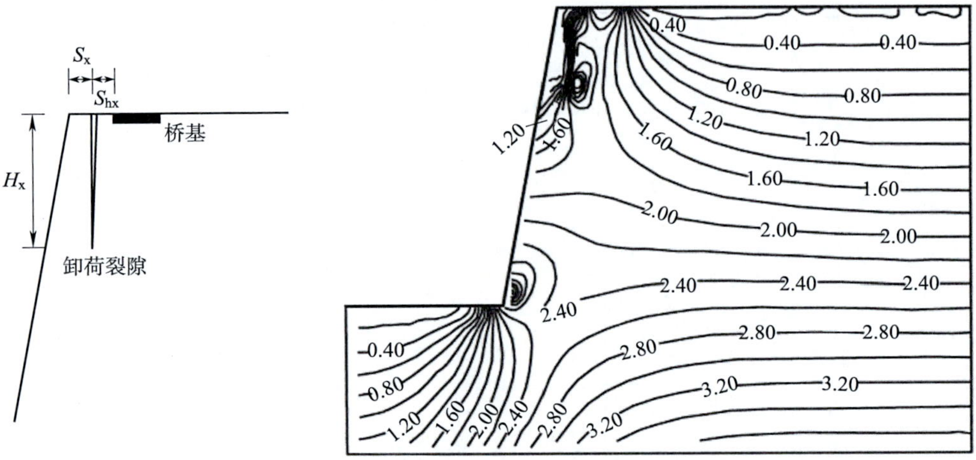

图 3.2.8　卸荷裂隙边坡几何模型及应力分布特征

水平推力作用下，卸荷裂隙前方的岩体可能产生滑动、倾倒等破坏。荷载作用下卸荷裂隙接触应力分布如图 3.2.9 所示。

从图中可以看出，卸荷裂隙面上深约 7 m 的位置上接触应力最大，向两侧法向接触应力逐渐减小，最大法向接触应力位置与应力影响角基本对应，也与卸荷裂隙面上水平位移最大值点对应。卸荷裂隙顶部接触法向应力为零，原因在于卸荷裂隙不抗拉，卸荷裂隙顶部呈张开状态。卸荷裂隙上的切向应力与法向应力的变化规律类似，但数值上有差别。接触应力的大小与荷载位置、荷载大小和方向等有关。卸荷裂隙面上的法向应力作为水平推力，对卸荷岩体稳定性有很大的影响。

卸荷裂隙与基础的关系对边坡岩体及裂隙本身应力的影响如图 3.2.10 所示。图中，S_x是基础与裂隙的水平距离。

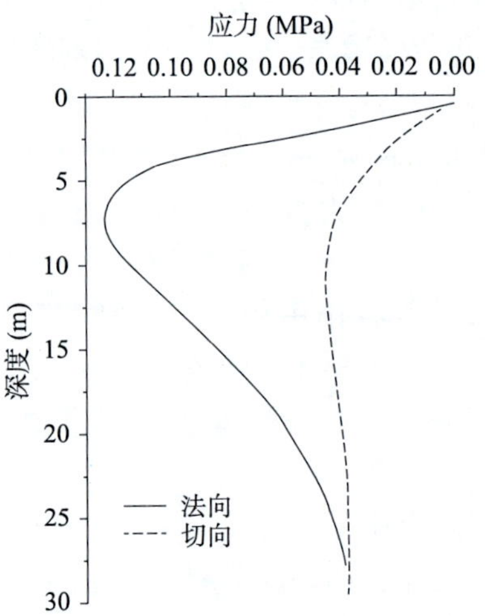

图 3.2.9　卸荷裂隙面上的接触应力

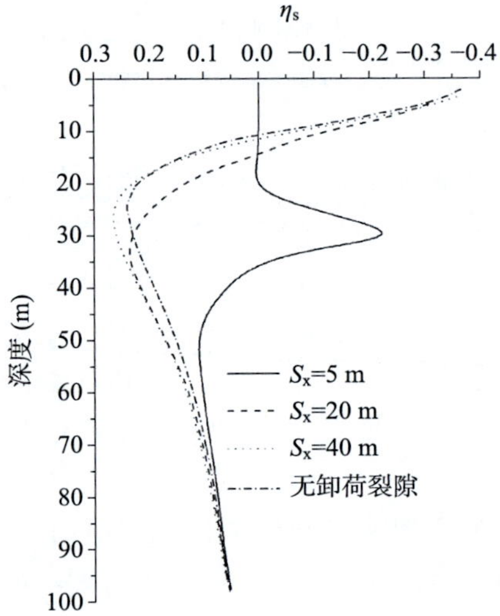

图 3.2.10　不同 S_x时坡面 η_s的变化

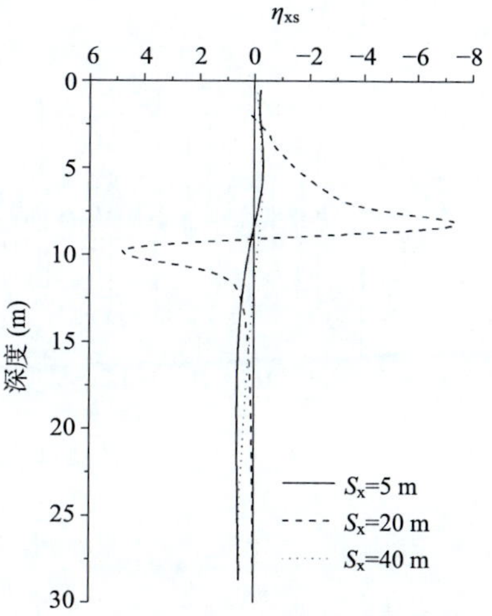

图 3.2.11 不同 S_x 时裂隙面 η_{xs} 的变化

图中可以看出，卸荷裂隙在桥基下方及后方时，荷载对坡面岩体应力的影响与无卸荷裂隙类似，仅 η_{smax} 位置及大小稍有不同而已。原因在于这两种情况下，荷载可以正常向坡面扩散。而当卸荷裂隙在桥基前方时，情形则有所不同。由于卸荷裂隙张开，不能传递力的作用，荷载对坡面一定深度范围内的岩体应力不产生影响，对裂隙末端上下一定范围的坡面岩体产生拉应力，且在裂隙末端对应的坡面上达到最大。裂隙末端向下一定深度后，坡面岩体应力受荷载作用影响逐渐与无卸荷裂隙时相近。卸荷裂隙相对桥基位置不同时，裂隙面上的应力影响系数 η_{xs} 变化曲线如图 3.2.11 所示。从图中可以看出，桥基位于卸荷裂隙上时，对卸荷裂隙面上的应力影响极大，荷载产生的应力将是原始应力的数倍，在卸荷裂隙深度约 7 m 的位置上，应力影响系数可达−7，表明荷载作用产生的拉应力是初始应力的−7 倍。与原始应力叠加后，该点的应力将为拉应力，这对岩体的稳定极为不利。在卸荷裂隙深度约 10 m 的位置上，应力影响系数达 5 左右，即荷载产生的应力为原始应力的 5 倍，应力高度集中，同样对岩体的稳定不利。因此桥基位于卸荷裂隙之上，对卸荷裂隙岩体的应力影响很大，对岩体的稳定极不利，不宜将桥基置于卸荷裂隙之上。

3.3 动荷载作用下边坡岩体力学特征

动荷载对边坡的作用，首先使边坡中动应力增加，改变了边坡应力特征。和静荷载不同的是，动荷载作用是以应力波在边坡中的传播为主要特征的。在边坡各种界面的影响下，应力波可发生反射、折射、绕射等行为，可能形成振动波叠加，极大强化了荷载的作用。其结果可能使在静力学条件下稳定的边坡不稳定。

对铁路岩石边坡而言，动荷载主要来自两个方面：一是边坡上列车经过的行车振动，二是地震作用。动荷载的分析方法在第 2 章已简要说明，本节仅对动荷载作用下边坡岩体力学行为特征进行分析。

3.3.1 行车振动对边坡力学特征的影响

行车振动对岩石边坡的影响，源于桥基或路基设置于边坡之上。此时，可将列车运行时的荷载，视为作用在边坡上的动荷载。在此以高陡岸坡上桥梁基础为例，分析列车动荷载作用下边坡应力特征。

分析模型与 3.2.1 部分相同，建立的模型坡高 H=100 m，坡度 α=80°，桥基水平距离 S=10 m，桥基宽度 B=10 m，荷载强度 q=1.0 MPa。考虑列车行车过程中对桥基的动力学作用，列车振动荷载施加于基础表面，振源采用实测的 200 km 时速列车振动谱，如图 3.3.1 所示。

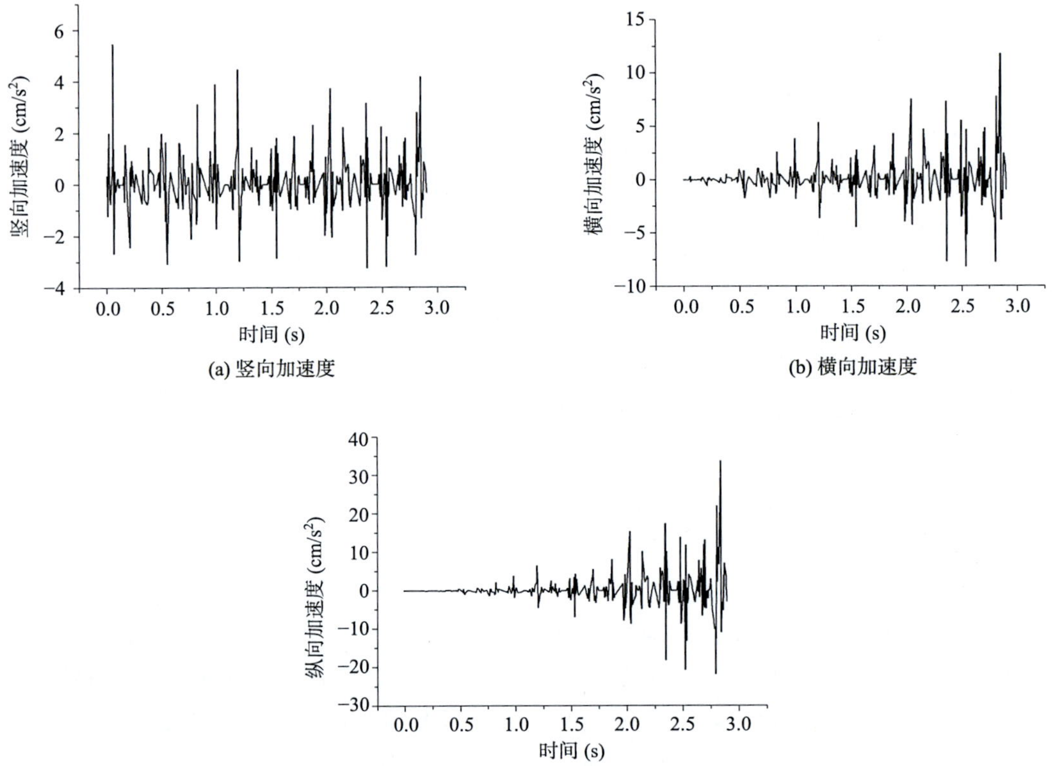

(a) 竖向加速度　(b) 横向加速度

(c) 纵向加速度

图 3.3.1　200 km/h 列车振动谱

边坡天然工况、桥基荷载工况及列车振动工况下某时刻岩体最大主应力等值线如图 3.3.2 所示。由图可以看出，桥基荷载作用改变了基底附近的应力状态，远离桥基的部位，受桥基荷载的影响并不明显，而列车振动对岩体应力的影响范围有限。

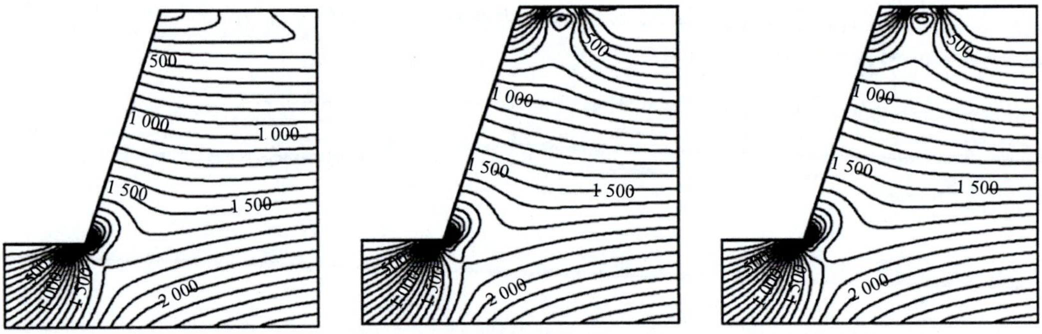

(a) 天然工况　(b) 桥基荷载工况　(c) 列车振动工况

图 3.3.2　边坡岩体最大主应力等值线图

图 3.3.3 表示有无考虑列车动载时的边坡应力影响系数分布等值线。图中可见，考虑列车动荷载后，基底附近应力影响系数等值线更加密集，而远离桥基后，列车振动荷载的影响并不明显。从以应力影响系数 $\eta=0.1$ 为界，确定的应力影响范围来比较，列车振动荷载附加应力分布形态和范围与静荷载时无明显区别。

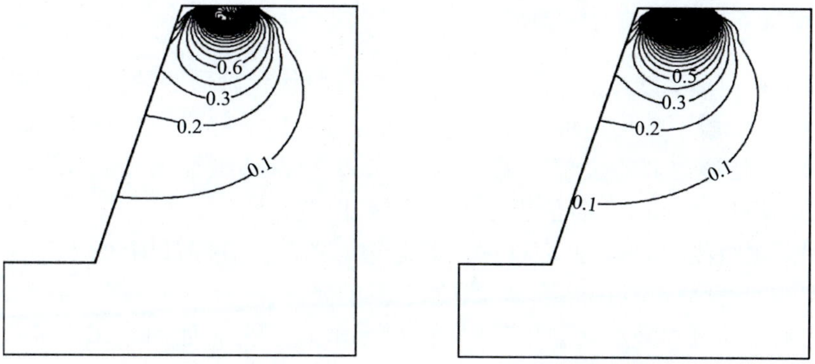

(a) 桥基荷载应力影响 (b) 列车振动荷载应力影响

图 3.3.3 桥基荷载及列车振动下应力影响范围

图 3.3.4 表示桥基荷载及列车振动条件下，基底附加应力增量和应力影响系数与深度的关系。图 3.3.4(a)表明，桥基动静荷载对基底以下岩体应力的影响范围大约为 20 m 左右。由图 3.3.4(b)可见，振动的影响随深度加深急剧降低，在基底以下 10 m 后，应力影响系数已小于 0.1，可以认为列车振动荷载对岩体应力的影响深度小于 10 m。

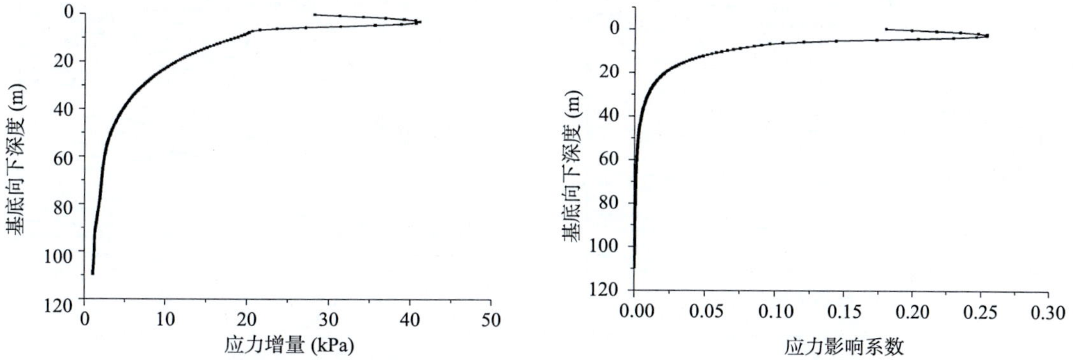

(a) 应力增量与深度关系 (b) 应力影响系数与深度关系

图 3.3.4 桥基荷载及列车振动下基底应力与深度的关系

图 3.3.5 表示基底中心竖直向下的岩体天然应力、静荷载附加应力、动荷载附加应力与深度的关系。由图可见，动荷载引起的应力相比于静荷载平均增加了 26%左右，大约增加了 40 kPa。动荷载相较于静荷载的增量，约为基础荷载的 5%。因此，可以认为，一般情况下，即便忽略列车运行时的动荷载影响，对岩体应力的影响也仅为 5%左右。因而，在岩石边坡稳定性分析中，可以适当提高安全系数以避免复杂的动力学计算。

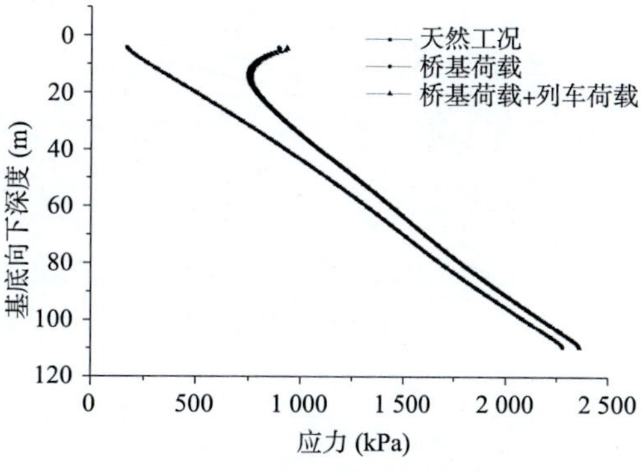

图 3.3.5 基底各主应力与深度的关系

3.3.2 地震荷载下岩石边坡力学特征

基本计算模型包括直线形、上缓下陡形、上陡下缓形、台阶形四种坡形。坡高 6 m，直线形边坡坡率 1∶0.5；上缓下陡形边坡的上部边坡坡率 1∶1，下部边坡坡率 1∶0.5，变坡点位于边坡中部；上缓下陡形边坡的上部边坡坡率 1∶0.5，下部边坡坡率 1∶1，变坡点位于边坡中部；台阶形边坡坡率 1∶0.5，台阶位于边坡中部，台阶宽 1 m。

模型四周采用吸收边界条件，底部采用静态边界条件。震源采用 2008 年汶川地震时卧龙监测站采集到的加速度震源（图 2.3.3），施加于模型底部。

边坡天然状态和叠加地震荷载后某时刻的最大主应力分布如图 3.3.6 所示。对比各种坡型天然状态和地震荷载下应力分布特征，地震作用下，边坡岩体应力均有增加，地震荷载对边坡岩体应力的影响是整体性的。由于坡形不同，边坡应力集中程度不同，地震荷载附加应力影响程度也不一样，整体上看，地震荷载对直线形边坡坡脚、台阶形边坡坡脚和台阶坡脚、上缓下陡边坡坡脚和变坡点的应力集中程度影响更高。

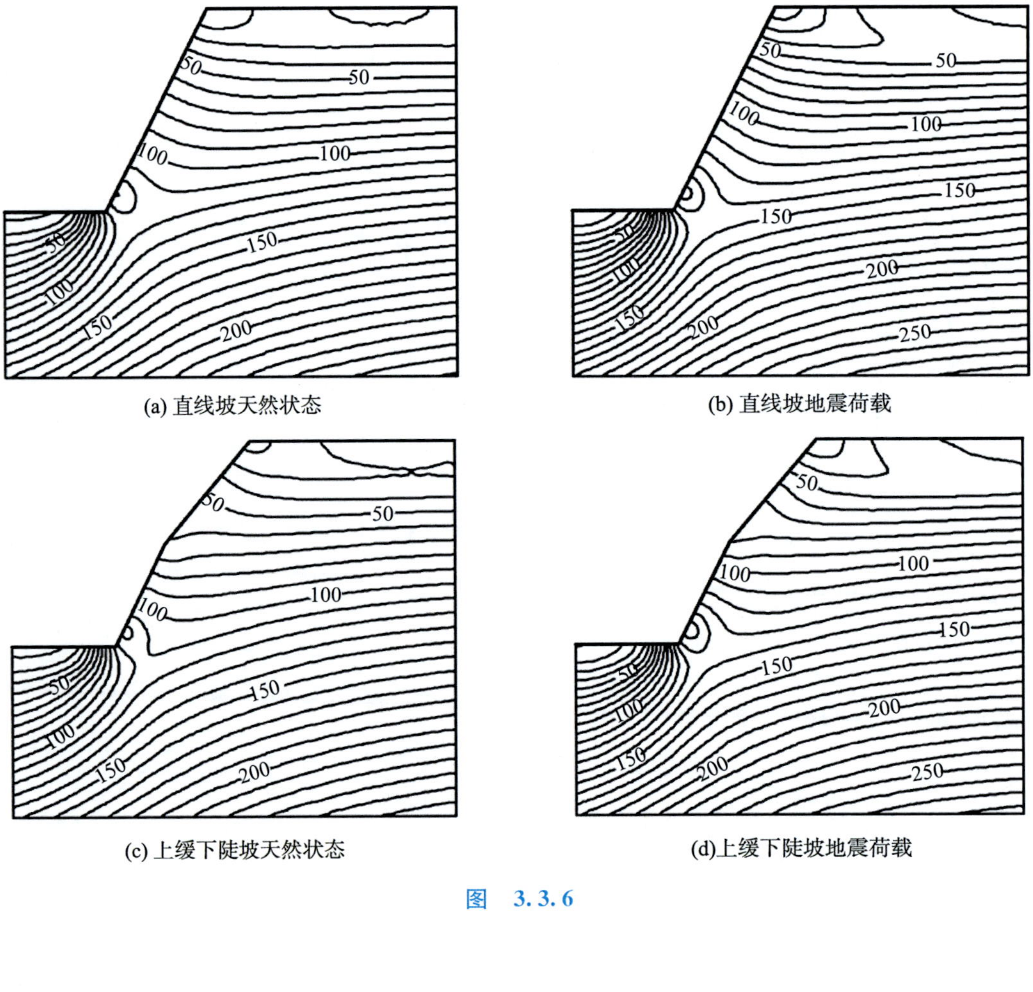

(a) 直线坡天然状态　(b) 直线坡地震荷载

(c) 上缓下陡坡天然状态　(d)上缓下陡坡地震荷载

图 3.3.6

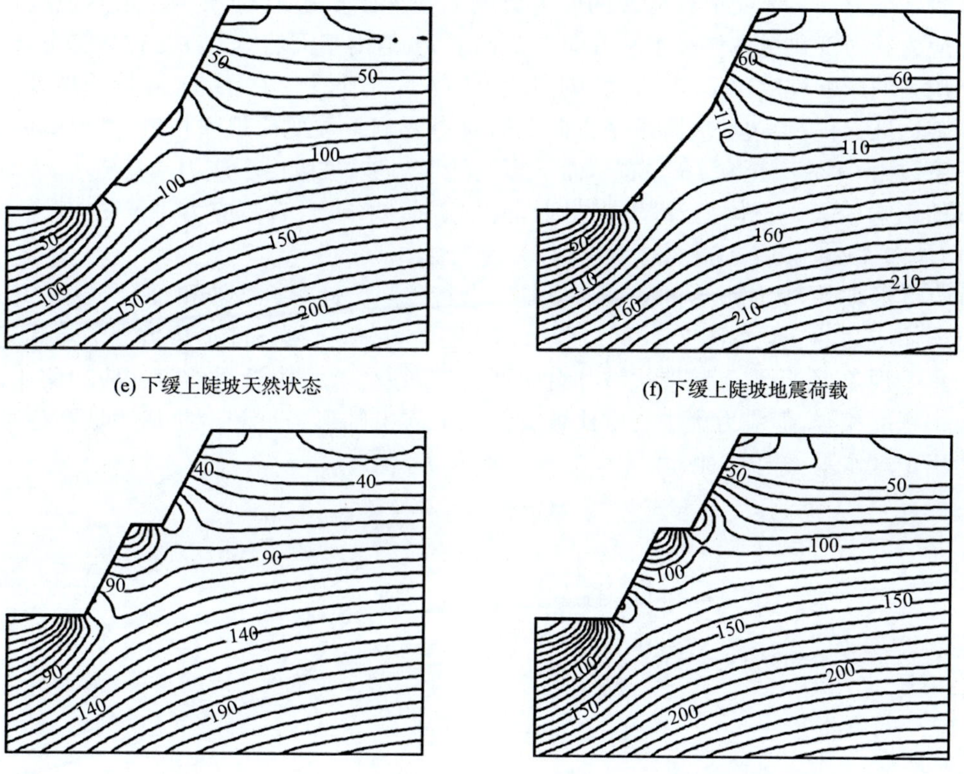

(e) 下缓上陡坡天然状态　(f) 下缓上陡坡地震荷载

(g) 台阶坡天然状态　(h) 台阶坡地震荷载

图 3.3.6　边坡岩体最大主应力

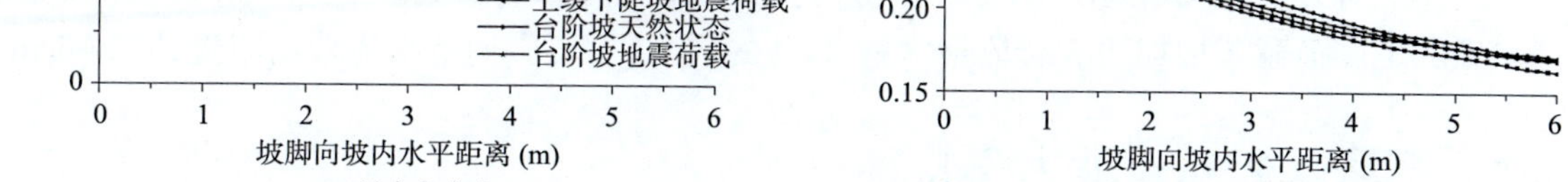

(a) 最大主应力　(b) 最大主应力影响系数

图 3.3.7　坡脚水平方向岩体应力变化

各坡形边坡坡脚、变坡点附近为岩体应力集中区，对这些特殊部位的应力及地震荷载的影响单独进行分析。各坡形边坡坡脚水平方向岩体应力分布如图 3.3.7(a)所示。从图中可以看出，除上陡下缓形边坡不明显之外，其他坡形边坡坡脚附近岩体应力均有应力集中现象。应力集中程度是直线边坡＞上缓下陡边坡＞台阶边坡＞上陡下缓边坡，应力集中的范围距离坡脚1～1.5 m左右。在各种坡形中，地震荷载产生的附加应力值相差不大。

坡脚水平方向岩体受地震荷载的应力影响系数如图 3.3.7(b)所示。虽然地震荷载产生的附加应力绝对变化量在坡脚水平方向上变化不大,但由于天然应力在坡体内部分布不同,地震附加应力的影响程度也不同。从坡脚向坡内的水平方向上,除下缓上陡形边坡外,直线坡、上缓下陡边坡、台阶形边坡坡脚水平方向上的应力影响系数变化规律相似,由坡脚向坡内,应力影响系数由 0.28 减至 0.16 左右。而下缓上陡形边坡,坡脚由于应力本身较小,表现为受地震荷载的影响较大。整体上看,坡脚附近,受地震荷载作用,岩体应力可增长 27%～36%左右,而向坡内 4～6 m 后,应力增长降至 16%左右。

除直线形坡外,其他坡形的变坡点也是一个特殊点。针对折线坡和台阶形边坡,分析变坡点附近岩体应力的变化如图 3.3.8(a)所示。从图中可知,上缓下陡形边坡变坡点附近几乎没有应力集中现象,而下缓上陡形边坡和台阶形边坡,在变坡点附近仍然存在应力集中现象,且应力集中程度相当,但应力集中程度比坡脚低。下缓上陡形边坡和台阶形边坡在变坡点附近的应力集中区水平方向范围约 2 m。

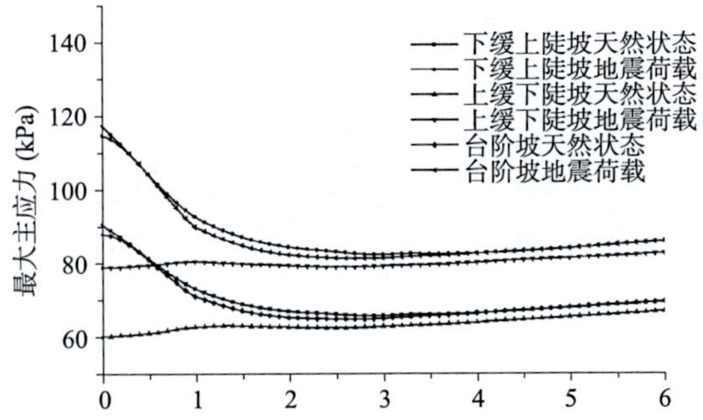

(a) 最大主应力

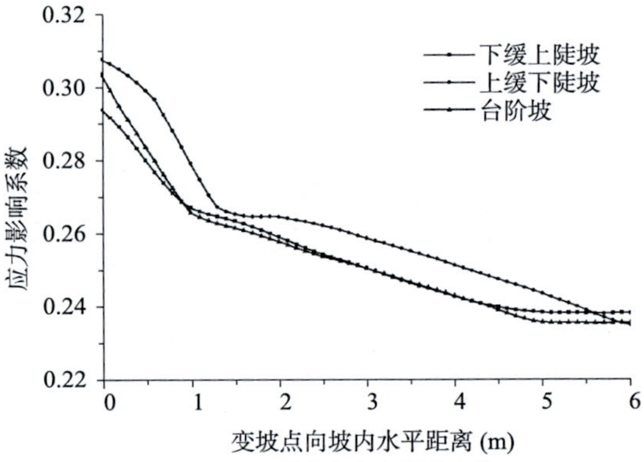

(b) 最大主应力影响系数

图 3.3.8 变坡点水平方向岩体应力变化

折线坡和台阶形边坡变坡点水平向应力影响系数如图 3.3.8(b)所示。应力影响系数自变坡点向坡内逐渐减小,但变化程度不大,应力影响系数约 0.23～0.30 左右,上缓下陡形边坡受地震荷载的影响稍大一些。

整体上看,地震荷载作用对下缓上陡形边坡坡脚应力影响最大,工程应尽量避免该类坡型。Ⅷ度地震荷载可增加边坡岩体最大约 35%的应力,主要影响范围为坡面附近约 4～6 m。

3.4 膨胀性岩石边坡力学特征

具有膨胀性的岩石,在含水量变化的条件下,会发生胀缩。由于受岩体内部联结的约束,膨胀变形不能自由发展,因而在岩体内产生膨胀应力。对膨胀性岩石边坡而言,除边坡边界处(坡顶、坡面、坡底)膨胀应力得以释放外,内部的膨胀应力作为附加应力作用,增加了边坡应力水平。膨胀应力引起的边坡应力变化及其对边坡应力特征的影响,需要认识。

在第 2 章中,膨胀应力的计算方法是转化为温度应力计算的。根据计算方法和常见的中等膨胀性岩石边坡的一般参数，建立坡高 $H=6$ m，坡度 1 : 1，膨胀力 300 kPa 的膨胀性岩石边坡计算模型。

图 3.4.1 表示不同坡形条件下，天然状态和叠加膨胀力之后的岩体最大主应力分布特征。从图可知，对于各坡形边坡，坡脚应力集中程度均大大增加，坡面应力有一定程度增加，且距离坡脚越近，应力增加越多，膨胀应力主要影响坡脚及坡脚附近应力分布。

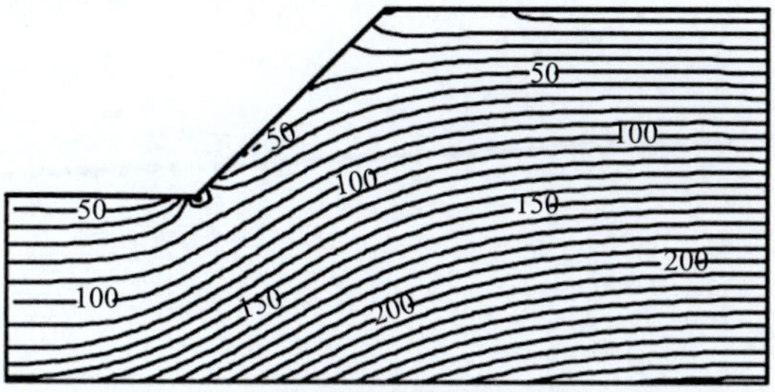

(a) 直线坡天然状态

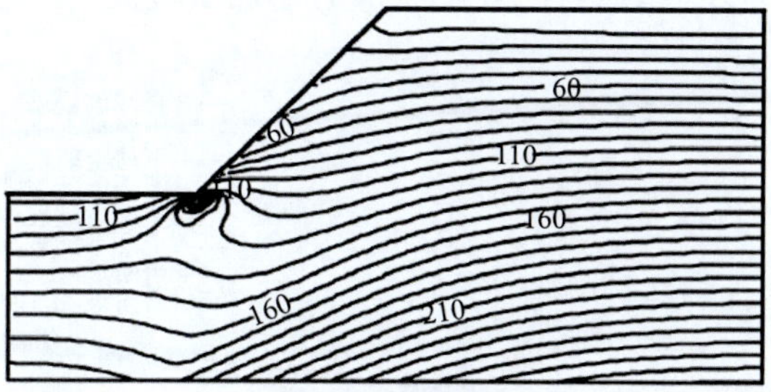

(b)直线坡膨胀荷载

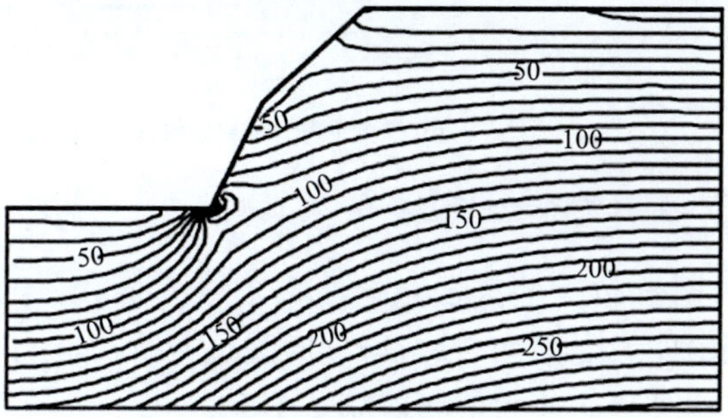

(c) 上缓下陡坡天然状态

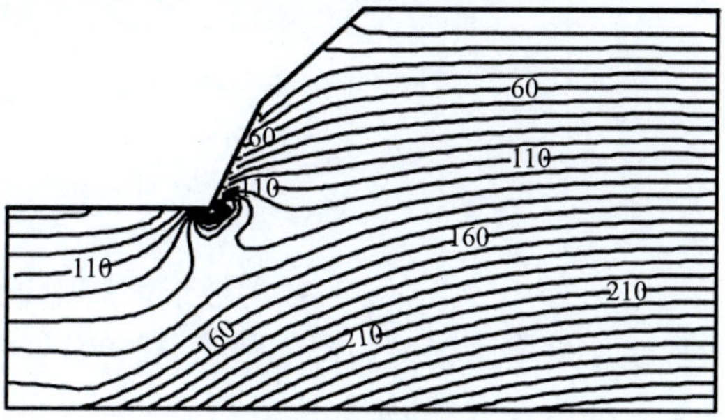

(d)上缓下陡坡膨胀荷载

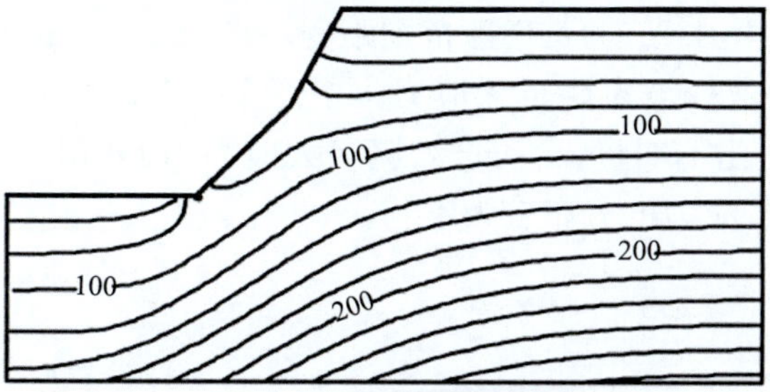

(e) 下缓上陡坡天然状态

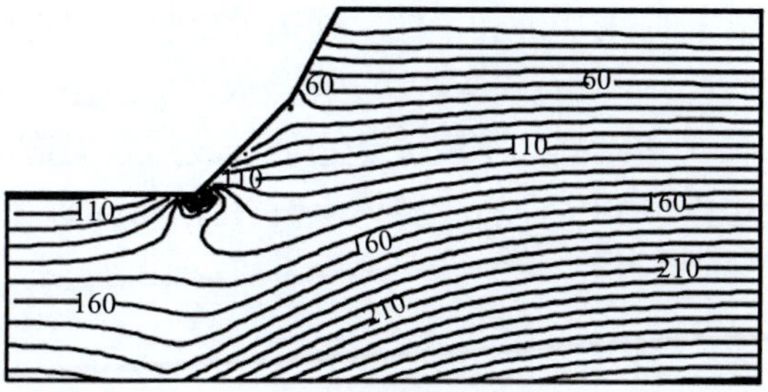

(f)下缓上陡坡膨胀荷载

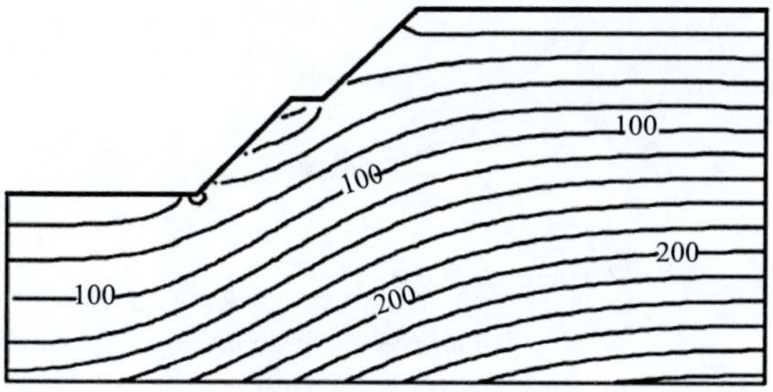

(g) 台阶坡天然状态

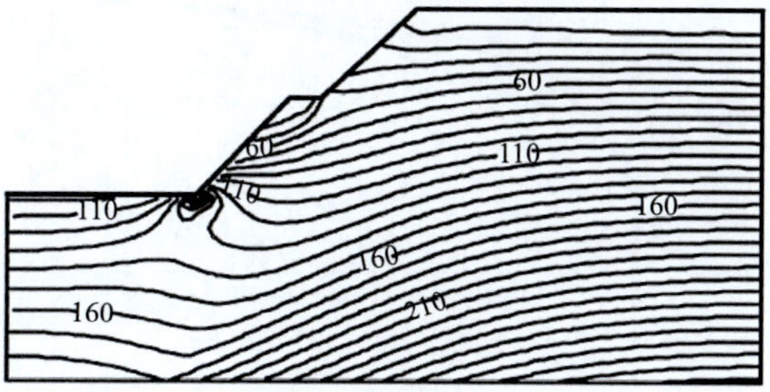

(h)台阶坡膨胀荷载

图 3.4.1 膨胀性岩石边坡岩体最大主应力

图 3.4.2 表示坡脚向坡内水平方向上岩体应力的变化。由图 3.4.2(a)可知,整体上看,各种坡型下坡脚附近应力集中区范围距坡脚约 4～5 m,特别是 0～2 m 范围应力变化最大。考虑膨胀力后,直线坡坡脚附近最大应力由 120 kPa 增大至 135 kPa 左右;上缓下陡坡坡脚最大应力由 140 kPa 增大至 205 kPa 左右;台阶坡坡脚最大应力由 90 kPa 增大至 160 kPa 左右;下缓上陡坡坡脚最大应力由 105 kPa 增大至 165 kPa 左右。整体上看,上缓下陡坡应力分布较不利,而台阶坡膨胀应力增加量最大。

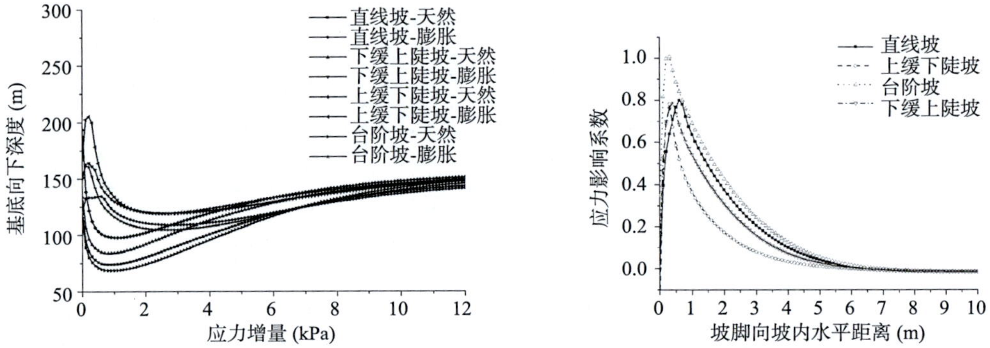

(a) 最大主应力 (b) 最大主应力影响系数

图 3.4.2 膨胀性岩石边坡坡脚水平方向岩体应力变化

由图 3.4.2(b)可知,各种坡形坡脚附近应力影响较大的区域距离坡脚 4 m 左右,其中台阶形边坡坡脚膨胀应力影响最大,可产生 1 倍原始应力的附加应力,可能原因是台阶边坡与大气接触面积最大,膨胀效应最明显。而其他坡型坡脚膨胀应力的影响相差不大。

图 3.4.3 表示变坡点向坡内水平方向上岩体应力的变化。由图 3.4.3(a)可知,整体上看,台阶形边坡和下缓上陡边坡变坡点附近应力集中,应力集中区范围距变坡点约 2～3 m,特别是 0～1 m 范围应力变化最大,而上缓下陡边坡变坡点附近无应力集中现象。考虑膨胀力后,上缓下陡和下缓上陡边坡变坡点最大应力变化不明显;台阶坡坡脚最大应力由 60 kPa 增大至 80 kPa 左右。整体上看,台阶形对边坡膨胀应力的分布较为不利。

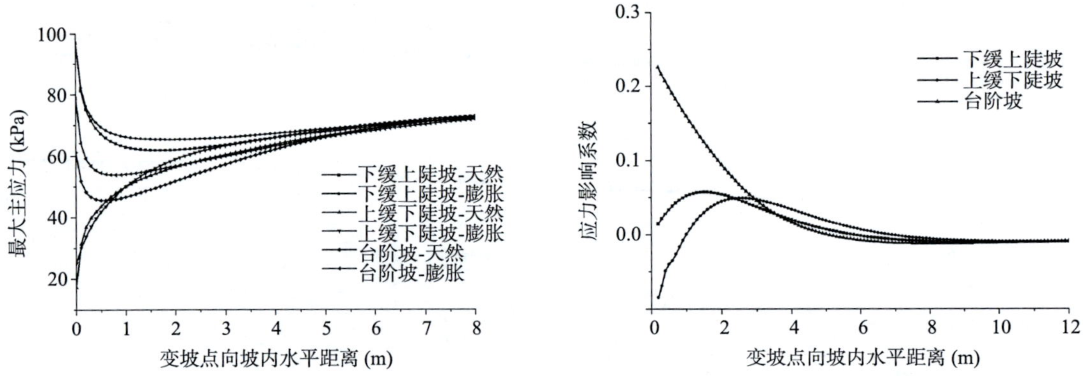

(a) 最大主应力 (b) 最大主应力影响系数

图 3.4.3 变坡点水平方向岩体应力变化

由图 3.4.3(b)可知,变坡点附近应力影响较大的区域距离坡脚 2～3 m 左右,其中台阶形边坡变坡点膨胀应力影响最大,可产生 0.25 倍原始应力的附加应力,而其他坡形变坡点膨胀应力的影响并不大。

由于坡面无约束,膨胀性岩石边坡在膨胀作用下,坡面的变形是最为明显的。图 3.4.4 为沿坡面水平变形特征。图中可见,膨胀变形的特征是在坡面中部最大,坡顶和坡脚较小。这与坡顶可以向坡顶和坡面同时膨胀,以及坡脚的膨胀被坡底面约束有关。在各种坡形中,下陡上缓坡变形最大,其次为直线坡和台阶坡,上陡下缓坡的变形相对较小。更详细的观察,可以发现,台阶坡坡面的变形,在平台处有跳变,即坡面位移突然增大。这种现象显然与平台处的应力分布复杂有关。此外,在上陡下缓坡中,坡面位移的分布有些特殊。在坡顶,其位移是四种坡形中最大的。在变坡点,位移明显变小。在变坡点以下,位移又是最小的。这一现象,与上坡面坡度较陡,坡顶更易变形,而下坡面较缓,变形较小,变坡点与边界约束位移的特征完全对应。

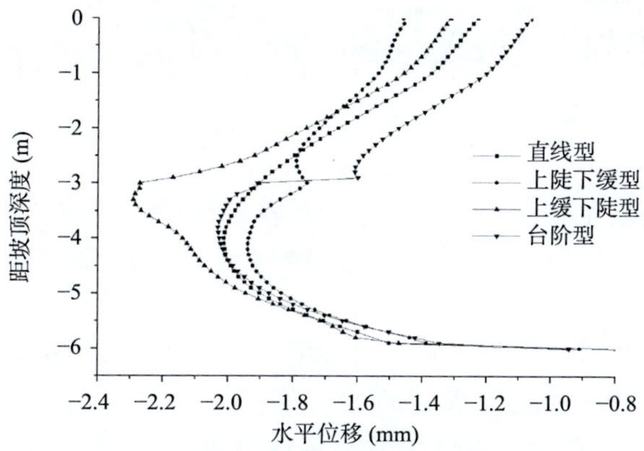

图 3.4.4 膨胀性岩石边坡坡面变形特征

总的来说,当边坡为膨胀性岩石时,其膨胀特性一方面提升了边坡应力水平,另一方面增大了坡面变形。尤其值得注意的是,在四种坡形中,膨胀应力对台阶形边坡平台处应力的影响非常突出。根据本章 3.1.3 部分的分析,平台处于复杂应力环境下,是边坡中稳定性的薄弱环节。对膨胀性岩石边坡而言,更需要加宽平台宽度积极应对。

参考文献

[1] 谢强. 铁路岩石边坡研究[D]. 成都:西南交通大学,1998.
[2] 赵文. 荷载作用下高陡岸坡岩体力学行为特征及桥基位置确定方法研究[D]. 成都:西南交通大学,2005.
[3] 顾晓鲁,钱鸿缙. 地基与基础[M]. 北京:中国建筑工业出版社,2003.

4　铁路一般岩石边坡工程

根据铁路工程实践，铁路一般岩石边坡，主要是指坡高在 20 m 以下，工程地质条件简单，不属于特殊岩土类型，没有路基灾害存在，以硬岩为主，岩体的变形破坏受结构面影响的铁路路堑岩石边坡工程。而具有滑坡、错落、崩塌、落石不良地质地段的岩石边坡，坡高大于 20 m 的深路堑岩石高边坡，风化剥落岩石边坡，具有膨胀性、腐蚀性的岩石边坡，以流动破坏为主的软岩边坡，以及桥基岸坡等这类岩体结构复杂、岩性特殊、边坡高陡、受力条件特殊的岩石边坡，一般称为铁路特殊岩石边坡。本章主要涉及的是前者。

4.1　一般岩石边坡稳定坡度的确定

4.1.1　概　述

对铁路一般岩石边坡工程而言，主要技术内容是选择坡形坡度，对边坡稳定性作出评判，确定边坡防护加固工程类型和结构参数，结构设计和计算。其中，确定边坡的坡度是第一步。

在目前的各种技术规范中，边坡坡度的确定，是基于经验数据表的。在实际工程中，可能会根据设计人员的经验，对基于规范的坡度数据做出适当调整。对于边坡坡度，一般习惯于采用坡率（也称坡比）来表达。坡率是指某一坡度时，1 个单位坡高与坡面长度水平投影的比值。例如，坡度为 53°时，用坡率表示就是 1∶0.75。常用的坡率与坡度的对应关系见表 4.1.1。在本章叙述中，根据习惯叫法，坡度和坡率这两个词会交叉使用，不做严格区分。

表 4.1.1　常用坡率与坡度的对应关系

坡率	1∶2	1∶1.5	1∶1.25	1∶1	1∶0.75	1∶0.5	1∶0.4	1∶0.3	1∶0.2	1∶0.1
坡度（°）	26	34	39	45	53	63	68	73	79	84

工程实践表明，岩石边坡坡度与各种地质因素有关。因此，经验数据表中，根据不同因素来确定坡度值。在我国铁路岩石边坡的坡率表中，考虑的因素包含岩石性质、风化程度、节理发育程度、边坡高度、地下水情况及其他特征。国内公路、建筑、水工行业的边坡坡度也是用上述方法确定的，但考虑的地质因素较铁路少。在国际上，对大量的铁路、公路岩石边坡，采用的也是经验数据的方法，以边坡坡度数值表作为岩石边坡设计的依据。如日本根据岩石的软硬分类来确定边坡坡率；苏联根据岩性、风化情况、裂隙充填和高度等来确定岩石边坡坡度值。

对现有的铁路岩石边坡坡度数据表的研究表明，虽然考虑的因素已经较多，数据划分已经较细，但由于科学依据不足，同样条件下，提供参考的坡度值的范围还是比较宽的。因此，在实际工作中，岩石边坡的设计结果因人而异，出入较大，有的边坡过分安全，不经济；而有的边坡则不稳定，在施工或运营中发生落石、崩塌或滑坡，威胁行车安全，影响铁路的畅通，有时甚至需要增建大型结构工程进行支挡防护，增加大量投资。

在绪论中，我们已经讨论过关于岩石边坡工程研究的原则。其中特别强调实践是基础。但是，对实践经验的总结，不仅需要一定的理论指导，更需要采用科学的方法。

根据现有的工程力学理论，作为一种特殊的工程结构，岩石边坡工程的安全性无非是作为“材料”（岩体）的强度和结构（岩石边坡）中应力的关系问题。

岩体强度是由结构面的发育组合特征和岩块的强度共同决定的。岩体强度不太可能像我们习惯的材料力学一样，取代表性样品做材料的力学试验，即可用作岩体强度参数。而结构面的发育组合特征更是千变万化的，借用一个流行句式，一千个边坡就有一千个发育组合特征。因此，在岩石边坡工程中，岩体的强度只是借用一个概念，即抵抗外力作用而不破坏的能力。由边坡的基本力学行为可知（第 3 章），边坡应力分布的基本方式是坡顶的拉张应力和坡脚的剪切应力的集中。当边坡岩体的强度不变时，降低坡度，应力值随之减小，应力达不到强度值而使边坡稳定。当边坡应力不变时，岩体强度越高，则边坡岩体强度的安全储备越多，稳定性越好。看来，岩石边坡的坡度和边坡岩体强度存在一个最佳合理匹配。这就是边坡坡度设计的基本理论。

根据这个理论基础，第一个问题是岩体强度问题。如上所言，在岩石边坡工程中，岩体的强度是岩块强度和结构面特征共同决定的。岩块强度和结构面特征是由各种复杂因素决定的，而且随因素的变化而改变。因此，哪些因素影响到岩体的强度，怎样影响，需要逐一解析出来并评价它的重要性，这就是因素分析。最好的因素分析是利用各种数学理论进行的定量分析。在地质和岩土工程领域，很多数据是描述性的。在定量分析之前，描述性数据的量化是准备工作之一。

第二个问题是岩体强度与边坡稳定坡度的匹配。虽然我们知道这个匹配的实质是边坡应力和边坡岩体强度的关系，但是，由于岩体力学参数的不确定性，没有办法将不同条件下的边坡应力值真正计算出来，自然就不能通过这条路径获得这个匹配关系。目前，能采用的办法只能是基于成功工程实践的科学统计。

以上所述，就是本节中铁路岩石边坡坡度确定的方法和途径。

4.1.2 影响因素分析

1. 调查内容与工点分布

建立在工程实践基础上的数据统计和因素分析，前提是足够的、有代表性的样本。因此，在全国各主要普通铁路干线的主要岩石边坡区段，对岩石边坡工点进行实地采样调查。

（1）调查内容

铁路岩石边坡现场调查的内容和方法要求，一要保证对影响边坡稳定的各种因素不会因人为因素遗漏，二要考虑研究成果的应用符合铁路勘察要求。因此，经过不断实践和改进，确定铁路岩石边坡调查的内容为：

①边坡工点编号及铁路线名称、里程、线路方向。

②现有边坡的坡度、高度、产状、长度及边坡横断面形态和方位。

③地层岩性、岩块强度、风化程度、岩层产状。

④所处地质构造部位、受构造影响程度、地震情况。

⑤各种结构面(包括层面、片理面、节理面、断层面等)的组数、产状、间距、延伸长度、粗糙度、张开度及充填情况等。

⑥岩体中结构体的视块度和结构面组合、咬合情况。

⑦地表水和地下水的影响。

⑧现有边坡稳定状况。若为不稳定边坡,则应调查边坡破坏类型、特点、规模,以及采取了何种支护处理措施。

上述内容,实际上可归纳为三类。一类是以各种几何度量反映的,如边坡的形态和大小、岩体结构的空间位置和尺寸等。另一类是以力学参数反映的,如岩块强度、结构面特征等。还有一类是传统的文字描述,如边坡的破坏、地下水状态等。上述各项内容,采用常规罗盘、直尺的测绘方法,即可将绝大部分描述边坡岩体形态特征和空间位置的几何参数量化,为岩石边坡的定量分析提供了良好的基础。用常规方法难以在现场实际且快速测定的内容主要有两个,岩块强度和结构面粗糙度。经过大量研究,岩块强度用回弹值间接测定,结构面粗糙度采用建议的定性描述方法确定。具体方法如下:

①回弹值测定

回弹值通常也叫作回弹强度。在国外,回弹强度是用施米特锤测定的,这种方法虽然有效,但由于技术标准、仪器来源等原因,不便使用。因此,采用国内常见的回弹仪测定岩石及其结构面的表面强度。

回弹仪是测定混凝土、砖等构件强度的普通仪器,它的工作原理十分简单。它利用压缩弹簧蓄贮的势能,推动一个探头冲击物体表面,根据物体表面对探头的反弹能力,即探头回弹高度(称为回弹值)来间接地反映被测物体的强度。对于相同型号的回弹仪,其冲击动能是一个常数。一般来讲,物体越坚硬,强度越高,对回弹仪冲击动能的吸收就越少,探头的回弹能力就越大,即回弹值越大;相反,如果物体越软弱,强度越低,对回弹仪冲击动能的吸收就越多,探头的回弹能力就越小,回弹值越小。可见回弹值与物体强度间存在一定的关系。利用这种关系,回弹仪就可以作为测定岩石强度的轻便仪器。

根据回弹仪测试的特点,回弹强度又称岩石表面强度或结构面抗压强度。对于新鲜岩石或表里风化均匀的岩石,回弹强度可以反映岩石的抗压强度。如果表里风化不均匀,则回弹强度与抗压强度不尽一致,仅仅反映了岩石表面一定厚度内岩石的强度性能。这也是回弹仪独具的优点之一。

根据大量试验研究,用 HT75 型回弹仪测得的回弹值与被测岩石单轴抗压强度之间有如下关系(傅永胜,1991):

$$\sigma_c = 10^{0.8762+0.0208R} \tag{4.1.1}$$

式中 σ_c——岩石单轴抗压强度(MPa);

R——回弹值。

②粗糙度系数测定

粗糙度系数(JRC)是 Barton 用以表征结构面起伏情况的一个指标。原始的粗糙度系数是用测得的结构面断面形态与经验标准曲线图板比较得到的。由于使用极不方便,很多人采用不同的方法做了大量的模拟计算研究。普遍采用的方法有统计法、分维法等,但从工程实用的角度看,作者认为经验估计的方法是合适的。通过大量的野外实测研究和对比计算,蒋爵光等(1997)提出了用定性描述来确定 JRC 的方法,见表 4.1.2。

表 4.1.2 结构面野外特征与 JRC 的对比

描述术语	JRC	描述术语	JRC
平直光滑	0～2	波状光滑	8～11
平直平坦	2～5	波状平坦	11～14
平直粗糙	5～8	波状粗糙	14～17
不平坦、粗糙	17～20		

(2)样本分布

为了全面真实地反映我国铁路岩石边坡的现状，总结几十年我国铁路岩石边坡建设的成功与不足，并在此基础上提出坡度确定的方法，布点是至关重要的。我国地域辽阔、地形多变、地质复杂、气候不同，对这些条件既要全面反映，又不可能面面俱到。经过初步布点、逐步补充，现已调查的铁路岩石边坡样本共 198 个，公路边坡样本 16 个，主要分布特征如下：

①铁路干线

调查线路共 18 条铁路干线，分别是东北区溪田、图珲线，华北区大秦、丰沙、京原、邯长线，西北区宝天、兰青线，中南区枝柳线，华东区皖赣，西南区宝成、成昆、贵昆、湘黔、广大、水柏、南昆线，区段总长度 916 km。覆盖的省级区域有吉林、北京、河北、陕西、甘肃、四川、云南、贵州、湖南、安徽 10 个。调查的岩石边坡线路里程分布见表 4.1.3。

表 4.1.3 已调查铁路岩石边坡工点线路里程分布

线路	边坡数	区段长度(km)	线路	边坡数	区段长度(km)	线路	边坡数	区段长度(km)
溪田	5	12	宝天	17	27	贵昆	12	12
图珲	9	39	兰青	8	12	湘黔	15	51
大秦	5	14	枝柳	25	273	广大	1	12
丰沙	18	38	皖赣	15	58	水柏	1	12
京原	19	128	宝成	14	151	南昆	1	12
邯长	13	20	成昆	20	45			

②区域地质构造特征

区域地质构造特征影响着区内边坡岩体稳定性和边坡岩体受构造作用后破碎的一般状况，对边坡稳定起宏观控制作用。特别是活动断层和构造地震的强度，对区域内边坡的稳定影响更大。因此选择不同构造强度条件下的岩石边坡进行调查，有助于了解构造作用下的边坡稳定性条件。

由于区域构造理论并不统一，作者也无意在本书中探讨该话题，因此沿用常见的大地构造描述术语。其术语体系采自成都地质学院区域地质教研室 1984 年地质版《大地构造学基础及中国区域构造概要》。表 4.1.4 列出了调查工点所处的大地构造单元。

褶皱系是地质构造活动相对强烈的地带，岩性复杂，岩层挤压褶皱强烈，断裂发育，岩浆活动强烈，沉积建造往往伴随变形遭受一定程度区域变质。

地台区是地壳相对稳定区域，岩性较简单，构造变动微弱，岩浆活动微弱，一般无区域变质现象。台隆是地台内相对上升的二级构造单元，是比较稳定的地区；台拗是地台内相对下降的二级构造单元，也比较稳定；地轴位于地台边缘，是地台内活动性相对较大的二级构造单元，基底构造层出露较广，沉积盖层发育不全，断裂、岩浆活动较强烈；台褶带是地台上活动较强烈的二级构造单元，沉积盖层发育完整，厚度大，岩相、厚度变化大，盖层构造变动强烈，褶皱、断裂发育，岩浆活动也较强烈。

表 4.1.4 调查的主要边坡工点所在区域构造单元(据钱惠国,1991)

一级构造单元	二级构造单元	铁路线路
华北地台	燕山台褶带	大秦线
		丰沙线
	燕山台褶带—山西台隆	京原线
	华北台拗	邯长线
	贺兰—六盘山台褶带	宝天线
祁连褶皱系	中祁连山前寒武纪褶皱带	兰青线
扬子地台	四川台拗	成昆北段
	康滇地轴	成昆南段
	滇东台褶带	贵昆线
	江南地轴	湘黔线
		皖赣线
	江南地轴—鄂黔台褶带	枝柳线
	龙门山—大巴山台褶带	宝成线

根据上述区域构造特点,从表 4.1.4 可以看出,京原线、邯长线、成昆线、湘黔线、皖赣线的边坡工点区域构造条件较好;而大秦线、丰沙线、宝天线、宝成线、贵昆线、枝柳线和兰青线的边坡工点区域构造条件较差。可见,所调查的工点反映了不同的区域构造环境。

③岩性特征

通过对 214 个已调查的铁路、公路岩石边坡工点的统计,岩性共 18 种,其分布见表 4.1.5。

表 4.1.5 岩石边坡工点岩性统计

岩浆岩		沉积岩		变质岩	
花岗岩	21	砾 岩	5	板 岩	2
闪长岩	3	砂 岩	21	千枚岩	13
安山岩	5	砂页岩	17	片麻岩	9
玢 岩	3	页 岩	5	大理岩	1
		砂砾岩	8	其他变质岩	7
		泥 岩	2		
		灰 岩	86		
		白云岩	2		
		泥灰岩	4		
合计	32		150		32

从表 4.1.5 可以看出,214 个工点包含了绝大多数常见的岩石类型,足以反映我国铁路岩石边坡的岩石种类。

④气候特征

不同的气候带、气候干湿差异及年内干湿的季节变化等，对边坡岩石的风化类型、风化速度、风化深度以及风化产物均有重大影响。因此，选择的边坡工点必须来自不同的气候区。

根据中国科学院出版的《中国气候区划》规定，气候区划共分三级。第一级是气候带，表示热量的丰富程度。我国气候带共划分为十个，分别为：Ⅰ—北温带；Ⅱ—中温带；Ⅲ—南温带；Ⅳ—北亚热带；Ⅴ—中亚热带；Ⅵ—南亚热带；Ⅶ—北热带；Ⅷ—中热带；Ⅸ—南热带；Ⅹ—高原气候区域。第二级是气候大区，可分为四级，A—湿润；B—亚湿润；C—亚干旱；D—干旱。第三级表示季节干湿变化情况，又分为若干气候区，用阿拉伯数字表示。

按照上述气候区划，已调查的铁路岩石边坡分属的气候带、大区和区如表 4.1.6 所列。

表 4.1.6 已调查边坡工点所属气候区(钱惠国,1991)

气候带	气候大区	气候区(符号)	铁路线
南温带	亚湿润大区	河北气候区(ⅢB1)	大秦线
			京原线
			丰沙线
		渭河气候区(ⅢB3)	宝天线
	亚干旱大区	晋陕甘气候区(ⅢC1)	邯长线
中温带	亚干旱大区	蒙中气候区(ⅡC2)	兰青线
北亚热带	湿润大区	江北气候区(ⅣA1)	枝柳线
			湘黔线
			皖赣线
		秦巴气候区(ⅣA2)	宝成线
中亚热带	湿润大区	四川气候区(ⅤA3)	成昆北段
		滇北气候区(ⅤA5)	贵昆线
	亚湿润大区	金沙江—楚雄、玉溪区(ⅤB1)	成昆南段

已调查铁路边坡工点属于我国十大气候带中的四个：中温带、南温带、北亚热带和中亚热带，除去高原气候区外，这四个带已占全国面积的绝大部分，有显著的代表性。

2. 影响因素及统计特征

在边坡调查中，获得的信息和数据的种类较多，但经过仔细分析发现，在调查时采集的有些信息虽然有用，但从岩体力学的角度看，它们与边坡稳定性的关系，可以包含在其他因素中间接表达出来。比如地层岩性、风化程度等与岩块的地质属性相关的因素，从岩体力学的角度看，都可归结于岩石块体的强度。依据第 4.1.1 节关于边坡设计的基本理论，按照相同性质因素化简综合原则，影响边坡坡度的因素可以归结于四类：第一类，边坡几何参数，主要是坡高；第二类，边坡块体强度，即回弹强度；第三类，边坡岩体结构特征，主要是结构面的组数、长度、间距、JRC 和结构体块度等；第四类，边坡外界因素，如地下水、地震等。这些因素中，大部分已经是量化的指标。而有些因素，比如地下水，虽然可以用流速、流向、水位等量化指标描述，但在一般的边坡勘察中并不容易得到，因此，只能采用综合描述来分级，建立新的量化标准。此外，上述四类因素中，前三类因素是边坡的固有属性，第四类与边坡所处地质环境相关。

通过上述分析，对边坡前三类影响因素中的坡高、回弹强度、结构面组数、长度、间距、JRC、块度等 8 个因素进行统计，可以获得一般铁路岩石边坡主要影响因素的分布特征，并借此建立一般铁路岩石边坡的标准模型。第四类特征是外界因素，不做统计。

根据本章研究的对象和目的，对野外调查获得的 214 个边坡样本进行基本筛选。筛选的原则是：剔除不属于一般边坡的桥基岸坡，剔除回弹值在 10 以下的软岩边坡，剔除缺失结构面数据的边坡。余下的边坡样本为 184 个。

（1）边坡几何参数

边坡几何参数主要是坡度和坡高。在调查并筛选过的我国铁路 184 个岩石边坡中，坡度及坡高分布曲线和百分比累积曲线如图 4.1.1、图 4.1.2 所示，坡度及坡高的统计特征见表 4.1.7。从图 4.1.1 中可以看出，坡度的分布总体上呈比较均匀的正态分布，百分比累积曲线呈近似直线递增。峰值坡度约 70°，坡度在 50°～80°之间的边坡占全部调查边坡的 70%以上。从图 4.1.2 可知，坡高的分布呈对数正态分布，百分比累积曲线为前陡后缓的折线递增。峰值坡高在 25 m 附近，小于 35 m 坡高的边坡占全部调查边坡的 80%以上。

表 4.1.7 坡度和坡高的统计特征值

项　目	最小值	最大值	均　值	均方差	变异系数
坡度(°)	34	88	64.49	11.2274	0.1741
坡高(m)	5	108	24.29	14.9121	0.6138

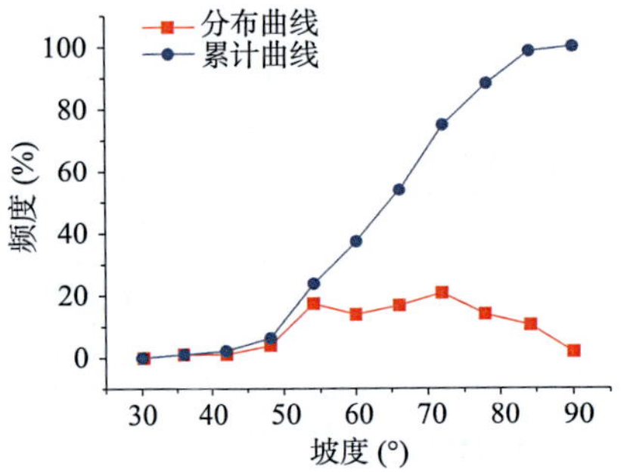

图 4.1.1 坡度分布曲线和百分比累积曲线

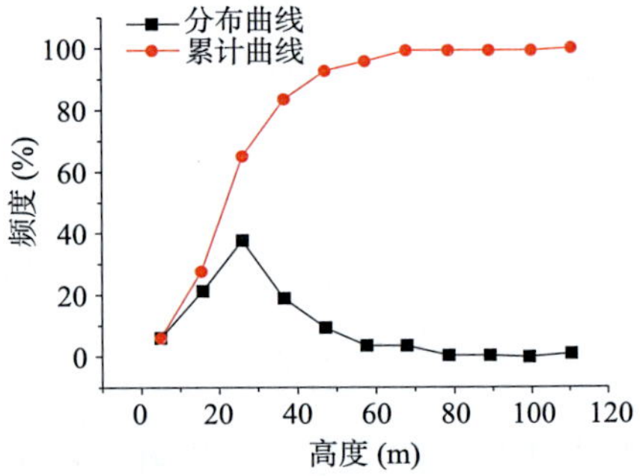

图 4.1.2 坡高分布曲线和百分比累积曲线

（2）边坡岩体回弹强度

边坡岩体回弹强度是以回弹值表示的，它反映边坡表层岩体的强度。图 4.1.3 绘出了回弹值的分布曲线和百分比累积曲线。从图可知，边坡岩体回弹值呈稍偏的正态分布，峰值回弹值 45，回弹值为 35～55 的边坡占 65%。百分比累积曲线呈 S 形。其他统计特征见表 4.1.8。

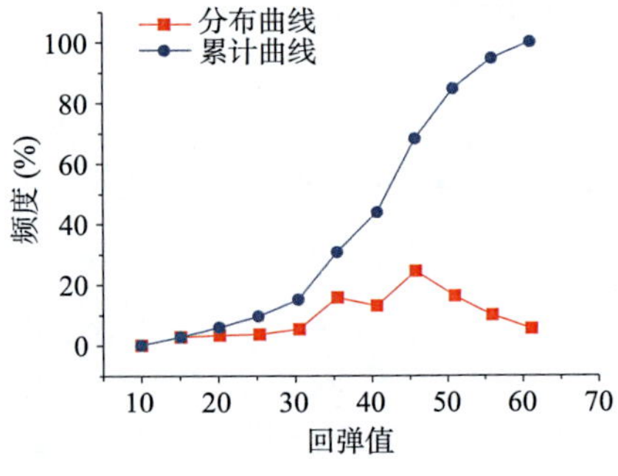

图 4.1.3 回弹值分布曲线和百分比累积曲线

表 4.1.8 回弹值统计特征值

项 目	最小值	最大值	均 值	均方差	变异系数
回弹值	11	60	40.36	10.7836	0.2672

(3)边坡岩体结构参数

边坡岩体结构参数主要包括结构体块度、结构面组数、结构面长度、结构面间距、结构面 JRC。

①结构体块度

结构体块度是表示岩体完整程度的直观指标。结构体块度也简称块体尺寸，它是用岩体各组结构面的间距按几何平均的方法求得的。计算公式为

$$D=\sqrt[n]{\prod_{n} d_i} \qquad (4.1.2)$$

式中 D——块度(cm)；

d_i——第 i 组结构面的间距(cm)。

块度的分布曲线及百分比累积曲线如图 4.1.4 所示。图中块度呈对数正态分布，峰值块度 30 cm，50 cm 以下块体的边坡占全部样本的 75%左右，百分比累积曲线明显表现为对数型。其他统计特征见表 4.1.9。

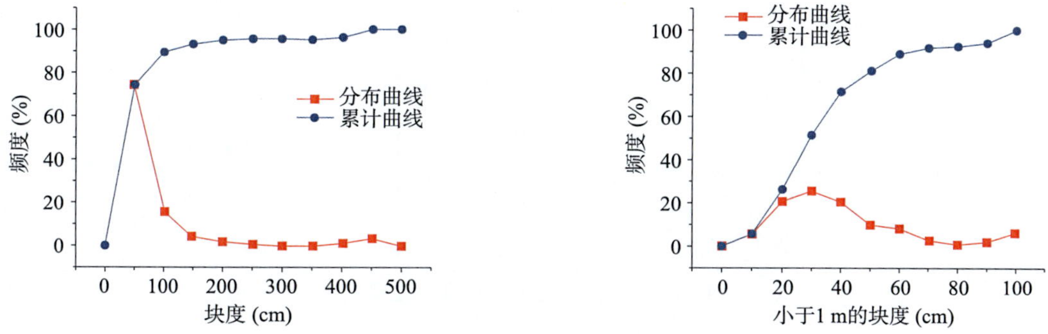

图 4.1.4 块度分布曲线和百分比累积曲线

表 4.1.9 岩体结构参数统计特征值

项 目	最小值	最大值	均 值	方 差	变异系数
结构面长度(m)	0.16	20	3.59	3.5530	0.9899
结构面间距(m)	0.05	4.73	0.65	0.8893	1.3746
结构面 JRC	2.25	17	8.76	2.7205	0.3105
结构体块度(cm)	3.42	446.21	57.61	82.403 4	1.430 3

②结构面组数

结构面组数反映岩体被切割的强烈程度。统计表明，铁路岩石边坡岩体中结构面的组数为 2~3 组的占 80%(图 4.1.5)，表明铁路岩石边坡明显受结构面影响。因此，在边坡的设计中必须将结构面的作用作为主要影响因素。

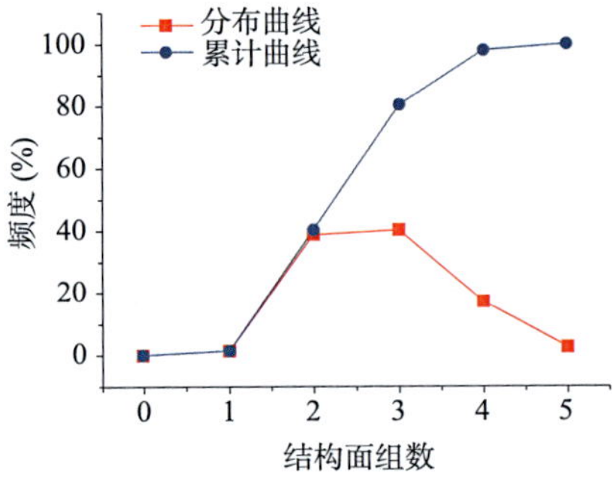

图 4.1.5 组数分布曲线和百分比累积曲线

③结构面长度

结构面长度反映岩体被连续切割的规模大小。边坡岩体结构面长度的分布曲线及百分比累积曲线如图 4.1.6 所示。图中结构面长度总体上表现为负指数分布,峰值长度 1.5～2.0 m,4 m 以下长度的结构面占全部样本的 70%以上,百分比累积曲线明显表现为对数型。其他统计特征见表 4.1.9。

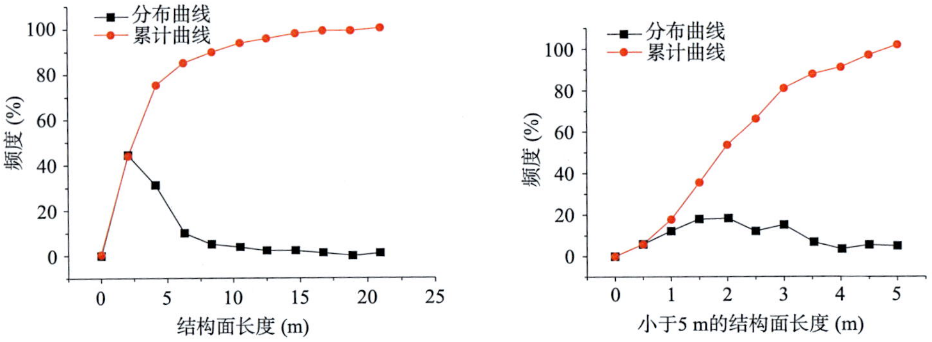

图 4.1.6 长度分布曲线和百分比累积曲线

④结构面间距

结构面间距表明结构面发育的密集情况。结构面间距的分布曲线及百分比累积曲线如图 4.1.7 所示。图中结构面间距明显表现为负指数分布,峰值间距 0.4 m,1 m 以下间距的结构面占全部样本的 90%左右,百分比累积曲线明显表现为对数型。其他统计特征见表 4.1.9。

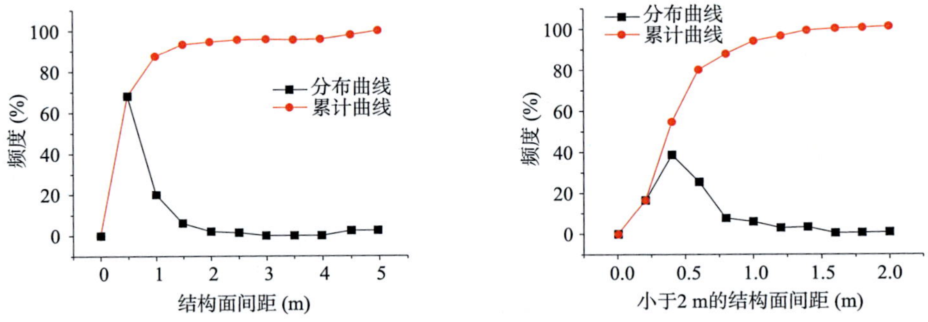

图 4.1.7 间距分布曲线和百分比累积曲线

⑤结构面 JRC

结构面粗糙度反映结构面抗剪强度性能。结构面粗糙度的分布曲线及百分比累积曲线如图 4.1.8 所示。图中结构面粗糙度呈较明显正态分布，峰值 JRC 系数为 8，百分比累积曲线基本为线性。其他统计特征见表 4.1.9。

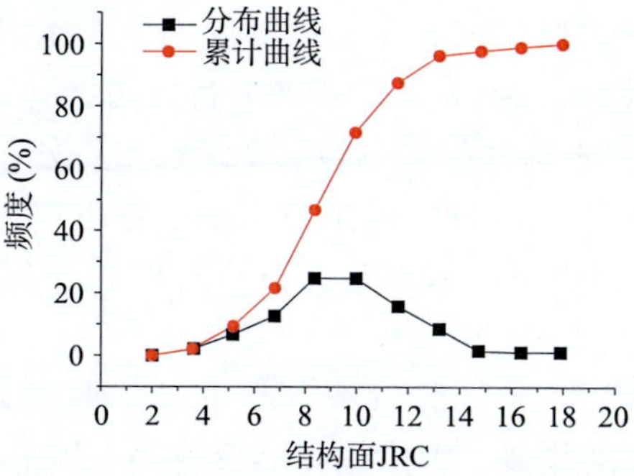

图 4.1.8 JRC 分布曲线和百分比累积曲线

(4)一般铁路岩石边坡标准化模型

根据统计数据，可以构造出一个统计铁路岩石边坡标准模型，作为研究之用。按统计数据，标准模型的参数指标是：坡高 25 m，坡度 63°，回弹值 45，结构面组数 3，岩体块度 30 cm，结构面长度 1.5 m，间距 0.4 m，JRC 值 8。

由此可知，我国一般铁路岩石边坡的外观特点是坡度较陡、坡高较低，并且有显著的岩体结构控制的特征。坡高不大，反映出铁路设计中为减小土方、节约投资、缩短工期而进行的平纵面优化是富有成效的，同时，也为铁路岩石边坡的安全奠定了良好的基础。由于坡高基本上由线路平纵面设计决定，因此，确定一个合理安全的边坡坡度成为铁路岩石边坡设计的重点，而影响坡度设计的主要因素就是岩体特征。

3. 影响因素与坡度的相关性

影响岩石边坡稳定性的因素虽然众多，但其重要性是各有不同的。一些因素的数值稍有变化，边坡的稳定性就有较为显著的变化，这种情况被称为相关性(度)高。而另外一些因素则不然，它们的数值变化，对边坡稳定性的影响不那么明显，被称为相关性(度)低。这就是所谓相关性问题。评价目标参数与影响因素之间相关度高低的计算方法，称为相关性分析。在 4.1.1 部分的论述中，我们已将边坡的稳定性与坡度的大小联系起来。因此，我们可以将各因素与稳定性的相关关系，直接转化为与边坡坡度的相关关系。这样，通过主要影响因素指标来计算稳定的边坡坡度将变得方便。

坡度与各影响因素的相关性分析方法较多，计算原理和结果的表达方式也有区别。从分析结果的直观性、定量性考虑，在此采用统计趋势线斜率和关联度计算的方式来分析坡度与各因素的相关度。

采用调查样本数据进行统计分析，首先要排除一些坏数据(统计学上称为异常值)。坏数据产生的原因不完全是错误的数据，比如调查时测量或记录的错误、遗漏等，也可能有些调查的样本不属于研究目标的范围。如果这些坏数据不剔除，就可能影响统计分析的结果。

(1)数据剔除

数据剔除是数据统计的第一步,也是基础。剔除数据的方法大致可分为两种,人工鉴别和借助数学工具辅助进行。由于数学模型的局限性和实际样本的复杂性,数学方法辅助分析的结果也还需要人工判断。

数据剔除也常直译为洗数据(wash data),可用的数学方法较多,其中箱线图的分析结果比较直观,是最常用的分析方法之一。

箱线图又被称为箱须图,是利用数据中的五个统计量:最大值、第三四分位数、中位数、第一四分位数和最小值来描述数据的一种方法。通过箱线图可以粗略地观察出数据是否具有对称性、离群值和极端值(图 4.1.9)。

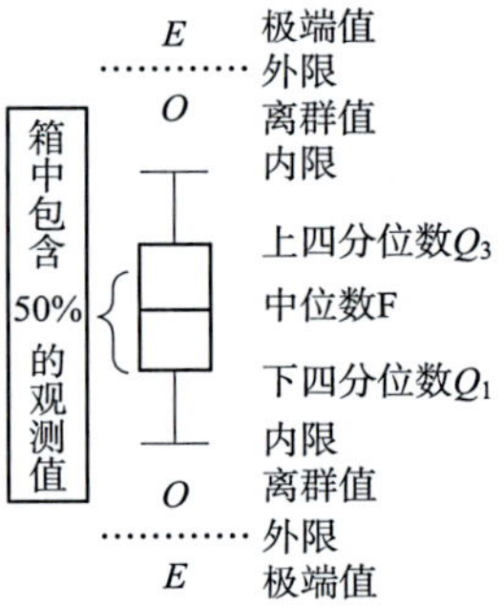

图 4.1.9 箱线图判断异常值方法示意图

第一四分位数(Q_1):又称为"下四分位数",等于该样本中所有数值由小到大排列后第 25%的数值。中位数(F):又称第二四分位数(Q_2),是该样本中所有数值由小到大排列后第 50%的数值。第三四分位数(Q_3):又称为"上四分位数",等于该样本中所有数值由小到大排列后第 75%的数值。

箱线图是以四分位数和四分位距为基础判断异常值的。四分位距(Q_R)是第三四分位数与第一四分位数之间的间距,等于两者之差。在 $Q_3+1.5Q_R$ 和 $Q_1-1.5Q_R$ 处画两条与中位线一样的线段,这两条线段为异常值的截断线,称为内限。在 $F+3Q_R$ 和 $F-3Q_R$ 处画两条线段,称为外限。内限与外限之间的值称为离群值(用 O 表示);外限以外的值为极端值(用*表示)。

利用箱线图,对野外调查获得的 214 个铁路、公路岩石边坡,按前述 8 个影响因素进行异常数据分析。

对坡高的统计显示有 17 个异常值(≥64 m),如图 4.1.10 所示,部分编号未显示在箱线图中。异常值对应的边坡编号见表 4.1.10。经对异常值所在边坡的检查,发现其中部分边坡为峡谷桥基岸坡或误将边坡之上的自然斜坡高度计入坡高,不属于一般岩石边坡范围。在统计数据时,将坡高大于 64 m 的样本在本节分析中删除。

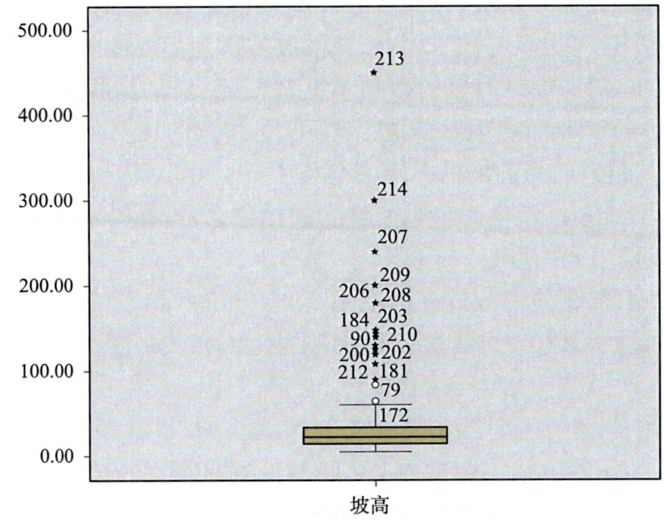

图 4.1.10 坡高数据箱线图

表 4.1.10 坡高异常值

序 号	编 号	坡高(m)	序 号	编 号	坡高(m)
1	79	65.68	10	207	240
2	90	125.23	11	208	180
3	172	64	12	209	200
4	181	86	13	210	130
5	184	144.5	14	211	140
6	200	108	15	212	90
7	202	120	16	213	450
8	203	148	17	214	300
9	206	180			

采用相同的方法,对其余 7 个因素做同样统计分析。分析结果合并列入表 4.1.11。

表 4.1.11 异常数据箱线图分析结果

因 素	异常值	异常数量	异常原因	处理结果
坡度	—	0		不处理
坡高	≥64 m	17	桥基岸坡或误计自然斜坡坡高	剔除
回弹值	≤10	9	软岩边坡,不属于一般硬岩结构性边坡范围	剔除
块度	≥106 cm	19	其中 8 个为桥基岸坡,删除,其余为巨块状整体结构岩石边坡,保留	剔除桥基岸坡样本
结构面组数	0,5	4,11	结构面组数为 0 的样本或是数据缺陷,或是全风化不能测量节理。5 组结构面的边坡不具有代表性	剔除
结构面长度	≥9.25 m	20	其中 8 个为桥基岸坡,删除,其余为巨块状整体结构岩石边坡,保留	剔除桥基岸坡样本
结构面间距	≥1.29 m	18	同上	同上
结构面 JRC	0,≥16.3	11,3	JRC 为 0 属于数据缺失,其余属于正常值	剔除 JRC 为 0 的样本

除上述分析外,在野外调查的边坡中,还有一部分被确定为不稳定边坡。而不稳定边坡的数据对稳定坡度的分析是无意义的,也将其在本节确定边坡坡度的统计分析中删除。通过以上数据剔除,最终进入统计的有效边坡数量为 153 个。

(2)趋势线分析

将调查得到的铁路岩石边坡样本中各影响因素分别提取出来,将其归一化以消除不同样本数值范围的差异,然后分别做出各因素值与样本边坡坡度值对应的散点分布图,统计其趋势线,并求出趋势线斜率。由于趋势线表达了坡度值与各因素参数值之间的变化关系,那么,斜率越大,相关性就越高。这就是趋势线分析的原理。

根据上述原理,绘出各主要因素与稳定坡度的散点图和趋势线如图 4.1.11～图 4.1.17 所示。各参数散点图特征分述如下。

①坡高

为了探讨坡度和坡高的相互关系,将坡度和坡高对应关系散点图绘于图 4.1.11 并拟合出趋势线。从图中可见,散点基本上是带状分布的。随着坡高的增加,坡度有下降的趋势,符合坡高增加，边坡应力增加的规律，因而需要降低坡度，以改善应力增加带来的不安全影响。坡高与坡度呈负相关关系。

②岩石回弹值

岩石回弹值与坡度关系的散点图与趋势线如图 4.1.12 所示。图示回弹值与坡度呈较为均匀的带状，随着回弹值的增大，坡度增加。回弹值是反映岩块强度的。回弹值高的边坡，具有更大的坡度，符合更坚硬的岩块抵抗应力作用的能力更强的基本原理。岩块强度与坡度有较好的正相关关系。

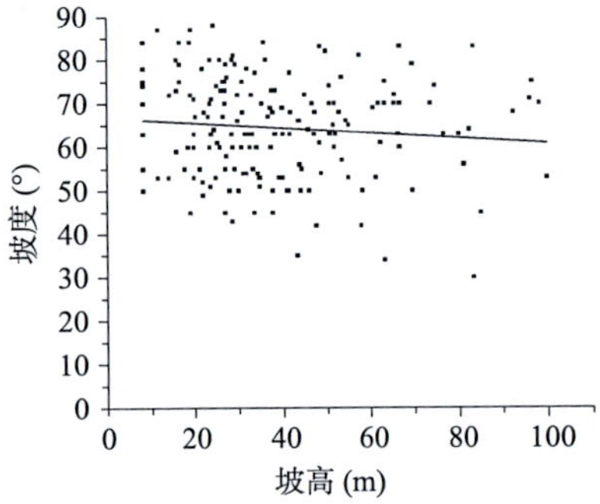

图 4.1.11　坡高与坡度的散点图

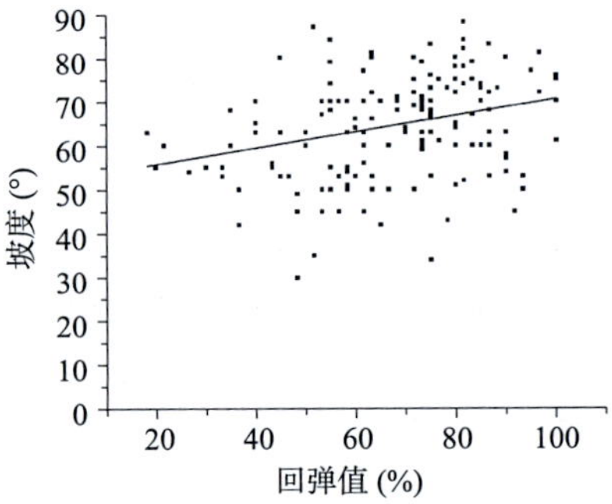

图 4.1.12　回弹值与坡度的散点图

③结构面组数

结构面组数与坡度关系的散点图与趋势线如图 4.1.13 所示。图中数据分布较为分散，结构面组数的变化引起的坡度下降不明显，表明结构面组数不是控制坡度的主要因素。这个结果符合一般认识。

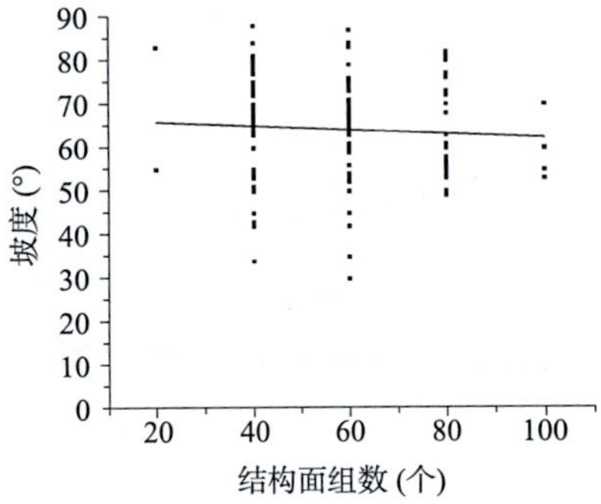

图 4.1.13　结构面组数与坡度关系的散点图

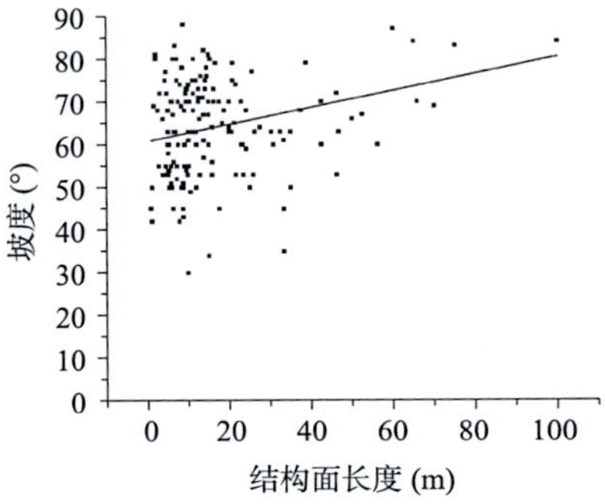

图 4.1.14　结构面长度与坡度关系的散点图

④结构面长度

结构面长度与坡度关系的散点图与趋势线如图 4.1.14 所示。图示结构面长度与坡度呈不均匀带状，随着结构面长度的增大，坡度增加。结构面长度增加，在实质上反映了岩体完整程度的改善。而越完整的岩体，坡度越大，这也符合岩体工程的一般认识。因此，结构面长度与坡度有正相关关系。

⑤结构面间距

结构面间距与坡度关系的散点图与趋势线如图 4.1.15 所示。图中结构面间距与坡度呈分散带状。结构面间距的增加，实质上表明岩体块度增大，完整性更好。因此结构面间距与坡度有正相关关系。

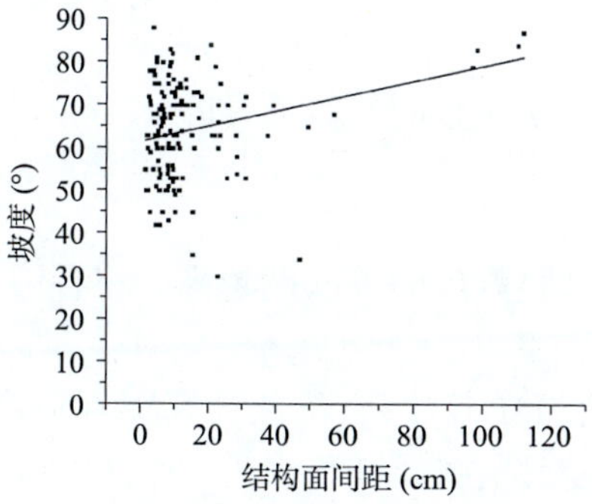

图 4.1.15　结构面间距与坡度关系的散点图

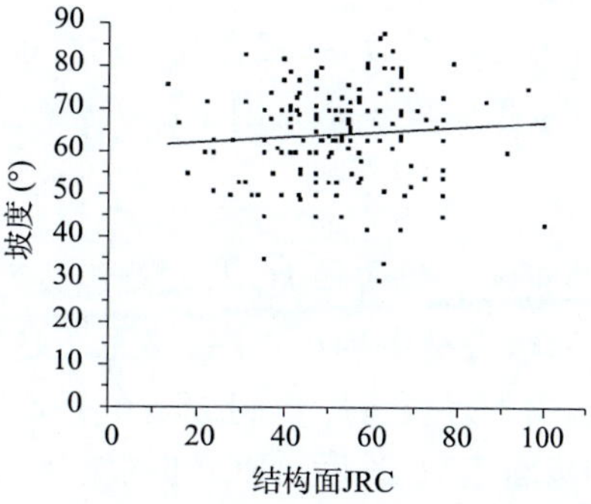

图 4.1.16　结构面 JRC 与坡度关系的散点图

⑥结构面 JRC

结构面 JRC 与坡度关系的散点图与趋势线如图 4.1.16 所示。图中结构面 JRC 与坡度之间有较平缓的带状趋势，表明结构面 JRC 与坡度虽有一定相关关系，但对坡度的影响不是主要的。

⑦岩体块度

岩体块度与坡度关系的散点图与趋势线如图 4.1.17 所示。岩体块度与坡度呈带状增加关系，块度增大，坡度也增加。表明块度与坡度为正相关关系。

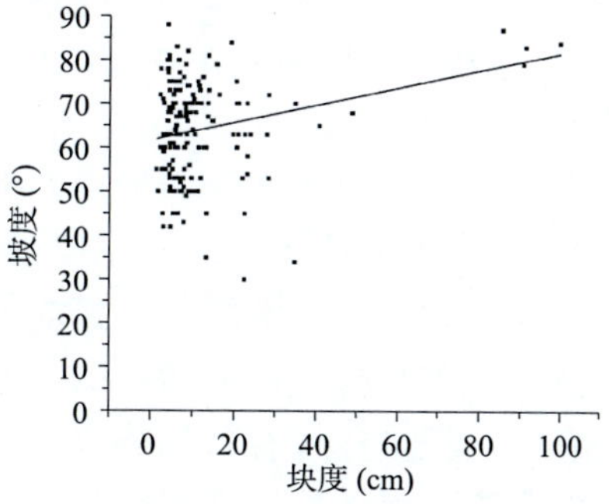

图 4.1.17　岩体块度与坡度关系的散点图

为了对比各因素与坡度的相关性大小，对趋势线的斜率进行对比。在表 4.1.12 中，列出了各因素散点拟合趋势线的斜率。表中可见，按斜率大小排列，各因素对坡度影响的重要性的顺序依次是回弹值、块度、长度、坡高、JRC、间距、组数。但是，从相关性看，主要是回弹值、块度两种。

表 4.1.12　各因素与坡度散点关系拟合直线斜率

因　素	回弹值	块度	长度	坡高	JRC	间距	组数
斜　率	0.1770	0.1758	0.0889	−0.0716	0.0644	0.0337	−0.0116

(3)灰色关联分析

灰色关联分析是通过一定的数学方法计算目标参数与各个因素之间相似或相异程度的数值关系。其数学原理可参考相关文献，在此介绍具体计算步骤。

①设参考数列(坡度)为 $\boldsymbol{Y}$，$\boldsymbol{Y}=y_1,y_2,\cdots,y_m$。各比较数列(各因素指标)为 $\boldsymbol{X}_i$，$\boldsymbol{X}_i=x_{i1},x_{i2},\cdots,x_{im}$。$i=1,2,\cdots,n$，是因素的个数。对参考数列和各比较数列分别采用均值法进行无量纲化处理，即 $\boldsymbol{X}_i=\boldsymbol{X}_i/\overline{x}_i$。

②参考数列减去各比较数列的值作为各比较数列的差数列，即 $\boldsymbol{X}_i^1=|\boldsymbol{Y}-\boldsymbol{X}_i|$。

③求出所有比较数列之差数列中的最大、最小值，即 $\boldsymbol{X}_{\max}^1$、$\boldsymbol{X}_{\min}^1$。

④求出各比较数列的关联系数 ξ_i，公式如下：

$$\xi_i=\frac{X_{\min}^1+\rho\cdot X_{\max}^1}{X_i^1+\rho\cdot X_{\max}^1}$$

式中 ρ 为分辨系数，一般在 0～1 之间，通常取 0.5。

⑤求关联度 γ_i。某因素的关联度是该因素各元素关联系数的平均值，即

$$\gamma_i=\frac{1}{n}\sum \xi_i$$

关联度 γ_i数值越大，则该参考数列和比较数列相关性越好，即关联度越高。将各因素关联度归一化，按从大到小排序，即为最终分析结果。

利用野外调查所得到 153 个有效边坡数据，以坡度为参考数列，依此计算得到坡高、回弹值、结构面组数、长度、JRC 和结构体块度与坡度的关联度。在计算时，由于一个边坡仅能对应一个因素数值，因此，对多值因素，如结构面长度、间距、JRC 等，采用对每个边坡取均值的方法处理。关联度分析结果见表 4.1.13。

表 4.1.13　坡度与各因素的关联度

因　素	坡高	块度	回弹值	组数	间距	长度	JRC
关联度	1.0000	0.9921	0.9600	0.9515	0.9427	0.9218	0.8924

表中可见，按关联度大小排列，各因素对坡度影响的重要性的顺序依次是坡高、块度、回弹值、组数、间距、长度、JRC。但就相关性系数而言，除居前两位的坡高和块度外，关联度系数其实并没有显著级差。

将此结果与前述趋势线法得到的结果相互对照(表 4.1.14)，可以发现，居前四位的因素中，块度在两种方法中同列第二位，回弹值分列第一、三位。但关联度分析中居第一位的坡高，在趋势线分析中位居第四。趋势线斜率分析中居第三位的结构面长度，在关联度分析中位居第六位。而关联度分析中居第四位的是结构面组数。产生这种差别的原因，固然与不同分析方法有关。但是仔细看看趋势线分析中的各散点图，不难发现，其实，样本数据的离散性还是很大的。这种离散性的结果就是数据分布趋于平缓，其规律性可能会被数据的离散所掩盖。

表 4.1.14　两种相关性分析结果对比

排　序	1	2	3	4	5	6	7
趋势线	回弹值	块度	长度	坡高	JRC	间距	组数
关联度	坡高	块度	回弹值	组数	间距	长度	JRC

综合两种方法的结果看，坡高、块度、回弹三个因素占据前四的位置，说明在总体上，分析结果的指向性还是明确的。因此，将坡高、回弹、块度作为影响一般岩石边坡坡度的主要因素是没有问题的。

至于其他因素，在两种分析方法中，虽有区别，但排列位置比较靠后。而且，有些因素，比如间距、组数等，实际上已综合反映在块度计算中，它们对坡度的单独影响有限，在此不再进一步讨论。

在上面两种方法的因素分析中，我们没有对与边坡稳定性关系密切的三个重要因素进行相关性分析。这三个重要因素分别是结构面产状、地下水、地震。在岩石边坡中，产状、地下水和地震对边坡的重要性是毫无疑问的。但是，对岩石边坡而言，产状的影响与边坡方向有关，

它并不直接决定岩石边坡的坡度大小，而是影响其稳定性。因此，产状的影响及其作用，会在稳定性分析一节详细讨论。地下水的作用复杂，而且与季节、降雨的随机性有关。因此，某一时刻在野外采集的样本数据，可能难以反映真实情况。因此，将其综合考虑为弱化岩体的作用，而在坡度设计计算中运用。地震的情况也和产状相似，更多地会在稳定性计算中考虑。因此，上述三个重要因素，视情况分别纳入坡度设计或稳定性分析中去。

通过上述统计分析，可以认为影响坡度的各因素的作用及其重要性已经基本明确，分析结果将为随后的坡度确定方法中各参数的选择和合理应用提供依据。

4.1.3 坡度确定的方法

1. 边坡设计的理论分析

岩石边坡影响因素分析指出，边坡几何参数、岩石块体强度、岩体结构以及地下水、地震等诸多因素都对岩石边坡有较大影响。因此，合理考虑各因素的作用就是岩石边坡坡度研究的重点。理论研究和工程实践表明，边坡的稳定性是由它的物质组成和岩体结构特征所控制的。在影响边坡稳定的各因素中，岩石回弹值反映的是岩块的强度。如果边坡是由完整岩块组成的，根据边坡应力分析结果，回弹值的大小将决定坡度的陡缓。正如松散土的边坡较缓而坚硬岩石的边坡较陡一样。

岩体的块度反映岩体的破碎程度，也间接反映了岩体的力学性质和强度特征。如果边坡是统计均质的，即边坡是由大小均一、强度一致的块体砌成的，同样，根据试验和应力分析结果，块度的大小将决定坡度的大小。

我们曾经从不同的角度讨论过地下水在岩石边坡工程中的作用。地下水的作用之一是在岩体中形成渗流场，而渗流场对地应力和地温都有较大影响。但对体量不大的铁路一般岩石边坡工程而言，除非具有特殊的水文构造，否则我们可以暂时忽略地下水的渗流作用。地下水的作用之二，是通过软化岩块、润滑结构面等物理作用，降低岩体抵抗应力的能力，即弱化岩体强度、加剧变形。这个特征会对岩石边坡稳定性产生直接影响，在坡度设计中必须考虑。地下水的第三个作用是水岩物理化学作用，除了处于特殊物理化学环境，在一般岩石边坡坡度设计中，也不考虑。

岩体结构面的特征反映边坡岩体的切割特征。如果结构面切割的块体在边坡面出露，在各种自然和人为因素（重力、水流、地震、工程荷载、人类活动等）的作用下，这些块体就可能从边坡上滑落下来，造成边坡的局部破坏。如果结构面规模巨大，造成大规模的块体移动，边坡可能产生整体破坏。与边坡稳定性关系最密切的参数是结构面的产状、组数、长度、间距和JRC。不利的产状是边坡破坏的基础，结构面的长度决定破坏的规模，结构面组数和间距通过影响岩体块度的大小而影响岩体的强度，JRC 影响岩体结构面的抗剪强度。这些结构性因素中，除了组数、间距与边坡岩体强度直接相关，其他各结构面因素的作用，随边坡空间位置的改变，与边坡的关系及影响也随之变化。因此，虽然这些岩体结构因素影响边坡破坏的发生与否，但与边坡坡度的大小没有固定关系。它们的作用，在边坡工程这个体系中，放在稳定性分析部分来解决。而结构面组数和间距是计算岩体块度的参数，也就是说，它们的作用已经体现在块度中了。

综上所述，岩石回弹值、岩体块度和地下水代表边坡的物质特征，直接决定边坡坡度；结构面的产状、长度和 JRC 等岩体结构面特征影响边坡的稳定性，这种影响随坡面产状的变化而变化。这些因素量化后可作为岩石边坡的坡度设计和稳定性分析的定量参数。

以上分析也同时表明，边坡设计分为两步，即坡度设计和稳定性分析。在坡度设计和边坡稳定性分析中，各参数通过简易的野外测绘获得，符合铁路岩石边坡勘察设计的要求。依据大量实际边坡样本的分析研究，可以建立方便实用的边坡设计方法。

2. 样本的选取

从既有边坡统计分析中获得坡度与各参数之间的关系，是边坡设计研究的关键。要认识坡度与岩体参数之间的关系，先要获得能真实反映这种关系的样本，并对样本质量进行分析。

通过野外调查已经获得了不同状态的岩石边坡样本 214 个，经过数据剔除后满足统计要求的样本为 153 个。但是，这些边坡并不能不加区别地用于坡度设计的研究之中。因为这些边坡大致分为三种类型：一类是不稳定的破坏边坡，一类是设计过于保守的不合理边坡，还有一类是设计合理的稳定边坡。只有设计合理的稳定边坡才能作为坡度设计研究的对象。而且，这些边坡中数据不全或设计过于保守的边坡还应该剔除。样本选取的标准将结合坡度设计的统计分析在随后小节中详细讨论。

3. 坡度计算关系式的建立

坡度设计的理论分析指出，岩石边坡的坡度是由组成边坡的岩体的性质决定的，岩石回弹值、岩体块度和地下水的作用是表征边坡岩体性质的主要因素。在表 4.1.13 中，两种分析方法的结果都指出，岩石回弹值和岩体块度与坡度的关系最为重要，相关性最好，可以全面反映岩体特征对坡度的影响。回弹值和块度大小的不同组合可表达为四种岩体特征：回弹值低、块度小，反映了岩体软而破碎；回弹值低、块度大，则岩体软而完整；回弹值高、块度小，则岩体硬而破碎；回弹值高、块度大，则岩体硬而完整。我们将岩体的这些特征借用岩体质量 RQ 来表述。显然软而破碎的岩体质量很差，硬而完整的岩体质量很好。实践证明，质量很差的岩体和质量很好的岩体之间的差别极大，是几何级数的关系。用回弹值和块度来定义岩体质量时，回弹值与块度乘积正好反映了不同强度和块度组合时的岩体质量的非线性差异。由此，我们定义边坡岩体质量的定量描述指标就是回弹值和块度的乘积。

但是，理论分析和经验告诉我们，和岩块强度不同，块度的增加对边坡岩体质量的提升不是线性的。当块体增加到一定程度后，它的作用就逐步减缓并稳定下来。图 4.1.4 块度分布曲线显示，块度呈对数正态分布。为了使量化数据在定义域内较为均匀，便于计算分析，将块度用它的自然对数表示，于是岩体质量 RQ 可定义为

$$\mathrm{RQ}=R\lg D \tag{4.1.3}$$

式中，R 为回弹值，D 为岩体块度。

将 153 个样本中不稳定的 19 个边坡剔除后，对保留的 134 个稳定和基本稳定边坡的回弹值和块度按式(4.1.3)计算出岩体质量 RQ，并将 RQ 与坡度的对应关系点绘于图 4.1.18。图中实线是 RQ 分段统计的均值连线，用以指示 α 随 RQ 的变化趋势。分析图 4.1.18 可以发现，RQ 与坡度呈带状对应关系，坡度随 RQ 的增加而增加，统计结果验证了岩体的物质特征与坡度相关的理论分析，用 RQ 建立坡度计算的定量关系式是可行的。

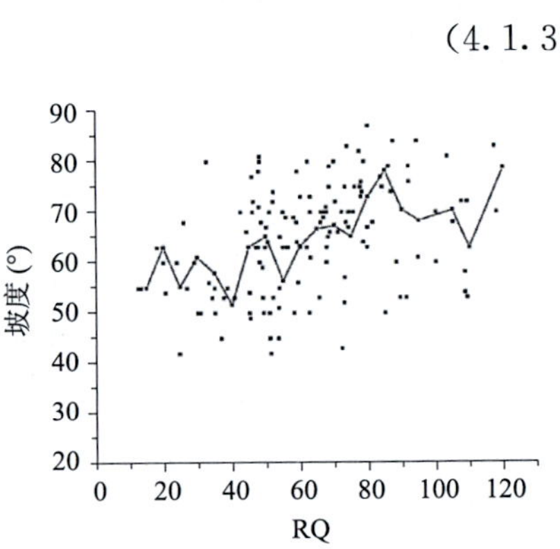

图 4.1.18　RQ 与坡度关系的散点图

图 4.1.18 反映了 RQ 与坡度之间的相关关系。由

于数据离散性较大，从这个散点带难以建立起明确的坡度计算式。从图中可见，相同的 RQ 值对应的坡度相差可达 20°～30°，其中既不排除实际边坡中结构面方位的影响而降低坡度的可能，也不排除在应用经验数据表时，某些边坡过于保守的设计。依据对边坡设计分两步的理论和 RQ 的物理意义，如果先不考虑由于边坡岩体结构不稳定引起的坡度降低，则同一 RQ 值下比较合理的坡度应该是在实践中已经稳定的较陡的坡度，在图中就是散点图上包络带所代表的坡度。因此，对散点图上包络带以下的边坡逐个进行甄别，剔除了 35 个设计不合理的边坡。表 4.1.15 列出了剔除边坡的统计情况。99 个保留边坡的来源及分布情况分别列于表 4.1.16～表 4.1.18。从表中看到，用于统计分析的样本边坡仍然具有代表性。筛选后的样本边坡 RQ 与坡度关系的散点图见图 4.1.19。

表 4.1.15　在建立坡度关系式中被剔除的边坡

破坏类型	边坡数	说　明
剥落、碎落、崩塌	9	破坏类型与坡度无关
少量掉块	18	提高坡度不改变破坏类型
局部滑塌	8	提高坡度不改变破坏类型
合计	35	

表 4.1.16　样本边坡稳定类型分布

稳定类型	稳　定	基本稳定
边坡数	32	67

表 4.1.17　样本边坡线路分布

线路名称	边坡数	线路名称	边坡数
宝成	10	宝天	15
大秦	3	成昆	9
枝柳	10	贵昆	7
湘黔	5	邯长	7
京原	9	皖赣	5
丰沙	12	兰青	7

表 4.1.18　样本边坡岩类分布

岩石名称	边坡数	岩石名称	边坡数
花岗岩	10	砂页岩	7
安山岩	4	泥页岩	2
闪长岩	2	白云岩	1
玢　岩	2	千枚岩	6
灰　岩	37	片麻岩	5
砂　岩	7	板　岩	2
砾　岩	10	其他变质岩	4

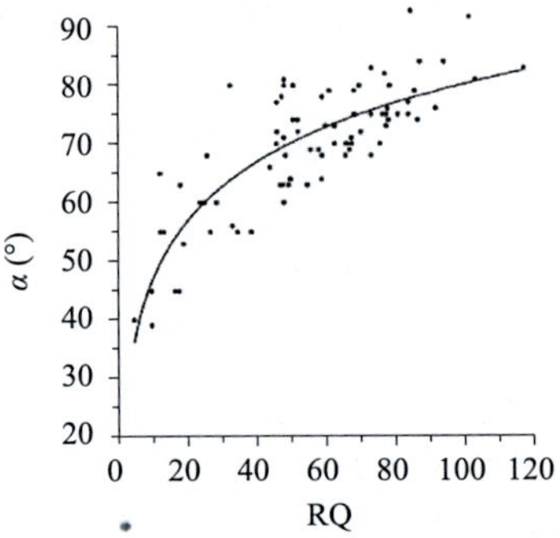

图 4.1.19 RQ 与样本边坡坡度关系散点图及拟合曲线

为了建立 RQ 与坡度的定量计算式，首先应分析两者之间的理论关系。根据 RQ 的计算式表示的物理意义，当 RQ 值较小时，随 RQ 的增加坡度相应增加；当 RQ 值超过一定值后，随 RQ 的增加，坡度的增加趋于平缓。因此，RQ 与坡度的统计关系拟合曲线应是指数型或对数型的。观察图 4.1.19 散点变化趋势，证明以上分析是正确的。

对图 4.1.19 用各种函数曲线进行拟合，按复相关系数进行拟合效果的比较，结果表明对数曲线拟合的复相关系数最大，因此，确定 RQ 与坡度的计算式为

$$\alpha=14.7\ln(R\lg D)+13 \tag{4.1.4}$$

该式拟合的复相关系数为 0.8039。

至此，通过样本边坡建立起了 RQ 与坡度定量计算关系式。

然而，式(4.1.4)还不完整。前面的分析已经指出，除了回弹值与块度，地下水通过软化作用而影响边坡坡度。因此，坡度设计中必须考虑它的影响。虽然岩体水力学在最近 20 年发展很快，但那些建立在连续介质力学基础上的分析方法，仍难以在一般岩石边坡工程中应用。我们将沿用工程中最常见的折减方法处理地下水的作用问题。

根据铁路岩石边坡相关项目研究(李秉生，1991)，地下水的作用可由四个描述性指标表示。这四个描述指标是：干燥、湿润、滴水、流水。根据铁路岩石边坡多年设计和修建的实践，当有地下水作用时，设计坡率可以降低 1～2 级。按铁路岩石边坡每一级约 4°计算，其地下水作用的折减系数见表 4.1.19。

表 4.1.19 地下水作用的折减系数

地下水状态	干 燥	湿 润	滴 水	流 水
折减系数 η_w	1.00	0.85	0.70	0.60

地下水的作用导致岩体质量降低，因此它的折减对象是 RQ。于是按 RQ 计算坡度的定量关系式就变成：

$$\alpha=14.7\ln(\eta_w R\lg D)+13 \tag{4.1.5}$$

式中 α——设计坡度(°)；

η_w——地下水折减系数；

R——岩石回弹值；

D——岩体块度(cm)。

根据式(4.1.5)，计算出按不同地下水情况折减后的 RQ 与坡度关系曲线见图 4.1.20。

从图中可见，岩体质量 RQ 按地下水情况分级折减后，每一级计算得到的坡度值相差 8°左右，结果与铁路岩石边坡设计经验相符。式(4.1.5)就是铁路一般岩石边坡坡度确定的定量计算关系式。

4. 坡度计算关系式的评估

将式(4.1.5)用于原边坡样本坡度的重新设计，根据对原有边坡调查及合理性的评价，研究新设计坡度与原坡度的差异，可以对式(4.1.5)作出评估。

表 4.1.20 列出了对原 182 个有效边坡坡度(包括不稳定边坡)重新设计后的统计结果。坡度差正值表示提高坡度，负值表示降低坡度。坡度差的分布曲线绘于图 4.1.21、4.1.22。

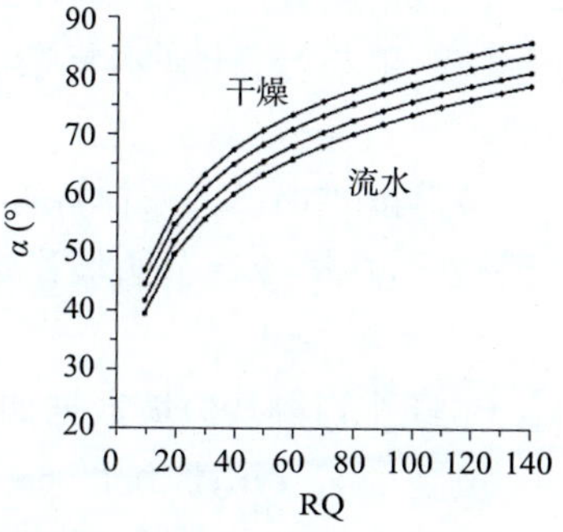

图 4.1.20　不同地下水折减系数下边坡 RQ 与坡度关系曲线

表 4.1.20　边坡重新设计结果统计

项　　目	提高坡度	降低坡度
边坡数	130(占总数 71%)	52(占总数 29%)
最大值	+43.3°	−20.9°
峰　值	+11.0°	−4.5°
均　值	+12.0°	−5.6°

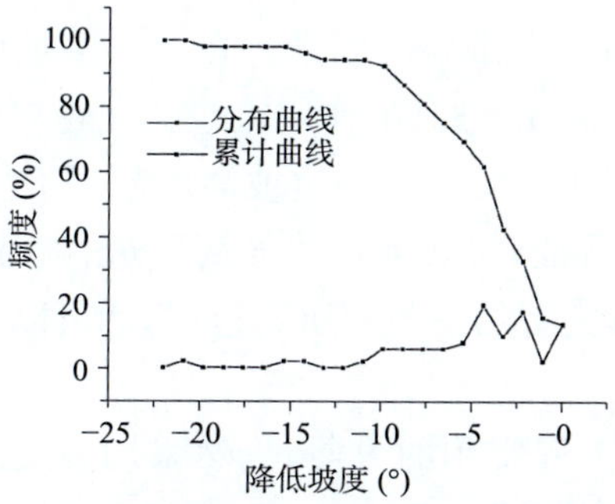

图 4.1.21　降低坡度差分布与百分累积曲线

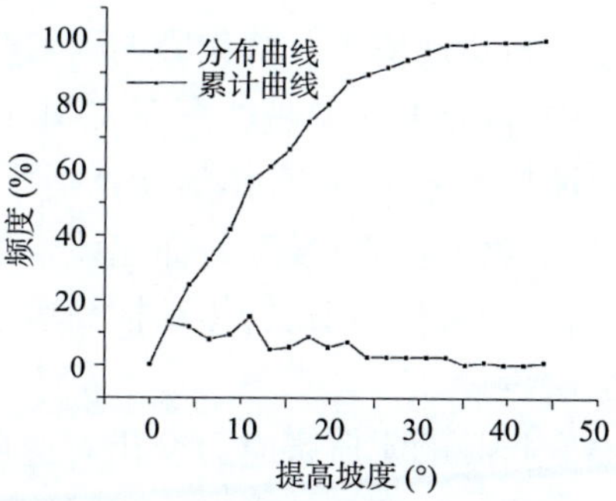

图 4.1.22　提高坡度差分布百分累积曲线

分析图 4.1.21、图 4.1.22 可以看到，坡度差的分布符合正常规律。在零坡度差附近是数据分布的高频区，表明坡度计算式反映了原来的边坡坡度规律。在坡度增加的边坡中，坡度值增加在 12°以内的达 60%。分析这些边坡发现，其中大部分是因各种原因，造成原坡度设计偏缓，因而坡度的提高是合理的。

在坡度降低的部分边坡中，坡度值降低在 5°以内的超过 60%，表明计算关系式在兼顾大多数边坡增加坡度的时候，并没有使某些边坡坡度降低太多而造成浪费。

从总体上看，式(4.1.5)坡度计算关系式是建立在岩石边坡稳定的理论分析和大量成功实践样本统计基础之上的，兼顾了合理性和安全性。应用式(4.1.5)，可以提高 71%的原铁路岩石边坡坡度。坡度的增加有利于减少边坡开挖土方、节约投资、缩短工期，其工程的经济性和效益得以提高。应用式(4.1.5)计算铁路岩石边坡坡度，并没有明显增加野外勘测工作量，测试手段简单易行，计算不复杂。因此，该式用于铁路一般岩石边坡坡度的计算是可行的、实用的。

虽然按式(4.1.5)计算的大多数边坡的坡度比原来增大了，但边坡的稳定性是否降低还未得到检验，在第4.2节边坡稳定性研究中，将继续对式(4.1.5)进行更充分的评估论证。

5. 计算举例

在野外测得某边坡数据如下：

坡高25.10 m，原坡度68°，坡向95°，回弹值$R=52$，边坡干燥；

层理产状32°∠54°，层面JRC为8，层厚2.00 m；

发育4组节理；

节理产状分别为150°∠63°、45°∠67°、224°∠56°、130°∠81°；

节理长度分别为2.5 m、2.5 m、1.8 m、0.4 m；

节理JRC分别为11、13、07、05；

节理间距分别为25、50、33、33 cm。

由节理和层理间距按式(4.1.2)计算块度得$D=37$ cm；由表4.1.19，取地下水折减系数$\eta_w=1.00$。将$R=52$，$D=37$，$\eta_w=1.00$代入式(4.1.5)，计算坡度

$$\alpha=14.7\ln(\eta_w R\lg D)+13=14.7\times\ln(1.0\times52\times\lg 37)+13=77.7$$

计算结果得到设计的边坡坡角为77.7°，比原坡度提高9.7°。

4.1.4 坡高修正

在岩石边坡应力分析和影响因素分析中，坡高都是非常重要的因素。在上一节坡度确定的研究中，假定的对象是坡高在20 m以下的一般边坡，因此，坡高的作用被包含在建立计算公式的边坡样本之中，没有作为计算指标单独提出来。当实际要设计的边坡高度超过20 m后，式(4.1.5)就不能直接应用，而应该根据岩体地质力学特征，对坡度按边坡高度进行折减。实际上，对地质条件一般、岩体结构简单、没有滑坡崩塌等灾害的一般岩质高边坡，都可以采用折减系数法设计。

高度折减的实质是应力变化对边坡的影响。为了工程实用的方便，仍然采用高度折减系数的方法来处理坡高因素。以下采用三种不同的方法确定折减系数。

1. 应力比较法

根据第2章边坡应力特征的研究，坡高的增加将引起坡脚应力的增加。当坡脚应力超过岩体的抗剪强度时，有可能导致边坡的整体破坏。此时，如果在坡高增加的情况下，降低边坡的坡度，可以减小坡脚应力，使边坡回归安全。可见，因坡高增加而增加的应力可以用降低坡度的方法来消除。

设坡度70°，坡高20 m，由图3.1.5和图3.1.6的拟合曲线方程，可以试算出在保持坡脚应力不变的情况下，坡高变化与坡度变化的对应关系(表4.1.21)。从表中可知，坡高每变化10 m，对应坡度变化的平均值为4.3°。从工程实践经验看，这个高度折减率过大。误差大的原因是分析计算时没有考虑坡高和坡度同时变化时，坡脚应力的变化不是线性的。但这个结果可作为估计高度折减系数的上限。

表 4.1.21 保持坡脚应力不变时坡高与坡度的对应关系

坡高(m)	20	30	40	50
坡度(°)	70	63	59	57

2. 经验统计法

为总结实际工程设计中坡度按高度折减的经验，从调查得到的边坡样本中，选取坡高大于10 m、坡度设计合理的边坡，统计坡度与坡高的关系。统计结果及线性拟合曲线如图 4.1.23所示。统计表明，坡高每增加 10 m，坡度降低 2.35°。如果以坡高 20 m、坡度 73°的标准边坡为基准计算，当坡高达到 80 m 时，坡度降低到 58.9°，折减率约 0.84。

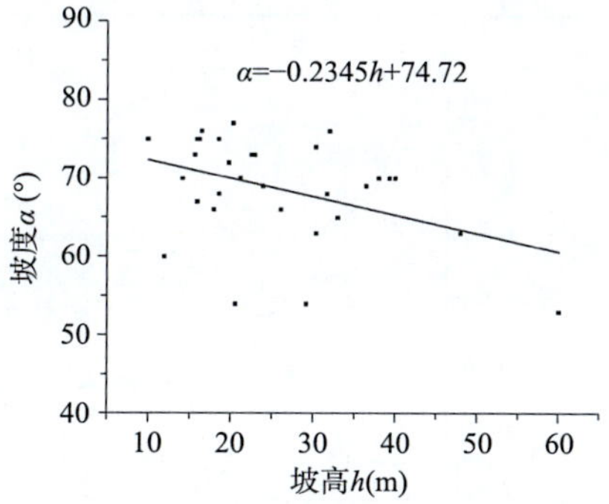

图 4.1.23 合理设计边坡坡度与坡高的统计关系

3. 理论模型分析法

为了采用解析方法探究坡高和坡度之间的关系，建立了一个简单的边坡模型。该模型假定边坡的破坏面为平面，几何关系如图 4.1.24 所示，此时边坡的稳定坡角 α 与坡高 h 的解析关系如下：

$$\frac{\sin\alpha}{\sin(\alpha-\theta)}=\left(1-\frac{\tan\varphi}{\tan\theta}\right)\left(\frac{\gamma\sin\theta}{2c}\right)h \tag{4.1.6}$$

式中 α——边坡角(°)；

θ——破坏面倾角(°)；

h——边坡高(m)；

γ——岩体重度(kN/m³)；

φ, c——结构面抗剪强度指标(°,kPa)。

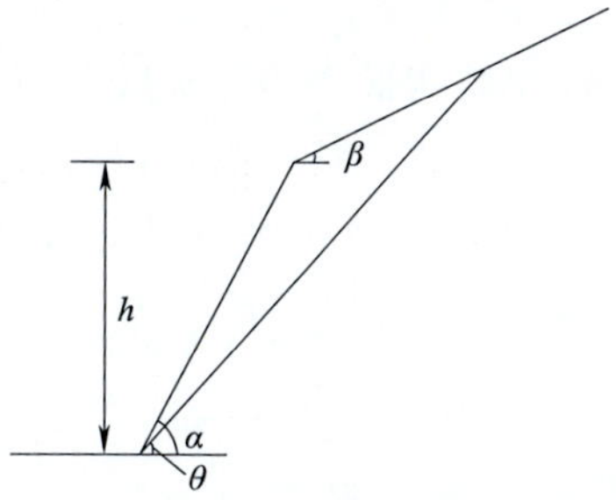

图 4.1.24 平面破坏边坡几何关系

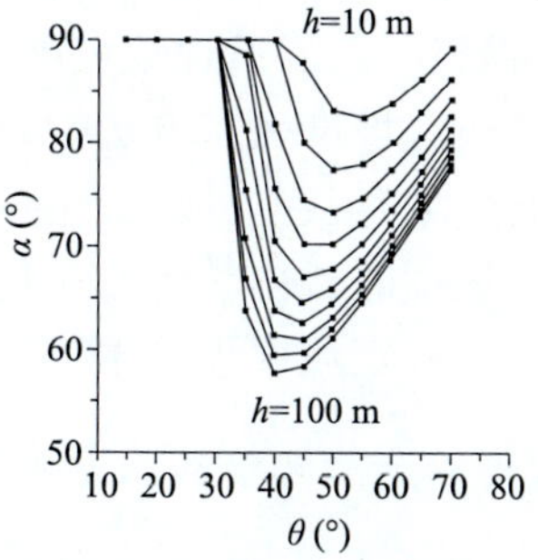

图 4.1.25 破坏面倾斜角和稳定坡角关系曲线

式(4.1.6)是隐式方程,可以用试算法求解。作为例子,图 4.1.25 给出了假定 $\varphi=25^\circ$、$c=0.1$ MPa、$\gamma=26$ kN/m^3 时,不同倾角 θ 和坡高 h 的坡角曲线。

利用式(4.1.6),可以从理论上计算坡度按坡高折减的关系。参考图 4.1.24,取破坏面倾角为 60°,计算出稳定坡度折减率与坡高的关系曲线如图 4.1.26 所示。曲线反映出折减率随坡高的增加而逐渐下降,其值与上述统计数据相符。按此曲线,其坡高分段的坡高折减系数见表 4.1.22。

表 4.1.22 坡高分段的坡高折减系数

坡高(m)	20～30	30～40	40～50	50～60	60～80	80～100	>100
坡高折减系数	1.00	0.96	0.90	0.86	0.83	0.80	0.80

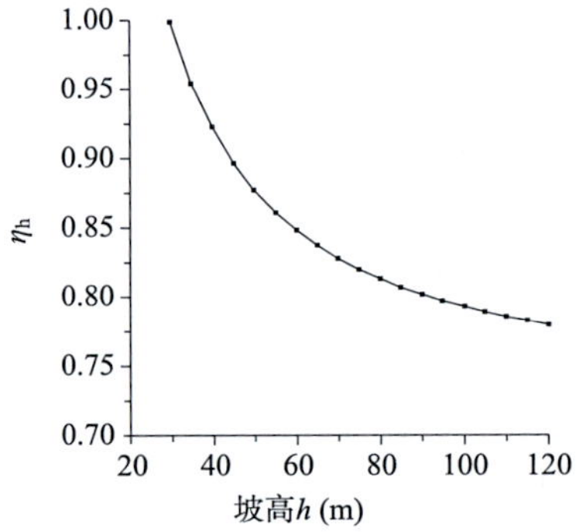

图 4.1.26 坡高折减系数与坡高关系曲线

按铁路一般岩石标准边坡计算,不同坡高下的坡度计算见表 4.1.23。由表可知,平均折减坡降为 2°/10 m,接近实际设计经验。因此,表 4.1.22 可作为坡高折减系数参考表。

表 4.1.23 70°边坡在不同坡高下的折减坡度

坡高(m)	≤30	30～40	40～50	50～60	60～80	80～100
坡度(°)	70	67.2	63	60.2	58	56

综合上述分析,对于坡高超过 30 m 的铁路岩石边坡,按照边坡高度进行折减,即

$$\alpha'=\eta_h\cdot\alpha \tag{4.1.7}$$

式中 η_h——高度折减系数,按表 4.1.22 取值;

α'——折减后的坡度,α 为按式(4.1.5)计算得到的坡度。

至此,铁路一般岩石边坡坡度确定的方法介绍完毕。

在上述边坡坡度确定方法的介绍中,可以看到,用于建立坡度样本的基础数据虽然采自铁路工程岩石边坡,但建立坡度计算式的过程,却是基于边坡的自然稳定。而且,在统计数据时,采用了同一坡度时岩体质量的上包络线。据此,可以认为式(4.1.5)和式(4.1.7)在结构性硬岩的自然斜坡稳定坡度预测中,也是有参考价值的。

4.1.5 坡形的选择与参数确定的方法

1. 坡形确定的原则

在第 2 章中,已经讨论了不同坡形的边坡应力特征。对铁路岩石边坡常见的三种坡形(直

线形、折线形和台阶形)的使用,主要是根据边坡所在的岩体环境来确定的。从设计和施工的角度看,直线坡最简单,是优先采用的坡形。但是,当边坡岩体存在明显的不均一性时,则需要根据岩体的变化特征决定边坡的坡形。典型情况是,当边坡岩体上下分属两种性质差异较大的岩性或岩体结构时,应该对不同性质的坡段采用不同的坡度,即采用折线坡形。当边坡高度较大,或边坡岩体夹有较软的岩层时,可采用设置平台的方法降低坡高、放缓坡度。平台设置的位置,当有较软的夹层时,可设在夹层处。当没有夹层时,可在边坡上均匀设置。总之,坡形的确定是由边坡岩体的性质决定的。

当坡形选定之后,如果设置平台,则需确定平台的高度和宽度。

2. 台阶形边坡坡形参数的确定

当坡高超过一定的限度而又不能回避、或因岩体性质差异较大时,常对边坡进行分级开挖(即设台阶)或采用工程加固措施。台阶形边坡因其施工简便、费用低廉而在铁路岩石边坡中得到广泛的应用。但是,由于缺乏一定的理论分析基础,使得台阶高度和宽度的设计较多地取决于设计者的个人经验,随意性较大。

为了详细分析台阶的设置对边坡应力的影响,确定合理的台阶高度和宽度,对台阶参数的变化与边坡各处应力变化的关系进行了数值模拟计算。结果详述如下:

(1)平台宽度的确定

计算模型如图 4.1.27(a)所示,台阶高为总坡高 H 的 1/2,台阶宽度 w 分别取台阶高度的 0.1、0.2、0.3、0.4、0.6、0.8、1.0、1.2、1.6、2.0。台阶下坡脚 A 点和台阶上坡脚 B 点的最大应力随 w 的变化曲线如图 4.1.27(b)所示。图中纵坐标为应力比(即边坡应力值与重力应力值之比),横坐标是台阶宽度与总坡高的比(宽高比),水平虚线是未设平台前的坡脚平均应力。从图可知,A 点应力随台阶宽度的增加而逐渐下降,但宽度增加至高度的 1 倍之后,下降的趋势变缓。B 点应力随台阶宽度的增加急剧上升,直至台阶宽度达到高度的 1 倍以后趋于衡定。

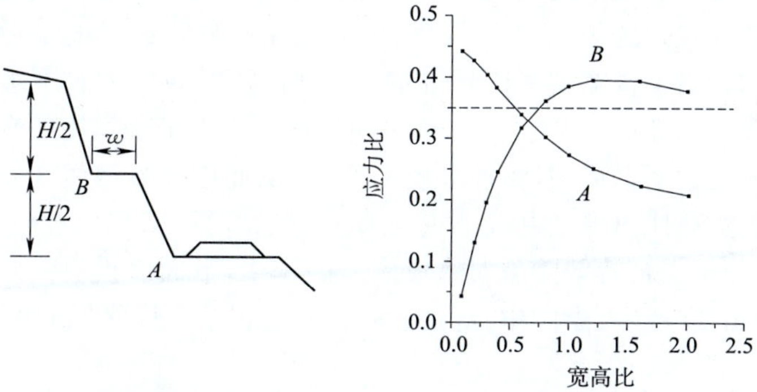

(a) 计算模型　　(b) 应力比

图 4.1.27　台阶宽度与边坡应力关系曲线

为了解台阶宽度变化对上下坡脚处应力变化的影响,将不同宽度时上下坡脚坡内水平方向的应力比值绘于图 4.1.28 中。图中表明,上坡脚应力随平台宽度的增加在较大范围内上升,下坡脚应力在较小的范围内下降。

以上计算分析表明,增加台阶的宽度将改善原边坡坡脚处的应力集中,有利于边坡的稳定;与此同时,台阶宽度的增加同样引起台阶上部坡脚应力的增加,不利于上坡稳定。综合考虑这两方面的因素,台阶宽度显然存在一个最优理论值。

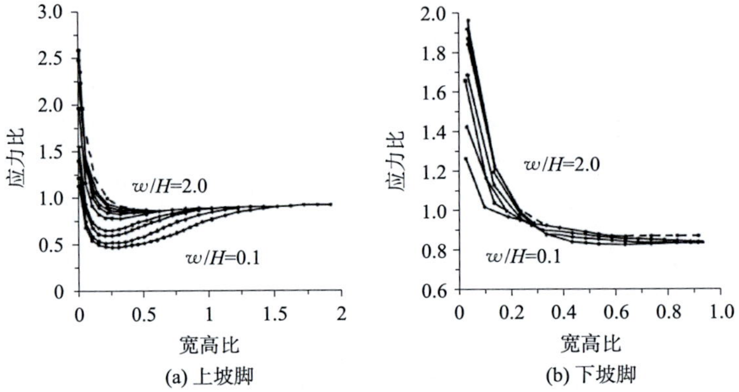

图 4.1.28 坡脚处坡内水平方向应力变化曲线

分析图 4.1.27(b)所示曲线，可以认为，该理论值就是两条曲线的交点。在交点处，上下坡脚的影响是相等的，有利于整个边坡应力均匀。从交点处应力大小看，此处应力小于原来坡脚处的应力，大于台阶处原来的应力。当台阶宽度小于两条曲线的交点宽度时，A 点应力的下降和 B 点应力的增加都较快；当台阶宽度超过交点宽度后，A 点的应力继续下降，而 B 点的应力增加趋于平缓，说明台阶宽度超过交点宽度后，增加宽度仍能改善原边坡的应力，增加边坡的安全，不会引起边坡其他部位应力的继续恶化。但是，分析结果显示，交点处的最优台阶宽度大致为台阶高度的 0.6 倍。如果按铁路实际台阶宽度仅 1.5～4 m 左右计算，则每级台阶最佳高度约为 2.5～6.7 m，这一高度在实际边坡设计中偏低，实用性较差，应予修正。

从图 4.1.27(b)中可知，当宽高比小于 0.6 时，下坡脚的应力总是大于上坡脚的应力，因此，重点考虑宽高比对下坡脚应力的影响。考察图 4.1.28(b)，图中横坐标为换算为宽高比的平台宽度值，图中曲线簇表示不同宽高比条件下的应力在平台宽度方向的变化。从图中可以看出，在平台宽度达到坡高的 24%～34%后，不同宽高比台阶边坡的下坡脚应力值的变化趋于稳定。因此可推断，当平台宽度大于坡高的 34%后，宽度的增加对下坡脚应力的改善已不明显。因此，可以选定宽高比在 24%～34%之间的比值作为工程实用的平台设置宽度值。

实际上，当边坡设置平台后，其整体坡度会变缓，从而进一步改善了边坡的应力特征。因此，设计采用的台阶宽高比可低于曲线上理论值。

为了从理论上分析平台等效降坡对边坡应力的作用，下面以设有一级平台的边坡模型来计算。模型如图 4.1.29 所示，由图中几何关系可知，设置平台后降低的坡度 $\Delta\alpha$ 与平台宽度 w 的几何关系为

$$\frac{\sin\Delta\alpha}{\sin\alpha\sin(\alpha-\Delta\alpha)}=\frac{w}{h} \tag{4.1.8}$$

当边坡为直立坡时，式(4.1.8)改写为

$$\tan\Delta\alpha=w/h \tag{4.1.9}$$

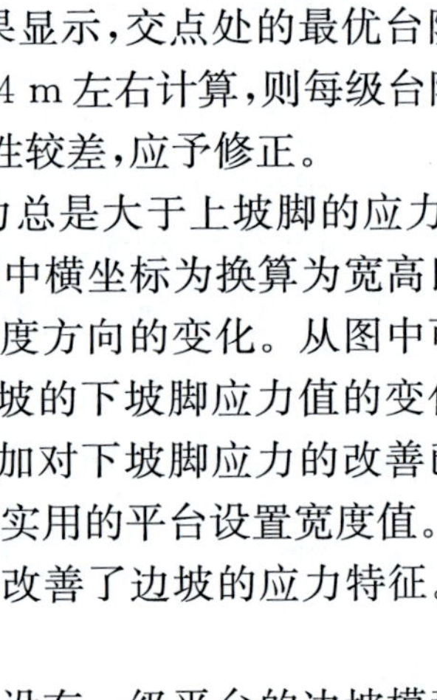

图 4.1.29 平台宽度与降低坡度的几何关系

铁路硬岩边坡的单级坡高约为 $h=15$ m，坡度约为 63°，假设设置一级平台，平台宽度取 $w=2$ m，则按式(4.1.8)，降低的等效坡度 $\Delta\alpha=2.95°$。按图 3.1.5、图 3.1.6 给出的坡高、坡度的应力比增量，降低 2.95°等效于降低 5.25 m，或换算为坡高变化率为

15%/m。按平台宽度为 2 m 时，若选用坡高比 34%计算，单级坡高为 5.88 m。考虑平台降坡等效坡高，则换算坡高为 6.76 m，那么换算出的实际宽高比为 0.295。在实际的边坡设计中，平台边坡一般都设有坡脚挡墙，可进一步提高边坡的安全性，因此，综合考虑各种因素后认为，在实际应用时，台阶的宽高比以不低于 0.25～0.3 为宜。按铁路岩石边坡单级坡高 6～15 m 计算，平台宽度宜在 1.5～4.5 m 之间。原则上，应对软岩和特殊岩土取高比值。

（2）台阶高度的确定

计算模型如图 4.1.30(a)示，台阶宽 w 为 6 m。台阶高度 h 与总坡高 H 的比值称为阶高比，取值为 0.1，0.2，…，1.0。台阶下坡脚 A 点和台阶上坡脚 B 点的最大应力随 h 的变化曲线如图 4.1.30(b)所示。与图 4.1.27(b)相反，A 点应力随台阶高度的增加而逐渐上升；而 B 点应力随台阶高度的增加逐渐下降。A 点坡内应力随台阶高度的变化规律及范围仍然按坡脚处坡内水平方向绘于图 4.1.31。图中显示，随着平台高度的增加，坡内应力值和应力影响范围有明显的增加。当台阶高度略低于原坡高的 1/3 左右时，上下坡脚应力曲线相交，此时整个坡内应力比较均匀，有利于边坡稳定。由此看来，设置多级低宽台阶能最有效地改善边坡的安全性。

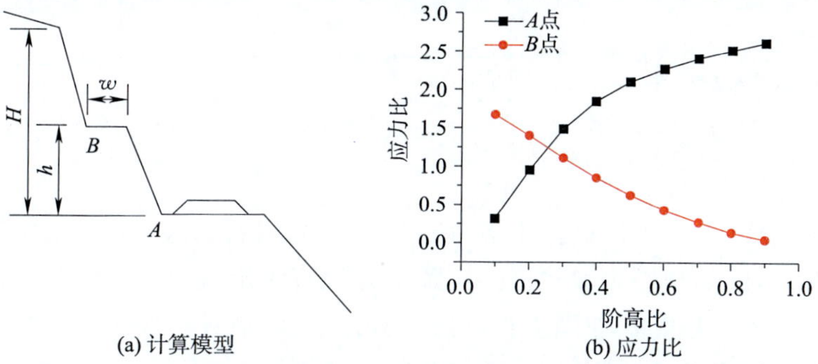

图 4.1.30　台阶高度与边坡应力关系曲线

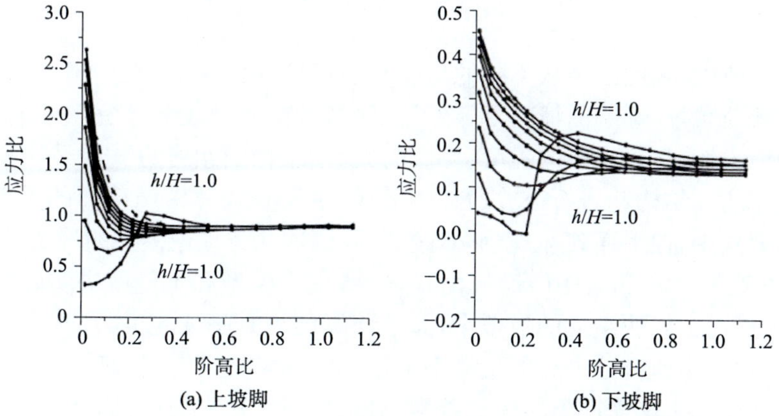

图 4.1.31　台阶高度与坡内应力变化曲线族

为了验证以上结论，进一步分析台阶级数对边坡应力的影响，模拟计算了同一边坡台阶级数为 0、1、2 级时边坡坡脚的应力变化。计算结果如图 4.1.32 所示。图中曲线表明，随着台阶级数的增加，坡内应力显著降低，应力集中范围缩小，这一结论与上述分析完全一致。

根据以上分析，理论上边坡台阶的高度和宽度可按下述方式确定：每级台阶高度不超过总坡高的 1/3，在可能的条件下，台阶的宽度取一级台阶高度的 0.3 倍。如果无法满足理论要求，则台阶宽度应取设计所允许的最大可能宽度。

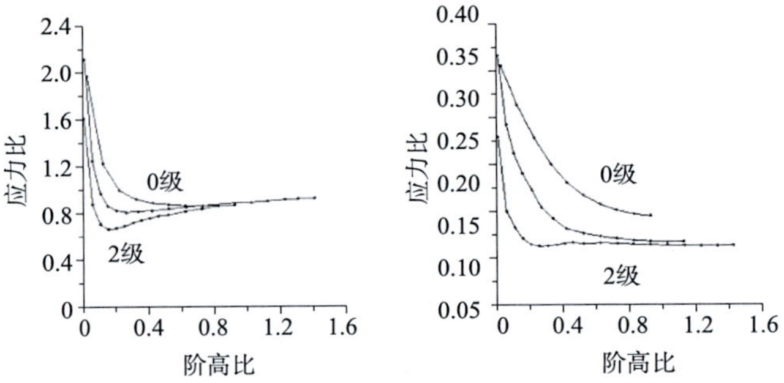

(a) 最大主应力　　(b) 最小主应力

图 4.1.32　不同台阶级数坡内应力变化曲线

4.2　一般岩石边坡稳定性分析方法

4.2.1　概　　述

在铁路工程实践中，对于依据经验数据确定坡度的岩石边坡，除了一些典型的、符合理论破坏模式的岩石边坡（如顺层边坡）之外，实际上并没有制定规范的、适用于岩石边坡的稳定性分析方法。如果不做边坡防护加固工程设计，现行规范和设计程序中，是没有稳定性分析内容的。如果仅仅出于安全储备考虑，在边坡坡脚加设矮挡墙，也不做稳定性检算。如果确实需要进行支挡工程设计时，检算方法也是采用土力学中的土压力理论。略有岩石工程经验的人都知道，岩石边坡的破坏模式，除碎裂结构和散体结构外的其他岩体结构边坡，土压力理论并不适用。

在前面的章节中，我们已经从不同的角度阐明过这样的观点：在先不考虑外界因素（如地下水、地震、工程荷载等）影响的情况下，除了一些特殊的完整硬岩或完整软岩边坡外，大部分的岩石边坡的稳定性，是由块体的强度、块体的大小、结构面组合方式以及结构面与边坡坡面的相互关系决定的。结构性岩石边坡的破坏模式，主要是块体沿结构面的滑动或转动。在单一块体的破坏模式中，像平面破坏、楔形体破坏、倾倒这几类理论模型的稳定性计算方法，已经被人们熟知（参看第 2 章和第 10 章）。但是，这些理论模型并不能解决实际工程应用时的疑问。例如，在大量同类岩块组成的边坡中，如果计算结果是不稳定的，那么它表达的是某一块体不稳定，还是边坡中所有这一类的块体都不稳定？如果是后者，如何解释在野外看到的与此不相适应的情况。如果考虑同类块体的差异，对边坡块体逐一分析，那是不是会给实际工程应用带来不便？又如，边坡岩体是由一系列块体组合而成的。由于岩体被各组结构面平行切割，因此，取多大范围内块体组合（即破坏体规模）作为破坏体的体积进入计算，在实际操作中也是令人纠结的。

实际上，对于边坡岩体这种由大量独立块体单元组成的集合体，即便是同类块体单元，其运动条件也不尽相同。在野外调查中，大规模的块体移动形成的边坡破坏是存在的，但是更多时候看到的是少数、甚至个别块体的运动破坏。因此,对结构性岩石边坡而言,仅靠简化条件的理论公式,是难以满足稳定性分析的需要的。而且,这些传统的边坡稳定性分析,都是建立在一种简化的、理想的力学模型的基础上,基于极限平衡理论,计算稳定性系数。即便数值分析发展到可以处理一些复杂边界、复杂介质的岩石边坡稳定性问题,但最终对稳定性的判定,还是采用应力与强度比来定义稳定性系数。并且,数值分析这种复杂工具,在大批量的铁路一般岩石边坡的稳定性分析中,也是不适用的。因此,可以认为,到目前为止,我们还没有找到基于传统数学力学方法,来定义岩石边坡这种离散的、随机的、多因素综合影响的对象的稳定性系数的方法。

好在稳定性分析不只有计算稳定性系数这一种方法。稳定性系数虽然直观,但它所表现的无非还是稳定的程度,如稳定、很稳定、不稳定、很不稳定等。因此,稳定性分析的结论,完全可以采用稳定性分级或分类的方式来定义。这就是我们在绪论中所提到的模糊与精确的问题。

综上所述,在本书中,关于铁路一般岩石边坡稳定性分析的方法和途径,就是基于大量实际边坡工程样本,对样本按稳定性程度分类,综合考虑各种主要因素的贡献和影响,采用离散数学理论,建立岩石边坡稳定性判别模型,对未知样本的归属进行分析计算,最终作出稳定类型的判断。具体技术路线是:①根据工程设计和处置方便的目的,对岩石边坡按稳定性分类;②确定影响岩石边坡稳定性的因素,对描述性指标进行量化;③选择一种或多种数学方法,建立稳定性分类评判模型;④反复评估、修改、验证模型,使之满足工程精度要求。

4.2.2 稳定性分类与影响因素分析

1. 稳定性分类

铁路一般岩石边坡稳定性分析的第一步,就是对调查得到的大量边坡进行分类。由于边坡设计的目标就是确定稳定的边坡角,因此,边坡的分类是按稳定性状态划分的。根据铁路工程实践,分类标准依据设计、施工和维护时边坡的破坏程度和边坡防护的工程量与工程措施的大小决定。据对铁路岩石边坡破坏类型的调查分析,将边坡按稳定程度分为三类:稳定边坡、基本稳定边坡、不稳定边坡。其基本特征描述见表 4.2.1。

表 4.2.1 铁路一般岩石边坡稳定性分类及特征(蒋爵光,1997)

	稳　定	基本稳定	不 稳 定
使用阶段	开挖、运营时稳定	开挖时稳定或一般性处理,运营中可能维护	开挖后不稳定
破坏类型	稳定无破坏	基本稳定无明显破坏	大型滑塌
	剥落	碎落	大量滑塌、堆塌
	个别掉块	少量掉块	顺层滑塌
	少量碎落	局部滑塌	顺层滑动
			倾倒
			圆弧形滑动
工程措施	直接开挖	喷锚、勾缝、灌浆、插别、嵌补、护坡、局部支撑等	挡墙、明洞、刷方、锚固桩、改线等

在剔除了桥基岸坡、软岩非结构性边坡和数据缺陷的样本后,根据表 4.2.1 的分类标准,对合格 153 个边坡样本进行分类后,统计结果见表 4.2.2。

表 4.2.2 边坡稳定类型分类统计

稳定类型	稳　定	基本稳定	不稳定
边坡数	47	87	19
百分比	31%	57%	12%

2. 因素确定及相关性分析

在坡度确定的研究中，已经详细分析过与岩石边坡稳定性有关的因素，即坡高、岩体块度、岩块回弹值、岩体结构面特征、地下水、地震等。其中的主要因素已经在坡度计算中采用过了，而涉及岩体结构面特征的一些参数，因为与边坡方位相关，在稳定性分析中考虑。

大量的调查研究表明，结构性岩体边坡的稳定，主要与结构体在边坡面上的出露特征和结构面的抗剪性质有关，而边坡破坏程度则与结构体的规模有关。块体在坡面上是否出露由结构面产状、组合特征以及与坡面的关系确定。结构面发育情况、组合方式以及与坡面的关系不同，形成的可运动的块体种类不同。岩石边坡破坏的标志是块体的运动，而块体是否能够沿着结构面下滑，则由结构面的抗剪强度决定。结构面的强度又受结构面 JRC 影响。根据已有的理论模型，可以将块体是否出露以及出露的块体是否稳定，用块体的稳定性系数综合表达出来。此外，运动块体的规模，是受结构面长度影响的。在某些特定条件下，比如顺层边坡中，结构面的长度具有极其重要的意义。因此影响边坡稳定性的因素，除了决定岩石边坡坡度的回弹值和块度之外，归结为块体稳定性系数、可动块体种类数、结构面长度等。其中后面三种因素的量化需要确定计算方法。

为了研究以上各因素在边坡稳定性评判中的作用，对各参数的分布特征进行分类统计。如果某因素分布特征在各稳定类别有明显差异，则可选作稳定性分析的参数。

(1)块体稳定性系数 K

在边坡坡面上，依据赤平投影分析，如果有块体出露，那么，就按块体稳定性分析的理论模型(参看第 2.1 节)，单独计算其稳定性系数。在一个边坡上，出露的块体种类可能不止一种，对各种块体的稳定性系数 K_i 分别计算后，取最小 K_i 值代表该边坡的块体稳定性系数。具体计算方法如下：

①平面破坏　设结构面倾向为 ω_j，倾角为 θ_j，边坡面倾向为 ω_s，坡角为 α，当 $|\omega_j-\omega_s|<30°$，且 $\theta_j<\alpha$ 时，可按平面破坏计算其稳定性系数。

为了反映同类破坏块体产状差别造成的稳定程度差别，用破坏面与坡面的倾向差作为加权系数，对块体的稳定性系数加权。加权系数反映了块体在坡面上的偏斜程度，称为偏斜系数。平面破坏偏斜系数 a_f 为

$$\alpha_f=1+|\omega_j-\omega_s|/100 \tag{4.2.1a}$$

式中，当块体无偏时系数为 1，当块体偏斜时系数大于 1。

于是，平面破坏的稳定性系数 K_f 的计算式为

对层理
$$K_f=a_f\frac{\tan(15+\text{JRC})}{\tan\theta_j} \tag{4.2.1b}$$

对其他结构面
$$K_f=a_f\frac{\tan(30+0.5\times\text{JRC})}{\tan\theta_j} \tag{4.2.1c}$$

式中　JRC——结构面粗糙度系数。

②楔形破坏　设构成楔形体的两结构面的倾角分别为 β_1、β_2，φ_b 为结构面基本摩擦角，两

结构面粗糙度系数分别为 JRC_1、JRC_2，楔形体底交线的倾向为 ω_L，倾角为 θ_L。当 $|\omega_L-\omega_s|<60°$，且 $\theta_L<\alpha$ 时，可按楔形破坏计算其稳定性系数。

令偏斜系数 a_w 为

$$\alpha_w=1+|\omega_L-\omega_s|/100 \tag{4.2.2a}$$

则楔形破坏稳定性系数 K_w 的计算式为

$$K_w=a_w\frac{\cos\beta_2\tan(\varphi_b+JRC_1)+\cos\beta_1\tan(\varphi_b+JRC_2)}{\sin(\beta_1+\beta_2)\tan\theta_L} \tag{4.2.2b}$$

式中，当结构面为层理时，φ_b 取 15，其余 φ_b 取 30。

③稳定块体　当上述平面破坏和楔形破坏块体已经构成，但块体滑动面(线)倾角大于坡角，但小于 30°+JRC 时，此时有可能因具体边坡块体的原因，发生个别掉块等现象。此时，设定判断性稳定系数指标(即评分)为 $K_B=5$。此时的稳定系数不代表块体的稳定性。

④倾倒　对软硬互层且层理产状较缓的岩体，由于差异风化，容易使硬岩块体悬空形成倒塌。因此，当岩层倾角 $\theta_L<25°$，平面块体结构面倾向与坡向夹角 $|\omega_j-\omega_s|<30°$，且结构面倾角 $\theta_j>45°$时；或楔形块体交线倾向与坡向正倾反倾夹角 $|\omega_L-\omega_s|<60°$，且 $\theta_L>45°$时，设定判断性稳定系数指标为 $K_T=10$。同样，此时的稳定系数不代表块体的稳定性。

⑤不存在运动块体　当结构面在边坡岩体上切割不出可移动块体时，认为这种情况为稳定状态，设定判断性稳定系数指标为 $K_S=20$。同样，该稳定系数不代表块体的稳定性。

⑥综合稳定系数 K　按以上各式分别计算边坡上所有块体的稳定性系数后，综合的块体稳定性系数 K 由下式决定

$$K=\min(K_f^i,K_w^j,K_B,K_T,K_S) \tag{4.2.3}$$

依照以上方法计算获得各边坡的块体稳定性系数 K，将所有边坡的 K 值按稳定性类型分别统计，结果如图 4.2.1 所示。图中可见各类边坡 K 值的分布有显著的差异，稳定边坡的正常计算 K 值分布在 1.2～3.0 之间，基本稳定边坡分布在 0.5～2.0 之间，不稳定边坡分布在 0.0～1.0 之间，符合一般规律。上述分析中未包含指标性 K 值。如果考察指标性 K 值，可以看到，有块体构成但未达到破坏条件的 K 值($K=5$)中，主要是稳定边坡和基本稳定边坡。构成倾倒块体($K=10$)的边坡中，都是稳定边坡。对不构成块体的边坡($K=20$)中，虽然绝大多数是稳定边坡，但数据显示基本稳定和不稳定边坡各有一个。对边坡资料查阅显示，不稳定边坡编号为 CZ.12，为灰岩边坡，现场判断为不稳定边坡，但层理和一组节理构成的楔形体偏角较大，未纳入稳定性计算。基本稳定边坡编号为 XQ.05，有倾向坡面的结构面，现场判断为基本稳定边坡，但达不到设定的不稳定块体计算条件，未纳入计算。因此，总体表明 K 的计算方法是可行的，用 K 值作为边坡稳定分类的评判参数是正确的。

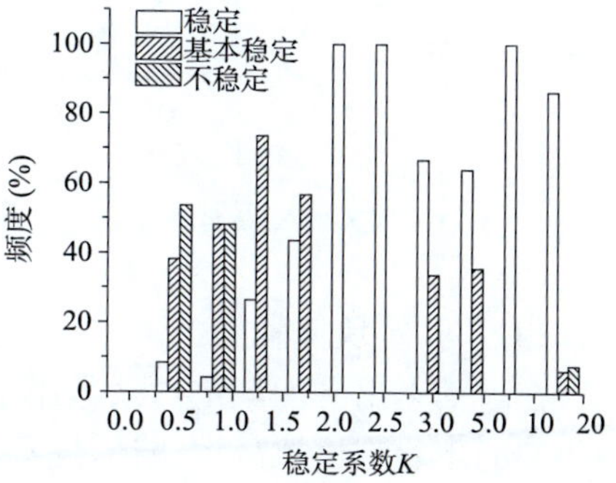

图 4.2.1　计算稳定性系数 K 的分类分布图

(2)结构面综合长度 L

同边坡岩体中的块体一样，一个边坡中的结构面可能有多组。由于结构面产状与坡面方位形成的关系不同，有些结构面对边坡的稳定影响较大，而有些结构面对边坡的稳定影响较

小。比如不在坡面上出露的结构面对边坡稳定性的影响就很小。所以必须考虑有多组结构面时怎样计算综合的结构面长度。由于边坡高度不同,同一结构面长度对不同边坡的影响也不同,应按结构面长度与坡高的相对关系,化为可比较的相同量级。

根据研究和试算,确定结构面长度指标的计算方法是:当块体稳定性系数小于 1.5 时,组成块体的结构面作为计算结构面,如果某组结构面在多个块体中出现,该结构面被重复计算。最后取计算各结构面长度的均值作为结构面综合长度 L。

令 $l_i=100l_j/H(\%)$,式中,l_j 是结构面实测长度,H 是边坡高度。对层理,l_i 为 100%,则边坡结构面综合长度

$$L=\frac{1}{n}\sum l_i \tag{4.2.4}$$

将各边坡的结构面长度分类统计,统计结果如图 4.2.2 所示。从图中可见,稳定边坡的结构面长度集中分布在 10%以下;不稳定边坡的结构面长度主要分布在 30%以上,60%以后几乎都为不稳定边坡;基本稳定边坡的结构面长度的分布介于两者之间。这表明计算所得的结构面综合长度的分布,在各稳定类型中有显著差异,可作为边坡稳定性分类的评判参数。

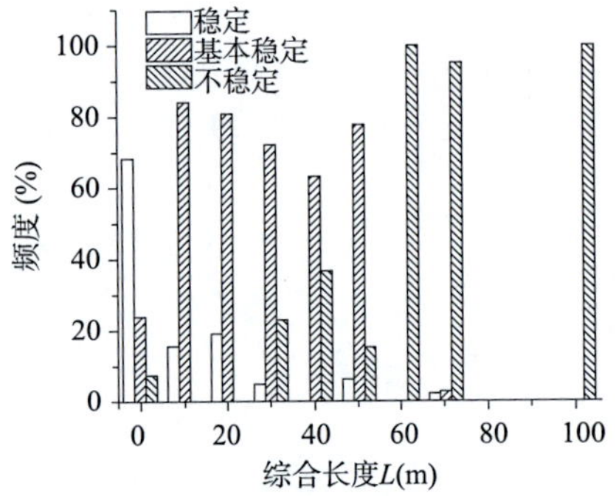

图 4.2.2 结构面综合长度 L 分类分布图

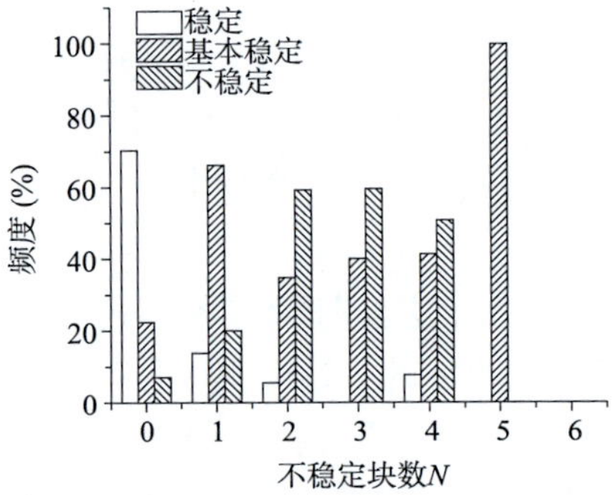

图 4.2.3 不稳定块体种类 N 分类分布图

(3)不稳定块体种类 N

在坡面上出露的稳定性系数小于 1.5 的非同类块体的总数,就是不稳定块体种类 N。将各边坡的不稳定块体分类统计,结果如图 4.2.3 所示。图中明显表现出不同稳定类别的差异,因此,参数 N 可用于边坡稳定性分类评判。

(4)块度 D

块度计算按式(4.1.2)。块度分类分布统计图如图 4.2.4 所示。图中可见,块度的分布没有显著差异,因此不宜作为稳定性分类的评判参数。

(5)回弹值 R

回弹值分类分布的统计图如图 4.2.5 所示。图中回弹值的分布没有显著差异,因此也不能作为稳定性分类的评判参数。

为了说明坡度和坡高与稳定性类型是无关的,将坡度和坡高的分类分布统计曲线绘于图 4.2.6、图 4.2.7 中。从图中确实看不出各类边坡分布的显著差异。

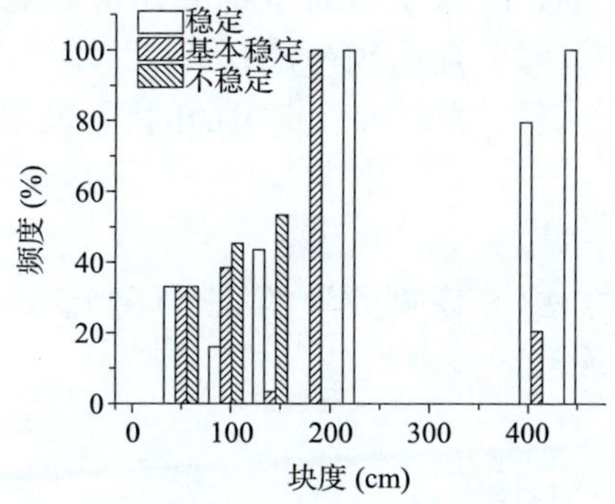

图 4.2.4 块度分类分布图

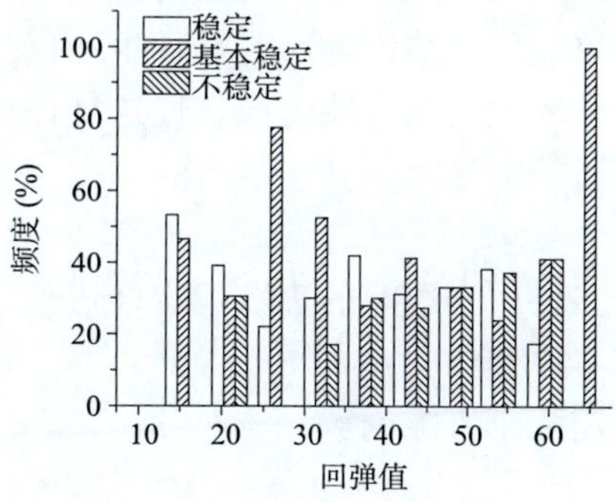

图 4.2.5 回弹值分类分布图

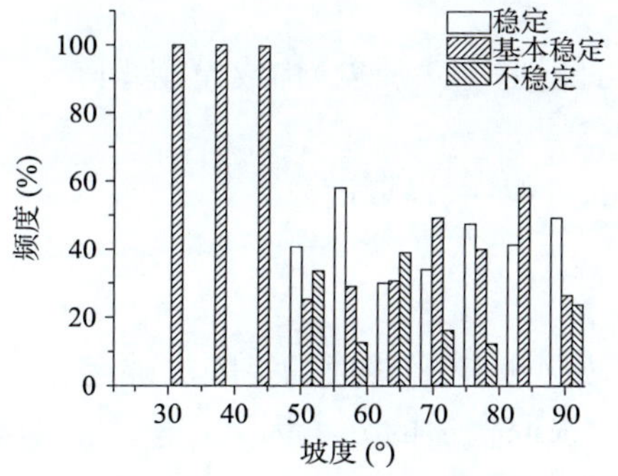

图 4.2.6 坡度分类分布图

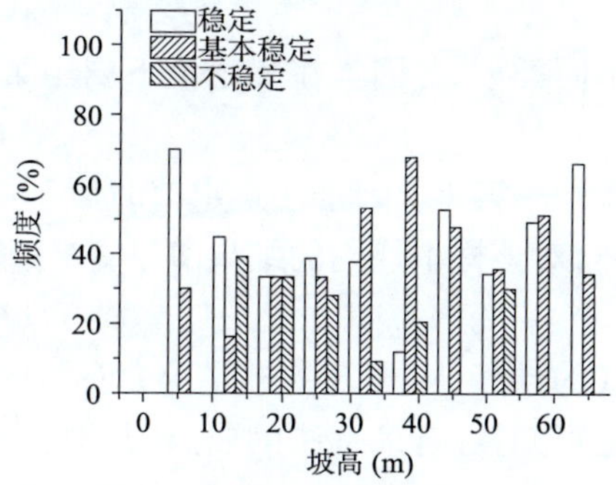

图 4.2.7 坡高分类分布图

上述统计分析表明，铁路岩石边坡稳定性的分类评判参数为稳定性系数 K、结构面综合长度 L 和可动块体种类 N。这一结论证明本章关于岩石边坡设计的理论分析是正确的。

3. 相关性分析

上述各稳定类别边坡分布曲线的对比，从定性的角度，证明了岩石边坡各因素与稳定类别的相关性。按照 4.1.2 部分的方法，用灰色关联分析计算稳定性分析各参数与稳定类型的相关性。计算原理和方法不再重复，结构面参数已在块度和稳定系数中包含，不再单独列出。关联系数未做归一化处理，以显示实际相关程度。分析结果列于表 4.2.3。

表 4.2.3 影响因素与稳定类型的关联度

因素	坡度	回弹值	坡高	块度	可动块数	综合长度	块体稳定系数
关联系数	0.9238	0.9169	0.8901	0.8570	0.8270	0.8187	0.7726

分析结果表明，各影响因素与边坡稳定性的关系密切。其中，岩石边坡属性参数，如坡度、坡高、块度、回弹值的相关系数都在 85%以上。计算参数，如可动块数、综合长度、块体稳定系数的相关性稍差，但也都在 80%或接近 80%。表明选作稳定性分析的参数是适当的。

4.2.3 模糊综合评判

模糊综合评价法是根据模糊数学的隶属度理论，对受到多种因素制约的事物或对象作出一个总体的分类评价。所谓模糊，是指对事物的评价界限很难用确定性的数值划分，例如人的高矮、胖瘦等，并不能用一个确定的数值来划分。所谓综合，是指对事物的评价不能用一个指标（因素）单独作出结论，例如，好学生不仅仅是指成绩好，还必须考虑操行、身体健康等因素，综合评价。因此岩石边坡的稳定性这种评价界限模糊的、难以准确定量的问题，采用模糊综合评判是合适的方法之一。

1. 基本原理

对受多种因素影响的边坡稳定性进行评判的方法，是模糊数学的综合评判法。模糊综合评判的基本原理如下：

设给定两个有限论域

$$\boldsymbol{U}=\{因素_1,因素_2,\cdots,因素_n\} \tag{4.2.5}$$

$$\boldsymbol{V}=\{类型_1,类型_2,\cdots,类型_m\} \tag{4.2.6}$$

在某特定样本下，取 $\boldsymbol{U}$ 上的一个模糊子集 $\boldsymbol{A}(\boldsymbol{A}\in\boldsymbol{U})$ 作为各因素的权重模糊向量

$$\boldsymbol{A}=\{权_1,权_2,\cdots,权_n\} \tag{4.2.7}$$

对不同类型，各因素在某定值下属于某类的可能性（即隶属度）构成模糊矩阵

$$\boldsymbol{R}=\{r_{ij}\} \tag{4.2.8}$$

式中 r_{ij}——第 j 个因素在某定值时属于第 i 类的可能性（隶属度）。

这样，对该样本评判的结果 $\boldsymbol{B}(\boldsymbol{B}\in\boldsymbol{V})$ 即为

$$\boldsymbol{B}=\boldsymbol{A}\cdot\boldsymbol{R} \tag{4.2.9}$$

上式的计算（即求 $\boldsymbol{B}$ 的分量 b_j）可采用最大—最小运算和普通的矩阵加乘运算。

由上可知，综合评判法的要点，是对样本分类，选取合适的分类因素，建立隶属函数，确定权值。

2. 隶属函数的建立

隶属函数表达的是参数取定值时的隶属度。所谓隶属度表征的是某参数为某定值时，待判样本在仅考虑该因素时有多大程度属于某一类别。根据模糊数学研究（贺仲雄，1983），在对大量样本作模糊统计的情况下，隶属度可表达为

$$\mu(u_i)=\lim_{n\to\infty}\frac{\mu\in \mathrm{A}^*\ 的次数}{n} \tag{4.2.10}$$

式中 u_i——论域 U 中的一个固定元素（$u\in$ U）；

A^*——某类样本的集合。

对参数值分段统计，即可得出隶属函数。

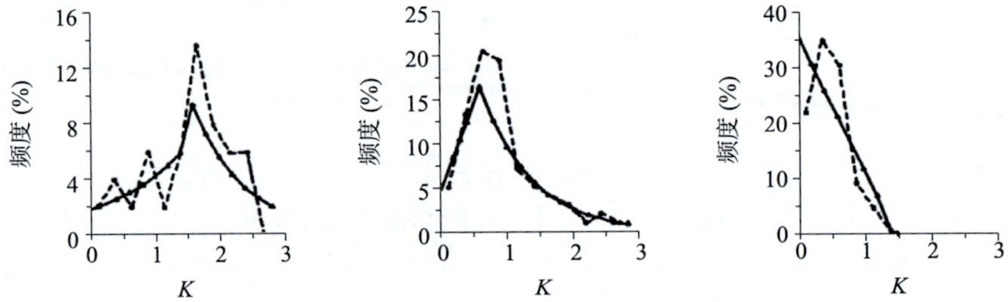

(a) 稳定 (b) 基本稳定 (c) 不稳定

图 4.2.8 稳定性系数 K 隶属函数的统计曲线和拟合曲线

据此，将选定因素 K、L 的统计图（图 4.2.1～图 4.2.2）按类析出并拟合如图 4.2.8～图 4.2.9 所示，拟合曲线的分类分布如图 4.2.10 所示。参数 N 为分段数值，它的隶属函数可直接用图 4.2.3 表示。

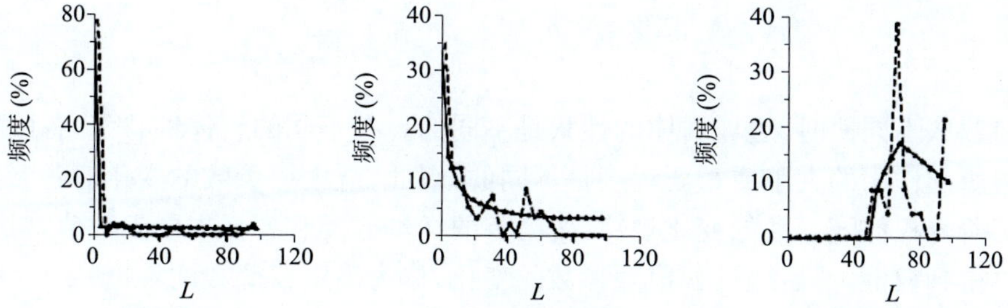

(a) 稳定　(b) 基本稳定　(c) 不稳定

图 4.2.9　结构面长度 L 隶属函数的统计曲线和拟合曲线

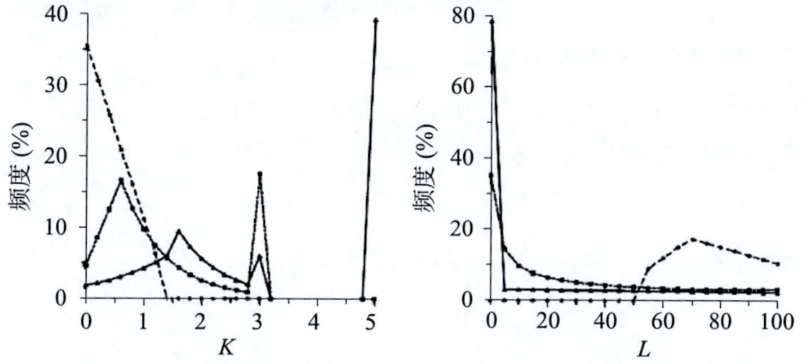

(a) K　(b) L

图 4.2.10　K 和 L 拟合分类分布曲线

其各隶属函数拟合曲线方程如下：

$$k_1=\begin{cases}1.79708e^{0.848044k} & k\leqslant 1.66\\ 76.5274e^{-1.30973k} & 1.66<k<3\\ 5.88 & 3\leqslant k<5\\ 39.22 & k\geqslant 5\end{cases}\qquad k_2=\begin{cases}19.81k+4.58766 & k\leqslant 0.64\\ 37.1797e^{-1.34735k} & 0.64<k<3.00\\ 17.53 & 3\leqslant k<5\\ 0 & k\geqslant 5\end{cases}$$

$$k_3=\begin{cases}-24.2845k+35.411 & k\leqslant 1.4\\ 0 & k>1.4\end{cases}$$

$$l_1=\begin{cases}78.43 & l\leqslant 5\\ 3 & l>5\end{cases}\qquad l_2=\begin{cases}35.05 & l=0\\ 36.3122l^{-0.577406} & 0<l<68\\ 4 & l\geqslant 68\end{cases}\tag{4.2.11}$$

$$l_3=\begin{cases}0 & l<53\\ 0.602669l-24.1304 & 53\leqslant l<68\\ -0.225481l+33.0955 & l\geqslant 68\end{cases}$$

$$n_1=\begin{cases}68.63 & n=0\\ 21.57 & n=1\\ 5.88 & n\geqslant 2\end{cases}\qquad n_2=\begin{cases}26.80 & n=0\\ 30.93 & n=1\\ 18.56 & n=2\\ 13.40 & n=3\\ 7.22 & n=4\end{cases}\qquad n_3=\begin{cases}0 & n=0\\ 26.09 & n=1\\ 56.52 & n=2\\ 8.70 & n=3\end{cases}$$

3. 权函数的确定

当各参数取不同值时，边坡岩体的性状是不同的。在不同的岩体性状下，各因素在边坡稳定性评判中所起作用的大小或重要程度是不同的，因此，应根据参数的变化对各参数取不同的权值。为了研究权值随参数的变化规律，按已有的样本分类和各样本的参数值，对模糊关系方程作逆运算得到权值，然后统计权值随参数的变化，作为确定权函数的依据。

对模糊关系方程作逆运算得到权值的解法有若干途径，如徐罗曹李方法等(贺仲雄，1983)。在本文中，由于模糊矩阵为三阶，考虑到对式(4.2.9)的计算采用普通矩阵乘法，因此，对式(4.2.9)作变换得

$$R^{\mathrm{T}}\cdot A=B \tag{4.2.12}$$

则权值可方便地用线性方程解出。

将解得的权值分别点绘于图 4.2.11 中，并用线性回归曲线示意散点分布趋势，可得到各参数变化时其权值的变化规律。

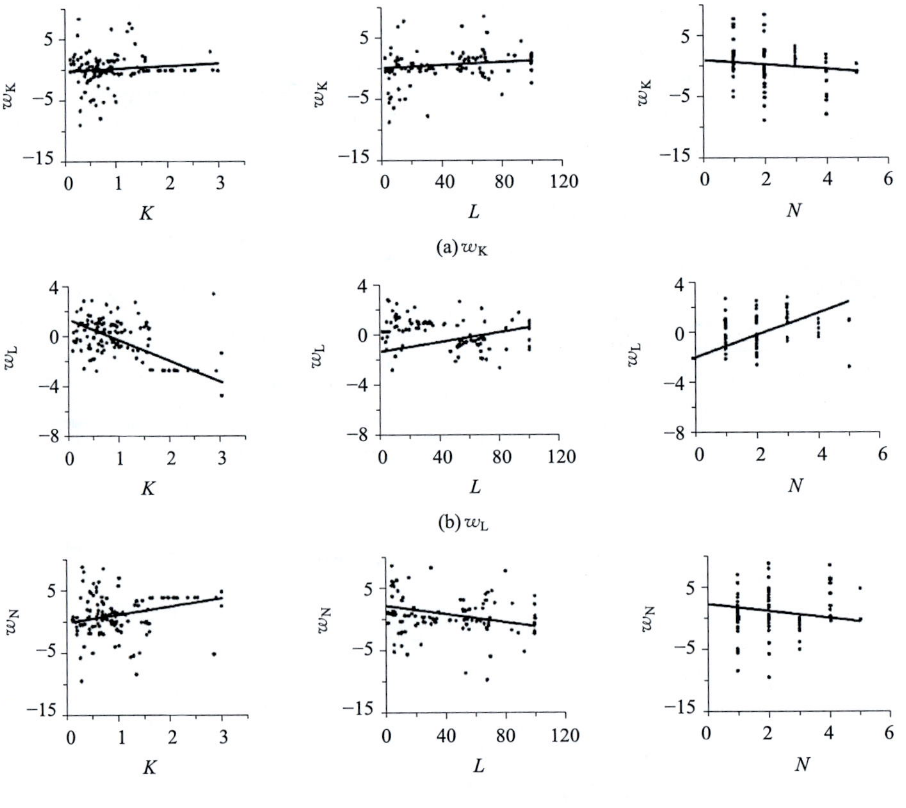

图 4.2.11　权值随参数变化趋势

图 4.2.11(a)显示了稳定性系数 K 的权值 w_K 与各参数的关系。随着 K 值的增加，边坡趋向稳定。此时，用 K 值可以较好地区分边坡的稳定状况(图 4.2.1)，所以，K 值的权重逐渐增加。结构面长度 L 的增加，反映了边坡岩体受结构面切割程度的增加，此时如要判断边坡的稳定性，需要考虑稳定性系数 K 的大小，所以，L 的增加也需要增加 K 的权重。而可动块体种类 N 的增加，表明边坡中不稳定块体增加，边坡趋向不稳定，此时稳定性系数 K 在边坡评判中的作用已随之减弱，其权重下降。

图 4.2.11(b)表明结构面长度 L 的权值 w_L 与各参数的关系。当 K 值增加时，边坡趋向稳定，此时结构面长度 L 的作用不明显，L 的权重下降。当 L 增加时，表明边坡岩体受结构面切割的程度增加，参考图 4.2.2，可知边坡由稳定向不稳定转变，因此，L 的作用明显表现出来，其权重应随之增加。而可动块体种类 N 增加，则边坡岩体性质变差，此时边坡的稳定要较多地考虑 L 的作用，所以，N 的增加也将导致 L 的权重增加。

图 4.2.11(c)反映了可动块体种类 N 的权值 w_N 与各参数的关系。当 K 值增加时，边坡可趋向稳定，此时是否有可动块体、有多少可动块体对判断边坡的稳定性是很重要的，因此，K 值的增加导致 N 的权重增加。结构面长度 L 的增加，将使边坡向不稳定发展，此时重要的是可动块体的稳定性而不是可动块体的多少。因此，随着 L 值的增加，N 的权重下降。同理，在可动块体数增加的情况下，可动块体数 N 的权重也是下降的。

上述分析，既源于已有样本反算权值的统计，又符合逻辑，其结果作为确定权函数的依据是合理的、正确的，但应该进行合理简化，保留权函数的构成和变化规律，各系数由分析试算确定。依据上述分析，确定的权函数如下：

$$
\begin{aligned}
w_K &= \begin{cases} 1+L/100-N/5 & K<2 \\ 1 & K\geqslant 2 \end{cases} \\
w_L &= \begin{cases} 1-K/3+N/5 & K\leqslant 1.25 \\ 1-K/2+N/5 & 1.25<K<2 \\ 0.5 & 2\leqslant K<5 \\ 0 & K\geqslant 5 \end{cases} \\
w_N &= \begin{cases} 0.7+K/3-L/140 & K<2 \\ 0 & K\geqslant 2 \end{cases}
\end{aligned}
\tag{4.2.13}
$$

4. 计算举例

由式(4.2.5)，令 $\boldsymbol{U}$={稳定性系数 K，结构面长度 L，可动块体种类 N}。

由式(4.2.6)，令 $\boldsymbol{V}$={稳定，基本稳定，不稳定}。

则由式(4.2.8)，其模糊矩阵 $\boldsymbol{R}$ 的构成为

$$
\boldsymbol{R}=\begin{pmatrix} k_1 & k_2 & k_3 \\ l_1 & l_2 & l_3 \\ n_1 & n_2 & n_3 \end{pmatrix}
$$

由式(4.2.7)，令 $\boldsymbol{A}=\{w_K, w_L, w_N\}$。

由第 4.1 节给出的实例，待评边坡参数按赤平投影分析和式(4.2.1)～式(4.2.4)计算后结果为

$$K=0.72, L=30.38, N=4$$

由式(4.2.11)，按以上参数计算出 $\boldsymbol{R}$ 各元素的值，构成 $\boldsymbol{R}$ 如下

$$R=\begin{pmatrix}0.09 & 0.40 & 0.51\\ 0.32 & 0.57 & 0.11\\ 0.11 & 0.40 & 0.49\end{pmatrix}$$

由参数值，按式(4.2.13)计算出权矩阵 **A** 如下

$$A=(0.50\quad 1.56\quad 0.72)$$

将各数值代入式(4.2.9)得

$$B=[0.50\quad 1.56\quad 0.72]\cdot\begin{pmatrix}0.09 & 0.40 & 0.51\\ 0.32 & 0.57 & 0.11\\ 0.11 & 0.40 & 0.49\end{pmatrix}$$

采用加乘运算(即同普通矩阵乘法)，并将结果归一化后，有

$$B=[22.42\%(稳定)\quad 49.54\%(基本稳定)\quad 28.04\%(不稳定)]$$

B 即为该边坡评判结果的百分比评分。此例中的边坡，最大百分比为 49.54，属于基本稳定的比率最大，而不稳定边坡的比率略大于稳定的比率，表明偏于不稳定，可能属于基本稳定中，破坏类型偏大的一类。从稳定性系数 K、结构面长度 L、可动块体数 N 看，本边坡 K 值小于 1，L 长达坡高的 30%，有 4 种不稳定块体，结合评判为基本稳定，可见本边坡属于局部滑塌的边坡，应进行坡面防护处理。野外实际情况为沿节理切割形成的楔形块体局部滑塌和崩落，设有专人监护。

5. 评判结果及分析

根据以上的参数计算方法、建立的隶属函数、确定的权函数，对桥基岸坡以外所有 184 个原始边坡样本，按原坡度进行回判，其回判结果见表 4.2.4。

表 4.2.4 评判结果统计表

边坡类别		稳　定	基本稳定	不 稳 定
样本数		54(29%)	104(57%)	26(14%)
回判结果	稳　定	48(89%)	13(13%)	0(0%)
	基本稳定	6(11%)	78(75%)	0(0%)
	不稳定	0(0%)	13(13%)	26(100%)
符合率		89%	75%	100%

从表 4.2.4 可知，本文建立的评判模式其结果比较理想，总符合率为 82.6%。从误判的样本看，其误判趋向均符合逻辑，不会对边坡设计施工产生影响，没有将不稳定边坡判为稳定边坡的危险误判，也没有将稳定边坡判为不稳定边坡的保守误判。

对产生误判的各类边坡的分析见下列表 4.2.5～表 4.2.7。

表 4.2.5 稳定边坡误判为基本稳定边坡的统计分析

序号	误判边坡数	百 分 比	简要分析说明
1	4	67%	结构面构成交线较缓的楔形体，K 值均大于 1，但结构面长度较长，误判为基本稳定
2	1	16.5%	仅有个别掉块，在野外可定为稳定，但计算中不能与普遍掉块区别
3	1	16.5%	相同参数统计误差
小计	6	100%	

表 4.2.6 基本稳定边坡误判为稳定边坡的统计分析

序号	误判边坡数	百分比	简要分析说明
1	6	46%	野外数据误差，主要为曲线坡向不能正确计算
2	5	38%	计算稳定性系数的力学参数 JRC 实测或估计误差
3	1	8%	边坡面为风化碎落，野外为基本稳定，计算模型不能区别
4	1	8%	倾倒破坏，不适用于计算模型
小计	13	100%	

表 4.2.7 基本稳定边坡误判为不稳定边坡的统计分析

序号	误判边坡数	百分比	简要分析说明
1	11	85%	层理与节理构成交线较缓的楔形体，由于计算模型强调了层理的作用，使计算的 K 值偏低，而 L 值较大，造成误判
2	2	15%	野外分类有误，计算结果是正确的
小计	13	100%	

综合上述统计分析，在造成各类误判的主要原因中，判别模型误差占 50%，参数误差占 34%，无计算方法(如剥落)造成的误差占 9%。因此，随着样本的积累，提高模型的判别精度，是完善本方法的主要途径之一。

模糊综合评判用于岩石边坡稳定性评价，最大的问题是参数的离散性带来的隶属函数的指向性很难令人满意。除此之外，不同样本中不同参数的权重，是远没有研究清楚的问题。虽然，在本书中，权重的变化规律(即权函数)已有反算作为基础。但这个在所有岩土工程具有普遍性的问题，仍无法很好解决。

6. 重设边坡的稳定性评判

在第 4.1 节中，根据边坡岩体质量建立了铁路一般岩石边坡稳定坡度计算式，即式(4.1.5)，并初步验证了该式的可行性。但同时提到，更严格地论证要由稳定性分析结果来证明。利用本节确立的岩石边坡稳定性评判技术，将野外调查所获得除桥基岸坡以外的 184 个边坡样本，按式(4.1.5)重新计算其坡度。对重新计算确定坡度的边坡进行稳定性分析，如果重设边坡的稳定性评判结果令人满意，则表明式(4.1.5)是可行的。

重设边坡的稳定性评判结果列于表 4.2.8。从表 4.2.8 可知，按式(4.1.5)重新设计的边坡中有 176 个保持了原来的稳定性状态不变，占整个样本总数的 95.6%。依据表 4.1.20，在不计不稳定边坡的条件下，按式(4.1.5)设计的边坡有 71%提高了坡度，而表 4.2.8 的统计表明 95.6% 边坡的稳定状态保持不变，这就是说，式(4.1.5)不但是有效的、可行的，而且更经济、更合理。

对重新设计后改变了稳定性的边坡的分析见表 4.2.9～4.2.10 所列。

表 4.2.8 重设边坡稳定性评判结果

边坡类别		稳定	基本稳定	不稳定
样本数		54(29%)	104(57%)	26(14%)
回判结果	稳定	41(76%)	10(10%)	0(0%)
	基本稳定	9(17%)	79(76%)	0(0%)
	不稳定	4(7%)	14(14%)	26(100%)

续上表

边坡类别		稳　定	基本稳定	不 稳 定
除去误判结果	稳定	47(87%)	1(1%)	0(%)
	基本稳定	3(6%)	102(99%)	0(0%)
	不稳定	4(7%)	0(0%)	26(100%)

表 4.2.9　稳定边坡变为基本稳定和不稳定边坡的简要分析

边坡编号	坡度变化	重设边坡稳定类别	原坡稳定状况	K	L	简要分析
JY. 03F	+28.34	基本稳定	少量掉块	0.86	23.96	降低设计坡度可改善
JY. 05F	+20.69	基本稳定	剥落	0.29	11.36	属合理设计
CK. 08F	+24.26	基本稳定	局部滑塌	1.23	4.39	降低设计坡度可改善
DQ. 03	+25.17	不稳定	产状不利	0.42	52.08	降低设计坡度可改善
FS. 15F	+9.83	不稳定	基本稳定	0.20	57.67	降低设计坡度可改善
LQ. 01	+25.77	不稳定	少量掉块	0.22	75.36	降低设计坡度可改善
HC. 13	+12.50	不稳定	个别掉块	0.19	78.58	降低设计坡度可改善

表 4.2.10　基本稳定边坡变为稳定和不稳定边坡的简要分析

边坡编号	坡度变化	重设边坡稳定类别	原坡稳定状况	K	L	简要分析
BC. 05	−8.96	稳定	楔形破坏	5	0	可提高设计坡度

上述分析揭示，按式(4.1.5)进行边坡坡度设计的结果如果有误，均可通过调整设计坡度加以改善。因此，坡度设计的完整过程是，先按坡度计算式[式(4.1.5)]做计算，然后将设计的坡度用于边坡稳定性评判。如果边坡不稳定，可调整坡度后再作稳定性评判，直至稳定。如果调整坡度不能使边坡稳定，说明边坡要采取支挡措施。

4.2.4　范例推理

对复杂的、多因素影响的岩石边坡稳定性问题，到目前为止，任何一种方法都不是完美的，都是有误差的。因此，我们提供第二种稳定性分析方法，即范例推理。

1. 基本原理

范例推理(Case-Based Reasoning，CBR)是基于已有的经验，将过去范例(源)与当前所面临的问题(目标范例)相联系，利用类比推理从中搜索和新问题(目标)相似的案例，然后根据相似案例的解决方案对新问题提出解决方法。上面这段话讲得很学术，很拗口。其实，范例推理的基本原理就是用数学方法实现工程类比。而工程类比是工程师们最常用的方法之一。

范例推理实现的方法是：①确定主要影响因素，量化为属性参数；②将调查获得的全部样本的属性参数计算出来，归一化后存入范例库(即参数的数据库)，作为源范例；③确定权函数计算方法；④采用数学方法定义源范例与目标范例参数之间相似性的计算方法，即推理机数学模型；⑤计算目标范例(待评边坡)的参数及各参数的权值；⑥根据推理机数学模型，逐一计算出目标范例与各源范例之间数据的相似性，确定出目标范例与源范例中最相似的样本，以源范例的稳定状态推知目标范例的稳定状态；⑦评判完成。

2. 参数计算及范例库建立

把源范例(岩石边坡样本)中的各种因素整理、量化、形成参数,然后建立一个包含各种参数的边坡样本数据库。

由 4.2.3 部分的研究结论,铁路一般岩石边坡稳定性分析的参数有 3 个,分别是块体稳定性系数 K、结构面综合长度 L 及可动块体数 N。计算方法为赤平投影分析和式(4.2.1)~式(4.2.4)。根据范例推理要求,将全部边坡参数计算完毕,按下式作归一化处理后,建立源范例库。

$$V'_j(j)=\frac{V_i(j)-V_{\min}(j)}{V_{\max}(j)-V_{\min}(j)} \tag{4.2.14}$$

式中 $V'_j(j)$——边坡源范例 S_i 第 j 个属性的值进行归一化处理后的值;

$V_{\min}(j)$——边坡源范例中第 j 个参数最小值;

$V_{\max}(j)$——边坡的源范例中第 j 个参数最大值。

3. 权函数确定

根据因素组合条件的不同,各因素在类比时的重要性是不同的。权函数就是根据各因素的组合特征,来确定类比时哪些因素更重要,类比时其相似性要加重考虑。哪些因素比较次要,类比时相似性可以弱化其差值。

权函数的确定,最好根据实际样本的参数值和分类结果之间的关系求得,见本书 4.2.3 部分及式(4.2.13)。

如果无法通过反算获得权函数,可参考不同文献的研究成果来定义权函数。刘沐宇(2001)提出的权函数如下

$$w_j=\sum_{h=1}^{m}\left[\frac{N_j(S_0\cdot C_h)}{\sum_{i=1}^{m}N_j(S_0\cdot C_i)}\right]^2 \tag{4.2.15}$$

式中 w_j——边坡第 j 个影响因素的属性权重;

j——边坡第 j 个因素;

h——边坡稳定性类别;

S_0——边坡的目标范例(待评边坡);

C_h,C_i——分别为边坡源范例的第 h,i 个稳定性评价类别($h,i=1,2,\cdots,m$);

$N_j(S_0\cdot C_i)$——边坡第 j 个影响因素在 C_i 类别中与 S_0 相关的记录个数;

$$N_j(S_0\cdot C_h)=\mathrm{Num}(\{r\,|\,r\in C_i \text{ and } (V_r(j)=V_0(j) \text{ or } V_r(j)\in[L,U])\}) \tag{4.2.16}$$

式中 $V_r(j)$——边坡源范例 r 在影响因素 j 下的值;

$V_0(j)$——边坡目标范例 S_0 在因素 j 下的值,$[L,U]$ 为边坡的目标范例在因素 j 下的值域

$$L=\inf\left[\bigcap_{h=1}^{m}\mathrm{dom}_h(j)\right],V_0(j)\in\mathrm{dom}_h(j)$$

$$U=\sup\left[\bigcap_{h=1}^{m}\mathrm{dom}_h(j)\right],V_0(j)\in\mathrm{dom}_h(j) \tag{4.2.17}$$

式中 $\mathrm{dom}_h(j)$——边坡稳定性评价类别 C_h 在因素 j 下的值域;

L——包括 $V_0(j)$ 的所有 $\mathrm{dom}_h(j)$($h=1,2,\cdots,m$)的交集的下确界;

U——包含 $V_0(j)$ 的 $\mathrm{dom}_h(j)$($h=1,2,\cdots,m$)的交集的上确界。

式(4.2.15)定义的权函数，其实质就是各因素中，不同类别样本数与总样本数的比率。

4. 范例间的相似性计算

把目标范例(待判边坡)与源范例(调查的源样本)进行相似性比较。定义相似性的方法主要有三种：欧氏距离法、曼哈顿距离法和模糊相似优先法。

(1)欧氏距离

通过参数加权后计算目标范例与每一个源范例之间的相似关系，计算公式形如两点间的距离(欧氏距离)公式。根据距离的大小，判定相似程度。欧氏距离的计算公式如下

$$d_{i0}=\sqrt{\sum_{j=1}^{m}w_j\left[V_i(j)-V_0(j)\right]^2} \tag{4.2.18}$$

式中 d_{i0}——目标范例 S_0 与源范例 S_i 之间的欧氏距离；

m——边坡影响因素的个数；

w_j——第 j 个因素的权重；

$V_i(j)$——源范例 S_i 第 j 个因素取值，也称属性参数，简称参数(下同)；

$V_0(j)$——目标范例 S_0 第 j 参数。

计算出目标范例与 n 个源范例间的欧氏距离 $d_{10},d_{20},\cdots,d_{i0},\cdots,d_{n0}$ 后，进行排序，d_{i0} 越小表示目标范例与第 i 个源范例越相似。从 d_{i0} 中找出最小值，对应的边坡就是与边坡目标范例最相似的边坡。至此，可以从边坡源范例中找出与目标范例最相似的边坡，从而可以由源边坡的稳定状况对目标边坡的稳定状况作出评价。

(2)曼哈顿距离

曼哈顿距离公式是由 Cost 和 Salzberg 提出的。该方法用两点之间的连线长度作为两点之间的距离。这种连线直来直去，与美国纽约曼哈顿大街相似，所以定名为曼哈顿距离。计算公式如下：

$$d_{i0}=\sum_{j=1}^{m}w_j\left|V_i(j)-V_0(j)\right| \tag{4.2.19}$$

式中 d_{i0}——目标范例 S_0 与源范例 S_i 之间的曼哈顿距离。

用曼哈顿距离公式计算相似性时，除了距离定义不一样，其他都与欧氏距离的计算与判别方法一样。

(3)模糊相似优先比

模糊相似优先比是以成对的样本与一个固定的样本做比较，以确定哪一个与固定样本更相似，从而选择与固定样本相似程度较大者作为判断标准。其计算过程比较复杂，本书不再抄录，有兴趣的读者可参看相关文献(刘沐宇，2001)。

5. 计算举例

沿用第 4.1 节中的实例，由赤平投影分析和式(4.2.1)～式(4.2.4)，计算得到目标边坡(目标范例)各参数如下：

$$K=0.7244,L=30.38,N=4.0$$

归一化后的参数值为

$$K'_0=0.1252,L'_0=0.3038,N'_0=0.5$$

将上述计算得到的边坡参数 K、L、N 代入式(4.2.13)，求各参数权重，则

$$w_K=0.5037,w_L=1.5585,w_N=0.7245$$

(1)欧氏距离

将所有源范例边坡参数与目标边坡的参数及权重代入式(4.2.18),即可得源范例各边坡与目标范例边坡相似距离集合为:

$$d_{i0}=\{0.8429_{(1)}\quad 0.8249_{(2)}\quad \cdots\quad 0.0598_{(12)}\quad \cdots\quad 0.3438_{(184)}\}$$

从相似距离集合中找到与目标范例边坡相似距离的最小值为0.0598,对应的边坡是12号,边坡编号BC.10F。目标边坡和源边坡信息列入表4.2.11:

表4.2.11 待判边坡与类比边坡信息对比

	目标边坡(BC.07边坡)	源边坡(BC.10F边坡)
基本信息	坡高:25.1 M,坡度:68°,坡向:95° 岩性:石灰岩	坡高:17.28 m,坡度:80°,坡向:225° 岩性:石灰岩
节理组数	4	2
节理产状	150/63,45/67,224/56,130/81 32/54(层理)	146/63,22/59 303/44(层理)
节理长度	2.5 m,2.5 m,1.8 m,0.4 m	0.4 m,0.4 m
节理JRC	11,13,7,5	19,5
稳定性描述	岩层厚薄交互,受节理切割小断层贯穿,可发生沿J1-J2的楔形破坏及L、J2、J1、J4切成的小块体崩落	节理小断层小褶曲使岩体破碎,左坡岩层倾向线路,易产生沿J3的单面块体,沿J1-L及J3-L的双面体
破坏类型	局部滑塌	少量掉块
稳定性分类	基本稳定	基本稳定

按欧氏距离计算结果,最相似的源边坡的稳定性类型为基本稳定,推断目标边坡的稳定类型可判定为基本稳定,与野外实际调查时目标边坡的情况一致。

(2)曼哈顿距离

基于曼哈顿距离的边坡相似性计算,与基于欧氏距离的边坡相似性计算唯一不同的地方,在于相似距离公式不同,其他地方完全相同。将参数及权值代入式(4.2.19),通过计算,目标范例与源范例边坡的距离集合为

$$d_{i0}=\{1.1298_{(1)}\quad 1.1298_{(2)}\quad \cdots\quad 0.2116_{(12)}\quad 0.6569_{(184)}\}$$

在距离集合中找到与目标范例相似距离的最小值为0.2116,对应的边坡是12号,边坡编号BC.10F。计算结果与欧式距离计算结果相同。

(3)模糊相似优先

相同的参数,经过一系列计算、比较,构建出最后的源范例各边坡与目标范例S_0的相似距离集合为

$$d_{i0}=\{0.7992_{(1)}\quad 0.6769_{(2)}\quad \cdots\quad 0.2230_{(12)}\quad \cdots\quad 0.9395_{(184)}\}$$

可知排序最小(即最相似)的边坡为12号边坡,该结果与上述两种方法计算结果相同。

6. 评判结果及分析

为验证模型并比较各方法的精度,利用已有的调查样本进行回判。在剔除全部调查边坡中的桥基岸坡,回弹值在10以下的软岩边坡,以及原设计不合理不宜作源范例的边坡后,源范例共有153个样本。按参数计算方法计算并归一化后,建立源范例库。

验证采用的是逐一提取源范例库中的边坡进行评价的回判方法。即将每一个源范例作为待判的目标范例取出，用剩余的边坡实例作为源范例库，基于欧氏距离、曼哈顿距离和模糊相似优先三种范例推理方法进行分析，以验证范例推理方法的合理性。回判结果见表 4.2.12。

根据统计，三种计算方法中，欧氏距离的总符合率为 85.6%，曼哈顿距离的总符合率为 84.3%，模糊优先的总符合率为 86.3%。虽然在数值上模糊优先略高于欧氏距离，欧氏距离略高于曼哈顿距离，但三者相差不大，且符合率都在 85%左右，都可满足工程精度要求。以计算简单而言，推荐按欧氏距离计算即可。

表 4.2.12 范例推理回判结果

边坡类别		稳定			基本稳定			不稳定		
样本数		54(35%)			75(49%)			25(16%)		
方法		欧氏	曼哈顿	模糊相似	欧氏	曼哈顿	模糊相似	欧氏	曼哈顿	模糊相似
回判结果	稳定	46(89%)	46(89%)	47(87%)	6(8%)	7(9%)	6(8%)	0(0%)	0(0%)	0(0%)
	基本稳定	8(11%)	8(11%)	7(13%)	65(87%)	63(84%)	63(84%)	3(20%)	3(20%)	3(20%)
	不稳定	0(0%)	0(0%)	0(0%)	4(5%)	5(7%)	6(8%)	22(80%)	22(80%)	22(80%)
符合率		85%	85%	87%	87%	84%	84%	88%	88%	88%

对误判样本，以欧氏距离回判结果为例，按稳定类别列入表 4.2.13～表 4.2.16，进行对比分析。

表 4.2.13 稳定边坡误判为基本稳定边坡

序号	待判边坡	破坏类型	相似边坡	破坏类型	误判分析
1	BC.13	稳定	HC.01	个别掉块	计算参数应判为少量掉块，与野外判断不一致
2	CK.07	个别掉块	XQ.06	少量掉块	破坏模式无法精确区分
3	FS.10	稳定	CK.09	局部滑塌	计算参数应判为少量掉块，与野外判断不一致
4	JL.11	稳定	DQ.02	基本稳定	计算参数应判为少量掉块，与野外判断不一致
5	JL.11F	稳定	WG.12	碎落	计算模式不匹配
6	JL.12F	剥落	XQ.05	少量掉块	计算模式不匹配
7	WG.09	碎落	GD.01	基本稳定	计算模式不匹配
8	XQ.02	稳定	XQ.01	少量掉块	计算参数应判为少量掉块，与野外判断不一致

表 4.2.14 基本稳定边坡误判为稳定边坡

序号	待判边坡	破坏类型	相似边坡	破坏类型	误判分析
1	BC.12	少量掉块	BT.08	稳定	相似边坡计算参数与野外判断误差
2	BT.01F	基本稳定	JL.11	稳定	相似边坡计算参数与野外判断误差
3	CK.03	局部滑塌	BT.08	稳定	相似边坡计算参数与野外判断误差
4	FS.02	局部滑塌	FS.11	少量掉块	破坏模式无法精确区分
5	GK.05F	少量掉块	BT.08	稳定	相似边坡计算参数与野外判断误差
6	JY.05	少量掉块	BT.08	稳定	相似边坡计算参数与野外判断误差

表 4.2.15 基本稳定边坡误判为不稳定边坡

序号	待判边坡	破坏类型	相似边坡	破坏类型	误判分析
1	BC.03	局部滑塌	FS.09	大型滑塌	破坏模式无法精确区分
2	BT.10F	局部滑塌	JY.08	大量滑塌	破坏模式无法精确区分
3	HC.08	基本稳定	HC.12	大量滑塌	计算参数与野外判断不一致
4	JY.12F	大量滑塌	FS.15	大型滑塌	破坏模式无法精确区分

表 4.2.16 不稳定边坡误判为基本稳定边坡

序号	待判边坡	破坏类型	相似边坡	破坏类型	误判分析
1	FS.09	大型滑塌	JY.11F	局部滑塌	破坏模式无法精确区分
2	FS.15	大型滑塌	JY.04F	局部滑塌	破坏模式无法精确区分
3	XQ.07F	顺层滑动	JY.06	少量掉块	相似边坡计算参数与野外不一致

通过对误判结果进行分析，发现产生误判的原因大致有以下几种：一是计算模型确有误差。具体来讲，就是参数量化时的计算模型的精度、权函数的准确性等。这个误差主要体现在相同的块体切割，但破坏块体是个别还是普遍，规模大还是小等没有精确表达上，从误判样本统计看，该问题约占 41.86%。二是破坏模式与计算模式不匹配问题。比如，风化剥落、岩脉影响等，这类问题约占 18.6%。三是分类的误差。分类是个典型的模糊问题，虽有标准，但临近分类界线的样本的归类有时难以界定，这类误差约占 6.9%。四是范例推理本身的问题。这类问题约占 32.56%。范例推理最基本的原理就是待判对象必须在源范例库中有相似性很高的样本存在，才能确保类比的精度。如果源库中任何一个样本与待判样本都有区别，那么，和目标范例"最像"可能也并"不像"。泛泛而论，样本数量可以影响精度。但是这里隐含一个假设，就是数量增加会带来样本种类的增加，这样，待判对象更容易匹配到与它更为相似的源范例。但如果数量的增加并没有带来种类的增加，那么，数量就不是提高精度的关键。

为了探讨增加评价参数是否可以提高模型精度的问题，除了采用 K、L、N 三参数进行回判效果研究外，还用 K、L、N、D(块度)四参数，K、L、N、R(回弹值)四参数，K、L、N、D、R 五参数，以及 K、L、N、D、R、α(坡度)、H(坡高)七参数等模型对边坡进行回判。回判结果显示，对于结构性硬岩边坡，用 K、N、L 三参数其评价结果精度已满足期待。用 K、L、N、D 四参数来评价边坡稳定性时，由于某些岩层厚度相差太大、导致 D 变动增大，回判误差变大。用 K、L、N、R 四参数来评价边坡稳定性时，由于 R 值较为一致，对边坡评判影响不显著。用 K、L、N、D、R、α、H 七参数回判时，因为坡高和坡角在计算参数 K、L 时已经使用过，而且坡高、坡角与结构面特征间的相对值较其绝对值影响更大，因此增加这两个参数，对结果影响不明显。虽然这个研究不能涵盖范例推理本身，但至少在现有的调查边坡样本中，结论就是如此。上述研究再次表明，前文分析采用综合参数 K、L、N 来评价铁路一般岩石边坡的稳定性，已可达到工程要求。

范例推理的方法，用于岩石边坡稳定性评价，最大的问题是难以保证所类比的源样本本身是合理、正确的。比如，对源范例稳定性分类的错误，或者源范例边坡设计是不合理的等等。此外，还是有权函数的确定问题。在有关岩土边坡稳定性范例推理的代表性文献中，不管是定权还是变权，其计算方法的依据都不太充分。因此，本书还是采用了基于样本反算权重的方法作为建立权函数的依据。

4.2.5 铁路一般岩石边坡坡度设计方法

以上各节，已经详细地介绍了坡形的选择、坡度的确定、稳定性分析的方法。在此再次将铁路一般岩石边坡工程的设计方法及过程综合总结如下：

(1)按照本书建立的铁路一般岩石边坡工程体系，在野外勘察时，除需要正常查明工程地质条件之外，需要采集的数据包括但不限于岩石的回弹值，所有层理和节理的产状、长度、间距、JRC、地下水出露情况等。

(2)根据地形地质条件，参考4.1.5部分的内容，确定坡形。

(3)根据野外采集的定量数据，按4.1.3部分的相关计算公式，计算出边坡坡度。

(4)在地形横断面上，根据路肩标高，初步画出边坡断面。评价坡度确定的坡高，并通过适当的线路平面调整，使坡高在一个合理的范围。如果坡高超过20 m，需要按4.1.4部分对坡度折减。这时可能会影响坡高，可能需与坡度配合继续调整到适当状态。

(5)将已确定坡度的边坡，按4.2节相关内容做稳定性分析。如果稳定性不能满足要求，降低边坡坡度并再次进行稳定性分析，循环往复直至达到要求。在进行稳定性分析时，因为内容比较繁杂，一般需要借助个人电脑，通过编制计算程序来完成。

(6)如果满足稳定性要求的坡度过低，造成开挖量过大，或是无论如何降低坡度都不能满足稳定性要求，那么，必须采用边坡支挡措施来保证边坡稳定或满足经济性要求。

4.3 基于DARS系统的边坡设计和分析

本章关于铁路一般岩石边坡工程的设计和稳定性分析，虽然已经尽量简化，但与查经验数据表的传统方式相比，计算还是要复杂些。特别是在增加了稳定性分析的内容后，不但计算量大增，而且像范例推理这样的分析方法，还需要数据库的支持。根据稳定性分析调整坡度也要反复计算。从工程实用角度看，这些计算都需要计算机技术支持。

根据前述两小节的内容，本书作者编制了一个数据库与应用程序一体的数据库系统。这个系统称为“铁路岩石边坡数据库系统”(Database System of Railway Rock Slope，简称DARS)。利用该系统，既可方便实现本章的全部计算，还可以查询野外实际调查获得的全部铁路岩石边坡工程数据，为使用者进行案例分析，快速获取工程经验提供帮助。现有的数据库记录了400余个一般岩石边坡(硬岩、软岩)和桥基岸坡的数据。

4.3.1 DARS数据库系统

1. DARS的数据管理

(1)DARS系统的使用环境

最新DARS系统是4.1(2015)版，采用VPF9.0为支撑软件，运行于Windows XP以上系统。对硬件的基本要求是能支持分辨率800×640、256色以上彩色显示器的任何PC机，包括虚拟机。

(2)数据库结构

根据现场技术人员的有关调查和本文边坡分析的需要，DARS系统的库结构主要有两大类数据，一类是边坡的几何特征、地质特征、工程特征和稳定性状态，一类是边坡岩体结构特征的量化数据。在 DARS V4.1 版中，数据库共由 44 个数据项(称为字段)构成，表 4.3.1 给出了数据库结构。

表 4.3.1 DARS 系统数据库结构

序号	字段名	中文名	数据类型	宽度	序号	字段名	中文名	数据类型	宽度
1	NO	资料编号	字符	6	23	ENGN	防治措施	字符	20
2	LINE	线路名称	字符	4	24	SDATE	边坡调查日	字符	8
3	DSTRC	区段	字符	13	25	PHOTO	照片编号	字符	9
4	SNO	边坡编号	字符	5	26	STABLT	稳定性情况	字符	100
5	KILO	里程	字符	8	27	ROCKTYPE	岩石类型	字符	10
6	PLACE	地点	字符	22	28	RTIME	地层时代	字符	6
7	SHIGH	边坡高	数字	6	29	ROCKR	岩石回弹值	数字	2
8	SLENG	边坡长	数字	4	30	SOFTR	软岩回弹值	数字	2
9	SRATIO	边坡率	数字	4	31	WEATHER	风化程度	字符	2
10	SANGL	边坡角	数字	4	32	ROCKDEMO	岩性描述	字符	64
11	SDIP	边坡坡向	数字	2	33	GEOSTRU	地质构造	字符	60
12	EDIP	地面坡向	数字	3	34	EARTHQK	地震加速度	数字	6
13	EANGL	地面坡度	数字	3	35	JSET	结构面组数	数字	1
14	CTRHIGH	中心挖高	数字	6	36	LDIP	岩层产状	字符	6
15	BASEHIGH	路肩标高	数字	8	37	LSPC	岩层厚度	数字	5
16	BASEWIDE	路基宽度	数字	6	38	LJRC	层面 JRC 值	数字	2
17	LINESEC	线路横断面	字符	8	39	JDIP	结构面产状	字符	14
18	SHFACE	平面形态	字符	6	40	JSPC	结构面密度	字符	19
19	SVFACE	坡面形态	字符	8	41	JLENG	结构面延长	字符	24
20	GRNDWATER	地下水情况	字符	20	42	JJRC	结构面 JRC	字符	14
21	SCLAS	边坡等级	字符	1	43	JAPT	结构面隙宽	字符	30
22	FAIL	破坏类型	字符	12	44	JDEMO	结构面特征	字符	66

(3)DARS 系统的管理功能

对数据库的管理，主要是对数据库中的信息进行访问(查询)和维护修改。据对用户的调查，设置 7 种查询方式(表 4.3.2)。其中对最常用的 1～6 项采用关键字索引的方式查询，以提高运行速度。

作为数据库应用中必不可少的维护、修改、增删，有相应的功能模块实现。为满足常用的修改操作，共设四类十一种方式以供使用(表 4.3.3)。修改操作是由专人负责的，因此设有两级保护口令禁止普通用户使用此功能。

表 4.3.2 DARS 系统的查询功能

序　号	查询方式	索引方式
1	按线路名称查询	关键字
2	按岩石类型查询	关键字

续上表

序　号	查询方式	索引方式
3	按边坡等级查询	关键字
4	按破坏类型查询	关键字
5	按边坡高度查询	关键字
6	按边坡坡率查询	关键字
7	按任意条件查询	无

表 4.3.3　DARS 系统修改功能

类　　别	序号	功　　能	备　　注
修改结构	1	增加字段	
	2	修改、删除字段	
增改记录	1	增加记录	逐条增加、批量增加
	2	修改记录	
删除记录	1	浏览删除	逻辑删除
	2	已删除记录的再生	恢复逻辑删除的记录
	3	数据库压缩	抹去已作逻辑删除的记录
用户管理	1	增加删除用户	
	2	修改用户授权和口令	普通用户没有修改库结构的权限

2. DARS 数据库系统的使用

(1)系统的启动与主菜单

在 Windows 状态下,双击“DARS V4.1”文件夹中的“dars v4.1.exe”即可启动本系统。启动后的系统界面如图 4.3.1 所示。DARS 系统采用菜单驱动,用快捷键或鼠标点选菜单即可进入下级菜单,运行操作。

(2)查询

在主菜单中选中“查询”进入图 4.3.1 所示的查询功能菜单,选定一种查询方式后,选择查询条件,点【确定】键显示查询结果。如果满足查询条件的结果不止一条,可以翻页逐一显示。查询结果如图 4.3.2 所示。如果边坡有照片资料,可以显示照片。

图 4.3.1　DARS 系统主界面

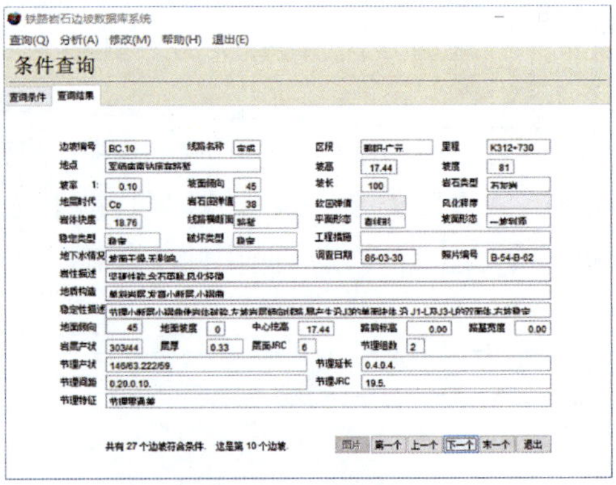

图 4.3.2　查询结果

(3)数据管理

根据需要,对数据库数据进行增加、修改、删除等操作(图 4.3.3)。操作时需要授权。

(4)帮助

系统提供常用操作的帮助手册供随时查阅(图 4.3.4)。

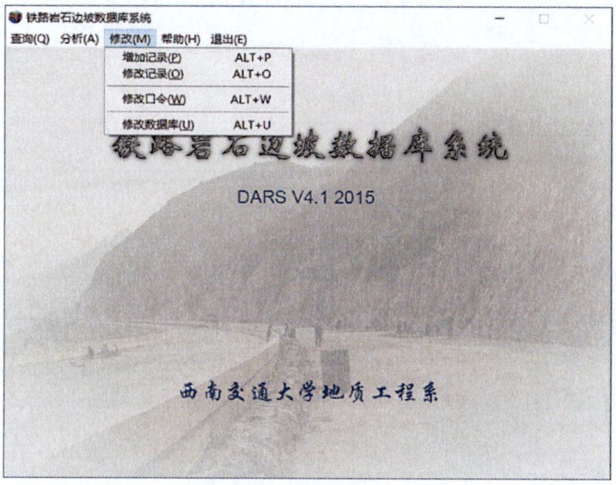

图 4.3.3 修改操作

图 4.3.4 帮助及版权

4.3.2 基于 DARS 系统的边坡设计和分析

利用 DARS 的分析模块,可对铁路岩石边坡工程的数据分析、参数处理、边坡坡度设计和稳定性分析提供支持。DARS 系统的分析功能如图 4.3.5、表 4.3.4 所示。

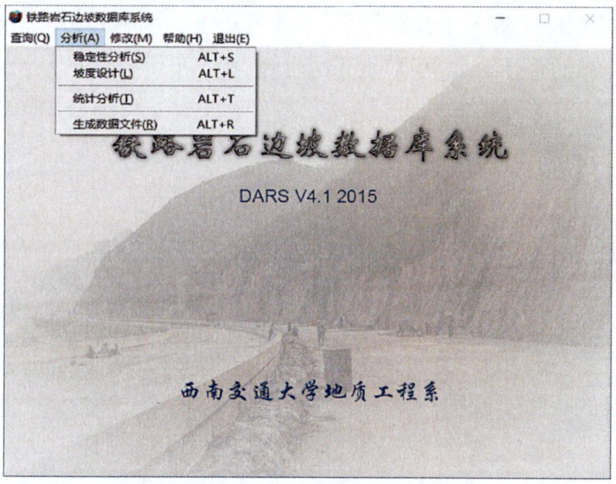

图 4.3.5 分析菜单

表 4.3.4 DARS 系统的分析功能

项目	序号	功能	备注
统计	1	分布统计	数据项各域的百分分布
	2	比例统计	数据项在一定域中的比例

续上表

项　　目	序号	功　　能	备　　注
参数计算	1	块度计算	
	2	*K*、*L*、*N* 计算	用于稳定性评判的综合参数
	3	稳定性评判计算	综合评判和范例推理计算结果
边坡分析	1	坡度计算	硬岩、软岩边坡坡度计算
	2	稳定性评判	综合评判和范例推理
生成边坡数据	1	提取边坡数据	生成文本文件用于本系统以外的分析

1. 坡度计算

在主菜单中选中“分析”进入图 4.3.5 所示分析功能菜单，即进入铁路岩石边坡设计及稳定性分析计算应用程序模块。模块仍由菜单驱动，选中下拉菜单中坡度设计功能，并在预先存入野外勘察测量数据的选择边坡的界面中，选定需要进行坡度设计的边坡，确定无误后，点击界面中【坡度计算】(图 4.3.6)，进入计算界面。

在坡度设计界面上，有两个选项按钮，分别是【坡度计算】和【修改参数】。

坡度计算根据野外采集的数据，选择地下水状态，即可完成从坡度计算到稳定性分析过程，如图 4.3.6 所示。一般情况下，野外数据在此处是不可改变的。但因为地下水会随季节不同而不同，因此，坡度计算时允许根据情况改变地下水状态，计算对应的边坡坡度。

修改数据如果发现野外数据的确有误，或者待设边坡参数没有预先存入数据库，可以此功能修改全部参数，然后进行坡度计算。此项修改对数据库数据无影响。

当岩石回弹值和岩体块度满足软岩边坡的设定值时，或需要按第 8 章相关公式对软岩边坡进行坡度计算时，应勾选【软岩】选框，并选择风化等级进行软岩坡度计算。

如果根据野外客观数据计算出的坡度不能通过稳定性评价，则需要用降低坡度的方法使边坡稳定。此时可直接修改【计算坡度】项目中的数据，即可选择设计坡度，并再次自动计算其稳定性。此功能可重复使用，直至稳定。如果，降低坡度仍不能达到稳定。应该设置边坡支挡结构，帮助边坡稳定。此时的坡度，应根据支挡结构类型确定。

2. 稳定性分析

在 DARS 主界面中点击“分析”并选中下拉菜单中稳定性分析功能，选定边坡后即进入稳定性分析(图 4.3.7)。

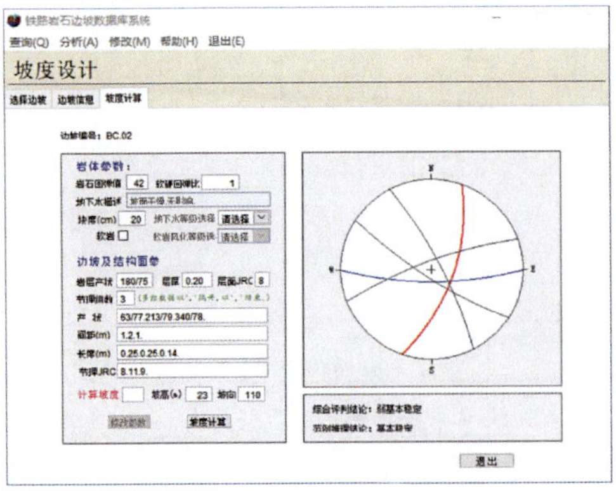

图 4.3.6　边坡分析菜单

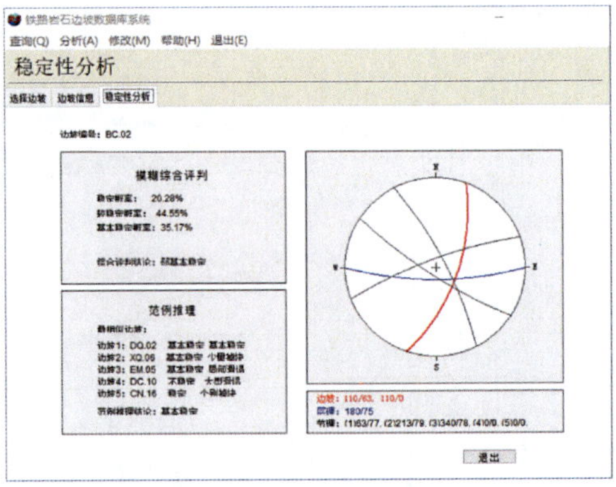

图 4.3.7　边坡稳定性分析

在稳定性分析界面，同时给出赤平投影分析、模糊综合评判和范例推理分析结果。在DARS中，范例推理的结果同时提供5个相似边坡的类比结果以便综合分析。如果不同方法分析结果一致，则稳定性评价完成。如果不一致，一般情况下，可以根据赤平投影图和两种方法提供的详细信息，综合分析并最终作出判断。

在DARS V4.1版中，不对危岩的稳定性进行分析，但会对危岩的存在作出提示，并根据定性判断，适当降低边坡的稳定性等级。

参考文献

[1] 蒋爵光．铁路岩石边坡[M]．北京：中国铁道出版社，1997.
[2] 谢强．铁路岩石边坡研究[D]．成都：西南交通大学，1998.
[3] 傅永胜．岩体质量及其指标判定的研究[J]．西南交通大学学报，1991(2).
[4] 钱惠国．铁路岩石边坡的野外调查和稳定性统计分析[J]．西南交通大学学报，1991(2).
[5] 李秉生．地下水对铁路岩石边坡岩体质量及坡度设计的影响[J]．西南交通大学学报，1991(2).
[6] 贺仲雄．模糊数学及其应用[M]．天津：天津科学技术出版社，1983.
[7] 刘沐宇．基于范例推理的边坡稳定性智能评价方法研究[D]．武汉：武汉理工大学，2001.
[8] 李娅．范例推理在道路岩石边坡稳定性评价中的应用[D]．成都：西南交通大学，2004.

5 桥基荷载作用下岩石岸坡工程

在高速铁路、高速公路建设中，随着线路标准的提高，超大跨度桥梁往往成为线路跨越山区峡谷的主要形式。受线路标高和地形条件的制约，那些超大跨度桥梁的基础会设置在高陡的岩石岸坡之上。很多情况下，桥跨的大小决定了工程投资和修建技术的可行性。而高陡岸坡上的桥基位置，是桥跨大小的决定因素之一。设置在岸坡上的桥梁基础，除需满足桥梁地基承载力要求之外，还需要考虑桥基荷载作用下岸坡的剪切破坏。这一问题，即为斜坡地基问题。在学术界和工程界，斜坡地基承载力的确定还是一个正在深入研究和积极实践的问题。在现行的主要技术规范中，对斜坡地基承载力的确定，仍然没有明确具体的规定。

对设置在高陡岩石峡谷岸坡之上的桥基而言，由于岩石承载能力较大，一般都能满足承载力要求。因此，岸坡上的桥基工程，就演化成桥基荷载作用下的岩石岸坡工程问题。在桥基岩石岸坡工程中，主要需要解决的问题是确定桥基的安全位置和埋深，计算各种工况下岸坡的稳定性，提出岸坡加固的工程措施和设计参数。

5.1 基于应力影响范围的基础位置确定方法

由第 3.2 节桥基荷载作用下高陡岩石坡力学特征分析可知，在岸坡岩体中，桥基荷载作用产生的附加应力有一定的影响范围。基于应力影响范围确定桥基位置的基本观点为：如果桥基荷载应力影响范围未到达岸坡坡面，则岸坡坡面附近岩体的应力分布不因荷载的影响而发生明显的改变，因而坡面岩体的原始稳定状态不发生变化，此时，桥基的设置位置是合适的。反之，如果附加应力影响范围到达坡面，则认为荷载对坡面岩体产生了影响，可能改变坡面岩体的稳定状态，造成岸坡的不稳定，进而影响桥基的稳定。在这种情况下，认为桥基设置位置是不合理的。

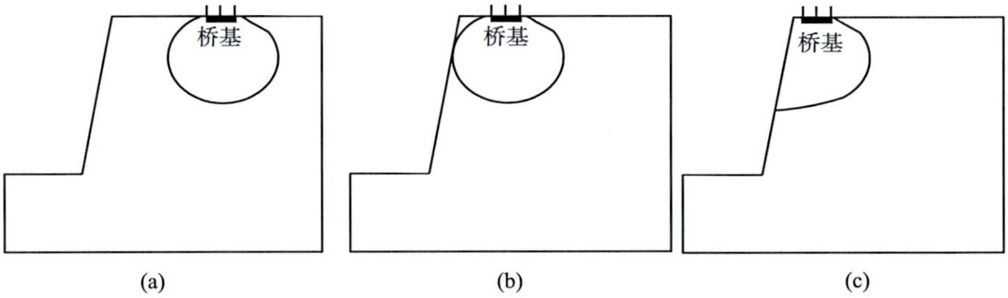

图 5.1.1 桥基荷载附加应力影响范围的不同状态

桥基荷载作用下岸坡岩体应力影响范围可能存在三种状态，如图 5.1.1 中(a)、(b)、(c)所示。当荷载强度 q、桥基宽度 B、岸坡坡度 α 等条件不变，桥基位置距离坡面足够远时，桥基附加应力影响范围不会达到坡面，影响范围将如图 5.1.1 中(a)所示，此时坡面上的岩体不受荷载的影响，此时的桥位是安全的，但偏于保守，造成浪费。如果应力影响范围如图 5.1.1(b)所示，应力影响范围恰好达到坡面如图 5.1.1(b)所示，认为此时的桥位是可行的，而且是合理的、经济的，此时的桥基水平距离称为岸坡桥基安全距离。如果坡面岩体受附加应力影响明显，如图 5.1.1(c)所示，此时桥基位置不满足荷载不影响岸坡稳定状态这一理论设定，因而，在本书的技术路线中，是不合理的。

在第 3.2 节中，定义了在某一荷载条件下，坡面上任一点的附加应力与该点自重应力之比为坡面应力影响系数 η_s，其最大值为坡面最大应力影响系数 η_{smax}。η_{smax}表达了某一桥基荷载强度下，荷载对坡面岩体的最大影响水平。

由上述概念，关于桥基安全距离确定的方法就可以描述为：由于桥基荷载对岸坡的作用与荷载强度、桥基宽度、桥基水平距离、基础埋深、岸坡坡度、岩体强度等有关，因此，桥基荷载是否对岸坡稳定性造成影响，可以由坡面最大应力影响系数 η_{smax}与岸坡岩体强度的关系来衡量。若 η_{smax}与岸坡岩体强度满足强度准则时，岸坡稳定状态不变，桥基位置是安全的。反则反之。通过数值分析方法，分别获得 η_{smax}与荷载强度 q、桥基宽度 B、桥基距离 S、坡度 α 等单因素的关系；采用数学方法，建立 η_{smax}与各参数的综合关系式；根据岩体质量建立用 η_{smax}表达的强度判据；将强度判据引入上述 η_{smax}与 q、B、α、S 的关系式，即可计算桥基安全距离 S。

5.2　均质岩体高陡岸坡桥基安全距离的确定

利用 3.2.1 部分中的分析模型，逐一分析荷载作用下，各因素与坡面最大应力影响系数 η_{smax}的关系，用以建立桥基安全距离计算式。在分析 η_{smax}变化规律时，为了便于直观比较，以附加应力与自重应力之比(即应力影响系数)$\eta=0.1$ 为基础。

5.2.1　荷载强度与坡面应力影响系数的关系

图 5.2.1 表示等差值为 0.2 MPa 的不同荷载强度下，岸坡岩体和平整地面岩体(半无限介质)中 $\eta=0.1$ 的应力影响范围线。

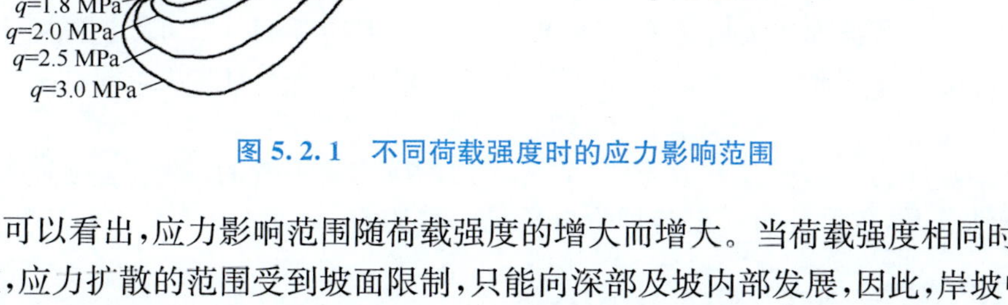

图 5.2.1　不同荷载强度时的应力影响范围

从图中可以看出，应力影响范围随荷载强度的增大而增大。当荷载强度相同时，由于坡面边界的存在，应力扩散的范围受到坡面限制，只能向深部及坡内部发展，因此，岸坡中的应力影响范围，比半无限体中的应力影响范围深度大。如果定义岸坡中的应力影响范围深度，与相同荷载条件下半无限体中的应力影响深度的比值为应力影响范围深度比(简称深度比),则可绘出深度比与荷载强度的关系曲线如图 5.2.2 所示。

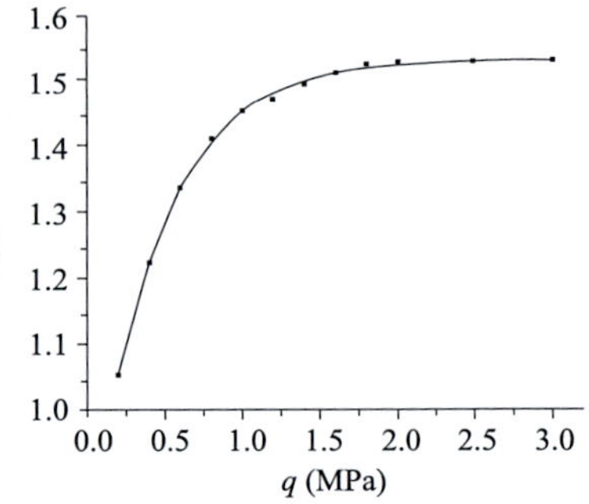

图 5.2.2 荷载强度与深度比的关系

观察上述两图可知,当荷载强度很小,应力影响范围深度未达到坡面时,两者应力影响深度是大致相同的。当荷载强度小于某一数值(图中约 1.6 MPa),应力影响范围达到坡面而未到达坡脚时,深度比随荷载水平的增加而增加。当应力影响范围深度超过坡脚后,深度比随荷载强度的增加变缓并趋于稳定。如果以近年来超大跨度的铁路特大桥桥基荷载强度 q 一般在 1.0 MPa 左右估计,从图 5.2.2 可知,深度比在 1.45 左右。因此可以估计,在一般桥基荷载条件下,桥基岸坡的应力影响深度约为半无限体地基的 1.4～1.5 倍。这个估计,对桥基的设计计算、岸坡的稳定性分析以及基础加固范围有一定的指导意义。

为了进一步分析桥基荷载强度对坡面的影响,绘制不同荷载强度时坡面岩体应力影响系数 η_s随坡面位置深度的变化曲线(图 5.2.3)。从图中可知,由坡顶至坡底,坡面岩体应力影响系数由负值逐渐增大到极大值 η_{smax},然后又逐渐减小并趋于零。应力影响系数为负,表明荷载产生的附加应力为拉应力,为正表示为压应力,为零表示坡面岩体应力不受荷载影响。图中还表明,η_{smax}与荷载强度正相关,即荷载越大,η_{smax}越大。随着荷载强度的增加,η_{smax}的位置有所降低,但幅度不大,而应力影响系数为零的点的位置基本保持不变。

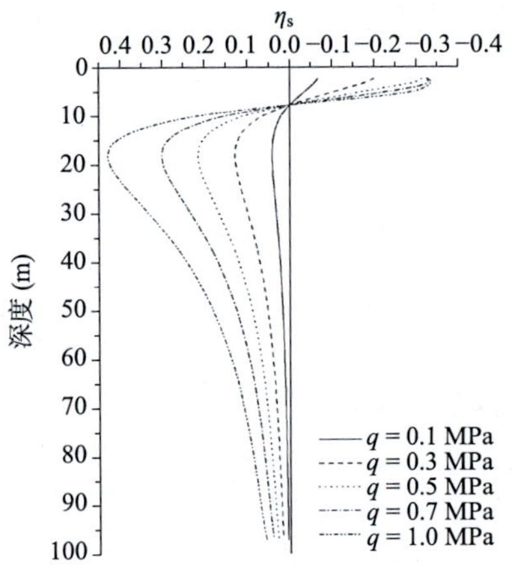

图 5.2.3 不同 q 时坡面岩体应力 η_s

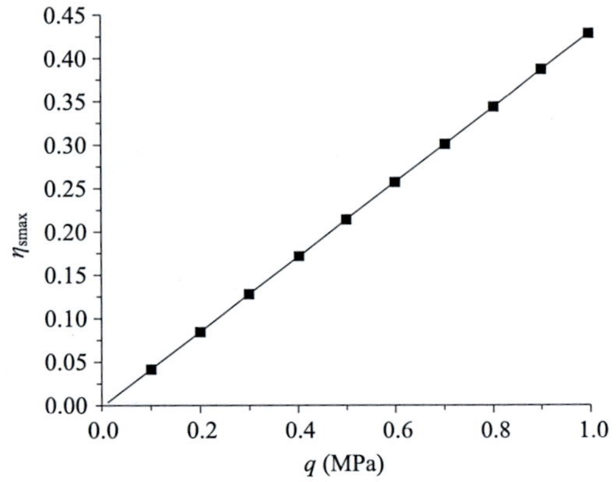

图 5.2.4 η_{smax}与 q 的关系

将荷载强度 q 和坡面最大应力影响系数 η_{smax}的关系绘于图 5.2.4。从图可见,坡面岩体 η_{smax}与 q 呈线性关系。荷载越大,对坡面应力的影响越大。将图中曲线用线性关系拟合后,有

$$\eta_{smax}=0.43q \quad (R=1.0000) \tag{5.2.1}$$

理论上附加应力与荷载强度成正比,而岩体初始应力是不变的,则 η_{smax}与荷载强度 q 理论上也应是线性关系,数值分析结果与理论分析是一致的。

5.2.2 桥基位置与坡面应力影响系数的关系

桥基位置以桥基水平距离 S 表示,桥基位置变化体现了荷载位置的变化。荷载位置不

同，对岸坡岩体力学行为的影响也不同。当坡高、坡度、荷载大小等其他参数不变，桥基位置的变化对岸坡岩体力学行为的影响分析如下。

图 5.2.5 表示不同桥基水平距离 S 时桥基荷载附加应力的影响范围。由图可以看出，随着桥基水平距离的增加，即桥基向岸坡内部移动，桥基荷载附加应力影响范围的深度越来越小，并逐渐远离坡面，逐渐与半无限体地基相同，坡面边界对应力的影响可以忽略。

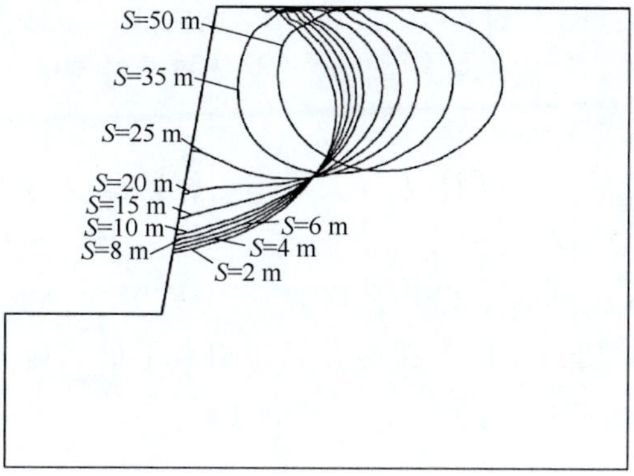

图 5.2.5 不同 S 时应力影响范围

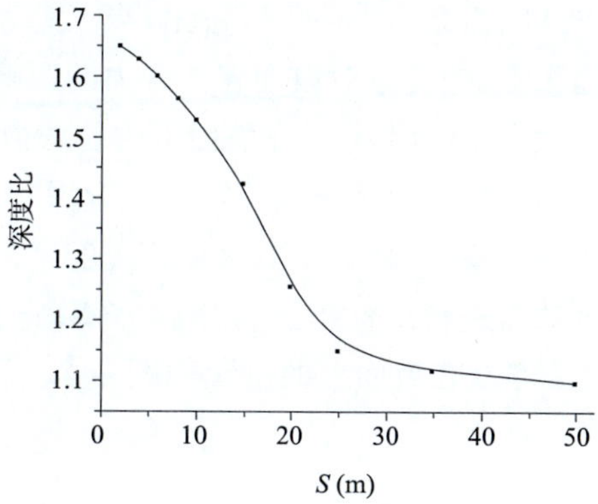

图 5.2.6 S 与深度比的关系

图 5.2.6 表示桥基荷载附加应力影响范围深度比与桥基水平距离的关系。从图中可以看出，当桥基距岸坡边缘很近时，应力影响范围深度比可达 1.65 左右，即此时荷载作用对岸坡应力的影响范围深度是相同荷载条件下半无限体地基中应力影响范围深度的 1.65 倍。随着桥基水平距离的增加，应力影响范围深度比逐渐减小，当桥基水平距离为 25 m 左右时，应力影响范围深度比减至 1.15 左右，随着桥基水平距离的进一步增加，应力影响范围深度比缓慢减小且趋于平缓，表明此时桥基水平距离的增加对应力影响范围的影响已不明显。

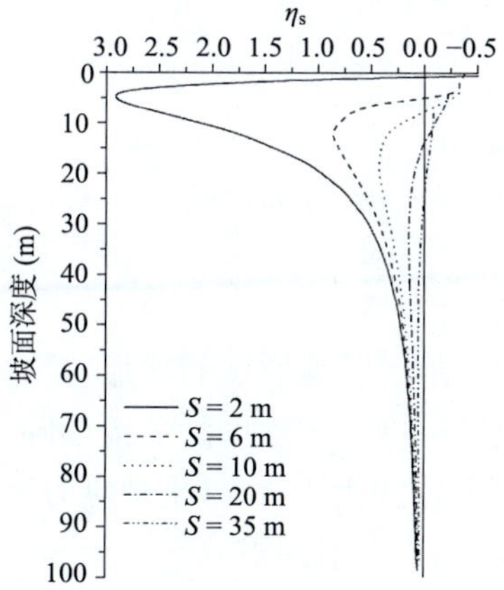

图 5.2.7 不同 S 时坡面应力影响系数 η_s

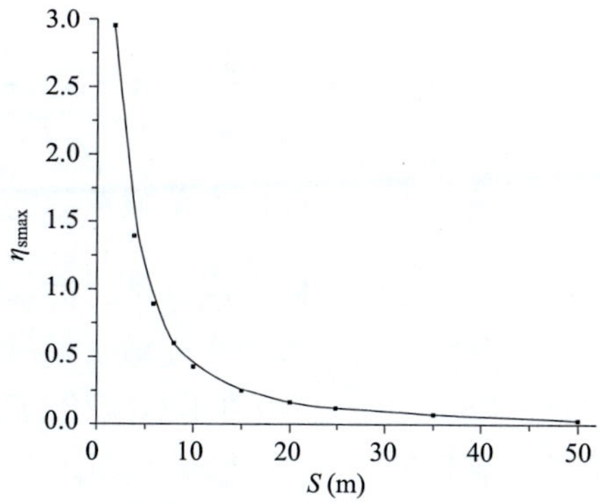

图 5.2.8 η_{smax} 与 S 的关系

不同桥基水平距离 S 时，荷载对坡面应力影响系数 η_s 的影响如图 5.2.7 所示。可以看出，荷载对 η_s 的影响随着桥基水平距离的增加而减小。当桥基水平距离很小时，坡面岩体应力受荷载影响可增加数倍，而当桥基水平距离很大时，坡面岩体应力几乎不受荷载的影响。

荷载对 η_s 的影响主要集中在桥基下方一定范围内，且 η_{smax} 的位置及零点位置与 S 有较大的关系。η_{smax} 与 S 的关系曲线如图 5.2.8 所示。从图中可以明显地看出，随着桥基水平距离 S 的增加，坡面最大应力影响系数 η_{smax} 急剧减小，应力影响系数最大值与桥基水平距离呈幂函数衰减关系。采用幂函数方程拟合后，两者关系表达为

$$\eta_{smax}=10.144S^{-1.4269} \quad (R=0.9905) \tag{5.2.2}$$

从图 5.2.8 中还可以看出，当 S 超过一定值后（图中约 25 m）以后，η_{smax} 变化非常缓慢并逐渐趋于零，即荷载对坡面岩体应力的影响逐渐减小，最终对坡面岩体应力将不产生影响。桥基水平距离不同时，η_{smax} 在坡面上的位置以及零点位置也不一样。

图 5.2.9 表示 η_{smax} 及零点位置深度与 S 的关系。可以看出，η_{smax} 及零点位置深度与 S 均呈线性关系，即随着桥基水平距离的增加，η_{smax} 及零点位置深度逐渐增加。对 η_{smax} 及零点位置深度散点进行线性拟合，得直线斜率分别为 1.45 和 0.67。若用角度表示，分别为 55°和 34°，η_{smax} 及零点在坡面上的位置如图 5.2.10 所示，34°相当于应力扩散角，55°相当于最大应力影响角。

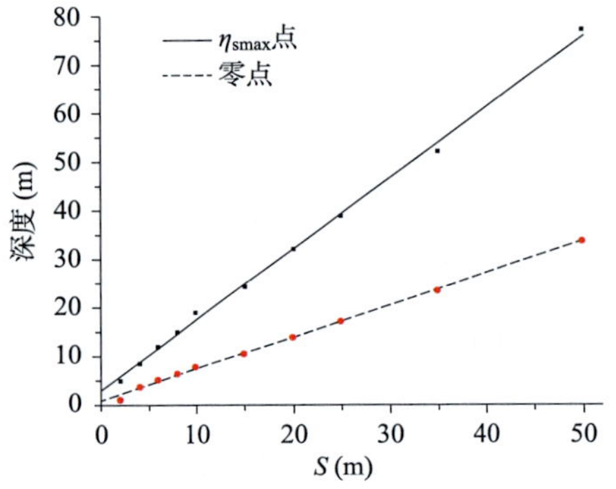

图 5.2.9 η_{smax} 及零点位置深度与 S 的关系

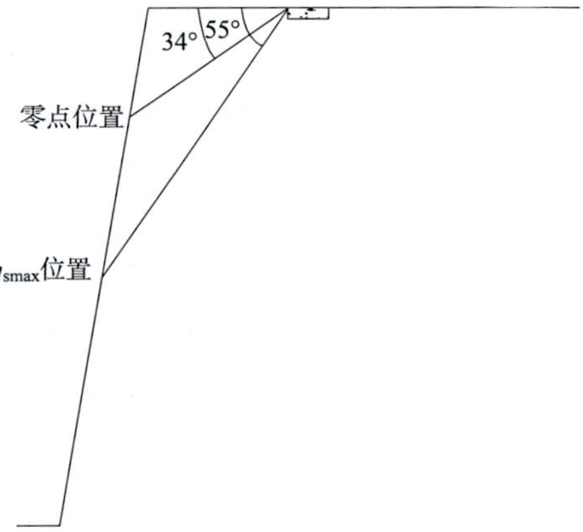

图 5.2.10 η_{smax} 及零点位置

5.2.3 岸坡坡度与坡面应力影响系数的关系

图 5.2.11 表示不同坡度 α 时的桥基附加应力影响范围。随着坡度的增加，桥基附加应力影响范围深度越来越大，而宽度越来越窄。应力影响范围深度比与坡度的关系如图 5.2.12 所示。当坡度小于 60°时，坡度对深度比的影响不明显，深度比约为 1.2，即此时应力影响范围深度，是相同荷载条件下，半无限地基中应力影响范围深度的 1.2 倍。当坡度大于 60°以后，随着坡度的增加，应力影响范围深度比越来越大。坡度越陡，荷载对岸坡岩体应力的影响范围越深。当坡度为 90°时，应力影响范围深度比达 1.7 左右，可见坡度对岸坡岩体应力的影响很明显。

图 5.2.13 表示不同坡度时坡面应力影响系数的变化。坡度越大，荷载对坡面应力的影响越大。90°岸坡与 50°岸坡相比，应力影响系数相差 3 倍多。η_{smax} 位置及零点位置随坡度有一定关系。

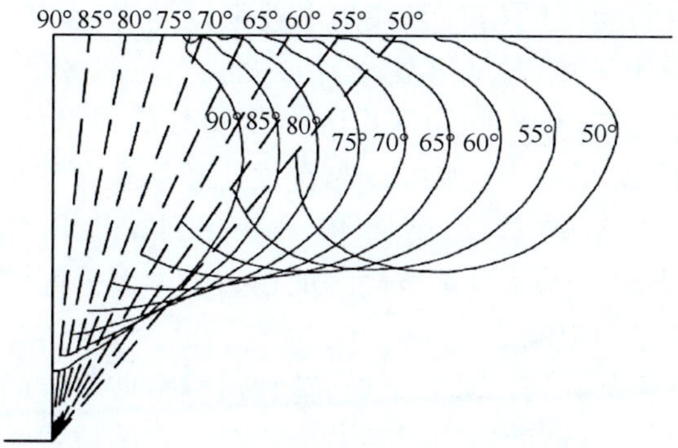

图 5.2.11 不同 **α** 时的应力影响范围

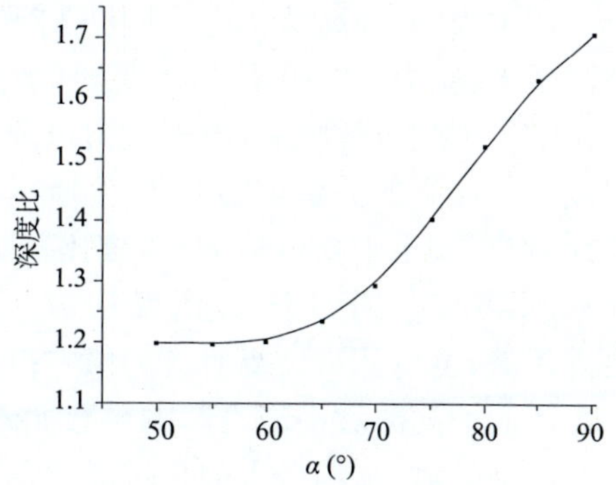

图 5.2.12 深度比与 **α** 的关系

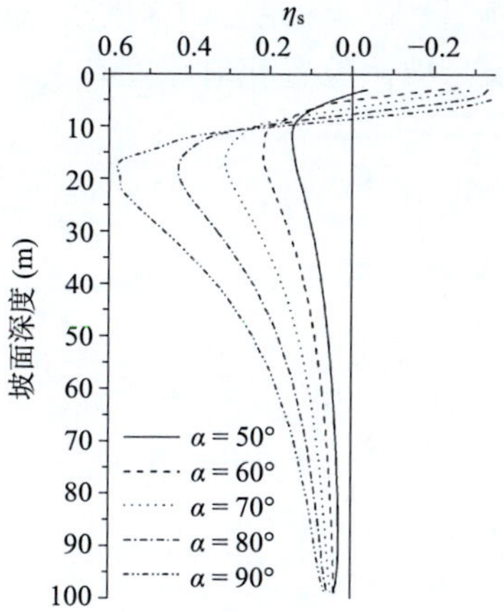

图 5.2.13 不同 **α** 时坡面岩体应力影响系数

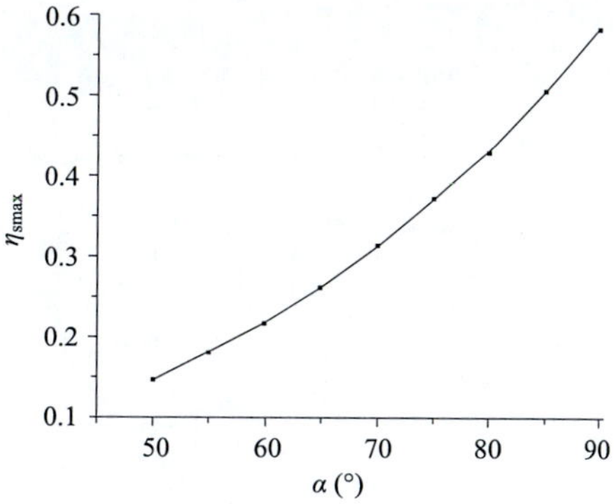

图 5.2.14 **η_{smax}** 与 **α** 的关系

图 5.2.14 表示坡面最大应力影响系数 η_{smax} 与坡度 α 的关系。图中可见，η_{smax} 随 α 呈指数关系增长。坡度越陡，荷载对坡面应力的影响越大。将两者关系用指数方程拟合后，有

$$\eta_{smax}=0.0275e^{0.0344\alpha} \quad (R=0.9969) \tag{5.2.3}$$

5.2.4 坡高与坡面应力影响系数的关系

不同坡高 H 时的应力影响范围如图 5.2.15 所示，图中对应力影响范围进行了比例变换。

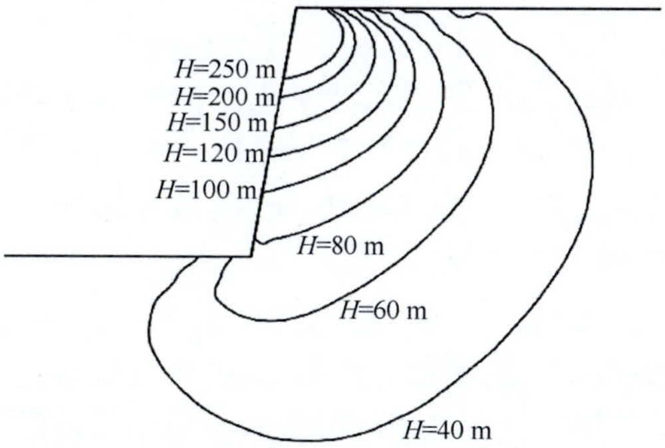

图 5.2.15 不同 ***H*** 时的应力影响范围

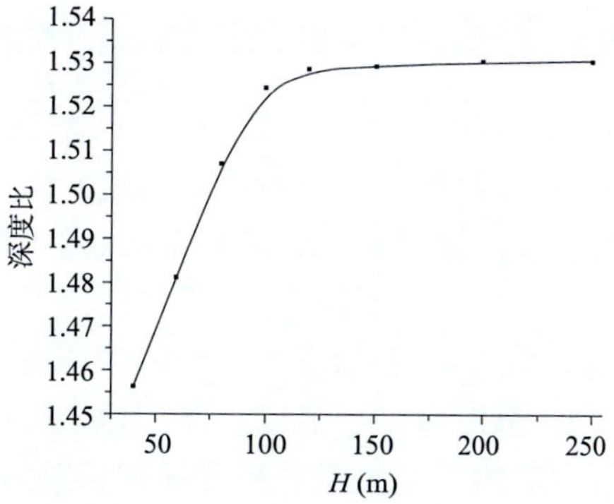

图 5.2.16 深度比与 ***H*** 的关系

图中表明，坡高从 40 m 变化到 250 m，应力影响范围相对于整体岸坡来说越来越小。当坡高较大，应力影响范围不及坡脚时，应力影响范围的绝对深度变化并不大。当坡高较低，应力影响范围超过坡脚后，由于应力可向坡脚水平方向传递，则向深度方向传递的范围将减小。深度比与坡高的关系如图 5.2.16 所示，可以看出，坡高小于 100 m 时，深度比随坡高有微小的变化，坡高大于 100 m 以后，深度比基本保持在 1.53 左右。坡高从 40 m 变化到 250 m，深度比从 1.46 变化到 1.53，差值仅 0.07，变化是很小的。因此对于坡高一般在数十米以上的峡谷高陡岸坡，可以认为坡高对应力影响范围没有明显的影响。

不同坡高时坡面应力影响系数如图 5.2.17 所示。当岸坡较低时，荷载对整个坡面上的应力影响都较大，影响最大的是坡脚。随着坡高的增加，坡面应力受荷载影响最大点的位置从坡脚逐渐上移，维持在坡顶下方相对固定的位置上，该点与应力影响角对应，而对坡脚的影响越来越小。当坡高超过 40 m 后，荷载对坡面岩体应力影响最大点的位置的深度以及最大应力影响系数基本上保持不变，荷载对坡面岩体应力的影响仅与坡面位置相对深度有关。

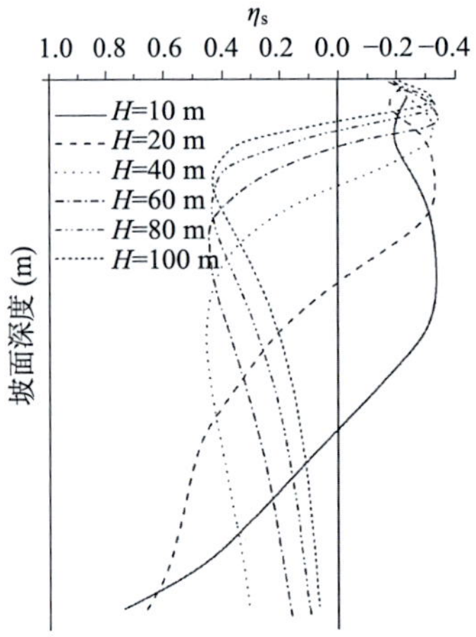

图 5.2.17 不同 H 时坡面岩体应力 η_s

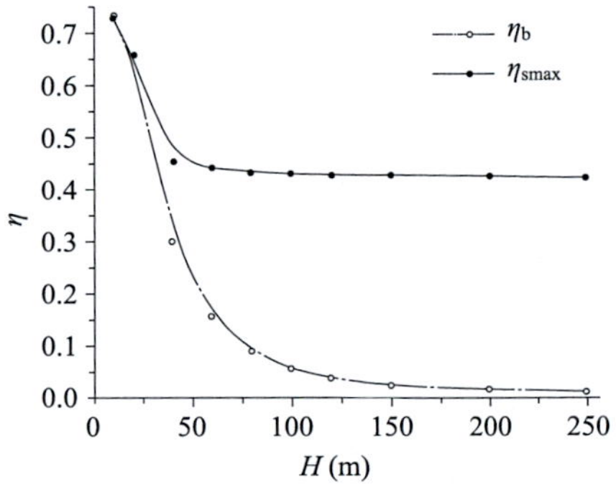

图 5.2.18 η_b 及 η_{smax} 与 H 的关系

图 5.2.18 表示不同坡高时坡脚应力影响系数（用 η_b 表示）与坡面最大应力影响系数 η_{smax} 的变化曲线。可以看出，随着坡高的增加，坡脚应力受荷载的影响急剧减小，当坡高达到 100 m 以后，荷载对坡脚应力影响系数 η_b 的影响很小，曲线变得比较平缓。坡面最大应力影响系数 η_{smax} 在坡高超过 40 m 后变化不明显。

5.2.5 桥基宽度与坡面应力影响系数的关系

桥基宽度 B 增加，相当于荷载增加，也包括荷载作用水平距离的变化。将桥基等分为若干份，每一份相当于一份荷载，每份荷载将产生一个应力影响范围，而每个应力影响范围的叠加就是整个桥基宽度的影响范围（图 5.2.19）。桥基宽度变化产生的影响，与单纯增加荷载强度产生的影响的不同，是荷载作用点的位置随宽度增加而变化。

图 5.2.20 表示应力影响范围深度比与桥基宽度的关系，随着桥基宽度的增加，深度比越来越大，最终将趋于稳定。深度比增长的速度随桥基宽度的增加而减小，深度比与桥基宽度的关系为双曲线型关系。深度比与桥基宽度的关系与深度比与荷载强度的关系类似，当桥基宽度达到一定程度，而使应力影响范围超过坡脚后，深度比将趋于稳定。

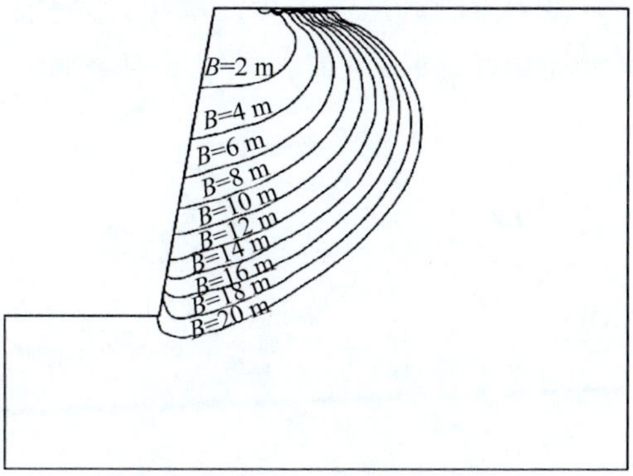

图 5.2.19 不同 **B** 时的应力影响范围

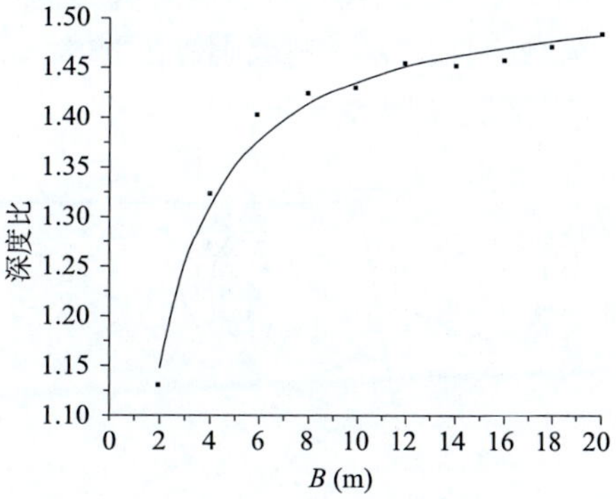

图 5.2.20 深度比与 **B** 的关系

坡面最大应力影响系数 η_{smax}与桥基宽度 B 的关系如图 5.2.21 所示。两者的关系可以用指数方程拟合

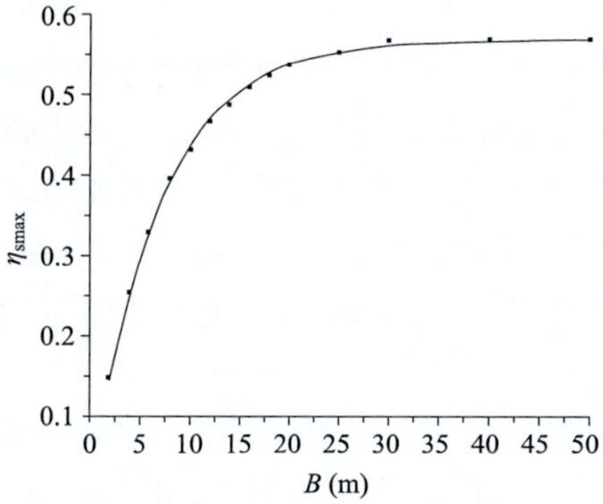

图 5.2.21 η_{smax}与 **B** 的关系

$$\eta_{smax}=0.56709(1-0.8656^{B}) \quad (R=0.9993) \tag{5.2.4}$$

在图 5.2.21 中可以看出，随着桥基宽度的增加，荷载作用对坡面岩体应力的影响急剧增加，增加的速度逐渐变缓，最终将趋于稳定值，表明桥基宽度的增加对坡面岩体应力的影响有一个极限。

比较桥基宽度不变而增加荷载强度和荷载强度不变而增加桥基宽度这两种情况对坡面岩体应力的影响，可以发现，当荷载总量不变时(桥基宽度×荷载强度)，增加荷载强度比增加桥基宽度对坡面岩体应力的影响大。因此，荷载总量恒定时，适当增加桥基的宽度，一方面可以改善基底的受力状态，另一方面对坡面岩体应力的影响减小，对坡面岩体的稳定性有利。

5.2.6 水平荷载与坡面应力影响系数的关系

岸坡上的桥基不仅承受竖直荷载的作用，还可能承受水平荷载的作用。但相对于竖直荷载而言，水平荷载一般不大。水平荷载相对大小以水平荷载与竖直荷载的比值 P_h表示。考虑水平荷载比例 $P_h=\pm0.5$、±0.2、±0.1、0，分析水平荷载对岸坡岩体应力的影响。P_h的正负代表荷载指向坡外和坡内。为了不引起歧义，在说明水平荷载时用指向而不用正负号。

图 5.2.22 表示不同水平荷载比例时的坡面应力影响范围。从图中可以看出，指向坡外的水平荷载将使应力影响范围深度增大，而宽度减小；指向坡内的水平荷载将使应力影响范围深度减小，而宽度增大。

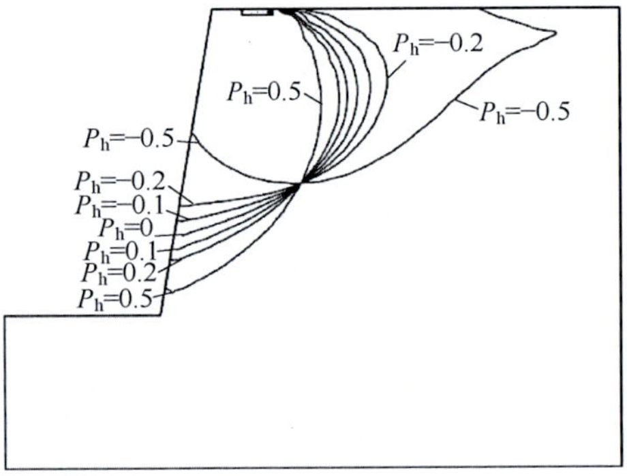

图 5.2.22 不同 P_h 时的应力影响范围

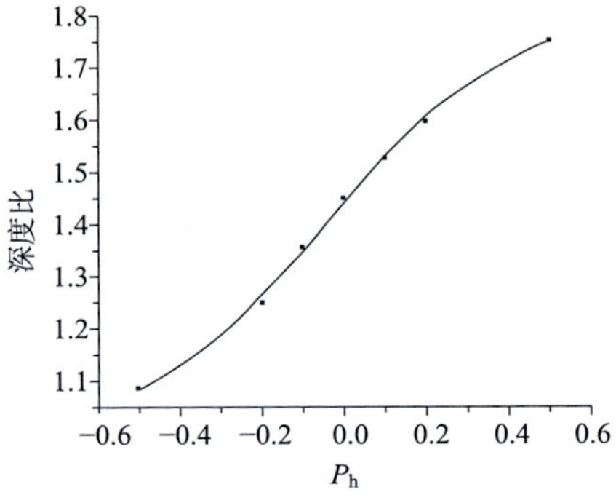

图 5.2.23 P_h 与深度比的关系

图 5.2.23 表示水平荷载比例与坡面应力影响深度比的关系。半无限体地基中应力影响深度与水平荷载的方向无关，只与荷载大小有关。随着水平荷载指向由坡内向坡外的转变，同时水平荷载大小变化，应力影响深度比不断增大。当水平荷载较大时，如果荷载指向坡内（$P_h=-0.5$），应力影响深度可与相同荷载作用下半无限体地基中应力影响深度相当（深度比为 1.08）。当水平荷载指向坡外（$P_h=0.5$）时，应力影响深度比相同荷载作用下半无限体地基中应力影响深度大得多（深度比为 1.75）。由此可知，指向坡外的水平荷载对岸坡岩体应力的影响很大，但一般情况下，指向坡外的水平荷载主要由其他因素（如地震力、列车振动等）产生，相比较结构自重等竖直力并不大。而对于拱桥基础来说，水平荷载是指向坡内的，是对岸坡的稳定是有利的。因此，一般情况下，可以忽略水平荷载的影响。

5.2.7 均质岩体岸坡桥基安全距离的确定

通过以上分析，已经建立了坡面最大应力影响系数 η_{smax} 与荷载强度 q、岸坡坡度 α、桥基水平距离 S 以及桥基宽度 B 的相关关系。同时，分析指出，岸坡坡高 H 超过 40 m 后 η_{smax} 变化不明显，对于高陡岸坡，坡高往往大于 40 m，因此对于高陡岸坡，分析应力影响系数时可不考虑。实际工程中水平荷载比 P_h 数值较小，对坡面应力总体影响程度不大，可以不考虑其影响。因此，选择坡面最大应力影响系数 η_{smax}、荷载强度 q、岸坡坡度 α、桥基水平距离 S 以及桥基宽度 B 等 5 个因素进行相关分析，进而建立桥基安全距离的计算式。

1. 各参数间的相关关系

在式(5.2.1)～式(5.2.4)中，分别建立了 η_{smax} 与 q、α、S、B 的相关关系，其中，除 η_{smax} 与 q 为线性关系（式 5.2.1）外，其他为非线性关系。通过对参数的数学变换，将上述方程中的非线性方程变换为线性方程形式

$$\begin{cases} \lg \eta_{smax}=1.006\,2-1.426\,9\lg S \\ \lg \eta_{smax}=-4.835\,7+2.350\,6\lg \alpha \\ \eta_{smax}=0.560\,6(1+0.865\,6^{B}) \end{cases} \tag{5.2.5}$$

进行上述数学变换后，采用线性回归，建立多个参数间的相关关系。

首先对 $\lg\eta_{smax}$、$\lg S$、$\lg\alpha$ 进行多元线性回归并整理，有

$$\eta_{smax}=9.6793S^{-1.4357}\cdot\alpha^{2.2182}\times10^{-4} \tag{5.2.6}$$

其后，再将显示函数关系的桥基宽度函数$(1-0.8656^{B})$和荷载强度 q 引入并整理，得

$$\eta_{smax}=0.001362S^{-1.4357}\cdot\alpha^{2.2182}\cdot(1-0.8656^{B})q \tag{5.2.7}$$

在上式中解出 S，即得到各因素表达的桥基水平距离 S 的计算式

$$S=0.0100915\alpha^{1.4823}\cdot[(1-0.8656^{B})q]^{0.6965}\cdot\eta_{smax}^{-0.6965} \tag{5.2.8}$$

2. 坡面最大应力影响系数容许值

在建立上述分析的过程中，坡面应力影响程度，是以荷载应力影响系数 $\eta=0.1$ 为标准计算分析的。而应力影响系数实质上反映的是应力值的大小，而并不直接反映基于强度准则的岸坡岩体的稳定程度。按照本章的技术路线，我们建立的桥基安全距离计算式，是以坡面最大应力影响系数 η_{smax}所代表的那一级桥基荷载，刚好满足强度准则为标准的。由于 η_{smax}的本质是应力大小，基于强度准则，可以建立用 η_{smax}表达的强度判据。刚好满足强度判据的 η_{smax}值，称为坡面最大应力影响系数容许值，即$[\eta_{smax}]$。如果将$[\eta_{smax}]$带入式(5.2.8)，则式(5.2.8)计算所得的桥基水平距离，就是桥基设置的安全距离。

在岩体力学中，岩体的破坏主要是剪切破坏，通常采用 Mohr-Coulomb 准则来进行强度分析。基于该准则，定义岩体的强度系数 K 如下：

$$K=\left(\frac{1+\sin\varphi}{1-\sin\varphi}\sigma_3+\frac{2c\cos\varphi}{1-\sin\varphi}\right)\cdot\sigma_1^{-1} \tag{5.2.9}$$

式中 φ——岩体内摩擦角；

c——岩体黏聚力(MPa)；

σ_1——岩体最大主应力(MPa)；

σ_3——岩体最小主应力(MPa)。

强度系数 K 反映了强度的储备，$\left(\frac{1+\sin\varphi}{1-\sin\varphi}\sigma_3+\frac{2c\cos\varphi}{1-\sin\varphi}\right)$表示岩体可承受的最大主应力，$\sigma_1$表示岩体实际的最大主应力，$K>1$ 表示岩体稳定，K 越大安全储备越大。

在式(5.2.9)中，σ_1、σ_3是总应力，即荷载附加应力 σ_1'、σ_3'与自重应力 σ_1^0、σ_3^0之和。根据定义，式(5.2.9)中的应力 σ 与桥基附加应力影响系数 η 有如下关系

$$\begin{cases}\sigma_1=(1+\eta)\sigma_1^0\\ \sigma_3=(1+\eta)\sigma_3^0\end{cases} \tag{5.2.10}$$

将式(5.2.10)代入式(5.2.9)，得

$$K=\left[\frac{1+\sin\varphi}{1-\sin\varphi}(1+\eta)\sigma_3+\frac{2c\cos\varphi}{1-\sin\varphi}\right]\cdot[(1+\eta)\sigma_1]^{-1} \tag{5.2.11}$$

即得到用自重应力与应力影响系数表达的强度系数 K。将岸坡应力影响系数的计算模型中，与已知的应力影响系数 η 及其对应的坡面岩体应力 σ_1^0、σ_3^0提取出来，并代入式(5.2.11)，即可计算出 K 与 η 的对应关系。在计算中，岩体抗剪强度参数 c、φ 的数值，可以参考《工程岩体分级标准》(GB/T 50218—2014)，取不同岩体质量的强度参数 c、φ 代入计算。通过上述处理，K 与 η 对应关系的计算结果如图 5.2.24 所示。

从图 5.2.24 可以看出，岩体强度系数 K 随应力影响系数 η 的增大而减小，随强度参数值的增大而增大。我们把应力影响系数 η 直接代换为坡面最大应力影响系数 η_{smax}（代表的都是荷载附加应力值，可以直接代换），将图 5.2.24 中不同岩体强度（c、φ 值）下，满足 $K=1$ 的 η_{smax}（η_{smax}与 η 等值）提取出来，则此时的 η_{smax}即为满足强度要求的坡面最大应力影响系数容许值$[\eta_{smax}]$。

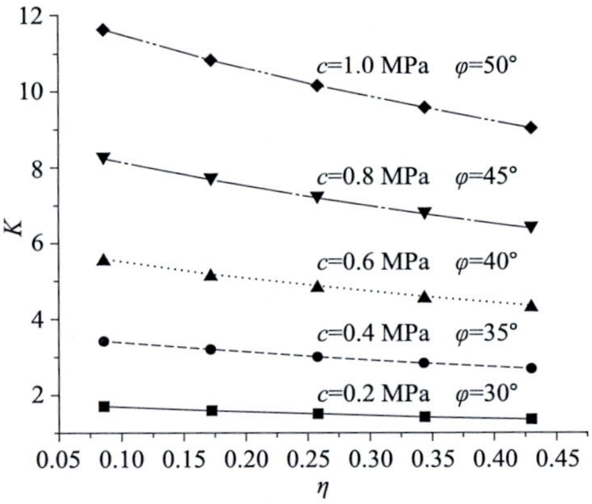

图 5.2.24 K 与 η 的关系曲线

3. 岸坡桥基安全距离的确定

考察图 5.2.24，发现即使质量最差的一级岩体，即 $c=0.2$ MPa，$\varphi=30°$ 这一等级的岩体，当 $\eta_{smax}=0.1$ 时，K 值也在 1.0 以上。说明以 $\eta_{smax}=0.1$ 作为确定满足强度准则的应力影响系数也是合适的。直观理解就是，通常情况下，如果桥基荷载产生的最大附加应力不超过原始天然应力的 10%，桥基荷载对坡面岩体应力的影响是可以忽略的，因而，坡面岩体的稳定性是没有变化的。同时也表明，前述分析以 $\eta=0.1$ 得到的各种关系和数据，可以直接用于桥基安全位置的确定。

在实际工程中，能形成高陡岸坡的岩体质量都不会很差。而对于岩体质量较好的岩体，仍取 $\eta_{smax}=0.1$ 作为坡面应力影响系数容许值过于保守。从图 5.2.24 中也可看出，对于岩体质量较好的岩体，$\eta_{smax}=0.2$ 甚至更大时，岩体仍满足强度要求。因此，对岩体质量较好的岩体，至少可以将坡面应力影响系数容许值 η_{smax}提高到 0.2，即抗剪强度为 $c=0.4$ MPa，$\varphi=35°$这一等级的岩体。实际上，这一数据表明，对实际工程中的岩体，这种取值仍然是有充足的安全余量的。

由上考虑，在确定应力影响时，不同质量岩体的应力影响系数容许值介于 0.1～0.2 之间。如果岩体质量系数用 k_r表示，则应力影响系数容许值 $\eta_{smax}=0.2k_r$。当岩体质量采用常见地质力学分类评分指标 RMR（Bienawski，1989）表达时，容易导出 k_r与 RMR（分值 5～100）之间的关系为

$$k_r = 0.5 + \mathrm{RMR}/200 \tag{5.2.12}$$

采用 RMR 确定岩体质量需要 5 个参数，分别为岩块强度、RQD 值、节理间距、节理条件、地下水，本书应用时，节理间距改为岩体块度，参数取值见表 5.2.1。

表 5.2.1 RMR 参数与评分值的关系

序号	参数		参数与评分值						
1	强度（MPa）	I_s	>8	4～8	2～4	1～2	不采用		
		σ_c	>200	100～200	50～100	25～50	10～25	3～10	<3
	评分值 f_1		15	12	7	4	2	1	0
2	RQD(%)		90～100	75～90	50～75	25～50	<25		
	评分值 f_2		20	17	13	8	3		
3	岩体块度(m)		>3	1～3	0.3～1	0.05～0.3	<0.05		
	评分值 f_3		20	15	10	8	5		

续上表

序号	参　数	参数与评分值				
4	节理状态	尺寸有限的很粗糙的表面，硬岩壁	略微粗糙的表面，张开度小于 1 mm，硬岩壁	略微粗糙的表面，张开度小于 1 mm，软岩壁	光滑表面，由断层泥充填厚度小于 5 mm；张开度为 1～5 mm，节理延伸超过数米	由厚度大于 5 mm 的断层泥充填的张开的节理；张开度大于 5 mm 的节理，节理延伸超过数米
	评分值 f_4	30	25	20	10	0
5	地下水状态	完全干的	稍潮湿的	潮湿	滴水	有水流或溢出
	评分值 f_5	15	10	7	4	0

RMR 法取值较为繁琐，不易记忆，也需要一定的经验。本书针对结构性岩石边坡，在第 4 章中，采用 RQ 表示岩体质量式(4.1.3)。根据 RQ 与 RMR 的定义和计算方式，可以建立两者之间的关系如图 5.2.25 所示，拟合关系如下

$$\mathrm{RMR}=0.514\ \mathrm{RQ}+21.24 \tag{5.2.13}$$

代入式(5.2.12)，则有

$$k_r=0.6062+0.00257\ \mathrm{RQ} \tag{5.2.14}$$

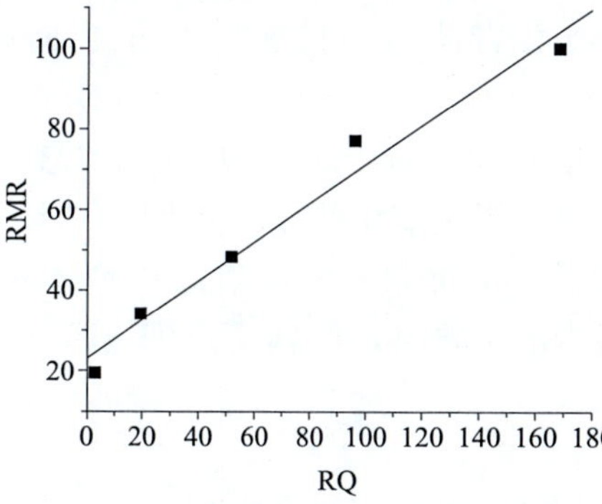

图 5.2.25　RMR 与 RQ 的对应关系

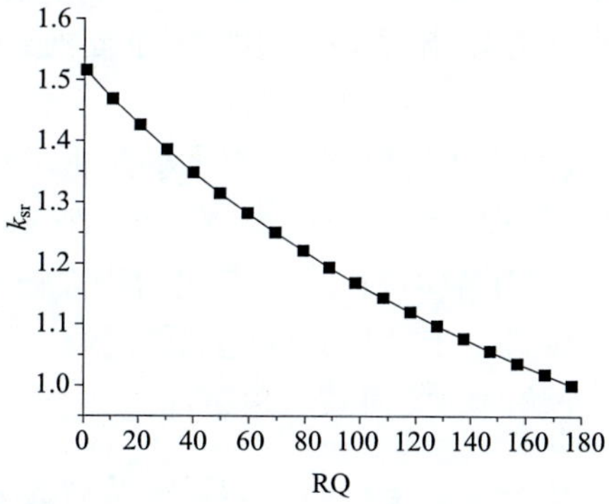

图 5.2.26　k_{sr} 与 RQ 的对应关系

将应力影响系数限值 $\eta_{smax}=0.2k_r$ 代入式(5.2.8)，均质岩体岸坡桥基安全位置确定如下：

$$S_f=0.03096\alpha^{1.4823}\cdot[(1-0.8656^B)q]^{0.6965}\cdot(0.6062+0.00257\mathrm{RQ})^{-0.6965} \tag{5.2.15}$$

改写为

$$\begin{cases}S_f=S_a\cdot k_{sr}\\ S_a=0.03096\alpha^{1.4823}\cdot[(1-0.8656^B)q]^{0.6965}\\ k_{sr}=(0.6062+0.00257\mathrm{RQ})^{-0.6965}\end{cases} \tag{5.2.16}$$

式中　S_f——桥基安全水平距离(m)，即桥基安全位置；

S_a——桥基基本水平距离(m)；

k_{sr}——满足强度准则的桥基岸坡岩体质量系数(图 5.2.26)。

上述计算式，看起来比较复杂，但在个人电子计算工具普遍使用的现今，利用电子表格软件，是非常容易计算的。

5.3 层状岩体高陡岸坡桥基安全距离的确定

对层状岩体而言，由于垂直层理和平行层理两个方向力学性质存在差异，即各向异性，与均质岩体相比，其应力分布特征将受层理及其产状变化影响而不同。影响层状岩体岸坡应力分布各因素中，桥基荷载、桥基位置、荷载强度、桥基宽度等因素的影响与均质岩体岸坡类似，不再单独分析。而层面倾斜角、岸坡坡度、力学参数的影响需要进一步分析。

5.3.1 层面倾斜角与坡面应力影响系数的关系

根据3.2节的分析结果，提取不同倾斜角 θ 条件下坡面最大应力影响系数 η_{smax} 绘入图5.3.1中，得到 η_{smax} 随 θ 变化的规律。从图中可见，层面倾斜角对坡面应力有明显的影响。层面倾斜角的变化范围是0°至180°。在与坡面的交切关系上，0°至90°表示层面顺倾，90°至180°表示层面反倾。随着层面倾斜角的变化，η_{smax} 将出现两个极大值和两个极小值。极大值极小值之间的差值都是90°。坡面应力影响系数越大，表示荷载对坡面岩体的影响越大，则对岸坡稳定越不利；反之，坡面岩体影响系数越小，对岸坡稳定越有利。比较顺倾和反倾的情况，可以发现，顺倾时坡面应力影响系数大于反倾时对应条件下的坡面应力影响系数，表明层面反倾时，荷载对坡面岩体应力的影响小于层面顺倾的影响。

受坡面边界的影响，层面水平并非对坡面的稳定最有利。对于坡度为80°的岸坡，坡面应力影响系数在 $\theta=30°$ 时最大，在 $\theta=170°$ 时最小，最大值与最小值相差2.4倍左右，表明 $\theta=30°$ 时对岸坡稳定最不利，$\theta=170°$ 时对岸坡稳定最有利。最不利和最有利倾斜角是和岸坡坡度有关的，需要进一步分析其变化规律。但在分析其他因素的影响时，可以取层面倾斜角 $\theta=30°$ 作为最不利状态的层面倾斜角条件。

5.3.2 岸坡坡度与坡面应力影响系数的关系

数值分析结果表明，岸坡坡度 α 不同时，同一层面倾斜角 θ 的坡面应力影响系数 η_{smax} 并不相同。将不同坡度时坡面应力影响系数随层面倾斜角的变化绘入图5.3.2中。

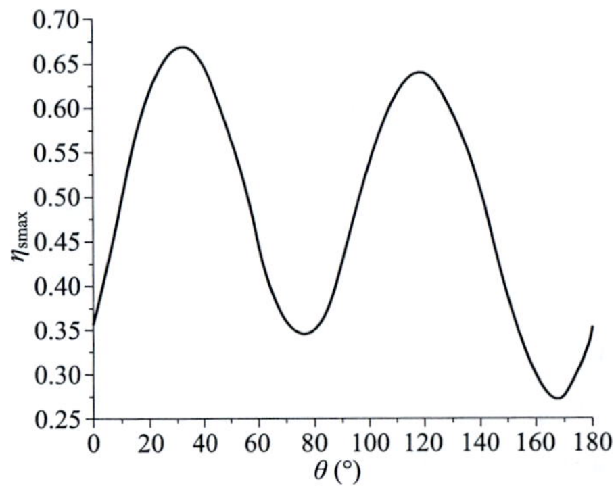

图5.3.1 η_{smax} 与 θ 的关系

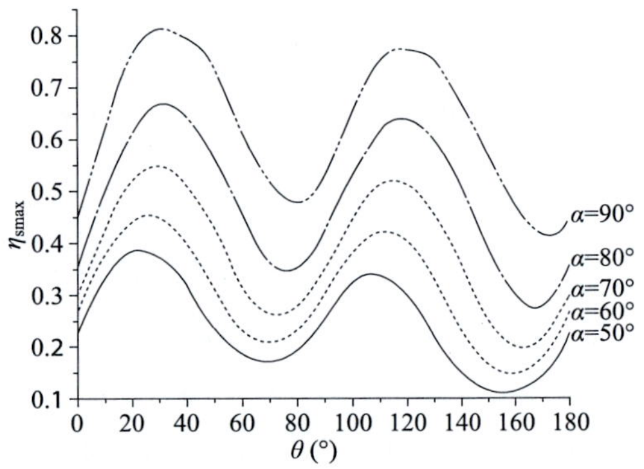

图5.3.2 不同 α 时 η_{smax} 随 θ 的变化曲线

从图中可见，当坡度 α 从 90°左右变化到 50°左右时，对坡面应力影响最大的层面倾斜角 θ 从 30°左右变化到 20°左右，影响最小的层面倾斜角 θ 从 175°左右变化到 155°左右。坡面应力影响系数最大值随坡度的增加而增加，这与均质岸坡相同。此外，同一坡度下，应力影响系数随层面倾斜角变化曲线的极大值约为极小值的 2～3.5 倍。岩石高陡岸坡坡度一般较陡，可取其平均值，即对岸坡稳定最不利的层面倾斜角 $\theta=25°$左右，而对岸坡稳定最有利的层面倾斜角 $\theta=165°$左右。对岸坡稳定有利和不利的层面倾斜角 θ 如图 5.3.3 所示。

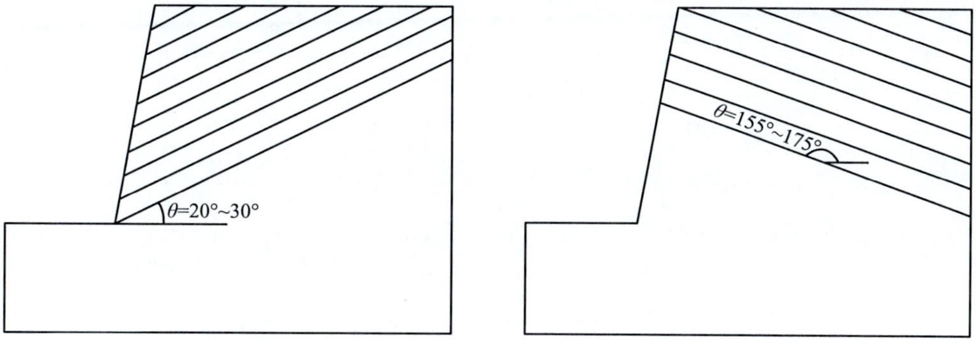

(a) 最不利层面倾斜角　　(b) 最有利层面倾斜角

图 5.3.3　对岸坡有利和不利的层面倾斜角示意图

5.3.3　力学参数与坡面应力影响系数的关系

层状岩体有 5 个独立的力学参数，分别是平行和垂直层理的弹性模量 $E_{//}$、$E_{\perp}$，平行与垂直层理的泊松比 $\mu_{//}$、$\mu_{\perp}$，以及剪切模量 G。对于能形成高陡岸坡的硬质岩来说，泊松比 μ 的变化范围不大，对岩体应力的影响并不大，可以忽略。层状岩体材料力学参数变化较大的是弹性模量和剪切模量。当弹性模量和剪切模量等比例变化时，不会影响岸坡岩体应力大小和分布，仅影响岩体的变形。因此，在分析力学参数对层状岩体力学行为的影响时，主要分析弹性模量和剪切模量的相对变化。

对于层状岩体而言，平行层面的弹模 $E_{//}$通常大于垂直层面的弹模 $E_{\perp}$，在极端情况下其比值可高至 2 以上。岩体越完整，层间结合越紧密，则两个方向弹模的差别越小。

对于均质岩体，剪切模量 $G=0.5E/(1+\mu)$。岩体泊松比 μ 一般在 0.1～0.4 之间，均值为 0.25，则剪切模量 $G=0.4E$。但层状岩体不同于均质岩体，剪切模量取值可远远小于层面方向的弹性模量。岩体越完整，剪切模量越大，岩体越松散，剪切模量越小。剪切模量与弹性模量的比值可远远小于 0.4。

假定平行层面方向的弹性模量不变(实际上层面内的力学参数在成岩过程中即已形成，与岩体的结构无关)，改变垂直层面方向的弹性模量或者剪切模量。以模量比表示参数的变化，弹性模量比 λ_E表示平行层面方向的弹模与垂直层面方向弹模的比值；剪切模量比 λ_G表示剪切模量与弹性模量的比值。λ_E的取值一般在 1～2 之间，λ_G一般小于 0.4。在分析力学参数变化对层状岩体力学行为的影响时，并不局限于力学参数数值的变化范围，可考虑更为极端的情况，即 λ_E和 λ_G考虑更大的取值范围。

图 5.3.4 反映了岩体力学参数变化时，坡面应力影响系数 η_{smax}随层面倾斜角 θ 的变化关

系。平行层面弹模、垂直层面弹模及剪切模量的变化，对坡面应力的影响是不同的。当层面方向和垂直层面方向弹性模量相同，即 $\lambda_E=1$ 时，剪切模量的变化对坡面应力的影响很大。剪切模量的变化明显影响到坡面岩体应力影响系数的变化幅度。当 λ_G 较小时，坡面应力影响系数的幅度增大，即极大值增大，而极小值减小。当 λ_G 增大时，幅度减小，即极大极小值的差值减小。平行层面与垂直层面弹性模量的差异影响应力的绝对大小。当两个方向的弹性模量比变化时，坡面应力影响系数的绝对值不同，比值越大，绝对值越大。

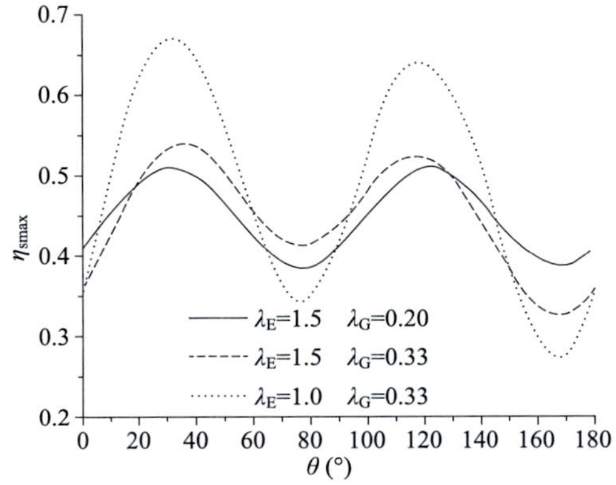

图 5.3.4 不同 λ_E 和 λ_G 时 η_{smax} 随 θ 的变化

坡面应力影响范围随 λ_E 的变化如图 5.3.5 所示。当平行层面弹模不变，随着 λ_E 的增加，即垂直层面弹模减小，坡面应力影响范围深度增加，而在坡面基底内侧深度减小。当 λ_E 大于 1 以后，由 λ_E 增加引起应力影响范围的变化并不大。

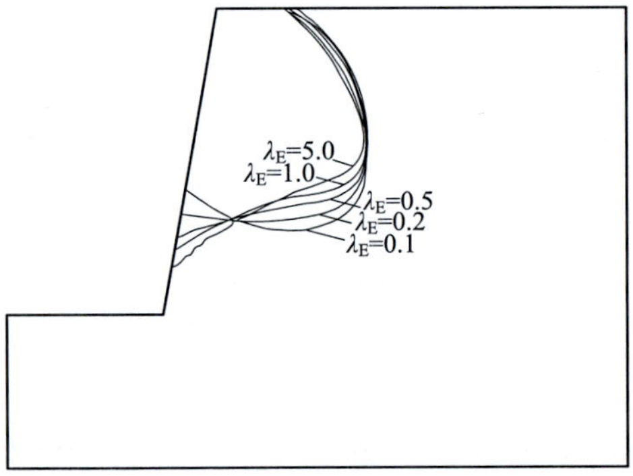

图 5.3.5 不同 λ_E 时的应力影响范围

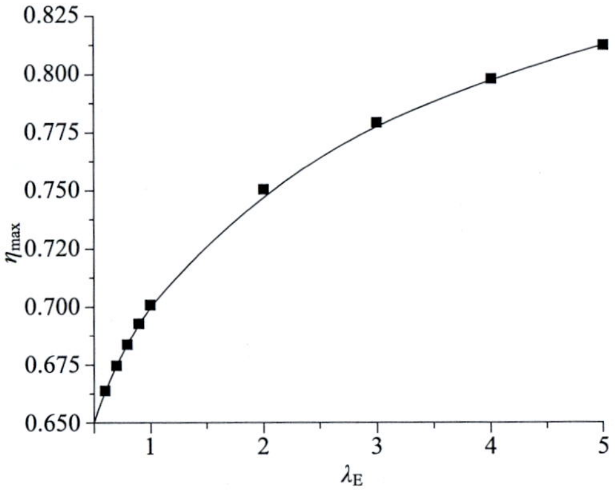

图 5.3.6 η_{smax} 与 λ_E 的关系

坡面最大应力影响系数 $\eta_{smax}(\theta=30°)$ 随 λ_E 的变化曲线如图 5.3.6 所示，曲线呈双曲线型。随着 λ_E 的增加，η_{smax} 逐渐增加，但增速变缓。当 λ_E 在 0.5～1.0 之间时，η_{smax} 变化较大；当 $\lambda_E \gg 1$ 时，λ_E 的变化对 η_{smax} 影响很小。通常层状岩体 λ_E 的变化范围在 1～2 之间，此时 η_{smax} 的差值也仅在 0.05 左右。因此，总体来说，λ_E 的微小变化对坡面应力的影响较小。

当平行层面弹模不变，随着 λ_G 的增加，即剪切模量增加，应力影响范围在坡面深度上变化不大，而在岸坡内部，应力影响范围变化明显，如图 5.3.7 所示。

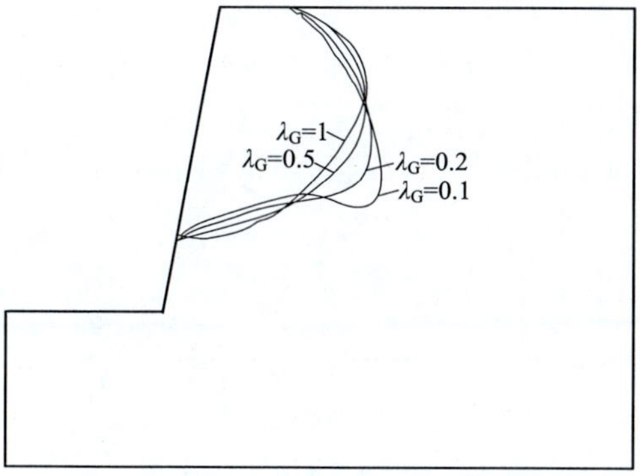

图 5.3.7 不同 λ_G 时的应力影响范围

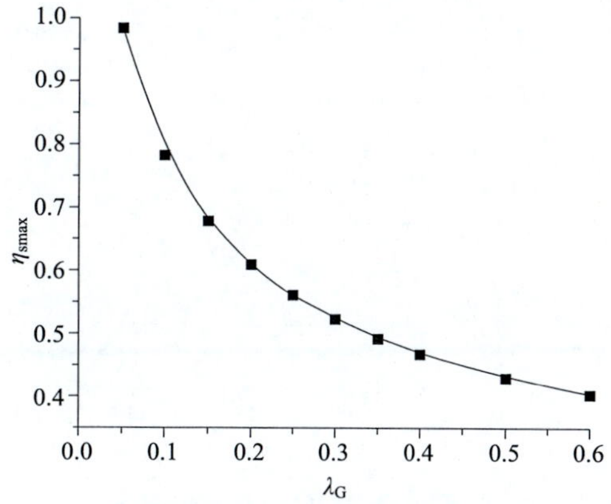

图 5.3.8 η_{smax} 与 λ_G 的关系

坡面最大应力影响系数 η_{smax} 随 λ_G 的变化曲线如图 5.3.8 所示。由图可见，随着 λ_G 的增加，η_{smax} 逐渐减小，但减速变缓。当 λ_G 在 0.05～0.2 之间时，η_{smax} 变化较大，差值可达 0.3 以上，表明 λ_G 的微小变化都将引起 η_{smax} 产生较大的变化。当 λ_G 从 0.2 变化到 0.6 时，η_{smax} 差值约 0.2，仍然十分明显，表明对层状岩体力学行为影响最明显的力学性质是剪切模量。

5.3.4 层状岩体岸坡桥基位置的确定

由于层状岩体岩层倾斜和各向异性，荷载作用下坡面岩体应力特征变化明显。数值分析表明，在与层状岩体岸坡应力分布有关的 3 个主要因素中，层面倾斜角 θ 变化导致坡面应力影响系数 η_{smax} 随之呈波状变化。层面倾斜角 θ 变化引起的岸坡应力变化，明显高于岸坡坡度 α 变化引起的岸坡应力变化。层状岸坡岩体力学性质中，对坡面应力影响最大的参数是剪切模量。由上结果，综合考虑各因素对岸坡稳定性的影响，将各因素下最有利于岸坡稳定的参数组合，视为与均质岩体相当的岸坡状态，作为评价层状岩体岸坡的标准。而将实际层状岩体参数控制下的岸坡岩体，以“折减”的方式评价，以建立桥基安全距离的计算式。

根据前述计算分析结果，假设剪切模量 G 接近均质体的理论值 $[G=0.5E/(1+\mu)]$、平行垂直弹模比 $\lambda_E=1.5$、弹模剪切模量比 $\lambda_G=0.33$ 不变，将同一坡度 α 时，层状岩体最有利层面倾斜角 θ 条件下的坡面最大应力影响系数 η_{smax} 的作为标准值，计算出不同层面倾斜角 θ' 时的坡面应力影响系数 η'_{smax}。定义 k_θ 为层面倾斜角影响系数：

$$k_\theta=\frac{\eta'_{smax}}{\eta_{smax}} \tag{5.3.1}$$

这样，层面倾斜角影响系数 k_θ 就表示相同力学参数下，因层面倾斜角不同，而产生的对岸坡坡面岩体应力的影响。不同岸坡坡度 α 和岸坡岩体层面倾斜角 θ 与 k_θ 的关系曲线如图 5.3.9 所示。

根据前述研究，同样以应力影响系数 $\eta_{smax}=0.2$ 表示满足强度准则的应力影响系数容许值，对应于最好层状岩体质量标准值。当采用层面倾斜角影响系数 k_θ 对层状岸坡岩体进行折减时，层状岩体应力影响系数容许值 $\eta_{smax}=0.2/k_\theta$。将此式代入式(5.2.8)，则层状岩体岸坡桥基水平距离公式如下

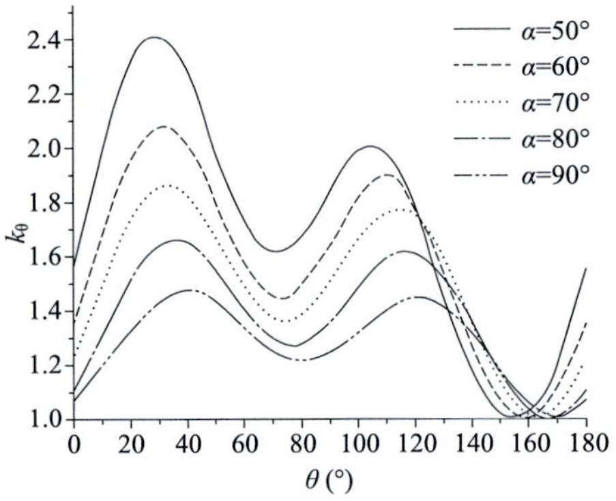

图 5.3.9 k_θ随θ变化曲线

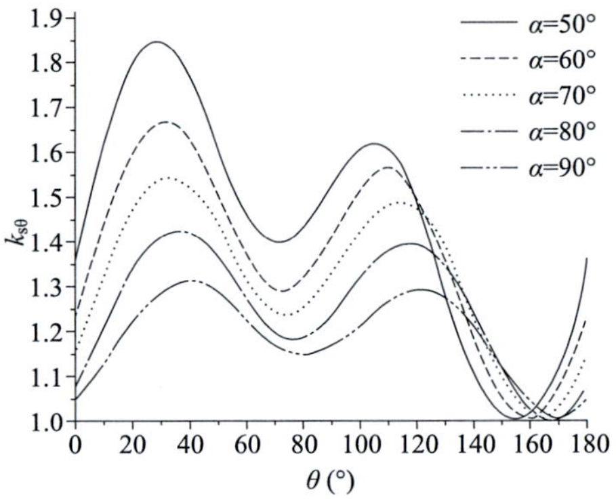

图 5.3.10 $k_{s\theta}$随θ变化曲线

$$S_f=0.0100915\alpha^{1.4823}\cdot[(1-0.8656^B)q]^{0.6965}\cdot(0.2/k_\theta)^{-0.6965} \quad (5.3.2)$$

当考虑层状岩体的岩体质量时，同样将岩体质量系数k_r引入，则按岩体质量确定桥基水平距离公式如下：

$$S_f=0.0100915\alpha^{1.4823}\cdot[(1-0.8656^B)q]^{0.6965}\cdot(0.2k_r/k_\theta)^{-0.6965} \quad (5.3.3)$$

简化得：

$$S_f=0.0309591\alpha^{1.4823}\cdot[(1-0.8656^B)q]^{0.6965}\cdot k_\theta^{0.6965}\cdot k_r^{-0.6965} \quad (5.3.4)$$

令$k_{s\theta}=k_\theta^{0.6965}$，表示桥基位置层面倾斜角影响系数，$k_{s\theta}$与层面倾斜角$\theta$的关系如图5.3.10所示，若仍用$S_a$、$k_{s\theta}$、$k_{sr}$表示桥基水平距离$S_f$，则有：

$$S_f=S_a\cdot k_{s\theta}\cdot k_{sr} \quad (5.3.5)$$

根据不同荷载条件下的基本桥基距离S_a，可以得到桥基位置层面倾斜角影响系数$k_{s\theta}$和桥基位置岩体质量影响系数k_{sr}，即可计算相应岩体质量和层面倾斜角时的桥基安全距离。

5.4 卸荷裂隙高陡岸坡桥基位置的确定

当高陡岸坡发育有规模较大的平行坡面的卸荷裂隙时，由于卸荷裂隙不能传递拉应力，只能传递压应力和部分剪应力，因此，卸荷裂隙的存在，会改变岸坡应力分布状态，需要对这种边界下的桥基安全距离进行补充研究。卸荷裂隙对岸坡岩体应力分布的影响，主要体现在与卸荷裂隙发育位置和深度有关。

5.4.1 卸荷裂隙对坡面应力分布的影响

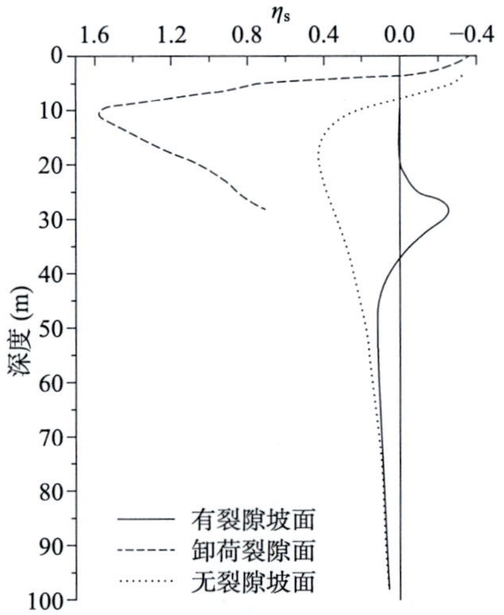

图 5.4.1 卸荷裂隙及坡面η_s变化曲线

由于卸荷裂隙张开，荷载产生的附加力不能通过裂隙传递，因此卸荷裂隙以外的坡面将不受荷载的影响，但卸荷裂隙自身将承受荷载的影响。荷载作用下，坡面及卸荷裂隙面上的应力影响系数随深度的变化关系如图5.4.1所示。由于卸荷裂隙的存在，坡面应力受荷载的影响减弱。与无卸荷裂隙情况相比，坡顶以下相当一段内坡面岩体应力基本上不受荷载影响。荷载在裂隙末端附近的坡面形成拉张应力区，与卸荷裂隙末端高度相同的坡面上应力影响系数达到负的极大值，表明荷载在该位置产生的拉应力最大。坡面上应力影响零点的位置下移，位于卸荷裂隙底部以下的坡面上。

荷载对卸荷裂隙末端的应力影响程度，与卸荷裂隙深度、桥基相对位置、荷载大小等有关。总的来说，卸荷裂隙的存在使荷载对坡面岩体应力的影响减弱，但对卸荷裂隙自身的影响却很显著。如果将卸荷裂隙视为新的坡面，当裂隙面与桥基距离较近(5 m)时，最大应力影响系数约 1.6，与桥基水平距离距坡面 5 m 时，坡度 90°的均质岸坡坡面最大应力影响系数相当。对于可视为新坡面的卸荷裂隙面，同样存在应力影响最大值点和零点，其位置与桥基相对卸荷裂隙之间的距离有关。

由于卸荷裂隙的存在，荷载作用产生的应力影响范围与均质岸坡中有所不同。相同荷载条件下，有无卸荷裂隙时的应力影响范围如图 5.4.2 所示。

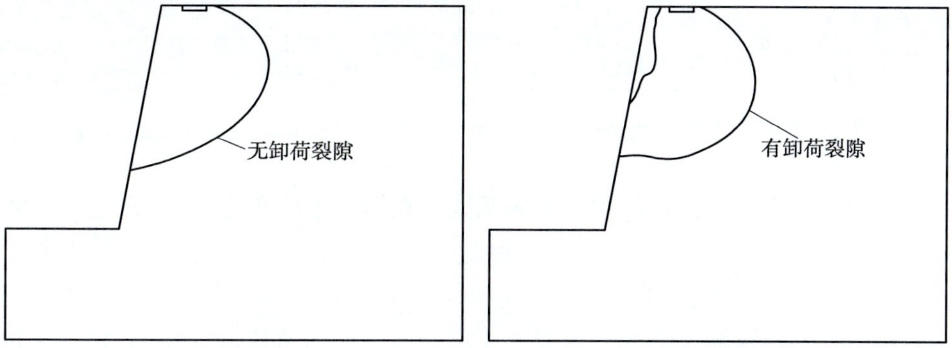

(a) 无卸荷裂隙　　(b) 有卸荷裂隙

图 5.4.2　有无卸荷裂隙岸坡应力影响范围的比较

卸荷裂隙以外的岩体不受荷载的影响。而坡体内部，与无卸荷裂隙存在的均质岸坡相比，应力影响范围的宽度稍有增加，深度稍有减小。因此，卸荷裂隙的存在，对应力分布范围的影响并不显著。

5.4.2　卸荷裂隙深度与坡面应力影响系数的关系

对均质岸坡的研究表明，荷载在岸坡中的传递有一个应力影响角，坡面上在应力影响角对应点上，岩体应力受荷载影响最大。由于卸荷裂隙存在，如果卸荷裂隙不深，裂隙对应力的传递影响不大，则坡面岩体受荷载的影响不会因卸荷裂隙的存在而减弱。但如果卸荷裂隙很深，将影响应力的扩散，则坡面受荷载的影响变小，而荷载对卸荷裂隙的影响将增大。因此，荷载是以影响坡面为主还是以影响卸荷裂隙面为主，主要看卸荷裂隙的深度。假定裂隙距基础的水平距离 S_x=5 m、基础距岸坡坡面的水平距离 S=10 m、基础宽度 B=10 m、荷载强度 q=1.0 MPa、岸坡坡度 α=80°、裂隙深度 H_x=2～50 m，卸荷裂隙上端隙宽 W_a=0.2 m，完全张开无充填，分析不同 H_x时岸坡岩体力学行为特征。

图 5.4.3 表示卸荷裂隙深度 H_x不同时的应力影响范围，并与无卸荷裂隙时进行比较。图中，当 $H_x \leqslant 10$ m 时，应力影响范围除在坡顶点附近稍有差别外，在坡中部的深度和宽度基本相同。当 $H_x > 10$ m 后，随着 H_x的增加，应力影响范围在坡面上的深度逐渐减小，在坡内部的

深度逐渐增加，体现了卸荷裂隙对荷载传递的阻隔作用。裂隙深度对应力的影响程度还与桥基位置有关，这将在后文中分析。

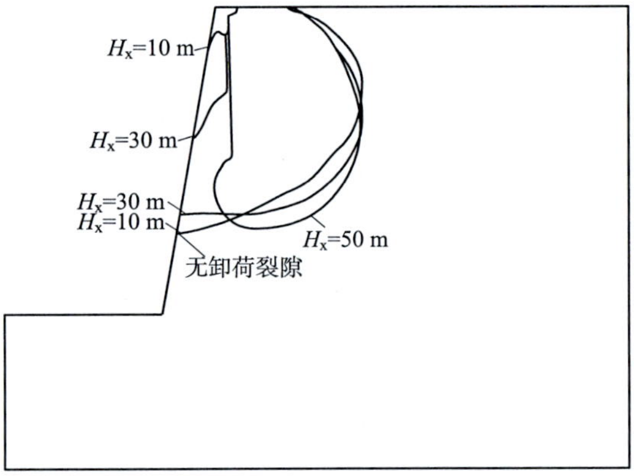

图 5.4.3 不同 H_x时的应力影响范围

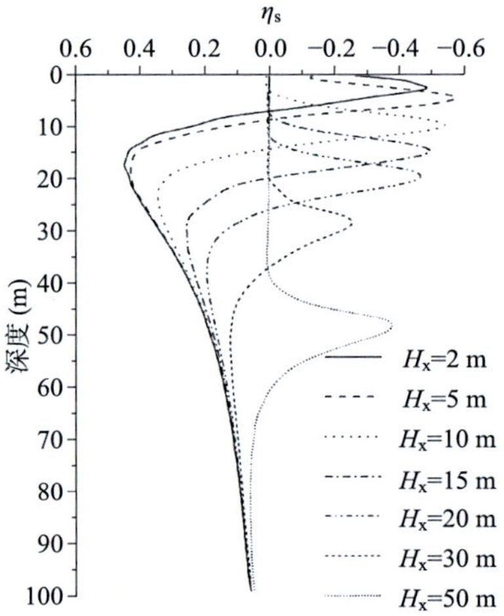

图 5.4.4 H_x不同时坡面 η_s的变化

图 5.4.4 表示不同 H_x时，坡面应力影响系数 η_s在深度上的变化。当 $H_x \leqslant 5$ m 时，η_s随坡面深度的变化与无裂隙时基本相同，表明此时裂隙对岸坡应力的传递几乎没有影响。当 $H_x >$ 5 m 后，随着 H_x的增加，荷载对坡面岩体应力影响越来越小，且裂隙深度范围以外相当一段内的坡面岩体应力几乎不受荷载影响。裂隙末端附近的 η_s均为负值，表明荷载在该区域产生的应力为拉应力。除裂隙末端以上部分区域 $\eta_s=0$ 外，裂隙末端以下的 η_s还有一零点，零点位置相对无裂隙时向坡脚方向移动，H_x越大，零点位置越深。

因此，当存在卸荷裂隙时，如果裂隙深度不大，荷载对坡面岩体应力的影响是主要的，如果裂隙深度较大，则荷载对坡面岩体应力的影响减小。

卸荷裂隙深度变化时，裂隙面上的应力受荷载的影响如图 5.4.5 所示。从图中可以看出，当 H_x较小(如 $H_x < 2$ m)时，荷载对裂隙面上的岩体应力影响很小，且主要是负影响，即 $\eta_x < 0$，荷载在裂隙面上产生拉应力。随着 H_x的增加，隙面岩体应力受荷载影响越来越大，特别是裂隙末端产生较大的应力集中。在 $H_x = 2 \sim 15$ m 时，裂隙末端受荷载影响最大，荷载产生的应力是原始应力的数倍。当 $H_x > 15$ m 以后，隙面应力影响系数随深度的变化曲线基本重合，最大应力影响点的深度不变。分析表明，荷载对隙面岩体应力的影响与相同桥基水平距离时对坡面岩体应力的影响基本相同，表明此时可将卸荷裂隙面当作坡面考虑。

提取裂隙面末端的应力影响系数 η_x及隙面最大应力影响系数 η_{xmax}，它们与 H_x的关系如图 5.4.6 所示。η_{xmax}先随 H_x的增加而增加至最高值，在本模型中，最高值时 H_x约为 10 m，然后随着 H_x的增加而稍有减小并保持于稳定值。而裂隙末端的应力影响系数 η_x先随 H_x的增加而增加至最高值，与 η_{xmax}的最高值相当，表明 H_x较小时，裂隙末端受荷载影响最大。当 H_x达到一定深度后(图中约 10 m)，随着 H_x的增加 η_x逐渐减小并趋于零，表明荷载对裂隙末端应力的影响在减小。当 H_x很大时，裂隙末端不在应力的影响范围之内，荷载对裂隙末端应力产生的影响可以忽略。

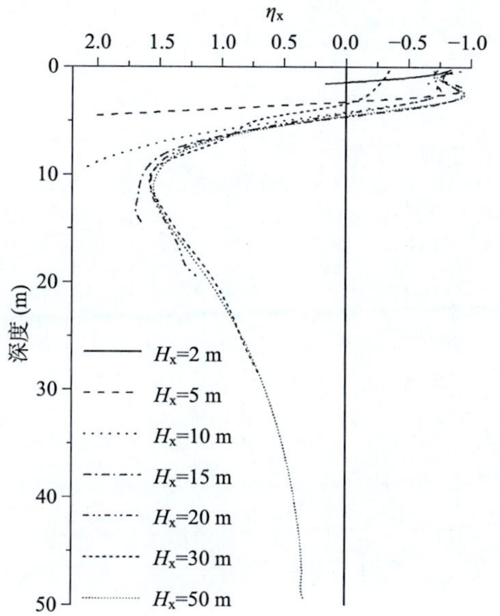

图 5.4.5 H_x不同时裂隙面 η_x 的变化

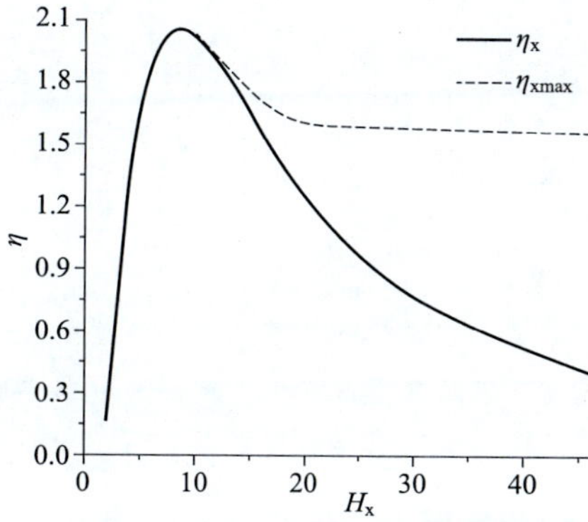

图 5.4.6 η_x 及 η_{xmax} 随 H_x 的变化

5.4.3 桥基位置与坡面应力影响系数的关系

桥基位置不同时(图 5.4.7),裂隙面应力影响系数 η_x 随裂隙距桥基水平距离 S_x 的变化关系如图 5.4.8 所示。

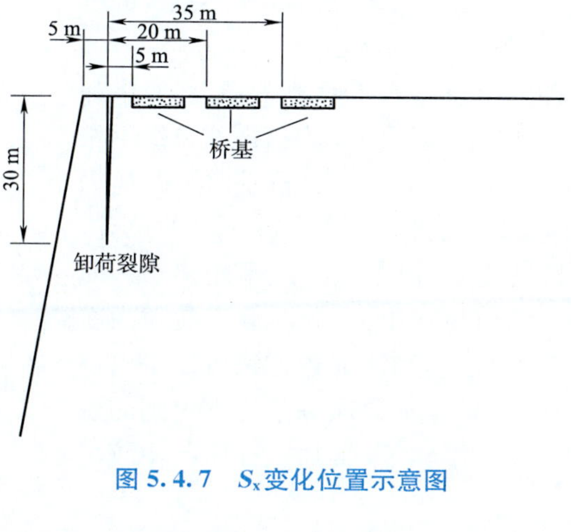

图 5.4.7 S_x变化位置示意图

从图中可以看出,随着桥基与卸荷裂隙之间的距离 S_x 的增加,荷载对隙面应力的影响逐渐减小,应力影响系数最大值及零点位置深度逐渐向裂隙底部移动。裂隙末端的应力是否高度集中,除荷载大小这一基本因素外,一方面与裂隙深度有关,另一方面也与桥基相对距离有关。

裂隙面最大应力影响系数 η_{xmax} 随 S_x 的变化关系如图 5.4.9 所示。从图中可以看出,η_{xmax} 随 S_x 的增加而急剧减小并趋于零。因此,当桥基相对卸荷裂隙的距离达到一定程度以后,荷载对裂隙的影响可以忽略不计,也可以说,裂隙对桥基的影响可以忽略不计。

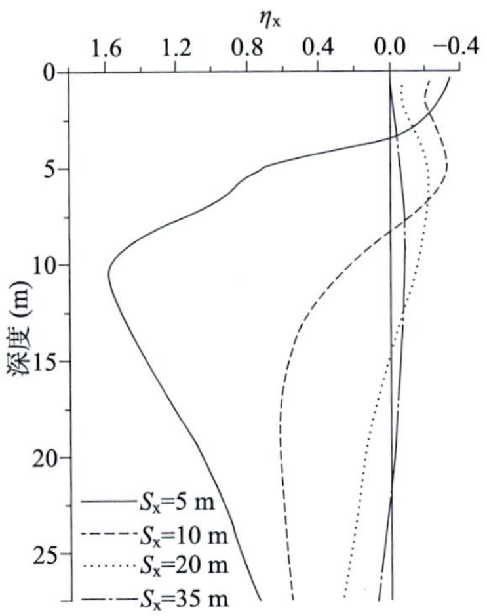

图 5.4.8　不同 S_x 隙面应力影响系数 η_x 的变化

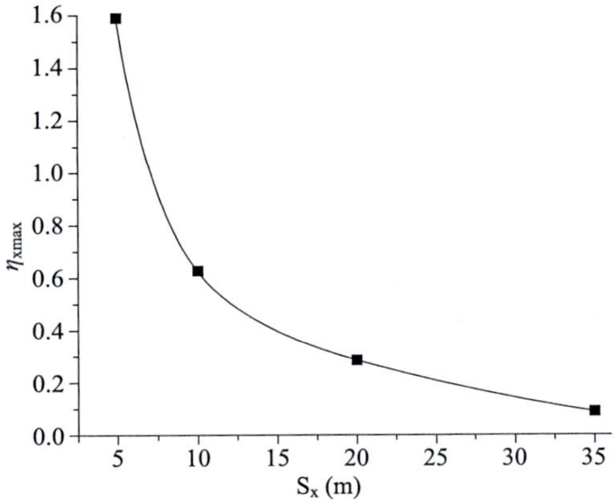

图 5.4.9　η_{xmax} 与 S_x 的关系

5.4.4　卸荷裂隙岸坡桥基位置的确定

上述分析表明，卸荷裂隙对桥基的位移及基底岩体应力有较大的影响，应避免将桥基置于卸荷裂隙上。还有一种情况，如果桥基位于卸荷裂隙前方，坡面和裂隙面同时成为坡面边界，这是极为不利的情形，应当禁止。由此，对存在大型卸荷裂隙岸坡的桥基位置的确定方法描述如下：

在 5.2.2 部分，已经分析过桥基岸坡荷载应力影响角约为 55°。根据应力扩散角、裂隙位置、桥基位置的几何关系，可以绘制确定桥基位置的原理如图 5.4.10 所示。

图中，根据前述章节确定出桥基水平距离为 S_{f1}。如果卸荷裂隙深度较小，裂隙线 EF 与桥基荷载应力扩散线 AC 不相交，则认为裂隙对坡面岩体应力的影响不大，桥基水平距离仍取作 S_{f1}。当 EF 与 AC 相交时，则将 AC 平移到 $A'F$ 的位置，使其刚好与裂隙底部的 F 点相交，得出桥基水平距离 S_{f2}，即 BA'。当裂隙深度很大时，S_{f2} 值也将很大，此时假定裂隙为新的坡面，裂隙的倾斜角为新的坡度，利用前述方法可以得出桥基水平距离为 S_{f3}，如图中的 EA''。如果同一条件下得到的桥基距岸坡的实际距离 BA'、BA'' 不相等，取 BA' 与 BA'' 中较小值来确定桥基水平距离。

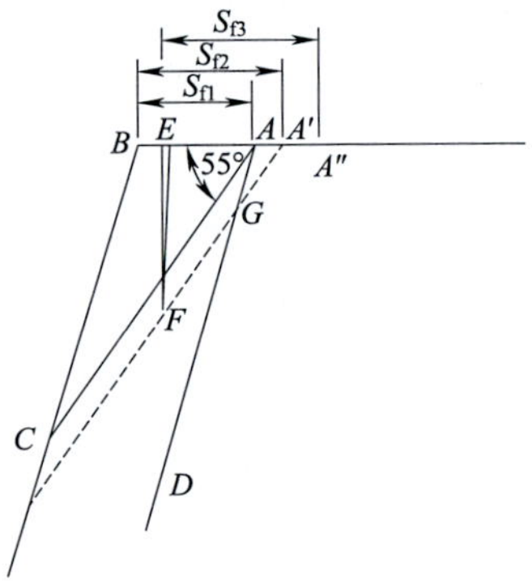

图 5.4.10　卸荷裂隙岸坡桥基位置示意图

5.5　其他条件下桥基位置确定方法

1. 低岸坡

在一般的工程荷载作用下，坡面岩体应力受荷载影响最大点的深度不会超过 40 m，因此可将坡高＞40 m 的岸坡称为高岸坡。为了使高岸坡的桥基位置确定方法适合于低岸坡或者基础埋深在坡面高度 40 m 以下的情况,可对低于 40 m 的岸坡的桥基水平距离进行折减。理论上,当坡高为 0 时,桥基水平距离可为 0,因此对利用前述方法确定的桥基水平距离与坡脚点处连一直线,桥基位于该直线内即可,如图 5.5.1 所示。

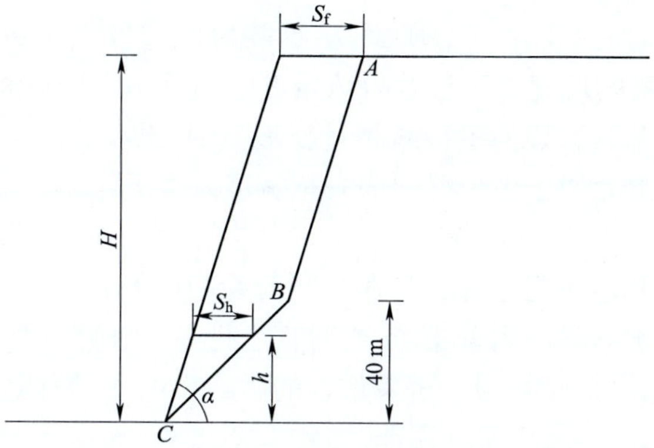

图 5.5.1 坡高对 S_f 的折减

若坡高为 H,坡度为 α,按上述方法确定的桥基水平距离为 S_f,在坡顶面上位于 A 点,$H>40$ m 的范围,从 A 点作一平行坡面的直线 AB,将 B 点与坡脚点 C 连接,则桥基位置在线 ABC 以内即可。BC 段桥基水平距离 S_h 可用简单公式求得:

$$S_h=\frac{h}{40}S_f \tag{5.5.1}$$

式中 h——基础到坡脚的高度(m)。

2. 折线坡

当岸坡断面为折线形时,由于折线坡有多个坡度,采用不同的坡度将获得不同的桥基水平距离。相同条件下坡度越大,桥基水平距离越大。由于变坡点的存在,变坡点上下两段水平距离不同时,有一个水平距离线的合理衔接问题。折线形岸坡桥基水平距离的确定方法在图 5.5.2 中示意。

变坡点安全距离的衔接的基本原则,是在变坡点水平线处,以较陡坡段安全距离为基准,即确保陡坡段全部处于陡坡安全距离之内,修改相邻较缓坡段安全距离线范围与之衔接。

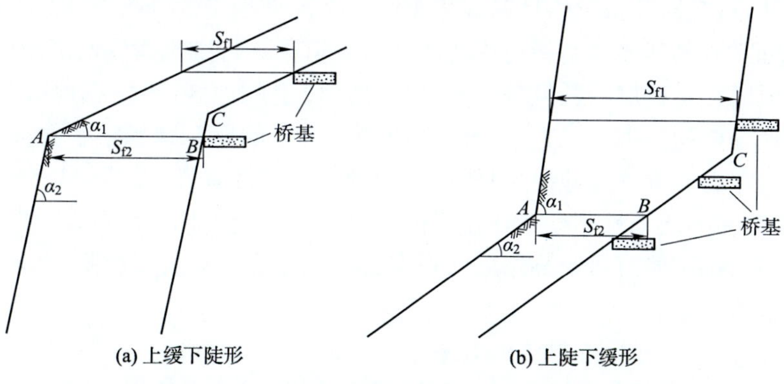

图 5.5.2 折线形岸坡桥基位置确定示意图

当岸坡上缓下陡时，如图 5.5.2(a)所示，根据缓坡段的坡度 α_1 可以获得该坡度下的桥基水平距离 S_{f1}，根据陡坡段的坡度 α_2 可以获得该坡度下的桥基水平距离 S_{f2}。分别以 S_{f1} 和 S_{f2} 作相应岸坡的平行线。上延陡坡段的平行线越过变坡点 A 的水平线，交缓坡段平行线于 C 点，确保各点有效安全宽度满足以上方法确定的安全宽度。

当岸坡上陡下缓时，如图 5.5.2(b)所示，根据陡坡段的坡度 α_1 可以获得该坡度下的桥基水平距离 S_{f1}，根据缓坡段的坡度 α_2 可以获得该坡度下的桥基水平距离 S_{f2}。分别以 S_{f1} 和 S_{f2} 作相应岸坡的平行线。上延缓坡段的平行线越过变坡点 A 的水平线，交陡坡段平行线于 C 点，确保各点有效安全宽度满足以上方法确定的安全宽度。

3. 存在其他大型贯通结构面岸坡

当在岸坡上拟设桥基位置附近区域存在非卸荷裂隙的其他大型贯通结构面时，由于结构面作为不连续面影响岸坡岩体应力分布，需要对其进行专门计算研究。由于结构面的规模、方向、位置、状态千差万别，因此结构面对桥基位置的影响无法逐一列出。在实际工程中，应根据具体情况进行单独分析。

5.6 高陡桥基岸坡稳定性评价

5.6.1 高陡桥基岸坡稳定性评价系统方法

设置于高陡岸坡上的超大跨度特大型桥梁，大都是重大工程甚至关键工程，对桥基的设置和建桥后的岸坡稳定性有着极高的要求。因此，桥基荷载作用下高陡岸坡工程研究，是一个系统工程研究，不仅是单一的桥基安全位置计算公式可以完成的。因此，高陡岸坡桥基位置设置及岸坡稳定性应采用系统工作方法进行。

1. 桥基岸坡工程地质背景分析

桥址岸坡工程地质背景分析的主要目标，是论证场地稳定性和选址的可行性。主要内容是为了解桥梁工程基本概况、桥渡布置、桥跨、上部和基础结构形式，仔细分析桥址区工程地质条件，包括气象特征、地形地貌、地层岩性、区域地质构造、新近构造活动和地震、水文地质条件、不良地质(如滑坡、错落、顺层、危岩落石、岩溶、坍岸等)、特殊岩土等。

上述区域地质背景中，最重要的两个方面：一是桥址区区域稳定性。区域稳定性是大桥岸坡稳定性的基础，直接涉及桥梁选址和线路走向。在区域稳定性分析中，除了查明主要构造形迹、岩体组成特征外，尤其要查明新构造活动和地震情况。特别是我国西部山区通常都是现代构造活动强烈地区。对地震活跃且基本烈度Ⅶ度及以上的地区，最好有地震安全性评价资料作为区域稳定性分析的依据。二是不良地质和特殊岩土问题。跨越峡谷的大桥地处山区，常见的滑坡、崩塌、泥石流等不良地质，对桥址区的地表稳定性有极大的影响，也影响到桥位的选择。此外，不良地质的活动性还会对建桥后的环境带来影响。比如崩塌、滑坡、泥石流的堵江、浪涌、河道改变等，都可能直接影响岸坡的形态特征和稳定。对这些风险，必须作出评价预测，并提出合理的措施建议。

2. 天然岸坡稳定坡角及稳定性初步评价

天然岸坡稳定性，是根据岸坡所处的区域地质特征、岸坡岩体组成和演化、岩体结构等特征，根据经验公式和类比分析，确定天然岸坡在自然条件下的稳定坡度，简称稳定坡度。这个稳定坡度，是桥基安全距离计算的起始坡度。主要方法是：根据经验公式(4.1.5)，结合野外调查及资料分析，获得岩体块度、岩体回弹值、地下水状态、坡高、风化程度等，确定岸坡自然稳定坡度。

对于库岸岸坡，需要考虑水库蓄水位上下岩体质量和地下水折减系数的不同。

若岸坡附近存在潜在滑坡，还需要考虑滑坡失稳导致的涌浪对岸坡稳定坡角的影响。根据滑坡滑动速度、入水点最大浪高、与桥位的距离等计算桥位处的浪高。涌浪范围的地下水折减系数取 0.5，以此修正岸坡稳定坡角。

同时，采用常规的工程地质分析手段，根据野外调查及资料分析，特别是岩体结构特征详细调查，采用赤平投影、Sarma 法、极限平衡法等进行初步的稳定性分析。对于不良地质如滑坡、错落、顺层、危岩落石、坍岸等，采用相关稳定性分析方法进行分析，并考虑各种工况，如天然工况、地震工况、暴雨工况、桥荷工况、水位涨落及各种工况的组合等。

3. 桥基位置的确定

依据本章的结果，对于一个实际桥基岸坡工程，桥基位置的确定步骤如下：

(1)相关计算参数的获取

桥基位置公式包括 4 个参数，即坡度、桥基宽度、荷载强度、岸坡岩体质量 RMR 或 RQ。桥基荷载可通过桥跨大小及桥梁结构形式并参考以往工程经验估计。如无资料，也可根据基本承载力估计。岩体质量 RQ 由式(4.1.3)确定。

(2)确定桥基位置

根据均质高岸坡或层状岩体高岸坡桥基位置计算公式(5.2.16)、(5.3.5)计算桥基安全距离。存在水位反复升降作用时或滑坡涌浪时，对桥基位置修正。对特殊情况，如桥基位于高岸坡中部、折线岸坡、存在卸荷裂隙的岸坡、存在长大贯通结构面的岸坡、低岸坡等，应对桥基位置进行修正。

根据桥基安全距离确定公式，以桥位线与天然稳定坡角所确定的稳定坡角线为基础，确定桥基安全位置。

4. 荷载作用下岸坡岩体应力特征

对重大工程中的大桥桥基设置，在按照上述经验公式确定其位置后，必须采用数值分析方法计算其稳定性。其原因除了经验公式建立时的假设条件可能超出估计范围之外，更重要的是，对任何一个具体的岸坡，其地质环境、岩体特征、外部荷载(如桥梁结构、基础类型、桥基荷载、构造地应力、地震力等)、施工方式等都有所不同，需要进行专门的个体模型分析，以确定应力分布的具体特征和变化规律，确定各种天然和工程荷载作用下，岸坡岩体的应力场、变形场控制在岸坡岩体的安全范围内。同时，应力特征也是后续岸坡岩体强度分析的基础。主要手段是数值分析。

针对特别复杂或特别重要的桥基高陡岸坡，还可采用模型试验来研究岸坡岩体应力特征，并与数值计算结果相互印证。

5. 荷载作用下岸坡岩体破坏模式

破坏模式分析的目的，是了解在桥基荷载和其他荷载作用下，岸坡的变形破坏模式，进一步分析岸坡的破坏机制、破坏范围和典型特征，并为可能采用的工程措施提供设计参数和依据。主要手段是数值分析。针对特别复杂的桥基高陡岸坡，还可采用模型试验以印证数值分析的结果。

6. 荷载作用下岸坡岩体强度特征

在岸坡岩体应力分析基础上，选择合适的强度理论，如最大正应变理论、莫尔强度理论等，选择合理的强度参数，分析不同工况条件下岸坡岩体拉应力范围、塑性区等，以客观评价桥基荷载作用下，岸坡岩体的稳定性情况，为工程设计和可能的加固措施提供参数。

5.6.2 工程实例——澜沧江铁路大桥岸坡稳定性

本节以大瑞铁路澜沧江大桥岸坡稳定性分析为例，对本章有关桥基岸坡稳定性评价的流程和细节提供案例分析。

1. 工程概况

大理—瑞丽铁路澜沧江大桥，位于云南省大理白族自治州永平县与保山市隆阳区交界的澜沧江大峡谷中(图 5.6.1)，距南丝绸古道兰津古渡霁虹桥约 300 m，距新霁虹桥约 200 m，澜沧江大桥为全线最高大桥，前接江顶寺隧道，后接大柱山隧道。工点位于大瑞线 DK110＋081～DK110＋540 段，中心里程 DK110＋267，孔径类型为(2×24＋334＋1×24) m 劲性骨架钢筋混凝土拱桥，全长 439 m。

图 5.6.1 澜沧江大桥岸坡

现场调查表明，桥址区地形陡峻，桥面到水面高差 220 m。地处澜沧江活动断裂带，区内有多条活动性断裂发育，地震烈度Ⅷ度。桥址岸坡岩体由三叠系上统大水塘上段角砾状灰岩、白云质灰岩组成。岩体中节理裂隙发育，地表可见溶沟溶槽，陡壁有宽大卸荷裂隙。桥址区属南亚热带湿润气候区，小气候属南亚热带河谷型亚湿润气候，降雨丰富，雨季为 6 月至 10 月，坡面见裂隙水浸润现象。桥址区下游约 110 km 有小湾电站大坝，桥址段水位较深。桥位上下游有多处滑坡发育。因此，除了桥基设置位置和桥基荷载作用下的岸坡稳定性需要评价之外，需要分析区域稳定性对桥址的影响，评价滑坡失稳涌浪对岸坡稳定性的影响。此外，大桥采用竖转方式合拢法施工，转体过程中不平衡拉锚对岸坡稳定的影响也需分析。

2. 区域地质背景与桥位选择

澜沧江大桥区域地质背景，特别是区域活动断裂影响下的场地稳定性，已经作为实例在本书第 1.2 节中做过定性分析。分析表明在活动断裂中的稳定地块(安全岛)可为桥位选用。由于桥址区受构造影响较大，为了定量分析断裂活动时构造运动对桥址区岩体的影响，采用数值分析方法，对桥址区构造应力进行分析。根据与桥址区处于同一构造体系中的永平实测地应力资料，模拟反演了区域岩体力学参数和构造应力特征。模拟范围包含永平县地应力测试点及桥址区，结果如第1章图1.2.2所示。模拟计算表明，断裂活动时的构造应力变动，对桥址区应力水平影响不大，不影响桥址区的稳定性。

现场调查发现，由于大桥瑞丽端岸坡陡峭，岸坡上部形成有规模较大的卸荷裂隙。特别是原定线位桥台上方，一条张开度达1 m以上的卸荷裂隙，切割出一块约2万 m^3 的危岩，在与桥台相连的隧道施工中，有可能发生崩塌，危及大桥安全，需要调整桥位。建议将线位向上游方向移动。

3. 岸坡稳定坡角及桥基安全距离

桥位确定后，根据本章提供的系统分析方法，确定桥基位置。

(1)岸坡稳定坡角

根据野外实测和本书式(4.1.5)，确定岸坡天然稳定坡度线，作为桥基安全距离的起算线。现场测得大理岸岩体回弹值 $R=36$，岩体块度 $D=40$ cm。考虑雨季裂隙水发育情况下，取蓄水位以上坡段地下水折减系数 $\eta_w=0.7$，取蓄水位以下坡段地下水折减系数 $\eta_w=0.5$；高度折减系数取 $\eta_h=0.8$，则库水位上下坡段岸坡自然稳定坡角为

库水位以下：$\alpha=0.8\times[14.7\times\ln(0.5\times36\times\lg 40)+13]=49.9\approx49°$

库水位以上：$\alpha=0.8\times[14.7\times\ln(0.7\times36\times\lg 40)+13]=53.9\approx53°$

瑞丽岸岩体回弹值 $R=40$，岩体块度 $D=55$ cm，地下水和高度折减系数同大理岸，计算得库水位上下坡段岸坡自然稳定坡角为

蓄水位以下：$\alpha=0.8\times[14.7\times\ln(0.5\times40\times\lg 55)+13]=52.1\approx52°$

蓄水位以上：$\alpha=0.8\times[14.7\times\ln(0.7\times40\times\lg 55)+13]=56.1\approx56°$

根据上述计算，绘出的岸坡自然稳定坡度线如图5.6.2所示。

(2)桥基安全距离

①岸坡坡度 α

大理岸桥基附近岸坡呈折线形，野外实测获得桥基及下方岸坡平均自然坡度 α 分别为53°、71°、37°，瑞丽岸桥基及下方岸坡平均自然坡度 α 分别为54°、81°、44°。

②桥基宽度 B 及荷载强度 q

澜沧江大桥采用拱桥方案，座承台尺寸为25.86 m×42 m，桩基础采用半径2.5 m桩18根，则换算为沿线路方向桥基宽度 $B=7.5$ m。根据荷载换算得竖直方向荷载强度 $q=2.34$ MPa，取2.5 MPa，水平方向荷载对桥基岸坡稳定有利，为安全计不考虑。

③岸坡岩体质量RQ

大理岸：$\mathrm{RQ}=R\lg D=36\times\lg 40=57.67$

瑞丽岸：$\mathrm{RQ}=R\lg D=40\times\lg 55=69.61$

④桥基安全距离确定

将以上参数代入式(5.2.13)中：

$$S_f=0.030\,96\alpha^{1.4823}\cdot[(1-0.865\,6^{B})q]^{0.6965}\cdot(0.606\,2+0.002\,57\mathrm{RQ})^{-0.6965}$$

得澜沧江大桥两岸桥基安全距离见表5.6.1。

表5.6.1　两岸不同坡度段桥基安全距离

大理岸	$\alpha=53°$	$\alpha=71°$	$\alpha=37°$
	$S_f=19.0$ m	$S_f=29.4$ m	$S_f=11.2$ m

续上表

瑞丽岸	$\alpha=54°$	$\alpha=81°$	$\alpha=44°$
	$S_f=19.0$ m	$S_f=34.7$ m	$S_f=14.0$ m

通过上式计算的桥基安全距离，为基础外缘与自然稳定坡面边缘的水平距离，而不是桥基中心与自然稳定坡面边缘的水平距离。根据岸坡不同坡度段桥基安全距离作基础安全距离线，如图 5.6.2 所示。

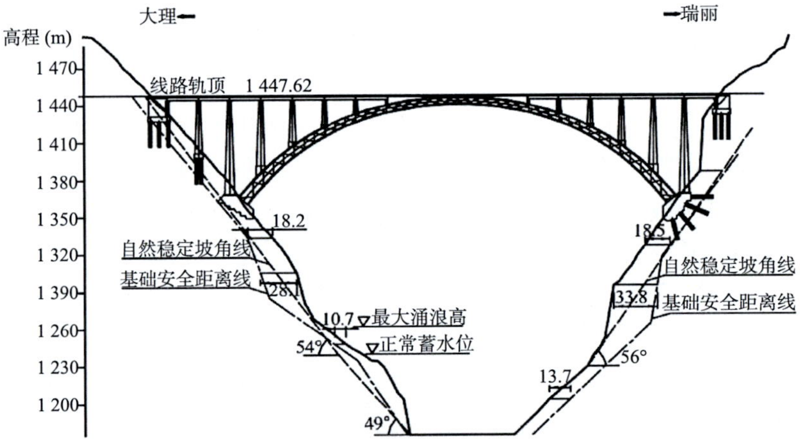

图 5.6.2 澜沧江大桥岸坡稳定坡角及基础安全埋置线(m)

⑤桥基安全距离修正

澜沧江流域规划了多级梯级电站，对桥址区影响最大的是小湾电站。小湾电站位于澜沧江桥址区下游 110 km 左右，水库正常蓄水位 1 240 m，超出目前水位约 65 m。小湾水库蓄水后，可能将在澜沧江两岸诱发地质灾害，如古滑坡复活、诱发地震等。分析蓄水后可能诱发的滑坡引起的涌浪对岸坡的影响。

考虑最不利情况，即当前状态下滑坡处于极限平衡状态下，根据滑坡稳定性反分析确定滑面参数。再考虑水库蓄水后滑坡滑动及地震作用下滑坡滑动产生涌浪，分析结果见表 5.6.2。

表 5.6.2 滑坡涌浪估计

滑坡		滑动速度(m/s)	入水点最大浪高(m)	与桥位的距离(m)	桥位处浪高(m)
1号	蓄水位 1240 m	9.6	18.6	1538	4.1
	Ⅷ度地震	62.3	48.9		11.2
2号	蓄水位 1240 m	7.0	23.8	552	6.4
	Ⅷ度地震	92.6	70.1		21.7
3号	蓄水位 1240 m	17.9	19.1	825	5.6
	Ⅷ度地震	40.3	28.1		8.2
4号	蓄水位 1240 m	16.3	28.4	1379	6.8
	Ⅷ度地震	100.9	45.1		10.8
5号	蓄水位 1240 m	6.4	19.3	3195	3.3
	Ⅷ度地震	72.6	60.3		9.1

考虑滑坡涌浪对岸坡稳定坡角进行修正，由表 5.6.2 知，估计最不利情况下桥位处涌浪最大高度约 22 m。对岸坡稳定坡角修正方法为：涌浪范围内岸坡稳定坡角按水下稳定坡角计（大理岸 49°，瑞丽岸 52°），涌浪范围以上的岸坡稳定坡角不变，修正后的桥基安全埋置线如图 5.6.3 所示。

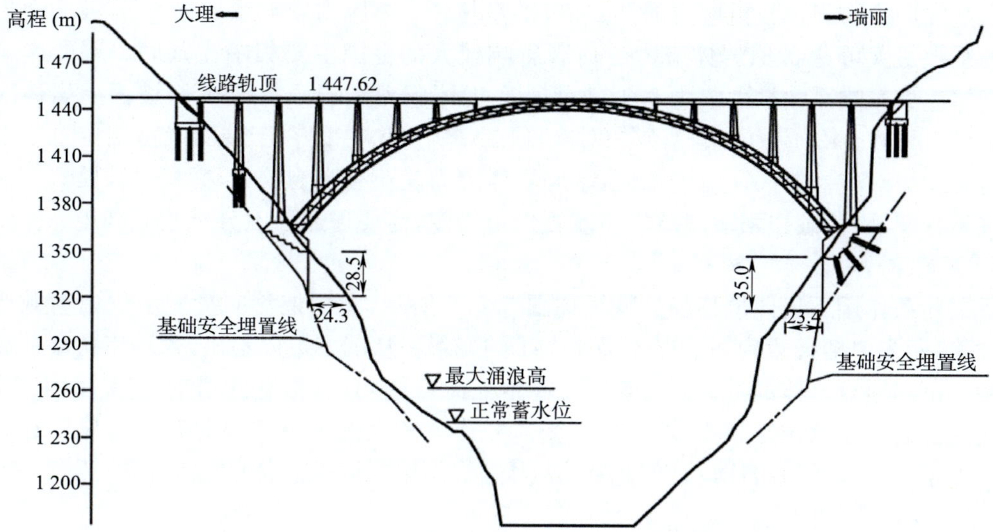

图 5.6.3　考虑涌浪影响修正后的桥基安全埋置线(m)

4. 岸坡岩体力学行为数值分析

为了分析荷载作用对岸坡岩体应力的影响，取基础附近岩体的应力特征进行研究。图 5.6.4 表示桥梁荷载作用下，以最大主应力影响系数等值线表达的桥基岩体最大主应力分布特征。

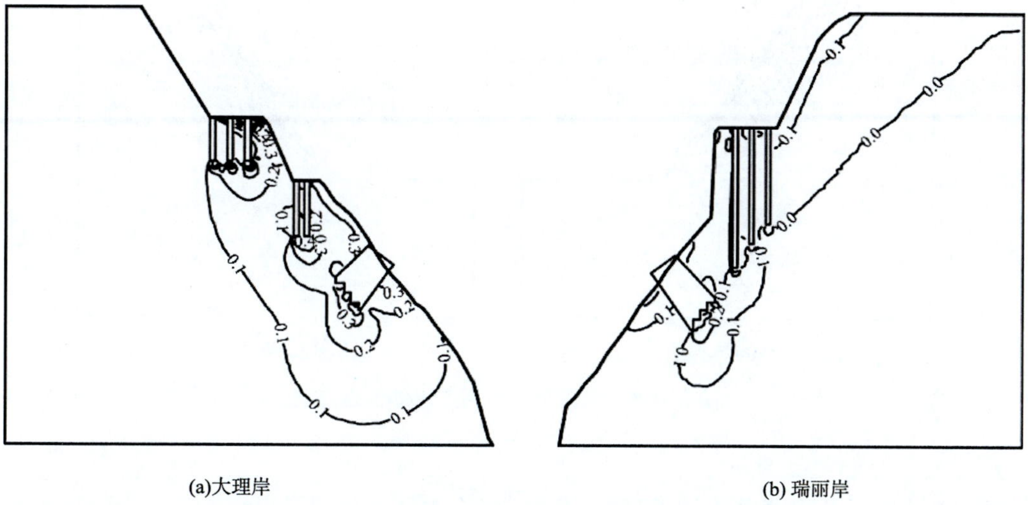

图 5.6.4　桥梁荷载作用下岩体应力影响系数等值线图

从图中可以看出，与天然状态相比，基底附近岩体最大主应力状态发生了明显的改变，特别是基础底部，均产生了应力集中现象。基底岩体中应力值明显增大，但应力集中的范围并不大，远离基础的岩体应力并未受到太大的影响。

从图中可知，荷载对岸坡岩体应力的影响主要集中在拱座附近，且影响的程度和范围都不大。大理岸 0 号台和 1 号墩基础底部岩体应力影响系数较大，最大值可达 0.6 以上，即荷载在该点产生的应力为岩体自重应力的 0.6 倍，拱座基底岩体应力影响系数约 0.5，坡面上岩体应力影响系数最大可达 0.3，岩体应力受荷载影响较大的范围主要集中在基底。瑞丽岸 4 号台基底岩体应力影响系数最大值为 0.4，拱座基底岩体应力影响系数约 0.3，坡面上岩体应力影响系数最大可达 0.2，应力影响系数相对来说比大理岸小，原因在于瑞丽岸基础位置附近天然应力比大理岸对应位置大。总的来说，基底岩体应力受荷载影响较大，荷载对坡面岩体应力的影响也不容忽视，荷载作用下岸坡岩体能否保持稳定，需要通过强度分析才能确定。

5. 岸坡岩体破坏模式分析

桥梁荷载作用下岩体位移趋势特征如图 5.6.5 所示，图中位移向量表示仅由荷载产生的岩体位移，而未包括天然状态下岩体仍将产生的变形。从图中可以看出，大理岸桥梁荷载作用仅影响到拱座附近岩体的运动，拱座附近岩体受荷载影响，位移有所增加，特别是拱座底部。向岸坡内部岩体位移越来越小，坡面岩体受荷载影响较大的块体主要分布在拱座附近。荷载作用增加了大理岸岸坡岩体运动的趋势，认为荷载作用对岸坡岩体的位移和破坏有一定的影响，但主要集中在坡面上。

瑞丽岸拱座附近坡面上岩体位移相对较大，最大值位于拱座底部，向岸坡内部岩体位移越来越小，受拱座水平作用力的影响，拱座附近岩体位移向量指向坡内，但拱座后缘上方岩体位移趋势指向坡外，因此拱座后方岩体可能向坡外运动，此外，拱座下方陡坡顶部位移方向也指向坡外，对岸坡的稳定性有一定的影响。总的来说，荷载作用下，拱座附近岩体稳定，但拱座后缘上方及下方岩体存在向坡外运动的趋势。

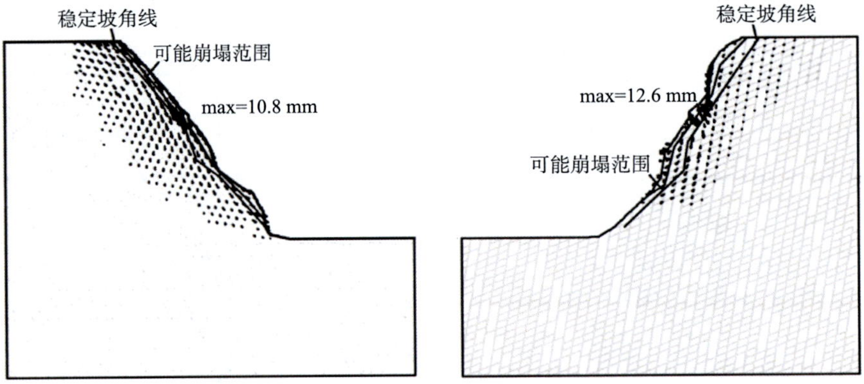

(a) 大理岸　　(b) 瑞丽岸

图 5.6.5　桥梁荷载作用下岩体位移趋势

6. 岸坡岩体稳定性分析

图 5.6.6 表示桥梁荷载作用下岸坡岩体拉张应力区。从图中可以看出，与天然状态相比，岸坡岩体拉张应力区分布主要在基础底部有变化，其他区域张应力与天然状态下岩体张应力

分布类似。基础底部存在的张应力对基础及基础底部岩体的稳定性影响不大，但可能引起基础外侧岩体的破坏。

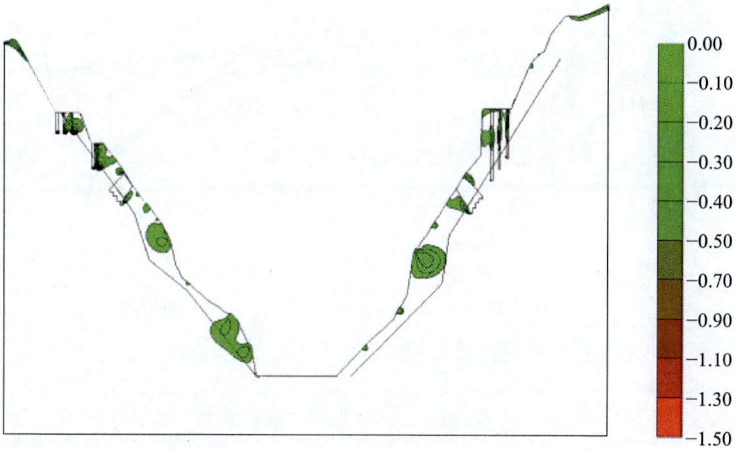

图 5.6.6 岸坡岩体拉张应力区

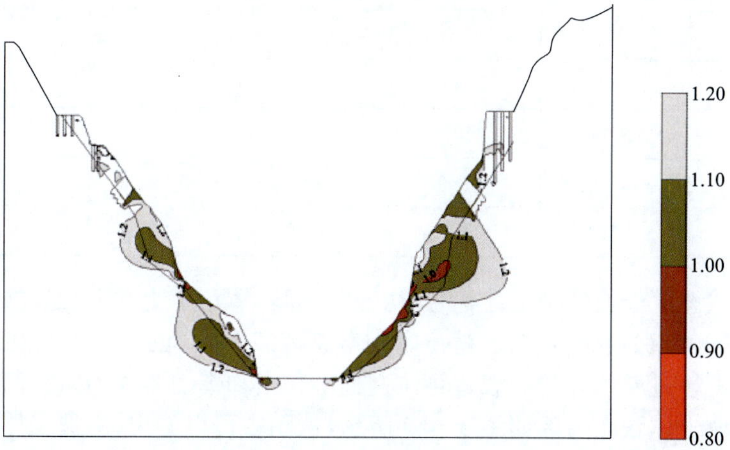

图 5.6.7 岩体抗剪稳定系数等值线

图 5.6.7 表示桥梁荷载作用下两岸岩体强度特征。桥梁荷载作用下墩台基础附近岩体均能满足强度要求，拱座基础岩体强度稍显偏低。大理岸拱座下方及谷底塑性区范围受荷载影响较小，并未因桥梁荷载的作用而扩大，但瑞丽岸拱座下方陡坡底部塑性区范围有一定的扩大，但仍在稳定坡角线以外。荷载作用对瑞丽岸的影响大于大理岸，桥梁基础整体是稳定的，两岸岸坡整体上也是稳定的，但两岸拱座下方岩体强度稍显不足，建议加固该范围岩体。

7. 桥梁转体施工对岸坡稳定性的影响

澜沧江大桥采用劲性骨架钢筋混凝土拱桥，采用向下竖转进行拱肋劲性骨架合龙的施工方法(图 5.6.8)。劲性骨架高 187.23 m，一岸转体总重 2 150 t，拱脚竖转铰处竖向反力 1 030 t，水平反力 447 t。转体过程扣索和牵引索索力见表 5.2.3，利用数值方法对桥梁转体过程中岸坡的稳定性进行分析。

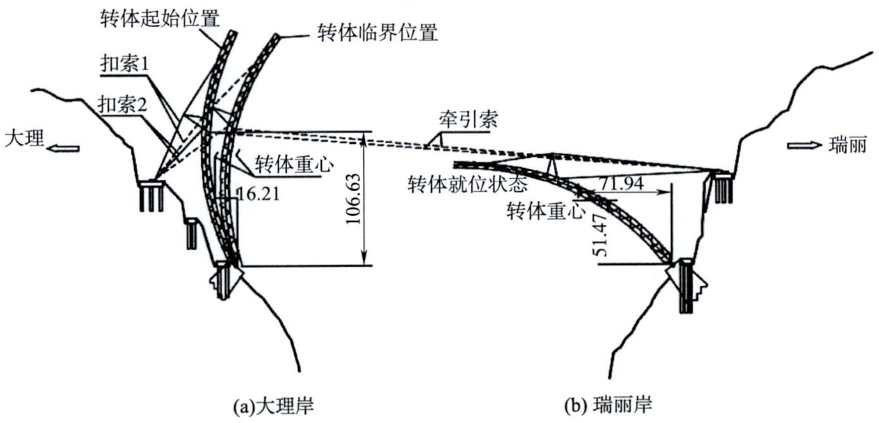

图 5.6.8 转体过程示意图(m)

表 5.6.3 牵引索、扣索索力

转体角度	扣索 1(kN)		扣索 2(kN)		牵引索(kN)	
	大理侧	瑞丽侧	大理侧	瑞丽侧	大理侧	瑞丽侧
0°(托架)	3 800	3 800	0	0	6 000	4 000
10.6°(临界点)	3 800	3 800	0	0	3 300	2 200
25°	4 200	4 960	0	0	0	0
40°	8 800	9 500	0	0	0	0
50°	10 840	10 860	1 180	1 560	0	0
65°(就位)	12 100	11 840	5 200	5 160	0	0

分析两个状态下岸坡的稳定性,一是初转时,即转体角度为 0°,二是转体就位时,即转体角度为 65°。初转时牵引索荷载较大,就位时扣索总荷载较大,也是最不利状态。其他转体状态下荷载一般均不超过就位时的荷载。转体过程中扣索和牵引索受力点在两岸桥台上。

初转时岸坡岩体张应力区如图 5.6.9 所示,从图中可以看出,岸坡岩体张应力主要存在于坡面陡坡段顶部,这与天然状态下岸坡岩体张应力区类似。由于在转体过程中两岸桥台受到了较大的拉力,桥台桩基附近岩体中出现了较大的拉张应力,这对桥台处岩体的稳定不利。大理岸桥台最外侧桩基底部有较大的张应力区,承台附近岩体张应力区延伸至坡面,可能产生局部的岩体拉张破坏;瑞丽岸桥台附近岩体拉应力区已延伸至坡面,可使桥台下岩体产生整体拉张破坏,且桥台外侧存在巨型危岩体,桥梁转体施工可加速其运动。总的来说,初转时瑞丽岸桥台下方岩体比较危险,建议在转体施工前对其进行加固处理。

初转时岸坡岩体抗剪稳定系数等值线如图 5.6.10 所示,两岸墩台基础附近岩体抗剪强度均满足要求,初转时墩台附近岩体不会产生剪切破坏。

转体就位时岸坡岩体张应力区如图 5.6.11 所示。与天然状态岩体张应力区相比,两岸桥台附近岩体产生了较大的张应力区,与初转时岸坡岩体张应力区相比,两岸桥台张应力区范围有较大的增加,数值上也有一定增加。大理岸桥台桩基附近岩体中存在大范围张应力区,可能产生大面积的岩体拉张破坏;瑞丽岸桥台附近岩体拉应力可使桥台下岩体产生整体拉张破坏。

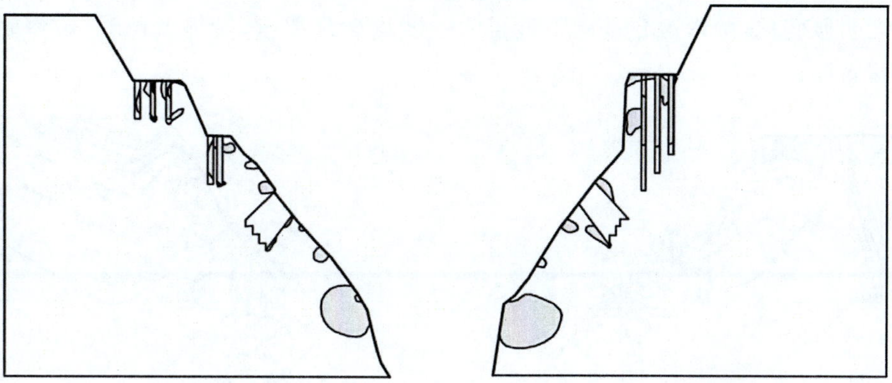

(a) 大理岸　　(b) 瑞丽岸

图 5.6.9　初转时岸坡岩体张应力区

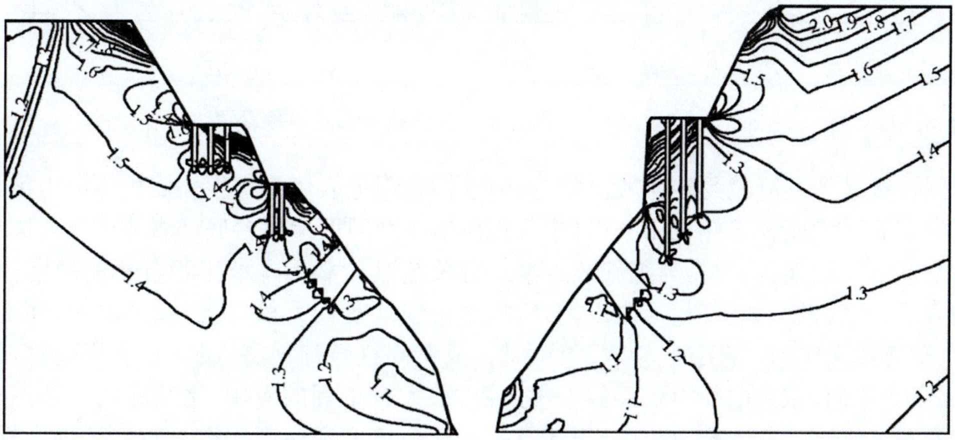

(a) 大理岸　　(b) 瑞丽岸

图 5.6.10　初转时岸坡岩体抗剪稳定系数等值线

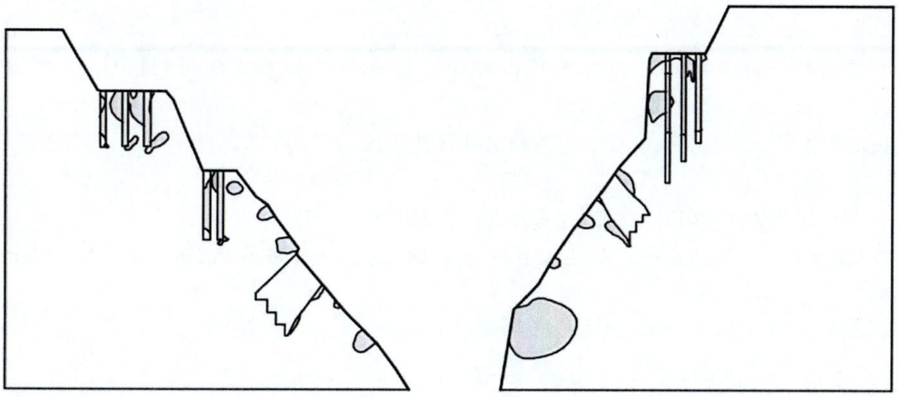

(a) 大理岸　　(b) 瑞丽岸

图 5.6.11　转体就位时岸坡岩体张应力区

转体就位时岸坡岩体抗剪稳定系数等值线如图 5.6.12 所示。与初转时岩体抗剪稳定系数相比并无明显变化，两岸墩台基础附近岩体强度均满足要求，转体就位时，墩台附近岩体不会产生剪切破坏。

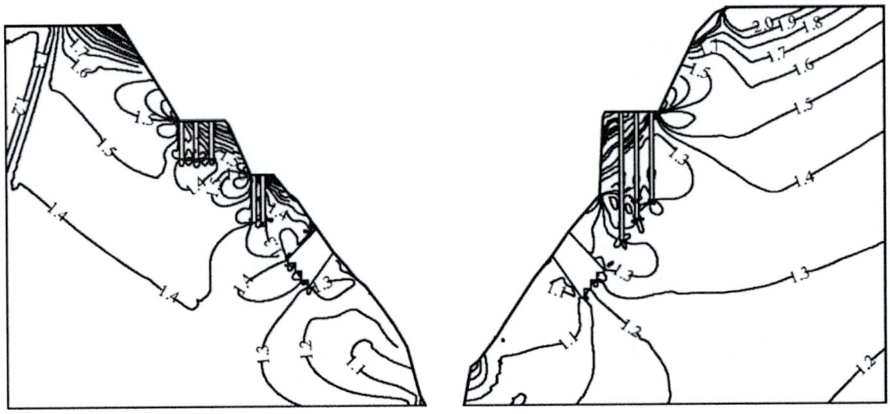

(a) 大理岸　　(b) 瑞丽岸

图 5.6.12　转体就位时岸坡岩体抗剪稳定系数等值线

转体过程最不利阶段是转体就位状态，两岸桥台附近岩体将产生大面积拉应力区，可能造成桥台底部岩体大面积岩体拉张破坏，建议转体施工前对两岸桥台底部岩体进行加固处理。

以上实际工程案例分析，详细叙述了本章有关桥基荷载下岸坡工程分析的技术路线和方法。该方法自 20 世纪 90 年代形成以来，历经水柏线北盘江大桥、南昆线清水河、朔准线黄河特大桥、郑万线大宁河、梅溪河、神农溪特大桥、成贵高铁鸭池河特大桥、张吉怀高铁西水特大桥、川藏线大渡河、东久曲特大桥等数十座大桥、特大桥工程的应用，逐渐成熟和不断完善，已为工程实践所接受。在本章分析中，未涉及的山区河道型水库库水涨落对岸坡稳定性影响的内容，在本书第 6 章中有专题叙述。

参考文献

[1] 赵文．荷载作用下高陡岸坡岩体力学行为特征及桥基位置确定方法研究[D]．成都：西南交通大学，2005.

[2] 中华人民共和国行业标准．铁路桥涵地基和基础设计规范：TB 10002.5—99[S]．北京：中国铁道出版社，2000.

[3] 谢强．铁路岩石边坡研究[D]．成都：西南交通大学，1998.

[4] BIENLAWSKI Z. T. Engineering Rock Mass Classification，Intercience Publication[M]. Viley，New York，1989.

6 库水涨落条件下岩石岸坡工程

6.1 库水涨落条件下岩石岸坡稳定性问题

当线路行进在山区河谷地区时，常常与水库相伴。山区水库通常都是河道型水库，库岸延伸较长。不论是线路沿库岸展布还是跨越河谷，水库岸坡都不可避免。山区河道型水库出于防洪、发电的双重目的，会对水库水位做周期性的调节，导致库水周期性涨落。库水周期性涨落，引起岸坡岩体内的地下水位频繁变动。岩体中地下水位的变化，将导致岩体物理力学状态的改变，对岩石岸坡的稳定性产生影响。

从物理力学角度看，岩体中水位变化对岩体的影响主要包括两个方面：一是水位变化使作用于岸坡岩体中的水压力发生改变，从而引起岸坡岩体应力场的改变。二是岩体与地下水相互接触，发生一系列的物理化学作用，改变了岩体中岩块和结构面的物理力学性质。

根据地下水水力学原理，流动中的地下水产生的水压力可分为静水压力和动水压力。静水压力是水的重量产生的，其大小仅与水位高低（水头大小）有关。地下水在岩体中流动时，岩块体对地下水流动形成阻力，或者反过来说，水流对岩体形成拖曳力。这种作用力可以用水在岩体裂隙中流动时，水与裂壁之间以及水流内部的摩擦力来度量。摩擦力的大小与流速有关，而流速与水力梯度（即水头损失）密切相关，因此，这种由于流动产生的作用力就称为动水压力。

库水位的涨落，对岸坡岩体地下水而言，即视为水位的变化和水力梯度的变化。根据上述概念，水位和水力梯度的变化，使岩体中动静水压力变化，导致岩体中应力大小发生变化，引起岸坡稳定性状态的改变。在山区河道型水库中，库水位的涨落是频繁的、大幅度的。因而，库岸岩体中应力的变化也是频繁的、大幅度的。在这样的动态变化条件下，库水岸坡稳定性需要进行专门研究。

描述库水涨落对岸坡岩体的影响的直接指标，是地下水位的空间分布特征。而岩体中的地下水位，是地下水流动与复杂岩体裂隙系统相互协调的结果。在地下水动力学或岩体水力学中，对这种结果的描述、计算、分析，称为岩体渗流场研究。渗流场研究是一切岩体水力学研究的前提和基础，尤其是对库水涨落条件下岸坡的稳定性分析。由于岩体中存在大量的结构面，而结构面之间相互交叉、连通，构成了极其复杂的岩体裂隙网络系统。令人遗憾的是，迄今为止，对这种复杂裂隙网络系统的渗流计算，特别是工程实用性的计算，仍然是没有较好解决的问题。本章将探索这一问题的工程实用化解决方案。

除了水压力导致的岸坡稳定性问题，在岩体由可溶和（或）易冲刷岩石组成情况下，裂隙中流动的水与裂壁物质之间，还将发生一系列的物理化学作用，即广义的水岩作用。水岩作用表现为溶（冲）蚀裂隙表面，增大裂隙隙宽，改变裂壁的粗糙起伏程度，软化裂壁物质，其结果是岩体抗剪能力降低。库水的频繁涨落，增大了水岩作用的强度，可能危及岸坡安全。

上述因素作用下的岸坡稳定性，是铁路岩石边坡工程中较为特殊的问题。本章通过建立工程实用化的三维裂隙网络渗流模型，研究库水涨落条件下岩石岸坡的渗流场特征，建立岸坡地下水水位(浸润线)方程，计算岸坡岩石受到的动静水压力，进而计算岸坡在水位涨落条件下岩体中应力、变形的变化规律，引入水岩作用对岩体抗剪强度指标的影响，提出库水涨落条件下岩石岸坡稳定坡角的修正方法，以及相应的防护工程设计参数。

6.2 岩体裂隙水力学特征

一般情况下，岩体中的地下水是通过岩体裂隙网络流动的。对裂隙岩体介质中地下水渗流场的研究，遵循从单裂隙渗流特征到裂隙网络渗流场计算的途径。单裂隙的水力学特征的研究，是岩体渗流场研究的基础。

6.2.1 岩体裂隙渗流特征

1. 立方定律

传统的单裂隙水力学模型中，假定岩体裂隙是由两片光滑平行板所构成，即平行板模型(parallel plate model)，隙宽 a 为常数，裂隙中的水流运动符合 Navier-Stokes 方程，即

$$\frac{\partial u_i}{\partial t}=F_i-\frac{1}{\rho}p_i+\nu u_{i,jj} \tag{6.2.1}$$

式中 u_i——流速分量；

F_i——作用力，对缝隙水流 $F_i=0$；

ρ——水的密度；

p——水的压力；

ν——水的运动黏滞系数，其值与温度有关。

上述方程为张量形式。对于平行板缝隙水流，将上述方程在 x 轴方向展开，则

$$\frac{\partial u_x}{\partial t}=F_x-\frac{1}{\rho}\cdot\frac{\partial p}{\partial x}+\nu\left(\frac{\partial^2 u_x}{\partial x^2}+\frac{\partial^2 u_x}{\partial y^2}+\frac{\partial^2 u_x}{\partial z^2}\right) \tag{6.2.2}$$

当考虑为层流流态时，$u_z=0$，隙宽为 a，上式中等号左边和等号右边第 1 项，括号内第 1、2 项为 0，式(6.2.2)可化简为

$$\frac{\partial^2 u_x}{\partial z^2}=\frac{1}{\rho\nu}\cdot\frac{\mathrm{d}p}{\mathrm{d}x} \tag{6.2.3}$$

考虑天然水的黏度可以忽略，且水不可压缩，根据伯努利(Bernoulli)方程，水头、流速与速度水头之间的关系为

$$h=z+\frac{p}{\rho g}+\frac{u^2}{2g} \tag{6.2.4}$$

式中 h——总水头；

z——位置水头；

g——重力加速度。

在狭窄的裂隙中，速度水头 $u^2/(2g)$ 一般较小，可忽略，上式变为

$$h=z+\frac{p}{\rho g} \tag{6.2.5}$$

将式(6.2.5)代入式(6.2.3),可得

$$\frac{\partial^2 u_x}{\partial z^2}=\frac{g}{\nu}\cdot\frac{\mathrm{d}h}{\mathrm{d}x} \tag{6.2.6}$$

由于隙宽 a 为常数,流体为均匀流体,可认为各处的水力梯度 $\mathrm{d}h/\mathrm{d}x$ 不变,则式(6.2.6)等号右边的各项均为常数,表明速度 u_x 与 z 呈抛物线关系。根据裂隙的对称性,当 $z=\pm0.5a$ 时,$u_x=0$;当 $z=0$ 时(即裂隙中间),距离裂隙壁最远,u_x 最大,代入式(6.2.6)解之,即

$$u_x=\frac{g(a^2-4z^2)}{8\nu}\cdot\frac{\mathrm{d}h}{\mathrm{d}x} \tag{6.2.7}$$

则流过裂隙的流量为

$$q=2\int_0^{0.5a}u_x\,\mathrm{d}z=\frac{ga^3}{12\nu}\cdot\frac{\mathrm{d}h}{\mathrm{d}x} \tag{6.2.8}$$

从而得到流量 q 与隙宽 a 的 3 次方成正比的关系,即为立方定理。写成达西(Darcy)定律形式,即

$$q=-k_{\mathrm{f}}aJ \tag{6.2.9}$$

式中　J——水力梯度,$J=\frac{\mathrm{d}h}{\mathrm{d}x}$;

k_{f}——裂隙中的水力传导系数,$k_{\mathrm{f}}=\frac{ga^2}{12\nu}$。

2. 粗糙起伏单裂隙渗流特征影响因素分析

从上一小节的推导可知,立方定律表达的是光滑平行板缝隙内层流的水流规律。但岩体中的裂隙一般不是光滑等宽的。水在裂隙中流动时,会绕着粗糙裂壁面上的凸起体流动,导致流体是非均匀的,各处水力梯度不等,各处流速不均,并不能满足立方定律的基本假定。从工程应用的角度出发,如果研究裂隙表面特征对立方公式的影响,那么在满足工程精度的条件下,对原公式做必要的修正,是目前的可行之路。根据立方定律建立中的假定,选择对公式有影响的裂隙长度、流速、粗糙起伏程度、水的流动形态等条件和特征,采用数值模拟的方法,研究公式修正的可能。

(1)计算模型

根据 DARS 系统(参见本书第 4.6 节)中大量野外岩石边坡结构面几何形态特征数据,按裂壁上单位长度内微凸体的数量和微凸体的高度的随机特征,建立的粗糙裂隙几何模型如图 6.2.1 所示。将此模拟的粗糙裂隙几何模型作为模拟分析的基本模型。

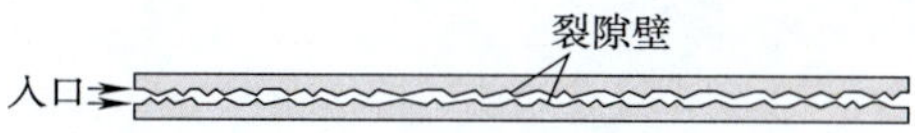

图 6.2.1　粗糙裂隙几何模型

(2)裂隙长度

立方定律认为无论进水口的流速分布呈何种形式,随着流体在光滑平行的裂隙中流动,最终的流速分布形式均呈抛物线型。如果进口的流速为均匀分布,那么流体的流速分布形式从均匀分布到抛物线分布形式需要一定的裂隙长度来过渡(图 6.2.2)。如果这个裂隙长度与野外的裂隙长度相比较大,则需要考虑由于裂隙过短,裂隙中流速的分布不是抛物线型而导致实际的流量与立方定律计算得到的结果有一定偏差,需要对此修正。如果这个裂隙长度远小于

野外的裂隙长度，则可以忽略它的影响。

采用商用软件 ANSYS 中的 fluent（流体）模块，模拟计算得到粗糙裂隙不同长度与裂隙流量的关系如图 6.2.3 所示，从图中可以看出，裂隙长度对裂隙流量的影响很小。这与粗糙起伏裂隙水呈涡流、紊流状态，很难形成平行光滑等宽裂隙的稳定过渡段有关。因此，裂隙长度对立方公式的影响可以忽略。

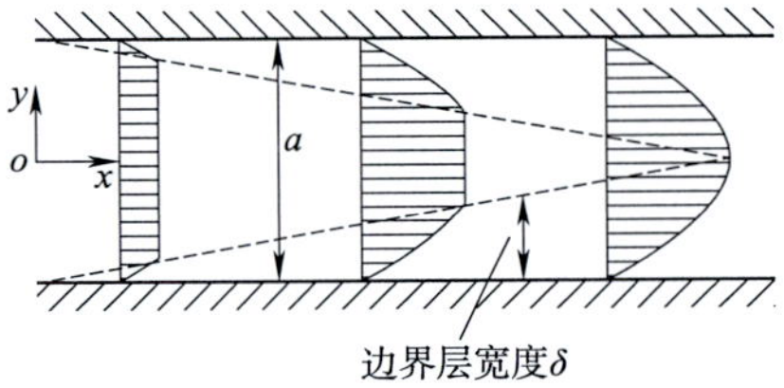

图 6.2.2 不同流程的流速分布图

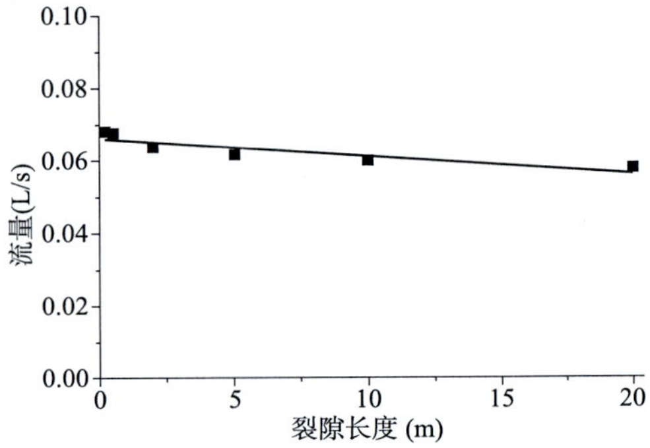

图 6.2.3 单裂隙流量与裂隙长度关系

(3)雷诺(Reynolds)数 *Re*

Re 是根据流体的流速、黏性、密度等来判定流体流动状态为层流还是紊流的参数。立方定律是建立在流体流动形态为层流基础上的。但当流体的流速过大，或裂隙的隙宽过大，或裂壁粗糙起伏对隙宽影响明显时，水流形态为紊流，此时立方定律的运用将极大受限。在裂隙水流中，雷诺数主要与裂隙的隙宽、水力梯度（关系到流速）、粗糙度有关。

①隙宽

通过改变模型的裂隙宽度来改变流体的雷诺数。计算裂隙的有效宽度分别为 0.5、1、1.5、2、3、4、5、6、7、8 mm 的等宽裂隙渗流场，得到不同隙宽及雷诺数下的流量（图 6.2.4）。

由于隙宽对雷诺数的影响是三次方的，当隙宽大于 2 mm 以后，数值计算值与立方定律理论值的差别快速增大。现场调查表明，对于可溶岩体，裂隙宽度最大可达数十毫米，故应进行隙宽修正。

单裂隙水流量与平均隙宽呈近线性关系（图 6.2.5），而不是如立方定律的三次方关系。这是因为粗糙起伏裂隙内的水流有涡流，消耗了大量能量，与立方定律的基本假定不符。而采用线性关系拟合流量与有效隙宽的关系，只是数学上的近似表达。

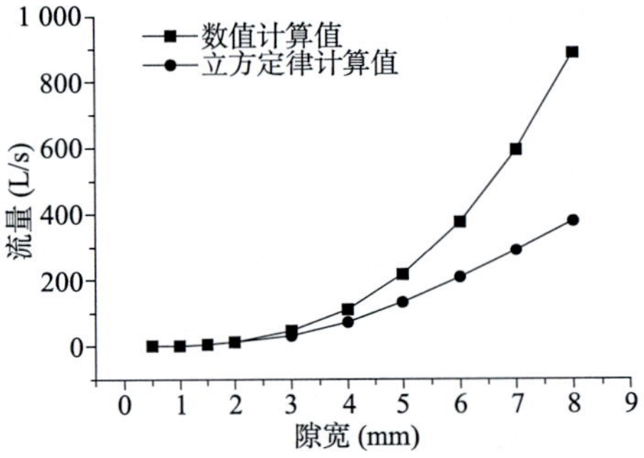

图 6.2.4 不同隙宽的流量曲线

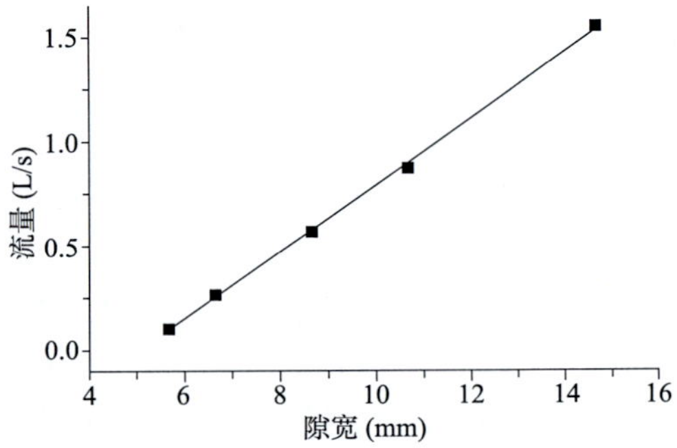

图 6.2.5 单裂隙流量与有效隙宽关系

②水力梯度的影响

通过增大模型的水力梯度 J 来改变流体的雷诺数 Re。计算得到水力梯度为 0.02、0.2、0.4、0.6、0.8、1、2 时流出裂隙的流量如图 6.2.6 所示。从图中可以看出，随着水力梯度的增大，流体的流速数值计算值相对立方定律值逐渐减小，当水力梯度为 2 时，数值计算的最大流速 1.98 m/s 比立方定律计算得到的最大流速 2.49 m/s 小 20%，需要进行修正。当水力梯度小于 0.2 时，计算误差小于 5%，误差较小，满足计算要求。

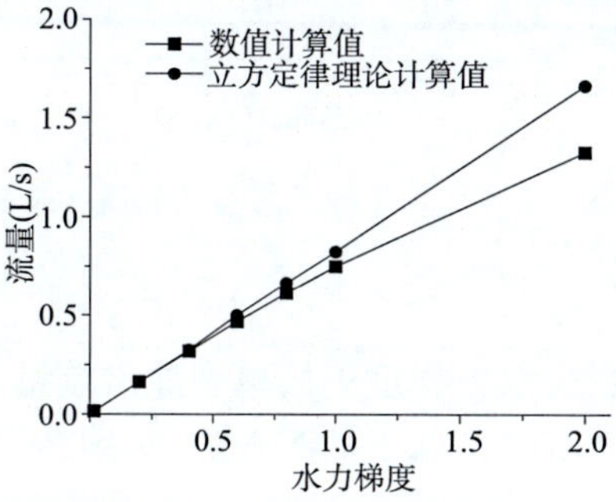

图 6.2.6 不同水力梯度下的流量

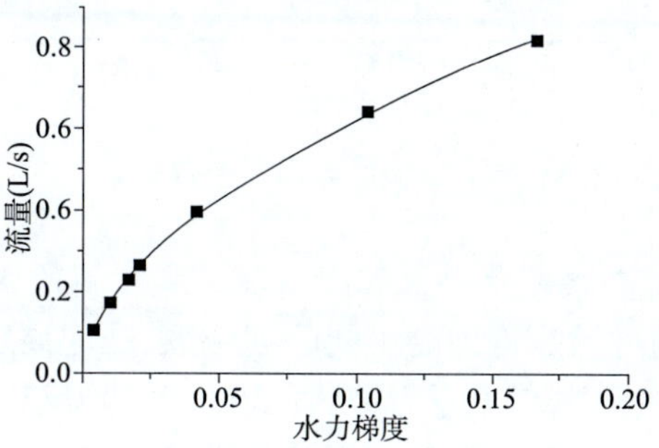

图 6.2.7 单裂隙流量与水力梯度关系

单裂隙水流量随着水力梯度的增大而增大(图 6.2.7)，这是因为根据达西定律，水力梯度越大，流速越大，则流量越大。单裂隙水流量与水力梯度关系曲线随着水力梯度的增大而趋于平缓，这是因为水力梯度越大，雷诺数越大，紊流及涡流现象越显著，消耗的能量越多，流量随水力梯度的增加而增加的速度越慢。

(4)粗糙度

粗糙裂隙主要由 Barton 提出的节理粗糙度系数 JRC 来表达。Barton 在大量试验基础上提出了 10 条标准剖面，将节理粗糙度系数定义在 0～20 之间。在直接影响裂隙水流的模拟计算中，图形化裂壁凸起形态标准量板必须经过量化才能使用。蒋爵光等(1997)在大量实测的基础上，采用基线长度 50 cm 内，凸起体的个数 n，凸起体的平均高度 H 来量化结构面粗糙度

$$JRC = 0.36n + 0.73H \tag{6.2.10}$$

根据该经验公式，采用凸起体平均高度和凸起体个数来生成不同粗糙度的裂隙，并建立裂隙水流计算模型，用以研究粗糙度对裂隙水流的影响。

①凸起个数

如图 6.2.8 所示，单裂隙水流量随着凸起个数的增多而逐渐降低，曲线形式呈负指数型，这是因为凸起个数越多，裂隙内产生涡旋越多，裂隙水流动过程中流量的损失越大。采用线性拟合单裂隙流量与凸起个数的关系，仍能保留较好的拟合精度，为了使用方便，采用线性拟合关系来表达单裂隙与凸起个数的关系。

②凸起高度

如图 6.2.9 所示，单裂隙水流量随着凸起高度的增大呈线性降低，起伏裂隙的内凹深度越大，裂隙内产生涡旋越大，裂隙水流动过程中流量的损失越大。采用线性拟合单裂隙流量与凸起高度的关系，仍能保留较好的拟合精度。

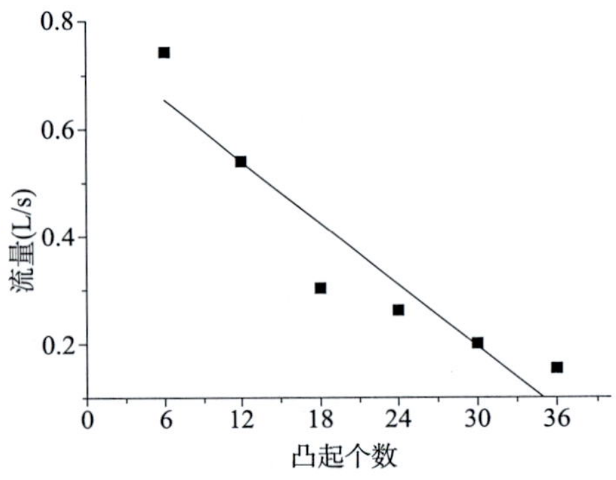

图 6.2.8　单裂隙流量与凸起个数关系

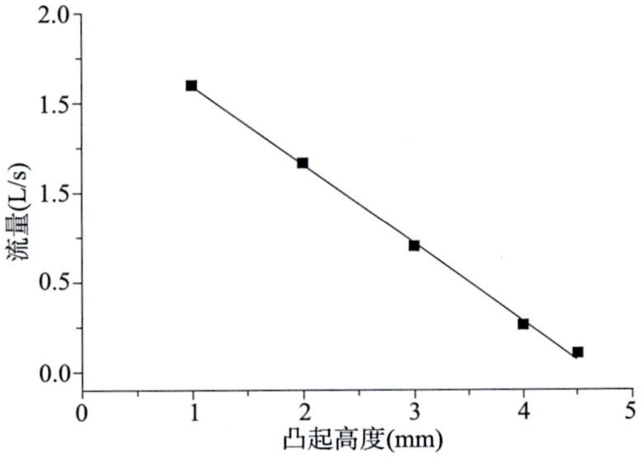

图 6.2.9　单裂隙流量与凸起高度关系

3. 粗糙起伏单裂隙渗流对立方定律的修正

通过计算得到的不同凸起个数、凸起高度、平均隙宽、水力梯度下的单裂隙水流量，按照流量相等原则，根据立方公式[式(6.2.9)]反算隙宽，得到不同条件下的等效隙宽，用多元线性方程拟合建立等效裂隙宽度的数学表达式

$$\begin{cases} a_c = 0.28a - 0.12\text{JRC} - 6.4J + 2.3 \\ a^3 = \dfrac{12q\nu}{gJ} \end{cases} \tag{6.2.11}$$

式中符号的含义同前。式(6.2.11)计算得到的隙宽即视为满足立方公式的隙宽值。

当裂隙的平均隙宽和粗糙度均较大时，式(6.2.11)拟合精度不高，但也能基本满足工程精度要求。在一般工程条件下也可用于等效裂隙宽度的计算。

6.2.2　长期水岩作用对岩体裂隙性质的影响

对可溶易冲刷岩石而言，长期水岩相互作用会改变岩体裂隙表面的几何形态和力学性质。岩石成分不同，裂隙形成和后期内外力作用方式和特征不同，水气环境不同，水岩作用的程度和结构千差万别。在此，仅以西南地区最常见的灰岩与库水的长期作用为例，研究长期水岩作用对岩体裂隙性质的影响。

根据西南地区灰岩库岸的典型环境，以重庆大宁河库岸斜坡为背景，模拟三种不同的水岩长期作用下，试验研究灰岩表面的强度及粗糙度的变化规律。试验确定的三种水岩作用环境分别是：

(1)常温静水状态下的干湿循环作用

干湿循环作用包括浸泡阶段和干燥阶段，对应库水位上涨时浸泡，库水位下落时裸露干燥循环。由于环境水具有一定酸性，浸泡溶液采用 pH＝3 的SO_4^{2-} 型酸性溶液。水流为静止状态，水温 20 ℃，浸泡时间为 4 天。干燥方式为风干，采用风扇加速，干燥时间为 3 天。试验装置如图 6.2.10(a)所示。

(2)高温静水状态下的干湿循环作用

三峡重庆库区四季分明，气温、水温变化较大。为了考虑温度对水岩作用的影响，在常温静水环境基础上，改变温度条件作为高温静水状态。湿润环境为水温 35 ℃，浸泡时间 4 天。干燥方式为电炉烘干，温度为 60 ℃，干燥时间为 3 天。试验装置如图 6.2.10(b)所示。

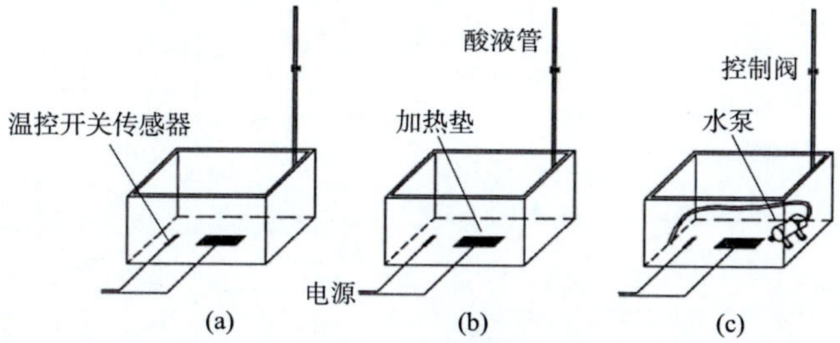

图 6.2.10 试验装置示意图

(3)常温下的动态水干湿循环作用

库岸岩体中的地下水处于流动状态，库水位的涨落更加大了地下水的流动能力。为了考虑地下水动态变化对水岩作用的影响，在上述常温静水状态的基础上，其他试验条件不变，改变水流为流动状态。试验装置如图 6.2.10(c)所示。

1. 常温下的干湿循环作用

①粗糙度随干湿循环作用的变化规律

为了反映裂隙壁表面起伏特征的变化规律，采用伸长率 ΔL 来量化裂隙壁表面的起伏特征。伸长率是指节理轮廓曲线长度与基线长度之差与直线长度的百分比。ΔL 与 JRC 的关系引用王岐(1982)的经验公式

$$\mathrm{JRC}=26.4317\lg(\Delta L) \tag{6.2.12}$$

式中 ΔL——伸长率，$\Delta L=\dfrac{L'-L}{L}\times 100\%$；

L'——节理轮廓曲线长度；

L——节理基线长度。

常温干湿循环后岩石表面轮廓线与试验前轮廓线的对比如图 6.2.11 所示。测量计算不同循环次数下的伸长率如图 6.2.12 所示。从图中可见，伸长率随干湿循环作用无显著的变化，最大变化率约为 0.1%。根据式(6.2.12)计算 JRC 的变化，其差值小于 1，低于野外测量精度，可不考虑 JRC 的变化。

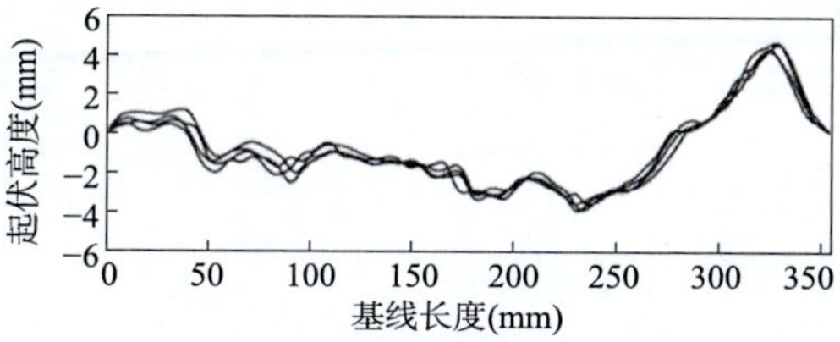

图 6.2.11 不同干湿循环次数下的粗糙裂隙表面轮廓线

②回弹值随干湿循环作用的变化规律

采用回弹值测量裂壁强度。试验表明(图 6.2.13)，在常温环境下，干湿循环 1 次后岩石表面的回弹值略有增大，这是酸液洗掉了岩样表面的风化物质的缘故。酸液继续溶解岩石表面，岩石表面的回弹值随着干湿循环次数逐渐降低，降低的速度逐渐减缓，至干湿循环 7 次后，回弹值的变化较小。基本稳定后的回弹值为最大回弹值的 93%，降低约 7%。裂壁强度随着

干湿循环次数呈对数形式衰减。

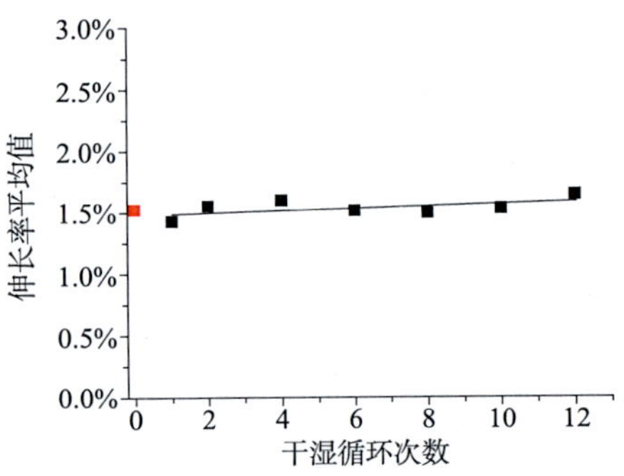

图 6.2.12　伸长率与干湿循环次数散点图

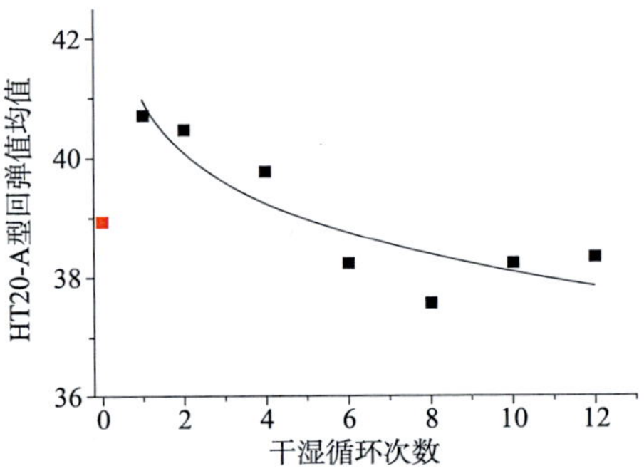

图 6.2.13　回弹值与干湿循环次数散点图

2. 高温下的干湿循环作用

①粗糙度随干湿循环作用的变化规律

测量计算得到不同干湿循环次数下的伸长率，从图 6.2.14 中可以看出，伸长率随干湿循环作用无显著的变化，最大变化率约为 0.2%，不考虑 JRC 的变化。

②回弹值随干湿循环作用的变化规律

酸液溶解岩石表面，岩石表面的回弹值随着干湿循环次数逐渐降低，降低的速度逐渐减缓，至干湿循环 6 次后，回弹值的变化较小。基本稳定后的回弹值为最大回弹值的 90%，降低约 10%。裂壁强度随着干湿循环次数呈对数形式衰减(图 6.2.15)。

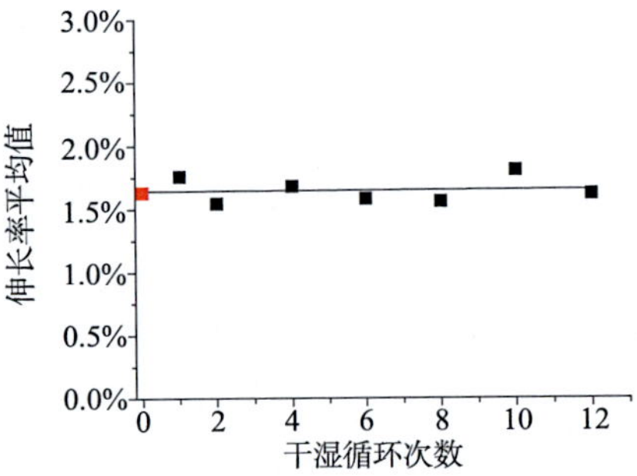

图 6.2.14　伸长率与干湿循环次数散点图

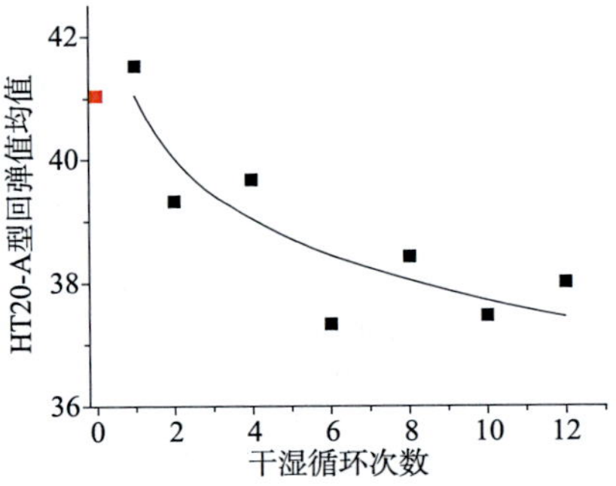

图 6.2.15　回弹值与干湿循环次数散点图

3. 动态水下的干湿循环作用

①粗糙度随干湿循环作用的变化规律

测量计算得到不同干湿循环次数下的伸长率，从图 6.2.16 中可以看出，伸长率随干湿循环作用无显著的变化，最大变化率约为 0.2%，可不考虑 JRC 及隙宽的变化。

②回弹值随干湿循环作用的变化规律

从图 6.2.17 可以看出，酸液继续溶解岩石表面，岩石表面的回弹值随着干湿循环次数逐渐降低，降低的速度逐渐减缓，至干湿循环 6 次后，回弹值的变化较小。基本稳定后的回弹值为最大回弹值的 92%，降低约 8%。裂壁强度随着干湿循环次数呈对数形式衰减。

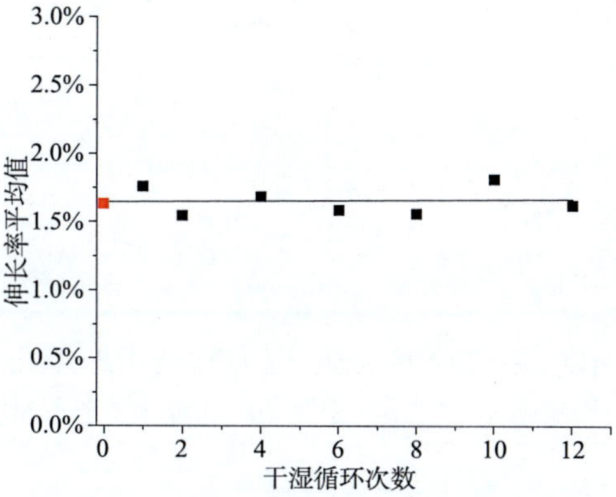

图 6.2.16　伸长率与干湿循环次数散点图

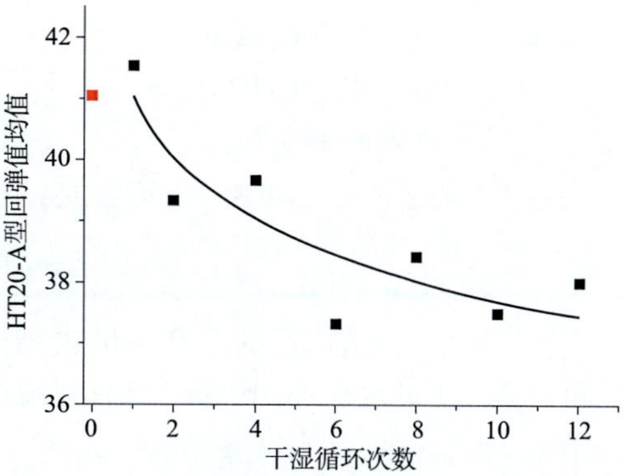

图 6.2.17　回弹值与干湿循环次数散点图

4. 不同水岩作用环境的对比分析

对灰岩在水岩作用下的岩石表面力学参数的研究表明，常温浸泡—风干循环作用、高温浸泡—烘干循环作用、扰动水浸泡—风干循环作用下结构面粗糙度无单调变化性，这是因为试验采用的灰岩表面已经具有一定的粗糙度，而灰岩的矿物成分相对单一，表面受到水岩作用比较均匀，差异性溶蚀现象不强。在水岩作用下，岩石表面强度均逐渐降低，并最终趋于稳定。温度升高及水流均能促进水岩作用，加速裂壁强度衰减，其中温度由 20 ℃增加到 35 ℃时，强度衰减程度由 7%增大到 8%，强度衰减速度增加了 15%。水由静止变为缓慢流动，强度衰减程度由 7%增大到 10%，强度衰减速度增加了 42.8%。叠加温度和水流动的影响，在 35 ℃流动水的水岩作用下，强度衰减速度增加了 64.2%。根据裂壁强度与库水位涨落次数的关系，可确定裂壁强度 σ'_c 的预测公式为

$$\sigma'_c(n)=\sigma_c-m\ln(n) \tag{6.2.13}$$

式中　σ_c——新鲜裂壁强度(MPa)；

m——系数，由试验确定；

n——库水位涨落次数。

汇总不同水岩作用环境下的裂壁强度与干湿循环次数的关系式，见表 6.2.1。

表 6.2.1　不同水岩作用环境下的裂壁强度衰减计算公式

水岩作用环境	裂壁强度关系式
常温浸泡—风干循环作用	$\sigma'_{c1}(n)=\sigma_c-2.10\ln(n)$
高温浸泡—烘干循环作用	$\sigma'_{c2}(n)=\sigma_c-2.423\ln(n)$
扰动水浸泡—风干循环作用	$\sigma'_{c3}(n)=\sigma_c-2.573\ln(n)$
高温扰动水—烘干循环作用	$\sigma'_{c4}(n)=\sigma_c-2.97\ln(n)$

5. 长期水岩作用条件下裂壁抗剪强度衰减规律

裂隙表面的起伏度、粗糙度及强度决定了裂隙的抗剪强度，根据巴顿(Barton)公式可知

$$\tau=\sigma_n\tan\left[\mathrm{JRC}\cdot\lg\left(\frac{\mathrm{JCS}}{\sigma_n}\right)+\varphi_b\right] \tag{6.2.14}$$

式中 τ——抗剪强度(MPa);

σ_n——正应力(MPa);

JRC——裂壁粗糙度系数;

JCS——裂壁强度(MPa);

φ_b——基本摩擦角(°)。

根据 Mohr-Coloumb 准则,可定义结构面的综合 φ 值为

$$[\varphi]=\mathrm{JRC}\cdot\lg\left(\frac{\mathrm{JCS}}{\sigma_n}\right)+\varphi_b \tag{6.2.15}$$

由上式可知,结构面的综合 φ 值由结构面的粗糙度、裂壁强度、法向应力和基本摩擦角 φ_b 共同决定。通过水岩作用试验可知,裂隙的 JRC 变化较小,可忽略。JCS 变化较大,定义水岩作用前后裂壁强度的衰减系数为

$$\lambda=\frac{\mathrm{JCS}_{后}}{\mathrm{JCS}_{前}} \tag{6.2.16}$$

则在长期水岩作用下,裂隙的综合 φ 值的折减值为

$$\Delta\varphi=-\mathrm{JRC}\cdot\lg(\lambda) \tag{6.2.17}$$

以大宁河库岸灰岩为例,按初始裂壁强度 JCS=61 MPa,JRC=10,考虑高温干湿循环次数为工程使用年限 100 年计,则由式(6.2.13)、表 6.2.2、式(6.2.16)和式(6.2.17)计算综合 φ 值的折减值为

$$\Delta\varphi=-10\times\lg\left(\frac{61-2.97\times\ln(100)}{61}\right)=-1.1026° \tag{6.2.18}$$

由计算结果可知,考虑水岩长期作用对一般灰岩裂隙抗剪强度的影响,所需折减的综合 φ 值约在 1°~2°之间。在实际工程应用中,某些极限情况下,这个差值也是不能忽视的。如果岸坡岩石为易溶易冲刷岩石,这个值会更大,必要时应该经过试验确定。

6.3 库水涨落岩石岸坡渗流场特征

在单个裂隙的基础上,考虑大量裂隙之间相互交叉、组合,构成三维裂隙网络系统。裂隙水在裂隙网络系统内沿着裂隙面渗流,即为三维裂隙网络渗流。通过三维裂隙网络渗流计算,得到岸坡不同位置的地下水水头,是评价地下水作用下的岸坡稳定性的前提。

6.3.1 三维裂隙网络渗流模型的建立

1. 三维裂隙网络渗流模型的基本假定

①水仅在裂隙中流动的基本假定

石油工程师最先开始对裂隙岩体渗流展开研究。他们认为深部岩体中,由于岩块的孔隙部分的体积比裂隙部分的空隙总体积大得多,而孔隙的连通性及渗透性又弱于裂隙,故认为岩块孔隙是流体的存储空间,而裂隙是流体的流动通道,从而建立了模拟岩体渗流的双重介质模型。这个模型能够很好地适用于深部岩体,但浅表层的岩石岸坡与之不同。首先,浅表层岩体的应力水平较低,地下水的活跃程度较大,裂隙的张开度要比深部大。根据统计资料,深部岩体的裂隙张开度最常见的范围是 0.01~0.04 mm,而地表的裂隙张开度通常大于 0.1 mm,一般可达数毫米,这大大提升了裂隙部分的体积。其次,根据非饱和渗流理论,充满于孔隙中的

水，有很大一部分是不能自由流动的吸附水。剩余部分的水虽然能流动，但由于岩块的渗透系数低，其响应地下水变化所需要的时间远大于裂隙水，后期从岩块中流出的水很难充满裂隙，形成稳定的渗流场，故不考虑岩块中的渗流是合适的。最后，石油工程师考虑岩块中的渗流，是出于石油开采的需要，是因为深部高应力条件在开采过程中逐渐释放，产生高应力差，大大提高岩块内的流体的流速。因此，除开少数孔隙度很高的砂岩、砾岩以外，对于大多数浅表层岩石岸坡的渗流问题，水仅在裂隙中流动的假定是合理的。

②三维粗糙起伏裂隙流简化为二维平面流的假定

将粗糙起伏裂隙三维流简化为二维平面流是出于简化模型的目的。由于三维裂隙网络的裂隙分布复杂，建立的模型庞大，此时如果建立的模型还要进一步包含单个裂隙的变化，那么模型将会因过于庞大而难以计算。因此，只有将裂隙内的流动简化为平面流，流动能力采用水力传导系数来表达，才能得到工程实用的三维渗流计算的解决方案。将立方定律和修正的立方定律套用到达西定律上，将流体力学计算的结果用渗流的方式表达出来，从工程应用的实际和所需精度考虑，这个假定是合理的。

③蒙特卡洛法模拟的可行性

三维裂隙网络模型并不是对现场的每一条裂隙一一再现。这不仅难以实现，也没有太大必要。现场的裂隙众多，每一条裂隙的产生都与区域的地质条件相关，故一个地区的裂隙往往具有很大的共性。这给采用数理统计的方法来研究裂隙的空间分布提供了数学前提和实现方法。三维裂隙网络模型建立，是根据现场裂隙调查结果，得到能表达裂隙的几何形状及空间位置、方向的随机参数，通过计算机模拟，生成一个满足统计条件的三维裂隙网络随机模型，在技术上是可行的。

④忽略裂隙交叉区域的水头损失和偏流

在粗糙裂隙面的研究中，采用修正隙宽来计算水力传导系数时，已经包含或部分包含了裂隙交叉区域的水头损失和偏流。因此，建立的离散裂隙网络模型，可不考虑裂隙交叉区域的水头损失和非均匀流产生的偏流现象。

⑤假定裂隙网络的基本模型为 Baecher 模型

该模型假定裂隙的空间形态为圆盘。层理是贯通裂隙，圆盘的直径取无穷大，可独立形成一个完整的渗流路径。节理一般是非贯通的，往往不能形成一个完整的渗流路径，但这些裂隙可通过与其他裂隙相互切割、组合形成裂隙网络，从而形成一个完整的渗流路径。

⑥本文研究的对象是岸坡，其应力水平普遍较低，应力变化对隙宽的影响，小于野外隙宽测量误差，故不考虑隙宽随着应力的变化，即不考虑与应力的双向耦合。

2. 三维裂隙网络渗流模型建立的思路

建立三维裂隙网络随机渗流模型的一般思路，是首先建立三维裂隙网络几何随机模型，然后再进行网格划分。

三维裂隙网络几何随机模型采用蒙特卡洛法建立。在传统的模型建立中，首先需将裂隙面概化为一个基本形状，如圆盘、正方形、多边形等；然后采用野外实测的结构面数据确定随机参数，采用蒙特卡洛法计算裂隙的空间位置、大小、产状等，最后对模型进行检验。三维裂隙网络渗流随机模型需要对裂隙面进行网格划分。在网格划分之前，应先删除孤立裂隙和被裂隙切割后的死胡同部分。三维裂隙网络渗流随机模型的网格划分具有如下两个特征：①对于单个裂隙内部，属于平面网格划分，可采用堆砌法、Delaunay 三角形法等自动网格划分技术实现。②对于裂隙之间的交叉区域,应保证两个裂隙网格划分后在交叉区域的节点完全一致。这可以通过预先设置交叉区域的节点实现,也可以通过计算合适的网格尺寸,以保证交叉区域的节点共点来实现,还可以对网格节点进行调整来实现。但由于三维裂隙网络几何随机模型的裂隙空间分布复杂,裂隙交叉长度、交叉区域方向均有很大的随机性,裂隙交叉区域的节点之间的距离、位置也具有很大的随机性,划分得到的网格细长比大,质量不高,严重影响渗流计算的结果。

传统方法建立的三维裂隙网络渗流随机模型过于复杂的原因主要包括:①概化的裂隙模型是规则的,但三维裂隙网络渗流模型一般不考虑孤立裂隙及被裂隙切割后的死胡同部分,规则的裂隙相互切割,形成多边形裂隙,导致裂隙网络极为复杂。②裂隙的位置是通过裂隙密度、贯通度等随机生成的,可能出现超过三条裂隙相交的情况,导致模型复杂。在沉积岩中的裂隙,多数情况下可概化为 1 组层理和 2 组共轭节理发育的典型模式。③由于裂隙网络是随机生成的,裂隙的交叉区域也是完全随机的,不规则的,增加了网格划分的复杂性。

为了对三维裂隙网络进行有效的、高质量的网格划分,建立了适用于 3 组裂隙的渗流模型的方法。基本步骤为:

(1)结构面调查及统计,计算得到裂隙的随机参数,包括裂隙的间距、裂隙的产状;

(2)根据裂隙的间距平均值和产状平均值,建立 3 组裂隙面模型;

(3)计算有效贯通度,确定每组裂隙的数量;

(4)根据贯通度及计算域随机选择裂隙面;

(5)裂隙面产状的精细调整;

(6)裂隙面的精细网格划分;

(7)可视化处理;

(8)模型检验。

3. 几何模型的建立

几何模型的建立,主要是确定边界、结构面和结构面网络参数。相关参数确定如下所述,最终建立的模型如图 6.3.1 所示。

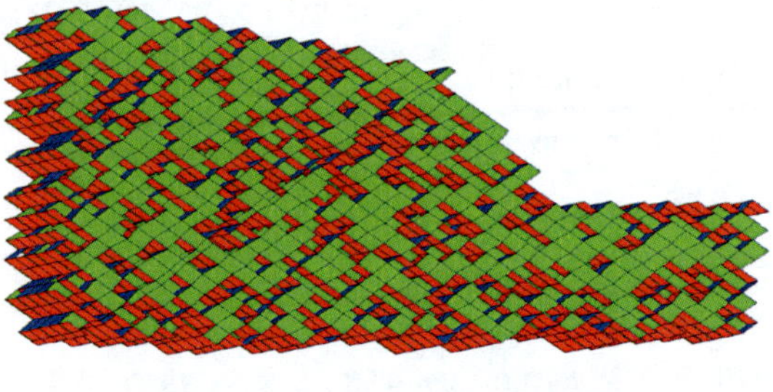

图 6.3.1 三维裂隙网络随机模型

(1)模型域的确定

首先确定三维裂隙网络模拟的空间范围及模型的坐标体系。规定岸坡的主坡向的水平方向为 x,x 水平面的垂直方向为 y,与 xy 平面垂直的方向为 z。这个坐标系是岸坡的整体坐标系。为了减小边界对计算结果的影响,设置岸坡坡后边界距离岸坡 2 倍坡高,岸坡底部边界距离岸坡 1 倍坡高,岸坡前方边界距离岸坡 1 倍坡高,y 方向宽度一般设为 2 倍坡高。以此确定模型域为长方体空间，长约为 4 倍坡高，宽 2 倍坡高，高约 4 倍坡高。

（2）贯通结构面的生成

首先根据各组结构面的间距和产状，生成相互平行的，间距不等的，被模型域边界切割的平面，共 3 组。3 组平面相互切割，形成 3 个不同方向的方形网格面，这些网格面的集合可以认为是 3 组完全贯通的结构面。

（3）结构面贯通的裂隙网络岸坡模型

以岸坡模型为对象，生成岸坡的计算域边界，删除计算域外的网格面，建立初步裂隙网络岸坡模型，此时模型的每组结构面都是贯通的。

（4）结构面非贯通的裂隙网络岸坡模型

分开考虑各组结构面的贯通性，建立结构面非贯通的裂隙网络岸坡模型。其中层理为贯通结构面，节理为非贯通结构面。可根据结构面的贯通率删除部分网格面。

（5）结构面产状的随机化修正

上一步建立的岸坡结构面非贯通的裂隙网络模型中，各组结构面产状完全一致，与实际不符。根据结构面产状的统计随机数，对每个结构面的产状进行随机修正，建立更加形似实际的三维裂隙网络随机模型。

4. 三维裂隙网络渗流的控制方程

对于三维裂隙网络渗流模型，模型的空间形态是离散的，不连续的。但对于沿着裂隙网络流动的流体而言，在渗流路径上的流动过程是连续的，是按照连续介质模型建立的。主要的理论依据为达西定律和渗流的连续微分方程。

（1）达西（Darcy）定律

达西定律描述的是裂隙中流体流量与水头的基本规律。定义裂隙的局部坐标系 x 为裂隙水流方向，y 和 x 为同一平面，z 与 xy 平面垂直，指向裂隙隙宽方向。由于模型假设为平面流（与 z 无关），达西定律在 x、y 二维平面上用流速、水力梯度的微分方程描述为

$$\begin{cases} v_x = k_x \dfrac{\partial h}{\partial x} \\ v_y = k_y \dfrac{\partial h}{\partial y} \end{cases} \tag{6.3.1}$$

式中　v_x，v_y——x、y 方向的速度；

h——总水头；

k_x，k_y——x、y 方向的渗透系数。

（2）平面渗流连续微分方程

渗流连续微分方程描述的是与坐标有关的水头与时间的关系。按地下水水力学原理，设水的密度 ρ 为常量，水和岩体结构均不可压缩，裂隙内渗透系数与方向无关，根据微元体水的质量变化量与流入流出的质量差相等（质量守恒），引入达西定律的微分形式，平面渗流连续微分方程为

$$k\frac{\partial^2 h}{\partial x^2} + k\frac{\partial^2 h}{\partial y^2} = \frac{\partial h}{\partial t} \tag{6.3.2}$$

式中 t 为时间，方程的形式为泊松方程。方程的初始条件为 $h(x,0)=f(x)$，边界条件为 $h(x,y,t)=h_{xy}(t)$。

5. 三维裂隙网络渗流的数值计算方程的构造

三维裂隙渗流网络空间分布复杂、逻辑关系复杂，计算节点庞大，对上一小节建立的微分方程求解，采用数值计算求解是常用且实用的计算方法。常见的数值计算方法较多，其计算结果虽有一定区别，但一般都满足计算精度的要求。从工程实用角度出发，采用的数值计算方法是有限差分法和有限体积法。

有限差分法(FDM)的基本求解思路是在网格划分的基础上，利用泰勒公式(差分公式)，把定解问题中的微商换成差商，建立离散化差分格式，从而把求解问题转化为代数方程问题，对代数方程求解即可。

有限体积法(FVM)的基本求解思路，是将计算区域分为一系列不重复的控制区域(三维状态下就是体积)，比如网格节点周围单位的形心所包围的区域，每个控制区域对应一个网格节点。将微分方程对每个控制区域进行积分，即可得到一系列离散的方程。微分方程对控制体积进行积分时，需要对控制体积内的待求变量的分布形式进行假设，一般采用线性假设。有限体积法的本质是加权剩余法，在计算流体力学中使用较多。

(1)构造渗流方程数值解的计算式

对式(6.3.2)给出的渗流微分方程，按照数学物理方程通常的记法，根据有源(非恒流)和无源(恒流)的情况，改写如下

无源(恒流)时，水头 h 与时间 t 无关，式(6.3.2)为拉普拉斯(Laplace)方程

$$-k\nabla^2 h=0 \tag{6.3.3}$$

有源(非恒流)时，水头 h 与时间 t 有关，式(6.3.2)为泊松(Poisson)方程

$$-k\nabla^2 h=f(x,y,t) \tag{6.3.4}$$

对上述两方程，根据不同的网格形式，对与坐标有关的水头 $h(x,y)$ 函数的微分形式，采用有限体积法变换为代数表达；对与时间有关的水头 $h(t)$ 函数的微分形式，采用有限差分转为代数形式，从而将微分方程化为代数方程求解。由于建立裂隙模型时，节理网络的网格形式既有三角形，也有不规则四边形，既有内部网格，也有边界网格，构造离散方程时推导过程琐碎，结果繁多，且都为一般计算数学的常规方法，在此略去。有兴趣的读者可参看章末相关参考文献。

(2)计算时步

对于非稳定渗流，需要规定计算时步的大小。如果时步过大，计算结果不稳定；如果时步过小，会加大计算步数，增加计算工作量及工作时长。已知非稳定渗流的平衡方程是根据流量的变化建立的，在1个时步内，某个节点会因为与邻近节点的水头差而产生流动，如果流量产生净值，则会导致这个节点的水头值改变，这个节点所代表区域的水体也会出现挤压或松弛，来提供净流量。如果净流量为正，则节点区域的水体进一步受压，节点的水头会增大。当计算得到的节点水头大于/小于该节点及临接节点上一步水头的最大值/最小值时，或某个节点所代表区域的流量变化值大于其存储能力时，会导致计算不稳定。因此为了控制单个时步内净流量的大小，应保证时步足够小。

时步可以通过下式计算确定，也可以通过试算确定。

$$\Delta t\leqslant \min\left(\frac{V}{kE}\right) \tag{6.3.5}$$

式中 V——节点所代表的面积或体积；

E——水的弹性模量；

k——综合渗透系数。

为了保证计算结果的时间是真实的，应对模型设置真实的弹性模量和渗透系数。

(3)节点排序问题

在非恒定流计算时，已知 A 点为靠近边界节点的临接节点，B 点为内部节点。如果边界条件变化，则会影响节点 A、B 的水头。在同一个时步内，如果首先计算节点 B 对应的计算式，则忽略了该时步内节点 A 受到边界的影响，导致计算误差。如果首先计算节点 A 对应的计算式，再以节点 A 的水头代入到节点 B 对应的计算式，则考虑了时步内边界与节点 A 之间流量变化时，节点 A 的水头变化对节点 B 的影响。

(4)自由地下水面处理

岸坡地下水渗流数值计算时，模型的四周及底部的位置是固定的，给节点施加特定的边界条件即可。但模型顶部存在的水面位置是变化的，待求的，需要对其特殊处理。对于模型的自由面，传统的有限元方法是将自由面当作可变边界处理，调整节点位置。此外，较为成熟的方法还包括剩余流量法、初流量法、饱和—非饱和联合计算等，饱和—非饱和联合计算得到的饱和—非饱和分界线即为自由水面，即浸润面。这里采用初流量法。

初流量法的基本原理是给模型施加一个初始状态，然后根据节点的静水压力将模型分为静水压力为正的区域 Ω_1 和静水压力为零或负的区域 Ω_2，两个区域的边界即浸润面。在计算过程中，不断判断各个节点的静水压力，更新两个区域，由于区域 Ω_2 的静水压力为零或负，在饱和计算过程中不用考虑其内部的渗流。

6. 数值计算方程的求解

建立的模型往往可达到几十万个网格，其数值计算方程组的阶数将达到几十万阶，由于有限差分公式本身就是近似公式，没有必要求方程组的解析解，而采用效率更高，更容易实现的迭代法进行求解，只需符合精度要求即可。常用的迭代求解方法有：

(1)雅克比(Jacobi)迭代解法

以正方形网格为例，构造的基本有限差分方程为

$$h(i,j)=[h(i+1,j)+h(i-1,j)+h(i,j+1)+h(i,j-1)]\div 4 \tag{6.3.6}$$

式中，$h(i,j)$代表与坐标相关的节点(i,j)水头，方程两边同时含有 h。设定控制精度 m 足够小。计算时首先根据初始条件假定一组 $h^{(1)}$，带入方程组中，计算得到 $h^{(2)}$。再将 $h^{(2)}$ 代入，得到 $h^{(3)}$，重复迭代，当 $h^{(k)}-h^{(k-1)}<m$ 时，可认为 $h^{(k)}$ 为上述方程的解。

(2)高斯—塞德尔(Gauss-Seidel)迭代法

雅克比迭代求解过程中，在每一次迭代运算时，后面节点的计算没有用到前面节点在本次得到的迭代结果，仍然采用的是上一次迭代的结果。事实上，本次得到的迭代结果比上一次迭代的结果更靠近准确解，应想办法采用本次的迭代结果进行计算。以正方形网格为例，构造的基本有限差分方程为

$$h_2(i,j)=[h_1(i+1,j)+h_1(i-1,j)+h_2(i,j+1)+h_2(i,j-1)]/4 \tag{6.3.7}$$

式中，$h_1(i,j)$为上一步迭代节点(i,j)的水头，$h_2(i,j)$为本步已迭代计算的节点(i,j)的水头。

(3)逐次超松弛(SOR)迭代法

设有建立的差分方程组形如

$$\mathbf{AX}=\boldsymbol{b}$$

为了加速 $\mathbf{X}(k+1)$ 的收敛速度，可考虑一个适当因子 m（松弛因子），得到加速迭代公式

$$\mathbf{X}(k+1)=\mathbf{X}(k)+m[\mathbf{b}-\mathbf{AX}(k)]$$

只要松弛因子 m 选择得当，由 SOR 法就会更快地接近方程组 $\mathbf{AX}=\mathbf{b}$ 的解。仍以正方形网格为例，构造出含有松弛因子的基本有限差分方程为

$$h_2(i,j)=h_1(i,j)+m[(h_1(i,j+1)+h_1(i+1,j)+h_2(i-1,j)+h_2(i,j-1)-4h_1(i,j)]/4 \tag{6.3.8}$$

m 的取值不同，迭代次数也不同。当 m 太小时，每次迭代 h 不能获得足够的增量。而当 m 太大，则会使得增量过大，在超过目标值时，需要更多的迭代次数来返回，甚至无法收敛。

（4）迭代方法的选择

对于三种不同的迭代方法，雅克比法是最基本的计算方法。高斯—塞德尔法考虑了同一个计算步内已计算节点对待计算节点的影响，加快了计算速度。松弛法是泊松方程最常用的数值解法。通过松弛因子，计算速度进一步提高，但该方法需要试算确定松弛因子的取值。对于恒定渗流的计算，每一个计算步并没有实际的物理意义，故三种方法均是可取的。本书采用高斯—塞德尔法。

7. 三维裂隙网络渗流计算程序开发

完成三维渗流计算，必须采用计算机程序。如何选择易用易开发的商品软件平台进行计算程序的开发，是工程实用化研究需要考虑的问题。根据现在的编程发展方向，一般都选用提供大量程序包的大型商业软件作为开发平台。其中，Matlab 以其强大的数学计算能力，完美的数据可视化功能，并搭配交互式程序设计功能，成为非程序员编程的常用平台之一。本书作者采用 Matlab 软件实现三维裂隙网络渗流模型的建立、计算及后处理，计算流程如图 6.3.2 所示。

采用 Matlab 开发的三维裂隙网络渗流计算程序、计算界面（图 6.3.3），主要包括以下内容：

（1）输入裂隙统计数据，包括裂隙的产状、间距、三维密度的平均值及标准差，计算域的边界。

（2）通过蒙特卡洛（Monte Carlo）法得到间距随机数及裂隙产状的平均值，生成随机裂隙面，计算裂隙面的交线，得到切割形成的小裂隙面及网格节点。对各小裂隙面进行编号，存储每个裂隙面上的节点编号。

（3）根据计算域的边界，删除边界以外的节点及单元，并对模型的节点和小裂隙面重新排序、编号，同时赋予节点边界信息。

（4）根据裂隙的三维密度或贯通率，随机选择不同方向的裂隙面，删除未被选择的裂隙面，建立非贯通三维裂隙网络模型。如果该组裂隙的贯通率为 100%，可忽略本步。

（5）生成每个小裂隙的随机产状，调整小裂隙的角点坐标，裂隙产状随机化。保存模型的节点信息、单元信息。

（6）对边界节点和内部节点构造方程，建立求解矩阵。

（7）采用高斯—塞德尔迭代法求解每个节点的水头值，进行流量校核，提取计算结果。

（8）对于非稳态渗流，首先应确定模型的初始条件，可通过直接赋值或采用稳态计算结果。然后，构造动态的边界上节点的方程，并根据内部节点与动态边界角点的关系，对模型的节点

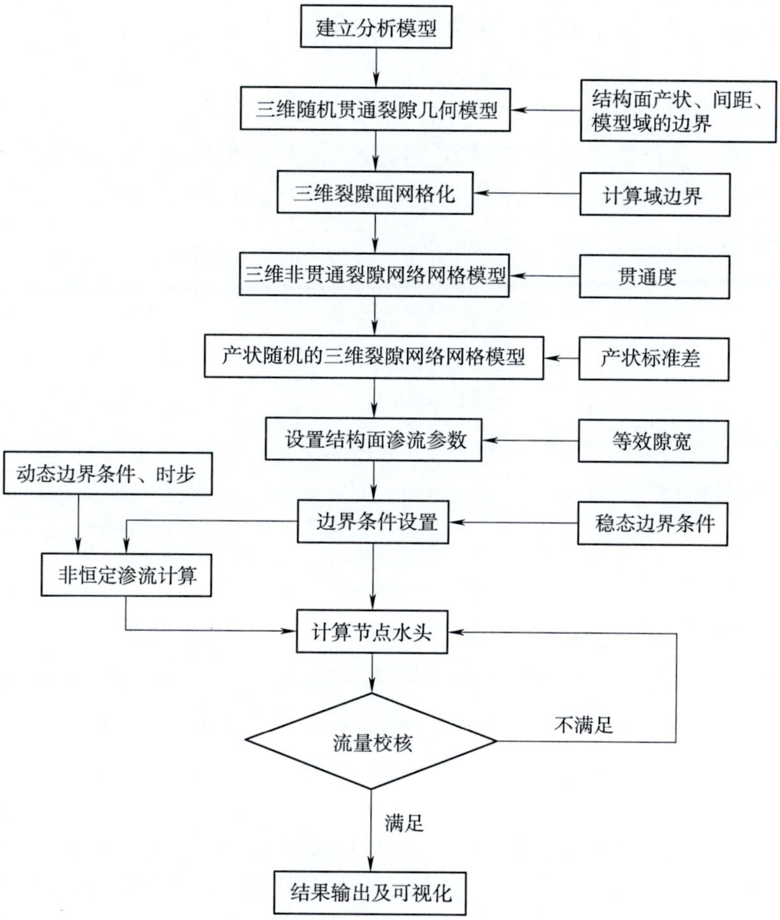

图 6.3.2　三维随机裂隙网络渗流模型的计算流程图

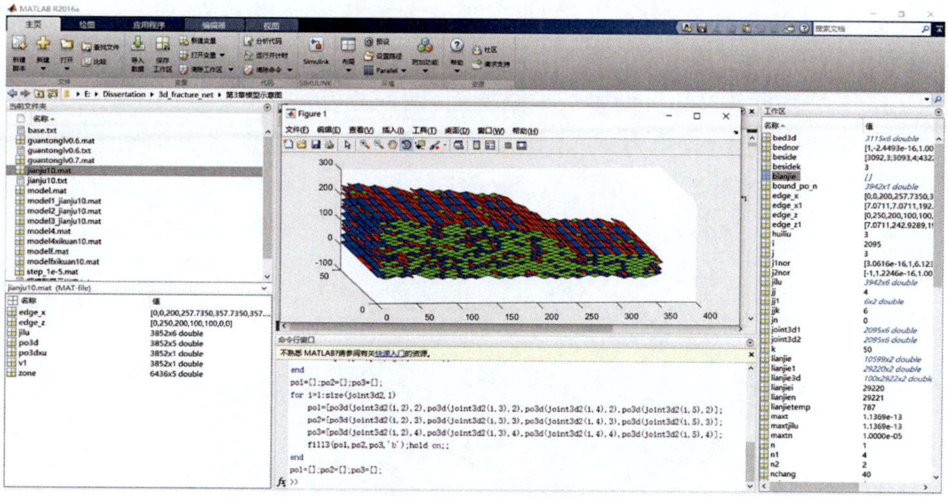

图 6.3.3　岸坡三维裂隙网络渗流计算应用程序界面

重新排序,再构造内部节点的方程。接着,通过试算方法确定模型的计算时步。最后,采用高斯—塞德尔迭代法求解每个节点的水头值,并提取计算结果。

为了验证建立的三维裂隙网络渗流计算方法,以及据此开发的应用程序的正确性和精度,将基本模型中裂隙切割的块体尺寸,缩小到与岸坡高度相比近似 1%的尺度,此时可将模型近似为均质连续介质。分别建立具有相同力学参数和边界条件的连续介质模型和三维裂隙网络模型,分别采用商业软件 Flac3D 和作者开发的应用程序,计算两个模型的岸坡浸润线并比较,其结果绘制于图 6.3.4。

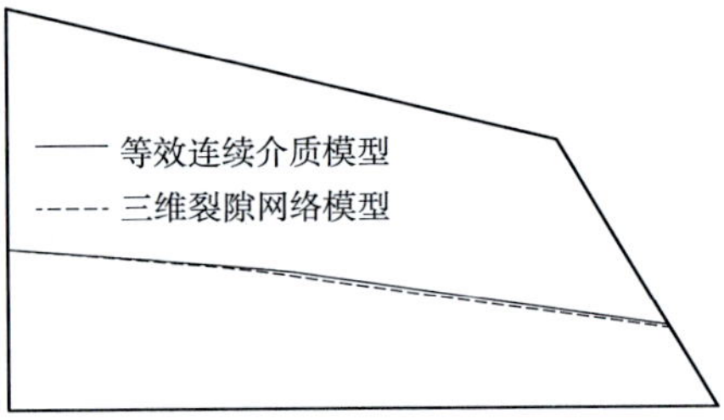

图 6.3.4　Flac3D 和开发程序计算的岸坡浸润线

从图中可见,两种计算方法获得的浸润线基本一致,表明本书的算法和应用程序是正确、可信的。同时也表明,当岸坡岩体的块体尺度与坡高相比在 1%左右时,即可将裂隙网络模型视为连续介质模型,因而可采用现有的商业软件,进行岸坡岩体的渗流场计算分析。

6.3.2　库水涨落岩石岸坡渗流场特征

运用上述数值分析模型和在 Matlab 平台上开发的计算程序,系统研究不同边界条件下,库水岸坡岩体渗流场特征及变化规律,为岸坡坡度计算和稳定性分析提供通用解决方案。

1. 库水涨落岩石岸坡渗流场基本模型

建立三维裂隙网络介质数值计算模型,以计算库水位涨落条件下裂隙网络岩石岸坡的渗流场,首先需要一个概化的基本模型。根据三峡水库重庆库区峡谷岩石岸坡一般地形地质特征,概化模型坡高 100 m,坡度 60°,库水位涨落幅度为 30 m,低库水位的水深为 30 m,裂隙等效隙宽为 1 mm,裂隙间距 2 m。设置三组结构面,两两相互垂直,包括 1 组层理、2 组节理。层理的倾向与岸坡坡向一致,倾角为 45°,2 组节理可根据相互垂直关系自动确定,节理的贯通率为 50%。模型示意如图 6.3.5 所示。

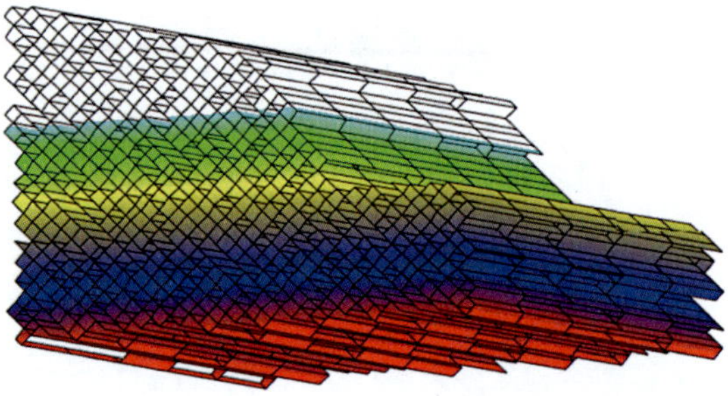

图 6.3.5　三维裂隙网络岸坡渗流分析模型及压力水头云图

假定岸坡的隔水底板足够深，可设置模型的底部为隔水边界，距离坡脚1倍坡高。左侧边界可通过测量岸坡内的水头确定，没有资料时，可根据吉哈尔特（潜水）或库萨金（承压水）经验公式计算影响半径，或按经验取两倍坡高，作为左侧边界与河流的距离。并设置固定边界条件。右侧边界考虑库水位涨落条件，设置动态水头边界，水头的变化速度分为缓降和速降。在本书中，左侧边界与河流的距离为2倍坡高，设置固定水头边界。模型前后设置隔水边界。基本概化模型的尺寸为400 m×100 m×250 m。

假定模型的初始浸润线为水平，即初始状态模型左侧和右侧的水头值相同，地下水处于稳定状态。事实上，自然界的岸坡一直处于动态变化中，当库水位下降时，地下水补给河流，浸润线倾向坡外；当库水位上升时，河流可能补给地下水，近河流处的浸润线倾向坡内。本书研究库水位涨落对浸润线的影响，浸润线的形态主要受到库水位边界条件的影响，对初始浸润线假定为水平线是可取的。

图6.3.5还给出了按基本模型计算出的压力水头云图。改变基本模型的参数，即可分析岸坡三维裂隙网络渗流场的变化特征。

2. 库水涨落岩石岸坡渗流场的影响因素

将库水位涨落前后地下水面在竖直剖面（z方向）上的区域，称为库水涨落的滞后区域。地下水面（线）也称为浸润面（线），浸润线上各点的坐标，就是计算岸坡内任一位置水头高度的坐标。从岸坡应力计算和稳定性分析的角度看，渗流计算的目的，就是库水涨落时浸润线的计算。

根据模型建立和计算所需岸坡几何参数和渗流参数分析，选择裂隙隙宽、产状、贯通度、间距、库水位涨落幅度、涨落速度、岸坡坡度7个因素，作为影响库水岸坡浸润线的主要因素。根据大量岩体裂隙几何参数的调查统计，以及三峡库区重庆段库水运行背景，分别确定每个参数的取值范围，建立各种参数不同组合的计算模型150多个（表6.3.1），采用开发的应用程序，逐个计算其浸润线，获得150多个不同参数下的浸润线样本。

表6.3.1 不同参数组合的计算模型汇总表

序号	序 列	参 数 值
1	隙宽（mm）	0.1、0.2、0.5、1、2、5
2	岩层倾向与坡向夹角（°）	0、30、60、90、120、150、180
3	岩层倾角（°）（岩层倾向与坡向一致）	0、15、30、45、60、75、90
4	岩层倾角（°）（岩层倾向与坡向垂直）	0、15、30、45、60、75、90
5	岩层倾角（°）（岩层倾向与坡向相反）	0、15、30、45、60、75、90
6	节理贯通率（%）	10、20、30、40、50、60、70、80、90、100
7	节理间距（m）	0.5、1、1.5、2、2.5
8	库水位涨落幅度（m）	5、10、15、20、25、30、40、50、60
9	库水位降落速度（m/d）	0.5、1、2、3、4、5、6、7.5、10、15、30、60
10	库水位上涨速度（m/d）	0.5、1、2、3、4、5、6、7.5、10、15、30、60
11	岸坡坡度（°）	40、45、50、55、60、65、70、75、80

为了合理评价各因素对浸润线的作用，确定库水位刚降落/升高到最低点/最高点时，浸润线的梯度最大，滞后的面积最大，为最不利工况。定义瞬时浸润线和达到稳定后的浸润线围成

的区域为滞后区域，据此将滞后区域的最大面积，作为库水位涨落条件下，评价不同因素对浸润线影响程度的指标。采用多种因素敏感性分析方法，评价各个因素对滞后面积的影响，确定影响最大的几个因素，以便在后文建立一个简单实用的浸润线计算公式。为了消除不同物理量数据大小带来的误差，需要对个影响因素进行归一化处理。各因素变化与浸润线滞后区面积的统计关系如图 6.3.6 所示。

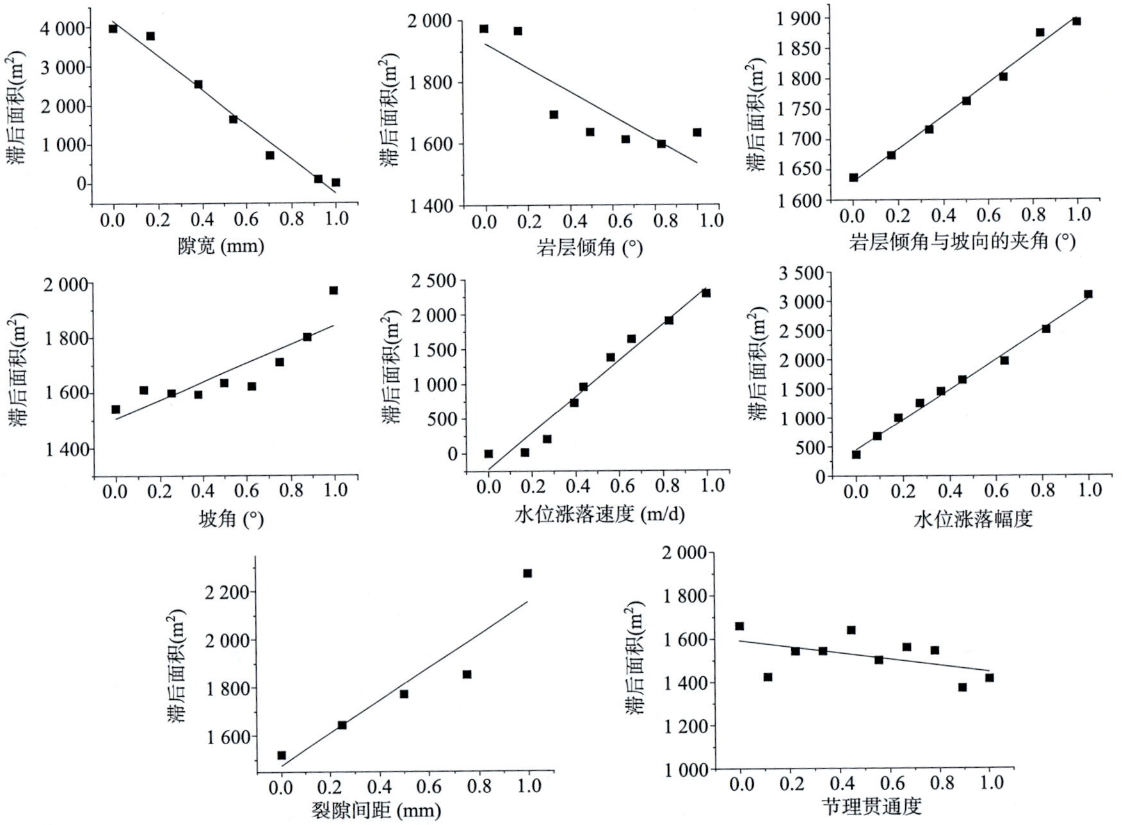

图 6.3.6 各因素与滞后面积关系曲线

综合斜率分析、灰色关联分析、单变量多因素方差分析、粗糙集理论分析等分析方法，对库水位涨落条件下，岸坡浸润线滞后性影响因素相关性的分析可知(表 6.3.2)，库水位涨落速度、隙宽、库水位涨落幅度是最主要的 3 个影响因素，岩层倾角、结构面间距是次要的影响因素，坡角、结构面贯通度的影响相对较小，岩层倾向与坡向之间的夹角的影响最小。因此，选择库水位涨落速度、隙宽、库水位涨落幅度、岩层倾角和结构面间距 5 个因素，作为库水位涨落条件下，影响岸坡浸润线滞后性的主要因素。

表 6.3.2 不同因素对浸润线影响程度排序结果汇总

排序	因　素	斜率分析	灰色关联分析	单变量多因素方差分析	粗糙集理论分析	累加值
1	库水位涨落速度	3	1	1	1	6
2	隙宽	1	2	2	6	11
3	库水位涨落幅度	2	3	3	4	12

续上表

排序	因　素	斜率分析	灰色关联分析	单变量多因素方差分析	粗糙集理论分析	累加值
4	岩层倾角	5	6	4	1	16
5	结构面间距	4	4	6	7	21
6	坡角	7	5	7	5	24
7	结构面贯通度	8	7	8	3	26
8	岩层倾向与坡向的夹角	6	8	5	8	27

3. 库水涨落岩石岸坡浸润线方程的建立

(1)浸润线的基本特征及数学表达式基本形式

在连续介质理论中，浸润线可用裘布依(Dupuit)方程来描述

$$h_x=\sqrt{h_1^2-\frac{x}{L}(h_1^2-h_2^2)} \tag{6.3.9}$$

式中　h_1、h_2——两处不同位置的水头值(m)；

L——两处不同位置之间的水平距离(m)；

h_x——整体坐标系中 x 处的水头值(m)。

根据裘布依方程，浸润线的基本形式为开口水平的抛物线，溢出点为抛物线的顶点。根据与本书浸润线计算结果的比较，可假设其基本形式仍可用抛物线描述。

设库水位高度函数表达为 $h(x,t)$，第一变量为坐标位置，第二变量为时间。若规定库水位线与坡面线的交点 $x=0$，初始库水位高度为 $h(0,0)$(图 6.3.7)，则库水位以速度 v 降落时间 t 后，库水位为

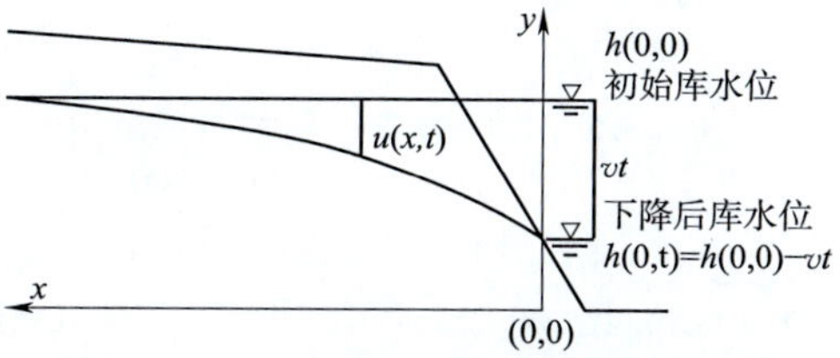

图 6.3.7　岸坡浸润线数学表达示意图

$$h(0,t)=h(0,0)-vt \tag{6.3.10}$$

如果以任一时刻的浸润线与初始水面高度差 $u(x,t)$ 为参数，则库水位降落后的浸润线表达形式为

$$h(x,t)=h(0,t)+u(x,t) \tag{6.3.11}$$

式中　$h(x,t)$——t 时刻整体坐标系中 x 处的水头高度；

$h(0,t)$——t 时刻坡面处的水头高度；

$u(x,t)$——t 时刻整体坐标系中 x 处浸润线与坡面水头高度差。

对比裘布依公式，$u(x,t)$ 可表达为

$$u^2(x,t)=m(t,a,v,\alpha,b)x \tag{6.3.12}$$

式中　m——待定系数，与 a、v、t、α、b 有关；

　　　a——裂隙等效隙宽(mm)；

　　　v——库水位涨落速度(m/d)；

　　　α——岩层倾角(°)；

　　　b——结构面间距(m)；

　　　t——时间(d)。

(2)浸润线方程的建立

首先对计算得到的不同工况下的浸润线，按照式(6.3.12)的2次曲线形式拟合，得到的拟合值 m 和复相关系数R如图6.3.8所示。根据抛物线的定义，m 的倒数为抛物线的开口大小，故 m 越大，抛物线的开口越大，浸润线的坡度越大。

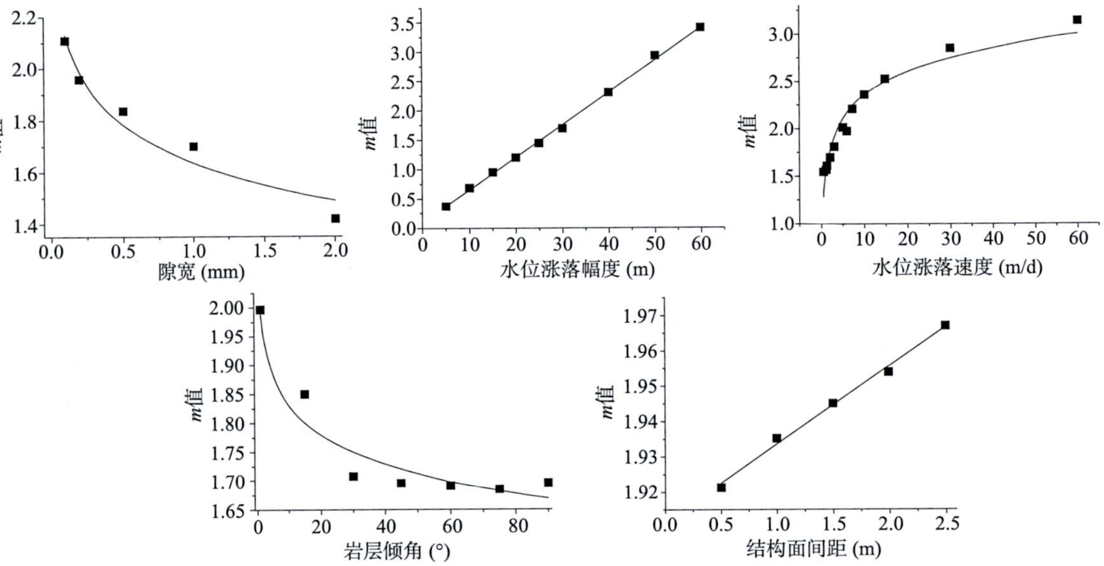

图 6.3.8　各参数与 m 值的关系曲线

根据图6.3.8，将各因素线性变换后进行多元线性回归，建立 m 值多元线性回归方程为

$$m=-0.351\ \ln(a)+0.286\ \ln(v)+0.063\ vt-0.231\ \ln(\alpha)+0.027b+0.538 \tag{6.3.13}$$

根据计算模型，式(6.3.13)不适用于当库水位骤降(降落速度15 m/d)，且裂隙隙宽小于0.2 mm的极端条件。

将式(6.3.13)代入到式(6.3.10)～式(6.3.12)中整理，得到库水位涨落条件下的浸润线计算表达式为

$$\begin{cases} h(x,t)=h_0-vt+(mx)^{\frac{1}{2}} \\ m=-0.351\ \ln(a)+0.286\ \ln(v)+0.063\ vt-0.231\ \ln(\alpha)+0.027b+0.538 \end{cases} \tag{6.3.14}$$

式中　h_0——初始库水位(m)；

　　　x——水平坐标(m)。

6.4 库水涨落岩石岸坡力学行为

在已知库水涨落岸坡各处的水头后，可计算岸坡岩体受到的动静水压力，并将其叠加给自重应力场，即可得到库水涨落岩石岸坡的力学行为。

6.4.1 库水涨落岩石岸坡的动静水压力

1. 几个地下水作用力之间的关系

地下水位以下的岩体往往用浮力、静水压力、动水压力、渗透力等几个基本力学概念来表达地下水的作用力。在静水条件下，静水压力传递的结果，是对岩块产生静水压力差，形成浮力，浮力的大小为作用在岩块各个面上静水压力的合力，方向指向低水头侧，水面静止时为竖直向上，如图 6.4.1 所示。

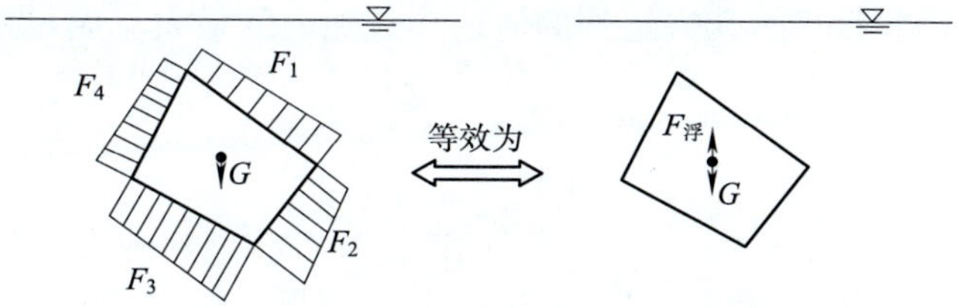

图 6.4.1 静止水面的水压力计算简图

在渗流场中，流动的水还会对岩块表面产生摩擦力，也称为动水压力。动水压力在连续渗流介质模型中，采用水的重度与水力梯度之积 $\gamma_w \cdot J$ 来计算。对于裂隙网络介质的非连续模型，应以裂壁面为对象，计算裂隙壁受到的法向作用力和切向作用力(图 6.4.2)。如果岩块较小，水压力等值线可简化为相互平行的直线，则法向作用力的合力与等水压力线垂直，并指向低水压力侧；切向作用力的合力与流动方向平行。为了与浮力建立联系，毛昶熙(2003)将渗流的作用力，分为竖直向上的浮力和渗流方向的摩擦力。浮力和摩擦力是动静水压力的等效作用力。因此，在考虑了浮力和摩擦力后，就无须重复考虑动静水压力；或者考虑了动静水压力差的作用后，则不再考虑浮力和摩擦力作用。

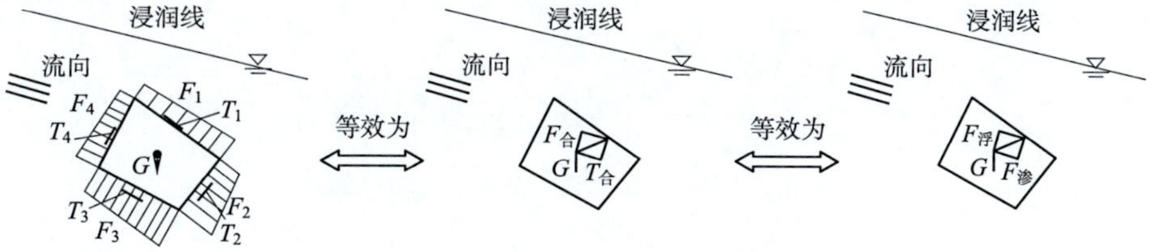

图 6.4.2 弯曲浸润线的水压力计算简图

库水位上升过程中，动静水压力的合力以竖直向上为主，水对岸坡岩体的力学作用以向上的浮力为主，摩擦力相对较小，指向坡内。指向坡内的摩擦力对岸坡的稳定性有利。库水位下降过程中，摩擦力指向坡外，对岸坡的稳定性不利，是分析的重点。

2. 岩体裂隙表面受到的水作用力

(1)平直光滑裂隙的水作用力计算

对于平直光滑裂隙，裂隙水对裂壁的法向水压力作用的合力，与等水压力线垂直且指向低水压方向

$$\sigma' = \sum F \tag{6.4.1}$$

裂隙水流对裂隙壁的切向力，为流水与裂壁之间的摩擦力。根据牛顿内摩擦定律，有

$$\tau=\nu\left(\frac{\mathrm{d}u_x}{\mathrm{d}y}\right)_{y=0}=2\mu\frac{u_\infty}{\delta} \tag{6.4.2}$$

式中 τ——剪切力(N)；

u_x——x 方向的流速(m/s)；

μ——水的动力黏滞系数($\mathrm{N\cdot s/m^2}$)；

u_∞——无穷远处的流速(m/s)；

δ——边界层厚度(m)，以最大速度的 99% 为界。

对于无限长平行狭窄裂隙，无穷远处的流速为裂隙内的最大流速，边界层厚度为半隙宽

$$u_\infty=u_{\max}=\frac{g\rho_{\mathrm{w}}a^2}{8\mu}J \tag{6.4.3}$$

$$\delta=\frac{a}{2} \tag{6.4.4}$$

裂隙壁剪切力计算公式可改写为

$$\tau=\frac{\rho_{\mathrm{w}}ga}{2}J \tag{6.4.5}$$

式中 a——隙宽(m)；

ρ_{w}——水的密度($\mathrm{g/cm^3}$)；

J——水力梯度。

(2)粗糙裂隙的水作用力计算

粗糙裂隙表面的起伏导致法向和切向水压力方向偏转，水流在裂隙整体流动方向的分量由法向水压力产生(图 6.4.3)。由于裂隙内水流的水压力随着流动方向逐渐降低，对于裂隙表面的每一个凸起，水压力在迎水面的流动方向的分力大于背水面，产生了水压力差。这个水压力差产生的作用方向与裂隙整体延伸方向大致平行，其计算式见式(6.4.6)。

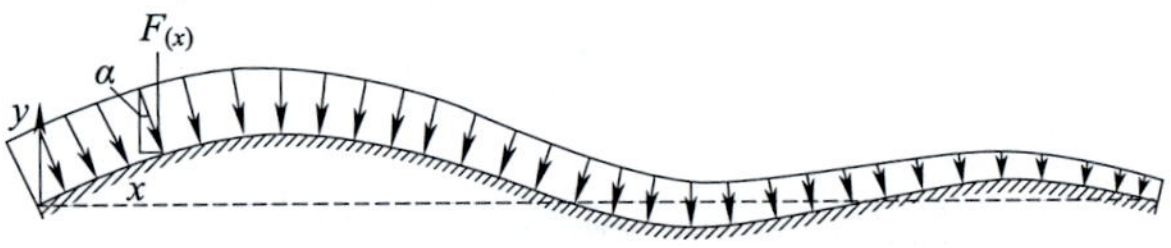

图 6.4.3 不同流程下的法向水压力计算简图

$$F_x=\int F(x)\cdot\sin[\alpha(x)]\,\mathrm{d}x \tag{6.4.6}$$

式中 F——不同位置的裂隙表面的水压力；

α——不同位置的裂隙表面的起伏角。

受裂隙表面粗糙起伏的影响，裂隙水流往往处于紊流状态，不同部位的流速及水压力不同。裂隙迎水面的水压力大，背水面的水压力小。凸起位置的水压力大，凹处的水压力小。水

压力的大小受到隙宽、雷诺数、起伏情况等的综合影响，F 很难直接获得。此外，紊流状态时，裂隙壁表面的水流速度分布差异较大。凸起前方的流速较大，凹处的流速较小。根据式(6.4.5)，切向力在裂隙壁外凸处较大，内凹处较小，其总和大于速度对称分布情况。因此粗糙裂隙壁受到的切向力，大于平直光滑裂隙。

由于紊流的复杂性，切向力的大小难以直接获取，因此，采用数值模拟方法，研究粗糙起伏裂隙表面受到的水力作用。根据数值计算的结果，提取裂壁受到的切向水压力和切向黏滞力。切向水压力即因裂隙起伏产生的法向水压力差值，切向黏滞力即因水流产生的切向摩擦力。对模拟结果的数据进行多元线性拟合，得到计算公式

$$\tau_c = 0.0074a + 0.0142\ \mathrm{JRC} + 60.4486J - 0.1859 \tag{6.4.7}$$

式中 a——隙宽(mm)；

JRC——粗糙度系数；

τ_c——等效的均匀剪切方向的应力(Pa)。

库水位涨落产生的作用力分为两个部分，一部分由法向水压力产生，是静水压力部分；一部分由切向水压力产生，是动水压力部分

$$\begin{cases} P = F + T \\ F = \sum 0.5(P_i + P_{i+1})S_i \\ T = \sum \tau_e S_i \end{cases} \tag{6.4.8}$$

式中 P——块体受到的动静水压力合力(N)；

F——法向力部分(N)；

P_i——第 i 个角点的水压力(Pa)；

S_i——第 i 个面的面积(m^2)；

τ_e——岩块表面切向方向应力(Pa)，见式(6.4.7)。

6.4.2 库水涨落岩石岸坡的应力场特征

建立岸坡基本概化模型，叠加上库水涨落时，岩石岸坡受到的动静水压力和自重应力，得到库水涨落岩石岸坡的应力场。基本模型坡高 100 m，坡角 60°，库水位在 20～50 m 之间变动，水位涨落幅度为 30 m。根据 6.3.2 部分浸润线计算式，换算得到 30 m 内的地下水平均水力梯度为 0.3。

岸坡最大主应力场如图 6.4.4 所示。从图中可以看出，岸坡的最大主应力整体仍然随着深度的增加而增大，坡脚处应力集中。

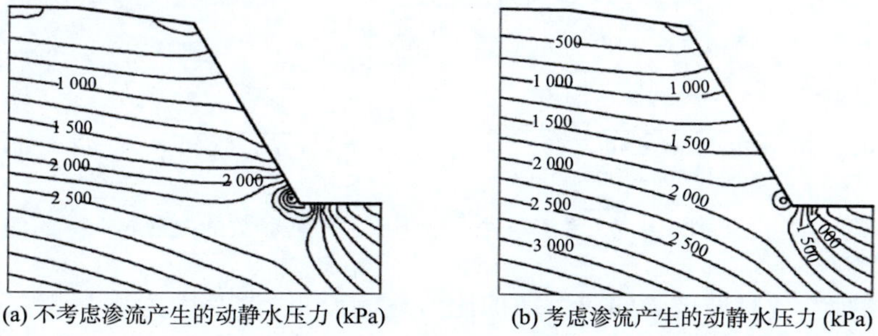

(a) 不考虑渗流产生的动静水压力 (kPa)　　(b) 考虑渗流产生的动静水压力 (kPa)

图 6.4.4 渗流条件下岸坡最大主应力

将有无动静水压力作用时，坡面最大主应力随坡面位置的变化曲线进行对比如图 6.4.5 所示。从图中可知，高水位以上区域，坡面最大主应力未发生显著变化。高水位以下区域，随着高程的降低，坡面最大主应力逐渐增大，动静水压力作用下产生的应力增量也逐渐增大，至坡脚附近，应力达到最大。

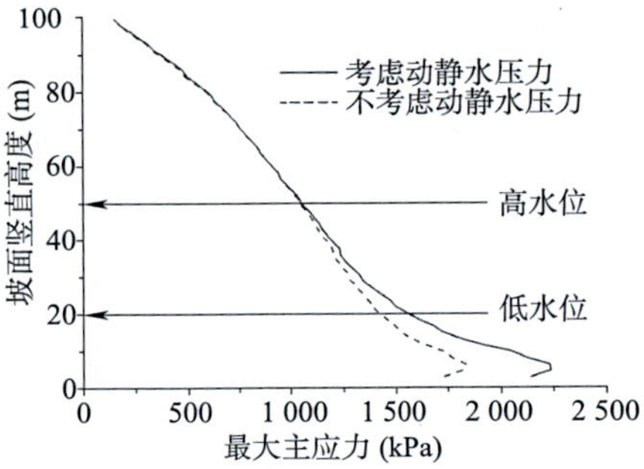

图 6.4.5　坡面最大主应力与高程关系

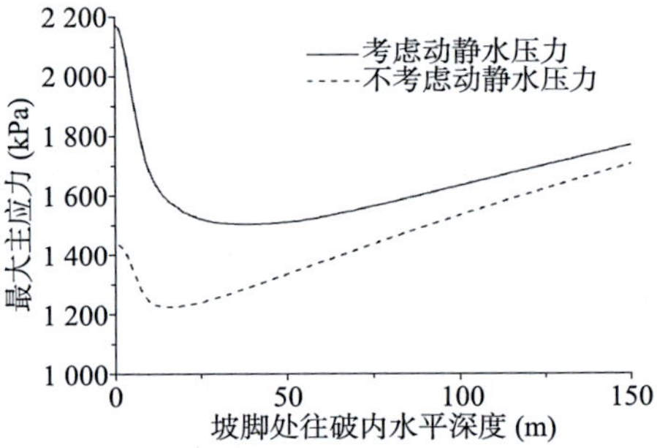

图 6.4.6　最大主应力与坡脚水平深度关系

将有无动静水压力作用时，岸坡岩体最大主应力随着坡脚水平深度的变化曲线进行对比（图 6.4.6），可知，坡脚处的应力集中。随着水平深度的增大，应力先减小后增大，应力最小处水平距离约为 10 m。在动静水压力作用下，岸坡应力均有所增大，距离坡面越近，增量越大。计算得到不同岸坡坡高、岸坡坡度、水位涨落幅度及水力梯度条件下的岸坡在叠加动静水压力后的坡脚应力增加比如图 6.4.7 所示。

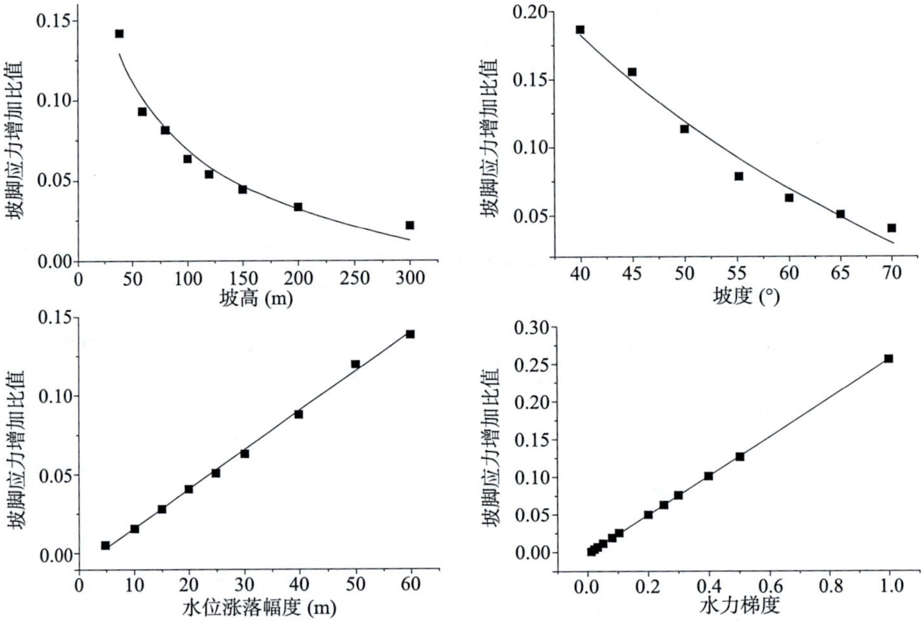

图 6.4.7　渗流条件下坡脚应力与各参数的关系

随着坡高的增大，岸坡坡脚的应力增加比值逐渐降低，这是因为坡高越大，岸坡坡脚的初始应力值越大。随着坡度的增大，岸坡坡脚的应力增加比值逐渐降低，这是因为坡度越大，岸坡坡脚的初始应力值越大。随着水位涨落幅度的增大，岸坡坡脚的应力增加比值逐渐增大，这是因为水位涨落幅度越大，岸坡受到库水位影响的范围越大，受到静水压力作用的范围越大。随着水力梯度的增大，岸坡坡脚的应力增加比值逐渐增大，这是因为水力梯度越大，岸坡受到静水压力的强度越大。这些规律，对定性分析库水涨落时岸坡应力的变化和岸坡稳定性有指导意义。

6.4.3　库水涨落岩石岸坡的变形场

岸坡岩块往往沿着结构面滑动产生变形，具有非连续性，应采用非连续介质模型计算岸坡的变形场。建立岸坡的基本模型，以计算库水涨落时，岩石岸坡受动静水压力与重力共同作用的岸坡变形场。基本模型同上一小节所述。

模拟计算得到的岸坡变形场如图 6.4.8 所示。从图中可以看出，岸坡的变形主要集中在高水位以下的区域，高水位以上区域的变形较小。其中消落带内(即最高水位和最低水位之间)的变形最大。消落带以下区域，变形随着深度的增大而逐渐减小。至坡脚时，未产生显著位移。岸坡变形的范围主要集中在岸坡表面，影响深度有限，与表层动静水压力作用强度最大有关。

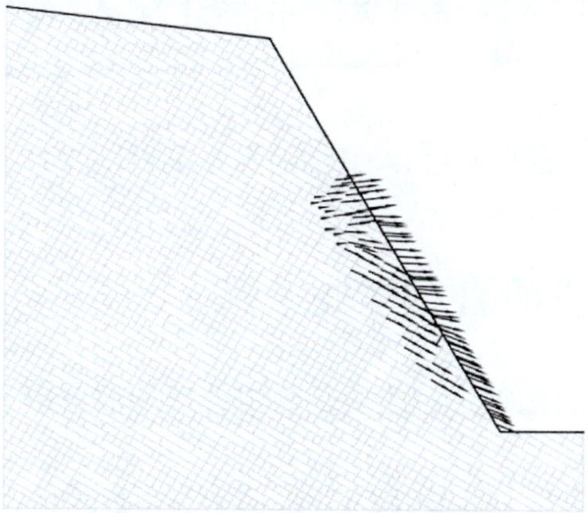

图 6.4.8　库水位涨落工况的位移场

计算得到不同岸坡岩层倾角、岸坡坡高、岸坡坡度、水位涨落幅度及水力梯度条件下的岸坡在叠加动静水压力后的坡脚应力增加百分比，如图 6.4.9 所示。

岸坡倾角很缓时，如岩层水平，岸坡以表层个别块体的位移为主，位移较小，以转动为主。随着岩层倾角的增大，岸坡表面岩体的位移增大，以滑动为主。当岩层倾角与岸坡坡角相同时，岸坡岩体的位移降低，以转动为主。当岩层倾角大于岸坡坡角时，岸坡的位移降低，以转动为主。当岩层倾角反倾时，岸坡的整体位移较小，整体位移不足 1 cm。当岸坡坡角小于岩层倾角时，岸坡表面局部块体产生位移，当岸坡坡角为 50°时，在库水位涨落条件下，岸坡表层整体产生的位移最大；随着岸坡坡角的继续增大，岸坡表层块体的变形略有降低。

库水位涨落幅度影响岸坡动静水压力的作用范围，岸坡表面的位移随着水位涨落幅度的增大而逐渐近线性增大。当水力梯度较小时，产生的动静水压力较小，对岸坡的作用较小，岸坡的位移较小。当水力梯度大于 0.08 时，随着浸润线坡度的增大，产生的动静水压力逐渐增大，岸坡位移大小逐渐增大。

上述特征，为考虑库水涨落条件下的岸坡工程提供了有益提示。

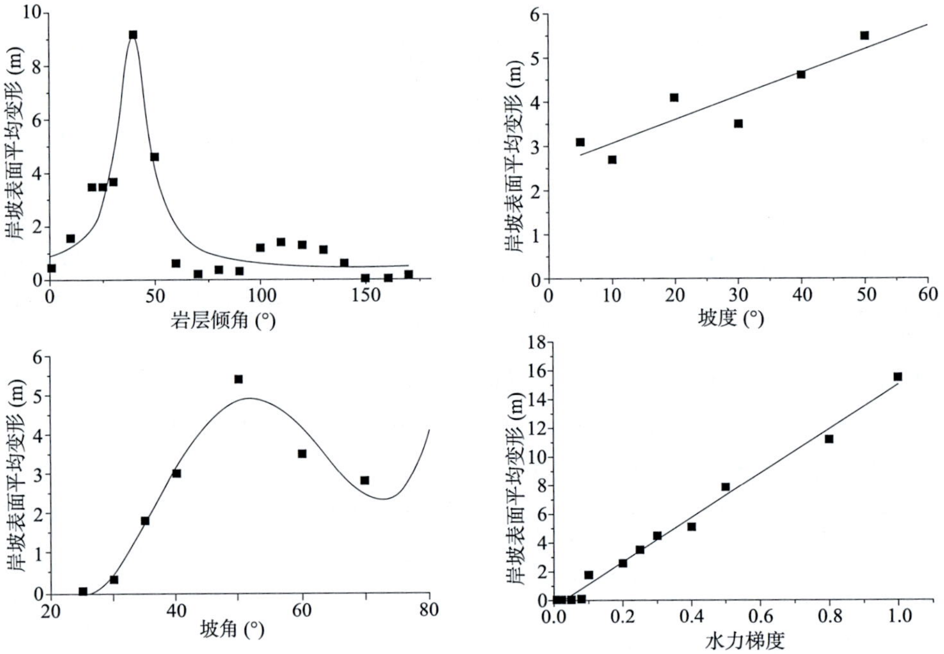

图 6.4.9 岸坡表面位移与各参数的关系

6.5 库水涨落条件下的岩石岸坡工程

从工程设计角度看,岩石边坡工程主要是确定合适的坡度以及提出适当的防护设计方案和参数。

岩石岸坡稳定坡度是应力长期作用下,边坡应力和边坡岩体强度逐渐演化平衡后的结果。从边坡力学行为看,边坡坡脚处的应力集中程度最大,最容易进入塑性区,因此可将岸坡坡脚刚好处于满足强度条件的边坡坡度作为岸坡的自然稳定坡度。但由于岩体以及所处地质环境的复杂性,岩石边坡的自然稳定坡度,不是一般的理论计算(包括数值分析)容易确定的。因此,在本书第 4 章,基于对我国大量铁路公路岩石边坡的调查统计,建立了基于岩体质量的边坡坡角计算式[式(4.1.5)]。计算岩石边坡自然稳定坡度的方法,是涉水状态下的稳定坡度的基础。相较于非涉水边坡,渗水岸坡,特别是库水涨落条件下的岩石岸坡,受动静水压力作用的影响,其应力集中程度进一步增大。同时水岩相互作用的结果,是岸坡岩体抗剪强度降低。两者都使岸坡更容易进入塑性状态。在第 2 章中,我们已知,降低坡度是有效降低应力集中强度的主要途径。因此,在首先计算不渗水岩石边坡自然稳定坡度的前提下,通过降低坡度,以抵消渗流应力的影响,即可确定一般渗流作用下岩石岸坡的稳定坡度。

河道型水库的库水位是长期、反复、快速、大幅涨落的。这种库水涨落条件下的涉水岸坡,和一般地下渗流作用下的岸坡相比,其水头变化幅度更大,动水压力作用远比一般渗流条件下的作用大得多。因而,对岸坡稳定的影响也大得多。此时,再采用降低坡度以适应应力增长,就不是一个合理、可行的工程选择。本章 6.4 节的研究表明,库水涨落的确大幅提高了岸坡的应力水平和变形幅度，但这些变化主要局限在消落带内的岸坡坡面附近，强烈影响的范围和深度是有限的。这就为采取一定的工程措施，主动干预这部分应力作用的影响提供了可行性。

根据上述分析，涉水岩石岸坡工程的基本设计思路分为两部分：一是考虑岸坡中渗流作用对岸坡应力场的影响，依据应力决定坡度的原则，基于一般岩石边坡稳定坡度的计算式，对渗流岸坡坡度进行修正。二是依据库水涨落主要影响到消落带表层岩体的分析结果，对库水涨落条件下的岩石岸坡采用局部加固措施，从而合理地解决库水岸坡的稳定性问题。

6.5.1　岸坡稳定坡角的修正

基于上述理念，采用数值分析的方法，研究渗流压力对岸坡应力的附加影响。方法是：建立岸坡模型，调整 c、φ 值使得岸坡坡脚单元刚好进入塑性状态。然后施加库水位涨落产生的附加动静水压力，调整模型的坡度，使得坡脚单元刚好进入塑性状态。此时的坡角即为渗流作用影响下的岸坡稳定坡角。此时的稳定坡度与原坡度的差值，即是岸坡坡角的修正值。上述原理示意如图 6.5.1 所示。

依据上述方法，考虑原始岸坡的坡度、水力梯度、水深与坡高之比等因素，计算各因素变化对稳定坡度的影响，获得不同参数值与稳定坡角修正值统计关系。

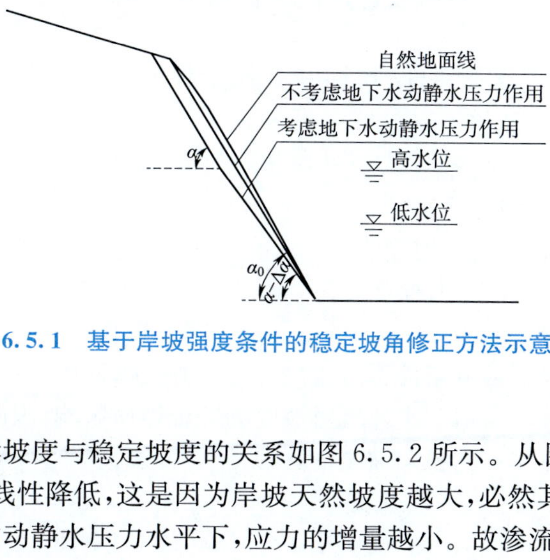

图 6.5.1　基于岸坡强度条件的稳定坡角修正方法示意图

1. 岸坡坡度

计算表明，岸坡天然坡度与稳定坡度的关系如图 6.5.2 所示。从图中可知，稳定坡角的修正值随着坡度的增大而线性降低，这是因为岸坡天然坡度越大，必然其岩体性质越好，岸坡的应力水平就越高，相同的动静水压力水平下，应力的增量越小。故渗流作用对岸坡稳定坡角的影响越小。

2. 水力梯度

采用坡内库水位涨落幅度距离内的浸润线平均坡度作为岸坡地下水水力梯度的评价指标，岸坡其他位置的水力梯度可通过该指标结合浸润线方程计算。水力梯度与稳定坡度的关系如图 6.5.3 所示。从图中可知，稳定坡角的修正值随着水力梯度的增大而增大。这是因为水力梯度越大，动静水压力越强，对岸坡的影响越大。浸润线与裂隙隙宽、裂隙间距、库水位涨落速度、库水位涨落幅度及岩层倾向有关，可根据式(6.3.14)计算。

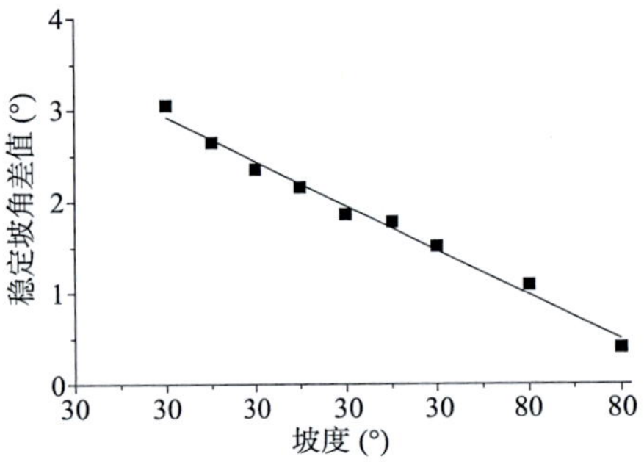

图 6.5.2　稳定坡角修正值—岸坡坡度关系曲线

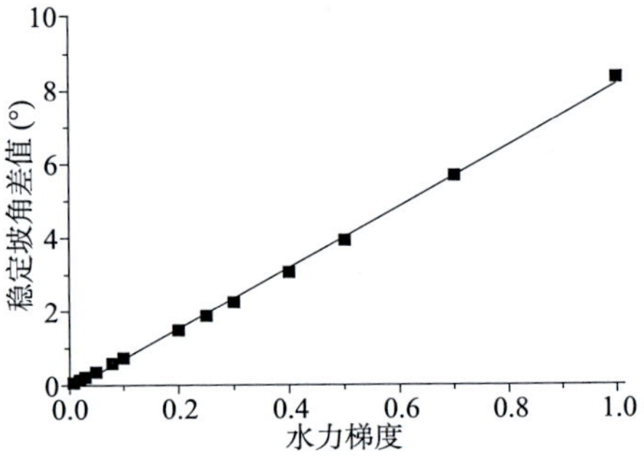

图 6.5.3　稳定坡角修正值—浸润线坡度关系曲线

3. 水深与坡高之比(深高比)

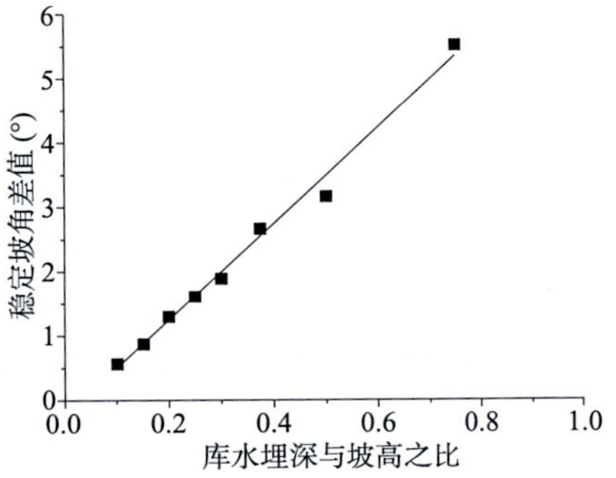

图 6.5.4　稳定坡角修正值—深高比关系曲线

岸坡地下水的深度,指的是坡面地下水溢出点的水位与河谷谷底之差。由于水深的影响程度与坡高有关,因此,不采用绝对水深作为评价指标。水深与坡高之比(深高比)与稳定坡度的关系如图 6.5.4 所示。由图可知,稳定坡角的修正值随着深高比的增大而线性增大。这是因为深高比越大,岸坡受到动静水压力作用的范围越大,对岸坡稳定性的影响越大。

将上述计算结果采用多元线性回归,得到渗流作用下岸坡自然稳定坡度的修正值,即

$$\Delta\alpha = 6.884h_k - 0.0485\alpha_0 + 8.0953J + 0.8 \tag{6.5.1}$$

式中　h_k——库水深度与坡高之比;

α_0——岸坡基本自然稳定坡度(°);

J——浸润线坡度,即水力梯度。

式(6.5.1)最大拟合误差为−0.2～+0.4,拟合精度较高。

虽然式(6.5.1)是考虑渗流条件下对式(4.1.5)的修正,而原式(4.1.5)中的地下水折减系数基于实际调查,综合反映了地下水环境对坡度的综合地质影响,因此仍然需要在基本稳定坡度计算中引入。由此,库岸自然稳定坡度计算式为

$$\begin{cases} \alpha = \alpha_0 - \Delta\alpha \\ \alpha_0 = \eta_h[14.7\ln(\eta_w \cdot R \cdot \lg D) + 13] \end{cases} \tag{6.5.2}$$

式中　α——渗流条件下岸坡自然稳定坡度(°);

R——岸坡岩体回弹值;

D——岸坡岩体块度(cm);

η_h,η_w——坡高、地下水折减系数;

$\Delta\alpha$——岸坡渗流坡度修正值(°),见式(6.5.1)。

6.5.2　变形加固区

岸坡岩体的变形,主要是块体沿结构面的移动,是宏观变形。对块体为单元的宏观变形的

数值分析，采用的计算方法是离散单元法。但是，UDEC 计算中如何合理地判断岩块滑动起始条件，需要以结构面的抗剪强度来判定。

块体在抵抗剪切的过程中，是需要位移/应变来响应的。当剪应力不超过结构面抗剪强度时，表现为裂隙面抵抗剪切的能力随着应变的增大而增大。当应变太大以后，结构面表面颗粒剪损、蠕变，抗剪切的能力降低，宏观位移产生。如果以块体移动时达到的应变为滑移前的最大容许应变[ε]，当结构面受剪切作用产生的应变 ε 大于容许应变[ε]时，即可判断块体失稳。定义块体滑移的稳定性系数 K

$$K=\frac{[\varepsilon]}{\varepsilon} \tag{6.5.3}$$

式中，容许应变可以根据结构面直剪试验确定。在没有试验资料的情况下，参考王威(2011)等人对灰岩结构面的直剪试验结果，取[ε]=0.007 计算。而结构面的实际应变 ε，可以通过 UDEC 计算出的块体位移值换算得到。这样，利用式(6.5.3)，可以得到岸坡块体滑移稳定系数 K。当 $K>1$ 时，块体稳定；反之，块体失稳。

对建立的岸坡模型，采用 UDEC 计算出岸坡岩体的位移场后，再按式(6.5.3)换算为岸坡岩块滑移稳定性系数场(图 6.5.5)。计算表明，在库水位涨落条件下，岸坡表面块体的应变较大，最大可达 0.22，稳定性系数小于 1，判断为失稳。模型的库水位涨落区域在 50～80 m 之间，失稳区域包括库水位涨落区域和常年水下区域。其中库水位涨落区域的深度相对较大，约为 5 m。随着水深加大，失稳区的深度逐渐降低，至坡脚附近时，已无明显失稳现象。

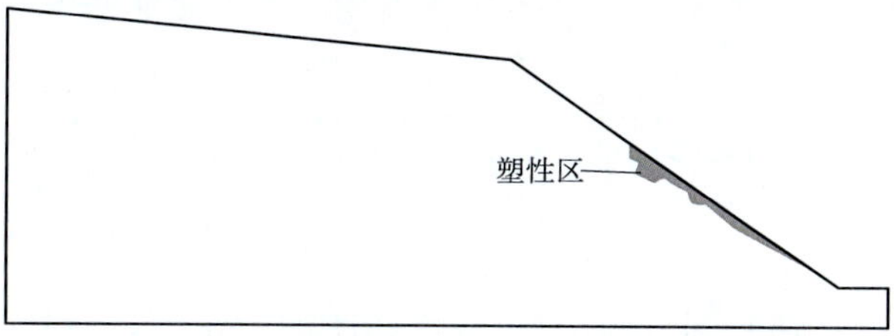

图 6.5.5　库水涨落条件下岸坡塑性区分布图

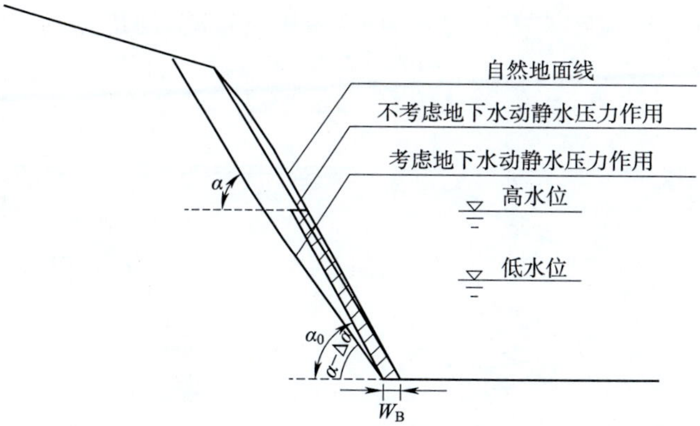

图 6.5.6　库水位涨落条件下岸坡稳定坡度及失稳区加固宽度

岸坡岩体失稳区的分布特征是：失稳区一般由坡脚处开始，随着高度的增加，失稳区的水平宽度逐渐加宽。进入消落带区域后，宽度达到最大(图 6.5.6)。失稳区域一般不会超过高库水位以上的区域。但考虑到波浪、涌浪等的影响，在实际取值时可加上波浪入射高度或涌浪高度。

根据库水位涨落条件下的失稳区范围，确定失稳区宽度 W_B 的几何关系如图 6.5.6 所示。通过计算不同岩层倾角与不同岸坡坡度条件下的坡面失稳区宽度，可以得到失稳区水平宽度 W_B 的计算表达式

$$W_B = -0.004\alpha^2 + 0.222\alpha_0 + 0.017\theta + 0.054h_F + 3.466J - 0.441b - 1.1 \quad (6.5.4)$$

式中 α_0——岸坡自然稳定坡度(°)，由式(6.5.2)计算；

θ——岩层倾角或顺倾节理倾角(°)；

h_F——库水位涨落幅度(m)；

J——浸润线坡度，即水力梯度；

b——结构面间距(m)。

失稳区宽度反映了库水位涨落条件下，岸坡位移破坏的程度和范围。在此范围内的岩体极易滑落破坏。当表层块体滑落后，受水位涨落的作用，破坏将向坡内发展，可以引起岸坡的大规模滑塌。对比不同岸坡坡角(40°～80°)下的失稳区域可知，即使坡角低至 40°，在库水位涨落作用下，岸坡表层岩块也会失稳。因此，单纯的降低岸坡坡度，并不是保持岸坡稳定性的有效方法。因此，必须对岸坡消落带采取坡面加固的工程措施，防止失稳区渐进式发展，危害岸坡安全。

在考虑桥基设置位置时，失稳区宽度也影响到桥基安全位置设置的起算点(参见第 5 章相关内容)。因此，在此情况下，岸坡稳定坡角线将内移一个失稳区宽度。

6.6 工程实例——郑万铁路大宁河大桥岸坡稳定性

1. 概况

在建的郑万铁路连接郑州到万州，以双线大桥跨越大宁河，预设方案桥长 374 m，最大墩高 93.2 m，孔跨式样为(90＋180＋90) m(图 6.6.1)。其中万州端岸坡位于大宁河右岸，距离长江约 6 km 处的一个山嘴上。岸坡左侧为顺层坡，岸坡相对较缓，坡前为橘子洲，水域宽约 500 m，长约 1 500 m。岸坡正前方及右侧为峡谷，岸坡较陡，河道宽约 150～200 m。

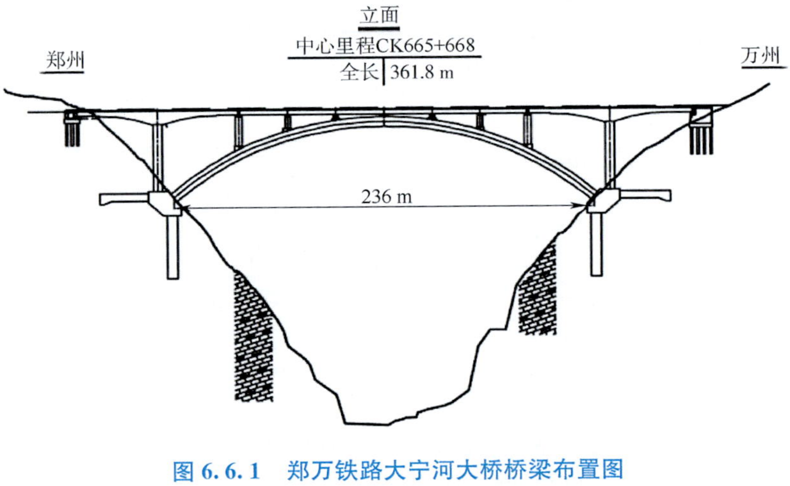

图 6.6.1 郑万铁路大宁河大桥桥梁布置图

桥址区属于中亚热带温湿气候，全年最热是7～8月，平均气温22.2 ℃，最冷是1月，平均气温5.2 ℃。年平均降雨量为1 107.3 mm，主要集中在夏天，每年5～10月降水量占全年总量的76%。4～7月多出现雷雨大风气候，特点是风力强劲达9级以上而维持时间短。寒潮大风，其维持时间长，可达8～10 h，一般6级左右，多发生在春秋季节。月平均相对湿度在70%左右，年平均相对湿度69%。境内常年日照数为1 639.1 h。大宁河库水位每年4～5月开始降落，9月底开始上涨，最低水位约145 m左右，最高水位为175 m。

桥址区属侵蚀剥蚀低山河谷地貌，桥址附近水面宽约168 m，水深约40 m，水面高程在135～175 m之间涨落，两岸自然坡度为40°～55°，部分为陡崖(图6.6.2)。

图6.6.2 郑万铁路大宁河大桥万州端现场照片

桥址区基岩为三叠系下统嘉陵江组四段(T_1j^4)白云岩、三段(T_1j^3)灰岩夹白云质灰岩、泥灰岩。桥址区主要有三组结构面，分别为近东西走向的J1(175°～196°∠67°)、近南北走向的J2(268°∠85°)及岩层面(52°∠27°)。

2. *岸坡稳定性评价*

(1)库水最大涨落线以上岸坡稳定坡角计算

根据式(4.1.5)计算消落带以上岸坡稳定坡角。根据现场调查及实测，确定水上岩体的$\eta_h=0.8$，$\eta_w=0.8$，$R=50$，$D=71$，得到不考虑地下水渗流影响的岸坡稳定坡角为

$$\alpha_{水上}=0.8\times[14.7\times\ln(0.8\times50\times\lg 71)+13]=61°$$

(2)库水最大涨落线以下岸坡稳定坡角计算

根据式(6.5.2)，由现场调查确定，$\gamma_h=0.8$，$\eta_w=0.5$，$R=35$，$D=71$，库水位初始高度为175 m，每年水位降落幅度为30 m，根据2017年三峡水库水位—时间曲线可知，最大降落速度为1.6 m·d^{-1}，保守计取2 m·d^{-1}。则对应的水位降落时长为30/2=15 d。岸坡岩体的平均隙宽3 mm，JRC=8；取初始水力梯度为0.1。

①首先根据式(6.5.2)计算基本稳定坡度α_0

$$\alpha_0=0.8\times[14.7\times\ln(0.5\times35\times\lg 71)+13]=51.3\approx51(°)$$

②计算式(6.5.1)所需参数：

等效隙宽[式(6.2.11)]：

$$a_c=0.28\times3-0.12\times8-6.4\times0.1+2.3=1.54\ (\text{mm})$$

水位降落 30 m 后瞬间的浸润线方程[式(6.3.14)]

$$h(x,t)=175-2\times15+[-0.351\ln(1.54)+0.286\ln(2)+0.063\times2\times15-0.231\ln(51)+0.027\times0.71+0.538]x^{\frac{1}{2}}$$

计算简化后得到浸润线方程：$h(x,t)=145+1.55x^{\frac{1}{2}}$

由计算可知，浸润线方程中坐标自变量的系数 m 为 1.55，取水位涨落影响宽度 $x=30$ m，对式(6.3.14)变换后，得到岸坡坡内 30 m 范围内的浸润线平均坡度 I

$$I=\frac{h_0-vt+m\times x^{\frac{1}{2}}-h_0}{x}=\frac{145+1.55\times30^{\frac{1}{2}}-145}{30}=0.28$$

③渗流条件下的坡度修正值[式(6.5.1)]

计算考虑地下水渗流影响的稳定坡角修正值

$$\Delta\alpha=6.88\times(30/150)-0.0485\times51+8.0953\times0.28+0.8=1.96\approx2(°)$$

④水下自然稳定坡度

$$\alpha=\alpha_0-\Delta\alpha=51-2=49(°)$$

取考虑地下水渗流影响的岸坡稳定坡角折减值为 2°，得到水位以下的岸坡稳定坡角为 49°，水位以上的岸坡稳定坡角为 61°。绘制地下水渗流影响下的岸坡稳定坡角线如图 6.6.3 所示。

(3)考虑库水位涨落影响的岸坡失稳区宽度计算

根据式(6.5.4)，计算得到库水位涨落影响的岸坡失稳区宽度为

$$W_B=-0.004\times51^2+0.222\times51+0.017\times25+0.054\times30+3.466\times0.28-0.441\times0.71-1.1=2.52\approx3(\text{m})$$

根据计算结果，消落带及水下部分的加固宽度为 3 m，起算点是自然稳定坡度线。最终的稳定坡度线和加固范围线如图 6.6.3 所示。

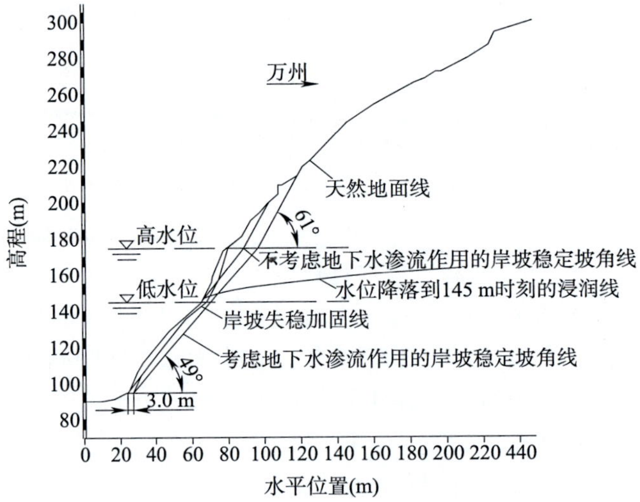

图 6.6.3 岸坡稳定坡角线和加固区范围

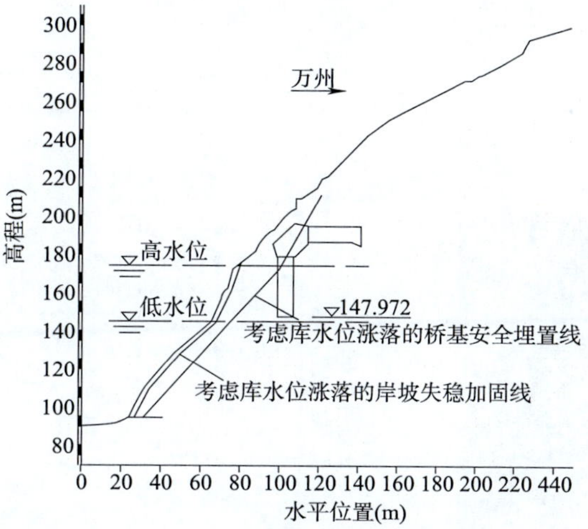

图 6.6.4　桥基安全埋置线

(4)桥基位置的确定

根据式(5.2.16),确定桥基安全距离计算参数见表 6.6.1,由此计算得到高水位 175 m 以下的桥基安全距离为 7.7 m,175 m 以上的桥基安全距离为 7.1 m。绘制考虑库水位涨落影响下的桥基安全埋置线如图 6.6.4 所示,从图中可以看出,考虑库水位涨落的影响后,桥基仍位于安全埋置线以内,桥基设置可行。

表 6.6.1　桥梁荷载作用下的桥基安全距离

水位	岸坡坡度 α(°)	岩体质量(RMR)	荷载 q(MPa)	桥基宽度 B(m)	安全距离 S_f(m)
175 m 以下	48	41	1.0836	14.8	7.7
175 m 以上	46	51			7.1

3. 模型试验及现场变形测试对岸坡稳定性评价的验证

采用室内模型试验方法及现场变形监测方法,获得郑万铁路大宁河大桥万州端岸坡的稳定性,与采用本书建立的岸坡稳定性评价方法得到的结果进行对比分析,以验证该方法的合理性。

(1)物理模型试验

物理模型试验主要用于研究和验证岸坡岩体在库水位涨落条件下的变形破坏特征。搭建的岸坡模型高 110 cm,长 170 cm,宽 150 cm,平均坡角约为 35°。模型试验的库水位涨落范围设置在 30 cm 和 80 cm 高度之间,底部 30 cm 段为水下部分,上部 80～110 cm 为消落带以上部分。试验设计每个涨落周期 4 h,其中 2.5 h 为库水位下降阶段,1.5 h 为库水位上涨阶段。按照悬板式生波机的原理制作造浪装置,生成波浪高约 5 cm。物理模型试验装置如图 6.6.5 所示。

在库水位涨落及波浪作用下,岸坡表面块体产生显著的位移。岸坡表面岩块的位移随着库水位涨落次数的增大而增大,位移曲线呈阶梯形(图 6.6.6)。岸坡消落带的块体的变形远大于消落带上方区域的块体。

图 6.6.5 模型试验布置

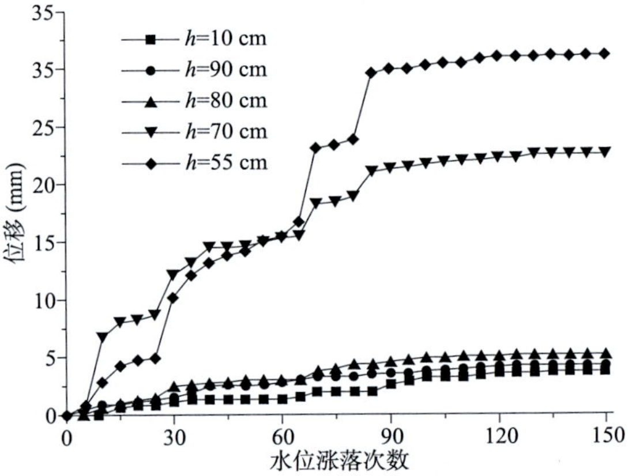

图 6.6.6 岸坡表面岩块随库水位涨落次数的变形曲线

(2)现场测量

通过采用无人机近景摄影测量、全站仪测量及岸坡岩体裂缝隙宽调查,实际测量郑万铁路大宁河大桥万州端岸坡表面岩体的变形情况,分析岸坡的破坏特征。将岸坡稳定性评价的结论与野外调查和测量的结果进行对比,以确定岸坡稳定性评价是否合理。测量结果如图 6.6.7 所示。

模型试验和现场测量结果表明,在库水位涨落作用下,岸坡表面岩块的变形区域,与计算得到的失稳区基本吻合(图 6.6.7)。但现场测量也表明,在库水位涨落作用下,岸坡实际变形区域的上边界,略高于计算得到的高水位线。分析认为,这样的误差是由浪高引起的,可以将计算失稳区上边界加上浪高加以修正。

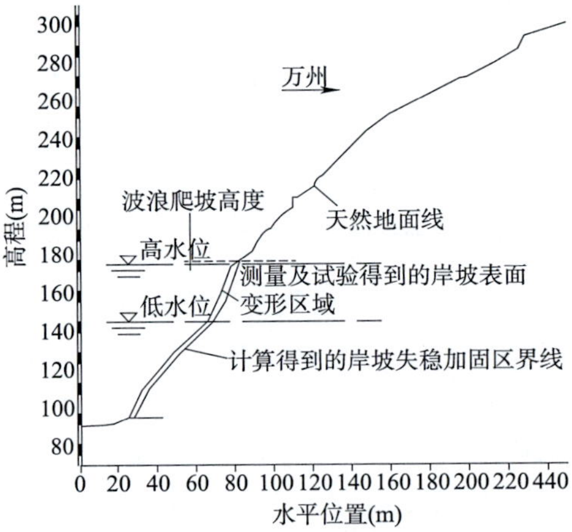

图 6.6.7 不同方法岸坡变形区域对比

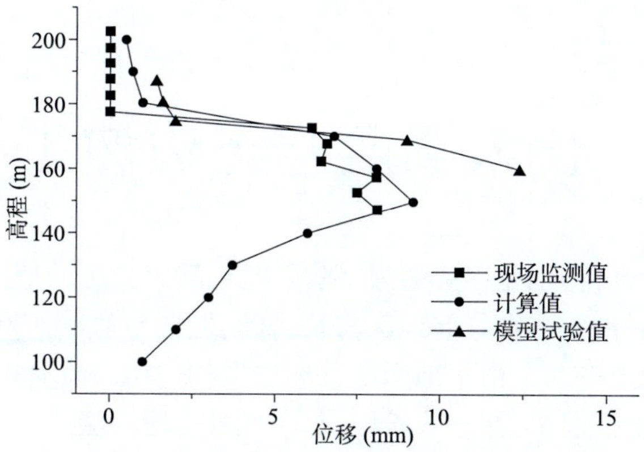

图 6.6.8 不同方法坡面位移随高程变化对比

模型试验、现场测量及计算得到岸坡表面岩块的变形随着深度的变化规律基本一致。计算得到的岸坡消落带(高程 145～175 m)的变形略大于实际测量结果(图 6.6.8)。分析其原因,主要是本书计算的岸坡浸润线,是库水位刚好降落到最低水位时刻的浸润线,此时的水力坡度最大。其次,本书考虑的库水位涨落速度为最大的调节速度,大于平均实际的水位变化速度,也使计算的水力坡度更大。两个原因,都使计算水力梯度偏大,造成动静水压力偏大,因而计算出的岸坡变形要大于实测结果。从工程应用的角度看,这个计算误差是偏于安全的。上述对比分析结果表明,计算得到的岸坡表面的变形的范围及大小与模型试验、现场测量结果相互吻合,验证了本书建立的库水涨落条件下,岸坡稳定坡角线计算方法的合理性和实用性。

参考文献

[1] 王岐．用伸长率 R 确定岩石节理粗糙度系数的研究[C]．地下工程经验交流会,1982.
[2] 王威,许宝田．灰岩岩体软弱结构面抗剪强度试验研究[J]．工程勘察,2011:39(3).
[3] 蒋爵光．铁路岩石边坡[M]．北京:中国铁道出版社．1997.
[4] 张有天．岩石水力学与工程[M]．北京:中国水利水电出版社,2005.
[5] 毛昶熙．渗流计算分析与控制 2 版．北京:中国水利水电出版社,2003.
[6] 仵彦卿,张倬元．岩体水力学导论[M]．成都:西南交通大学出版社,1995.
[7] 梁树．库水位涨落条件下三维裂隙网络岩石岸坡的渗流及稳定性[D]．成都:西南交通大学,2019.
[8] 金奖．水库水位涨落作用下大宁河大桥万州岸坡面位移的研究[D]．成都:西南交通大学,2018.

7 长大顺层岩石边坡工程

在缓倾单斜构造山区，特别是以碎屑岩、泥质岩、碳酸岩为主的地区，经常顺层理形成规模较大、延伸较长的自然斜坡。当在这些地区修筑公路、铁路等线状工程时，对自然斜坡的开挖极易引起斜坡岩层的顺层滑动。由于地形地貌和岩层构造的特殊性，这样的顺层滑动往往规模较大、处置困难。一般情况下，在选线阶段，都会尽可能地绕避这类不良地质地区。但是，随着线路标准的提高，或是其他社会、经济、环境的要求，线路穿越顺层斜坡不可避免。2000 年以后修建的渝（重庆）—怀（化）、宜（昌）—万（州）铁路，都穿越了不少顺层斜坡地带。

在线路的勘察设计阶段，当线路不可避免地要在顺层斜坡上开挖边坡时，为了防止开挖后发生顺层滑动破坏，会采用边坡预加固设计。这种可能发生顺层滑动，但实际上尚未滑动的边坡，即称为顺层边坡。传统上，对顺层边坡沿线路方向的几何量度称为宽度，垂直线路方向（即横断面方向）的量度称为长度。习惯上，将具有较大长度（以百米计）的顺层边坡称为长大顺层边坡。

在现行规范中，一般顺层边（滑）坡稳定性的计算方法，采用的是剩余推力法（传递系数法）。在这种方法中，是将顺层边坡潜在滑动岩层的整体滑动作为基本计算模型来计算的。当潜在滑动岩层的总长度较长时（即属于长大顺层边坡时），按整体滑动计算出的下滑推力可能超过普通支挡结构可以承受的范围。由于顺层边坡加固仅仅是一种预加固措施，即便能做出设计，也难以满足经济要求，与实际需要不符。现场调查表明，当发生顺层滑动时，大部分情况下滑体并不是一次性整体滑下的，而是从下到上分次逐渐滑动的。很多情况下，顺层滑动斜坡的上部，还会保存一部分没有滑动的残留岩层。由此认为，如果对顺层边坡前端一定范围内的岩体采取加固措施，就可能防止因前端滑移引起的整个边坡的滑动破坏，而无须对全段潜在滑体加固。在目前部分实际工程设计中，秉承这个理念，对潜在顺层滑动边坡的预加固措施，采用加固前端一定长度（比如 50 m）的设计计算方法。但是，通行规范中，对长大顺层边坡怎样设计并没有作出相应规定。实践中所采用的设计计算方法也缺乏一定的理论依据。

7.1 长大顺层边坡的力学特征

7.1.1 长大顺层边坡破坏的现场调查

据本书作者等 2007 年对鄂西、渝东、绵广、武广等公路、铁路顺层滑坡局部滑移的现场调查表明（表 7.1.1、图 7.1.1），坡长较长的顺层边（斜）坡的失稳，很多都不是一次滑移到坡顶的整体滑动。滑移往往是分段进行的，每次滑移前端一小部分。在滑动后不加处治的情况下，坡上残留部分可能继续分段滑移。最终的结果可能全部下滑，也可能保留一部分残余岩层。调查的顺层滑坡中的相当部分，其滑移长度均不到整体边坡长度的一半，部分还是多次滑移的结果。因此，现场调查证实了长大顺层边坡是渐进式破坏的观点。

表 7.1.1 部分滑动破坏的顺层滑坡

顺层滑坡工点名称	边坡长度(m)	滑移长度(m)	滑移比(%)	岩 性	备 注
318 国道 K1349+220	>100	25.5	<25	灰岩	可能多次滑移
318 国道 K1350+015	>100	16.0	<16	灰岩	
318 国道 K1354+280	>100	15.0	<15	灰岩	
318 国道 K1357+200	120	18.0	15	灰岩	
318 国道 K1359+660	>100	8.5	<8	灰岩	
318 国道 K1362+950	160	25.0	<16	灰岩	
318 国道 K1370+650	120	35.5	<30	灰岩	可能多次滑移
318 国道 K1392+005	>150	45.0	30	灰岩夹页岩	可能多次滑移
318 国道 K1429+100	>40	20.0	<50	灰岩、炭质页岩	
318 国道 K1466+200	>60	12.0	<20	砂岩	
209 国道 K1890+700	110	16.4	<15	钙质页岩、泥岩	
峨眉水泥厂西采区	200	77.2	<39	灰岩	
绵广高速 K283+000	>100	16.3	<16	灰岩	
绵广高速 K282+500	>100	25.4	<25	灰岩	
湘黔铁路 DK266+275	150	69.0	46	砂页、页岩	
武广客专 DK1635+444	54.2	20.7	38	页岩、泥灰岩	

(a) 318国道K1350+015左侧顺层滑坡

(b) 峨眉水泥厂西采区顺层滑坡

图 7.1.1 典型局部滑移顺层滑坡

7.1.2 长大顺层边坡的力学特征

长大顺层边坡会出现分段渐进式滑移状态，是其力学机制控制的结果。顺层边坡形成后，由于岩层向临空面倾斜，顺层岩层有沿层理向下滑移的趋势，导致潜在滑面的层理前端应力集中。应力集中程度及范围与层理倾角、岩层厚度、边坡长度等有关。此外，岩层中普遍存在与层理垂直的构造节理，这些节理将岩层实际上切割成不连续的分段。因此，可以建立顺层边坡破坏模式：由于岩层倾斜，作为潜在滑面的层理前端存在应力集中。而岩层是分段分块覆于潜在滑面之上的。当前端滑面上集中的应力超过层理的抗剪强度时，前端部分分离的岩层块体将率先进入滑移破坏状态。当第一段滑动产生后，滑移部分岩层与存留部分岩层分离，存留部分的前端再次形成应力集中。如果集中的应力达到层理的抗剪强度，则再次重复前端滑移的情形。如此反复，直到残存的岩层部分中，集中的应力不能达到抗剪强度为止。此时，顺层边坡的上段部分可能保留下来。由此，长大顺层边坡的滑动破坏机制，是前端应力集中，前端部分滑移，如此反复，渐进破坏，直至稳定。在本质上，这种渐进破坏是所有顺层边坡共有特征。但在长大顺层边坡中，残余部分更易保留，易于观察而已。

顺层边坡中潜在滑面应力分布不均匀引起的分段滑动，是传统的极限平衡分析无法解释和计算的。极限平衡法的力学本质，是将顺层边坡岩体的运动和力学特征作为刚体看待。在极限平衡法中，滑面力学模式简单，应力分布均匀。因此，在极限平衡法分析中，顺层边坡要么整体滑动，要么整体稳定，不会出现局部滑移现象。因此，产生局部滑移的顺层边坡，不能采用极限平衡分析其稳定性。

为了在理论上验证上述观点，采用数值分析方法，分析顺层边坡开挖后潜在滑面的应力特征。根据西南—中南地区铁路公路顺层边坡的统计特征，建立数值模型为：坡长 $L=100$ m，顺层岩体厚度 $d=15$ m，边坡坡度 $\alpha=25°$，滑面 $c=20$ kPa，$\varphi=20°$。模拟计算潜在滑面（层理面）上的应力分布如图 7.1.2、图 7.1.3 所示。从图中可见，在边坡前端临空面附近，潜在滑面上正应力和剪应力较大。远离临空面，正应力和剪应力逐渐减少，剪应力减小程度更为明显。

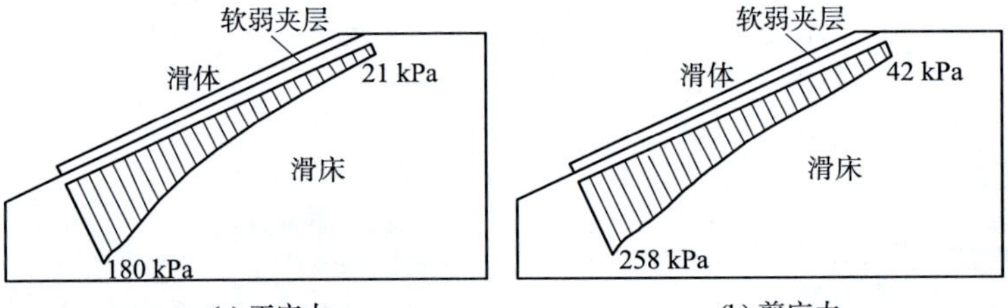

(a) 正应力　　(b) 剪应力

图 7.1.2　长大顺层边坡潜在滑面应力分布

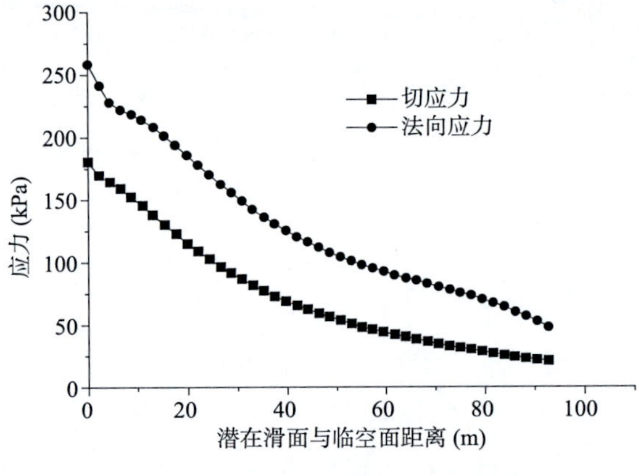

图 7.1.3　潜在滑面应力分布曲线

顺层边坡在开挖形成临空面后，临空面附近顺层坡体潜在滑面会形成一定的应力集中段。考虑潜在滑面产生应变软化，剪切强度降低，可导致长大顺层边坡产生局部破坏。局部区段滑移后，未滑移区段可能继续产生应力集中及应变软化，从而再次滑移，即产生渐进式滑移破坏。其过程如图 7.1.4 所示。

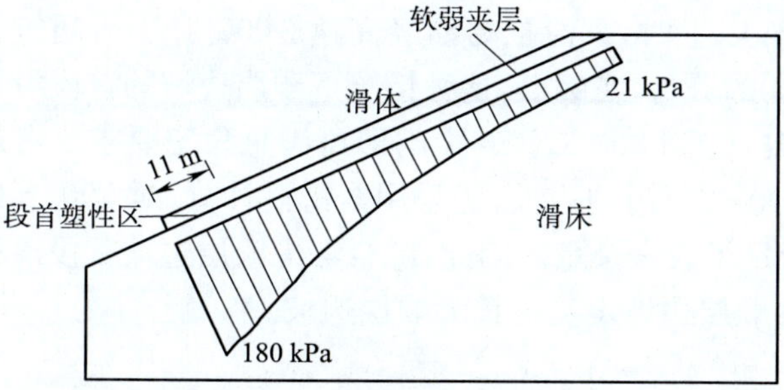

(a) 前端塑性区

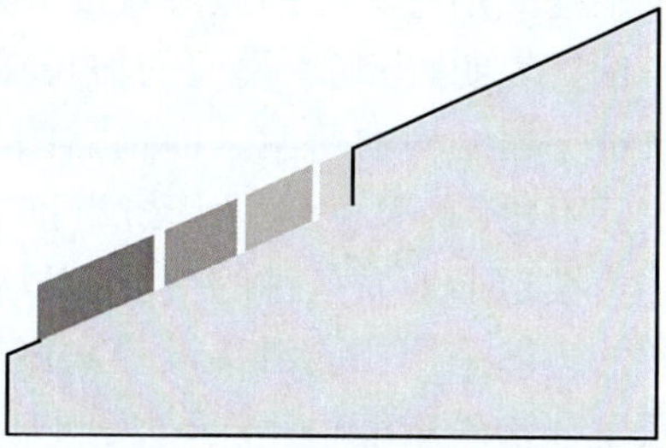

(b) 渐进滑移破坏

图 7.1.4　长大顺层边坡渐进破坏现象

如前所述，渐进滑移破坏是所有顺层边坡共同的力学行为。之所以在长大顺层边坡中强调渐进滑移破坏，主要缘于工程设计时的考虑。显然的是，如果顺层边坡的长度较小，完全可以在一般工程可以接受尺度内处理，则没有必要考虑针对渐进破坏引起的工程可行性亦或经济性问题。因此，多长的边坡可以视为长大边坡？这个“界限”如何确定？

为了在理论上寻找这个问题的答案，采用数值分析方法，对具有不同长度的顺层边坡基本模型的首段破坏长度与边坡长度的关系进行模拟计算。计算结果如图 7.1.5 所示。图中表明，对长度在 100～400 m 的边坡而言，首段滑移长度大致在 10～80 m。当边坡长度在 100～250 m 之间变化时，首段滑移长度与边坡长度之比，从 10%增加到 20%。当边坡长度超过 250 m 之后，首段长度比基本稳定在 20%左右。结合目前工程实践中对首段长度采用 50 m 计算的经验，看来，边坡长度超过 100 m 是可以作为一个界限的。

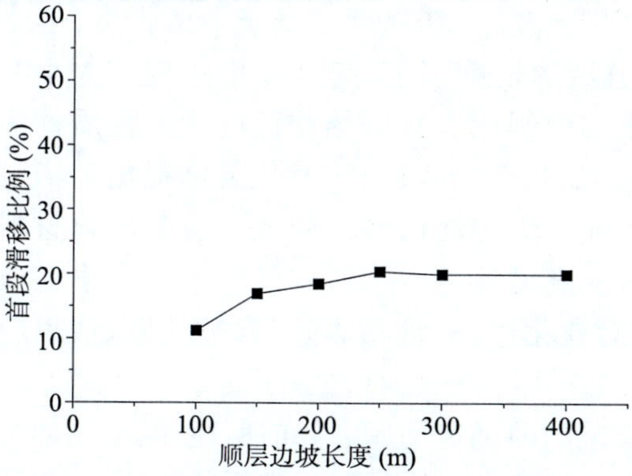

图 7.1.5　首段滑移长度与边坡长度的关系

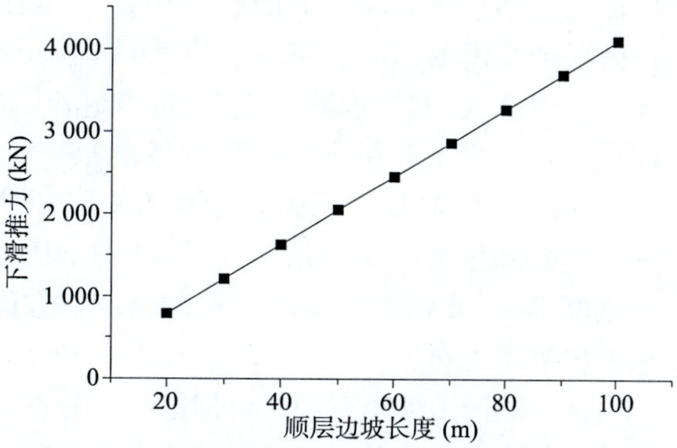

图 7.1.6　不同坡长顺层边坡模型的下滑推力

由于长大顺层的概念主要是基于工程结构面的可行性提出的。也可以采用“滑坡推力”这个概念来确立长大顺层的界限。上述分析已知，首段滑移的建立是基于弹塑性力学的，但在确定了首段滑移长度后的边坡支挡结构参数的计算，还是要采用极限平衡理论的，即“推力”的计算仍然采用传统的传递系数法。仍然以上述理论分析建立的基本模型为例，假定重度 $\gamma=23\ kN/m^3$，安全系数 $K=1.2$，坡长 $L=20\sim100$ m，试算不同长度边坡滑动时的推力，以期讨论工程应用意义上的边坡长度界限。试算结果如图 7.1.6 所示。

试算表明，当基本模型的坡长在 70 m 以上时，下滑推力已经高达 3 000 kN/m，超过普通单排桩支挡结构的荷载。而根据图 7.1.5 的分析，实际上，这种情况下顺层边坡的首段滑移长度实际不过 10～20 m，设计抗滑推力在数百至 1 000 kN/m 之间即可满足稳定要求。考虑到实际边坡地形地质条件的变化，对坡长 100 m 以内的边坡，仍采用全滑段计算，对 100 m 以上坡长的边坡采用首段滑移设计法，已经留足了安全余量。因此，综合考虑顺层边坡首段滑移现象及工程治理难度，将坡长大于 100 m 的顺层边坡定义为长大顺层边坡。

7.1.3 长大顺层边坡工程关键问题

从上述论述中，可以看出，长大顺层边坡工程的关键问题，一是确定首段滑移长度，二是如何正确计算首段长度的推力。实际上，根据上述理论，首段长度的本质是前端的集中应力，特别是剪应力，与潜在滑面抗剪强度之间的关系。而首段推力也是由抗剪强度提供的抗滑摩阻力与下滑力之间的关系决定的。因此，长大顺层边坡工程的关键问题，首先是潜在滑面的抗剪强度问题。

从力学观点看，虽然长大顺层边坡前端区段存在应力集中现象，但长大顺层边坡是否稳定，滑面的抗剪强度是至关重要的。当滑面抗剪强度很低时，只要坡体前端存在临空面，边坡就会失稳破坏；反之，当滑面抗剪强度很高时，即使坡体前端存在临空面且应力集中，边坡也不会失稳。众所周知，滑面抗剪强度的研究历史悠久、成果极为丰富。人们很早就认识到滑面(滑带)抗剪强度存在峰值强度和残余强度的区别，研制了相应的试验设备，确定了一系列试验规程，以及在不同工况下的取值原则。这些成果，对于有明确滑动状态的计算，不论是已经发生的滑动，还是潜在的滑动，都是十分适用的，也是长大顺层边坡稳定性计算的基本方法。但是，对于还没有发生滑动破坏，仅仅处于潜在变形阶段的软弱带而言，其力学特征要复杂得多。由于顺层边坡中的潜在滑面往往是产生过层间错动的软弱面(多为泥化夹层)，而层间错动意味着软弱滑面已经历过一定程度的变形破坏，其强度已低于峰值强度，但未达到残余强度的过渡状态。研究表明，软弱面峰值后的抗剪强度，与其经历的应变大小有关。应变越大，越接近残余强度，应变越小，越接近峰值强度。软弱结构面的这种性质称为应变软化。岩土材料应变软化的概念早在太沙基(K. Terzaghi，1948)时代就已提出。毕晓普(Bishop，1964)提出用脆性指数 I_b来表征软化特征。沈珠江(1997)建立了应变软化材料的广义孔隙压力模型。从 1979 年以来，国内有不少成果报道。但这些研究主要集中在残余强度、峰—残强度关系以及长期强度等方面，而对软化过程、性质表述、参数获取、成果应用的研究不充分。

长大顺层边坡工程的关键问题之二是首段滑移范围的确定问题。如前所述，基于刚体力学的极限平衡理论是无法获取渐进式分段破坏的力学模式的。为了工程应用的方便，不少研究者提出了一些很有意义的研究成果。例如，孙书伟等(2008)基于公路边坡，提出开挖松动区

(类似首段滑移长度)为坡高的 2～5 倍。冯君(2005)依据开挖后松弛位移变形 5 mm 作为前端破坏长度。刘爱华(1994)采用假定的单次应变扩展参数推导终段破坏长度。邓荣贵(2005)基于岩体损伤的概念,建立局部滑动范围计算方法。但是,这些成果要么理论基础不足,要么计算参数获取和应用困难,很难在工程实践中应用推广。实际上,基于最基本的应力—强度关系,建立以破坏准则为依据的首段滑移计算方法,并简化计算参数,既是本书倡导的工程应用研究原则,也是成果能真正应用的现实途径之一。其中,如何建立考虑抗剪强度变化过程的力学模型,如何将相应的力学模型用常用软件实现计算,如何将计算结果化为工程实用的成果,则是需要解决的又一关键问题。

7.2 长大顺层边坡潜在滑面力学特征

在顺层边坡工程中,对顺层边坡起控制性作用的层状潜在滑面的力学特征是最基本、最关键的研究内容。在本节中,将对潜在滑面的变形过程、强度变化、典型强度值的特征、试验方法、参数采用等基本问题进行论述。

7.2.1 典型滑面类型

顺层边坡中控制性的岩体结构因素是层状软弱夹层,即潜在滑面。虽然层状软弱夹层形式多种多样,但对易滑地层而言,典型的软弱夹层类型还是比较集中于几种的。由于部分软弱夹层已经泥化(黏土化),因此,也常将顺层边(滑)坡中的泥化软弱夹层称为泥化夹层。软弱夹层泥化的成因,通常是原始地层在地质构造作用下,岩层褶皱变形时发生层间错动,使岩层中的薄层泥岩、页岩或碳酸岩受力破碎,在后期水、气等因素作用下,风化、蚀变、黏土化的结果。在泥质岩、化学岩、甚至一些副变质岩层中,这种泥化夹层是比较易见的。根据对近年来规模及影响较大的 30 多个顺层滑坡滑带土类型的调查,多数顺层滑坡中的软弱夹层主要为泥岩泥化夹层与碳酸岩泥化夹层(表 7.2.1)。此外,由于炭质页岩本身较低的强度,炭质页岩也是常见的软弱夹层。由此,顺层边(滑)坡中的软弱夹层可分为 3 类,即泥岩类泥化夹层、碳酸岩类泥化夹层及炭质页岩类夹层。在已经调查的顺层边(滑)坡中,泥岩泥化夹层控制的顺层滑坡接近 61%,碳酸岩类泥化夹层约占 17%,炭质页岩类泥化夹层约占 22%。虽然调查数据有限,各类软弱夹层的占比不一定具有普遍意义,但不影响对典型软弱夹层的分类。

表 7.2.1 顺层滑坡层间泥化夹层特征

序号	滑坡名称	泥化夹层类型
1	镇胜高速 YK47+000～+060 段顺层滑坡	泥岩类
2	湘黔复线 DK266+254～+401 段顺层滑坡	泥岩类
3	峨眉河对门山西南坡顺层滑坡	泥岩类
4	水柏铁路 DK121+120～DK121+200 段顺层滑坡	泥岩类
5	陕西陈家山煤矿专线 K4+440～K4+590 顺层滑坡	泥岩类
6	万盛南川铁路猪槽顺层滑坡	泥岩类

续上表

序号	滑坡名称	泥化夹层类型
7	张罗公路 K36＋070～K36＋630 段顺层滑坡	泥岩类
8	水界高速公路 K15＋900～K16＋650 顺层滑坡	泥岩类
9	贵昆铁路大海哨车站顺层滑坡	泥岩类
10	罗文车站Ⅰ号滑坡	泥岩类
11	拉普滑坡	泥岩类
12	福建永加铁路 27 公里顺层滑坡	泥岩类
13	成昆铁路甘洛Ⅰ号滑坡	泥岩类
14	太焦线石会隧道出口 1 号滑坡	泥岩类
15	广旺线 K41 滑坡	泥岩类
16	太焦线牛晶坪滑坡	泥岩类
17	贵昆线面店桥滑坡	泥岩类
18	贵昆线大海哨车站顺层滑坡	泥岩类
19	成昆线铁西滑坡	泥岩类
20	台湾七堵公路顺层滑坡	泥岩类
21	台湾林肯大郡顺层滑坡	泥岩类
22	台湾圆资大楼顺层滑坡	泥岩类
23	长晋高速公路 K31 顺层滑坡	炭质页岩类
24	潭邵高速公路顺层滑坡	炭质页岩类
25	阜新海州露天矿北帮滑坡	炭质页岩类
26	万梁高速 K46＋800～K46＋900 大荒田滑坡	炭质页岩类
27	万梁高速 K43＋050～K46＋300 顺层滑坡	炭质页岩类
28	泗溪公路顺层滑坡	炭质页岩类
29	镇胜高速公路 K46-K58 段顺层滑坡	碳酸岩夹层类
30	贵阳市顺层滑坡	碳酸岩夹层类
31	彭水打叶复烤厂顺层滑坡	碳酸岩夹层类
32	宜恩高速 K58＋795～K59＋030 顺层滑坡	碳酸岩夹层类
33	沪蓉国道贺家坪段顺层滑坡	碳酸岩夹层类
34	宜恩高速公路 K58＋800～K58＋950 顺层滑坡	碳酸岩夹层类
35	三万线 K23 滑坡	碳酸岩夹层类
36	鄂西某高速公路 K143＋930～K151＋320 顺层滑坡	碳酸岩夹层类

7.2.2 软弱夹层峰残强度特征

层状软弱面的典型强度特征，主要是边坡中软弱夹层的峰值强度和残余强度。国内大量的理论和工程实践研究，为不同软弱夹层提供了大量的成功实例。我国的鄂西、渝东地区，是顺层边(滑)坡的集中发育地区，且极具代表性，研究试验资料也极为丰富。因此。收集了该地区数十年间 200 余篇文献，对其中 64 组有效数据进行统计分析(胡启军，2008)。泥化夹层峰值强度、残余强度以及峰—残比的统计分析结果如图 7.2.1 所示。

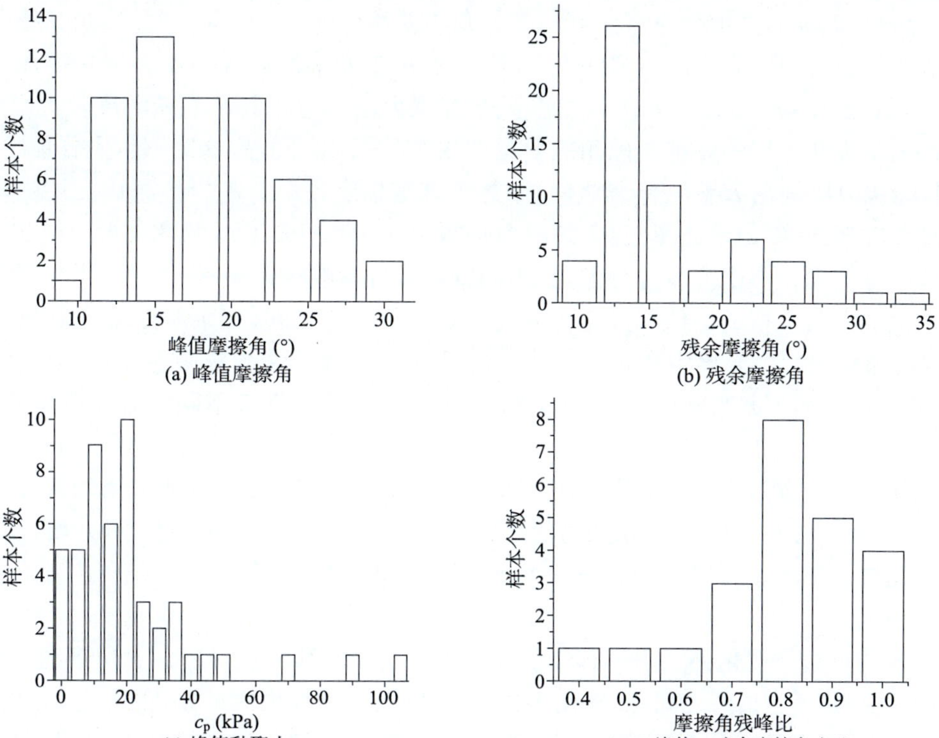

(a) 峰值摩擦角　(b) 残余摩擦角　(c) 峰值黏聚力　(d) 峰值—残余摩擦角之比

图 7.2.1 泥化夹层抗剪强度参数统计

统计分析表明，不同类型的泥化夹层峰值摩擦角主要分布在 12°～27°之间，集中分布于 15°左右。残余摩擦角主要分布在 10°～27°之间，集中分布于 12°左右。峰值黏聚力主要分布于0～35 kPa 之间，集中分布在 10～20 kPa。残余黏聚力为 0 kPa 的约占 82.3%。峰值—残余摩擦角之比主要分布在 0.6～0.9 之间，占总体样本的 74%，集中分布于 0.8 左右。

为了进一步分析各类软弱夹层的强度特征，根据统计资料以及郑立宁(2012)的试验数据，对 3 种类型软弱夹层的强度特征，分类统计见表 7.2.2。

表 7.2.2 不同类型泥化夹层强度特征统计表

泥化夹层类型	泥岩		碳酸岩		炭质页岩	
	统计值	试验值	统计值	试验值	统计值	试验值
峰值摩擦角 φ_p(°)	11～16	11	20～23	8	11～22	22
残余摩擦角 φ_r(°)	8～14	9	14～18	4.5	9～19	14.8

续上表

泥化夹层类型	泥岩		碳酸岩		炭质页岩	
	统计值	试验值	统计值	试验值	统计值	试验值
φ_r/φ_p(%)	87	81	74～85	56	66～86	68
峰值黏聚力 c_p(kPa)	14～20	19.8	24～30	15.2	8～20	7.1
残余黏聚力 c_r(kPa)	0	1.1	0～12	0.5	0～3.5	1.3
c_r/c_p(%)	0	5	0～48	3	43	18

由上表可知，泥岩类泥化夹层的峰值摩擦角主要集中在 11°～16°之间，残余摩擦角主要集中在 8°～14°之间，残峰值比例在 72%～90%之间，摩擦角衰减幅度较小。泥岩类泥化夹层的峰值黏聚力主要集中在 14～20 kPa 之间，残余黏聚力基本为 0 kPa，衰减幅度较大。

碳酸岩类泥化夹层的峰值摩擦角主要集中在 20°～23°之间，残余摩擦角主要集中在 14°～18°之间，峰残值比例在 75%～85%之间，摩擦角衰减幅度较小。灰岩类泥化夹层的峰值黏聚力主要集中在 24～30 kPa 之间，残余黏聚力基本为 0～12 kPa，衰减幅度较大。但灰岩类泥化夹层的残余摩擦角值集中度较为分散，受不同物质成分影响较大。

炭质页岩泥化夹层的峰值摩擦角主要集中在 11°～22°之间，残余摩擦角主要集中在 9°～19°之间，峰值黏聚力主要集中在 8～20 kPa 之间，残余黏聚力主要集中在 0～3.5 kPa 之间。

综合对比分析，3 类泥化夹层由于其物质成分差异，导致具有不同的峰残强度衰减特征，具体有以下两点：

一是泥岩类及碳酸岩类泥化夹层由于其具有较高的峰值黏聚力，剪切错动致使峰值黏聚力值大幅度降低，接近 0 kPa，而摩擦角的峰残变化衰减较小，多为 20%左右，残峰比多在 73%以上。可见该两类泥化夹层强度衰减的主要原因，为内部结构联结力的断裂，内部颗粒定向排列为次要原因。

二是岩质页岩类泥化夹层由于其峰值黏聚力不高，峰值摩擦角较大，剪切错动中摩擦角的衰减幅度达到 30%～40%之间，残峰比多在 65%以上。黏聚力衰减幅度相较其他两类较小。可见，炭质页岩类泥化夹层强度衰减的主要原因，为鳞片状微小炭质颗粒的层间定向排列，内部结构联结力的断裂为次要原因。

7.2.3 软弱夹层应变软化强度特征

峰值强度和残余强度，是软弱夹层在剪切变形中抗剪强度的两个典型特征值。然而，软弱夹层的剪切变形是一个过程，或者说，峰值强度到残余强度是岩土达到抗剪强度后，其力学行为的起点和终点。理论和试验已经表明，从峰值强度到残余强度，岩土的抗剪性能有一个随剪切应变增加而逐渐降低的应变软化过程。这就表明，在岩土达到峰值强度后，其抵抗剪切作用的能力并不总是下降到残余强度的。这一特征，对还没有发生滑移破坏的顺层边坡是有使用价值的。

通常认为，顺层边坡中倾斜的层状软弱夹层大都经历了早期层间错动作用，即剪切应力已经达到过峰值强度。在早期的层间错动中，或后期的构造变动中，如果剪切变形不够大，则软弱夹层并没有进入残余变形阶段，而仅仅处于应变软化阶段。如果剪切变形足够大，则软弱夹层已经进入残余变形阶段。对在倾斜层状软弱夹层中的取样试验而言，是否显现为残峰强度比，可作为这两种情形的定性解释根据之一。

如果软弱夹层仅仅进入应变软化阶段，则潜在滑面的抗剪强度有着高于残余强度的余量，因而具有更好的抗滑性能，从而改善顺层边坡支挡结构的受力条件，提高工程的经济性水平。因此，对长大顺层边坡工程而言，获得软弱夹层真实合理的强度特征，进行应变软化试验是有意义的。

1. 应变软化试验

剪切应变软化试验的试样，需为采自现场的原状定向试样。参照国内《工程地质试验手册》《铁路工程土工试验规程》（TB 10102—2004）及《欧洲土工残余强度试验规范》（XP P94-071-2）的试验技术要求，利用应变控制式反复直剪仪进行滑面重合剪切试验。将在固定法向力作用下，不同剪切次数的剪切位移—剪应力曲线绘制在同一坐标轴中。图 7.2.2 为泥岩泥化夹层在法向力为 50 kPa 时，6 次剪切过程中的剪切位移—剪应力曲线。将该曲线中各次曲线的初剪弹性变形段去掉，可整体绘制成全过程剪切位移—剪应力曲线，如图 7.2.3 所示。

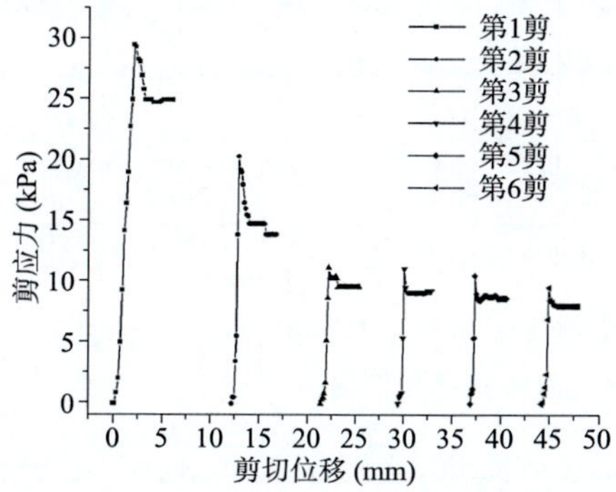

图 7.2.2　不同剪切次数的剪切位移—应力曲线

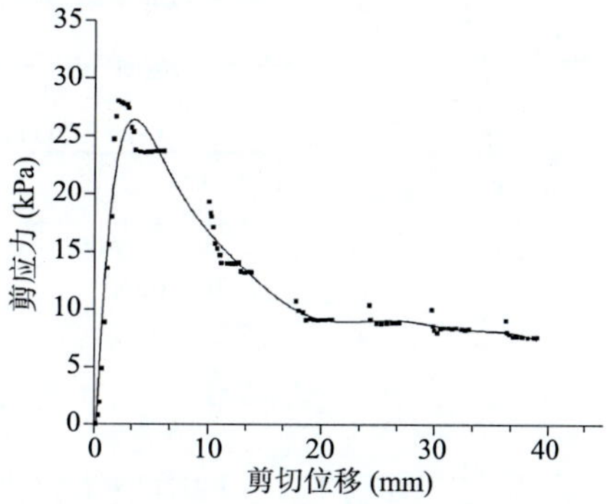

图 7.2.3　拟合全过程剪切位移—剪应力曲线

采用如上方法，郑立宁(2012)对 3 种软弱夹层进行全过程剪切试验，得到的应变软化曲线簇及峰、残剪切强度值曲线如图 7.2.4 所示。

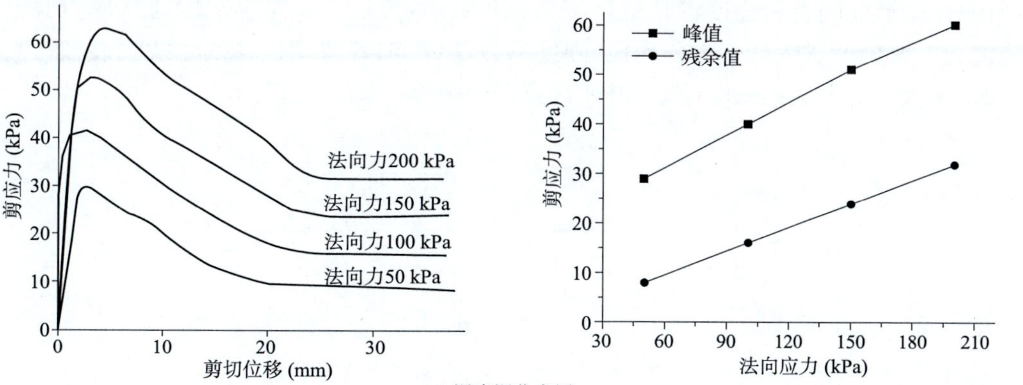

(a) 泥岩泥化夹层

图　7.2.4

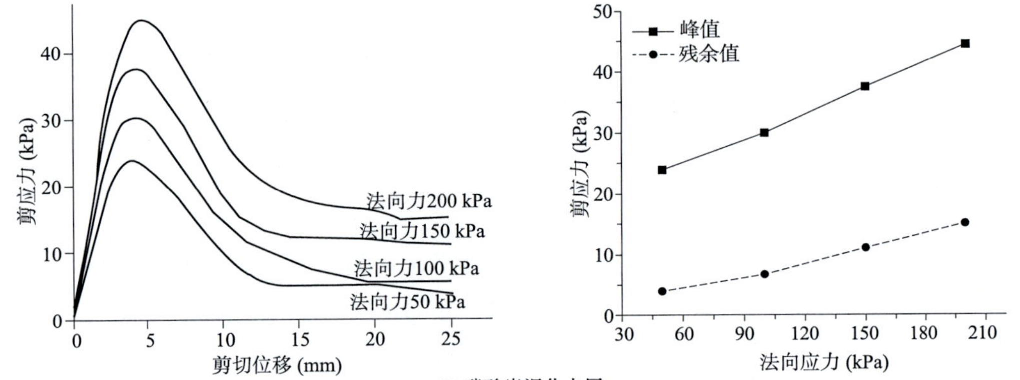

(b) 碳酸岩泥化夹层

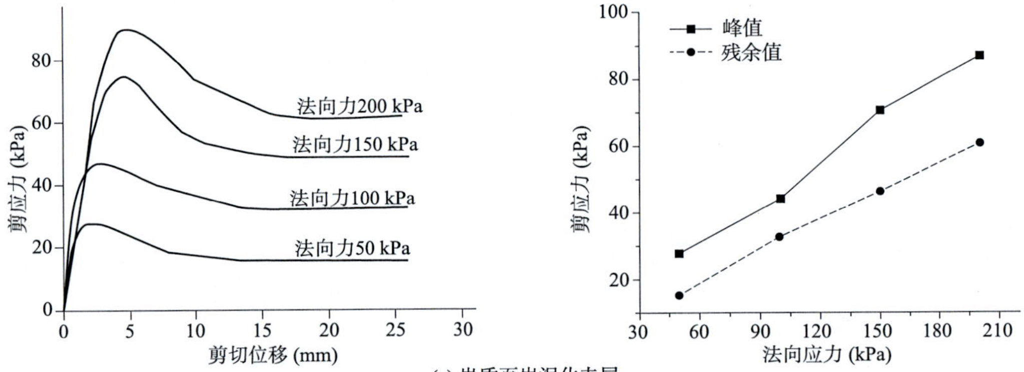

(c) 炭质页岩泥化夹层

图 7.2.4 不同泥化夹层的应变软化曲线及峰残强度值曲线

由图 7.2.4 可知，三种类型泥化夹层的应变软化现象均明显，但存在各异之处。碳酸岩泥化夹层峰、残强度差异较大，泥岩泥化夹层次之，炭质页岩泥化夹层峰、残强度差异最小，试验得到的峰、残强度值见表 7.2.2。

应变软化曲线可以规整为理想曲线模型用于计算分析。常用的软化模型以川本(Toshikazu，1981)的三线型应变软化模型为代表(图 7.2.5)。假设岩土材料初始产生线弹性变形，弹性变形期间材料强度参数维持峰值强度(φ_p、c_p)不变。当应变达到 γ_p时，剪应力 τ 达到峰值 τ_p。峰值后进入线性软化阶段，强度参数(φ、c)随着剪切位移发生线性衰减；当应变达到 γ_r时，最大应力 τ 达到最小值 τ_r，材料达到残余强度(φ_r、c_r)且保持不变。

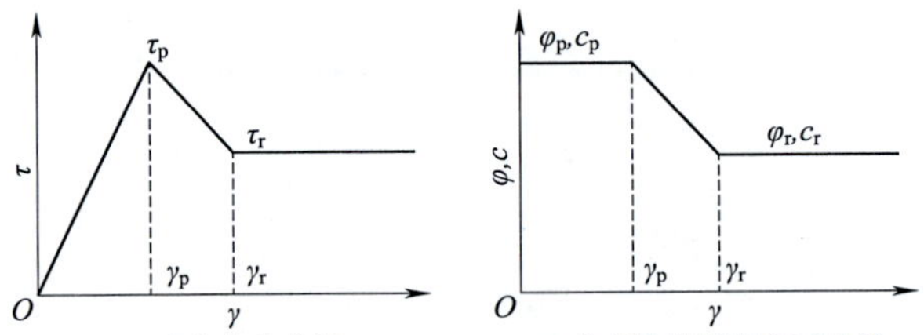

(a) 应变软化曲线 (b) 应变软化强度衰减曲线

图 7.2.5 川本三线型应变软化模型

在三线型强度衰减模型应用中，需要确定塑性剪切位移参数 L_p。塑性剪切位移 L_p值为当

试样强度达到峰值开始，进入应变软化状态，直至稳定的残余值时的剪切位移值，即

$$L_p=\gamma_p-\gamma_r \tag{7.2.1}$$

按此原理，对图 7.2.4 中的试验曲线进行数据处理，建立应变软化模型用于力学计算。处理后 3 种软弱夹层的应变软化模型及软化参数如图 7.2.6、表 7.2.3 所示。

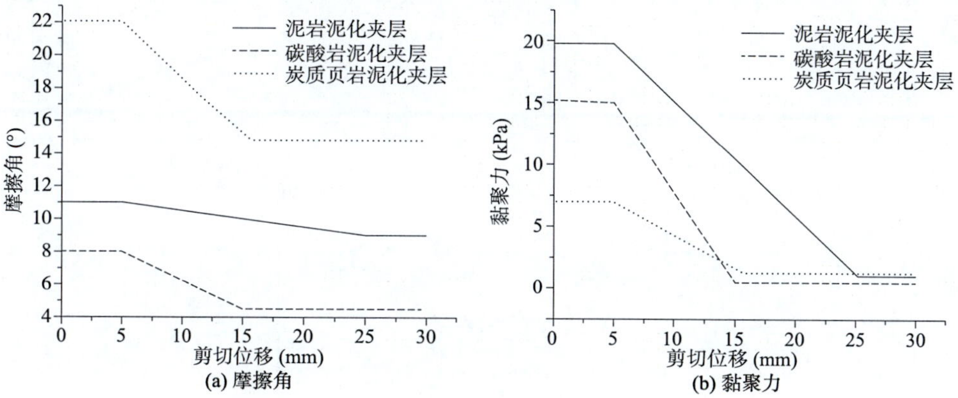

图 7.2.6　三类试样的应变软化强度衰减模型

表 7.2.3　塑性剪切位移

软弱夹层类型	泥岩泥化夹层	碳酸盐泥化夹层	炭质页岩夹层
塑性剪切位移(mm)	20.2	10.1	10.5

试验结果表明，高含水量的碳酸岩泥化夹层最易达到残余强度状态(10.1 mm)，而泥岩泥化夹层最难达到稳定的残余状态(20.2 mm)，炭质页岩泥化夹层居中(10.5 mm)。实际上，软弱夹层强度衰减所需的剪切位移变化范围是很大的。王恭先(1980)、Skempton(1999)、任光明(1997)等的试验表明，软弱夹层在峰值强度后达到残余强度所需塑性位移从 2 mm 到 40 mm 不等。而资料统计表明，一般情况下，20～40 mm 的塑性剪切位移已足以使泥化夹层达到稳定的残余值。综合上述成果认为，一般情况下，泥化夹层从峰值强度降至残余强度需要的塑性剪切位移均大于 10 mm，最大值可能达到 40 mm 左右。

2. 水对峰值剪切强度的影响

水对泥化夹层的强度特征具有较大影响。制取 3 类软弱夹层的重塑样，分别配制不同的含水量试样。其中，泥岩类含水量为 16%、18%、20%、22%、24%、26%；碳酸岩类含水量为 30%、35%、37.5%、40%、42.5%、45%；炭质页岩类含水量为 24%、26%、28%、30%、32%。对 3 类软弱夹层不同含水量试样进行快剪试验，得到峰值剪切强度试验结果如图 7.2.7 所示。

由于重塑试样均未模拟层间错动而进行预剪，故峰值强度较高，特别是碳酸岩泥化夹层，当含水量为 30%时，峰值摩擦角超过 30°，峰值黏聚力接近 70 kPa，远远超过同一含水量时的其他试验。

试验表明，一般情况下，各类软弱夹层摩擦角随含水量增加而线性下降，其中炭质页岩的衰减系数相较稍大($k_r=2.1$)，表明其峰值摩擦角的水敏感性较高，而碳酸岩类泥化夹层最低($k_r=1.6$)。泥化夹层峰值黏聚力受含水量影响部分呈对数变化为主，特别是碳酸岩泥化夹层及炭质页岩类泥化夹层，当含水量较低时，试样的黏聚力变化量较大，黏聚力值的分布有分段性的趋势。

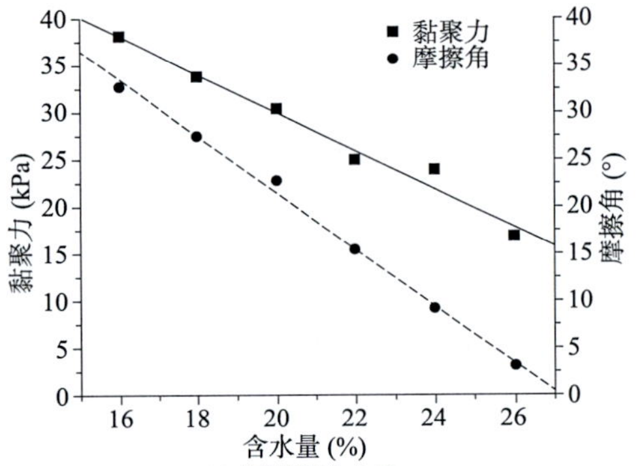

(a) 泥岩泥化夹层

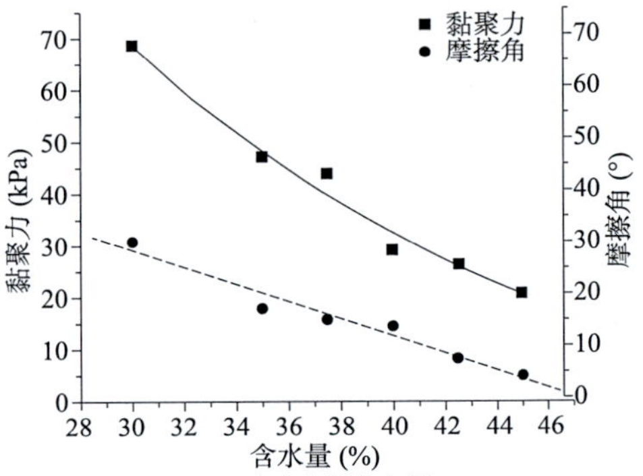

(b) 碳酸岩泥化夹层

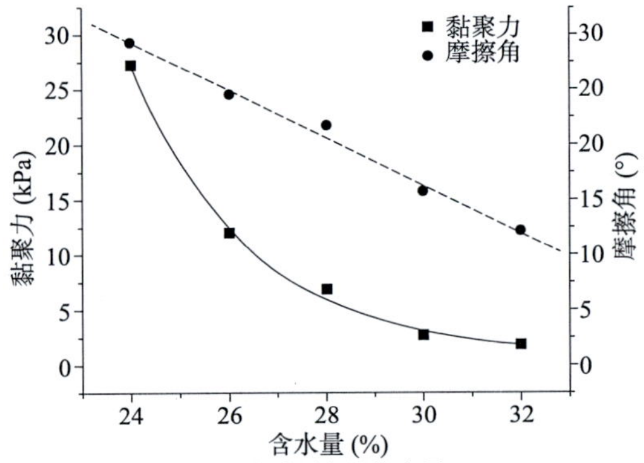

(c) 炭质页岩泥化夹层

图 7.2.7　不同含水量各类泥化夹层的强度变化特征

试验中的碳酸岩类泥化夹层具有明显的高液限性，炭质页岩泥化夹层接近煤系土类，试验得出二者均具有极强的水敏感性，含水量的变化对其自身的强度特征影响非常巨大。相较层间错动造成的应变软化，水致软化是泥化夹层强度降低的另一重要因素。

3. 水对应变软化过程的影响

含水量变化对泥化夹层应变软化特征的影响同样重要。但由于一般认为泥化夹层的残余强度反复剪需要将试样进行充分压缩固结，以消除剪切带内孔隙水压力对强度的影响，故水对应变软化过程特征的影响一直少有研究。郑立宁(2012)对不同含水量的泥化夹层进行了快剪反复剪试验，得到不同泥化夹层类型、不同含水量下的应变软化特征如图 7.2.8 所示。由图可见，不同类型软弱夹层，水对其应变软化特征均具较大的影响，且存在较多共性：

(1)低含水量时，泥化夹层脆性较强。该类试样应变软化过程中，剪切强度参数衰减幅度较大，初始强度越高，应变软化特征越明显。相较摩擦角，黏聚力的衰减幅度更大，且需要的塑性剪切位移更小。

(2)含水量逐步增大，泥化夹层塑性更强。在未至残余强度前，衰减速率较为稳定。

(3)高含水量时，泥化夹层流动性较强，该类试样应变软化过程中，剪切强度参数衰减幅度较小，应变软化特征不明显，一般以黏聚力的衰减为主。

但由于不同类型泥化夹层的水敏感性存在差异，故其应变软化特征受水的影响也具有一定区别。泥岩泥化夹层与碳酸岩泥化夹层较为一致，炭质页岩类由于其自身黏粒含量较低，故其脆性特征更为明显。特别是其黏聚力值水敏感性更强，由低含水量至高含水量峰值降低较

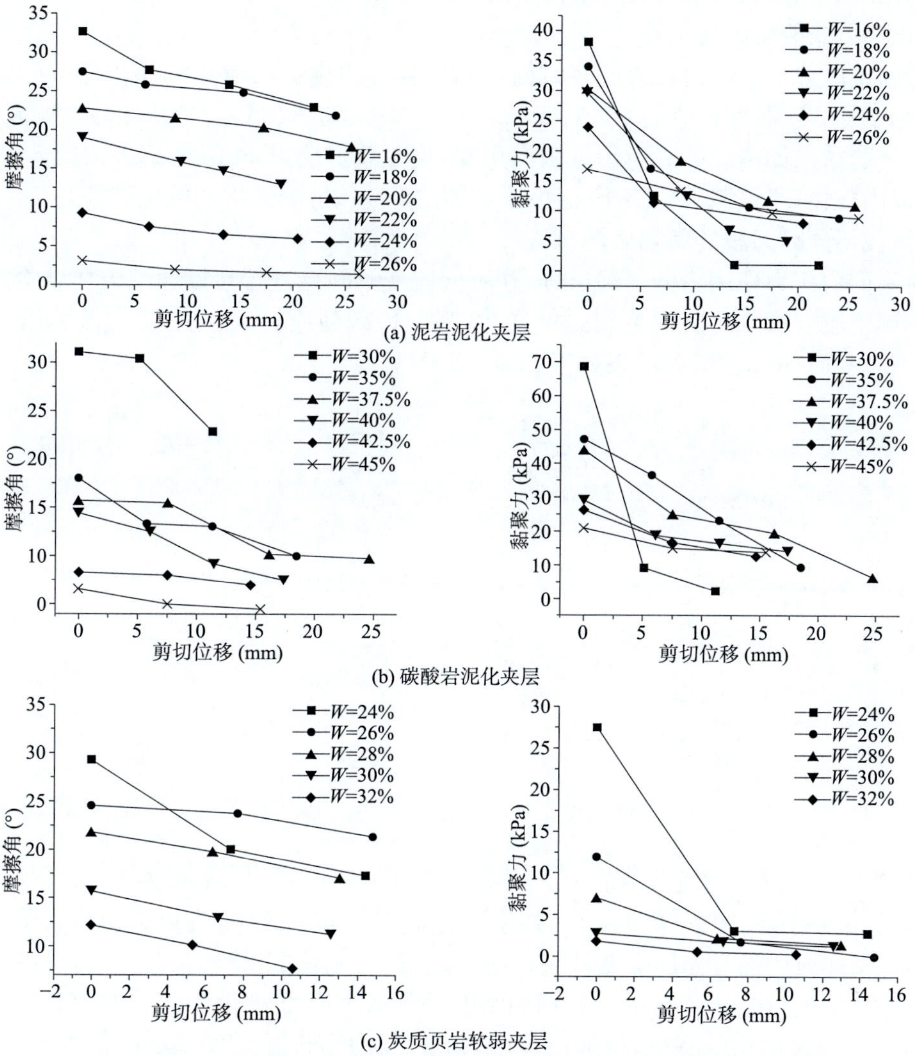

图 7.2.8 不同含水量软弱夹层强度随剪切位移衰减特征

快，且塑性剪切位移均较低，基本小于 8 mm。

综上所述，水致弱化对应变软化特征存在巨大影响，与应变软化相辅相成，往往加速了岩土材料的强度劣化，均是致使软弱夹层抗剪强度衰减的重要因素。

4. 泥化夹层长期强度特征

顺层边坡中的层状软弱结构面，不论在边坡开挖前，还是边坡开挖后，都处于剪应力长期作用环境中。作为软岩，长期强度是不得不面对的重要力学特征之一。为了分析泥化夹层强度受时间影响的变化特征，将泥岩泥化夹层原状样进行长期剪切流变试验及不同时间段的流变剪切破坏试验。

剪切流变试验采用改装的直剪仪进行，用百分表量测其水平变形，千分表量测其垂直变形，实验室保持恒湿(湿度 55)恒温(温度 22 ℃)。试样由环刀切取，高度 20 mm，保证剪切面位于中间，上下剪切盒间用 1 mm 厚的极滑高分子垫隔，并涂润滑油。为了得出试样在外力及时间共同作用下强度的变化特征，试验设计为两个部分：

(1)长期恒载剪切流变试验

进行固定压力下不同剪切力的多试样长期恒载剪切流变试验，固定法向压力 100 kPa，恒载剪应力 F_h大小分别为 τ_p值的 60%、65%、70%、75%、80%、85%、90%、95%，加载时间最长 1250 h。试验结果如图 7.2.9 所示。由图可知，当恒载剪应力 F_h值大于 τ_p值的 85%时，试样会在 5d 以内破坏；当恒载剪应力 F_h值小于 τ_p值的 85%时，试样均未发生破坏。

(2)恒载不同时间段的剪切破坏试验

针对不同剪应力作用下的恒载试样，在不同流变时间点进行直接加载破坏试验，得出不同剪应力作用下不同流变时间的剪切强度变化特征，恒载剪应力集中在 85%倍 τ_p以下，进行多组循环试验，耗时 60 d。试验结果如图 7.2.10 所示。

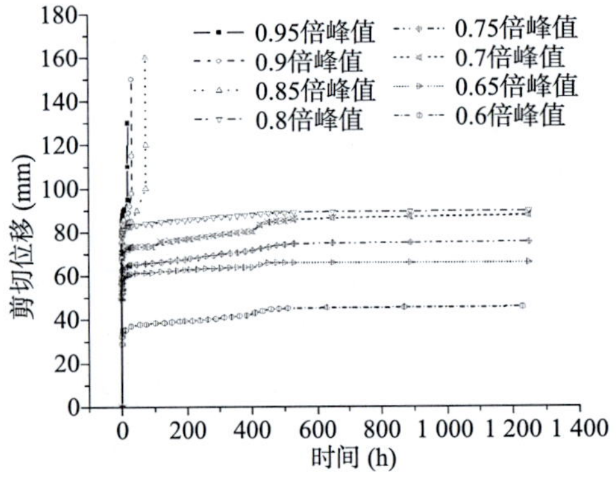

图 7.2.9 剪切流变位移随时间变化曲线

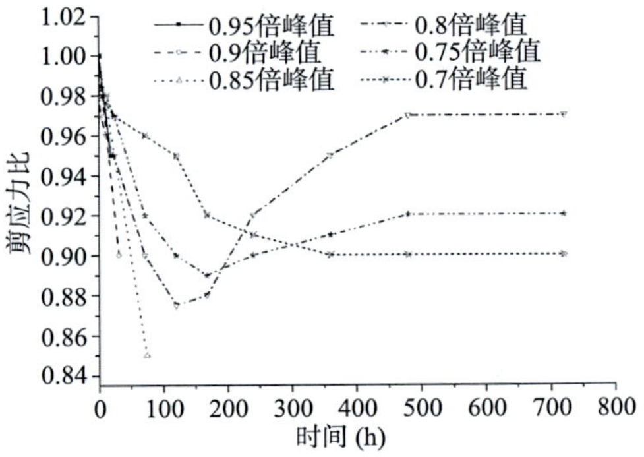

图 7.2.10 不同流变时间剪切强度变化曲线

由图 7.2.10 可知，当恒载剪应力 F_h值在 τ_p值的 70%～80%时，试样均未发生破坏，且自身剪切强度值随时间变化先期递减，后逐步稳定甚至增高。其中，当恒载剪应力 F_h值为 τ_p值的 80%时，试样剪切强度先期降低较快且值较低，达到 τ_p值的 87%左右，之后强度迅速增加，至 470 h 左右强度达到 97%左右，且保持稳定；当恒载剪应力 F_h值为 τ_p值的 75%时，试样剪切强度同样呈现先降后增的特征，但降低与增加的幅度均小于恒载剪应力 F_h值为 τ_p值的 80%时的试样。当恒载剪应力 F_h值为 τ_p值的 70%时，由于恒载力较小，试样剪切强度呈现先降后稳的特征，未产生不降反增的强度硬化特征。

通过上述试验可得，泥化夹层在剪切流变过程中，存在强度损失及增长的综合作用，不同的恒载剪应力使得损失与增长程度此消彼长。当试样上施加的恒载剪应力 F_h值大于等于 τ_p值的 85%时，由于恒载剪应力较大，在短时间内泥化夹层内部结构力的联结作用相较颗粒间的定向排列作用较弱，剪切面处的强度损失幅度大于增加，整体表现为强度衰减，即产生快软化现象。

当恒载剪力值 F_h变小时，在短时间内泥化夹层内部结构力的联结作用相较颗粒间的定向排列作用较均衡甚至超出，则泥化夹层内部克服前期软化后，即以应变硬化为主导，强度特征以缓慢增加至稳定为主。当恒载剪应力值 F_h持续变小时，泥化夹层内部应变硬化现象变弱，强度降低至一定程度不会产生硬化增加，长期强度保持稳定。试验结果与肖树芳等(1987)提出的泥化夹层内部微结构，在流变过程中不断产生交替硬化和软化的综合变化观点相近，但更加清晰反映出泥化夹层的内部流变机理。由此可得，对于多次产生层间错动的顺层边坡中的泥化夹层，其长期强度值可能极限劣化，也可能固结强化，与其所受的剪应力及法向应力特征有关。对此不能仅从传统流变力学角度分析，还应综合分析其受力环境，反演其强度变化特征，才能准确判断内部强度的发展阶段，得出合理的强度值。

7.3　顺层边坡首段滑移长度的确定

对长大顺层边坡工程而言，有关成果的工程应用要落实到顺层边坡防治工程设计参数，即顺层边坡首段破坏的范围值的大小上。在前述有关层状软弱结构面强度特征研究的基础上，基于数值计算结果，本节将探讨影响顺层边坡首段滑移长度的主要影响因素，进而建立首段滑移长度经验公式。

研究表明，顺层边坡的稳定性与边坡坡长、坡度、坡体厚度、潜在滑面力学参数等有关，特别是力学参数。由于软弱夹层具有应变软化特性，需要通过应变软化试验才能获得真实可靠的力学参数。对于一般顺层边坡而言，力学参数的取值通常采用经验数据或大剪试验，采用峰值强度或残余强度的形式来表达。为使建立的公式便于应用，在考虑力学参数这一因素时，将峰值、残余强度（包括摩擦角和黏聚力）以及应变软化等因素，体现在计算模型的塑性区分析过程中。因此，在具体使用的参数中，仅采用综合摩擦角这一形式参数来表达。作为形式参数的摩擦角，可以用峰值强度与残余强度的平均值来估计。形式参数仅用于首段滑移长度的计算。而真实的峰值、残余等参数值，将在边坡设计时进行的稳定性分析和推力计算中采用。

7.3.1　首段滑移长度的计算和判别

首段滑移的提出基于两点基本现象：一是长大顺层边坡的前缘，往往存在一定长度的率先滑动的脱离体；二是长大顺层边坡长期发展后，往往在边坡后缘保留一部分残留体稳定在边坡上。由此表明，在长大顺层边坡的设计中，如果边坡前端一定长度的岩体能维持稳定，则整个边坡可处于稳定状态。

虽然长大顺层边坡的首段滑移是从变形（前端产生大变形而脱离）的现象提出来的，但是进行边坡稳定性计算时，仍应遵从应力与强度的关系，采用前端进入塑性滑移状态作为判断条件。因此，首段滑移长度，就是在长大顺层边坡前端剪应力集中的条件下，部分岩层率先进入塑性区的长度。

1. 顺层边坡数值分析模型

根据统计资料，概化出的长大顺层边坡的基本几何模型。模型为含单一层状软弱结构面（潜在滑面）及多组垂直于层理的节理分割层状块体。层状软弱面设置为接触单元。岩层为连续介质。模型边坡充分考虑了模型尺寸对计算结果的影响，两侧边界效应区各长 300 m，有效坡长 100 m，岩层倾角 25°，潜在滑移岩层厚度 15 m，如图 7.3.1 所示。

2. 考虑应变软化的计算过程

采用接触单元（interface）模拟软弱结构面。根据应变软化理论，软弱结构面的抗剪强度是随着剪切位移变化的一个变量。可通过 whilestepping 命令启动模型计算过程中的动态调节功能，然后采用 FLAC3D 内置的 FISH 语言调用接触单元的剪切位移，通过应变软化模型计算接触单元的内摩擦角和黏聚力，并对结构单元重新赋值。

岩块采用 Mohr-Coulomb 本构模型，垂直节理面接触单元采用 Mohr-Coulomb 接触本构

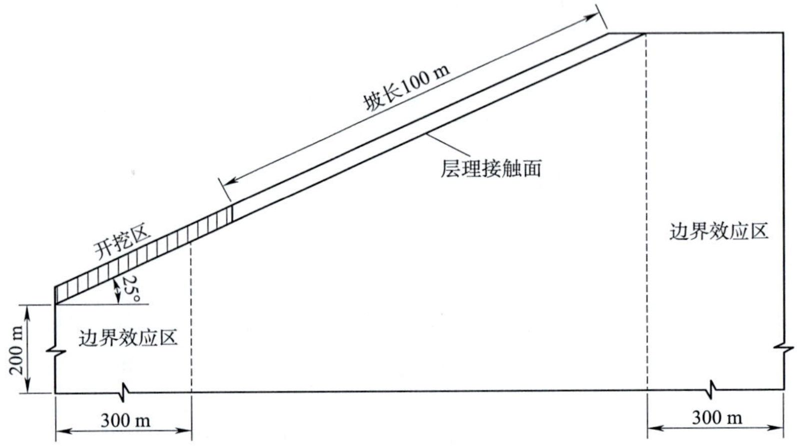

图 7.3.1 模型几何尺寸

模型，层间接触单元采用应变软化接触单元。根据第 7.2 节，确定用于软弱结构面的接触单元的参数见表 7.3.1。

表 7.3.1 模型力学参数

岩体类型	重度(kN/m³)	变形参数		强度(峰值/残余)	塑性剪切位移
		G(GPa)	K(GPa)	φ(°)	L_m(mm)
岩层	26	1	2	60	
层间接触单元		0.01	0.02	24/18	2

计算流程为：首先建立开挖前的长大顺层岩石边坡模型，计算边坡及层间接触单元的应力状态；然后删除前缘块体，模拟工程开挖，计算边坡及层间接触单元的应力、变形及塑性区。在计算的过程中，监测边坡的位移和软弱结构面的应变变化规律，当发展到一定水平后，前缘应力集中段将率先进入塑性状态，产生首段滑移。

计算得到首段变形和滑移长度与计算步数的关系曲线如图 7.3.2、图 7.3.3 所示。计算步数反映时间因素，前端岩块的变形随着时间逐渐增大，并逐渐趋于稳定。滑移长度也逐渐发展，最大值为 11 m。考虑到应变软化模型所需要的参数多，取值较为困难，故尝试取具有代表性、工程上也易获得的残余强度和峰值强度，来分别计算长大顺层边坡的稳定性。模型取残余强度时，首段岩块的变形最大，应变软化模型次之，取峰值强度时最低，存在显著的区别。但对于滑移长度，残余强度和应变软化模型的首段滑移长度一致，只是残余强度模型的发展速度更快。峰值强度模型的首段滑移长度明显较小。由此看出，可采用残余强度模型计算长大顺层边坡的首段滑移长度。

3. 首段滑移长度的判别和确定

从力学的角度出发，首段滑移长度应是某一时刻边坡前缘软弱结构面进入塑性区的长度。这个时刻应在长大顺层边坡应力、变形、塑性区变化全过程的基础上确定。

图 7.3.4 为首段岩块的位移与时间的关系曲线，岩块的位移随着计算步数的增大而逐渐增大，并逐渐趋于稳定，在计算步数 1 100 时，首段位移 2.5 mm，为曲线上的拐点。提取该时刻的边坡单元的拉应变，如图 7.3.5 所示，在距离首段 11 m 处出现明显的拉应变峰值，极易由该处产生断裂，前缘率先滑动。

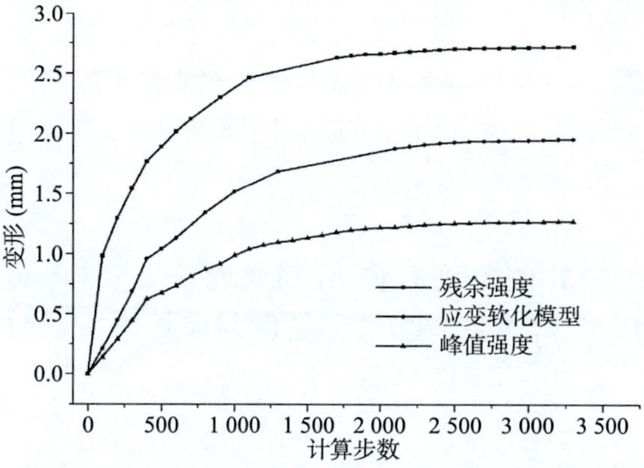

图 7.3.2 不同强度取值法的首段变形曲线

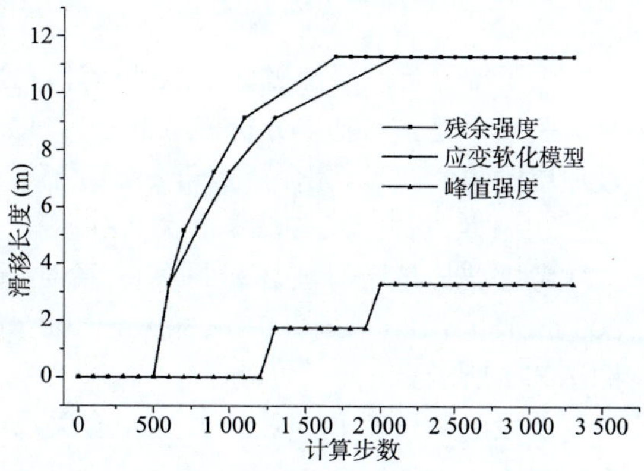

图 7.3.3 不同强度取值法的滑移长度曲线

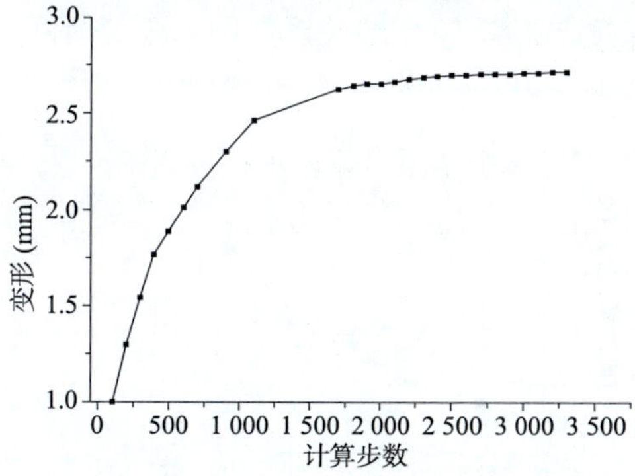

图 7.3.4 首段变形与计算步数关系曲线

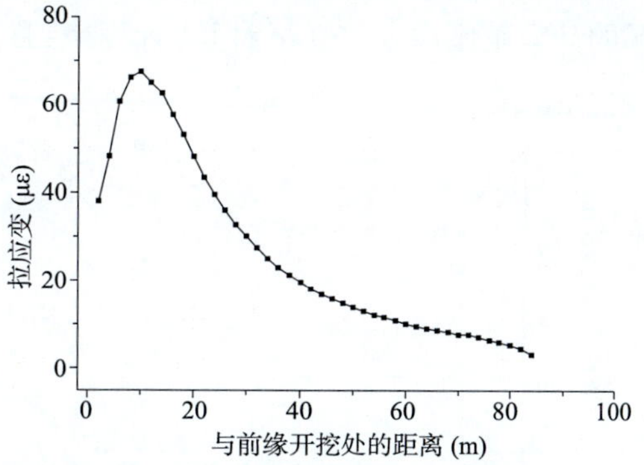

图 7.3.5 岩体拉应变与距前缘开挖处距离的关系曲线

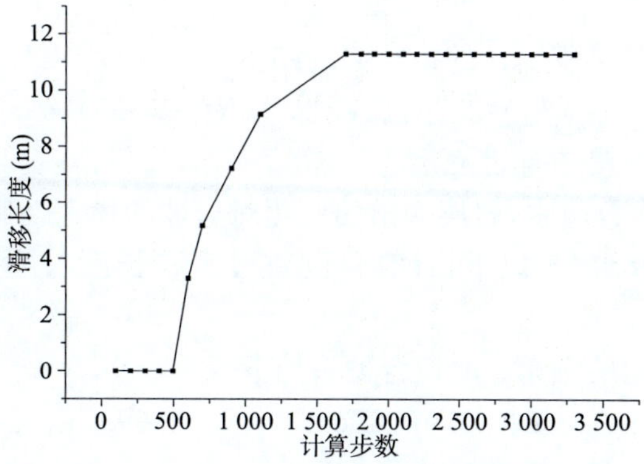

图 7.3.6 滑移长度与计算步数的关系曲线

图 7.3.6 为提取的软弱结构面首段塑性区长度与计算步数的关系曲线。首段塑性区长度随着时间逐渐增大,并逐渐趋于稳定,在计算步数 1100 时,塑性区长度为 11 m,为曲线上的拐点。综合变形、拉应变和塑性区长度曲线可以确定,模型的首段滑移长度为 11 m。

7.3.2 首段滑移长度公式建立

为了推导首段局部破坏范围理论计算公式，需要深入分析各影响因子与局部破坏范围的相关关系。建立的基本分析模型的分析参数为：边坡长 L=100 m，边坡岩层厚度 d=15 m，边坡顺层倾角 α=25°，综合摩擦角 φ=18°。

1. 首段滑移长度与坡长的关系

考虑坡长与局部破坏范围的关系时，基本模型其他参数不变，分别取坡长 L=50 m、100 m、150 m、200 m、250 m、300 m、400 m 计算。计算得到首段滑移长度与坡长的关系如图 7.3.7 所示。

首段滑移长度 L_f 与坡长 L 的拟合关系如下

$$L_f=0.24228L-7.24(R=0.996) \tag{7.3.1}$$

2. 首段滑移长度与顺层厚度的关系

考虑到部分设计规范要求，一般单级边坡开挖不会超过 10 m，因此边坡潜在滑移岩层厚度 d 的计算范围取 5～30 m 计算，计算得到首段滑移长度与顺层厚度的关系如图 7.3.8 所示。

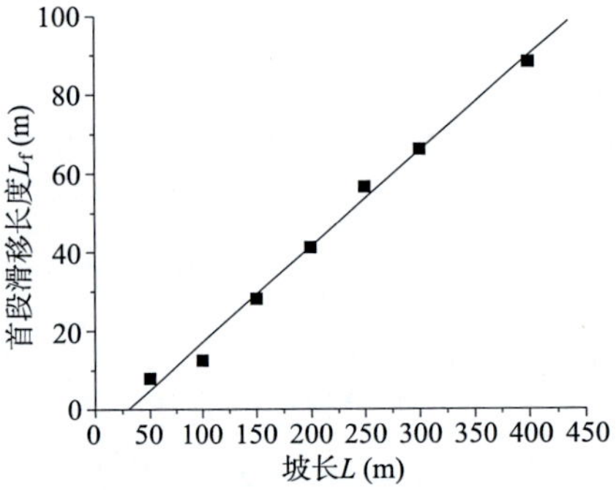

图 7.3.7 首段滑移长度与坡长的关系

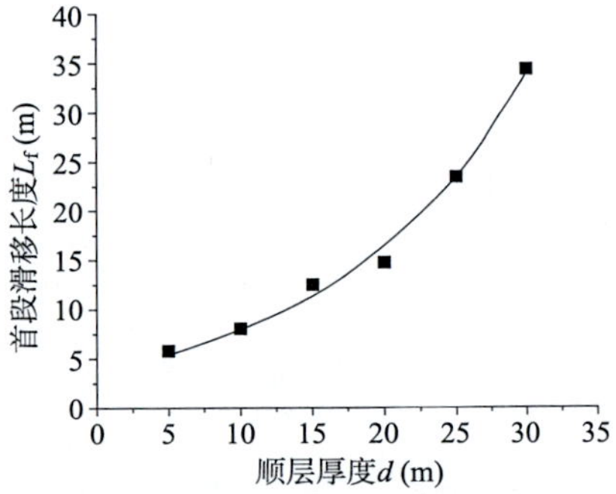

图 7.3.8 首段滑移长度与顺层厚度的关系

首段滑移长度 L_f 与顺层厚度 d 的拟合关系如下

$$L_f=3.76121e^{0.07344d}(R=0.993) \tag{7.3.2}$$

3. 首段滑移长度与顺层倾角的关系

在固定的层面强度参数值中，岩层倾角的变化对边坡的稳定性影响较大，一般产生顺层滑坡的顺层岩层倾角多集中在 35°以下，计算得到首段滑移长度与顺层倾角的关系如图 7.3.9 所示。

首段滑移长度 L_f 与顺层倾角 α 的拟合关系如下

$$L_f=0.07005e^{0.2074\alpha}(R=0.999) \tag{7.3.3}$$

4. 首段滑移长度与软弱面抗剪强度的关系

在 7.2.1 部分中，根据资料统计到的顺层边坡力学参数中，峰值摩擦角与残余摩擦角的中间值为 9.5°～20.5°，黏聚力的峰—残中间值为 4～15 kPa，按综合 φ 法换算，并考虑工程实践，抗剪强度参数取综合摩擦角为 9°～27°，计算得到首段滑移长度与顺层软弱面抗剪强度综合摩擦角 φ 值的关系如图 7.3.10 所示。

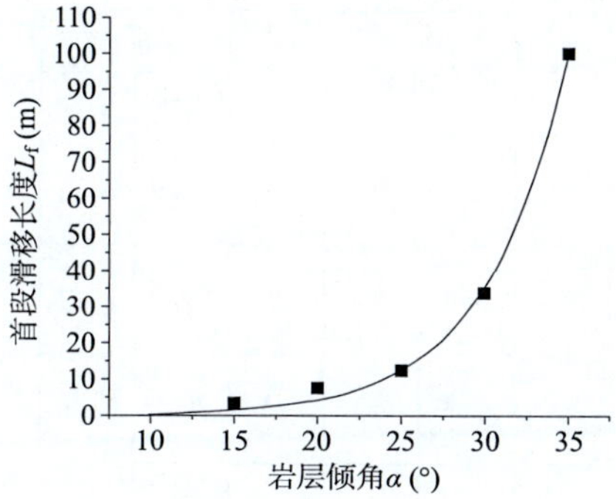

图 7.3.9　首段滑移长度与岩层倾角的关系

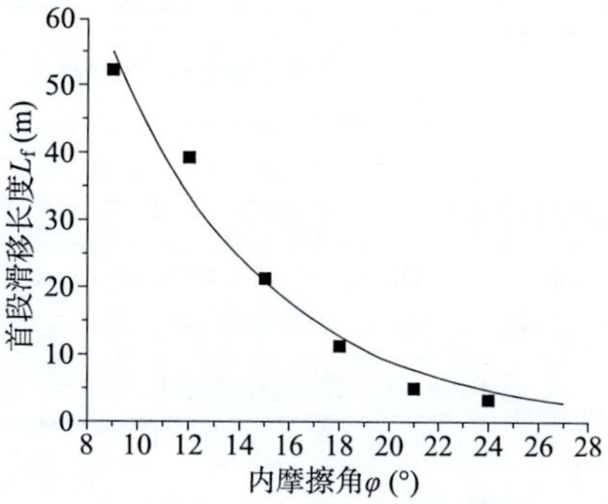

图 7.3.10　首段滑移长度与综合摩擦角的关系

首段滑移长度 L_f 与综合摩擦角 φ 的拟合关系如下

$$L_f=239.96641e^{-0.16343\varphi}(R=0.975) \tag{7.3.4}$$

5. 首段滑移长度经验公式

由前面计算可知，顺层边坡首段滑移长度 L_f 主要与边坡长度 L、岩层倾角 α、层厚 d、综合摩擦角 φ 等相关。根据上述单因素关系，对其进行多元线性回归，得到顺层边坡首段滑移长度经验公式

$$L_f=\exp[-6.07+1.43\ln(L)+0.065d+0.16\alpha-0.163\varphi](R=0.983) \tag{7.3.5}$$

式中　L_f——首段滑移长度(m)；

L——顺层边坡长度(m)；

d——顺层厚度(m)；

α——顺层倾角(°)；

φ——综合摩擦角(°)。

6. 计算公式验证

根据现场获得的国内 38 个顺层路堑边坡的滑动破坏特征，从中筛选出受典型软弱结构面控制，且首段滑移破坏特征明显的边坡样本 7 个，利用式(7.3.5)计算首段滑移长度，并与调查结果比较。现场样本边坡特征详见表 7.3.2。试算表明，按式(7.3.5)计算出的首段滑移长度在 16.2～93.0 m 之间，首段滑移与坡长之比在 8%～46.5%之间，理论计算值与实际滑移长度之比在 0.83～1.14 之间，最大相对误差 20.5%，最大绝对误差 15.8 m，计算值偏大，整体偏于安全。但考虑到实际边坡滑动历史不清楚带来的误差，式(7.3.5)在考虑适当的安全系数后，可基本满足工程应用的需要。

表 7.3.2　样本边坡的参数特征及局部破坏范围理论计算值

序号	调查坡体位置及地质概况	L(m)	d(m)	α(°)	φ(°)	破坏范围(m)		现场/理论
						现场	理论	
1	318 国道 K1 350+015 右侧，滑动范围长约 16 m，宽约 18 m。滑体厚 6 m，为中厚层—巨厚层状泥质瘤状灰岩，岩层产状 195°∠29°	200	6	29	23	16	16.2	0.98
2	湘黔铁路 DK297+290 一侧，滑动范围长约 65.2 m。滑体厚约 23.8 m，为变质细砂岩、砂质板岩夹绢云母板岩，岩层产状 150°∠25°	240	23.8	25	19	65.2	67.9	0.96

续上表

序号	调查坡体位置及地质概况	L(m)	d(m)	α(°)	φ(°)	破坏范围(m)		现场/理论
						现场	理论	
3	湘黔铁路增Ⅱ线 DK266+275 左侧，滑动范围长约 68.9 m。滑体厚约 15 m，为石英砂岩、页岩，岩层产状 340°∠21°	260	15	21	13	68.9	47.4	1.14
4	武广客专 DK1 635+444.33 右侧，滑动范围长约 20.7 m。滑体厚 5.6 m，为中厚层状泥质页岩，岩层产状 130°∠24°	300	5.6	24	20	20.7	20.7	1.0
5	峨眉水泥厂西采区，滑动范围长约 77.2 m。滑体厚 32.9 m，为生物碎屑泥粉晶灰岩，岩层产状 22°∠30°	200	32.9	30	24	77.2	93.0	0.83
6	绵广高速 K283+000 右侧，滑动范围长约 16.3 m。滑体厚 6 m，为中厚—厚层状灰岩，岩层产状 340°∠30°	180	6	30	22	16.3	19.3	0.84
7	绵广高速 K282+500 右侧，滑动范围长约 25.4 m。滑体厚 6 m，为中厚—厚层状灰岩，岩层产状 340∠31°	160	6	31	20	25.4	26.5	0.96

7. 首段滑移计算方法在顺层边坡工程中的应用

在长大顺层边坡工程中，考虑到经验公式建立的理论基础和实现过程，运用首段滑移长度计算方法进行边坡工程的设计和稳定性分析，需要遵照的工作程序如下：

(1)根据工程规划和布置，通过现场调查测绘，查清顺层边坡具有的地形地质特征，获取相应的边坡几何和地质参数。这些参数主要包括但不限于顺层边坡长度 L(垂直线路沿自然坡面或层面到坡顶的距离)，边坡上出露的层状软弱夹层的位置(如果有多层，取最靠近坡脚的一层)、类别(泥岩泥化夹层、碳酸岩泥化夹层、炭质页岩夹层)，顺层厚度 d(垂直层面的潜在滑体厚度)，顺层软弱面的倾角 α。

(2)采取顺层软弱夹层的原状定向样，进行沿层间错动方向的直剪室内试验，得到峰值强度和残余强度。对特殊工点或重要工程，需要进行专题研究，按 7.2.3 部分进行剪切应变软化试验，获取软化曲线，用于数值分析。有条件时，可进行软弱夹层的现场定向大剪试验，获取峰值、残余强度。

(3)根据现场和室内试验获得的几何、力学参数，运用式(7.3.5)计算首段滑移长度 L_f。计算时，综合摩擦角 φ 可根据试验得到的峰值摩擦角 φ_p 和残余摩擦角 φ_r 的中间值取值。根据工程的重要程度，对计算得到的首段滑移长度应乘以安全系数，建议的安全系数为 1.2～1.5。具体取值，可根据地质条件和工程经验确定。

(4)根据计算得到的首段滑移长度，按照通常的顺层滑动稳定分析方法，采用试验得到的抗剪强度值，计算顺层边坡的稳定系数和滑体推力。计算时，可根据试验得到的抗剪强度残峰比，定性判断层间错动的滑动程度，确定选用峰值强度或残余强度参加计算。原则上，残峰比越接近 1，说明软弱夹层经历的滑移越大，强度越接近残余强度。反之，说明软弱夹层经历的层间错动较轻，尚具有较强的抗剪能力，强度越接近峰值。但是，考虑到水的影响和长期强度，当取较高抗剪强度值时，应根据水的作用和长期强度进行折减，留足必要的安全储备。具体折减程度，可参考 7.2.3 部分有关内容。

7.4 工程实例——巴东车站长大顺层边坡

宜(昌)—万(州)铁路巴东车站位于规模较大的单斜构造灰岩夹炭质页岩的斜坡上

(图 7.4.1),线路走向与斜坡坡向几乎正交。由于受车站万州端控制性长大隧道工程制约,车站在顺层斜坡上以半填半挖方式布置。顺层斜坡坡体长约 300 m,采用顺层面刷方时,堑坡高、刷方工程量大,一般工程措施难以实施。采用支挡收坡时,按目前计算方法,长度为 300 m 的顺层岩层下滑推力巨大,一般支挡建筑物很难满足结构要求。站场边坡开挖后,形成典型的长大顺层边坡。

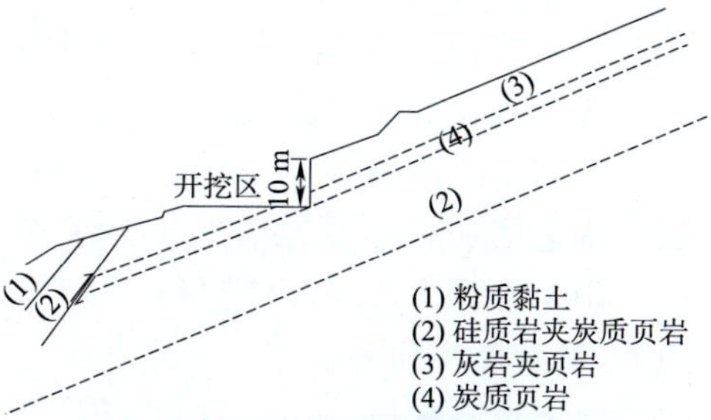

图 7.4.1 巴东车站顺层边坡剖面

7.4.1 工程概况及地质条件

自然边坡为顺向坡,岩层倾角 17°,线路中线位于山体中部,开挖后形成的边坡坡体向上沿层面延伸达 300 m,形成的边坡坡高 10 m。坡体主要以块状灰岩为主,重度 26 kN/m^3,坡脚处发育一层强度极低的炭质页岩。

针对宜万线巴东车站长大顺层边坡中泥化夹层的分布特点,在现场选取了两组典型地质断面进行大面积直剪试验。试验编号分别为 J1,J2。试验剪切面主要对象为发育在坡脚处的炭质页岩,试验采用平推法,包括抗剪断试验及抗滑试验。试验结果见表 7.4.1。

表 7.4.1 巴东车站长大顺层边坡炭质页岩现场大剪试验成果

试验编号	岩石岩性	抗剪断		抗滑	
		摩擦角 φ(°)	黏聚力 c(kPa)	摩擦角 φ(°)	黏聚力 c(kPa)
J1	泥岩、炭质页岩,风化不均匀,厚 150 cm,强～弱风化	31.8	72.1	29.1	61.9
J2	泥岩、炭质页岩,风化不均匀,厚 150 cm,强～弱风化	22.6	137.3	21.3	124

从表 7.4.1 可知,炭质页岩的试验中,抗剪断试验得到的力学参数相较抗滑试验均较大。炭质页岩抗滑摩擦角值为 21.3°～29.1°,抗滑黏聚力值在 61.9～124 kPa 之间。

在巴东车站附近 318 国道 K1 429+100 左侧,存在一处沿着灰岩层间炭质页岩夹层发生滑动的顺层边坡。其岩层产状 177°∠16°;发育两组节理裂隙:J1:273°∠82°,间距约 0.5 m,宽 1～2 cm,无充填;J2:25°∠74°,间距 0.7 m,节理宽 1～5 mm。反算层间炭质页岩黏聚力值为 0 kPa,摩擦角为 16°。

综合分析确定巴东车站炭质页岩力学参数为:峰值 $\varphi_p=22°$,峰值 $c_p=20$ kPa,残余 $\varphi_r=13°$,残余 $c_r=0$ kPa。计算稳定性和滑体推力时,采用残余强度。

7.4.2 工程设计

1. 首段滑移长度确定

已知,边坡坡长 $L=300$ m,岩层倾角 $\alpha=17°$,层厚 $d=10$ m。需要确定的是综合摩擦角 φ。

计算峰残比,得到 22/13=1.69,大于 1,表明本工点炭质页岩经历过强烈的层间错动,具有较好的潜在抗剪能力。但是,边坡开挖后,由于变形加大和应力重新调整,将强化边坡前端应力集中,因此,长期强度的影响可在考虑之列。但是炭质页岩本身强度较泥化夹层高,长期强度衰减不显著,可不考虑折减。工点地处鄂西,水的作用较强。炭质页岩中的碳是理想的固体润滑材料，在水的作用下，炭质页岩可预期的抗剪强度下降明显。边坡开挖后，水势必对边坡产生新的影响，由此，应考虑水的作用折减。由此，综合摩擦角的取值计算如下

峰残强度的中间值：$\varphi_1=0.5\times(22+13)=17.5°$。

考虑水的作用折减。由图 7.2.8(c)，炭质页岩仍属于隔水介质，假设含水量变化在 3%，按含水量增加 1%，摩擦角平均下降 2°，则：$\varphi_2=\varphi_1-3\times2=17.5-6=11.5°$。

由于计算出的综合摩擦角 11.5°已低于残余摩擦角 13°，不合理，故按残余摩擦角取值。由此，综合摩擦角 $\varphi=13°$。

将上述参数代入式(7.3.5)，得

$$L_f=\exp[-6.07+1.43\ln(300)+0.065\times10+0.16\times17-0.163\times13]=28.1(\text{m})$$

根据边坡地质条件和工点性质，对计算得到的首段长度取 1.25 的安全系数计算，作为设计参数

$$L_f=1.25\times28.1=35.18(\text{m})$$

建议本顺层边坡按滑移长度 40 m 设计。实际工程设计时，设计人员考虑种种因素，最终用的计算长度为 50 m。

2. 边坡支挡措施

取首滑段长度为 40 m 进行滑坡稳定性分析和推力计算，计算结果为：稳定系数 $K=0.63$，剩余推力 $E=1\ 183.6$ kN。按此推力设计采用的加固方案为抗滑桩＋桩间挡墙，其中桩长 20 m，桩径尺寸 3 m×2.25 m，桩间距 5 m，如图 7.4.2 所示。

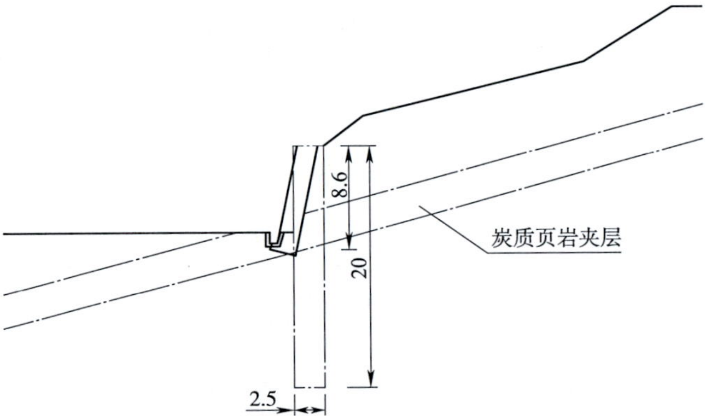

图 7.4.2 巴东车站长大顺层边坡加固设计断面图(m)

3. 边坡稳定性分析

由于长大顺层边坡渐进性变形破坏特征，不能采用常规极限平衡法计算其稳定性，可以通过建立合理的分析模型，特别是合理的滑面参数模型，利用数值方法分析其稳定性。

基于边坡地形特征及设计方案，计算模型视为二维平面应变问题，选取具有代表性的 15 号桩断面为典型计算断面。为消除边界效应影响，将桩上原 298.6 m 长的自然坡向后拓展 200 m 水平区域，桩下自然坡长拓展到 100 m。模型尺寸总长为 583 m，总高度 223 m，如图 7.4.3 所示。

模型中包括炭质页岩层面上下的岩体(假设为均质灰岩)、炭质页岩夹层接触面、层面上部岩体垂直节理接触面(间距 10 m)及 15 号抗滑桩。层面上下的岩体采用 M-C 本构模型，层面

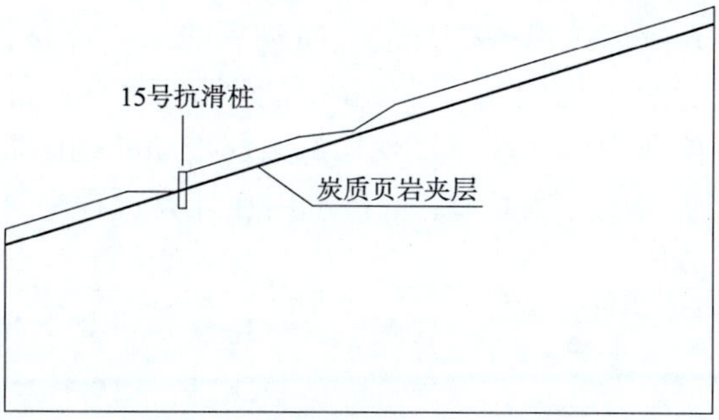

图 7.4.3　巴东车站长大顺层边坡开挖 15 号桩断面计算模型图

上部的垂直节理接触面采用 M-C 接触本构模型，炭质页岩夹层接触面采用应变软化接触面本构模型，抗滑桩采用 FLAC 中自带的桩单元结构模型，各模型单元的参数见表 7.4.2 和表 7.4.3。

表 7.4.2　模型中岩土材料参数

岩体类型	重度 (kN/m³)	变形参数		强度参数				
		E(GPa)	μ	φ_p(°)	c_p(kPa)	φ_r(°)	c_r(kPa)	L_p(mm)
岩块	26	6.7	0.25	42	700	—	—	—
层间接触面	—	3	0.3	22	0	13	0	10
垂直节理接触面	—	0.1	0.1	25	0	25	0	—

表 7.4.3　15 号抗滑桩参数值

抗滑桩参数	数　值	抗滑桩参数	数　值
弹性模量(MPa)	25.4×10^3	法向耦合刚度(MPa/m)	1.0×10^3
桩长(m)	20	切向耦合摩擦角(°)	30
桩宽(m)	2.25	桩径(m)	22.5×3
切向耦合刚度(MPa/m)	1.3×10^3	桩土间法向间隙(m)	0

抗滑桩所受剪力、弯矩及合力特征如图 7.4.4 所示。在桩身下部锚固端的剪力分布呈现滑面处最小，向下逐步增大的正三角形式，该分布方式与经典受力特征较为接近。通过简化计算可得该桩悬臂端所受滑面上的下滑合力值 $E=550$ kN。

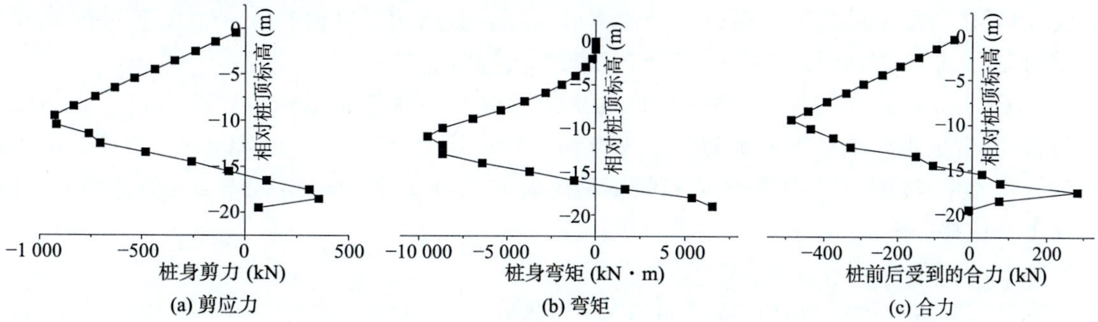

图 7.4.4　坡体开挖后桩身受力图

对该边坡进行深入计算，得到该边坡在抗滑桩支护作用下的桩体位移及坡体位移如图 7.4.5～图 7.4.7 所示。开挖后抗滑桩桩身呈现向桩后的水平位移特征，位移量以坡顶最大，最大值为 5.5 mm。桩身位移向锚固端线性递减，锚固端底呈现局部向坡上的反向位移，但位移量微弱，可认为锚固端位移为零。坡体呈现局部微弱松动的朝向坡下的水平位移，坡首位移量约 4 mm，主要变形段约 20 m。首段 21 m 范围内在计算过程中进入塑性区，稳定后无塑性区，如图 7.4.8 所示。

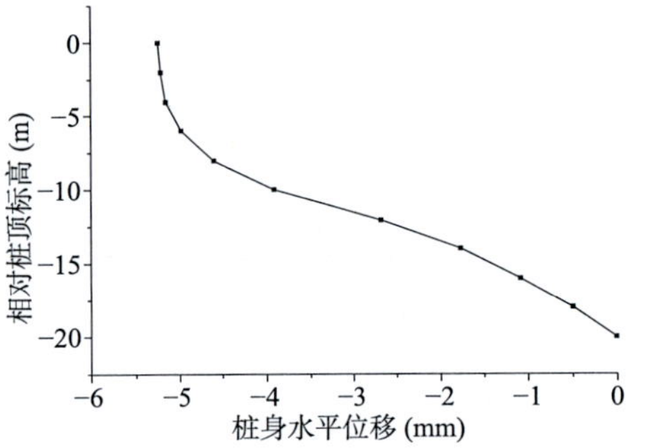

图 7.4.5　桩身水平位移

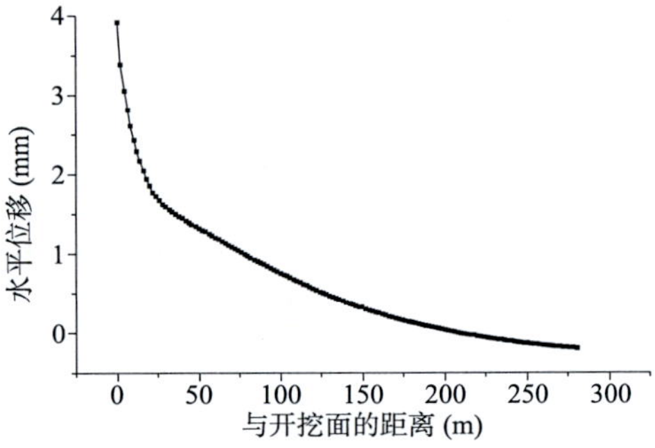

图 7.4.6　边坡水平位移特征

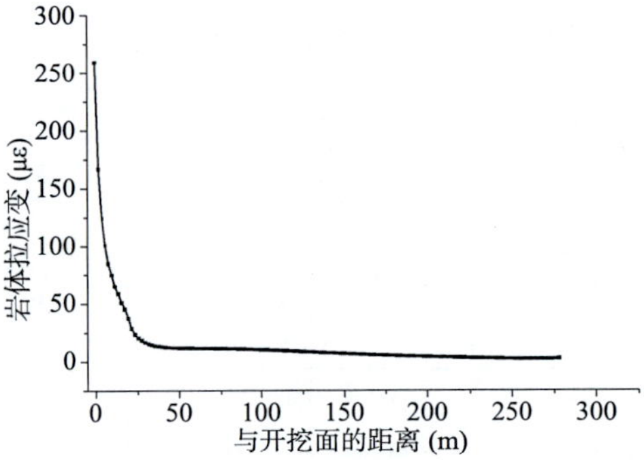

图 7.4.7　边坡岩体拉应变

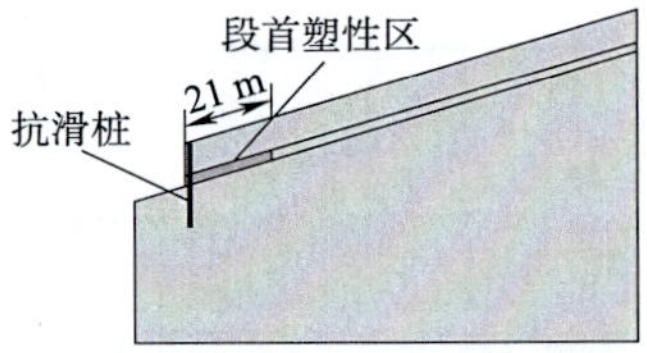

图 7.4.8　前端顺层塑性区

7.4.3　边坡稳定性现场监测

由于巴东车站顺层边坡的支挡结构设计是超出规范要求的专门设计，设计方案是否合理有效，需要进行多方面验证。通过现场监测可以综合分析边坡在开挖支护后的位移模式和支挡结构受力，验证支挡设计方案的安全度，综合评价其稳定性。

以 DK115＋700 的 15＃抗滑桩断面为例进行分析。该断面地表布置 7 个位移监测桩和测斜管，其位置距离抗滑桩依次为 10 m、20 m、30 m、45 m、60 m、80 m、100 m。桩体监测包括桩顶位移、桩身挠度、桩体主筋内力及桩前后的岩体压力，该处仅分析桩体前后岩体压力、桩及坡体水平位移。

1. 桩前后岩体压力监测成果分析

不同时间段岩体压力分布特征如图 7.4.9 所示。

抗滑桩桩前主动岩体压力自上而下逐步增加，最大点位于滑面上 2 m 左右位置，最大值约

450 kN,与数值计算结果相近,但远小于理论计算的下滑推力,其原因是下滑推力是按 40 m 滑体且考虑安全系数 1.2 计算的结果。如果按照首段滑移长度的计算结果 28.1 m 计算,且不考虑安全系数,则计算出的理论推力为 523.9 kN,与实际推力 450 kN 相当。桩后被动岩体压力自滑面向下递减,主动岩体压力总体上大于被动岩体压力。各监测点的岩体压力值在施工期至工后半年期间逐渐增大,在工后半年以后,岩体压力值数据基本稳定。

2. 整体水平位移综合分析

为了确定坡体在开挖不同阶段产生的整体位移特征,需要对坡体(坡表)及桩体(桩顶)水平位移进行综合分析,按照施工工序及监测过程,将水平位移变形特征分为三个阶段,分别为施工期间、工后半年期及工后一年期,各时段边坡的综合位移特征如图 7.4.10 所示。

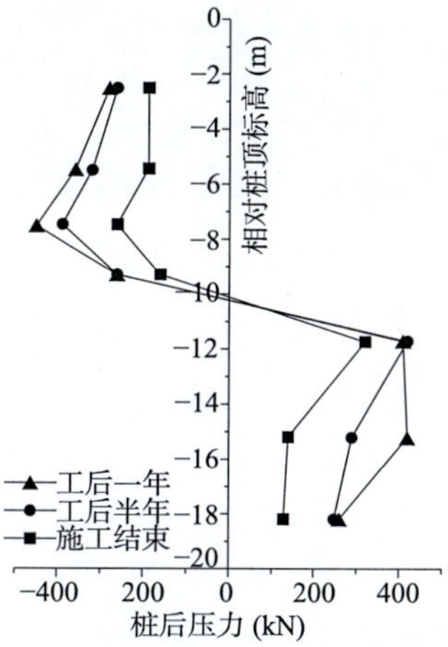

图 7.4.9　桩体前后岩体压力分布曲线

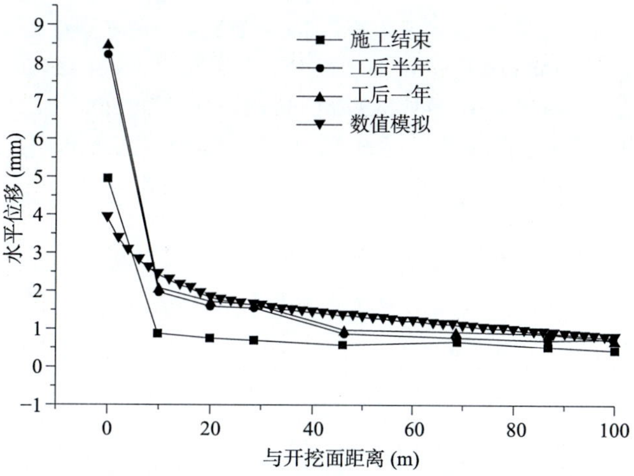

图 7.4.10　不同时段坡体表面水平位移曲线

由图 7.4.10 可知,在坡体施工开挖期间,桩顶产生较大水平增量,最大水平位移达 5 mm 左右,而地表各测斜管顶的水平位移均很小,基本均不足 1 mm,可见该阶段坡体仅前缘 0～10 m 之间产生了较大位移。至工后半年期间,桩顶最大水平位移已经增至 8 mm,坡后 0～30 m 范围内测斜管顶水平位移有了明显增加,最大增至 2～3 mm 左右。但坡后 40 m 之外坡体表面变形不明显,可见坡体在该阶段局部变形范围在 0～40 m 之间。至工后一年期间,桩体及坡体各监测点的变形变化甚微,整体上未产生较大的水平变形增量,可见该期间坡体变形协调作用完成,坡体变形不再发展,基本保持稳定。综合分析该边坡在开挖后的位移模式可见,边坡在开挖后逐步扩大水平位移范围,主要水平位移范围集中在 0～40 m 之间,并保持稳定,如果考虑需要一定位移(＞2 mm)才能拉断前端岩体,则前端滑移范围大致不超过 30 m。如果以可观测位移(＞1 mm)为标准,前端滑移范围至多 40 m。两者与计算数据和设计取值数据的理论分析结果相似。

现场监测边坡最大位移量大于数值分析结果,其原因主要是数值计算中材料较为均质,潜在影响因素不多,计算结果较为理想,而现场情况未知性较大,影响因素人为不可控。但综合对比可见,在确定的计算参数下,边坡在支挡结构作用下的变形特征的数值计算结果,整体上与现场监测值较为一致,验证了数值方法计算的合理性,也验证了首段滑移长度计算公式的适用性。

参考文献

[1] 沈珠江.应变软化材料的广义孔隙压力模型[J].岩土工程学报,1997:19(3).
[2] 孙书伟,朱本珍,张忠平.顺层高边坡开挖松动区的数值模拟研究[J].铁道学报,2008:30(5).
[3] 刘爱华,王思敬.平面坡体渐进破坏模型及其应用[J].工程地质学报,1994:2(1).
[4] 冯君.顺层岩质边坡开挖稳定性及其支护措施研究[D].成都:西南交通大学:2005.
[5] 邓荣贵,周德培,李安洪,等.顺层岩质边坡不稳定岩层临界长度分析[J].岩土工程学报,2002:24(2).
[6] 胡启军.长大顺层边坡渐进失稳机理及首段滑移长度确定的研究[D].成都:西南交通大学:2008.
[7] 郑立宁.基于应变软化理论的顺层边坡失稳机理及局部破坏范围研究[D].成都:西南交通大学,2012.
[8] 川本眺万.岩体开挖的应变软化分析[C].日本土木工程学会论文集,1981.
[9] 王恭先.顺层滑坡薄层滑带的抗剪强度特征与指标的试验和选择[J].水文地质工程地质,1980:(6).
[10] ANSON R W W,HAWKINS A B. Analysis of a sample containing a shear surface from a recent landslip, south Cotwolds[J]. Geotechnique,1999:49(1).
[11] 任光明,聂德新,左三胜.滑带土结构强度再生研究[J].地质灾害与环境保护,1996:7(3).
[12] 肖树芳.泥化夹层蠕变全过程的模型及微结构的变化[J].岩石力学与工程学报,1987:6(2).

8 铁路红层岩石边坡工程

在铁路工程中，红层是一个常用的术语。从严格意义上讲，红层并不是一个确定性的地层概念，也没有统一标准的定义。但在一般工程意义上，红层主要指中生代三叠纪、侏罗纪、白垩纪和新生代第三纪的湖泊、河流、山麓沉积形成的，以碎屑岩、泥质岩、蒸发岩为主要岩石类型的一套红色陆相地层。在本书中，红层不包含由岩浆岩、碳酸岩等风化形成的红土层，也不涉及中生代以前的红色地层和海相红层。

红层岩石是一种具有特殊工程性质的岩石。由于成岩环境的影响，红层多属于软岩，强度低、易风化、与时间有关的变形（蠕变）明显。红层岩石中的泥质岩多含有亲水性矿物，具有弱—中膨胀性。在陆相咸化湖环境中沉积而成的红层岩石中，硫酸盐（硬石膏、石膏、芒硝）、碳酸盐（碳酸钙）等可溶性、腐蚀性矿物较为丰富，常以胶结物、点状、脉状、薄膜状、层状等形式集中分布于红层岩体。在区域上，红层常分布于构造盆地。在盆周构造强烈地区，岩层褶皱、断裂发育。倾斜岩层中的层间错动，常引起原有的薄层或层间接触面演化为泥化夹层，是红层地区频见顺层边坡、顺层滑坡的主要成因。在盆底岩层产状相对平缓地区，红层中常见的软硬互层，在差异风化的情况下，硬岩岩块下部的软岩岩层软化甚至剥落，形成凸出的探头石，是红层崩塌常见形式。因此，红层岩石边坡工程是一种特殊的边坡工程。

我国是红层分布最广的国家之一。我国红层分布面积约 83 万 km^2，约占陆地面积的 9%。主要分布地区为西南、中南和西北，约占全国红层面积的 60%。其他华北、华东、东北地区的红层约占全国红层面积的 40%。我国的中西部是红层的主要分布区，而中西部又主要是山区，山区铁路中路堑边坡占相当比例。因此，具有特殊性的铁路红层岩石边坡工程，是不得不面对的重要问题。实际上，红层边坡工程研究的擎始正是铁路行业。

8.1 红层边坡的特殊性

8.1.1 红层边坡特殊岩土工程类型

1. 红层特殊工程性质

我国中生代以后的红层，究其成因而言，虽然各种成因类型都有，但最主要的是陆相和海陆过渡相沉积而成的。在这两种成因类型中，包括火山碎屑的冲洪积—湖相堆积，泥灰岩、蒸发岩及凝灰岩夹层的细砾、砂黏土冲积—湖相堆积，黏土沉积物为主、含泥灰岩和蒸发岩的咸化泻湖沉积，以及前三角洲、海相亚潮带砂—黏土堆积 4 类沉积类型。从其成因环境，可以看出红层岩石主要分为四类：碎屑岩（砾岩、砂岩、粉砂岩等）、黏土岩（泥岩、页岩等）、浅海—湖泊碳酸岩（淡水灰岩、泥灰岩等）及蒸发岩。主要矿物成分有石英、长石、黏土矿物（高岭石、蒙脱石、伊利石）、碳酸盐（方解石等）、硫酸盐（硬石膏、石膏、芒硝等）。论及红层岩层时，一般不包括灰岩。在以后的叙述中，除个别情况外，如含膏岩层，我们也将略去红层中灰岩的相关描述。

在红层岩石中，黏土岩结构较弱，水稳定性差，岩性较软，易于变形。含蒙脱石、伊利石的黏土质岩石具有膨胀性。含碳酸盐、硫酸盐的岩石具有可溶性、腐蚀性和结晶膨胀性。如果膏盐成分充当了碎屑岩的胶结物，那么，在水的作用下，看起来较为坚硬的碎屑岩会因结构破坏而变成较为松软的岩石。以上这些特征，在工程中，表现出红层崩解、风化、溶蚀与腐蚀、膨胀等特殊工程性质，影响边坡工程的稳定和安全。

（1）崩解

崩解是指含水量变化导致黏土岩产生不可逆的分散解体的过程和现象。含水量变化是导致崩解发生的直接诱因。

崩解一般也与风化这个术语同等使用，没有界定它们之间的差别。一般概念中，可以认为崩解就是速度非常快的物理风化。

红层泥质岩类易崩解是红层非常典型的特殊性质之一。在边坡工程中，由于风化剥落引起的坡面剥蚀、水沟堵塞、排水不良、路基翻浆等问题较多。在宝成线、成昆线、成渝线、广大线等线路上，红层泥岩的强烈崩解使边坡风化剥落问题特别突出，大量的剥落物堵塞侧沟，导致排水不畅，进而引起路基翻浆冒泥，严重时影响行车安全。

根据调查，红层泥岩崩解的基本形式有泥状崩解、碎屑（片）状崩解、碎块状崩解、块状崩解四种基本类型：

①泥状崩解：以泥岩为代表，崩解堆积物呈泥状，崩解迅速完全；

②碎屑（片）状崩解：以粉砂质泥岩为代表，崩解物呈鳞片状、壳状崩落，碎屑粒径 1～5 mm，崩解较完全；

③碎块状崩解：主要表现为岩石失水后试样表面裂隙发育，浸水后呈 5～10 mm 碎块状堆积；

④块状崩解：主要表现为岩石失水后表面有较大的裂隙发育，浸水后岩块沿着这些裂隙崩解破坏，崩落的块体粒径大于 10 mm。

（2）风化

我国南方昼夜高低温交替、降水丰沛、地下水丰富的环境，以及北方夏季温差大、冬季冻胀热融环境，为红层岩石的风化提供了很好的外部条件。而红层所具有的黏土矿物含量高、可溶盐含量高、钙质泥质胶结弱、固结成岩差、层间结合不良、软硬相间成层等内在特征，使红层岩石抵抗外力作用的能力较弱。因此，红层的风化现象十分普遍。

在我国西南、西北红层地区，由于气候、温差的关系，物理风化特征非常明显。例如云南滇中地区，红层的物理风化是典型的温差作用形成的碎片状剥落。在其他地区，温差风化作用引起的红层泥岩球状风化也非常普遍。在西北，冻胀引起的红层碎裂化是比较常见的。

红层的化学风化在多水的我国南方十分常见。在化学风化中，最为典型的是淋滤作用形成的残积层。淋滤作用的特点，是水进入岩石，溶解并带走红层中可溶性成分，破坏原岩的组成和结构。这种作用的结果，可使岩石强度降低、密度变小或体积膨胀，促使岩石分解。物理风化和化学风化是相互影响、相互促进的。物理风化在崩解、开裂、破碎岩石的同时，为水气提供通道，加速化学风化。而化学风化破坏岩石结构，降低岩石抵抗外力作用的能力，为物理风化提供支持。在后面的章节中，还将继续深入讨论红层岩石边坡风化问题。

（3）溶蚀与腐蚀

红层膏盐组分，是红层形成时，陆相咸化湖中沉积而成的蒸发岩和淡水碳酸岩。具有大量膏盐组分是红层的重要特征。红层膏盐组分的主要化学成分是硫酸盐、碳酸盐、氯盐、钙盐、镁盐等可溶盐类，主要矿物成分有石膏、芒硝、碳酸钙等。膏盐组分的溶蚀和腐蚀对工程的影响主要集中在四个方面：

①红层岩石中的膏盐组分与其他矿物成分组合反应，改变环境水化学特征以及岩石的工程性质；

②在水的作用下，膏盐组分溶解、溶蚀导致岩石结构破坏，强度衰减，严重时还会在岩层中形成溶蚀空穴；

③膏盐组分及其环境水对混凝土、钢筋等建筑材料产生腐蚀；

④一些盐分结晶造成岩石膨胀。

(4)膨胀

红层岩石中含有两类引起膨胀的矿物成分。一种是大家比较熟悉的、富含亲水性黏土矿物的黏土岩类，如泥岩、页岩等。另一种是认知悠久、但目前常常被忽视的具盐胀特征的硬石膏、芒硝等特殊矿物。

对黏土岩而言，它的膨胀主要是由于黏土矿物晶体内部或表面电荷不平衡引起的黏土矿物和水之间的相互作用。这种作用分别发生在黏土矿物晶体内部和外部。矿物晶体内的膨胀，是指水分进入黏土矿物晶体，引起晶格的改变而产生膨胀变形。外膨胀发生在黏土矿物颗粒之间，是由水与黏土矿物表面吸附作用的变化造成的。由于黏土矿物晶体表面带负电荷，能吸附环境中的水分子，形成水膜。当岩土中含水量增加，使黏土矿物颗粒表面的结合水膜变厚时，形如矿物颗粒体积增大，引起岩石膨胀。

对红层含有的某些盐分而言，矿物水化形成结晶水，使矿物晶体体积增加，导致岩石体积膨胀。例如，硬石膏水化反应转变为石膏时，在原来的晶体上会结合两个水分子。根据理论估算，此时晶体的体积增加约 62%。

红层的膨胀主要在两个方面对边坡工程产生影响。一是反复胀缩使红层岩石结构受损或破坏，强度降低。二是膨胀力作为附加应力作用于工程结构，增大了工程荷载。红层岩石的膨胀性是至今未能引起广泛关注的问题。主要因为从膨胀性指标上看，有时它的膨胀性指标达不到判定为膨胀岩的标准，因而在工程设计中，其膨胀性被忽视。实际上，红层地区边坡、隧道、地基等岩土工程构筑物的变形破坏，正是这种忽视的结果。红层边坡的膨胀性将在本书第 9 章中专门论述，本章不再涉及。

2. 红层边坡的力学特征

红层岩石特殊的岩土工程性质，在边坡的工程力学特征上，主要表现为软化、蠕变、冲蚀破坏、软弱夹层等。

(1)软化与大变形

软化反映的是岩石遇水后强度损失的程度。一般用浸水后岩样与新鲜干燥岩样的抗压强度之比(即软化系数 K_r)来表征。

红层软岩的黏土矿物含量高，且含可溶物质。当水进入红层岩石后，岩石中的黏土矿物强烈吸附水分子而使矿物颗粒间的连接减弱。由可溶矿物连接的岩石，比如可溶矿物充当胶结物的岩石，会因可溶物质的溶解使岩石结构弱化甚至破坏。两者都是红层岩石极易软化的原因。

软化是水岩作用的结果。一般也把软化与岩石的水稳定性对应起来。根据软化系数的大小，将岩石分为水稳定性弱 $K_r \leqslant 0.2$，水稳定性中等 $0.2 < K_r < 0.7$，水稳定性强 $K_r \geqslant 0.7$ 三类。试验表明，西南红层泥岩的软化系数大致在 0.34～0.84 之间。泥质含量越高，软化性越强。而红层岩石最大的特征就是黏土矿物含量极高，因此，红层遇水软化效应十分明显，强度损失可达 70%以上，甚至全部丧失。

软化反映在边坡的力学特征上，就是低强度和大变形。新开挖的红层泥岩边坡，在水的作用下，岩石强度即刻下降，很快就会发生坡面变形。严重时会产生坡面溜坍，坡脚挤压，甚至滑动破坏。因此，红层泥岩边坡的自然稳定坡率一般很少超过 1∶1。软化较剧地区，坡率低至 1∶1.25～1∶1.5，与岩石摩擦角接近。坡高很少超过 6～8 m，常见分级边坡。也很少见到不加支挡措施的红层岩石边坡。

(2)蠕变与长期强度

流变是与时间有关的变形。在红层中，流变主要是软岩的蠕变，即应力并没有增加，而变形随着时间的增加而增加。

岩石流变的机理，并没有完全清楚。一般认为，对脆性岩石而言，蠕变是颗粒间局部应力调整时效与缺陷发展的结果。对软岩而言，蠕变是较软的黏土矿物团粒在局部应力作用下破裂解体，结构破坏以及“有效压力”变大的结果。相较硬岩，红层软岩多为黏土岩和泥质、钙质、铁质胶结较弱的碎屑岩，甚至含有可溶性成分的岩石。同时，红层分布较广的西南、中南地区，降雨量大，地下水丰富，为岩石的软化提供了有利条件。因此，在我国南方，红层软岩的蠕变是明显的。

红层软岩边坡的蠕变特征，在边坡的稳定性分析中，其长期变形和强度是应该考虑的问题。不少试验研究表明，红层泥岩的长期抗剪强度可低至新鲜岩样强度的 40%～60%。但是，通常情况下，边坡变形的影响不像隧道变形的影响那么明显，因而不大为设计人员所重视。实际上，流变对边坡稳定性的影响还是很大的。在一般道路工程中，红层边坡的长期破坏还是很常见的。遗憾的是，迄今为止，蠕变和长期强度并没有作为基本要求，体现在现行的相关技术规范中。

(3)冲蚀和侵蚀

冲蚀一般指水流对岩体的破坏过程和破坏结果。降雨引起的地表径流和边坡中的地下水渗流统称为水流。降雨入渗及地下水在岩体中流动时，由于静水压力和动水压力作用，水流冲击、分解并带走岩石中物质成分，从而改变岩石的结构和外貌，这就是水的冲刷和侵蚀。

冲蚀和侵蚀轻则产生坡面冲沟、表层溜坍，重则引起边坡整体滑动破坏。而红层岩石具有的易崩解、易膨胀、含可溶盐等属性，使边坡冲刷侵蚀更易发生。

对边坡工程而言，开挖改变了原有岩体地表地下水的径流条件，使得坡面附近水力梯度增加，提高了水流的冲蚀侵蚀能力。特别是红层岩石抵抗外力作用能力较差，红层岩石边坡的冲蚀侵蚀破坏是十分常见的。

(4)软弱夹层

红层边坡岩体除本身的软弱、易变形特征外，含有抗剪强度极低的软弱夹层是十分突出的特征。红层的主要岩石成分为碎屑岩、黏土岩以及两者的组合。红层的层厚，特别是泥页岩的层厚多为中—薄层。砂泥(页)岩互层的岩层以中—厚层居多。厚层—巨厚层的主要是碎屑岩，如巨厚层砂岩、巨厚层砾岩等。但不论什么样层厚的岩层组合，一般都夹有薄层泥(页)岩等黏土性夹层。倾斜岩层通常都经历过构造作用时期的层间错动，而红层中的薄层和夹层在层间错动作用下，已经经历过剪切破坏，成为红层岩体中的最薄弱部分。

红层边坡中的软弱夹层，常常是红层顺层滑坡的标志性因素，在边坡工程稳定性分析中具有极其重要的意义。根据胡启军(2009)对西南、鄂西顺层边坡的研究，该区软弱夹层的峰值 c 在 5～25 kPa 之间的占 60.0%，峰值 φ 在 12°～21°之间的占 78.2%，残余 c_r 为 0 的占 90%，残余 φ_r 在 10°～12.5°之间的占 80.0%。软弱夹层的残余强度相对峰值 φ 的衰减可达 90%左右，c 值可基本衰减到 0。

8.1.2　红层特殊岩石边坡工程类型

由于红层岩石的特殊性，因此，从工程的角度看，红层特殊岩石边坡可划分为红层软岩边坡、红层顺层边坡、红层崩塌落石边坡和红层溶蚀腐蚀性边坡四类。红层中不具有特殊岩土性质的一般岩石边坡，如主要由砾岩、砂岩、灰岩等构成的岩石边坡，其分析方法如其他各章所述，不包括在本章范围。

1. 红层软岩边坡

在红层岩层中，黏土岩占了很大的比例。此外，由于成岩环境以含泥质、铁质、灰质为主的陆相、海陆交替相为主，红层中碎屑岩的胶结较弱。加之成岩时间相对较短，很快便随地壳隆起而露出水面接受剥蚀，所以，红层岩体的强度较低，变形较大，大部分属于软岩。因此，红层岩石边坡是主要的软岩边坡。

对红层软岩边坡而言，根据变形破坏模式，在先不考虑软硬岩互层的岩体结构形式下，大致可以分为两类：第一类是类土类边坡。因泥岩风化程度较高，原有的构造结构面（节理、层理等）或基本被后来密集的风化裂隙所掩盖而难于分辨，或在野外虽可辨视，但已不是边坡破坏的控制性因素，边坡岩体结构已近于碎裂—散体结构，和土质边坡所有的特征近似，比如，软化、蠕变等。而且，在实际工程中，这类红层软岩边坡基本按土质边坡计算分析。这类边坡，即为类土类软岩边坡。第二类是结构性软岩边坡，包括全部黏土岩、胶结较弱的碎屑岩等。这类红层软岩边坡的特征是，岩块强度虽然较低，但结构面仍然是控制边坡破坏的主要因素。边坡的破坏模式既有软岩块体沿结构面的运动，也有软岩块体自身的变形。这类红层软岩边坡，即为结构性软岩边坡。和结构性硬岩边坡不同的是，块体的力学特征将影响到边坡工程的稳定性。因此，从严格意义上讲，结构性软岩边坡，也存在软化、蠕变等问题。

2. 红层顺层边坡

顺层边坡在工程上的字面含义是指在倾斜岩层上开挖的、坡向与岩层倾向一致的人工边坡。和顺层滑坡不同的是，顺层边坡并没有产生滑动破坏。但是，长期的工程实践表明，顺层边坡在开挖后，发生破坏的危险性极高。因此，在目前的工程设计中，为安全计，顺层边坡一般当作顺层滑坡处理。

红层中的薄层和夹层在层间错动作用下，通常已经经历过剪切破坏，容易成为顺层滑动面。因此，红层是典型的易滑地层。在降雨丰富的我国南方地区，红层顺层滑坡十分常见。特别是沿江河修建的交通线路，因地形与构造关系密切，红层中的顺层边坡、顺层滑坡成片连续出现。从 20 世纪 70 年代修建的贵(阳)—昆(明)铁路、枝(城)—柳(州)铁路、到 21 世纪初修建的渝(重庆)—怀(化)铁路、万(州)—梁(平)高速公路、宜(昌)—万(州)铁路等，都有红层顺层边坡成片连续分布。

3. 红层崩塌落石边坡

崩塌落石是红层岩石边坡中比较常见的形式。崩塌落石在很多场合也称为危岩。严格说来，危岩是还没有破坏的崩塌落石；或者说，崩塌落石是正在或已经发生破坏的危岩。但在铁路行业，习惯上将危岩也通称为崩塌落石。本书叙述时对这两个术语不做严格区分。需要说明的是，边坡的崩塌落石要与边坡上部自然斜坡上的危岩区别开来。在红层中，边坡的崩塌落石主要有两种形式：一种是由于砂泥（页）岩互层情况下，较抗风化的砂岩与不抗风化的泥页岩的差异风化，形成砂岩探头石崩坠；另一种是由于节理和坡面形成的有利切割，使岩块体产生倾倒、沿节理滑动等运动而产生的。后一种崩塌落石主要是砂砾岩等碎屑岩。

一般情况下，探头石型的崩塌多发生在岩层产状较为平缓的地区，以四川盆地多见，落石的大小从数十厘米至数米都有。其破坏机理主要是充当探头石的砂岩块前方下部悬空，沿后方已有的垂直层面的节理张开拉断使岩块坠落。因岩体结构有利而产生的崩塌落石，和岩层产状的关系不像前一类崩塌那么显著。当岩层产状较平缓时，垂直于层理的节理切割，将岩层分解为不相连的岩块体，在坡后裂缝张开、水压、震动、植物生长（根劈）等作用下，岩块体发生倾倒式崩塌。当层理和节理组合使岩块体底面形成单斜平面、楔形滑槽时，岩块沿单平面或两个斜面的交线滑动，发生滑移式崩塌。倾倒式和滑移式崩塌的规模，因其节理密度的控制，从数十厘米至数米甚至十几米大小不等。在四川盆地东部，常见巨厚层砂岩形成的大于 10 m 的巨块状危岩。崩塌落石是铁路岩石边坡中的一种典型的不良地质类型，本书第 10 章有专门讲述，本章不再涉及。

4. 红层腐蚀与溶蚀性边坡

我国西南、西北的侏罗系—白垩红层泥质岩中普遍含有石膏、芒硝等易溶、腐蚀性矿物。在原古陆相湖泊湖底地区，这些膏、盐矿物积聚成带成层。当在含膏盐组分的红层中开挖边坡时，成带成层白色膏盐出露于边坡坡面。一方面，膏盐成分因溶解流失而使岩体溶蚀、结构解体，导致边坡破坏。另一方面，随地下水溶出的矿物成分，使地下水含有超量的硫酸根离子，对边坡支护结构和建筑场所造成腐蚀。再者，膏盐溶液流出岩体后，由于溶液在大气中蒸发，又使这些溶解的膏盐组分在边坡排水孔、排水沟等处重新结晶沉淀，造成排水通道堵塞，使边坡内水压升高、地面水流四溢，危及边坡安全和建筑物的正常使用。在达（州）—成（都）铁路沿线，这种含膏含盐地层中边坡溶蚀、腐蚀、重结晶现象十分严重。但总体说来，因其边坡岩体的溶蚀、腐蚀、再结晶所带来的危害不像滑坡、崩塌那些灾害破坏强烈、迅速、影响力大，所以对其重视和研究程度都不高。

8.2 红层边坡的风化

地质学中，风化指的是地表附近的岩石，在温度、水等外界因素的物理化学作用下，发生分解、破碎等变化，使原岩遭受破坏的过程和结果。因温差、冰冻、水流等物理原因，使岩石发生机械破碎，无成分改变的风化，称为物理风化。因溶解、酸碱反应、分解、重结晶等化学原因，使岩石成分发生改变而引起的变化破坏，称为化学风化。由于岩石成因、组成成分和结构构造的特殊性，以及我国南方高温湿润多水环境，红层岩石边坡的风化是非常突出的，也是影响边坡正常使用的重要因素之一。因此，对红层岩石边坡的风化特征及其对边坡工程的影响，有必要专门讨论。

8.2.1 红层边坡的物理风化

红层边坡的物理风化，主要是在温度变化(热胀冷缩)、冻胀、流体(气流和水流)冲击等作用下，抵抗外力能力较低的红层岩石出现的开裂、崩解、剥落、分离。

红层岩石边坡的物理风化，以云南滇中红层泥岩的碎片状风化和四川川中红层的球状风化最为普遍、最具代表性。在西南地区，红层物理风化的主要因素是温度变化。本节以西南地区铁路红层岩石边坡为背景，探讨边坡工程的物理风化问题。

1. 红层边坡物理风化特征

作者等在20世纪90年代，对既有的宝(鸡)—成(都)、成(都)—渝(重庆)、成(都)—昆(明)铁路和建设中的云南广(通)—大(理)铁路红层岩石边坡，进行过红层风化的专项调查。调查内容主要是铁路红层岩石边坡风化剥落特征、边坡支护形式及支护效果。

(1)调查区域及调查内容

红层风化是温度与水共同交互作用的结果，岩性以黏土岩最有代表性，为此，选择的调查工点包括了不同地质环境：①气候：高温差干热区、高温差湿润区、低温差湿润区、一般地区；②地层岩性：侏罗系紫红泥岩、泥质粉砂岩、白垩系紫红泥岩、砖红泥岩；③地质构造：构造较平缓的丘陵区；④水文地质：有地下水、无地下水。

实施调查的铁路区段有：宝成线广元—旺苍支线，成渝线简阳—内江段，成昆线燕岗—峨边段，广大线广通—南华段。其地质、气候特征见表8.2.1。

表8.2.1 调查区域气候、地质特征

线路区段	气候类型	地层岩性	地质构造	水文地质
宝成广旺段	高温差、较多雨、湿度小	侏罗系紫红泥、砂岩	单斜平缓	有地下水
成渝简内段	高温差、降雨、湿度一般	侏罗、白垩系紫、砖红泥岩	单斜平缓	有地下水
成昆燕峨段	低温差、多雨、潮湿	侏罗、白垩系泥岩	单斜平缓	有地下水
广大广南段	高温差、少雨、旱雨季交替	侏罗、白垩系泥岩、夹砂岩	单斜平缓	少见地下水

对上述区域共20个铁路及邻近公路边坡的地层岩性、节理发育情况、风化程度、回弹值、破坏现状、支护形式、支护效果等进行了详细调查(表8.2.2)。调查表明，红层边坡的风化剥落是十分明显的，几乎所有的边坡都存在剥落产物堆积，未做防护的边坡都有较多的堆积物甚至崩坍、坍滑发生。边坡表面岩石的回弹比 f_R(即风化岩石回弹值/新鲜岩石回弹值)大致都在0.4～0.7左右。据付永胜(1991)研究，其 f_R 在0.4～0.75之间，可确定风化等级为弱风化～强风化。红层铁路边坡的坡高多不超过20 m，坡率大都在1∶0.75～1∶0.5(53°～63°)之间，下部多设有挡墙。以上说明，红层边坡必须防护处理。

(2)风化剥落特征

红层中黏土岩的风化特征，是由外营力的特征、作用方式、强度以及岩体物质组成、受构造影响的程度决定的。温差、水作用强度、时间、岩体物质组成、结构及节理发育程度、原岩受构造作用后的破碎程度都直接影响着岩石风化的强度和风化特征。所调查的四个区域，其气候和地质背景的差异显而易见(表8.2.3)，所以风化特征各有不同。

表 8.2.2 调查边坡一览表

编号	线路区段	里程	坡高(m)	坡度(°)	坡形	地层岩性及产状(°)	节理产状(°):间距(cm)	回弹值	风化剥蚀形式	支护措施	支护效果
BC-1	宝成广旺	K47+500	40	20	直线	J_3紫红泥岩 190/27		10～17	剥落	浆砌条石，挡泥墙	好
BC-2		K63+500	3	81	直线	J_3砂岩夹泥岩 153/30	155/69，70/79：50	27～35	顺层	支撑桩，挡墙	好
BC-3		K72+150 右	22	55	台阶	J_3泥岩夹砂岩 155/20	107/81，11/60：30	19～21	剥蚀	下浆砌片石护坡，上喷浆	好
BC-4		K72+150 左	10	78	折线	J_3泥岩夹砂岩 155/20			剥蚀	挡墙 8 m	好
BC-5		K78+560	15	65	折线	J_3泥岩夹砂岩 195/25	45/84，95/90：40	28～39	剥蚀	挡墙 1 m	好
CY-1	成渝简内	K104+800	15	67	直线	J_3紫红泥岩 310/12		12	剥蚀	下部浆砌条石，上抹面	较好
CY-2		K104+175	12	63	直线	J_3青灰紫红粉砂泥岩		10～22	碎块	砂浆抹面	较好
CY-3		K103+780	12	53	直线	J_3泥岩			剥落	无	差
CY-4		K101+300	10	63	直线	K_2泥岩			剥落	砂浆抹面	较好
CY-5		K100+100	8	63	直线	K_2泥岩			剥落	抹面	较好
CY-6		K99+800	10	63	直线	K_2泥岩 320/15		12	剥落	喷混凝土	好
CK-1	成昆燕峨	K173+670	25	51	直线	J_3泥岩 65/16		21	球状碎粒	右浆砌卵石，左植被	较好
CK-2		K172+850	10	65	直线	K_1砖红泥岩砂岩 90/8		10～12	台状阶梯	下挡 1 m	一般
CK-3		K169+900	12	53	直线	K_1砖红泥岩 315/34	170/70，40/80：40	12～20	台状阶梯	下挡 1 m	一般
CK-4		D1+600	6	85	直线	K_1砖红泥岩 235/3	115/67，30/85：60	14～18	泥粒	条石挡墙	较好
CK-5		D1+200	12	65	直线	K_1砖红泥岩 240/30	105/61，5/79	10～23	泥粒堆积	无	较差
GD-1	广大广南	K23+460	15	53	直线	J_3紫红黄泥岩 165/19	315/60，230/75：90	18	表面剥落	下挡 4 m	差
GD-2		K56+975	6	63	直线	K_2紫红泥岩 275/19	115/64，350/82	10～18	表面剥落	未防护	差
GD-3		K110 公路	30	63	直线	K_2紫红泥岩			剥落堆积	无	极差
GD-4		K209 公路	15	53	直线	K_2紫红泥岩			剥落堆积	无	极差

表 8.2.3 各区域气象、岩性及风化特征

线路	气象站	年均气温(℃)			相对湿度	平均降水量(mm)	年均日照时(h)	岩性	风化特性
		最高	最低	差值					
成渝	简阳	21.3	14.0	7.3	77%	882.9	1250.8	J~K 泥岩砂岩	剥落碎粒少量崩坍
宝成	广元	21.0	12.3	8.7	69%	973.3	1389.1	J~K 泥岩砂岩	剥落碎粒碎块撒落
成昆	峨眉	20.9	14.1	6.8	80%	1555.3	951.8	K 泥岩夹砂岩	剥落碎粒
广大	南华	21.9	8.9	13.0	74%	837.5	2430.0	K 泥岩	崩坍碎片撒落

表 8.2.3 表明，平均温差最高的是广大线南华，平均温差为 13 ℃。以下依次为宝成线广元(温差为南华的 67%，下同)、成渝线简阳(56%)、成昆线峨眉(52%)。

从日照时分析，日照时最高的也是南华，达 2430 h，以下依次为广元(约为南华的 57%)、简阳(51%)和峨眉(39%)。

与此相反，年降雨量则以峨眉最高，达 1555.3 mm，以下依次为广元(约为峨眉的 63%)、简阳(57%)和南华(54%)。相对湿度峨眉为 80%，以下为简阳(约为峨眉的 96%)、南华(92%)和广元(96%)。

从以上数据，可概括峨眉具有温和潮湿的特征，而南华则日照充分、温差大、湿度小，且旱雨季分明。与温度和降水密切相关的红层风化，在不同的气候地区表现出不同的特征：在峨眉地区，日照少、温差小、降水多、湿度大，因而红层的风化向化学风化形成残积层方向的发展占优势，表层土质化明显，植被较茂，坡脚碎粒较少，裸露的边坡很少防护而相对剥落量并不大。而南华地区，日照多、温差大、旱季雨季分明、湿度不大，因此红层的风化以表层剥落成片状，碎片多在坡脚堆积等物理风化现象较明显，旱季温差变化使红层岩石破碎，雨季时雨水带走表层风化物质，裸露出较硬的基岩，植被不易生长，在某些有利表面径流汇集的地方，往往形成较大的冲沟。

介于两者之间的广元、简阳两地，在边坡风化特征上，兼备两者特征。既有土质化的化学风化，有一定植被生长；又有表层的物理风化碎粒在坡面及坡脚堆积。由于广元地区相对湿度较简阳地区小，因而物理风化作用较简阳地区明显。

岩体物质组成对边坡风化特征有明显的影响。从调查资料看，风化边坡的岩性组成基本上是两种，一种是物质比较均匀的泥岩，其边坡风化特征是整个坡面均匀剥落；另一种是砂页岩互层，砂岩抗风化能力较强，形成矩形齿状坡面，泥岩风化剥落的碎片在砂岩的台坎和边坡坡脚堆积。因此，对红层边坡风化后的坡面形状及特征起主要作用的是气候条件和岩性组合。

(3)红层边坡风化剥落的主要类型

据对四条线不同的红层边坡风化剥落与破坏现状的调查分析，红层边坡风化剥落的主要形式有：碎粒状撒落、碎片状撒落、碎块状撒落和局部崩坍。此外，在红层边坡中产生的滑坡、崩坍等类型，与普通岩质边坡相同，在此不再涉及。各类剥落破坏特征简要描述如下：

①碎粒状撒落

泥质岩表面经受物理风化，形成大小约 0.2～0.5 cm 近等轴状小碎粒，在重力和雨水等营力作用下，堆积于坡脚或坚硬的砂岩形成的台阶上。这种类型的典型边坡由表面向里通常有三层结构。最表面一层是较软的向土质化发展的 0.2～0.5 cm 的小碎粒，在地形平坦时可以土壤化并生长草类植被，厚度从几厘米至十几厘米。在陡坡面上，碎粒可在外力作用下堆落在

坡脚或台阶上，与坡面岩石几乎无连接力。碎粒层下面一般为一层直径 1～3 cm、有一定硬度的小碎块，在坡面上需稍微用力才能掰下来，其厚度约 1～10 cm，是边坡表面的基本组成物质，进一步风化可成碎粒。边坡防护施工时应清除干净。小碎块下面为基本完整的基岩，常被风化裂隙和构造裂隙切割而破碎，表面可形成球状，有较长根系的植物能生长。碎粒状撒落多分布在温差不大、较湿润的地区，在峨眉常见。

②碎片状撒落

泥岩表面经强烈日照和高温差作用形成大小约 0.5～1 cm，厚约 0.3～0.6 cm 的片状小碎片，在重力、雨水等作用下堆积于坡脚。小碎片硬度接近原岩，边缘锋利扎手。这种边坡风化的典型形式为两层结构。在坡面较平缓或有台阶面的表面，保留着已散落的上层碎片，厚度不超过 3～5 cm，一般仅有表层碎片。而较陡的坡面上，碎片几乎未保留在原地，每年多雨季节时，在水流及重力作用下被带到坡脚堆积。因此，崩落每年一次循环发生，造成坡面后退。表层以下为风化基岩，风化裂隙密布，球状风化不明显，草类植被大都不能生长，有一些根系较粗长的荆灌生长。这种类型多在干热地区发育，以南华为典型。

③碎块状撒落

处于中等风化带的泥岩或粉质泥岩，受风化裂隙切割成 2～3 cm 的小碎块，随着风化裂隙的扩大和风化程度的加深，在外力作用下崩落，其崩落量不大，常在坡面局部产生。根系发达植被可以生长。碎块状撒落最易发生在构造节理发育较密、温差较大，较干燥的阴凉处。广元、简阳、南华等地局部地带都有分布。

④局部崩坍

在砂岩含量较大，构造节理切割有利的坡面局部，可发生局部崩坍，崩坍体方量不大，约 1～3 m^3。除节理之外，风化裂隙起了极显著作用，与正常岩石边坡的崩坍有较明显的差别。

2. 红层边坡风化剥落过程

(1)现场调查与试验研究

红层岩石边坡风化过程的调查和试验，是结合云南广(通)—大(理)铁路施工开挖进行的。在地面，主要是红层风化边坡的现场调查和现场测试。室内试验的岩样取自实时钻孔和新开挖隧道的掌子面，并经鉴定为未风化的新鲜岩样。按地面调查区域的环境条件，在室内对该批新鲜岩样的风化破坏过程进行定量试验观测。

调查区域为广大线 DK8～DK270 间广泛出露的 K_1、K_2及 J_3红层，属滇中红层。对自然斜坡及道路边坡风化剥落特征的仔细调查发现，红层边坡风化剥落的类型以碎片状撒落为主，为物理风化产物。据南华县气象资料，该区极端年地温变化范围是－10.1 ℃～60.5 ℃，每年 5～10 月的雨季，降雨量大而集中，但一次降雨时长较短。现场调查时间 5～6 月，已进入雨季。滇中为高原地区，白天常见的气象条件为晴好天气、烈日当空、地表灼热。但经常突然间大雨倾盆，而又转瞬即逝。在现场，很容易感觉到，滇中红层边坡风化的主要因素是热应力作用和水的冲刷。

现场观测表明，红层边坡风化剥落破坏的过程可归纳为：每年炎热夏季，红层边坡坡面在日光暴晒和突然降雨冷却的交替作用下，边坡表面产生碎片状崩解脱落，其碎片层下为热应力引起的风化裂隙密集带，在风化裂隙密集带中岩体破坏但结构紧密。当有较大降雨时，地表径流将已剥落的碎片从较陡坡面上带走，在坡脚或局部平坦坡面上堆积，因此在陡坡面上总是保留一薄层碎粒、碎片覆盖的风化表面，其下基本为新鲜原岩，故而植被不能生长。在坡脚及坡面局部平坦处，堆积的碎片不易被带走，就地逐渐风化成土质，有零星植物在这些部位生长。从野外调查看，碎片风化成植被可以生长的风化土的时间大致为 2～5 年。

为了证实红层风化在近期是以表层物理风化为主的，还对开挖过程中的 DK11 塔脚 1 号隧道和 DK57 试验钻孔揭露的岩体，进行了不同深度上风化剖面的观测，其结果见表 8.2.4。

表 8.2.4 不同深度红层风化观测结果

地点	钻孔深度(m)	地层	风化分带	风化特征及类型	波速(m/s)	点荷载(MPa)
DK57钻孔	0～1.2～8.4	K_2j	全～强风化	坡残积土，风化成碎块状		
	8.4～12.1		弱风化	有风化碎块	1700～2200	2.0～3.5
	12.1～29.2		微风化	不明显风化	2400～3300	26～34
DK11隧道	0～2	K_2p	全～强风化	坡积土质化，植被生长		
	2～5		弱风化	球状风化，碎片状		17
	5～8		微风化	未见明显风化		17
	掌子面上		未风化	新鲜		17

表 8.2.4 表明，不论是在钻孔还是在新开挖的隧道断面上，岩石的风化从地表向下依次是残积土、风化碎片、微风化、新鲜岩石。由于观察的是经历漫长地质历史的自然地表坡面，可以推断风化碎片是新鲜岩石最初的风化产物，而后在长期历史中碎片逐渐风化成土。因此，广大线红层的风化在近期是物理风化，风化产物是碎片。这些碎片在坡脚、平坦处的堆积物经历较长时间将逐渐转化为土质，供植被生长。

(2)数值模拟

现场调查和试验对红层边坡物理风化机理的探索，依据的是外在表现。依据岩石力学的基本理论，温度引起边坡风化剥落的本质，是热应力超过岩体强度而产生破坏。这是红层岩石边坡风化剥落的内在机理。在此，采用数值模拟方法，定量分析边坡温度场特征和热应力作用下边坡强度特征，以探讨红层岩石边坡风化破坏机理，并与现场调查结果比较。

用数值模拟方法分析红层边坡风化中温度作用的方法是：建立边坡温度场计算模型，计算不同时段内边坡的非稳定温度场，由边坡温度场计算边坡热应力场，按岩体强度理论分析热应力作用下边坡破坏特征，从而分析温度引起的红层风化机制。

①计算模型及参数

根据广大线红层试验边坡的几何尺寸，取坡高 15 m，坡度 50°。在计算边坡非稳定温度场时，首先要确定边坡的温度边界。根据地温分布规律，地表为受太阳辐射热影响的变温带，向地下依次为常温带和增温带。边坡的计算范围应达到常温带以下。常温带的温度约等于当地的年均气温，故坡内正常温度可按年均气温取值。常温带深度可按地表热波到达深度由下式计算(林睦曾，1991)

$$d=2\sqrt{\pi a\tau} \tag{8.2.1}$$

式中 d——地表热波达到深度(m)；

a——导温系数(m^2/h)；

τ——热波传递的时间(h)。

由式(8.2.1)，取泥岩的导温系数为 0.002 m^2/h，则不同时间周期下热波到达深度见表 8.2.5。

表 8.2.5　不同时间周期的热波到达深度

时间	1 小时	1 天	1 周	1 月	3 月	1 年
深度(m)	0.16	0.78	2.05	4.25	7.37	14.84

由于最大温差的循环周期是以年为时间间隔的，所以，地表热波能达到的最大深度约为 15 m，即常温带的深度取 15 m。按照热边界的要求，边坡计算模型的下边界范围不应小于 15 m。由于坡高为 15 m，按 2 倍坡高的计算边界，热边界范围已自然满足。根据南华县气象资料，年均气温为 15.7 ℃，取做模型下边界温度。为方便分析地表温度变化对坡内温度场的影响，模型两侧取为隔热边界。

为了分析边坡对不同热工况的温度响应，参照云南南华气象资料，设定不同计算工况，见表 8.2.6，其他计算参数见表 8.2.7。

表 8.2.6　红层边坡物理风化温度边界

序号	工况	地表温度边界	初始温度场
1	夏季边坡	地表 22 ℃，地下 15.7 ℃	初始稳定温度场
2	夏季白天	7:00～14:00，地表温度从 22 ℃上升到 60 ℃，保持 3 h	地表 22 ℃稳定温度场
3	夏季夜间	17:00～2:00，地表温度从 60 ℃下降到 22 ℃，保持 5 h	地表 60 ℃白天温度场
4	夏季阵雨	7:00～14:00，地表温度从 22 ℃上升到 60 ℃，雨温 25 ℃，保持 15 min	地表 60 ℃初始温度场

表 8.2.7　红层边坡物理力学参数

物理参数	参 数 值	项　　目	参 数 值
弹模 E	2000 MPa	黏聚力 c	0.3 MPa
泊松比 μ	0.35	摩擦角 φ	25°
重度 γ	22 kN/m³	热传导系数 λ	1.3956 W/m·℃
热胀系数 α	0.2×10^{-4}	比热容 c_p	2.512×10^{6} J/m³·℃
抗压强度 σ_c	15 MPa	导温系数 a	0.002 m²/h
抗拉强度 σ_t	1 MPa		

②边坡温度场和热应力场

根据以上模型、工况和参数，模拟计算结果如下：

(a)夏季稳定温度场

夏季温度场的基本特征，是地表温度高于恒温带温度。根据地温数据，夏季稳定温度场的边界条件，设定为边坡底部恒温带温度为年均气温 15.7 ℃，坡面温度为夏季平均气温 22 ℃。将该稳定温度场作为后续分析的初始温度场。按稳态计算结果，边坡温度分布如图 8.2.1 所示。

从图中可以看出，从坡面到坡底边界，温度呈近线性递减。但在边坡不同位置，温度递减的梯度是不同的。分别以坡顶、坡中、坡脚为例(图 8.2.2)，可以看出，坡顶部由于热空气对流换热的条件较好，接受热量较大，因此地表温度影响深度较大，温度梯度较小。坡脚对流换热条件较差，接受热量不及坡顶，因而地表温度影响深度较小，温度梯度较大。坡中温度分布情况介于两者之间，可以作为边坡热分析的代表性剖面。

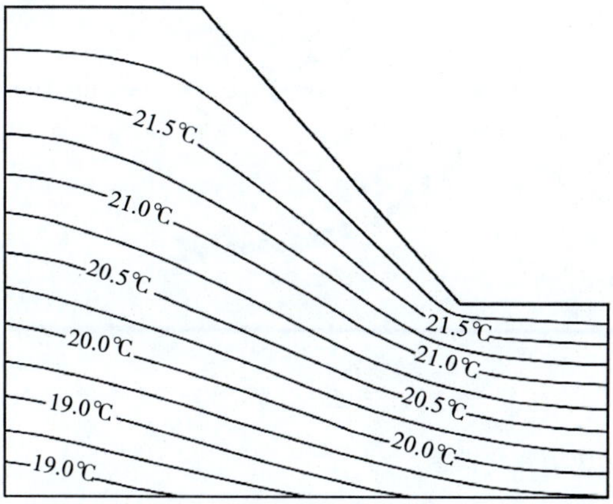

图 8.2.1 夏季边坡温度场等值线图

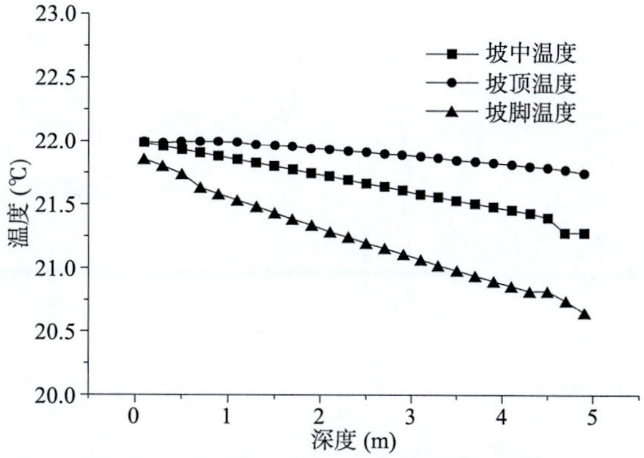

图 8.2.2 不同位置温度随深度的变化

(b)夏季白天

夏季白天,地表温度从清晨的 22 ℃,经过 7 h 升至午后的 60 ℃,并保持 3 h 后,边坡内温度等值线图如图 8.2.3 所示。

从图可见,边坡温度场的分布特征是,高温度区沿热边界呈窄带分布,地表高温对坡内影响较小,最大影响深度在 5～6 m,急剧影响深度大致在 1.5～2.5 m 左右。在边坡坡顶,由于换热条件较好,温度梯度较小。在坡脚处,由于换热条件较差,温度梯度较大(图 8.2.4)。

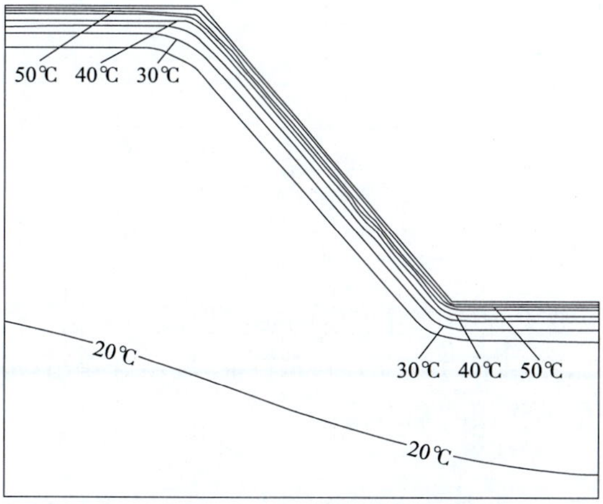

图 8.2.3 夏季白天边坡温度等值线图

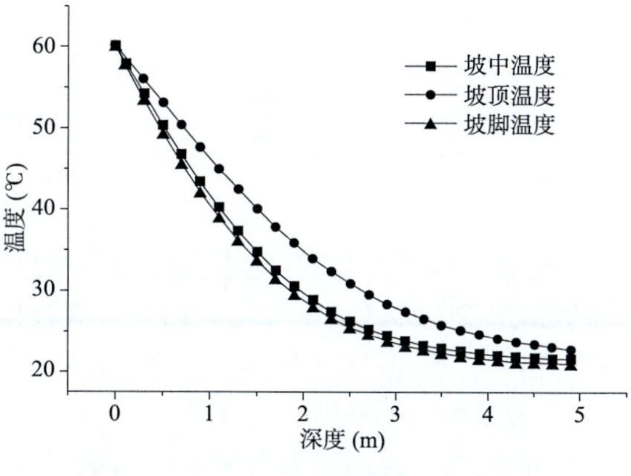

图 8.2.4 不同坡位温度随深度的变化

夏季白天温度引起的热应力分布特征如图 8.2.5 所示。图中可以明显看到边坡表面附近热应力分布特征是:在坡表,由于应力释放形成应力低值,甚至出现垂直坡面方向的拉张应力,如图 8.2.5(b)所示。随后,热应力在 0.5～1.0 m 之内急剧上升到高值,应力集中程度为正常应力值的 3～4 倍。然后随深度的增加快速回落。除坡顶外,在坡面和坡脚深度 3 m 附近应力基本恢复到正常水平。

边坡表层附近的热应力集中,可能带来坡面岩石的破坏。依据 Mohr-Coloumb 剪切强度理论和 Griffth 抗拉强度理论,将热应力作用下的剪切破坏安全系数、拉张破坏安全系数与距

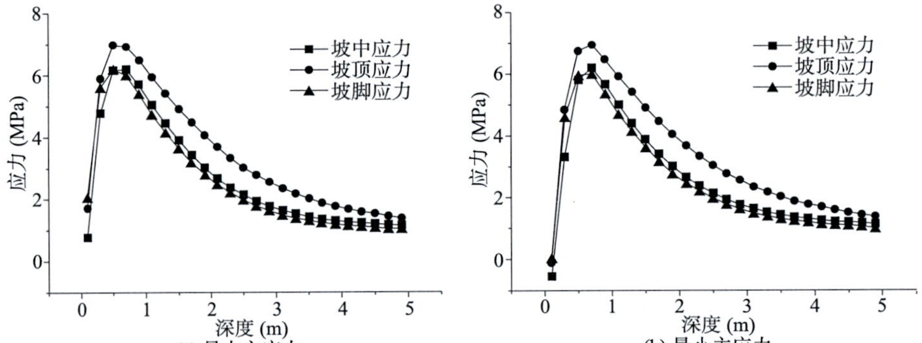

(a) 最大主应力　　(b) 最小主应力

图 8.2.5　夏季白天坡内热应力变化曲线

坡面深度的关系绘于图 8.2.6，其中，安全系数大于 1.25 的取做 1.25。从图中可见，即使在不考虑自重应力的情况下，也可以得到在边坡表面 0.1 m 深度内发生剪切破坏，如图 8.2.6(a)所示，而在坡面 0.5～1.0 m 的深度处，有拉张破坏的安全系数降低的现象。结合温度分布，可以推知，在坡面温度升高的情形下，坡面剪切和坡内的热胀同时发生。

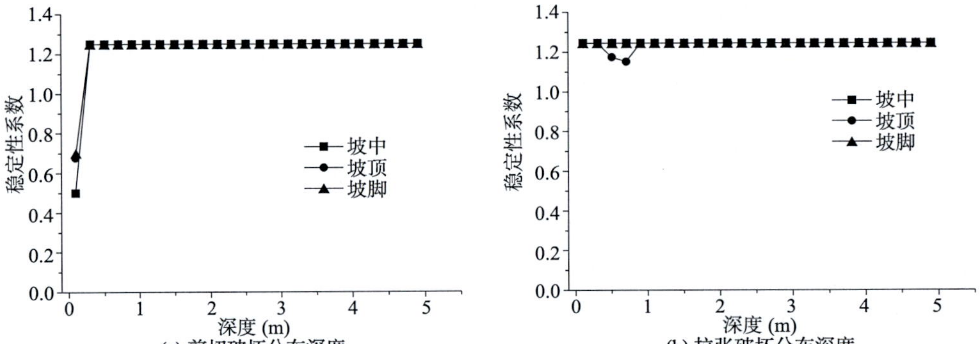

(a) 剪切破坏分布深度　　(b) 拉张破坏分布深度

图 8.2.6　夏季白天热应力作用下坡表稳定系数分布

坡面的剪切在坡顶、坡中、坡脚都同时存在，以坡中为剧。坡表层的热胀以坡顶为剧。这与坡顶接受更多的热量有关。如果考虑到自重应力作用下边坡应力分布特征，则不难得出，坡顶的热胀拉裂和坡中—下部的剪切破坏是边坡热应力作用的基本特征。

(c)夏季白天阵雨

夏季白天，地表地温升到 60 ℃，突降 15 min 暴雨，边坡表面短暂冷却，此时坡内温度分布如图 8.2.7、图 8.2.8 所示。从图中可知，在降雨情况下，坡面温度呈低—高—低的变化。表层低温影响范围可达 0.5 m，远比想象的影响深度大。坡内表层的最高地温约 45 ℃，比无降雨冷却的坡内相同深度处的温度要低 5 ℃左右。

将降雨条件下的坡内应力随深度的变化绘于图 8.2.9，可以看出，边坡中温度应力与边坡温度分布规律较为一致。和单纯加热条件相比，应力峰值有所下降，大约下降了 20%～30%，而且坡表不存在拉张应力。看起来，降雨工况下的热应力似乎优于单纯加热。但是，采用强度理论对热应力作用进行计算后，就会发现，虽然坡表的剪切破坏几乎不存在，但坡内胀裂破坏分布范围深达 2 m。从分布位置看，主要是坡顶的胀裂(图 8.2.10)。

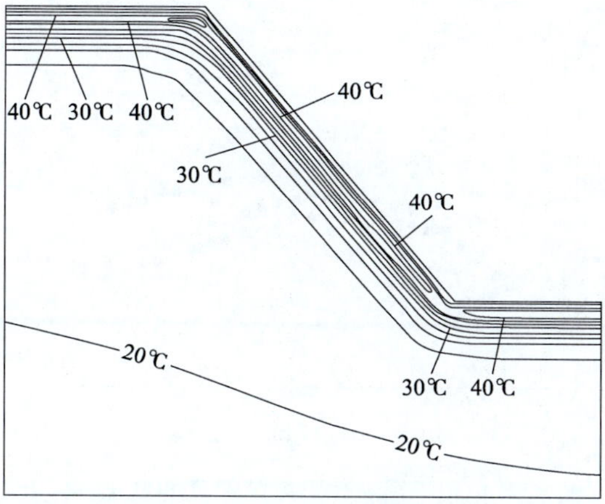

图 8.2.7 夏季白天降雨后边坡温度等值线图

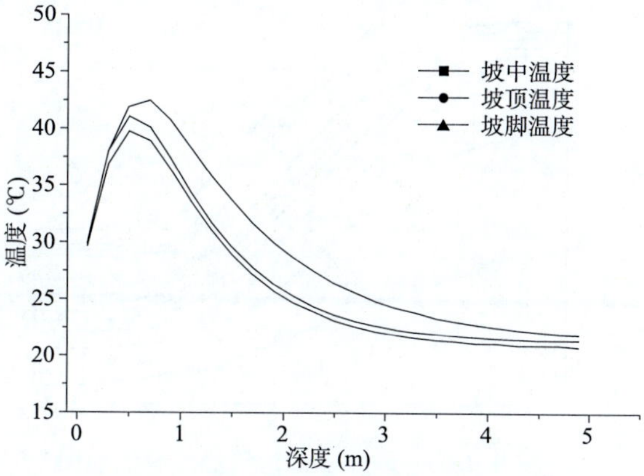

图 8.2.8 不同坡位温度随深度变化

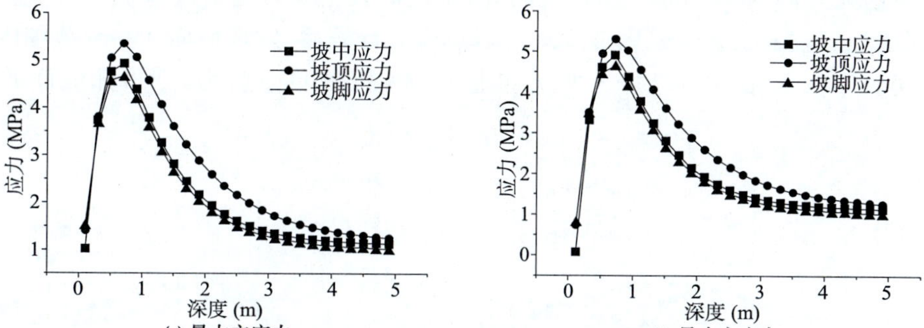

(a) 最大主应力

(b) 最小主应力

图 8.2.9 夏季白天降雨时坡内热应力变化曲线

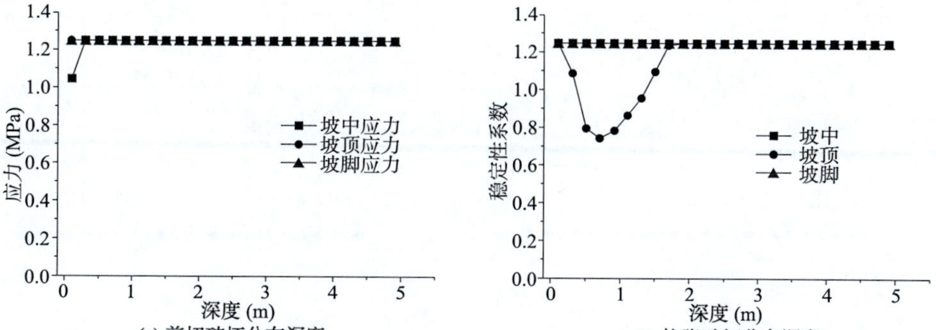

(a) 剪切破坏分布深度

(b) 拉张破坏分布深度

图 8.2.10 夏季白天降雨热应力作用下坡表稳定系数分布

(d)夏季夜间

在经历白天升温后，夏季夜间，60 ℃的地表地温经过 9 h 降至 22 ℃并保持 5 h 后，边坡内温度分布特征如图 8.2.11 所示。从图可知，经历白天升温后，在边坡的内部，温度较初始温度升高的范围向深处发展，在 2 m 深度以下超过白天的温升幅度(图 8.2.12)。和白天温度相比，温度高 5 ℃左右，但在 5 m 后恢复到初始温度，表现出热传导的滞后性。

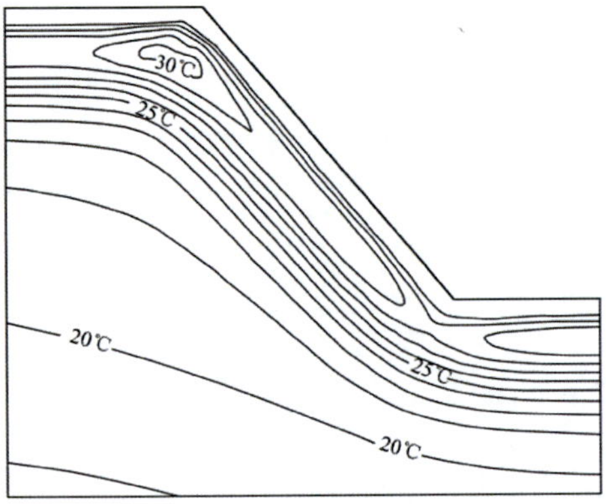

图 8.2.11 夏季夜间边坡温度等值线图

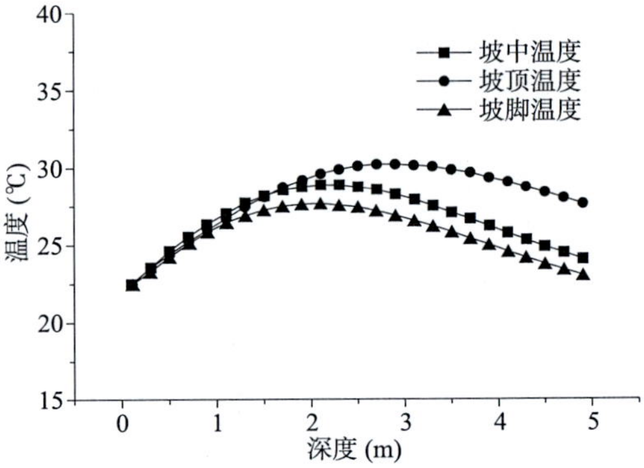

图 8.2.12 不同坡位温度随深度的变化

将夏季夜间降温条件下坡内应力与深度的关系绘于图 8.2.13。从图中可知，坡内热应力整体水平较白天要低 60%左右。但在坡面处，不论最大主应力还是最小主应力都呈现为拉张应力，表现出强烈收缩状态。采用强度理论对热应力计算后，发现坡面 0.5 m 范围内的岩体大都进入剪切破坏状态(图 8.2.14)。如果加上重力引起的自重应力，则可知坡面的破坏是普遍的。

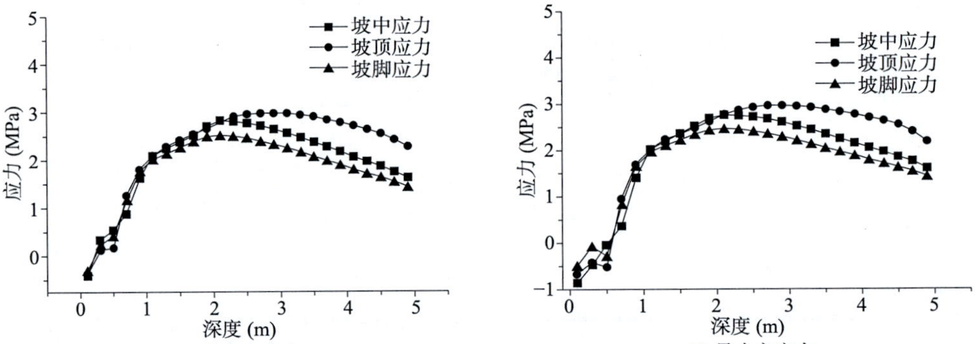

(a) 最大主应力 (b) 最小主应力

图 8.2.13 夏季夜间坡内热应力变化曲线

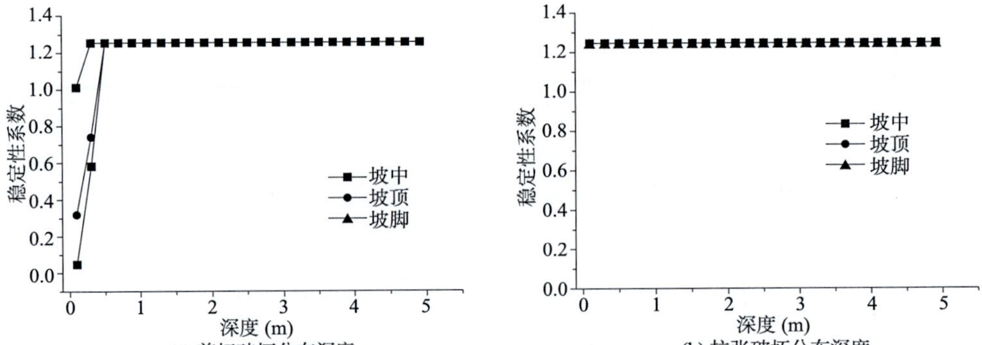

(a) 剪切破坏分布深度 (b) 拉张破坏分布深度

图 8.2.14 夏季夜间热应力作用下坡表稳定性系数

3. 红层边坡风化剥落机理

野外调查发现，在坡脚堆积的红层岩石剥落碎片边缘锋利，镜下观察少见风化蚀变，较为新鲜。数值分析表明，热应力作用于边坡，特别是冷却过程中，其表层发生普遍的 Mohr 破坏。Mohr 破坏的本质是剪切破坏，因此，温度引起的破坏，主要是剪切破坏，破坏范围在表层较浅的深度之内，剪切破坏造成大量密集平整的破坏面。这一分析与野外发现的红层边坡表面发育大量密集光滑的风化裂面，坡面普遍分布有尖锐锋利碎片的现象互相验证，揭示出南方红层的物理风化机制是夏季冷热交替、热应力作用的结果。分析表明，热应力的确是造成边坡表面剥落的直接原因。由于热应力仅集中于坡面，因此，对坡面的隔热覆盖是解决热风化剥落的有效措施。

8.2.2 红层边坡的化学风化

化学风化是使岩石发生化学成分的改变而破坏分解原岩组成和结构的作用。通常化学风化有氧化、水化、水解等。化学风化能够进行的环境因素中，水、大气和温度是最重要的因素。水不仅是化学溶液的主体，也是化学成分转移的载体。大气中的一些酸根，如形成酸雨的硫酸根，为大气降水提供了腐蚀性成分。温度是化学反应进行下去的重要条件之一。在我国南方红层地区，这些条件都非常充分。因此，大部分南方红层的化学风化非常强烈。

1. 红层边坡化学风化特征

红层岩石边坡化学风化的特征，与化学风化作用类型有一定关系。根据已有的研究，南方红层由于其物质组成、环境水气成分等的影响，其化学风化作用有溶蚀效应、酸碱效应、分散效应、膨胀效应、新矿物生成等。其中较为重要、普遍、典型的是溶蚀效应和酸碱效应。

溶蚀效应是红层岩土中的钾、钠等易溶盐、石膏、碳酸钙等可溶成分，在水的参与下，产生溶解、溶蚀和迅速流失的化学风化过程。溶蚀破坏岩石结构，导致岩石表层强度降低。且随着时间增长，溶解、溶蚀作用逐渐由岩石表层向内部发展，进一步破坏岩石的完整性。

酸碱效应是指含钙的红层岩石，在酸性环境水的作用下，钙质矿物或钙质胶结物与酸根反应而溶解，并逐渐被水带走，使岩石结构破坏、成分流失的化学风化过程。根据研究，红层岩土体 pH 值多数介于 7～9 之间，总体偏碱性。因此，酸性水与它的反应得以进行。红层地区酸性水的来源，一是地下水流经含膏盐成分的红层岩石，将硫酸盐溶解形成的。二是空气中硫酸根离子的浓度较高，形成酸雨。

在南方红层地区，溶蚀效应和酸碱效应通常是相互伴随的，且都离不开水的参与。根据水的来源不同，红层边坡的化学风化可以按降雨和地下渗流，将化学风化大致分为淋滤作用和溶蚀—沉淀作用两种类型。当然，这种划分不是绝对的。

(1)大气降水及淋滤作用

当大气降雨时，雨水渗入地下的过程中，渗流不仅将周围岩石中易溶成分溶解带走，还能把地表附近细小的破碎物质带走。经过渗流水的物理和化学作用，地表附近的红层岩石逐渐失去其完整性、致密性。但红层中一些不易溶解的松散物质未被带走，残留在原地，一般留在山坡坡顶。地质学把这个过程称为淋滤作用。一般概念中，淋滤作用的结果是以残留在原地的松散物质为标志的，这层松散物质称为残积层(土)。残积层是典型的红层化学风化产物之一。但是，从严格意义上讲，淋滤作用达到的深度远超残积层的厚度。按通常的风化分带，残积层是全风化带。但其下的强风化、中风化、甚至弱风化，也主要是化学风化的产物。因为，一般的物理风化主要限于地表。而地表下较深部位的风化，在地下水位较深的地区，主要是水气的入渗引起的。

在没有地下水参与的情况下，红层地区化学风化的深度与红层岩石的矿物成分以及淋滤作用的强烈程度有关。在以泥质岩或泥质—钙质胶结为主的碎屑岩地区，如果构造有利，裂隙发育，降雨丰富，温度较高，那么，化学风化的深度是较大的。据统计，在四川盆地，残积层的厚度大致在 5～10 m，风化带总深度在 20～60 m。这个统计数据与同属我国南方的中南红层的风化带厚度差不多。淋滤作用的结果之一是岩石壤化。南方红层地区茂密的植被和耕地所依赖的主要土壤之一，就是红层残积土。而在西北红层地区，风化带深度一般仅以厘米、分米、米计，所以，在西北红层地区，地表植被较少，裸露程度较高。

(2)地下渗流及溶蚀—沉淀作用

地下水引起的红层化学风化是以溶蚀—沉淀为主要特征的。溶蚀一般发生在边坡岩体内部，而沉淀一般发生在地下水出露的边坡表面。据 2007 年对四川红层盆地中达(州)—成(都)铁路、成(都)—南(充)高速公路、南充市区等地的红层边坡现场调查结果，在开挖边坡揭露的岩体中，可清楚看到红层泥页岩中的石膏夹层以及被淋蚀为蜂窝状的岩体表面；在公路路堤边坡挡墙排水孔中，有结晶析出的白色碳酸钙固体造成的泄水孔堵塞；在铁路隧道附近岩石边坡表面渗流结晶出芒硝和石膏的白色条带，以及高速公路涵洞顶板渗出碳酸钙晶体形成小型的鹅管现象。这些现象反映了在环境水的作用下，尤其是在酸性环境水的作用下，红层岩土中的可溶成分逐渐流失，破坏岩土结构，连接强度损失，岩土完整性丧失。溶蚀—沉淀和可溶成分的溶解度及其与环境的关系有关，大部分可溶盐的溶解度随温度和压力的升高而增加，有利于溶解的发生。但碳酸钙的溶解度随着温度的升高而降低，随压力的降低而降低。碳酸钙在岩土内部溶解，其溶液流到地表时会因温度升高，压力降低，使溶解度降低，结晶析出，造成排水孔等排水设施堵塞，引起岩土内部孔隙水压力升高，产生渗流压力。

地下水的运动，除了溶蚀之外，也会带走细小颗粒，和淋滤作用类似。但一般不把地下水的这种作用称为淋滤，而称侵蚀。地下水的溶蚀侵蚀作用是深部风化带形成的主要动力之一。如果存在规模较大的断裂构造，地下水运行其间，局部风化带可深达数百米。

(3)红层松软土

红层松软土是较为特殊的一种红层物理—化学风化产物。它是斜坡表面物理风化破碎物质被重力或地表径流带到坡下谷地堆积，或是山间洼地原岩就地物理风化后的破碎物质堆积，经大气降水和地下水溶蚀、分解等综合作用后形成的壤化物质。由于它基本已成为土体，所以，在本书中不涉及它的边坡问题。

(4)其他化学风化

在红层的化学风化中，除了上述溶蚀、酸碱反应外，黏土岩、部分含膏盐组分水化结晶等引起的膨胀，从原理上讲，也是物质成分的改变，也应归于化学风化作用。但由于在工程领域，这种改变多归于特殊岩土，在化学风化中较少涉及，在此也不专门讨论。

2. 红层化学风化过程

红层边坡岩石的化学风化过程，是岩石化学成分的变化、迁移或富集的过程。以 8.2.1 部分中提到过的广大铁路红层边坡为例，采用试验钻孔不同深度的岩芯，测试不同深度(即不同风化分带)岩石中主要化学成分的变化(表 8.2.8)，以观察风化的进程。

表 8.2.8 广大铁路 DK57 不同风化带岩芯化学成分分析

取样深度(m)	风化分级	岩石	化学成分含量(%)						
			SiO_2	Al_2O_3	Fe_2O_3	CaO	MgO	K_2O	Na_2O
0.0	全风化	紫红色风化土	55.83	22.61	6.75	0.81	2.61	3.86	0.52
−5.0	弱风化	紫红泥岩	60.11	17.18	7.62	0.62	2.01	2.89	0.27
−11.8	微风化	紫红夹灰绿泥岩	52.69	8.31	5.72	9.55	2.88	3.05	0.70
−25.7	未风化	紫红灰绿泥岩	37.49	7.83	6.33	17.98	2.81	2.40	0.83

将表中数据绘成曲线(图 8.2.15),可以直观地看到各成分随深度的变化趋势。根据对红层风化特征的一般认识,红层岩石的化学风化,是可溶性成分钙、钠等成分的溶解、流失,难溶的硅、铝成分保留下来的过程。越接近地表,风化程度越高,则硅铝含量越高,钙钠含量越低。分析图中各曲线,可以看到,越接近地表,硅、铝含量越高,而钙、钠含量越低,完全符合化学风化规律。

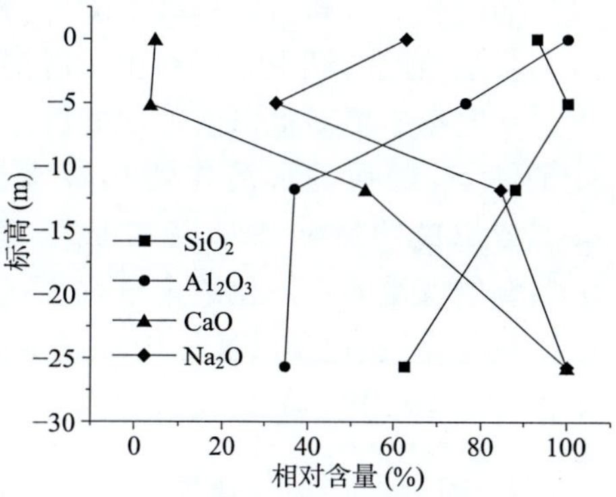

图 8.2.15 红层岩芯中化学成分随钻孔深度变化

但上述化学成分的变化仅能说明化学风化的存在,但风化是否达到稳定,或者说,风化过程是否还能继续,则需要用更为严格系统的原生矿物—中间风化产物—最终风化产物的转变过程来衡量。而原生矿物经过化学风化到次生矿物形成的转换形式,可以通过化学热力学计算来预测。

比如,钾长石风化为黏土矿物的完整过程,将经历钾长石→绢云母→水云母→高岭石这样一个过程。假定在某种条件下,计算结果是长石风化的稳定产物应该是高岭石,并且风化引起的化学反应朝生成这种矿物的方向进行,如果这时在风化壳中出现的风化矿物为伊利石,则说明风化过程未达到平衡,也就是说,化学风化还将继续进行下去。这样的结果,对边坡工程化学风化进程的认识以及采取工程对策,是非常有帮助的。

作者等曾经对位于中南地区的湖南衡阳红层的风化做过专门研究。衡阳盆地地处南方高温高热潮湿多水环境,红层的风化过程有一定的代表性。

红层风化作用的初期,在潮热的气候条件下,母岩发生机械破坏而出现了裂缝,为化学风化提供了良好的空间和场所,化学风化便开始加速进行。母岩因剧烈风化而形成以次生矿物、胶体物质为主的风化产物。

红层岩石中的斜长石、白云母等原生浅色矿物,因风化作用形成高岭石、埃洛石、伊利石、蒙脱石、三水铝石、呈胶态的 SiO_2 及盐基。原生矿物石英可不断地被分离呈溶胶状态析出,变成灰分被淋溶。含铁的硫化物、氧化物、碳酸盐等经氧化、碳酸化及水解作用后将形成游离铁质及酸性水溶液。

上述风化作用的过程中,大量的盐基、部分的硅胶、少量的铁铝倍半氧化物产生淋失,从而形成以高岭石矿物为主,含大量铁铝质、硅质的酸性水胶体。不同电性的胶体因静电或离子交换作用而形成双电层,通过结合水连接形成胶团。这种胶团便将结构单元体胶结成较大的集合体,这就是胶体的重组和凝聚。由此便可逐级形成更大的集合体,从而形成高分散呈整体胶结状态的块状红土。

红层岩石化学风化的另一种形式是微团粒化。呈整体胶结状态的岩石遇高温干燥的气候条件，其内部因失水而向各自的次一级集合体收缩，破坏将首先从连接最脆弱的结合水连接点开始，裂缝依次向各级、同级集合体之间连接力相对较弱的连接点部位扩张。降雨时，水沿裂缝渗透，并借薄膜水的传递楔入，使连接进一步减弱。随着这种干燥—降雨—干燥气候的循环往复，最终结果是使呈整体胶结的红砂岩块体变成了由微细团粒—结构单元体组成的松散状土体。

由红层岩石微团粒化作用形成的微细团粒，在固结压力作用下，将产生压密固结，由地下水淋溶产生的游离铁、铝、硅等凝聚将产生胶结连接，从而形成现代意义上的具有不同密实程度和胶结情况的红土。同时由于淋溶作用，基本团粒单元体的粒径可能减小至 0.005 mm 以下。一般在中更新世以前形成的红土因形成的时间早，经过长期的固结压密，并在当时湿热气候条件下，较强的淋溶作用形成大量胶质连接，致使红层岩石的结构单元体粒径为小于 0.05 mm 的粉黏粒，具有密实度大、连接力强、含水量低、压缩性低、强度高的特点。因此理论上典型的红层岩石风化的全过程为：富含铁质的母岩在湿热气候条件下经历了物理风化作用、微团粒化作用（化学淋滤作用）、成土作用三个完整的作用过程之后形成以红色为基色的土体，工程意义上的化学风化完成。

8.2.3 红层泥岩风化速度

红层岩石风化速度，是边坡工程防护中十分有意义的课题。从防止风化的角度看，风化通过改变岩石性质，引起边坡岩体力学性质下降，影响边坡的安全使用年限。但另一方面，红层岩石的风化，带来岩石壤化，可保障坡面植被的生长，有利于防止边坡风化向坡内发展。然而，因岩石成分和环境因素的不同，风化速度差异极大。红层风化中的化学风化速度，可以通过一些代表性矿物风化的化学反应做部分理论计算。然而，对岩石复杂的物理—化学风化速度而言，还很难找到一种办法来解决实际应用问题。而且，迄今也没有一个公认的研究准则。在此，仅以广大铁路红层边坡现场调查和室内试验的个例，粗略观察红层边坡的风化速度。由于数据极其有限，这些观察不是结论，仅供参考。

1. 红层边坡风化速度的现场调查

在广大铁路红层边坡区段，选取同一区域代表性边坡，按开挖时间的不同，分类观察不同边坡的风化速度，并辅以点荷载试验及声波测试。重点边坡观测结果见表 8.2.9。

表 8.2.9 广（通）—大（理）铁路代表性红层边坡风化速度观测

序号	里程地点	岩性地层	风化等级/风化深度	风化类型	开挖时间	边坡现状	波速(m/s)	点荷载(MPa)
1	DK57 钻孔	K_2j 紫红泥岩	微风化/28.0 m	新鲜			2 976	4.9
2	DK11 铁路	K_1p 紫红粉砂岩	微风化/3.0 m	不明显	1～3 个月	未见破坏		1.7
3	DK23 铁路	J_3t 紫红泥岩	微风化/10 m	不明显	6 个月	未见破坏		1.44
4	DK57 房边	K_2j 紫红泥岩	强风化/地表	碎粒	6 个月	疏松土状，有植物		
5	DK11 仰坡	K_1p 紫红泥岩	弱风化/5.0 m	碎块、碎粒球状堆积	8～10 个月	表层疏松，有草		

续上表

序号	里程地点	岩性地层	风化等级/风化深度	风化类型	开挖时间	边坡现状	波速(m/s)	点荷载(MPa)
6	DK210 房边	K_{2m}紫红泥岩	强～弱风化/10.0 m	碎粒堆积	2～3 年	坡脚堆积，有稀疏草或矮灌植被		
7	DK23 便道	J_3t 紫红粉砂岩	弱风化/地表	碎粒、局部坍塌	3～5 年	碎块塌落，无植被		2.0
8	DK57 公路	K_2j 紫红泥岩	强～弱风化/地表	碎粒撒落	5～8 年	表层碎粒，成土屑		
9	DK23 自然坡	J_3t 紫红泥岩	弱风化/地表	碎粒撒落	自然	表层剥落，有树木		0.75
10	DK57 自然坡	K_2紫红泥岩	弱风化/地表	碎粒撒落	自然	表层剥落，无植被	2 278	

从表中可以得出以下初步观察结果：

①在边坡开挖 1～3 月之内，虽然尚不能直接观察到坡面风化剥蚀现象，但是，表面岩石的强度，与新鲜岩石相比，也大为下降。在相对比较中，岩石强度从 4.7 MPa 下降到 2 MPa 以下，降幅超过 50%。

②边坡形成 6 个月以后，在一些坡度较缓，有利于剥蚀碎片停留的坡面上，表层风化剥蚀形成的疏松状碎屑物质显现。由于某些还不清楚的原因，在坡面原有或新成的裂隙中，在坡面碎屑聚集部分保湿作用下，形成存在部分利于植物生长的壤化物质，为小草开始生长提供了条件。但对坡度较陡，剥蚀物质难以停留的坡面，则不存在植物生长的环境。风化碎屑物质堆积于坡脚，进入相对缓慢的化学风化—壤化过程。

③边坡形成 2～3 年后，如果岩石泥质成分较多、风化有利(比如含水丰富)，则坡面岩石和坡脚碎屑堆积物理化学风化速度较快，土壤进入壤化状态。由于壤化的程度不一致，此时草类或低矮的灌木类植物稀疏生长。如果岩石泥质成分偏少、碎屑堆积不充分、含水不足，则壤化过程可长至 5～8 年甚至更长。

④边坡存在 5～8 年后，化学风化进行的更为普遍、彻底，风化深度更深，可以支持高大灌木和树木生长。地表壤化基本完成。

总结以上描述，红层泥岩的物理风化，会在很短时间内开始，但可观察到的化学风化，短为 6 个月，长达 5～8 年。

2. 红层岩石物理风化速度的室内试验

在现场调查基础上，采集新鲜岩样对红层边坡岩石的风化速度进行了试验观测，并将其试验结果与野外状况进行了对比分析。由于室内试验脱离现场的大气、水文环境，而且考虑试验时间，进行的是物理风化试验。

根据现场条件，采集的岩样为 DK57 试验钻孔 26.3～29.2 m 处新鲜的 K_2j 紫红色粉砂质泥岩。

表 8.2.10　风化过程与速度试验方案

	日温差变化	年季节变化	持续夏季	持续冬季	水的作用
试样编号	Ⅴ、Ⅵ	Ⅲ、Ⅳ	Ⅱ	Ⅰ	Ⅱ、Ⅲ、Ⅳ、Ⅵ
试验方法	60 ℃加热 1 h，20 ℃冷却 1 h 循环	60 ℃加热 12 h，0 ℃冷却 12 h 循环	60 ℃加热 12 h，20 ℃冷却 12 h 循环	按 12 h 冷热循环 10 天后，在 0 ℃～10 ℃自然温差中持续 90 天	加热取出后立即喷水浸湿表面

每次温度转换时，对试样的裂隙发展情况进行观察记录，用声波仪测定声速以间接反映试样内部裂隙发育情况，并称重测定剥落量。

依设计方案进行 101 天累计达 2 424 h 的试验观测，试验数据以和原始试样的波速和重量的比值(%)表达，其结果绘于图 8.2.16、图 8.2.17。

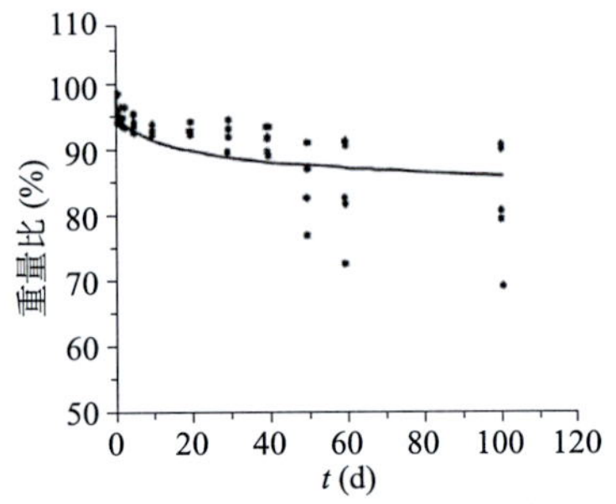

图 8.2.16　试样重量随时间变化综合曲线图

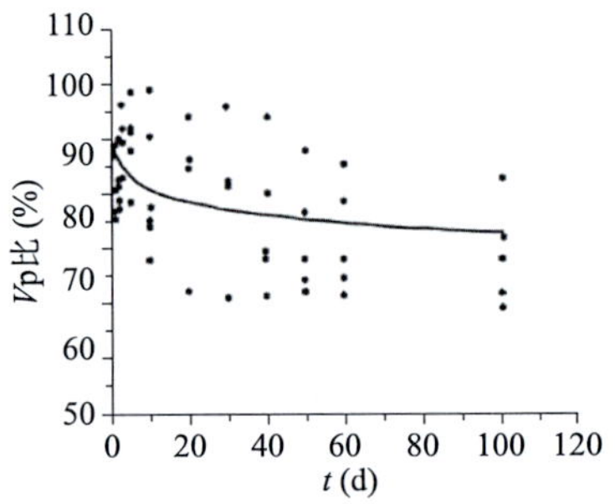

图 8.2.17　试样声速随时间变化综合曲线

通过试验数据分析，得到以下结果：

①从声速变化和外表裂隙加大增多现象，可以判断出试样内部出现裂隙的时间均在 24 h 内。

②从观测记录可知，在试验进行到 3 天时，Ⅲ、Ⅳ号试样表面裂隙增大幅度最大，表明高温差引起的岩石风化速度更大。

③从观测记录可以看出，试样经加温、喷水等试验步骤至第 5 天时，Ⅲ、Ⅳ、Ⅵ号试样重量明显下降，试样开始掉块，产生剥落。至第 10 天时，各试样重量均有明显减少，波速明显下降，出现碎片状掉块，普遍产生了剥落。试验表明，在高温差下岩石产生风化剥落的时间周期仅 10 天左右。如果有水的作用，剥落的时间周期还更短。因此，红层边坡施工开挖中进行快速防护是非常必要的。

④由观测记录，Ⅱ号试样在试验进行到第 8 天时发生自行崩解现象，这是试验中泥岩崩解的最短时间，破碎后的最大碎块尺寸为 45 mm×75 mm×38 mm。

⑤从图 8.2.16、图 8.2.17 可以发现，岩石风化的速度在前 5 天是最快的，10～15 天内，岩石的内部结构已基本破坏，开始了明显的剥落过程。

综合上述试验结果，表明红层试样只要经过短时间(12 h)的高温作用后，即开始出现裂隙，到 5 天左右表面裂隙发育到最大，一些抗风化能力较差的泥岩出现掉块现象，其中喷水试样的表面最明显。试样的破坏形式主要是冷热交替引起的表层剥落，和野外发现的崩解特征极为相似。到 10 天左右，岩石风化初期的表面剥落破坏基本告一段落。在此之后，随着试验的继续进行，各试样裂隙发育加强、重量下降、声波降低的速率逐渐降低。试验结果表明，高低温频繁交替和水的作用是加剧岩石风化的主要物理因素，试验结果与野外调查分析的结论是一致的。

综合现场调查和室内试验，滇中红层风化速度是：物理风化，至多从开挖后 24 h 就开始了，持续到 10 天至 1 个月，表层的物理风化已经完成，标志着风化剥落在 1 月内完成。之后，在条件有利时，伴随物理风化的化学风化在 6 个月至 3 年内显现，一般在 5～8 年完成，其地表标志是高大灌木、乔木的生长成型。

8.2.4 风化对红层边坡工程的影响

1. 风化对红层边坡的影响

风化对红层边坡工程的主要影响是坡面剥落和长期稳定性。红层边坡物理风化的结果是坡面剥落。红层的风化剥落，看起来不严重，但确是困扰铁路边坡工程数十年的问题。据成都铁路局1965年对四川境内未做防护的红层边坡的调查估计，在100万m^2的边坡面上，每年约有高达6万～7万m^3的风化剥落物质堆积，耗费了大量的劳力进行清除。风化剥落的产物，轻则堵塞排水侧沟，掩盖道床，重则使风化向边坡深部发展，引起边坡崩坍、落石，将严重危害铁路行车。铁路系统对红层边坡风化剥落的研究及处理始于1952年建成的成渝铁路。时至今日，铁路设计、施工和运营部门仍在不断地寻求简便、经济、有效的红层边坡防护处理方法。红层边坡风化的防护，既是一个"古老"的问题，又是一个新的课题。

除坡面风化剥落外，红层边坡另一常见的物理风化是软硬互层的差异风化作用，使坡面凹凸不平，硬岩岩块在坡面上突出悬空，形成红层地区特有的危岩落石，威胁边坡安全。

红层边坡化学风化的结果，是红层边坡物质从相对完整的岩石变成松散的风化土，使边坡强度降低，造成坡面或边坡的破坏。在红层地区，裸露的边坡经常发生坡面冲沟、表层溜坍、局部滑塌等后期破坏现象，化学风化的作用不可忽视。化学风化是影响红层边坡长期稳定性的因素之一。

2. 红层风化分带

风化的实质是岩石的自然破坏。这种破坏可能是迅速的，如剥落、崩解，也可能要持续数月至数年，如溶蚀、腐蚀、沉淀等。风化的终极产物，就是岩石的壤化。在风化的不同阶段，岩石风化的程度是不同的，也就是说，岩石自然破坏的程度是不同的。前面已经说过，对红层边坡工程而言，风化的意义有两个，一是根据风化程度对边坡岩石强度进行折减，以便正确合理地计算边坡的稳定性；二是根据风化程度，判断风化进程，以估计边坡岩体在使用期间的衰减劣化，分析其长期稳定性。

先讨论第一个问题。在岩石工程应用中，对岩石不同风化阶段、或不同风化程度的划分，就是风化分带。根据相关工程勘察规范，风化分带的划分标准由野外定性描述和试验定量指标组成。定性描述主要是通过对岩石颜色、节理密集程度、破碎程度、有无次生矿物等的观察来确定风化程度，准确程度主要依赖勘察人员的经验。定量指标主要是通过现场或室内测试岩石的纵波波速、风化与新鲜岩石的纵波波速比或抗压强度比来确定风化程度。在实际勘察中，根据工程重要性的不同，试验测试的岩样数量和取样间隔也不同，指标的代表性与现场地质条件的差异性有关。在铁路岩石边坡的一般性勘察中，波速的现场实测并不常见。对红层而言，由于极易软化崩解的缘故，对风化后的岩样进行室内波速测试和强度试验也是非常困难的。至于进行风化岩样矿物成分的鉴定，比较少见。因此，风化分带实际上主要是野外定性描述。

由于风化分带影响红层边坡岩体强度参数的折算，因此，在边坡勘察中，提倡普遍采用风化系数(即风化岩石与新鲜岩石的抗压强度比值)分带是合适的。为避免红层岩石采样送样过程中的损害和室内试验时制样的困难，推荐采用便携式回弹仪在现场测试风化岩石回弹强度和新鲜岩石回弹强度之比(回弹风化系数f_R)。根据傅永胜(1992)的研究，风化分带与回弹风化系数的对应关系见表8.2.11。

表 8.2.11　不同风化分带的风化系数和回弹风化系数

风化分带	未风化	微风化	中风化	强风化	全风化
风化系数 K_f	0.9～1.0	0.8～0.9	0.4～0.8	<0.3(软岩)	—
回弹风化系数 f_R	0.95～1.0	0.75～0.95	0.4～0.75	0.1～0.4	<0.1

参照表 8.2.11,可对红层风化边坡工程中岩石强度参数进行修正。在后文中,将提到修正方法的具体应用。

边坡风化的第二个问题,即长期稳定性问题,实质上就是岩石化学风化进程的判别问题。前面提到,风化的最终产物是岩石的壤化。因此,边坡岩石风化程度的现状,也预示着边坡岩石将来变化的程度。这一过程主要是化学风化过程。虽然,在目前的一般边坡工程中,并没有规定勘察时需要对此作出估计。但是,在岩石风化强烈的我国南方红层软岩地区,边坡在使用期间的破坏,不能说与此无关。实际上,本书作者在成(都)—南(充)高速公路、达(州)—成(都)铁路路基边坡的调查发现,边坡岩石中可溶成分的溶出—沉淀现象十分严重,部分边坡的破坏的原因,与溶蚀导致岩土结构破坏、沉淀物堵塞排水通道引起水压上升关系密切。

对化学风化进程的判断,在地质学中,是以原生矿物的风化过程、风化产物的形成为依据的。比如前述提及的钾长石→绢云母→水云母→高岭石的过程。但在实际工程应用中,以化学成分的变化来表征比较方便。

反映化学风化的指标通常用蚀变指数 CIA。CIA 的基本含义是岩石化学风化中难溶成分与原代表性成分的比值来定义的,计算方式如下

$$\mathrm{CIA}=\frac{\mathrm{Al_2O_3}}{\mathrm{Al_2O_3+CaO+Na_2O+K_2O}}\times 100\% \tag{8.2.2}$$

根据对滇中南华广大铁路红层边坡风化泥岩的分析,CIA 与风化分带的大致对应关系见表 8.2.12。

表 8.2.12　广大铁路南华红层不同风化带泥岩 CIA

风化分带	全风化	强风化	弱风化	微风化	未风化
K_2泥岩 CIA(%)	77.2～84.7	63.7～77.5	26.8	29.8	16.9
CIA 分带建议(%)	70～100	50～70	30～50	20～30	<20

从上表可以看出,在野外根据定性描述和物理指标确定的风化分带,与按 CIA 划分的化学风化分带并不完全能对应,这反映了不同分带指标的侧重点有一定区别。比如在上表中引用的南华红层岩石中,综合评价为弱风化的边坡,其化学风化程度明显低于应有的水平。因此,不排除该边坡在使用过程中,风化程度加深,以致影响边坡稳定性问题的可能。正因为此,从红层边坡的长期稳定性考虑,提倡在今后的工程应用中,特别是在重要的红层边坡工程中,逐步增加红层边坡岩石风化程度勘察的工作量,准确划分风化分带,并运用 CIA 等风化指标,评价红层风化边坡的长期稳定趋势。

3. 红层边坡风化剥落防护措施

野外观测、数值模拟及室内试验表明,红层边坡风化剥落的机制,是温差作用下坡面物质的崩解和水流的冲刷。红层的风化裂隙在一天的热循环中即可产生,热应力的影响深度约 0.2～0.5 m,因此,坡面隔热是防止坡面风化的主要措施。根据以上分析,红层风化边坡的防护可采用以下原则:

①红层属于较软的岩层，一般它的边坡较矮较缓。如果红层主要由砂岩或较硬的泥岩组成，仍可按结构性软岩确定边坡坡度。

②由于坡面剥落与坡度没有直接关系，在可能的情况下，根据岩性的差异，可适当提高边坡坡度，以缩小受热面积，利于排水。在自然防护的条件下，可在坡面上开挖阶梯或鱼鳞坑，使风化碎片在原地堆积并继续风化成土(完全新鲜的岩石风化成土大概要经历 2～5 年)，然后种植植被，起隔热和加强坡面联结的作用，保持边坡稳定。坡脚是风化破坏最强烈的部位，一般宜作坡脚矮挡墙。

③当对风化较慢的红层边坡采用清表抹面护坡时，仍宜作坡脚矮墙，而且宜选在冬季风化速度较慢时进行施工，并确保施工质量。

④对高温差、强热应力作用下的边坡进行防护设计时，宜采用较重型的坡面防护形式，如浆砌片石(条石)等。护坡的厚度在 50 cm 左右。坡脚应修筑挡墙，并作天沟以截排地表水。

从工程实践看，红层边坡风化剥落防护工程的类型主要有三合泥抹面、水泥砂浆抹面、喷浆、喷混凝土、支撑拱加抹面、浆砌片(条、卵)石护坡、挂网喷混凝土、拦泥墙等形式。其中，较重型的防护如浆砌片石、挂网喷混凝土等措施，都有较好效果，在此不深入分析。仅对几种简便经济的防护措施做一简要总结：

①三合泥抹面

三合泥抹面自 1952 年以来在成渝、宝成等线广泛采用，经济可行，但以前的调查认为其寿命仅 7～8 年。据本书作者 20 世纪 90 年代对成渝电气化改造之前的抹灰面已破坏的断面、暴露的坡面以及未破坏的坡面打开窗口观察，发现抹灰面破坏的主要原因有两个：一是坡脚处理未完全隔水封闭，水流冲刷造成坡脚处破坏并向坡面发展。二是施工时抹灰厚度未达设计要求(通常 3 cm 以上)，大多数抹灰面破坏处的抹灰厚度仅 0.5～1 cm。对抹灰面封闭的边坡打开观察，发现岩石的新鲜程度与清表后几无差别，说明抹灰防风化的效果较好。此外，发现凡在坡脚做浆砌条(片)石护脚，抹面与砌石结合完好，封闭连续的边坡，其抹灰面很少破坏。显然，施工认真，设计合理，抹灰防护边坡风化就较好。在营运中辅以适当修补，其寿命大大超过 10 年。三合泥加砌石坡脚挡墙措施，对岩性均一的碎粒状风化及碎块状风化是适用的。

②水泥砂浆抹面

水泥砂浆抹面的效果和原理与三合泥抹面相仿。水泥砂浆厚度多为 0.5 cm 左右。我国水泥这类建筑材料的使用已为常态，不存在经济考虑，而且施工技术成熟方便，目前已成为主要护坡类型。水泥砂浆抹面的缺点就是不够美观。

③喷混凝土封闭

喷射厚度 0.5～3.0 cm，留沉降缝，对表面有一定支护作用，效果也好，投资稍高，但对风化裂隙发育较强的碎块状撒落及软硬互层边坡较适用。混凝土封闭的缺点也是不够美观。近年来，结合边坡绿化，发展了喷射植物混凝土护坡。但长期效果还不能完全令人满意，普及较慢。

④拱状支撑加抹面

对坡面有一定支撑力，对碎块状撒落、局部崩坍有较好效果。

⑤挡泥墙

对地形条件许可，局部崩坍易发生的边坡有独到之处，但每年应清碴。

8.3 红层边坡坡度确定与稳定性评价

8.3.1 定义与限制

红层岩石边坡坡度的确定与稳定性分析，与铁路一般岩石边坡相比较，既有相同之处，也有明显的区别。相同之处在于，红层边坡的工程设计理念、基本应力分布特征、坡形的选择、建立坡度计算式的分析过程、稳定性评价方法等方面，与一般岩石边坡是一致的，在本章中不再阐述。红层边坡和一般岩石边坡的不同之处，主要有以下几个方面：第一，红层边坡岩体构成主要是块状软岩和软岩，和一般岩石边坡主要是块状硬岩不同。第二，红层边坡岩体的破坏模式既有块状软岩沿结构面的滑动，也有软岩边坡的整体剪切破坏，不同于一般岩石边坡主要为块状硬岩沿结构面的滑动。第三，红层边坡岩体力学性质受风化作用影响极大，必须专门关注，而一般岩石边坡受风化作用影响较小。第四，红层软硬互层的岩体结构对边坡稳定性影响不容忽略，而在一般岩石边坡中，没有考虑这一因素。

由红层边坡的以上特点，在本章中将涉及两种基本边坡模式，块状软岩边坡和普通软弱岩体边坡。前者主要指红层中以碎屑岩和黏土岩为主，边坡的破坏受结构面控制，风化程度在弱风化以下，膏盐成分和膨胀性不是边坡稳定性的主控因素的路堑（挖方）块状软岩边坡。这类边坡的设计和稳定性分析，采用的仍然是基于影响因素的综合计算。这类边坡也是本章的主体和重点。后者主要是红层中以黏土岩和较软的碎屑岩组合为主，风化程度在弱风化以上，达不到全风化程度，野外尚可见岩体结构的路堑（挖方）软弱岩体边坡。这类边坡的设计和稳定性分析，既要考虑各因素的影响，也要考虑软弱岩体的力学特征。和铁路一般岩石边坡一样，本章讨论的铁路红层岩石边坡，坡高较低，没有复杂的地质环境，一般不是滑坡、崩塌、错落、落石等不良地质地段的边坡。特别需要提出的是，如果红层泥岩的膨胀性达到一定标准，其边坡的分析研究将划归到第 9 章膨胀性岩石边坡工程中。本章不涉及红层膨胀问题。

8.3.2 影响因素

1. 野外调查

根据本书的技术路线，对红层岩石边坡的研究是从大量的工程实例调查开始的。通过现场调查，不仅可以获得铁路红层岩石边坡分析所需的岩土工程参数和信息，而且可以考察边坡运行中的变化，获取时间因素的影响，还能对过去的工程实践作出评估。为此，在 1998 年和 2007 年前后，作者等对分布于我国西南、中南地区的红层铁路、公路边坡进行了详细调查和数据采集。主要调查区域和铁路公路线路见表 8.3.1。除此之外，对第 4 章中涉及的部分红层软岩边坡样本进行再利用，但数量不多。

表 8.3.1 红层软岩边坡野外调查

地区	省市	铁路公路	主要岩性	地层时代	边坡样本数量
西南地区	四川省	达州—成都铁路	砂泥(页)岩	K	17
		遂宁—重庆铁路	泥(页)岩	K	23
		318 国道南充段	砂泥(页)岩	K	28
		成都—南充高速公路遂宁段	泥(页)岩	K	33

续上表

地区	省市	铁路公路	主要岩性	地层时代	边坡样本数量
西南地区	四川省	101 省道金堂段	砂泥(页)岩	J	11
		绵阳—广元高速公路绵阳段	砂泥(页)岩	K、J	10
		其他	泥(页)岩	K、J	13
	重庆市	成都—重庆高速公路重庆段	砂泥(页)岩	J	17
	云南省	元江—磨黑高速公路磨黑段	砂泥(页)岩	K、J	43
中南地区	湖南省	北京—珠海高速公路衡阳段	砂泥(页)岩	K	18
合　计					213

红层边坡的野外调查和数据采集的主要内容为：坡高、坡度、坡向，地层岩性、回弹值、回弹比（砂泥岩互层时砂岩与泥岩回弹值之比），节理组数、层理节理产状、长度、间距、JRC，稳定性状况、地下水情况、采用的工程措施及现状等。

2. 影响因素及统计特征

参照本书第 4 章的相关概念，在调查数据中，选择对坡度有影响的边坡和岩体客观数据的分布特征进行统计，以获得有关参数的分布特征，并建立铁路红层边坡标准模型。

(1)边坡几何参数

边坡几何参数主要是坡度和坡高。红层边坡坡度及坡高分布曲线和百分比累积曲线如图 8.3.1、图 8.3.2 所示，坡度及坡高的统计特征见表 8.3.2。从图 8.3.1 中可以看出，坡度的分布基本呈正态分布。峰值坡度约 50°，45°～53°之间的坡度占全部调查边坡的 40%以上。从图 8.3.2 可知，坡高的分布呈对数正态分布。峰值坡高在 20 m 附近，小于 30 m 坡高的边坡占全部调查边坡的 70%以上。

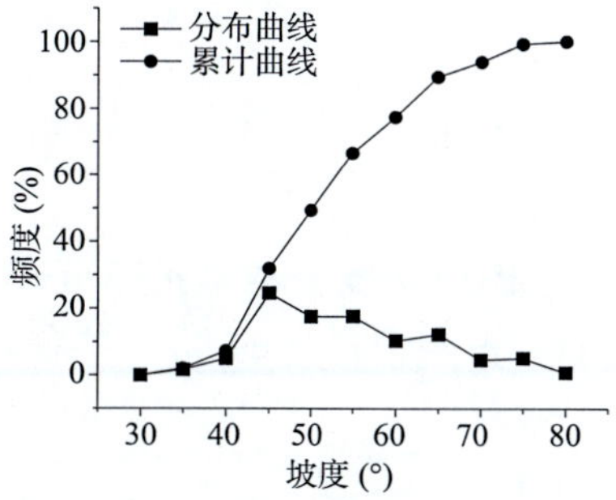

图 8.3.1　红层边坡坡度分布和百分比累积曲线

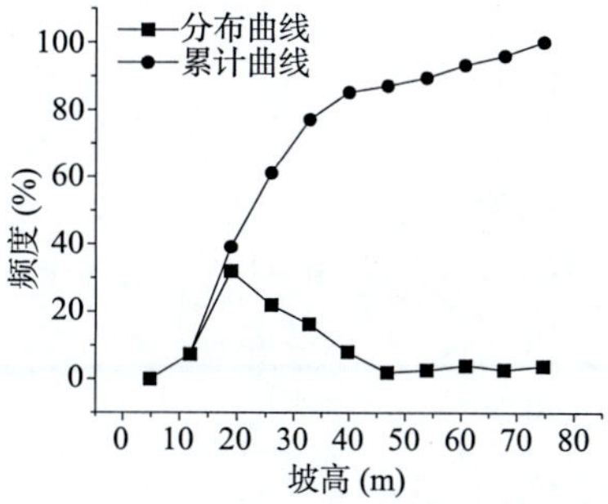

图 8.3.2　红层边坡坡高分布和百分比累积曲线

表 8.3.2　坡度和坡高的统计特征值

项目	最小值	最大值	均值	方差	变异系数
坡度(°)	31	76	52.58	9.7262	0.1850
坡高(m)	7.5	72	27.46	15.8000	0.5753

(2)边坡岩体回弹强度

边坡岩体回弹强度分别用回弹值和回弹比表示，它反映边坡表层岩体的总体强度和边坡中软硬岩块的强度差。图 8.3.3 和图 8.3.4 分别绘出了回弹值与回弹比的分布曲线和百分比累积曲线。

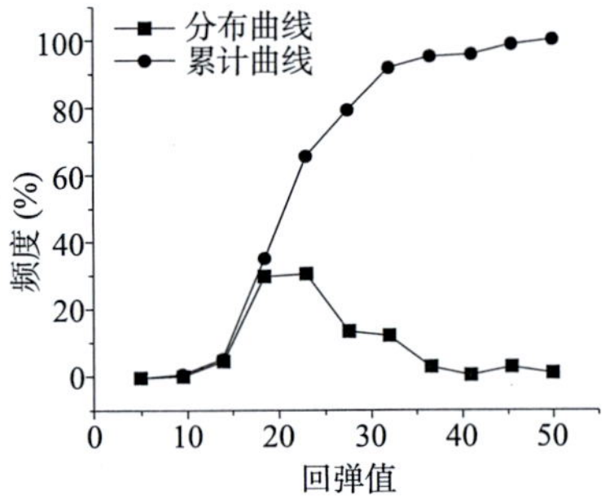

图 8.3.3 回弹值分布曲线和百分比累积曲线

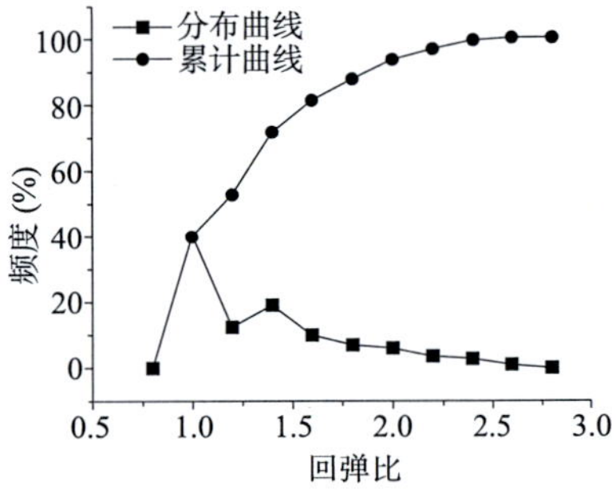

图 8.3.4 回弹比分布曲线和百分比累积曲线

从图可知，边坡岩体回弹值基本呈正态分布，峰值回弹值 20，回弹值为 20～30 的边坡约占 50%。反映边坡岩体软硬组成的回弹比呈对数正态分布，峰值回弹比为 1 左右，累计百分比约 45%，说明只有不到一半的边坡是均质边坡，其余都是软硬互层边坡。这反映了红层边坡岩体非均匀性特征。统计特征见表 8.3.3。

表 8.3.3 回弹值统计特征值

项目	最小值	最大值	均值	方差	变异系数
回弹值	6.7	48	22.38	7.3288	0.3275
回弹比	0.92	2.43	1.2880	0.3681	0.2856

(3)边坡岩体结构参数

边坡岩体结构参数主要包括结构面组数、结构体块度、结构面长度、结构面间距、结构面 JRC。

①结构面组数

统计表明，红层岩石边坡岩体中，结构面的组数基本为 2 组，占总数近 90%。

②结构体块度

块度的分布曲线及百分比累积曲线如图 8.3.5 所示。图中块度基本呈正态分布，峰值块度 20 cm，但块度大小分布较为均匀，主要尺寸 15～35 cm，占全部样本的 85%左右。其他统计特征见表 8.3.4。

③结构面长度

红层边坡岩体结构面长度的分布曲线及百分比累积曲线如图 8.3.6 所示。图中结构面长度明显表现为双峰值分布，主要峰值长度分别为 1.0 m 和 2.0 m，两者占全部样本的 60%以上。分析其原因，主要是红层中软岩的结构面参数确定和测量困难，采集的数据多半来自其中的碎屑岩等相对较硬的岩石，数据全面反映边坡岩体结构的客观性稍差。其他统计特征见表 8.3.4。

④结构面间距

结构面间距的分布曲线及百分比累积曲线如图 8.3.7 所示。图中结构面间距基本为正态分布，峰值间距 0.2 m，0.15～0.35 m 之间的间距占全部样本的 80%左右。其他统计特征见表 8.3.4。

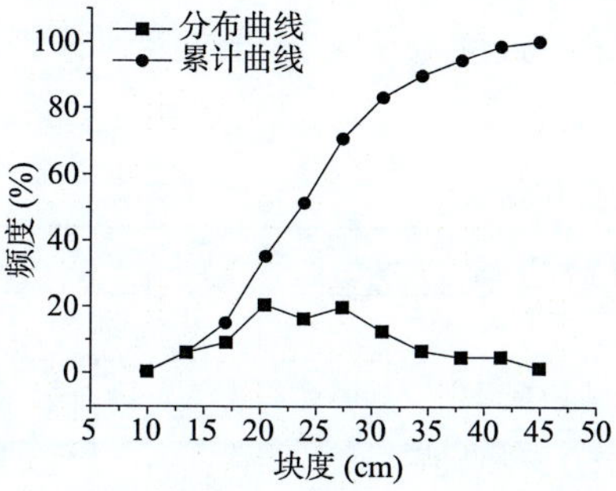

图 8.3.5 块度分布曲线和百分比累积曲线

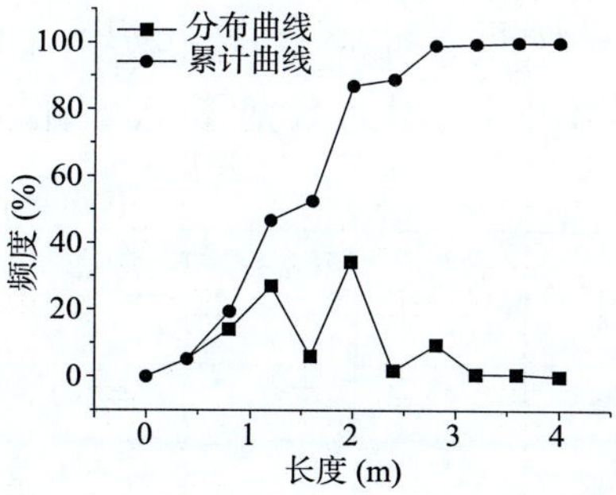

图 8.3.6 长度分布曲线和百分比累积曲线

⑤结构面 JRC

结构面粗糙度的分布曲线及百分比累积曲线如图 8.3.8 所示。图中结构面粗糙度明显呈分段分布，主要 JRC 系数集中在 10～12 之间。由于黏土岩结构面特征参数获取困难，该数据应仅代表红层中碎屑岩的结构面粗糙度，其代表性和客观性较差。其他统计特征见表 8.3.4。

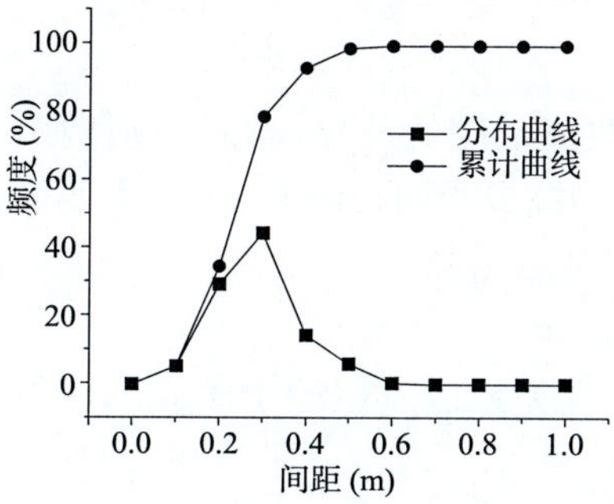

图 8.3.7 结构面间距分布曲线和百分比累积曲线

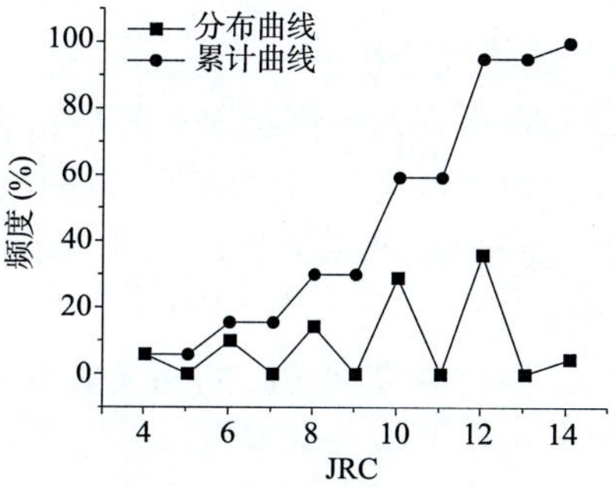

图 8.3.8 JRC 分布曲线和百分比累积曲线

表 8.3.4 岩体结构参数统计特征值

项目	最小值	最大值	均值	方差	变异系数
结构面长度(m)	0.15	3.5	1.50	0.6831	0.4551
结构面间距(m)	0.09	0.51	0.25	0.0934	0.3734
结构面 JRC	4	14	9.87	2.5410	0.2575
结构体块度(cm)	11	42.3	24.41	7.2335	0.2963

(4)红层岩石边坡标准化模型

根据统计数据，可以构造出铁路红层岩石边坡标准模型，作为研究之用。按统计数据，标准模型的参数指标是：坡高 20 m，坡度 50°，回弹值 20，回弹比 1.3，结构面组数 2，岩体块度 20 cm，结构面长度 1.0 m，间距 0.2 m，JRC 值 8。其中，结构面 JRC 采用第 4 章的统计数据作为参考。

3. 各因素与坡度的相关性

依照第 4 章分析原理，先剔除那些不具代表性或不属于红层岩石边坡的样本，然后根据趋势线和灰色关联度计算，分析各影响因素与坡度的相关性。

(1)数据剔除

对野外调查所获得的样本数据,采用箱线图进行数据一致性分析。分析结果列于表 8.3.5。剔除样本中同一边坡数据,进入分析的有效样本有 154 个。

表 8.3.5 异常数据箱线图分析结果

因素	异常值	异常数量	异常原因	处理结果
坡度	—	0		不处理
坡高	≥75 m	21	多级边坡,不符合单级边坡的基本模型	剔除
回弹值	≥44	7	志留纪边坡,非中生代红层,不符合研究范围	剔除
回弹比	≥2.53	7	软硬互层岩石中的泥页岩因风化等原因,强度已低于回弹仪测量范围,数据参考价值不大	剔除
块度	≥50 cm	17	基本为全砂岩边坡,不属于典型的红层砂泥岩互层边坡,不具代表性	剔除
结构面长度	≥4 m	2	同上	剔除
结构面间距	≥0.6 m	13	同上	剔除
结构面 JRC	—	0		不处理

(2)趋势线分析

将调查得到的各影响因素归一化以消除不同样本数值范围的差异,然后分别做出各因素值与样本边坡坡度值对应的散点分布图,统计其趋势线,并求出趋势线斜率。各主要因素与坡度的散点图和趋势线如图 8.3.9～图 8.3.16 所示,其特征分述如下。

①坡高

为了探讨坡度和坡高的相互关系,将坡度和坡高对应关系散点图绘于图 8.3.9 并拟合出趋势线。图中散点分散但基本呈带状降低趋势。

②岩体块度

岩体块度与坡度关系的散点图与趋势线如图 8.3.10 所示。数据较为分散,但基本可见坡度与块度的正相关关系。

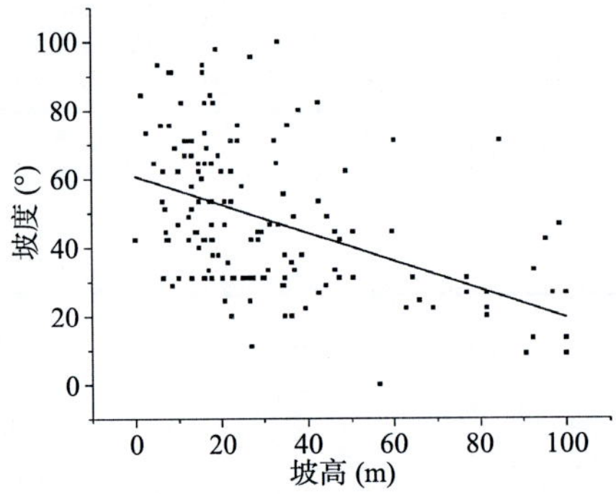

图 8.3.9 坡高与坡度的散点图

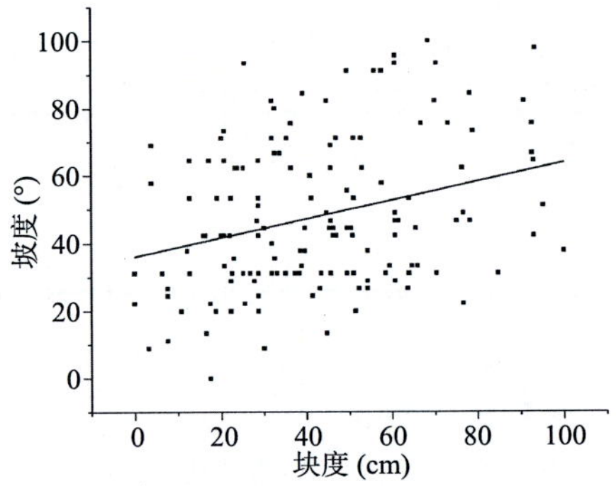

图 8.3.10 块度与坡度的散点图

③岩石回弹值

岩石回弹值与坡度的关系的散点图与趋势线如图 8.3.11 所示。图示回弹值与坡度数据分散,略有正相关关系。

④软硬岩石回弹比

软硬岩石回弹比与坡度的关系的散点图与趋势线如图 8.3.12 所示。图示回弹比与坡度的正相关关系，较回弹值明显。

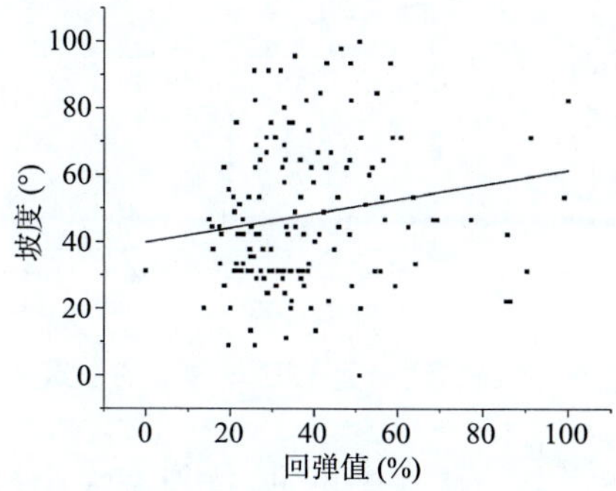

图 8.3.11 回弹值与坡度的散点图

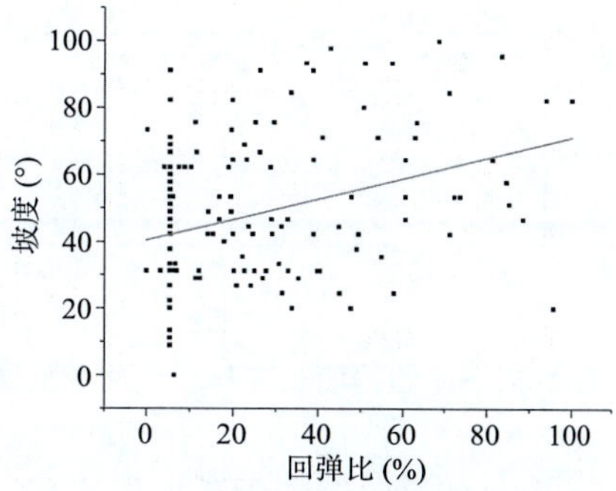

图 8.3.12 回弹比与坡度的散点图

⑤结构面组数

结构面组数与坡度的关系的散点图与趋势线如图 8.3.13 所示。图中数据分散，且散点趋势线的变化规律不符合一般认识。分析产生这种误差的原因，是红层软岩风化后，获取软岩结构面数据困难所致。

⑥结构面间距

结构面间距与坡度的关系的散点图与趋势线如图 8.3.14 所示。图中结构面间距与坡度呈分散带状，但大致符合正相关关系趋势。

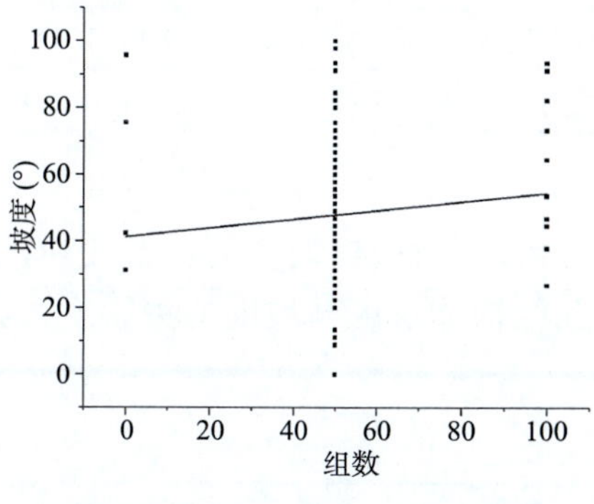

图 8.3.13 结构面组数与坡度的散点图

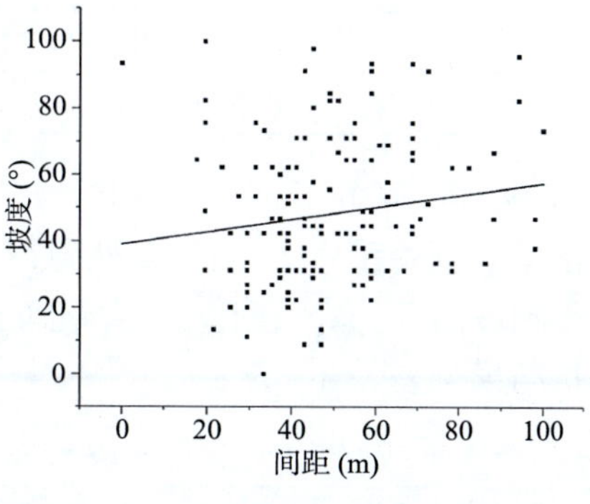

图 8.3.14 结构面间距与坡度的散点图

⑦结构面长度

结构面长度与坡度的关系的散点图与趋势线如图 8.3.15 所示。图示结构面长度与坡度散点极其分散，基本无趋势。

⑧结构面 JRC

结构面 JRC 与坡度的关系的散点图与趋势线如图 8.3.16 所示。图中散点分散，无带状趋势，且趋势线变化规律不符合一般认识。产生这种误差的原因，也是红层软岩风化后，获取数据困难所致。

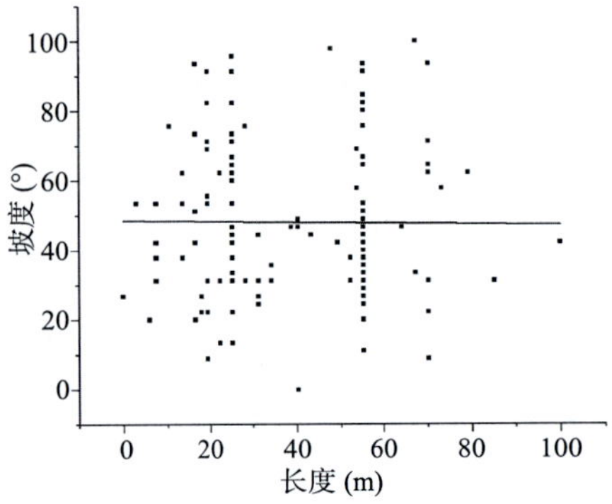

图 8.3.15 结构面长度与坡度的散点图

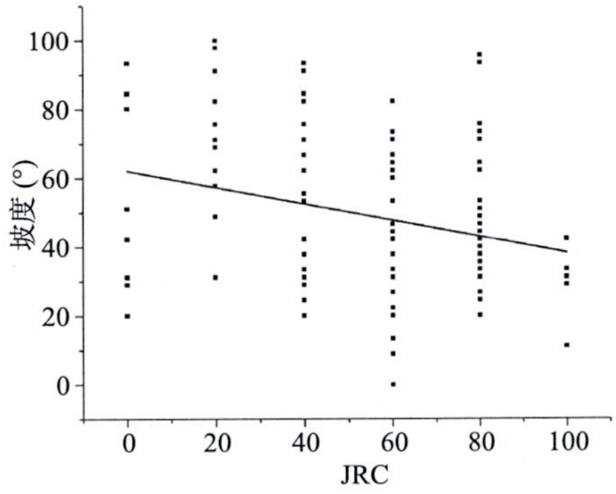

图 8.3.16 结构面 JRC 与坡度的散点图

将各因素与坡度的关系的散点趋势线斜率列于表 8.3.6。从表中可见,按斜率大小排列,各因素对坡度影响的显著性依次是坡高、回弹比、块度、结构面 JRC、回弹值、结构面间距、结构面组数、结构面长度。实际上,结构面间距和组数在块度计算中已经体现,可以略去。结构面长度统计几乎无规律(趋势线斜率极小)。而趋势线分析中,结构面 JRC 的趋势线斜率不符合一般认识,不能作为统计结论采纳。因此,趋势线分析结果确认的红层岩石边坡坡度重要影响因素依次为坡高、回弹比、块度、回弹值。

表 8.3.6 各因素与坡度散点关系拟合直线斜率

因 素	关联度	因 素	关联度
坡 高	−0.4114(1.0000)	回弹值	0.2157(0.5243)
回弹比	0.3075(0.7474)	结构面间距	0.1856(0.4511)
块 度	0.2774(0.6743)	结构面组数	0.1314(0.3194)
结构面 JRC	−0.2381(0.5788)	结构面长度	−0.0119(0.0289)

(3)灰色关联分析

依据灰色关联分析,利用野外调查所得到 154 个有效边坡数据,以坡度为参考数列,依次计算得到坡高、回弹值、回弹比、结构面组数、长度、JRC 和结构体块度与坡度的关联度。关联度分析结果见表 8.3.7。

表 8.3.7 坡度与各因素的关联度

因 素	关联度	因 素	关联度
回弹值	1.0000	结构面长度	0.9502
块 度	0.9990	坡 高	0.9270
结构面组数	0.9879	回弹比	0.8996
结构面间距	0.9507	结构面 JRC	0.8624

从表中可见,按关联度大小排列,各因素对坡度影响的重要性的顺序依次是回弹值、块度、结构面组数、结构面间距、结构面长度、坡高、回弹比、结构面 JRC。由于在上述统计分析中,结构面 JRC 统计规律并不理想,因此,略去排名。忽略与块度相关的结构面间距和组数,灰色关联度分析最终结果为回弹值、块度、坡高、回弹比四大因素与坡度依次相关。

将趋势线与关联度分析结果相互对照(表 8.3.8),可以发现,两种方法得到的排序完全不同。考虑到样本数据离散性给趋势线分析带来的平均化问题,对两者结论只采纳因素,对其排序不加区分,全部纳入对坡度有重要影响的因素之中。这一处理,对坡度计算经验公式的建立没有影响。

表 8.3.8　两种相关性分析结果对比

相关性排序	1	2	3	4
趋势线分析	坡高(1.0000)	回弹比(0.7474)	块度(0.6743)	回弹值(0.5243)
关联度分析	回弹值(1.0000)	块度(0.9990)	坡高(0.9270)	回弹比(0.8996)

和第 4 章理念相同,在上面两种方法的因素分析中,我们没有对与边坡稳定性关系密切的结构面产状、地下水、地震进行相关性分析。结构面产状和地震影响将其放在稳定性计算中去考虑。地下水的情况比较复杂。对红层岩石边坡而言,水是边坡风化的动力之一,其重要性是无须分析的。水在红层边坡设计与稳定性评价中的影响,将在下面章节深入讨论。

通过上述统计分析,可以认为影响坡度各因素的作用及其重要性已经基本明确,分析结果将为随后的坡度确定提供依据。

8.3.3　边坡坡度确定方法

1. 红层岩石边坡类型的划分

根据本章对红层边坡岩体结构特征和破坏模式的划分,红层边坡坡度的确定,分为结构性红层岩石边坡(简称红层岩石边坡)和红层软弱岩体边坡(简称红层软岩边坡)两大类。两类红层岩石边坡坡度确定和稳定性分析方法是不同的。对结构性红层岩石边坡,采用的方法是按照边坡样本调查、因素分析、数据处理、坡度经验公式建立的统计学方法。对红层软岩边坡,主要是按照现有的力学理论,采用数值分析的方法确定各种边界条件的作用和影响,根据强度和变形确定稳定坡度。

关于红层两类岩石边坡的划分,定性标准是依据现场勘察时对边坡岩体结构特征的直观判定。如果现场边坡岩体结构清晰,块体相对完好,岩石组成以风化程度较低(弱风化以下)的碎屑岩或碎屑岩与黏土岩互层为主,边坡的破坏主要为块体的移动,那么,这类红层边坡就是结构性红层岩石边坡。反之,如果现场边坡岩体结构虽可辨识、但不清晰,块体碎裂,风化程度较高(弱风化以上),岩石主要为黏土岩或黏土岩夹碎屑岩,边坡的破坏以整体变形和整体挤出破坏为主,那么,这类红层边坡就是红层软岩边坡。

定性标准在实际应用中大致不会有什么困难。但是,如果辅以一定的定量指标,则应用时容易保证分类的一致性。但是,在岩石力学和岩石工程中,软岩是个模糊的概念。在第 1 章中我们讨论过这个问题。从相关工程技术规范看,大都以单轴抗压强度作为软岩块的划分标准。但岩块不是岩体。因此,有些学者也提供了不同软岩的划分标准。如何满潮(2002)对节理化软岩,是按抗压强度、含泥量、结构面密度、间距、完整性系数等定量指标进行分类的。本书并不打算讨论这个问题,只是从便于应用出发,确定划分红层中结构性边坡和软岩边坡的定量指标。

从岩石边坡力学特征的角度看,红层岩体的软硬,主要通过岩块的强度和块体的大小来反映。据此认识,对野外调查得到的样本数据中红层软岩块的强度(回弹值)的分布统计如

图 8.3.17 所示。从图中可见，软岩回弹值呈正态分布，峰值为 16(换算标准抗压强度约 16 MPa)，回弹值在 26(换算标准抗压强度约 25 MPa)以下的占全部样本的 95%。这些样本中，包含了不少红层砂岩、粉砂岩样本。根据对具有代表性的川中白垩纪遂宁组红色泥岩的现场测试，单轴抗压强度大致在 5～15 MPa 之间，这个值的上限对应的回弹值为 15 左右，与分布统计中的峰值 16 几乎相同。而抗压强度 26 MPa 的统计上限值，与通用规范中软硬岩石的划分标准 30 MPa 较为接近。

根据上述统计，将调查样本中回弹值小于 26 的全部单一岩石组成(即不包含软硬互层结构)红层边坡的岩体块度大小进行统计，并绘制分布图如图 8.3.18 所示。从图中可知，红层软岩边坡岩体块度有两个明显分布范围，一是块度在 15 cm 以下；二是在 20～25 cm 之间，上限在 30 cm 之内。

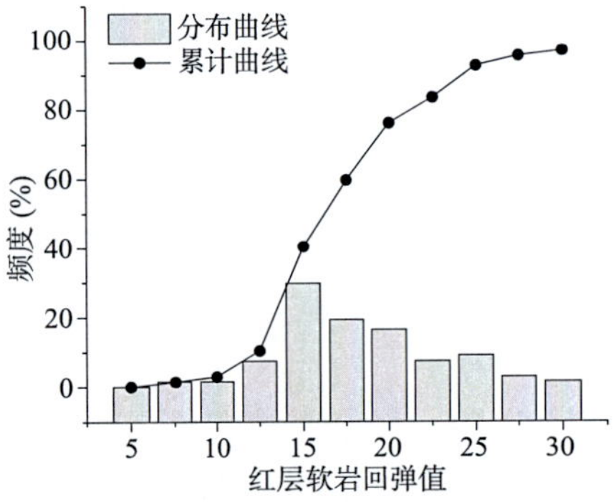

图 8.3.17 红层软岩回弹值分布及累积曲线

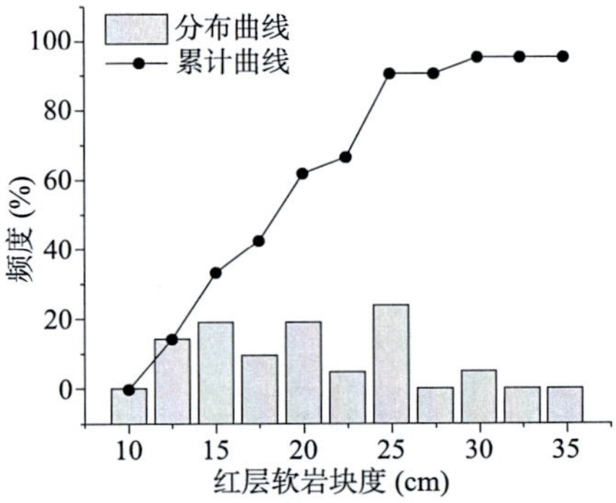

图 8.3.18 红层软岩块度分布及累积曲线

据此，确定红层软岩边坡的定量划分参考值为：回弹值≤16，块度≤20 cm。根据野外资料，满足该条件的边坡样本的平均坡度为 50°，平均坡高为 23 m，平均回弹值为 14，平均块度为 23 cm。边坡基本稳定，存在的破坏形式为滑塌、碎落，也有零星掉块。表明这个定量划分指标可行。将上述定性描述和定量指标列入表 8.3.9，作为本书关于红层边坡类型的划分依据。具体划分时，以定性描述为主，定量指标作为参考。

表 8.3.9 红层边坡类型的划分

边坡类型	定性描述					定量指标	
	岩体结构	块体形态	风化程度	岩石组合	破坏形式	回弹值	块度(cm)
结构性边坡	清晰可辨	块形完整	未～弱风化	单一或互层	块体移动	≥20	≥20
软岩边坡	可辨或模糊	块体碎裂	弱～强风化	单一	局部或整体	<15	≤30

2. 结构性红层岩石边坡坡度的确定

(1)坡度确定的方法

确定结构性红层岩石边坡坡度的基本理念，与第 4 章铁路岩石边坡坡度确定的方法相同。在本章中，同样是首先对野外调查中获取的边坡样本进行筛选。在 8.3.2 部分影响因素分析中，已经根据统计一致性的原理，剔除了存在异常的样本。在建立坡度关系式时，还需要把在野外调查时，被确定为不稳定的边坡数据从样本中剔除。通过这样的操作，用于建立坡度计算式的样本数为 127 个。

本书 8.3.2 部分分析已经确定，影响红层边坡坡度的主要因素是回弹值、块度、坡高和回弹比。根据数据筛选的结果，再次通过 4 个因素与稳定边坡坡度关系的统计，分析其在坡度中的影响方式。图 8.3.19 为各因素与坡度关系的统计结果。

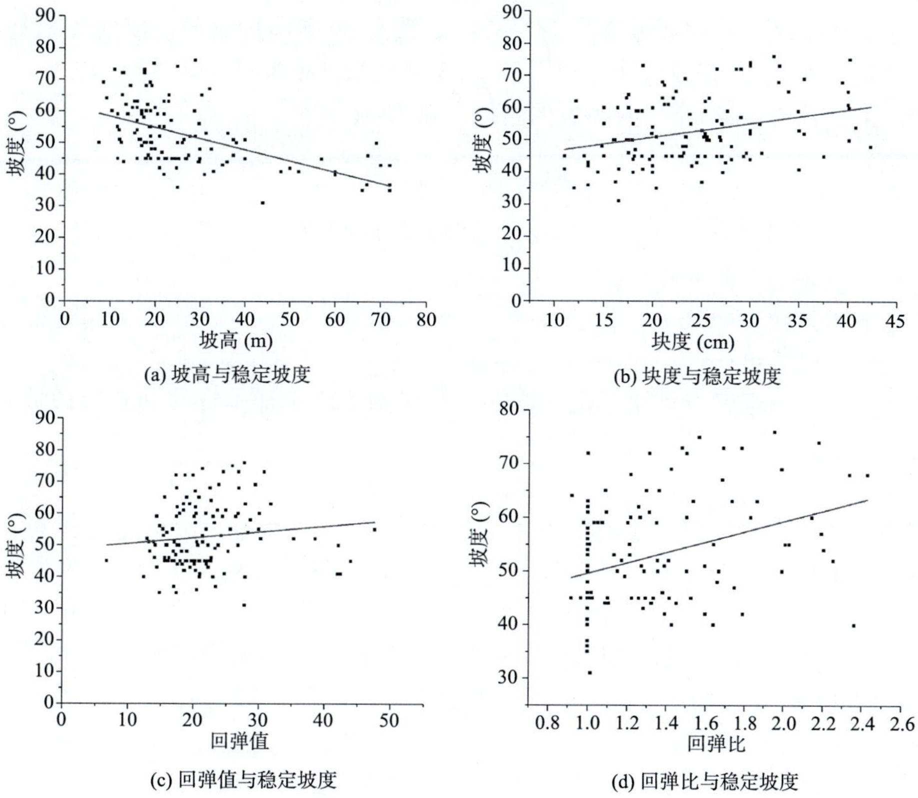

图 8.3.19 主要因素与稳定坡度关系的散点图

散点图和趋势线表明，4 个因素中，与坡度呈明显带状变化关系的因素为坡高、块度。其次是回弹比，基本存在带状变化。回弹值与坡度的关系较为分散，但存在大致趋势。因此，坡度计算式中 4 种因素都需要考虑进去。

如何构造一个基于统计数据的经验公式，最主要的原则，就是根据各因素对坡度影响的定性认识，因素与坡度统计分布规律，以及相对重要程度（考虑权重），合理组合，使参数的计算值与坡度值形成有统计意义的变化规律和相关关系。

根据第 4 章论述，在建立坡度计算式时，暂不考虑产状对边坡的影响。那么，岩石边坡坡度就由岩体强度（回弹值）和块度所控制。在第 4 章中，回弹值和块度的乘积定义为边坡岩体质量，因此，坡度与岩体质量的关系，就是坡度计算式的基础。由于块度是岩体质量计算指标之一，块度自动纳入坡度计算公式。

在红层岩石边坡坡度相关的 4 个因素中，回弹值和回弹比都反映了岩体中块体的强度。由于回弹值记录的是软硬互层边坡中硬岩的强度，回弹比反映的是边坡硬岩与软岩强度比。考虑到红层岩体总体偏于软岩，故将回弹值换算为软岩回弹值后，按软岩回弹值作为边坡岩体质量的计算指标。

坡高这个因素，在一般岩石边坡坡度确定中，是以修正系数的方式纳入计算的。但是，因素分析和数据统计表明，坡高在红层边坡中的作用明显，相关度高，不能排除在基本坡度计算式之外。图 8.3.19(a)表明，坡高与坡度呈负相关性。第 2 章边坡力学行为分析表明，坡高增加引起的边坡应力增加，可以坡度的降低来平衡。因此，构建坡度计算式时，根据坡高与坡度的负相关关系，采用其一次负指数形式参与岩体质量计算。

对图 8.3.19(a)～(d)的散点关系及趋势线观察发现，所有因素与坡度的关系基本均可以线性关系衡量。因此，所有参与计算的因素，均无须函数变换即可作线性处理。

根据以上分析，定义红层岩石边坡的岩体质量 RQ_R 如下

$$RQ_R=\frac{(R/r_R)\cdot D}{H} \tag{8.3.1}$$

式中 R ——岩石回弹值。当软硬互层时，为硬岩的回弹值；

r_R——软硬岩石的回弹比；

D ——岩体块度(cm)；

H ——边坡高度(m)。

由式(8.3.1)，对经筛选后用于建立坡度关系式的 127 个样本计算其红层边坡岩体质量，并绘制与坡度对应关系的散点图如图 8.3.20 所示。

观察图 8.3.20 散点分布与变化关系，容易发现 RQ_R 与坡度有明显带状分布的关系。RQ_R 随坡度的变化大致可用对数函数描述。根据第 4 章分析，有理由认为在相同 RQ_R 值下，某些样本坡度值的明显偏高或明显偏低，或是设置防护工程，或是产状因素的作用，或是设计偏低的结果。对上述数据，采用相同 RQ_R 下的平均坡度为基准，上下增减 10°作为包络带的上下限(图 8.3.20 包络线)。删除外样本数据，作为合理坡度样本选用依据。经对包络带外样本逐一甄别、剔除，最终选用包络线中 95 个数据作为合理样本数据。选用的数据分布如图 8.3.21 所示。

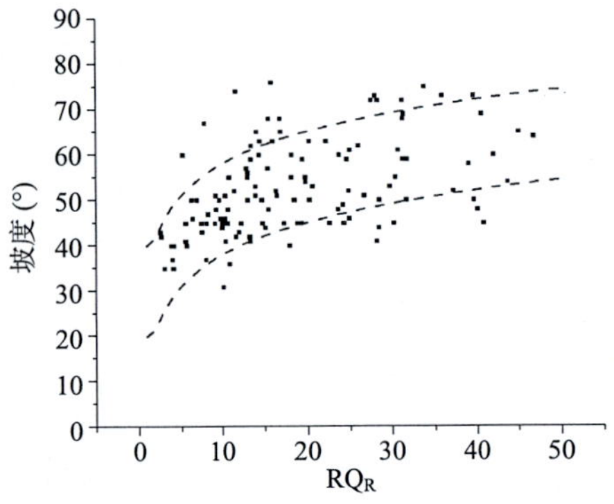

图 8.3.20 RQ_R 与红层边坡坡度关系散点图

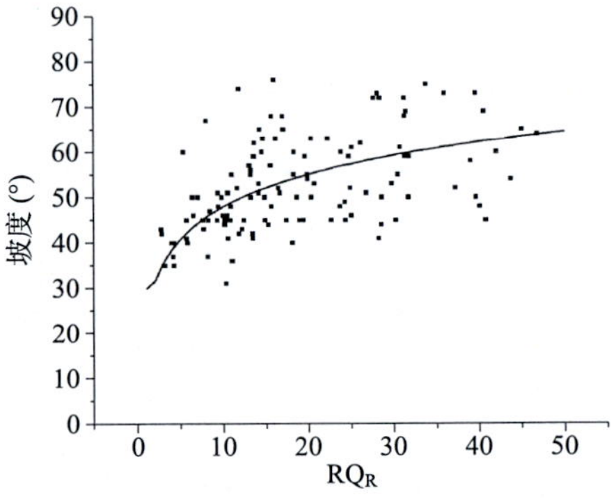

图 8.3.21 RQ_R 与坡度关系的散点与拟合曲线

对图 8.3.21 中的数据，采用对数函数拟合，其拟合方程如式(8.3.2)，拟合曲线如图 8.3.21 所示。

$$\alpha=18.64\lg(RQ_R)+30 \tag{8.3.2}$$

至此，结构性红层岩石边坡坡度计算式初步建立完毕。

在式(8.3.2)建立的过程中，先行略去了一些对红层边坡坡度关系密切的因素的影响。其中对岩体质量影响最大的因素是水和风化。因此，式(8.3.2)需要补充完善。

地下水对红层岩石强度影响强烈，进而影响到以强度指标为基础的红层边坡岩体质量。在岩石的力学性质中，岩石的饱和强度与干燥强度之比被定义为软化系数。红层砂泥岩的软化系数在 0.3～0.7 之间。特别需要说明的是，虽说红层中的泥岩崩解速度极快，但在有围压的条件下，泥岩崩解并不意味着强度完全丧失，软化系数仍然具有意义。因此，采用软化系数的概念，对红层边坡岩体质量进行折减。其折减系数见表 8.3.10。

风化程度对红层岩体强度的影响也是十分显著的。同样的道理，按风化影响岩石强度，进而影响边坡岩体质量的思路，采用风化系数作为风化程度的折减系数。为方便应用，本书采用的是回弹风化系数(表 8.2.11)。

表 8.3.10　红层边坡岩体质量水和风化折减系数

项　目	分　级	1	2	3	4
地下水	地下水描述	干燥	潮湿	滴水	流水
	折减系数	1	0.8	0.6	0.4
风　化	风化程度	未风化	微风化	弱风化	强风化
	折减系数	1	0.8	0.6	0.3

水和风化的折减，采用的是对红层边坡岩体质量 RQ_R 综合折减的方法，即

$$\eta=\eta_w \cdot \eta_f \qquad (8.3.3)$$

式中　η——综合折减系数；

η_w——地下水折减系数；

η_f——风化折减系数。

由此，式(8.3.2)变成

$$\alpha=18.64\lg(\eta \cdot RQ_R)+30 \qquad (8.3.4)$$

或完整形式

$$\alpha=18.64\lg\left(\eta_w \cdot \eta_f \cdot \frac{(R/r_R)D}{H}\right)+30 \qquad (8.3.5)$$

式中各参数的含义如前所述。式(8.3.5)就是结构性红层岩石边坡坡度计算式。

(2)坡度计算式的评估

对结构性红层岩石边坡建立的坡度计算式，采用不同的对比方法，依照野外调查资料和一般工程经验进行评估。

①与原坡度的对比分析

评估方法是，按式(8.3.5)计算出原边坡的坡度，与原坡度比较，分析坡度差值的特征，由此评估计算式的合理性。为了评估式(8.3.5)的适用性，在原用于建立坡度计算式的样本中，需要删除那些确因岩体完整坚硬或设置加固措施，造成原边坡较陡较高的样本。根据一般工程经验，删除了原边坡样本中坡度大于 63°，或坡高大于 40 m 的 37 个边坡样本，余下用于评估的样本为 90 个。

依上所述，将计算分析数据列于表 8.3.11。

表 8.3.11　计算坡度与原坡度比较分析

序号	项　目	数　值	序号	项　目	数　值
1a	计算坡度＞原坡度	53 个(59%)	1b	计算坡度≤原坡度	37 个(41%)

续上表

序号	项　目	数　值	序号	项　目	数　值
2a	提高坡度峰值	1.95°～3.9°	2b	降低坡度峰值	0°～1.65°
3a	提高坡度值范围(80%)	0°～9.75°	3b	降低坡度值范围(80%)	0°～6.6°
4a	提高坡度主要破坏类型	1～3 级	4b	降低坡度主要破坏类型	5～6 级
5a	提高坡度的平均坡高	22.31 m	5b	降低坡度的平均坡高	21.94 m
6a	提高坡度的平均块度	24.49 cm	6b	降低坡度的平均块度	22.01 cm
7a	提高坡度的回弹值	20.51	7b	降低坡度的回弹值	20.95
8a	提高坡度的回弹比	1.2151	8b	降低坡度的回弹比	1.3078

分析表中数据，可以得到以下印象：

(a)计算坡度高于原坡度的边坡多于降低坡度的边坡，即总数上计算坡度是提高的。

(b)提高坡度值主要集中在10°以内，峰值为2°～4°。降低的坡度主要集中在6°以下，峰值仅约1°。因此总体上计算坡度是提高的。

(c)提高坡度那部分边坡，和降低坡度那部分边坡相比较，平均特征是坡高略高于降低坡度的边坡，块度大于降低坡度的边坡，岩体强度基本没有差别，软岩部分的强度略高于降低坡度的边坡。总体看来，在其他因素相差不大的条件下，相比较而言，块度较大和软岩强度略高的边坡提高了坡度，基本是合乎逻辑的。

(d)考虑破坏类型的级别，将提高坡度和降低坡度边坡中，不同破坏类型的分布特征统计如图8.3.22所示。从图中可见，在提高坡度的边坡中，风化剥落、破碎和零星掉块等较低级别的破坏类型，较降低坡度的边坡为多。而局部掉块、局部滑塌等中等级别的破坏类型，较降低坡度的边坡为少。即提高坡度的那部分边坡的破坏以轻型为主，降低坡度的那部分边坡的破坏以中等水平为主。这表明，在未考虑稳定性的情况下，提高部分破坏轻微的边坡的坡度，和降低部分中等破坏的边坡的坡度，看起来是合理的。

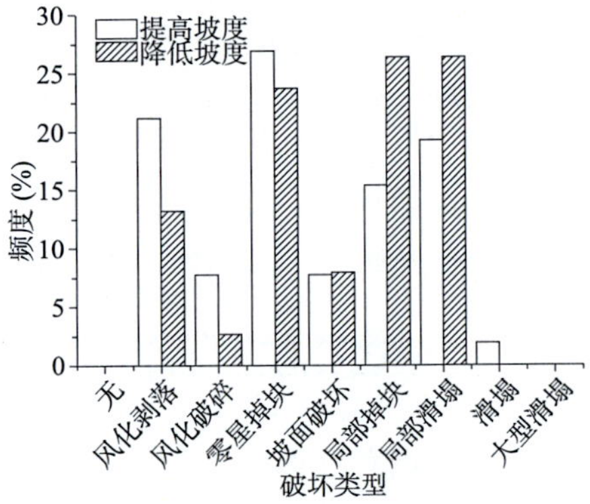

图 8.3.22　提高坡度和降低坡度的破坏类型分布特征

(e)综上所述，虽然计算坡度与原坡度的比较分析中，统计所显示的指向性并不强，但依然可以获得的印象是，总体上，计算坡度略高于原设计坡度，而且，提高坡度看起来是合理的，因此，坡度计算式有较大的可行性。

通过数据对比和统计分析，还可以得到一个印象，就是对红层岩石边坡而言，由于设计依据不充分，实际工程的样本数据较为平均，规律性不强。这说明，红层边坡工程的设计研究水平，仍需要在理论指导下，通过科学的、有效的、大量的工程实践，才有可能得到令人满意地提升。

②几种边坡模型坡度计算分析

为了检验坡度计算式在代表性红层岩石边坡坡度计算中的效果，根据调查统计数据和一般工程经验，设定几组具有代表性的红层边坡岩体参数，试计算其坡度值。模型参数见

表 8.3.12，岩体新鲜干燥，没有考虑风化和地下水的影响。

表 8.3.12 代表性红层边坡岩体参数

序号	边坡岩体描述	R/r_R	D(cm)	H(cm)	红层岩坡坡度	一般岩坡坡度	差值
1	强度较低的小块度砂泥岩	15	15	12	54°	55°	−1°
2	强度较低的标准块度砂泥岩	15	30	12	59°	59°	0°
3	强度较高的小块度砂泥岩	25	15	12	58°	63°	−5°
4	强度较高的标准块度砂泥岩	25	30	12	63°	66°	−3°
5	结构性红层岩石边坡模型	15	20	12	52°	57°	−5°
6	结构性普通岩石边坡模型	30	30	30	58°	69°	−11°
7	铁路一般岩石边坡模型	45	30	25	62°	75°	−13°

表中各参数的意义同前。表中各项描述的意义是：强度指标是以软硬互层岩体中的软岩强度的统计值主要分布范围为基准的。较低强度是边坡软岩块强度统计值的低限，较高强度是统计值高限。块度指标以统计值为基准。小块度是结构性岩体块度的低限，标准块度是统计值的高限。结构性红层岩石边坡模型为统计均值。结构性普通岩石边坡模型中，强度参数参照普通岩石分类标准中软硬岩的分界值换算为回弹值，块度为岩石边坡统计值主要范围的高值。铁路一般岩石边坡指标为第 4 章依据统计均值确定的标准边坡模型的参数值。红层边坡坡度是按式(8.3.5)计算的，一般岩石边坡坡度是按式(4.1.5)计算的。

试算结果表明：

(a)对强度较低的块状结构的新鲜红层砂泥岩，其计算坡度在 54°～59°之间。从一般工程经验看，似乎偏高。但考虑到这是无水无风化的新鲜岩体，如果及时防护，尽量降低后期风化的影响，这个坡度是可以接受的。

(b)对强度较高的块状结构的新鲜砂泥(页)岩边坡，其计算坡度在 58°～63°之间。从一般工程经验看，较正常偏高。但如果防护及时，后期风化影响较弱，这个坡度是适当的。

(c)标准结构性红层边坡是统计数据构造出的平均值边坡。计算坡度 52°和现场统计得到的平均坡度 50°很接近，说明计算式和野外统计有逻辑上的一致性。

(d)普通岩石边坡和铁路一般岩石边坡两项，分别代表了用红层坡度计算式，与一般铁路边坡计算式的区别。试算结果表明，红层边坡计算坡度比一般边坡计算坡度低 11°～13°。其他各项的对比计算中，也显示出红层坡度总体低于一般边坡坡度。考虑到红层岩体总体较软、块度较小，这种差别是合理的。

综合看来，在不考虑地下水作用和风化的条件下，式(8.3.5)总体上还是合乎一般工程经验的，是可行的。

③考虑风化作用的坡度变化

风化是红层边坡的突出特征。因此，对式(8.3.5)给出的风化影响进行试算。具体风化折减系数见表 8.3.10，不考虑地下水影响。计算结果绘于图 8.3.23 中。根据标准结构性红层岩石边坡模型，计算后的红层边坡岩体质量为 15。

根据图 8.3.23，考察标准模型时，不同风化程度下计算得到的坡度列于表 8.3.13。

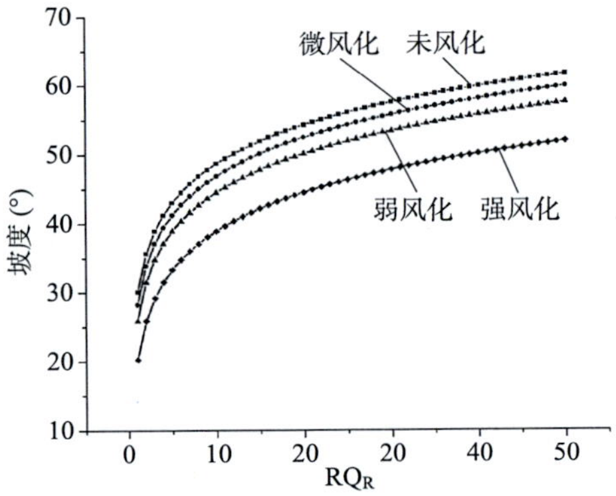

图 8.3.23 不同风化程度与计算坡度的关系曲线

表 8.3.13 不同风化程度标准边坡模型计算坡度值

风化程度	未风化	微风化	弱风化	强风化
计算坡度	52°	50°	48°	42°

试算表明，对标准红层边坡模型，弱风化时的坡度和统计均值坡度接近，而强风化时的坡度已低至 42°，和一般红层风化边坡坡度 45°相当。表明风化折减系数是适当的。试算中，没有采用全风化项。因为根据地质学对全风化的定义，松散土体不属于本书的研究范围。

④考虑地下水影响的坡度变化

地下水的作用效果按地下水折减系数(表 8.3.10)考虑。分别考虑新鲜岩石和常见的弱风化岩石进行坡度试算。试算结果分别绘于图 8.3.24、图 8.3.25。标准红层边坡模型的计算岩体质量为 15，试算坡度变化情况列于表 8.3.14。

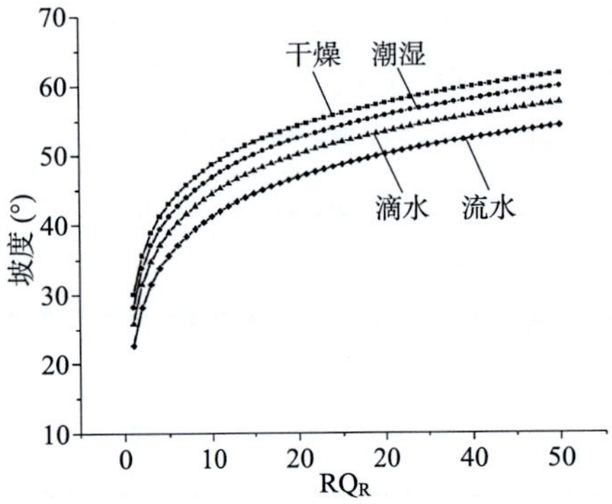

图 8.3.24 不同地下水状态与坡度关系曲线

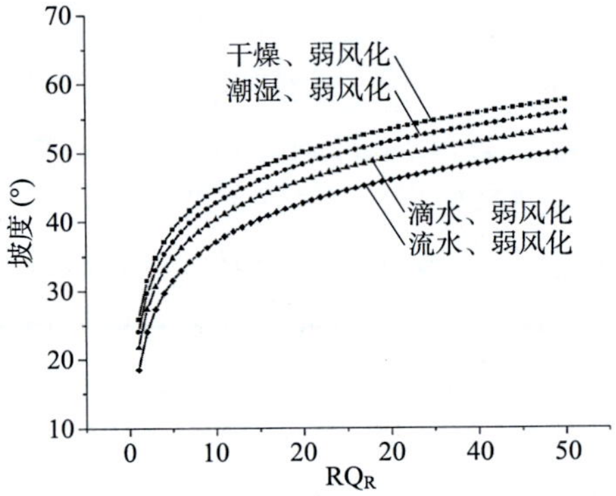

图 8.3.25 水十弱风化岩体与坡度关系曲线

表 8.3.14 地下水作用下标准边坡模型计算坡度值

风化程度	地下水分级			
	干 燥	潮 湿	滴 水	流 水
新鲜岩体	52°	50°	48°	45°
弱风化岩体	48°	46°	44°	40°

上表表明，地下水作用下，从干燥到流水，计算坡度从52°下降到45°，相当于降低一级坡率（从1∶0.75下降到1∶1），坡度值下降幅度在工程经验范围内，折减系数是合适的。再观察地下水为潮湿、滴水状态，风化程度为中等风化情况下的试算结果，表明，在西南、中南地区常见的红层边坡岩体地下水和风化条件下，计算坡度大致在45°左右，完全符合现场经验。综合上述讨论，可以认为式(8.3.5)用于结构性红层岩石边坡坡度的计算是可行的、合适的。

(3)计算举例

川中盆地成南高速公路边坡，白垩纪红层，砂泥岩互层。在野外测得边坡数据如下：

坡高 $H=30$ m，原坡度45°，坡向145°；

回弹值 $R_{砂}=24$、$R_{泥}=18$，回弹比 $r_R=1.3$；

层理产状250°∠4°，层面JRC为14，层厚砂岩约0.4 m，泥岩0.20 m，结构面未充填；

节理组数2，节理产状130°∠82°、40°∠86°，节理长度0.9 m，节理JRC 14，节理间距15、40 cm；

风化程度弱风化，坡面泥岩部分破碎，有零星掉块，总体稳定，坡面干燥，无地下水作用痕迹。

计算参数：

块度 $D=26.32\ \text{cm}, \eta=\eta_w\times\eta_f=1.0\times0.6=0.6$

$$RQ_R=(R\times D)/(r_R\times H)=(24\times26.32)/(1.3\times30)=16.20$$

$$\alpha=18.64\lg(\eta\times RQ_R)+30=18.64\times\lg(0.6\times16.20)+30=48.4°$$

比原设计的45°略高。根据野外岩体结构初步分析判定，提高坡度不影响原边坡破坏模式和稳定性。

3. 红层软弱岩体边坡坡度的确定

根据本书的划分方法，红层软弱岩体边坡（以下简称红层软岩边坡）指的是边坡新鲜岩块强度低于回弹值15（约相当于标准抗压强度15 MPa）、块度在30 cm以下的砂泥岩边坡。在我国红层分布面积较广的西南、中南地区，这类边坡主要为侏罗、白垩纪的砖红、棕红色中厚层—中层—薄层泥（页）岩、中厚—中层互层砂泥岩。这样的红层边坡岩体，由于抗风化能力弱，水稳定性差，极易在开挖后劣化为碎块状结构。此时，虽然岩体中的结构面对边坡的破坏有很大的影响，但和结构性岩体中结构面的控制性作用是不一样的。边坡的破坏，更多的是类似于松散介质的土质边坡的破坏，破坏面的形成是追踪、搭接、连接、合并密集的构造节理和风化裂隙的结果。因此，这就是本书所称的红层软岩边坡的含义。

由于将红层软岩边坡视为类松散介质边坡，因此，对边坡的分析和坡度设计将按统计均匀介质处理。所采用的方法，主要是基于连续介质的数值分析方法。但是，其模型背景仍然是源于现场调查和工程实践的。

(1)红层软岩边坡力学特征

红层软岩边坡的力学特征，主要包含软硬互层的组合关系、坡度大小、强度等因素参数的变化，对边坡应力、变形、塑性区的影响。其中，从稳定性的角度看，边坡最重要的力学特征是塑性区及其分布。

在影响力学特征的主要因素中所说的软硬互层，是总体较软的红层岩体中，根据物质组成和强度的相对大小而区分的，不包含任何岩石分类的意义。根据相对关系，红层砂岩为软硬互层中的硬岩层，红层泥岩为软岩层。

根据野外调查和一般红层地区的工作经验，确定数值分析的基本模型参数为：坡高 15 m，基本坡度 45°，相对硬岩层为砂岩，层厚 0.6 m。相对软岩层为泥岩，层厚 0.4 m。根据对西南红层岩石试验数据统计，岩层物理力学指标见表 8.3.15。这些指标对应于地下水分级中的湿润状态。

表 8.3.15　红层软岩边坡岩层计算参数

岩层	重度(kN/m³)	弹模(GPa)	泊松比	天然状态		饱和状态	
				φ(°)	c(kPa)	φ_r(°)	c_r(kPa)
砂 岩	24	10	0.25	40	100	35	50
泥 岩	22	4	0.35	30	50	20	35

①塑性区分布特征

根据数值分析的结果，典型的软硬互层边坡的塑性区，是以单独的塑性单元分散或集中的方式显示出来的。因此，根据塑性单元在边坡中的分布特征，可将边坡塑性区分为三大类：沿坡面分散分布、沿坡面集中分布和沿圆弧形滑动面分布。

塑性区沿坡面分散分布的主要特点，是塑性单元散布于边坡表面，影响深度一般为 1～2 个单元，如图 8.3.26(a)所示。边坡破坏为坡面破坏，野外常见为坡面碎裂、掉块、抹面护坡开裂、起拱等形式。由于是软硬互层中的软岩层首先进入塑性状态，因此，其塑性单元的分布是被硬岩所间隔开的。采用剪切和拉张单元同时显示的图像，还可以清楚地发现，此时间隔于软岩层塑性单元之间的硬岩层处于拉张应力状态，如图 8.3.26(b)所示。

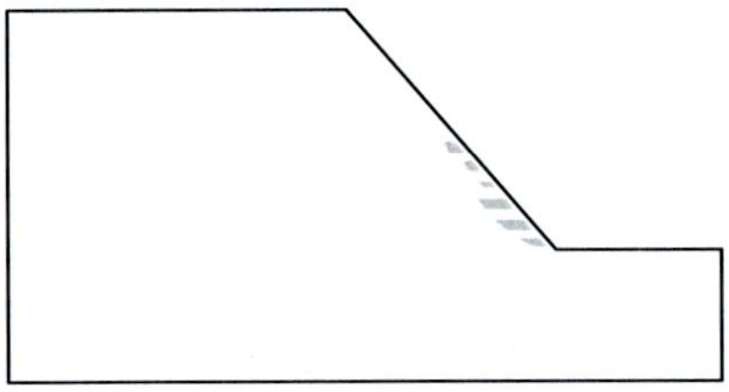

(a) 坡面分散的塑性单元

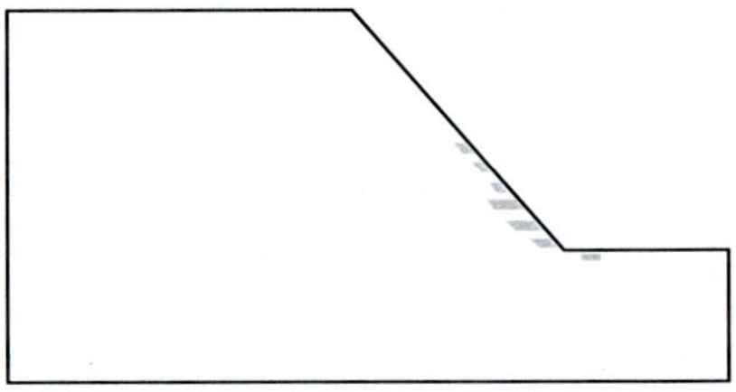

(b) 软层塑性单元和硬层拉张单元相间

图 8.3.26　分散型塑性区分布特征

塑性区沿坡面集中分布的特点，是塑性单元成片集中分布于坡脚附近，分布深度不等，但一般形成抛物线形的分布边缘(图 8.3.27)。边坡破坏为局部破坏，野外常见为坡脚挤出、局部滑塌、格架护坡破坏等形式。

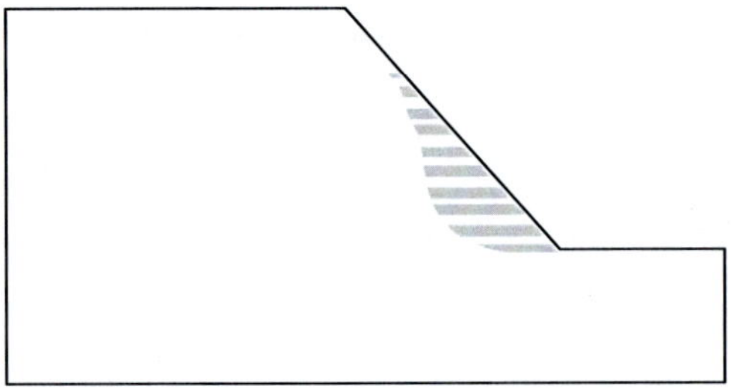

图 8.3.27　集中型塑性区分布特征

塑性区沿圆弧滑动面分布的主要特征，是塑性单元不分布在坡面附近，而是从坡脚开始，沿一条圆弧在边坡内部分布，基本形成土力学中的圆弧剪切带。根据程度的不同，剪切带可能是点状、线状塑性单元展布，严重时成带状贯通（图 8.3.28）。由于坡内剪切破裂面的形成，可以认为边坡已经发生整体失稳。在野外常见的是边坡滑坡、支挡结构倒塌等形式。

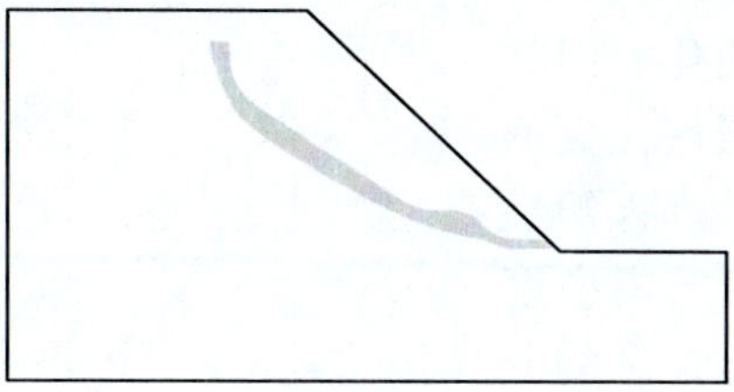

(a) 点/线状剪切面

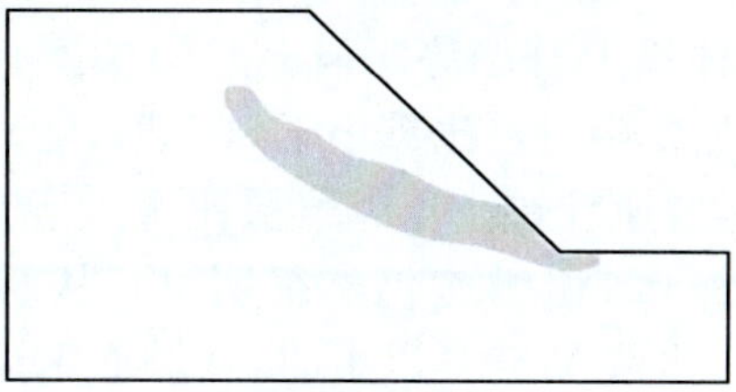

(b) 带状剪切面

图 8.3.28　塑性区沿圆弧滑动带分布

上述分布特征，不论是对坡度的确定，还是稳定性计算方法，以及工程措施建议，都提供了有力的理论支持。

②软硬岩层的组合

在红层中，边坡岩体结构的最大特征是砂泥（页）岩互层。在地质学中，互层的含义是指任何一种组成岩体的岩层和另一种（或几种）在空间比例上不占绝对优势或绝对劣势，只有多少的区分。如果某种岩层占绝对优势，则称为某某岩体，如砂岩岩体。如果某种岩层占绝对劣势，一般称为夹层，如常见的泥化夹层。对砂泥（页）岩互层的边坡，随着两种岩层在边坡岩体中的比例此消彼长，其力学特征显然是有区别的。根据基本模型，在软硬互层的红层岩体中，设定软硬比例的系列变化，采用弹塑性数值分析方法，计算边坡应力、位移、塑性区大小及分布特征，寻找其变化规律。

软硬岩层在边坡中的比例变化从全软岩到全硬岩。根据边坡基本力学特征，提取坡脚处的剪应力代表边坡的最大剪应力，坡顶处的水平位移代表边坡最大水平位移。为清楚显示塑性区的变化规律，提取边坡塑性区的大小、影响深度、影响高度做数据比较。此外，为了更直观表现塑性区大小，采用塑形区面积与坡面斜坡区域面积之比，作为边坡破坏程度指标。塑性区越大，对边坡稳定性越不利。互层边坡力学特征计算结果列于表 8.3.16。

表 8.3.16　软硬互层边坡力学特征计算结果

软层比例(%)	塑　性　区				最大剪应力(kPa)	最大水平位移(cm)
	面积(m^2)	最大深度(m)	平均深度(m)	面积比(%)		
100	8.5	1	0.4	7.56	77	0.137
80	10.5	2	0.5	8.89	77	0.139
75	8.5	2	0.4	7.56	87	0.140
60	10.5	2	0.5	8.89	77	0.142
50	7.0	2	0.33	6.22	78	0.143
40	6.5	2	0.31	5.78	89	0.144
33	7.0	2	0.33	6.22	78	0.145
25	5.0	2	0.24	4.44	78	0.146
20	4.0	2	0.19	3.56	91	0.146
0	0	0	0	0	92	0.149

将上表中塑性区面积比与软岩比例的关系绘成曲线，如图 8.3.29 所示。

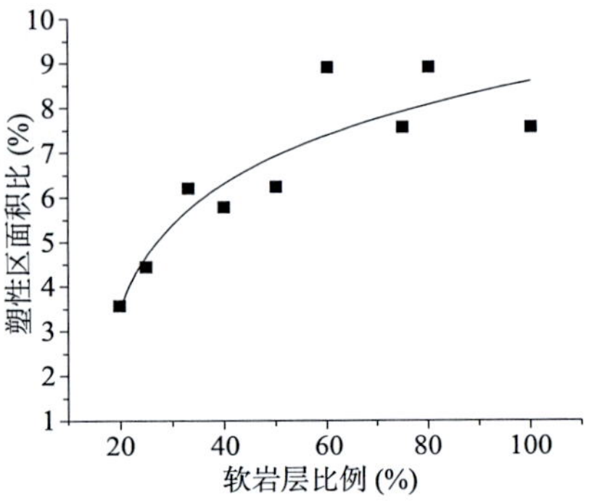

图 8.3.29 塑性区与软岩层比例的关系

分析计算结果，可以得到如下认识：

(a)随着软硬互层边坡岩体中软岩层比重的增加，塑性区大小总体呈上升趋势。但上升的梯度有变化。当软岩层在边坡岩体中所占比重小于 50%时，随软岩层比例的增加，塑性区增速较快。当软岩层比重大于 50%后，塑性区增速略有下降，但增速仍然很明显。从塑性区集中度看，当软岩层比重在 50%以下时，在坡面附近塑性区的分布较为分散。当软岩层占比超过 50%后，塑性区集中程度增长较快，即塑性区在坡面上较为集中。综合看来，当软岩层在 50%以下时，随着软岩层的增加，塑性区较快增加，但较为分散，主要造成零星分散的坡面破坏。当软岩层超过 50%时，塑性区的增加以更加集中的方式增长，最终形成局部较大规模破坏。

(b)软硬互层岩体边坡的破坏，不论是分散还是集中，首先是其中软岩层的破坏。当破坏为零星分散状态时，主要破坏部位为较大范围坡面软岩层。软硬互层中的软层发生剪切破坏后，软岩层更加破碎，内部剪切面密集，为坡表软岩层的风化提供了更好的基础，最终形成凹凸不平的红层边坡表面。数值计算表明，在坡面附近，当软岩层进入塑性状态后，上覆硬岩层失去下伏软岩层支撑产生拉裂，可能导致硬岩块发生倾倒、坠落。当破坏呈集中形式时，集中的塑性破坏区位于坡脚附近，深度较深。结果将造成边坡下部岩体鼓出，发生溜坍等局部破坏。严重时将引起整个边坡的滑动破坏。

(c)分析表中软硬互层塑性区深度、平均深度、分布高度的数据，可以看出，破坏深度随软岩层比重的提高有明显提高。但总体说来，当不发生边坡的整体破坏时，绝对深度一般不超过 2 m，平均深度不超过 0.5 m。虽然这些定量数据不代表边坡的真实数据，但可以定性得出，因硬岩层的存在，软硬互层的岩石边坡的破坏深度较浅，自稳能力较好。和后面将讨论的全软岩层边坡是有区别的。

(d)总体上，边坡最大剪应力和最大坡面水平位移，随软岩层的增加而增大。符合一般的边坡力学原理。但具体数据不代表真实边坡情况。

综上所述，软硬互层岩体边坡的破坏特征，以分散、浅层、在软岩层处为主。随着软岩层占比的增加，破坏区趋向于边坡下部集中形成。破坏形式以坡面破坏、坡脚挤出、硬岩落石为主要特征。这些特征在工程上意义，就是红层互层岩体边坡有一定的自稳能力，坡度设计不一定都是较缓坡度。但软岩层更易成为应力释放对象，软硬互层中软岩层的破坏甚至比单纯软岩破坏更易发生，因此，对所有红层软岩边坡设置适当的防护措施是十分必要的。

③边坡坡度的变化

边坡坡度对边坡应力特征的影响是最重要的。根据红层岩石边坡的一般工程实践，实际选用的坡度值范围在 30°～65°之间。采用两种基本岩体结构模型，分别计算不同坡度对边坡力学特征的影响。这两种基本模型是软硬岩层各占 50%的一般互层模型和全软岩层模型，计算结果列于表 8.3.17。坡度和边坡主要力学特征值关系如图 8.3.30 所示。

表 8.3.17 不同坡度边坡力学特征计算结果

岩层结构	坡度(°)	塑性区				最大剪应力(kPa)	最大水平位移(cm)
		面积(m^2)	最大深度(m)	平均深度(m)	面积比(%)		
互层	30	0	0	0	0	36	0.156
	35	0.5	1	0.02	0.31	50	0.153
	40	1	1	0.05	0.75	65	0.146
	45	7	2	0.33	6.22	78	0.143
	50	15.5	3	0.73	16.4	88	0.140
	55	23.0	5	1.08	29.2	96	0.138
	60	28.5	6	1.34	43.9	107	0.138
	65	38.0	7	1.79	72.4	116	0.139
软层	30	0	0	0	0	31	0.154
	35	0.5	1	0.02	0.31	49	0.147
	40	1.5	1	0.07	1.12	61	0.142
	45	8.5	1	0.40	7.56	77	0.137
	50	27.5	3	1.30	29.1	88	0.134
	55	44.5	5	2.10	56.5	96	0.133
	60	56.0	6	2.64	86.2	103	0.136
	65	68.5	7	3.23	130.6	111	0.146

根据上述结果，可以得到如下结果：

(a)塑性区的规模与坡度的关系分为两段。当坡度小于 45°时，塑性区规模较小，而且随坡度的增加，塑性区增加不明显。但坡度大于 45°后，随着坡度的增加，塑性区规模急剧增大。说明塑性区和坡度的关系存在一个敏感的拐点。对软硬互层岩体边坡而言，大致是 45°，而全软岩层边坡，大致为 40°，低于互层边坡。这个界限，大致与数值分析模型中给定的软硬岩层的摩擦角有关。由于硬岩层的摩擦角为 40°，软岩层的摩擦角为 30°，考虑到还有黏结力的作用，那么这个拐点坡度就与抗剪强度有一定的相关性。如果这个假设成立，将为红层软弱岩石边坡稳定坡度的确定提供线索。从实际工程实践看，不论是计算所采用的抗剪强度参数，还是实际采用的坡度，都在 40°～50°范围之内。因此，可以认为，数值分析结果和工程实践两者得以相互支持、相互印证。

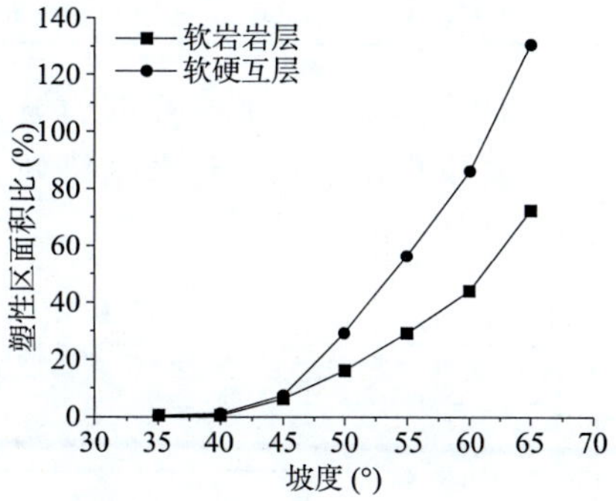

图 8.3.30 塑性区与坡度的关系

(b)对比软硬互层和全软岩层边坡，可以看出，在坡度超过 45°之后，随着坡度的增加，软岩层边坡塑性区规模增加的速率明显超过互层边坡塑性区增加的速率。当坡度超过 50°后，全软岩层边坡塑性区面积几乎是软硬互层边坡塑性区面积的两倍。软岩层边坡塑性区的平均深度几乎也是互层边坡的两倍。而且，软岩层坡面破坏高度要略低于互层边坡。表明同样坡度下，软岩层边坡的破坏区比互层边坡更集中。上述结果，从定量的角度，提示了同等坡度下，软岩层边坡破坏的程度，大约是互层边坡的两倍。

(c)对两种岩层结构的边坡破坏深度、面积看，互层边坡超过 55°，软岩层边坡超过 50°，其平均破坏深度已超过 1 m，破坏类型从坡面表层破坏转向深层局部破坏。从以自稳坡度为原则的坡度确定的观念看，这基本上就是防护型结构的边坡坡度的上限。超过这个坡度，应采用支挡结构以提供对边坡岩体的支撑。

(d)随着坡度的增加，坡脚剪应力是同步增加的，但变形值的变化不大。表明边坡岩体支挡结构的设计，基于应力设计的理念是合理的。

综上所述，边坡自稳坡度大致与边坡岩体抗剪强度指标有一定的相关关系。理论计算表明，工程实践中以 40°～50°作为红层边坡的基本坡度范围的合理性，能得到数值分析结果的印证。同时，这个结论也为下一步坡度确定提供了基础。

④岩体力学性质弱化

红层岩体，特别是红层泥岩受地下水和风化的作用影响极为明显，其结果就是岩体强度的下降。为此，设定不同的弱化系数，对与边坡破坏密切相关的抗剪强度折减。本书定义的弱化系数为地下水折减系数和风化折减系数的乘积。根据对西南红层大量的工程试验资料的统计，红层砂泥岩抗剪强度的弱化可低至 40%。因此，弱化系数最低值取 40%。按照统计，此时红层砂岩摩擦角已低至 16°，红层泥岩摩擦角低至 12°。非特殊情况下，已接近正常红层岩石计算参数的下限。弱化系数见表 8.3.18。

表 8.3.18　红层软岩边坡岩体弱化系数

级　别	1	2	3	4	5	6
描　述	新鲜干燥	新鲜湿润、微风化干燥	微风化湿润	干燥弱风化、新鲜滴水	湿润弱风化、滴水微风化	其他
弱化系数 η	1.00	0.80	0.64	0.60	0.48	0.40

计算模型以砂泥岩互层边坡为基础，按弱化系数计算边坡力学特征的变化规律，并为坡度设计提供理论依据。计算结果列于表 8.3.19，岩体强度弱化和边坡主要力学特征值的关系如图 8.3.31 所示。

表 8.3.19　岩体强度弱化与边坡力学特征计算结果

弱化系数		塑性区			最大剪应力(kPa)	最大水平位移(cm)
		面积(m^2)	平均深度(m)	面积比(%)		
1	互层	0	0	0	79	0.14
	软层	0	0	0	77	0.14
0.9	互层	0.5	0.02	0.44	69	0.14
	软层	0.5	0.02	0.44	67	0.14
0.8	互层	8	0.38	7.11	58	0.16
	软层	0.5	0.02	0.44	96	0.16
0.7	互层	8	0.38	7.11	47	0.18
	软层	10.5	0.50	9.33	36	0.47
0.6	互层	23	1.08	20.4	36	0.22
	软层	73	3.44	64.9	26	0.47

续上表

弱化系数		塑性区			最大剪应力(kPa)	最大水平位移(cm)
		面积(m^2)	平均深度(m)	面积比(%)		
0.5	互层	61	2.88	54.2	28	0.30
	软层	124	5.92	110.2	27	0.61
0.4	互层	163	7.68	144.9	20	1.28
	软层	296	13.93	263.1	边坡岩体已塑性流动	

分析上述结果,有以下主要结论:

(a)岩体抗剪强度的弱化,对边坡塑性区的影响是十分显著的。但是,随着岩体强度的降低,塑性区的增加呈现出明显的平稳—突变的变化特征。当弱化系数下降到0.7以后,塑性区的增幅加速。这一事实表明,边坡岩体强度弱化与边坡稳定性的关系是非线性的。在不同的岩体结构中,这个拐点略有不同。对互层岩体而言,拐点大致出现在0.6以下。对软岩岩体而言,出现拐点的弱化系数略高一些,大致在0.7左右。表明软岩岩体的弱化高于互层岩体。

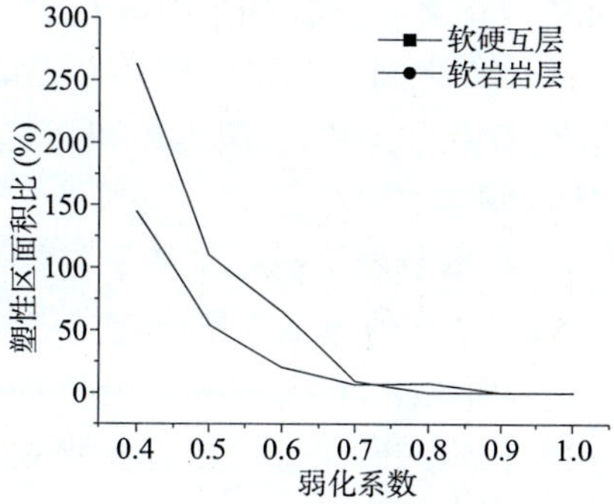

图 8.3.31 红层软岩弱化与塑性区关系

(b)在拐点以下(即弱化系数高于0.6以上),互层和软层边坡塑性区规模和分布大致是相同的。但拐点以后,软岩层边坡的塑性区规模几乎是互层边坡中塑性区规模的两倍。塑性区的大量增加,意味着边坡很快就破坏了。这印证了软岩岩体边坡比互层边坡更易破坏、破坏规模也更大的野外观察。

(c)边坡最大剪应力随弱化系数的降低而降低,最大水平位移随弱化系数的降低而增加。这一现象表明,随着岩体强度的降低,边坡以大的变形来消减应力作用。因此,对红层软弱岩体边坡而言,如果在某些特定的场所,对边坡的变形有特殊要求的话,应该进行变形分析。

综上所述,红层软弱岩体边坡的稳定性,与岩体抗剪强度的关系是非线性的。当外界条件降低了岩体的强度后,其危险性有成倍增加的可能。这一结论,对考虑岩体因地下水或风化作用引起的长期稳定性问题,是非常有意义的。

(2)坡度确定的方法

红层软岩边坡坡度的确定的方法,仍然是以理论为指导,以实践为基础。前者决定在各因素影响下坡度的变化规律,后者决定了红层边坡坡度的范围。

通过对红层软岩边坡力学特征,特别是塑性区特征的理论分析表明,红层软岩边坡坡度的特征和变化规律是:①边坡稳定坡度与边坡岩体抗剪强度值有某种大致对应的关系。②岩体抗剪强度降低,即是岩体的弱化。随着岩体的弱化加深,坡度呈快速下降趋势,表现为非线性关系。③互层岩体的塑性区大小随软岩层占比的增加而增加。由于塑性区的增加要以坡度的降低来平衡,以保证边坡自稳,因此,这一变化规律可描述为坡度随互层岩体中软岩层占比的增大而降低。④边坡的破坏形式分为表面分散性破坏、表层集中破坏和边坡整体破坏。第一种模式只需进行坡面防护即可保障边坡的稳定,其坡度亦即稳定坡度。后两种破坏必须通过降低坡度或者提供支撑反力才能维持边坡的稳定。当降低坡度到一个不合理的坡度之后仍然无法达到自稳状态,则边坡为不稳定边坡,只能采用支挡工程处理。

根据上述分析,需要对红层边坡的稳定坡度确定一个基本值。然后,在实际边坡坡度的确定中,根据引起岩体弱化的因素,对该基本坡度进行折减。这就是有关红层软岩边坡坡度确定的基本观点。

对基本坡度值的确定,依据三个方面进行:一是红层岩体抗剪强度统计指标,二是对红层软岩边坡的野外调查,三是有关规范中关于坡度值的经验数据。

据对西南红层岩石抗剪强度试验的大量资料统计,红层砂岩、粉砂岩的 φ 值的上限约在 45°～56°之间,c 值的上限约在 100～300 kPa 之间。红层泥岩、泥质粉砂岩的 φ 值的上限约在 41°～44°之间,c 值的上限约在 100 kPa 左右。根据抗剪强度与坡度的对应关系,综合考虑到实际存在的结构面等因素,可以确定红层软岩边坡中互层岩体边坡基本坡度为 50°,软岩层岩体边坡基本坡度为 45°。

在本节的第一小节关于红层软岩边坡的调查统计中提到,野外调查样本的平均坡度为 50°,这个均值包括互层与软层岩体边坡。

在依据大量工程实践编制的铁路、公路、建筑等相关技术规范手册中,和红层软岩大致对应的较软的砂泥(页)岩边坡坡率在 1∶0.5～1∶1.25 之间,主要坡率为 1∶0.75～1∶1,换算为坡度为 45°～53°。

上述各种途径得到的结果比较一致,表明将红层软岩边坡中互层岩体的基本坡度确定为 50°(或 53°),软岩层岩体的基本坡度确定为 45°是合适的。

在基本坡度确定之后,需要将影响边坡坡度的关键因素纳入考虑,即根据水的状态和风化程度的不同,对基本坡度进行折减。以表 8.3.18 的弱化系数作为抗剪强度折减系数,采用数值分析方法计算分析不同折减下边坡塑性区分布的特征。计算结果见表 8.3.20。

表 8.3.20　不同坡度不同弱化系数边坡破坏模式分析结果

边坡岩体情形			30°	35°	40°	45°	50°	55°	60°	65°
水、风化	弱化系数	岩体结构								
新鲜干燥	1.00	互层	无	无	无	表面	表面	局部	局部	局部
		软层	无	无	无	表面	局部	局部	局部	局部
新鲜湿润微风化干燥	0.80	互层	无	表面	局部	局部	整体	整体	整体	整体
		软层	无	无	无	无	圆弧	圆弧	整体	整体
微风化湿润	0.64	互层	表面	表面	表面	表面	局部	整体	整体	整体
		软层	表面	表面	局部	圆弧	整体	整体	整体	整体
干燥弱风化 新鲜滴水	0.60	互层	表面	表面	表面	整体	整体	整体	整体	整体
		软层	表面	表面	整体	整体	整体	整体	整体	整体
湿润弱风化 滴水微风化	0.48	互层	表面	表面	整体	整体	整体	整体	整体	整体
		软层	整体	整体	整体	整体	整体	整体	整体	整体
其他	0.40	互层	整体	整体	整体	整体	整体	整体	整体	整体
		软层	整体	整体	整体	整体	整体	整体	整体	整体

在表 8.3.20 中,表面破坏即分散性零星破坏,局部破坏为坡面附近成片破坏,圆弧破坏是

坡内剪切破裂面已经形成,整体破坏表示整个边坡坡面和坡内塑性破坏区已经连接。根据对表 8.3.20 的分析,综合工程经验,考虑防护和支挡的不同,提出红层软岩边坡设计坡度参考值见表 8.3.21。

表 8.3.21 红层软岩边坡稳定坡度参考值

水、风化描述	新鲜干燥	新鲜湿润或微风化干燥	微风化湿润	干燥弱风化或新鲜滴水	湿润弱风化或滴水微风化	其他
互层岩体	50°(1∶0.75)	45°(1∶1)	45°(1∶1)	40°(1∶1.25)	35°(1∶1.5)	—
软层岩体	45°(1∶1)	45°(1∶1)	40°(1∶1.25)	35°(1∶1.5)	30°(1∶1.75)	—

表 8.3.21 中坡度和坡率不是数学上严格的换算关系,仅仅是对应工程中常用的坡率级别。表中互层岩体的坡度,是根据软岩层与硬岩层各占 50%为基准的。如果硬岩层占比超过 75%,则表中坡率可以提高一级。如果软岩层占比超过 75%,则按软层岩体选择坡度。表中其他一栏,弱化系数为 0.4 及以下,没有给出稳定坡度。因为根据计算结果,稳定坡度已低于 30°。对岩石边坡而言,其经济性已经超出一般工程预期。而且 0.4 的弱化系数,意味着岩石摩擦角的取值低至 12°~16°,实际中也比较少见。

表中所确定的坡度,没有涉及坡高这个与边坡应力关系密切的敏感因素。实际上,上表所依据的数值分析,是按平均坡高 15 m 计算的。在实际工程中,为安全起见,单级边坡坡高为 6~8 m,一般不超过 10 m。如果超过此经验数据,一般宜按多级边坡设计。关于多级边坡中各级边坡的坡度,习惯上是从下到上逐渐降低的。考虑到风化作用的程度是从下到上逐步增加的,所以,这样的设计是合理的。

需要再次强调的是,按表中坡度建议值确定的边坡,是允许存在一些分散性破碎、个别掉块等表面破坏现象的。在本章 8.2 节分析过,红层极易受水和风化作用而存在长期稳定性问题。因此,红层边坡的设计,都是建立在对坡脚做必要的支挡、坡面做适当的防护的基础上的。在此基本前提下,才涉及边坡的确定坡度问题。换言之,红层软岩边坡不应是不加防护的裸坡。

8.3.4 稳定性分析方法

1. 概　　述

红层岩石边坡的稳定性分析,和边坡类型有关。对结构性红层岩石边坡,其稳定性仍然是受结构面控制的,因此,基本方法沿袭第 4 章一般岩石边坡的稳定性评价方法,其原理和技术路线不再重复。但与第 4 章稍有不同之处,结构性红层岩石边坡的破坏类型中,更加强调风化剥落和块体倒塌的突出特征。同时,对红层中特殊的顺层边坡,其稳定性分析方法在第 7 章有专门讨论,在本章中略去。对红层软岩边坡,因其类似于松散土体的特征,因此,它的稳定性分析方法,采用传统土坡稳定性分析方法。

2. 稳定性分类

红层岩石边坡的稳定性分类,既要考虑到破坏成因、类型、规模的不同,也要考虑对工程防护工程设计提供依据和参考。根据红层边坡的特点,根据边坡表面破坏、表层破坏、局部破坏和整体破坏,将稳定性分为 4 级:稳定、较稳定、基本稳定和不稳定。具体划分依据和内容列于表 8.3.22。

表 8.3.22 红层岩石边坡稳定性分类

稳定类型	稳定	较稳定	基本稳定	不稳定
破坏程度	表面轻微破坏	表面破坏	表层破坏或局部小规模破坏	局部较大规模破坏或坡体破坏
破坏类型	无破坏 局部风化剥落 局部风化破碎 个别掉块	风化剥落 风化破碎 零星掉块	局部掉块 局部滑塌 硬岩块塌落 表层溜坍 表层破坏	大型滑塌 大型倒塌 顺层滑动 整体滑动
防护措施	植被护坡 清整边坡 清整坡脚碎块	植被护坡 格架护坡 片石护坡 挂网喷浆	挡墙 框架锚杆 轻型支挡	挡墙 框架锚杆 抗滑桩

这个分类适用于两类红层岩石边坡，但破坏类型可能有所偏重。表中一些非标准描述性术语中，表面一般指坡面以下不超过 10 cm 的范围，表层表示一般在 0.3～1.0 m 的深度范围。

3. 结构性红层岩石边坡稳定性评价

结构性红层岩石边坡稳定性评价，采用第 4 章一般岩石边坡稳定性评价所采用的模糊综合评判方法。有关评价参数的计算原理和方法，与第 4 章基本相同，不再重复。要注意有两点，一是本章的稳定分类为 4 类，具体计算时略有不同。二是考虑到红层的软弱性，在计算稳定系数 K 值时，所有抗剪强度参数按折减 50%计算。

(1)稳定分类评价中各因素的作用

根据调查数据，对影响边坡稳定性的边坡几何参数、岩体强度指标、岩体结构参数进行分类统计，结果表明，坡高、坡度、回弹值、回弹比、块度、结构面组数、长度、间距、JRC 等指标，虽各有差别，但在各稳定类型中不能很好区分，因此，不作为分类评价指标，在此略去。但是，由岩体结构参数延伸而出的边坡块体稳定系数 K、结构面综合长度 L、不稳定块体的类型数 N 等计算指标，因为反映了坡度设计中后置考虑的结构面特征，因而作为评价指标保留下来。但是这些参数能否很好地反映不同稳定类型的区别，需要进一步讨论。

根据调查资料和现场认定，将全部有效边坡样本按分类原则和实际状况分类。再根据式(4.2.1)～式(4.2.4)计算各边坡综合参数 K、L、N，然后进行分类分布统计。统计结果如图 8.3.32～图 8.3.34 所示。下面对各计算参数的分类统计特征做一分析。

综合稳定系数 K：图 8.3.32 为综合稳定系数 K 的分类分布图。

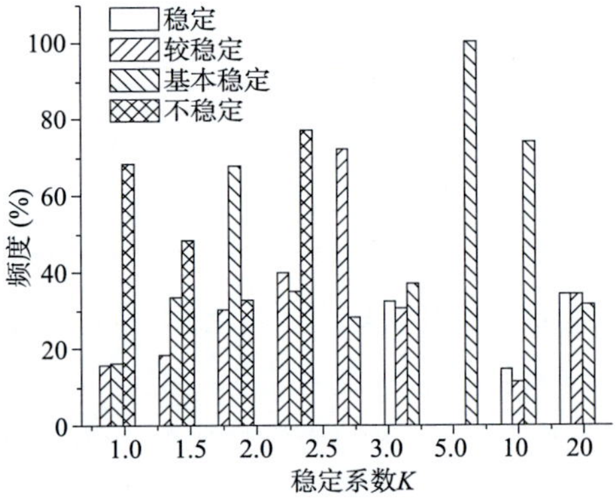

图 8.3.32 综合稳定系数 K 分类分布图

根据定义，稳定系数在 5 及其以上的数值仅代表块体破坏类型，不代表稳定程度。$K=5$ 代表边坡中存在达不到破坏准则的块体，$K=10$ 代表软硬互层结构形成的可倒塌(坠落)块体，$K=20$ 表示没有在坡面上形成可以向坡外运动的块体。观察图 8.3.32，在 $K\leqslant 3$ 以下的边坡中，稳定边坡的 K 值在 3 左右。不稳定边坡 K 值分布在 2.5 以下，特别在 1.5 以下占优势。较稳定边坡和基本稳定边

坡的 K 值在整个数值范围都有分布，较稳定边坡的 K 值峰值在 2.5 左右，基本稳定边坡 K 值的峰值在 1.8 左右。在描述性 K 值部分(即 $K \geqslant 5$)，存在有利于移动的块体的边坡中，基本稳定边坡占很大优势。不存在可移动块体的边坡中，稳定、较稳定和基本稳定边坡的分布没有区别。以上表明，综合稳定系数 K 值可以较好地选作分类评价指标。

结构面综合长度 L：图 8.3.33 为结构面综合长度 L 的分类分布图。

根据定义，只有参与可移动块体构成的结构面的长度才用于计算。而且，为体现不同边坡规模中长度的相对大小，综合长度是按与坡高的比例关系给出的。因此，综合长度不等于边坡岩体固有综合长度。观察图 8.3.33，明显可见，相对长度大于 20%以上的，只存在于基本稳定和不稳定边坡中。相对长度越大，不稳定边坡的比例越高。在相对长度小于 10%的边坡中，不稳定边坡比例极低。稳定边坡和较稳定边坡中，随相对长度的增加，比例减少。上述表明，综合长度 L 在分类评价中是有明确意义的。

不稳定块体类型数 N：图 8.3.34 为不稳定块体类型数 N 的分类分布图。

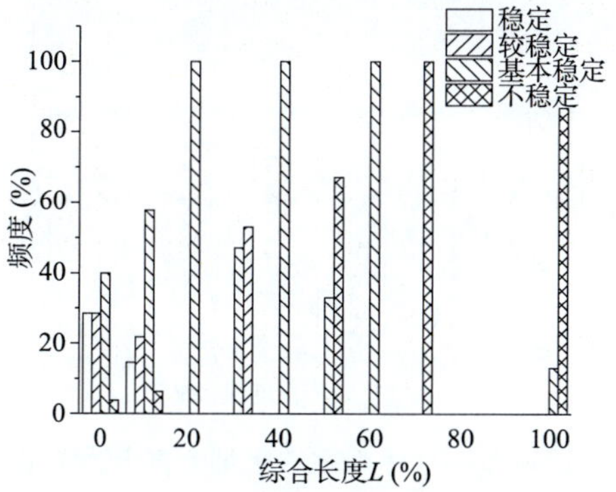

图 8.3.33 综合结构面长度 L 分类分布图

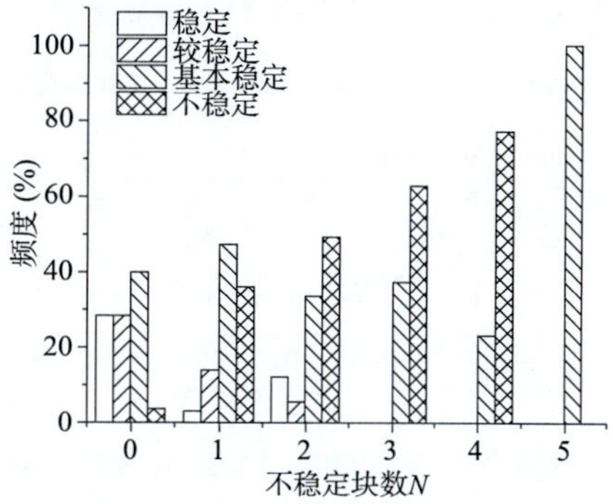

图 8.3.34 不稳定块体类型 N 分类分布图

根据定义，该参数为结构面组合构成的多种类型的块体中，稳定系数小于 1.5 的块体类型的数量。图中可见，稳定和较稳定的边坡中，稳定性较小的块体很少超过 1 种，大部分不存在不稳定块体。在大于 1 的不稳定块体类型中，主要为基本稳定和不稳定的边坡，但分布特征没有显著的区别。尽管如此，不稳定块体类型数 N 用于区分稳定/较稳定和基本稳定/不稳定边坡还是有意义的。

综上所述，同一般边坡一样，计算参数 K、L、N 用于结构性红层岩石边坡的稳定性评价是可行的、适用的。

(2)隶属函数和权重

根据模糊综合评判原理，需要对样本建立隶属函数并确定权重。根据图 8.3.32～图 8.3.34 统计图，并规整分布曲线作为各类型各因素的隶属函数。确定的隶属函数图如图 8.3.35～图 8.3.37 所示，计算式见式(8.3.6)。

从分布曲线和隶属函数看，稳定与较稳定的类型在评判指标上很难区分。两者的破坏程度、类型、模式，对稳定性的影响几乎相同。因此，对两者的分类仅具有破坏程度和工程措施上的意义。在稳定性评判中，保留分类类别，但视为同一类型，不对其作实质上区分。

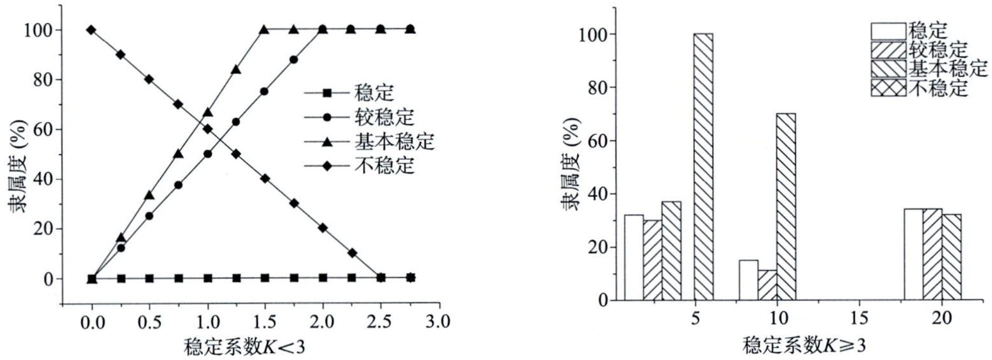

图 8.3.35　综合稳定系数 K 隶属函数图

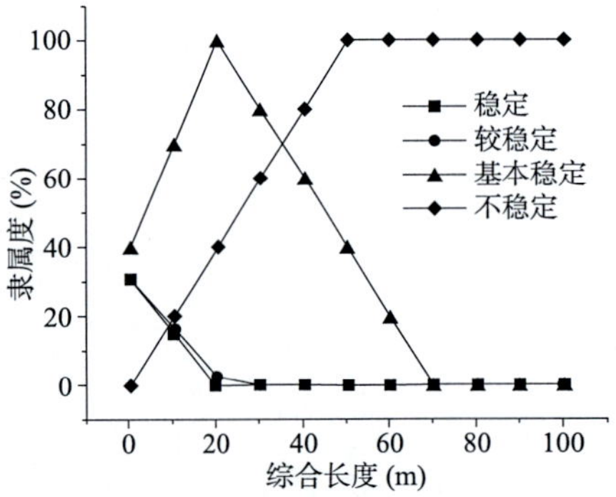

图 8.3.36　综合结构面长度 L 隶属函数图

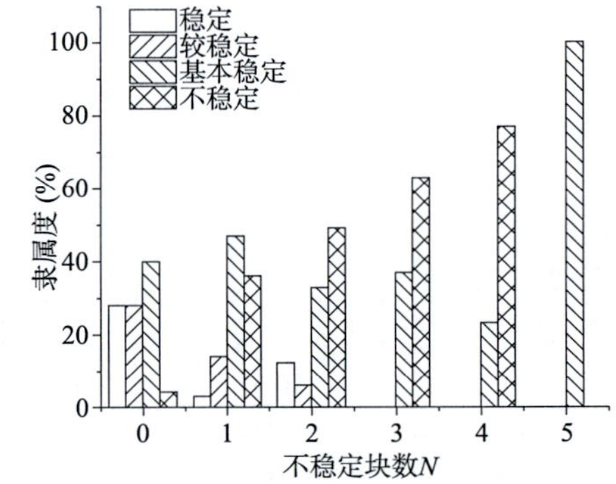

图 8.3.37　不稳定块类型 N 隶属函数图

$$k_1=\begin{cases}0 & k<3, k=5\\ 32 & k=3\\ 15 & k=10\\ 34 & k=20\end{cases}\qquad k_2=\begin{cases}50k & k<2\\ 100 & 2\leqslant k<3\\ 30 & k=3\\ 0 & k=5\\ 11 & k=10\\ 34 & k=20\end{cases}$$

$$k_3=\begin{cases}67k & k<1.5\\ 100 & 1.5\leqslant k<3\\ 37 & k=3\\ 100 & k=5\\ 70 & k=10\\ 32 & k=20\end{cases}\qquad k_4=\begin{cases}-40k+100 & k<2.5\\ 0 & k\geqslant 2.5\end{cases}$$

$$l_1=\begin{cases}-5l+30 & l<20\\ 0 & l\geqslant 20\end{cases}\qquad l_2=\begin{cases}-1.4155l+30.779 & l\leqslant 20\\ 0 & l>20\end{cases}$$

$$l_3=\begin{cases}3l+40 & l<20\\ -2l+140 & 20\leqslant l<70\\ 0 & l\geqslant 70\end{cases}\qquad l_4=\begin{cases}2l & l<50\\ 100 & l\geqslant 50\end{cases}\tag{8.3.6}$$

$$n_1=\begin{cases}38 & n=0\\3 & n=1\\32 & n=2\\0 & n>2\end{cases}\qquad n_2=\begin{cases}28 & n=0\\14 & n=1\\6 & n=2\\0 & n>3\end{cases}\qquad n_3=\begin{cases}40 & n=0\\47 & n=1\\33 & n=2\\37 & n=3\\23 & n=4\\100 & n=5\end{cases}\qquad n_4=\begin{cases}4 & n=0\\36 & n=1\\49 & n=2\\63 & n=3\\77 & n=4\\0 & n=5\end{cases}$$

由于结构性红层岩石边坡基本模式与一般岩石边坡相同，因此各因素在不同组合条件下的权函数的变化关系相同，仅需根据红层样本数据范围作适当修改。修改后的权函数如式(8.3.7)。

$$w_K=\begin{cases}1+L/100-N/5 & K<2.5\\1 & 3>K\geqslant 2.5\\0 & 20>K\geqslant 3\\2 & K=20\end{cases}\qquad w_L=\begin{cases}1-K/3+N/5 & K<1.5\\1-K/2+N/5 & 1.5\leqslant K<2.5\\0.5 & 2.5\leqslant K<3\\2 & 20>K\geqslant 3\\0 & K=20\end{cases}$$

$$w_N=\begin{cases}0.7+K/3-L/140 & K<2.5\\0 & 3>K\geqslant 2.5\\1 & 20>K\geqslant 3\\0 & K=20\end{cases}\tag{8.3.7}$$

(3)算例

由 8.3.3 部分给出的红层边坡实例，稳定性指标按赤平投影分析和式(4.2.1)～式(4.2.4)计算后其结果为 $K=10$，$L=4.44$，$N=2$。

由式(8.3.6)，按以上参数计算出 $\boldsymbol{R}$ 各元素的值构成 $\boldsymbol{R}$ 如下

$$\boldsymbol{R}=\begin{pmatrix}15 & 11 & 70 & 0\\23.4 & 24.6 & 53.2 & 8.8\\12 & 6 & 33 & 49\end{pmatrix}$$

由参数值，按式(8.3.7)计算出权矩阵 $\boldsymbol{A}$ 如下

$$\boldsymbol{A}=(0.0\quad 2.0\quad 1.0)$$

将各数值代入式(4.2.9)得

$$\boldsymbol{B}=(0.0\quad 2.0\quad 1.0)\begin{pmatrix}15 & 11 & 70 & 0\\23.4 & 24.6 & 53.2 & 8.8\\12 & 6 & 33 & 49\end{pmatrix}$$

采用加乘运算(即同普通矩阵乘法)，并将结果归一化后，有

$\boldsymbol{B}$=(稳定 19.09%　较稳定 15.13%　基本稳定 44.16%　不稳定 21.62%)

$\boldsymbol{B}$ 即为该边坡评判结果的百分比评分。此例中的边坡最大百分比为 44.16，属于基本稳定的比率最大，而不稳定边坡的比率略大于稳定和较稳定的比率，表明偏于不稳定，可能属于基本稳定中，破坏类型偏大的一类。从稳定性系数 K、结构面长度 L、可动块体数 N 看，本边坡 K 值为 10，根据定义属于可产生倒塌落石边坡。有 2 种不稳定块体，但 L 仅为坡高的 4.4%，说明落石块体不大。野外实际情况为红层泥岩产状平缓，坡面风化后，节理切割的块体可发生倒塌坠落。综合评判为基本稳定还是适当的。

(4)评判结果及分析

根据以上的参数计算方法、建立的隶属函数、确定的权函数,对野外调查得到的 154 个有效边坡样本(见 8.3.2 节),按原坡度进行回判,以检验模型适用性。其回判结果见表 8.3.23。

表 8.3.23 评判结果统计表

边坡类别		稳　定	较 稳 定	基本稳定	不 稳 定
样本数		29(19%)	33(21%)	76(49%)	16(11%)
回判结果	稳　定	22(76%)	28(85%)	0(13%)	0(0%)
	较 稳 定	0(0%)	0(0%)	4(5%)	0(0%)
	基本稳定	7(24%)	5(15%)	65(86%)	2(12%)
	不 稳 定	0(0%)	0(0%)	7(9%)	14(88%)
符合率		76%	85%	86%	88%

从表 8.3.23 可知,本文建立的评判模式基本满足工程要求,总符合率为 83.7%。需要说明的是,不区分稳定和较稳定之间的误判。从误判的样本看,其误判趋向基本符合逻辑,不会对边坡设计施工产生影响,总体上不存在将不稳定边坡判为稳定边坡的危险误判,也没有将稳定边坡判为不稳定边坡的保守误判。

对产生误判的各类边坡的分析见表 8.3.24~表 8.3.28。

表 8.3.24 稳定边坡误判为基本稳定边坡的统计分析

序号	误判边坡数	百分比	简要分析说明
1	4	57%	有破坏块体,但以风化剥落为主
2	3	43%	仅有个别掉块,在野外可定为稳定,但计算中不能与普遍掉块区别
小计	7	100%	

表 8.3.25 较稳定边坡误判为基本稳定边坡的统计分析

序号	误判边坡数	百分比	简要分析说明
1	5	100%	有破坏块体,但以风化剥落为主
小计	5	100%	

表 8.3.26 基本稳定边坡误判为稳定边坡的统计分析

序号	误判边坡数	百分比	简要分析说明
1	4	100%	计算数据和野外调查不符
小计	4	100%	

表 8.3.27 基本稳定边坡误判为不稳定边坡的统计分析

序号	误判边坡数	百分比	简要分析说明
1	3	43%	局部破坏与大型破坏的规模难以准确划分
2	4	57%	形成块体有利滑动,但以表层风化破坏为主
小计	7	100%	

表 8.3.28　不稳定边坡误判为基本稳定边坡的统计分析

序号	误判边坡数	百分比	简要分析说明
1	1	50%	局部破坏与大型破坏的规模难以准确划分
2	1	50%	野外确定的破坏类型有误
小计	2	100%	

综合上述统计分析，在造成各类误判的主要原因中，判别模型误差占 80%，野外数据误差占 20%。由此可见，红层边坡的稳定性指标的计算方法和破坏模式的精确界定，还是需要进一步研究的问题。但根据现有精度，已经可以满足一般工程需要，也为评价本节提出的坡度计算提供了手段。

(5)重设红层边坡的稳定性评价

根据式(8.3.5)，对原样本边坡坡度重新计算，并按本节方法进行稳定性评价。评判结果列入表 8.3.29 中供分析之用。如果改变坡度后，稳定性计算指标没有变化，则那部分数据中，原模型误差不统计在内。

表 8.3.29　重设边坡稳定性分析结果

稳定类型	提高坡度(边坡数(%))			降低坡度(边坡数(%))			合计(边坡数(%))	
	提高等级	降低等级	小 计	提高等级	降低等级	小 计	提高等级	降低等级
稳 定	0(0)	2(7)	2(7)	0(0)	0(0)	0(0)	2(7)	0(0)
较稳定	0(0)	7(21)	7(21)	1(3)	2(6)	3(9.1)	1(3)	9(30)
基本稳定	0(0)	1(1.3)	1(1.3)	0(0)	2(2.6)	2(2.6)	1(1.3)	2(2.6)
不稳定	0(0)	0(0)	0(0)	2(12.5)	0(0)	2(12.5)	2(12.5)	0(0)
总 计	0(0)	10(6.5)	10(6.5)	2(1.3)	4(2.6)	7(4.5)	6(3.9)	11(7.1)

根据表 8.3.29，对重设边坡的稳定性分析表明，因坡度改变而引起稳定性评价指标改变的边坡共 17 个，占总数的 11%。其中，因坡度改变而提高稳定等级的边坡占 3.9%，但降低稳定等级的边坡占 7.1%。对因坡度改变而降低稳定等级的那部分边坡仔细考察，发现都是结构面切割有利，有可移动块体生成，且提高了设计坡度的边坡。当坡度增加后，原来的块体失稳情形加剧，稳定性下降。所以，边坡坡度的最终确定，需要进行合理的稳定性分析，经历反复修改的过程。如果修改坡度不能改善其稳定性，说明需要提供额外的支挡结构的支持。但总体看来，设计坡度的改变，并未使近 90%的边坡的稳定状态发生变化。这再次表明，本章建立的结构性红层岩石边坡坡度计算式(8.3.5)是可行的。

除上述模糊综合评判外，通过数据库系统，也极易实现范例推理评价。由于其计算原理和计算参数与第 4 章相关内容相同，在此不再复述。

本章结构性软岩坡度计算和稳定性分析，已纳入第 4 章介绍的数据库软件 DARS v4.1 中。其中有关软岩边坡可提供类比的范例超过 200 个。

4. 红层软弱岩体边坡稳定性分析

红层软弱岩体边坡，可视为类土边坡。因此，其稳定性分析方法，沿用土质边坡的稳定性计算方法，即传统的条分法。为了印证条分法在红层软坡稳定性分析中的适用性，采用理正软件计算边坡稳定性，并与数值分析结果进行比较印证。

选用的边坡为软层岩体边坡，主要参数见表 8.3.30。

表 8.3.30 样坡参数

参　数	坡高(m)	坡度(°)	弱化系数	φ(°)	c(kPa)
指 标	15	45	0.48	14.4	24

两种分析方法的计算结果对比如下：

①剪切破裂面形状与位置。将数值分析计算得到的剪切面塑性单元分布(图 8.3.21 中圆弧状点)与理正软件搜索出的破坏面(图 8.3.38 中的圆弧实线)绘入同一图中。从图可见，两者破裂面形状和位置基本相同，但数值分析得到的剪切带在边坡上部要略深于条分法，在边坡下部要略浅于条分法。

②稳定系数。两者计算稳定系数的原理和方法是不相同的。条分法则按极限平衡分条计算总体的稳定系数，数值分析采用 Mohr-Coulumb 准则分别计算各单元的稳定系数。将两者计算结果分别列于表 8.3.31 中以资对比。数值分析得到的稳定系数的分布如图 8.3.39 所示。

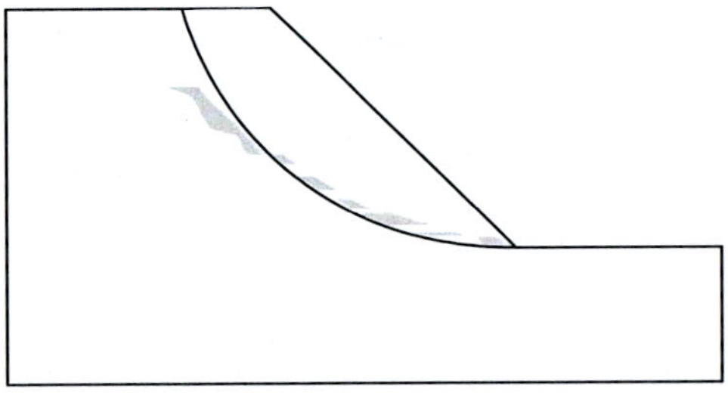

图 8.3.38 剪切带塑性单元(点)与剪切破坏面(线)

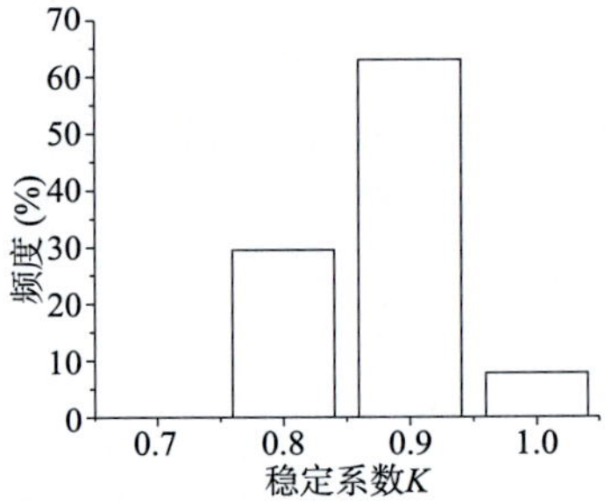

图 8.3.39 数值分析塑性区稳定系数分布

表 8.3.31 稳定系数

数值分析		条 分 法	
最小值	0.78	瑞典法	0.88
最大值	0.98	简化毕晓普法	0.79
平均值	0.82	简布法	0.76

对比表明，两种方法得到的稳定性系数大致相同，数据分布大致一致。从分布上看，瑞典法与数值分析结果更为接近。

③坡高的影响。利用理正软件，分析边坡坡高对稳定系数的影响。计算条件和结果见表 8.3.32。

表 8.3.32 不同坡高的稳定系数

坡高(m)	6	8	10	12	15
瑞典法	1.59	1.30	1.23	1.00	0.88
简化毕晓普法	1.61	1.10	0.94	1.03	0.79
简布法	1.61	1.33	0.95	0.87	0.76

从表可知，坡高对稳定系数的影响是非常明显的。在相同的岩体参数下，当坡高低于 8 m 时，边坡就稳定了。这个结果，对在下文中评估红层软岩边坡坡度参考值，是非常有意义的。

综合以上对比可知，土坡稳定计算中常用的条分法用来评价红层软岩边坡的稳定性是可行的。因此，对表 8.3.20 中提出的红层软岩边坡坡度参考值，采用条分法计算其稳定性系数，用以评价坡度值的合理性。采用的计算模型和参数见表 8.3.33，坡高均为 15 m。

表 8.3.33 红层软岩边坡稳定性系数

岩体结构	参 数	Ⅰ	Ⅱ	Ⅲ	Ⅳ	Ⅴ
互层岩体	坡度(°)	50	45	45	40	35
	坡高(m)	15	15	15	15	15
	重度(kN/m³)	24	24	24	24	24
	弱化系数	1.00	0.80	0.64	0.60	0.48
	φ(°)	40	32	25.6	24	19.2
	c(kPa)	100	80	64	60	48
	稳定系数	2.96	2.45	1.93	1.93	1.64
软层岩体	坡度(°)	45	45	40	35	30
	坡高(m)	15	15	15	15	15
	重度(kN/m³)	22	22	22	22	22
	弱化系数	1.00	0.80	0.64	0.60	0.48
	φ(°)	30	24	19.2	18	14.4
	c(kPa)	50	40	32	30	24
	稳定系数	1.91	1.50	1.28	1.30	1.13

表 8.3.33 表明，按表 8.3.20 确定的红层软岩边坡坡度，采用条分法进行稳定性计算的结果，都处于稳定性系数大于 1 的状态。其中稳定性系数最小的边坡，是红层软层岩体在潮湿—滴水、微风化—弱风化条件下的边坡，其稳定性系数仅 1.13。但是，计算时采用的单级坡高为 15 m，而且抗剪强度较正常值低。在实际设计中，如果岩体条件较差，则单级坡高不可能设置过高。根据前面的试算结果，当坡高降低时，稳定系数将会提高。因此，可以认为该计算所隐含的安全储备是足够的。实际上，上述边坡在数值分析中已经确定整体是稳定的，条分法的计算结果吻合了数值分析的结果。因而，表 8.3.20 所提出的红层软岩边坡坡度的参考值具有可行性。

参考文献

[1] 谢强，郭永春，赵文，等. 西南红层特殊岩土性质与工程应用[M]. 成都：西南交通大学出版社，2019.
[2] 郭永春. 红层岩土中水的物理化学效应及其工程应用研究[D]. 成都：西南交通大学，2007.
[3] 胡启军. 长大顺层边坡渐进失稳机理及首段滑移长度的确定的研究[D]. 成都：西南交通大学，2008.
[4] 谢强. 铁路岩石边坡研究[D]. 成都：西南交通大学，1998.
[5] 林睦曾. 岩石热物理学及其工程应用[D]. 重庆：重庆大学出版社，1991.
[6] 邱恩喜. 道路软岩边坡设计研究[D]. 成都：西南交通大学，2009.

[7] 李萼雄.边坡风化的化学热力学分析和数值模拟的研究[D].成都:西南交通大学,1994.
[8] 傅永胜.岩石回弹值指标的测试应用研究[C]//第二届全国工程地质力学青年学术讨论会论文集,北京:中国科学院地质与地球物理研究所,1992.
[9] 何满潮,景海河,孙晓明.软岩工程力学[M].北京:科学出版社,2002.

9 膨胀性岩石边坡工程

在工程意义上，膨胀性岩石，是指含有亲水性矿物，吸水后体积膨胀的一类岩石，但不包括冻胀、剪胀、热胀或其他物理原因引起体积膨胀的岩石。由膨胀性岩石构成的边坡，即称为膨胀性岩石边坡。由本书第 3.4 节可知，与普通岩石边坡相比，由于岩石体积膨胀，将引起边坡岩体中产生附加的膨胀应力。同时，在边坡中，特别在坡面附近，由于膨胀应力的释放，会产生更大的变形。此外，还将因膨胀引起岩体的弱化，影响边坡的强度特征。因此，膨胀性岩石边坡工程的研究，将包含膨胀性岩石边坡特征、膨胀参数试验、膨胀性岩石边坡坡度确定、边坡支护工程设计这样一个系统过程。

9.1 膨胀性岩石边坡特征与分类

9.1.1 膨胀性岩石与岩石的膨胀性

本书中，膨胀性岩石与岩石的膨胀性是有区别的两个术语。岩石的膨胀性是对岩石吸水后产生体积膨胀时的物理—水理过程的描述，而膨胀性岩石是指具有膨胀性质的一类特殊岩石的统称。

1. 膨胀性岩石的岩石学特征

如前所述，膨胀性岩石是指含有亲水性矿物，吸水后体积膨胀的一类岩石。根据岩石中亲水性矿物成分的不同，膨胀性岩石可以分为含泥膨胀岩和含盐膨胀岩。含泥膨胀岩主要是指富含强亲水性黏土矿物（如蒙脱石、伊利石等）的泥岩、页岩，泥质含量较高的泥灰岩、绿泥石片岩、凝灰岩等。含盐膨胀岩主要指富含盐胀性矿物（如硬石膏、无水芒硝等）的硬石膏岩、芒硝岩，以及其他富含膏盐的含盐地层，如含膏红层。膨胀性岩石涉及了岩浆岩、沉积岩、变质岩 3 大类岩石，种类繁多，分布广泛且具有区域性。以下主要以泥质岩和含膏岩为代表，阐述膨胀性岩石的岩石学特征。

(1)泥质膨胀性岩石

泥质岩是指主要由黏土矿物（如蒙脱石、伊利石、高岭石等）组成的岩石。其中蒙脱石、伊利石是强亲水性、具有膨胀性的主要黏土矿物。

泥质岩的颜色变化很大，主要和岩石中的色素物质有关。不含色素物质的较纯的泥质岩通常为灰白色；含铁的氧化物时为红色、紫色、褐色；含绿泥石、海绿石等含低价铁的硅酸盐矿物时呈绿色；含细分散的黄铁矿及有机质时则呈黑色或灰黑色。泥质岩的颜色特征，与黏土矿物的成分有明显的指向性关系。通常，含有膨胀性矿物的泥质岩都呈现青色、青灰色、灰绿色、灰白色等较浅的纯色条带或杂色岩块。这为野外识别膨胀性泥质岩提供了线索。

泥质岩的形成，多是母岩风化形成的黏土矿物呈悬浮状态搬运到水盆地中，以机械方式沉积而成。泥质岩的结构常见的是泥质结构，主要是由黏粒胶结而成的结构现象。岩石致密细腻,用手捻时有滑感。在扫描电子显微镜下,可以观察到泥质岩的微观结构特征,尤其是黏土矿物颗粒的定向排列特征,如蜂窝结构、骨架结构、基质结构、紊流状结构、层流结构等。这些矿物颗粒松散的胶结结构,在微细观尺度上决定了泥岩、页岩的低强度本质。在边坡工程中,由于泥质岩胶结程度差,强度低,水稳定性差,构成的边坡是典型的软岩边坡。

泥质岩的层理厚薄不均,厚度在 1 cm 以下的,称为页状层理或页理。页理发育的泥质岩称为页岩,无页理或页理不发育的叫泥岩。泥质岩类的层理常常是边坡岩体中的软弱结构面,是软岩边坡稳定性的控制因素。

由于泥质岩空隙较小,结构致密,透水性差,在一般工程中不作为含水层看待,而被视为隔水层。但是,对岩石的膨胀性而言,泥质岩仅是渗透性较差的岩石,水仍然通过岩体裂隙和土粒间间隙进入岩石内部,导致膨胀发生。

四川盆地广泛分布的红层泥岩、南(宁)—昆(明)铁路沿线的第三系泥岩、成昆铁路沿线的第三系泥岩等都是典型的泥质膨胀性岩石。

(2)含膏盐膨胀性岩石

富含石膏、芒硝等具有盐胀性矿物的岩石,可以是石膏岩、硬石膏岩以及膏溶角砾岩、含芒硝的盐溶角砾岩,此外还可能是富含石膏、芒硝的泥岩、砂岩、碳酸岩等岩石。

石膏岩和硬石膏岩在沉积岩中属于蒸发岩类,是一种纯化学成因的岩石,是由含盐度较高的溶液或卤水通过蒸发作用,发生化学沉淀形成的岩石。石膏岩和硬石膏岩多与碳酸岩类、泥质岩类伴生,成互层状,或是泥岩、砂岩中的矿物成分,或形成膏溶角砾岩。由于硬石膏易于水化形成石膏,在地表浅层多见石膏岩分布。在埋深较大的隧道或地层中可见石膏和硬石膏共存,甚至是单一硬石膏岩。

石膏岩和硬石膏岩主要是指由石膏或硬石膏组成的岩石,也可能是石膏和硬石膏混合组成。石膏岩和硬石膏岩多为灰色、灰白色、浅红色、灰色、深灰色。特别是灰色—深灰色的硬石膏岩,外观与灰岩十分相似,野外不易识别,往往为工程带来病害。石膏岩具有细粒至粗粒的结晶粒状结构。多呈层状产出,厚度大,分布广。有时也具有纹层状、揉皱状、肠状、结核状构造现象。

由于季节变动和干湿循环影响,硬石膏在水化时,会转化为石膏(二水石膏),使矿物晶体变大;而当石膏在温度升高时,会脱水转化为硬石膏,使矿物晶体变小。由于硬石膏与石膏之间相互转化,使得含膏盐的岩石会产生胀缩变形,引起岩石结构或人工构筑物的破坏。石膏岩由于易溶解,在水的作用下发生溶解,导致环境水中硫酸根离子含量增加,对混凝土、钢筋可能有腐蚀性。富含石膏的泥岩、砂岩等岩石边坡由于淋滤和地下水的侵蚀作用,会导致其结构破坏,强度降低。具有一定厚度的石膏岩可能因地下水的溶蚀,形成一定规模的"盐溶"空洞或溶蚀孔洞。

含膏盐膨胀性岩石由于结构面发育、溶蚀强烈,通常是裂隙水和岩溶水的赋存介质。而良好的水渗透性,为岩石膨胀提供基础。

含膏盐膨胀性岩石的分布常常是区域性的,如成昆铁路北段的含盐地层、西北地区的盐渍岩土、西南红层中的膏盐地层、华北古生代含膏化学岩地层中,都有典型的膏盐膨胀性岩石。

2. 膨胀性岩石的膨胀机理

膨胀性是岩石中亲水性矿物成分吸水后产生体积膨胀的现象。进入岩石中的水,首先是岩石与亲水性矿物发生水化作用,或使矿物颗粒外表吸附水膜增厚,颗粒间距离增加,或是直接使矿物的化学成分发生改变，晶胞增大。两种作用的结果，都引起岩石内部矿物颗粒间的连接强度降低，结构扩展，从而表现出宏观体积膨胀现象。水是引起岩石膨胀性的媒介，亲水性矿物成分是产生岩石膨胀性的物质基础，矿物颗粒与水的相互作用是岩石膨胀性的微观机理，体积膨胀是矿物颗粒与水相互作用的宏观表现。

根据岩石中亲水性矿物成分的不同，膨胀机理和过程有所不同，下面仍以泥质膨胀岩和含膏膨胀岩两类膨胀性岩石为代表，说明岩石膨胀机理。

(1)泥质岩的膨胀机理

通常的观点认为，黏土矿物主要是层状硅酸盐。当水分子，特别是水中的大半径金属阳离子，如 Ca^{2+}、Mg^{2+} 离子进入层状硅酸盐矿物的层间时，层状晶格间距离增加，晶体膨胀。这种晶体内部的膨胀，称为内膨胀。而在矿物的外表，由于电荷不平衡，使得黏土矿物颗粒外表带有负电荷，可以吸附进入岩石内部的极性水分子和水中阳离子，形成外表带有正电荷的强结合水膜和阳离子层。而没被完全平衡的正电荷层继续吸附极性水分子，形成弱结合水膜。强结合水膜和弱结合水膜也称为双电层。进入岩石的水分越多，可被吸附形成的水膜越厚。水膜厚度的增加，使黏土矿物颗粒之间的间隔增大，宏观表现为岩石体积的膨胀。这种颗粒间距离增加引起的体积膨胀，称为外膨胀。两者的共同作用，就是黏土矿物组成的泥质岩的膨胀机制。

从理论上讲，层状硅酸盐矿物都具有发生上述水化过程的基础。但由于不同的矿物的化学成分和晶体结构不同，与水分子和金属阳离子发生水化作用的强度不同，因而最终的膨胀强度不同。研究表明，在工程意义上，蒙脱石、伊利石组成的岩石的膨胀性，明显高于高岭石组成的岩石的膨胀性。

上述描述中可以看出，由于矿物成分相同，因此，泥质岩的膨胀机理和膨胀土的膨胀机理并无二致。但由于泥质岩在成岩过程中经历了脱水、压密、胶结等作用，其内部矿物颗粒间的连接远高于松散土粒间的连接，膨胀性泥质岩抵抗膨胀变形的能力要强得多。因此，膨胀性岩石的膨胀变形比膨胀土小，内部积聚的膨胀应力比膨胀土大。

(2)石膏岩的膨胀机理

岩石中的硬石膏($CaSO_4$，也叫无水石膏)，在与水相互作用时，将发生水化作用，生成含有两个结晶水的石膏($CaSO_4 \cdot 2H_2O$，也叫二水石膏)，其化学反应如下

$$CaSO_4 + 2H_2O = CaSO_4 \cdot 2H_2O \tag{9.1.1}$$

根据晶体化学，可以根据晶体结构参数，理论计算硬石膏和石膏晶胞体积。计算结果表明，石膏晶胞的体积为 0.4936Å³，硬石膏晶胞的体积为 0.3056Å³。由此可计算出，当硬石膏完全水化后，其体积将增加 62%(罗健，1979)。矿物颗粒体积的扩展，必然导致岩石体积的膨胀，这就是含膏岩石膨胀的内在机制。

实际上，在上述反应中，还存在一种中间状态，这就是硬石膏分子仅结合了 1/2 个水分子，形成半水石膏($CaSO_4 \cdot \frac{1}{2}H_2O$)。目前，关于半水石膏与膨胀的定量关系以及在膨胀过程中的作用，还没有研究成果报道。

和黏土类膨胀岩的膨胀可逆一样，研究表明，石膏在温度 40 ℃以上时，可以逐渐失去部分结晶水。达到 180 ℃以上，可以失去全部结晶水，完全转化为无水石膏(硬石膏)。失去结晶水的过程，也是石膏岩收缩的过程。自然，再次与水作用后，将会重新膨胀。

硬石膏在水化作用下转变为石膏时，晶体膨胀量的计算仅是理论值。由于岩石结构连接作用，以及水不可能与岩石中每个晶胞发生水化反应，因此，岩石的实际膨胀率要比理论计算小得多。作者进行的硬石膏岩膨胀试验和前人研究资料表明，石膏岩的膨胀率仅为百分之几。而且，在天然条件下，硬石膏岩水化进程较为缓慢，达到完全膨胀的周期长达 3～5 年。因此，石膏岩的膨胀性远不如泥质岩迅速，明显具有滞后性、隐蔽性和反复性，给工程勘察和设计带来很大困难。

3. *岩石的膨胀性和分级*

岩石的膨胀性是岩石吸水后体积发生膨胀的行为和过程。首先，岩石吸水膨胀的原因是岩石中含有强亲水性矿物。这些强亲水性矿物含量的多少和矿物颗粒间连接的强弱，是决定岩石宏观膨胀量大小内在因素。其次，膨胀是矿物的水化过程。在这个过程中，水进入岩石内部的难易程度、和矿物反应的水量多少，是决定岩石宏观膨胀量的外部条件。

从岩石膨胀机理的叙述中，我们已经知道，岩石的膨胀是矿物水化的结果。在膨胀性岩石中，膨胀性矿物种类不同，发生水化反应后膨胀的体积也不同。这一特征，表达了矿物膨胀性的强弱。水化后体积膨胀量大的矿物，称为强膨胀性矿物，如蒙脱石等。反之，就是弱膨胀性矿物，如高岭石。在膨胀性岩石中，如果膨胀性矿物种类相同而含量不同，在水充足的条件下，岩石膨胀后的体积也不同。膨胀性矿物含量越高，岩石膨胀量越大。这一特征，决定了任何一种岩石的膨胀都有一个极限。我们把由膨胀性矿物含量决定的岩石膨胀极限称为胀限。与此相对，将自然条件下失去吸附水（强、弱结合水或石膏中的结构水），而使岩石完全收缩的极限状态称为理论缩限。实际上，由于黏土矿物表面的强结合水甚至一部分弱结合水和结构水，不可能在自然条件下完全失去，因此，我们通常将自然条件下岩石收缩的下限，称为缩限。

对特定的膨胀性岩石而言，随着可与矿物自由反应的水量从无到有、从少到多的增加直至饱和，岩石也经历了开始膨胀、体积逐步增加直至膨胀稳定的一个过程。这一过程是与岩石中含水量的变化相伴随的。但是，水进入岩石后，由于岩石孔隙的存在或其他因素的影响，进入的水分并不完全参与到矿物的水化反应中，而且，水化作用还将改变岩石的紧密程度，因此，岩石膨胀量的变化并不能用含水量的变化直接描述，即岩石膨胀量是含水量的函数，而不是相等。

上述有关岩石膨胀性的概念和过程可用图 9.1.1 表述如下：

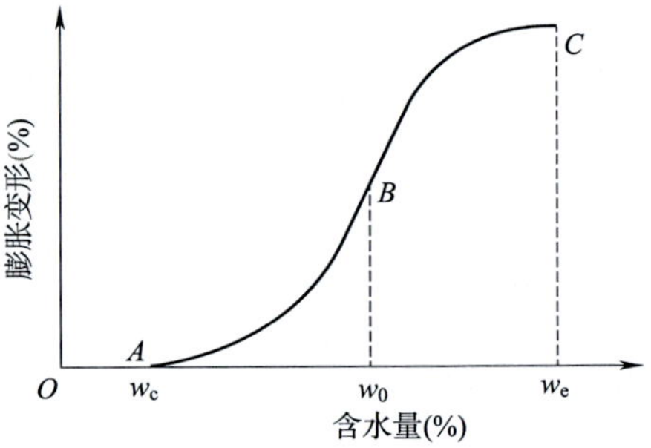

图 9.1.1 岩石膨胀性与含水量关系

图中，岩石的缩限（图中 A 点）是岩石膨胀的起点。缩限用来描述岩土体在自然条件下失水收缩的下限。当岩土体含水量低于缩限时，岩土体的结构构造将因开裂而产生拉裂破坏。岩石的胀限（图中 C 点）是岩石自然膨胀的上限。当含水量超过胀限以后，岩石的膨胀不再增加，而保持在最大膨胀量水平上。在天然含水量（图中 B 点）条件下，岩石已经经历了一定的膨胀变形。当含水量变化时，岩石的膨胀变形在缩限到胀限之间的某个范围内变动。

岩石膨胀随含水量变化而变化的概念，对膨胀性岩石工程而言，是至关重要的。这一概念表明，在工程条件下，如果保持岩体中含水量不变，则膨胀性岩石的膨胀将保持在一个相对平衡的水平，不会产生新的附加变形。

当岩石膨胀时，如果膨胀变形被约束，将产生膨胀应力。对膨胀性岩石而言，由于岩石矿物颗粒之间的连接，矿物水化时的膨胀将被内部连接力所约束，不能自由变形，因而在岩石内部形成膨胀应力。因此，在岩体中，除处于临空面附近的部分岩石单元外，膨胀岩内部存在膨胀应力。膨胀应力是独立于岩体自重产生的应力，可以视为附加应力。

由于岩石的矿物成分与组成不同，岩石所表现出来的膨胀性不同，对工程影响也不同。因此可以根据膨胀性，对岩石分级。综合通行规范和研究成果，从服务工程的目的出发，根据岩石膨胀率、膨胀力、自由膨胀率三个指标，本书将岩石膨胀性按强膨胀性、较强膨胀性、中等膨胀性、较弱膨胀性和弱膨胀性分为 5 个等级。具体分类指标见表 9.1.1。

表 9.1.1　岩石膨胀性工程分级指标

岩石膨胀性	膨胀率(%) (不崩解时)	膨胀力 (kPa)	自由膨胀率(%) (崩解时)	代表性岩石
弱膨胀性	<3	<100	<30	重庆彭水页岩、四川红层泥质砂岩
较弱膨胀性	3～10	100～200	30～40	四川红层粉砂质泥岩；华北奥陶纪石膏岩
中等膨胀性	10～20	200～300	40～50	四川宜宾红层泥岩；华北奥陶纪钙质泥岩
较强膨胀性	20～30	300～500	50～70	华北奥陶纪膏溶角砾岩、泥灰岩
强膨胀性	>30	>500	>70	南昆线那读组泥岩；华北奥陶纪泥灰岩

4. 膨胀性岩石的其他特殊性质

膨胀性岩石除了具有膨胀特征之外，常常还有一些与水有关的其他特殊性质，如收缩性、崩解性、软化性、溶蚀性、腐蚀性等。这些性质也统称为岩石的水稳性。

收缩性 收缩性是指岩石中含水量降低时，其体积减小的现象。在膨胀性岩石中，岩石的收缩性表现得较为明显。岩石收缩过程与膨胀过程就是岩石失水和吸水过程的宏观表现。岩石的膨胀与收缩在一定含水量范围内是可逆的。

崩解性 崩解是指由于含水量变化，导致黏土岩产生不可逆的分散解体的过程及其现象的统称。含水量变化是导致崩解现象发生的直接诱发因素。岩石的崩解性是其吸水量的函数，随着吸水量的增加，岩石的崩解越剧烈。

软化性 岩石的软化性是岩石饱和单轴抗压强度和干燥单轴抗压强度之比，表示的是岩石在浸水饱和后抗压强度的弱化程度。泥质岩类中的黏土矿物含量高，且含可溶物质，黏土矿物具有比表面积大、亲水性强、离子交换容量大等特点，因此水对软岩的强度削弱作用相对较大。岩石的软化性与膨胀性是密切相关的。易膨胀的岩石也更易崩解，因此，膨胀性岩石在浸水饱和过程中极易解体，强度丧失殆尽。

强度衰减 强度衰减是指岩石遇到水之后抗剪强度降低的现象。含水量越大，抗剪强度越低。强度衰减是所有岩石的共性特征。对于膨胀性岩石来说，由于膨胀作用，颗粒之间的连接强度降低更快，岩石结构更加松散，因而膨胀性岩石的强度衰减较普通岩石更加强烈。

溶蚀与腐蚀 含膏盐组分的膨胀性岩石，主要矿物成分是石膏、芒硝，主要化学成分为硫酸盐，具有可溶性。除遇水膨胀之外，本身具有溶蚀性。而溶蚀后溶于环境水中的硫酸根离子，可形成对岩石和混凝土有腐蚀性的溶液。

总体而言，岩石的膨胀性、收缩性、崩解性、软化性、强度衰减等特殊性质，都是其含水量的函数。随着含水量增加，岩石的这些特殊性质表现越强烈。从水稳性的角度看，这些特殊性质之间是相互关联的。进入岩石中的水，首先是岩石与亲水性矿物的水化作用，使矿物颗粒水膜增厚，颗粒之间的距离增加，连接强度降低，破坏了岩石的结构，从而表现出各种不同的特殊性。水是诱发岩石特殊性的外界因素，亲水性矿物成分是产生岩石特殊性的物质基础，矿物颗粒与水的相互作用是岩石特殊性的微观机理。各种特殊性是矿物颗粒与水相互作用的宏观表现，如膨胀性表现为岩石体积的增加，崩解性表现为岩石结构的破坏，软化性表现为岩石单轴抗压强度的降低。岩石水稳性对岩石边坡工程的作用，是膨胀性、崩解性、软化性、溶蚀性、腐蚀性综合作用的结果。当讨论膨胀性岩石的力学性质时，需要考虑多种作用综合作用的结果。

9.1.2 膨胀性岩石边坡的力学特征

根据前述章节的叙述，膨胀性岩石边坡的力学特征，主要体现在4个方面：边坡湿度场、边坡中的膨胀应力、边坡支护上的膨胀压力和边坡岩体的强度衰减。

1. 膨胀性岩石边坡中的湿度场

岩石的膨胀性是膨胀性岩石边坡最基本的力学属性，岩石的膨胀性是岩石含水量的函数，因此，边坡中的含水量分布及其变化规律，是与边坡的力学特征密切相关的。我们将边坡岩体中含水量在空间的分布规律称为边坡湿度场。根据含水量变化与时间的关系，还可分为稳定（稳态、定常）湿度场和非稳定（瞬态、非定常）湿度场。

边坡岩体中水分来源于两个方面：地下水和大气降水。对于处于地面浅表的边坡，地下水主要是潜水。由水文地质学知识，潜水是地表下第一个重力水的连续水面。潜水面距地表的垂直距离称为地下水埋藏深度。通常可以将潜水面以下的岩体视为处于饱和状态的岩体。在非降雨时段，潜水面以上的岩体内部，可能由于地下水的毛细作用，也可能由于上次降雨的结果，使岩石内部的空隙中和矿物颗粒周围存在一部分水分，即包气带水。根据含水的多少，岩石可能处于饱和状态，也可能处于非饱和状态，也可能处于几乎无自由水的干缩状态。这就是在非降雨状态下，边坡含水量在垂直地表方向的分布特征。在边坡水平方向，根据地下水位的埋深和溢水位与坡面位置的关系，潜水饱和带的深度可能从坡面向坡内变浅，也可能基本保持不变。在非降雨时段时，可以认为，此时边坡岩体中的含水量即天然含水量，此时的边坡湿度场即天然湿度场。

在降雨时，降水将进入边坡地表岩体，从而改变表层岩体的含水量。降水进入地表的深度称为降水入渗深度。由于坡面排水，坡面部分的入渗深度要小于坡顶和坡底的入渗深度。根据边坡地质条件和大气降雨强度、时长的不同，在边坡的垂直深度方向上，入渗深度可能小于、等于或大于地下水埋藏深度。一般情况下，如果将入渗深度内的岩体视为饱和状态的岩体，则在地面垂直方向上，可能形成全饱和、饱和—非饱和—饱和不同分布状态的湿度场。如果将非降雨状态的湿度场视为天然湿度场，则降雨状态时的湿度场就是降雨湿度场。降雨湿度场改变了天然状态下边坡岩体中的水量分布特征，因而将引起边坡岩体膨胀的改变。

2. 膨胀性岩石边坡中的膨胀应力

岩石的膨胀变形量与含水量有关，因此，膨胀应力的大小，也随含水量的变化而变化。在边坡中，我们定义非降雨状态时的含水量分布规律为天然湿度场，与此对应，此时的膨胀应力场也可称为天然膨胀应力场。在边坡形成后，如果不考虑地下水位的变化，天然膨胀应力场是相对恒定的。当处于降雨状态时，由于降雨改变了边坡表面附近岩体中的含水状态，因而岩石产生新的变形，导致原来相对稳定的天然膨胀应力场发生改变，边坡原有的平衡被打破。如果增加后的应力(包括原有的自重应力、天然状态膨胀应力和降雨增加的膨胀应力)超过边坡岩体的强度,即可导致边坡破坏。膨胀性岩石边坡多在降雨时和降雨后一段时间内发生破坏的原因即是如此。同样,其他原因引起边坡含水量的增加,例如地下水管的爆裂等,也会产生相同的结果。因此,对膨胀性岩石边坡而言(也包括其他膨胀性岩石工程),在工程设计合理的情况下,边坡破坏的主要变因是膨胀性岩体中含水量的增加。

当然,上述描述是对一般情况而论的,其中隐含了一个假定,即天然含水量小于胀限。如果天然状态下边坡岩体中的含水量已经接近、达到或超过胀限,降雨或其他水源引起的含水量的增加,也不会引起额外的膨胀应力的增加。当然,此时并不意味着边坡就不会破坏。因为含水量的增加可能导致岩体强度的进一步降低或者地下水压力的增大。这些条件对边坡的稳定也是不利的。

3. 膨胀性岩石边坡的膨胀压力

当岩石遇水膨胀时,在边坡岩体内部由于膨胀受限产生膨胀应力,但在已经形成的边坡临空面上,如坡顶、坡面、坡底,膨胀可以自由进行,因此,不会在坡面岩体中形成膨胀应力。但是,膨胀变形比自重作用下的变形大,有可能超过岩体抗变形能力使边坡破坏,进而影响边坡的正常使用,因此,需要采用一定的支护措施限制边坡变形的发展。对新开挖的边坡而言,新形成的临空面(坡面)将使岩体原有的约束消失,原来已经处于平衡状态的应力(自重应力和膨胀应力)得以释放,因而破坏了边坡中原有的应力平衡,可能引起边坡的失稳。因此,也需要采用支护结构来维持边坡岩体原有的平衡状态。

在上述两种情形下,或是采用人工构筑物(支护结构物)约束边坡变形,或是提供支撑力以维护边坡原有的应力平衡。其结果,都是将坡面形变应力转化为作用在支护结构上的压力。在边坡工程中,作用在支护结构上的压力通称为土压力。在膨胀性岩石边坡中,土压力由自重压力(天然压力)和膨胀压力(附加压力)两部分构成。因此,膨胀性岩石边坡与普通岩石边坡的重大区别之一,就是存在附加膨胀压力。正确认识和计算膨胀压力,是确保边坡安全运行的必要条件。

4. 膨胀性岩石的强度衰减

对膨胀性岩石边坡而言,除了膨胀变形和膨胀应力之外,由于膨胀、软化、崩解、溶蚀等水稳性带来的边坡岩体强度衰减,也是其重要的力学特征。

强度衰减是指岩石遇到水之后抗压、抗剪强度降低的现象。强度衰减是所有岩石遇到水之后都会发生的现象,相较于普通岩石,膨胀性岩石的强度衰减更加剧烈。其原因,一是膨胀性岩石中的亲水性矿物成分与水之间的物理化学作用使岩土体颗粒体积增加,如泥岩中的黏土颗粒的水化膜增厚、石膏岩中硬石膏的结晶膨胀,比普通岩土体中土颗粒的水化作用程度更大,对边坡岩土体强度的影响更为剧烈。二是膨胀性岩石与水相互作用,是崩解、软化、溶蚀、膨胀、收缩等过程的综合作用,使岩石的可溶成分溶解、流失,矿物颗粒之间结构连接弱化,破坏了岩石的组成与结构,从而降低了岩石的抗剪强度。三是膨胀性岩石与水的作用是具有反复性、周期性的。膨胀性岩石边坡所处的场地的季节变动、干湿循环、降雨入渗和自然蒸发等涉水因素的周期性、反复性特征,使边坡岩土体的裂隙发育,结构劣化,强度衰减。

对边坡稳定性而言,岩体强度主要是抗剪强度。抗剪强度降低,将使边坡的稳定程度下降。对边坡工程设计而言,强度衰减在两个方面产生影响:一是强度衰减导致维持边坡稳定的坡度降低,以平衡边坡应力和抗剪强度的平衡。二是强度衰减后,致使原来有边坡岩体抵抗的应力转移到支护结构上，导致作用在支护结构上的土压力增加，需提高结构的支撑能力以平衡增加的膨胀压力。

9.1.3 膨胀性岩石边坡分类

对于由膨胀性岩石组成的边坡，根据岩石岩体结构特点和是否具有膨胀性，可以将膨胀性岩石边坡进行分类。根据边坡岩体结构特征，可以将岩石边坡分为结构性膨胀岩石边坡和类土质膨胀岩石边坡。根据边坡岩体中膨胀与非膨胀性岩石组成，则可将其分为结构性膨胀岩石边坡、类土质膨胀岩石边坡和混合型岩膨胀石边坡。

1. 结构性膨胀岩石边坡

结构性膨胀岩石边坡是指由膨胀性岩石组成，但边坡的破坏是由结构面控制的那一类岩石边坡，以硬石膏岩边坡为代表。在由硬石膏岩构成的边坡中，由于岩体强度相对较高，边坡的破坏可以是岩块体沿着岩体结构面的滑动破坏，也可以是被岩体结构面切割后的块体的崩塌破坏。从边坡力学特征的角度来说，由于存在岩体结构面间隙，岩块体的膨胀变形可以得到部分或全部释放，因此，在边坡岩体中，膨胀作用在一定程度上被弱化。又因为岩块强度较高，边坡应力通常达不到岩体强度，边坡的自稳性较好，变形较小，除特殊情况或特殊需要，一般无需对边坡提供支护，因而也不存在膨胀压力问题。在这类膨胀性岩石边坡的设计中，仅需要考虑岩块本身强度因膨胀性而弱化。

2. 类土质膨胀岩石边坡

类土质膨胀岩石边坡是指组成边坡的岩石具有膨胀性，由于岩石强度低，风化程度高，水稳定性差，膨胀效应显著，或岩体结构为碎裂—散体结构，其边坡的破坏以圆弧形整体滑动为主，和土体边坡类似的边坡。这类边坡以膨胀性泥岩、页岩等软岩为代表。岩石的膨胀性主要是通过岩石的膨胀变形和强度衰减表现出来。边坡的设计计算和稳定性分析，可以参照膨胀土边坡进行设计和分析。

3. 混合型膨胀岩石边坡

混合性膨胀岩边坡是指组成边坡的岩石一部分具有膨胀性，另一部分不具有膨胀性。比较典型的如红层地区的砂岩和泥岩互层的岩石边坡，其中砂岩不具有膨胀性，泥岩具有膨胀性。这种混合性膨胀岩边坡具有典型的层状岩体结构特征。岩石的膨胀性主要是通过泥岩的膨胀变形和强度衰减表现出来。边坡的破坏模式主要是顺着泥岩与砂岩界面产生的顺层滑动，或者是由于砂岩和泥岩差异风化，产生的崩塌落石现象。

9.2 膨胀性岩石边坡膨胀参数

膨胀性岩石边坡与普通岩石边坡相比，主要是组成边坡的岩石具有膨胀性。对边坡工程而言，对膨胀性的定量描述和运用，必须以膨胀性参数的形式表达出来。参数是根据概念和认识由试验确定的。随着研究的深入，对岩石膨胀性的概念和认识也在深入，因此，试验方法也在改变。

从前述章节的叙述中，我们强化了膨胀性岩石中水与岩石作用的过程，反复强调了一个概念，即岩石的膨胀性是含水量的函数。因此，对于岩石膨胀性参数试验来说，不论试验装置还是试验方法，都要体现这种概念和认识。同时，通过参数试验，也可验证我们关于岩石膨胀性的概念和认识是否正确。因此，在本节中所描述的参数和试验方法，不完全等同于目前国内通行的规范。

对膨胀性岩石边坡工程而言，和岩石膨胀性有关的参数主要有岩石膨胀率、岩石膨胀力和岩石强度衰减等。

9.2.1　岩粉自由膨胀率

岩粉自由膨胀率是指岩石粉末在充分吸水情况下表现出的膨胀变形。虽然岩粉的膨胀与岩石的膨胀不论机制还是试验数据都相距甚远，但因简单易行，作为岩石膨胀性判断的简易指标，有较强的实用价值。

1. 试验原理

岩粉自由膨胀率是岩石中的矿物颗粒处于分散状态时，充分吸水膨胀现象的体现。这说明了岩石膨胀性的实质是其中的亲水性矿物成分与水的相互作用，是岩石膨胀的微观机制。岩粉自由膨胀率试验只是表示岩石中亲水性矿物成分的存在及其膨胀作用，是判断岩石膨胀性的简易方法。由于是岩石中的膨胀性矿物与水的充分反应，岩粉的自由膨胀率也可视为岩石膨胀的极限。

2. 试验方法

在通行规范中，如《铁路工程土工试验规程》(TB 10102—2010)，规定岩粉自由膨胀率的测试方法，是将岩石样品粉碎成 0.5 mm 粉末，用 10 mL 的量具取样，放入有刻度的量筒，使岩粉完全浸水静置 24 h，然后读取岩粉膨胀后的体积。

然而，研究发现(赵梦怡，2019)，现行试验方法得到的膨胀率参数值偏小，且受粒径影响较大。究其原因，松散岩粉破坏了原岩结构，影响试样密度，导致膨胀前后试样体积差异变小。改进的试验方法是：将制备好的岩粉浸水静置，使其自然沉积，近似原始岩度状态。然后在 60 ℃中温下烘干 24 h，防止快速高温下岩样缩裂。再在 105 ℃高温下烘干脱水，以此时的岩样体积作为初始体积。其后，将处理后的岩粉样浸水静置 24 h，量测完全膨胀后的体积作为膨胀体积，加入计算。根据浸水膨胀前后岩粉体积的变化，按下列公式计算岩粉自由膨胀率

$$\Delta=\frac{V'-V}{V}(\%) \tag{9.2.1}$$

式中　V'——岩粉吸水膨胀后的体积；

　　　V——岩粉吸水前的体积。

改进后的试验表明，岩粉的自由膨胀率，要高于现行规范的试验结果。且改进方法测得的岩粉自由膨胀率，将粒径效应引起的误差，从 46%下降到 8%。由此可以认为，改进的试验方法较为合理。

3. 讨论和应用

根据岩石自由膨胀率试验方法测试结果，在理论上，只要岩石自由膨胀率大于 0，就可以初步认为岩石具有膨胀性。自由膨胀率还有一个不可替代的作用，就是当某些膨胀岩浸水崩解，无法正确获取岩块试样的膨胀性指标时，自由膨胀率是膨胀试验可用的试验方法。

9.2.2　岩石膨胀变形曲线

1. 试验原理

岩粉的自由膨胀率，可视为岩石膨胀变形的极限，是一个相对固定的常数。但岩石的

膨胀变形，是一个过程，是一个关于含水量的函数。通行的岩样浸水膨胀试验，并不能满足膨胀岩石工程中膨胀变形随岩体中湿度变化的计算要求。岩石膨胀的试验成果，不是仅仅获得膨胀极限变形值，而是应该获得岩石膨胀变形与岩石含水量变化的关系曲线。为此，必须在通行试验的基础上，采用改进的试验装置和试验方法，获得岩石膨胀变形规律和参数。

2. 试验装置和试验方法

根据上述原理，本书作者自行研制了可以连续测试膨胀岩土含水量和变形值的单轴试验装置，装置构成如图 9.2.1 所示。

试验装置由变形测试系统、进水控制与测量系统两大部分组成。变形测试系统主要包括千分表(8)、千分表支架(7)、轻质透水垫块(6)。透水垫块上部与千分表探头接触，下部与土样(10)接触，这样试样的膨胀变形就可以通过千分表实时测试出来。

进水控制测量系统主要包括带刻度滴定管(5)、供水阀门(3)、连接软管(4)、带渗水孔的试样盒底座(9)。试样通过渗水底座(9)吸收水分，产生膨胀。由于试样下部被约束，不允许变形，试样吸水后仅能向上膨胀，其变形则可通过试样上部的千分表(8)直接测得。

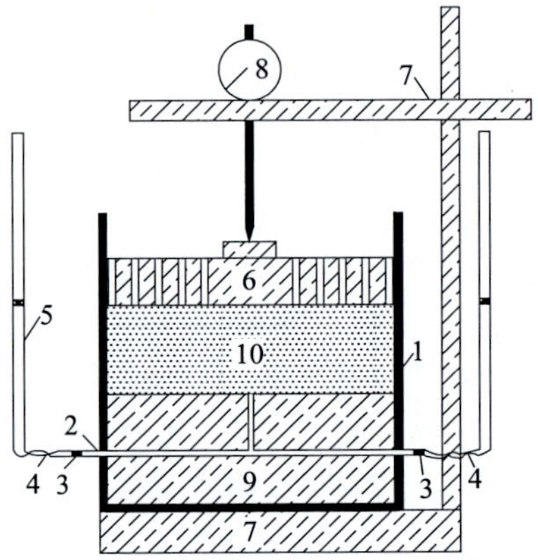

图 9.2.1 膨胀岩土含水量与变形曲线试验装置

1—试样盒；2—进水管；3—供水阀门；4—连接软管；5—带刻度滴定管；6—透水垫块；7—千分表支架；8—千分表；9—试样盒底座；10—试样

首先，将制好的岩样秤重，用游标卡尺测量试样尺寸，然后以 40 ℃～60 ℃的温度烘干。在烘干过程中，每隔 2 h 将样品取出，秤重，测量尺寸，计算试样的含水量和体积变化率。同时用立体镜观察试样表面，当试样表面出现微裂隙时，可认为试样达到缩限，记下此时试样的含水量和体积变化。试验时，关闭供水阀门(3)，将水注入滴定管(5)，精确读取水位刻度，记下滴定管中的初始水量。将达到缩限试样放入试样腔(10)中，安装好变形测试千分表，消除安装间隙，读取千分表的初始读数。

试验开始。根据经验，缓慢打开滴定管供水开关(3)，控制进水流量，监测滴定管进水水量刻度。由于膨胀性岩石透水性较差，为了尽可能保证进入岩样的水能充分浸入岩样，每次供水的水量，不超过胀限含水量与缩限含水量差值的 10%～15%。关闭供水开关，每 2 h 定时观测读取膨胀变形千分表数值。考虑到水的渗入和变形有滞后性，每次加水后，当两次间隔读取的变形值误差小于 5%时，方可认定本次膨胀变形达到稳定。记下进水量和稳定变形值，作为本级含水量与膨胀变形的对应数据。重复上述操作，直到增加进水而变形不再增加为止，试验结束。

3. 试验结果

试验结束后，按下列公式处理试验数据

$$\Delta w_i=\frac{\Delta m_{w_i}}{m_R}(\%),\Delta\delta_i=\frac{\Delta h_i}{H}(\%) \tag{9.2.2}$$

式中　Δw_i——第 i 级含水量增量；

Δm_{w_i}——第 i 级进水质量(g)；

m_R——岩样初始干燥质量(g)；

$\Delta\delta_i$——第 i 级膨胀率增量；

Δh_i——第 i 级膨胀位移；

H——岩样初始高度。

将处理后的数据绘制成含水量—膨胀变形曲线。理想的曲线形式如图 9.2.2 所示，云南呈贡膨胀性泥岩的实际试验曲线如图 9.2.3 所示。

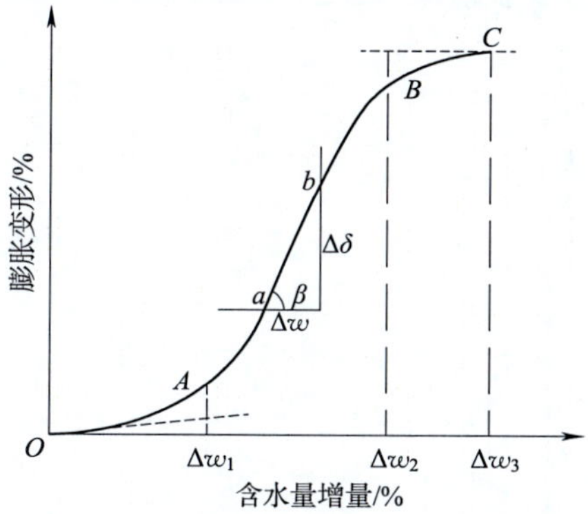

图 9.2.2　岩石膨胀率与含水量关系理论曲线

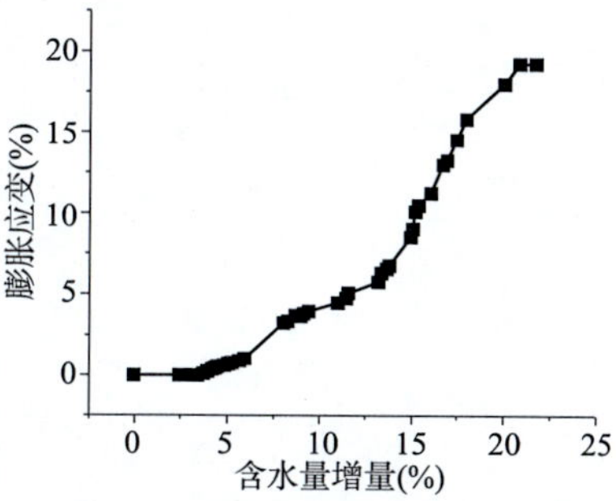

图 9.2.3　膨胀性泥岩膨胀变形试验曲线

在曲线 $OABC$ 中，OA 段表示岩石初始吸水膨胀阶段。进入岩石中的水一部分填充孔隙，一部分产生膨胀应变。AB 段是岩石膨胀应变显著增长阶段，大致呈线性形态，表示进入岩石中的水普遍参与到与膨胀矿物的反应中，是含水量和膨胀变形关系的主要部分。BC 段表示随着大部分矿物水化反应的完成，岩石的膨胀逐渐减弱。到达 C 点后，参与反应的膨胀性矿物所剩无几，几乎不再表现出岩石膨胀。

通过岩石膨胀曲线，可以得到岩石膨胀变形与含水量之间的关系

$$\delta=f(w) \tag{9.2.3}$$

如果定义膨胀变形的增量与对应的含水量增量之比为膨胀系数，则有

$$\beta_e=\Delta\delta/\Delta w \tag{9.2.4}$$

式中　β_e——岩石膨胀系数；

$\Delta\delta$——岩石膨胀变形增量；

Δw——岩石膨胀时含水量的增量。

4. 讨论和应用

膨胀变形曲线为含水量变化时计算边坡变形提供了参数。更重要的是通过膨胀变形曲线

得到膨胀系数。膨胀系数的物理意义与材料热胀系数类似，表达了膨胀变形与含水量之间的关系。在建立膨胀性岩石的本构关系时，可以用膨胀系数和含水量的乘积得到膨胀应变，从而在物理方程中加入了对膨胀变形的描述，为求解膨胀应力提供了解决问题的方案。也如同热胀系数一样，膨胀系数也可作为定性比较岩石膨胀性大小的依据。

岩石膨胀曲线的最大值，也就是通常所称的岩石膨胀率。根据膨胀率，可以对膨胀性岩石分级。具体分级标准参见表 9.1.1。

9.2.3 岩石膨胀应力曲线

1. 试验原理

和岩石膨胀变形一样，岩石膨胀力也是与含水量有关的函数。因此，膨胀力的试验原理的试验方法与岩石膨胀变形类似，通过测定含水量变化与膨胀应力的对应关系，来获取膨胀应力曲线。膨胀应力测试方法较多，但通行的基本测试方法是等体积法。本节采用的也是等体积法。

2. 试验装置与试验方法

改进的可控供水岩石膨胀应力试验装置如图 9.2.4 所示。

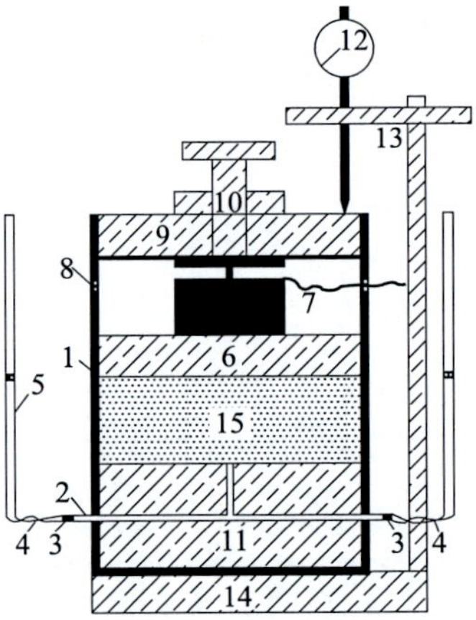

图 9.2.4 岩石膨胀应力试验装置

1—试样盒；2—进水管；3—供水阀门；4—橡胶管；5—带刻度滴定管；6—透水垫块；7—荷重传感器；8—观察孔；9—反力垫块；10—反力螺杆；11—供水底座；12—变形监测千分表；13—千分表支架；14—测量支架底座；15—试样

试验装置主要包括加力系统、测力系统、进水系统三部分。根据等体积法的试验原理，加力系统主要包括反力垫块(9)、反力螺杆(10)、变形监测千分表(12)。加力系统的作用，是通过提供外部压力 ，保持膨胀后试样体积不变。测力系统由荷重传感器(7)和数据采集仪(图中未展示)组成，以读取试样膨胀力数据。进水系统包括带刻度滴定管(5)、供水阀门(3)、连接软管(4)和供水底座(11)。由滴定管提供的水通过连接软管和渗水底座到达试样，试样吸收水分产生膨胀。由于试样上下均被约束，不允许变形，试样(15)产生的压力作用在荷重传感器上，通过数据采集仪即可直接测得压力大小。

试验时，供水操作与膨胀变形试验大致相同。不同之处主要是每次加水后，需要及时调整加力螺杆，保持变形监测恒定不变。每次加水压力稳定后，记下加水量和压力值。再重复上述操作，直至加水后膨胀压力不再增加为止，试验结束。

3. 试验结果

试验数据按下列公式处理

$$\Delta w_i=\frac{\Delta m_{w_i}}{m_R}(\%),\Delta\sigma_i=\frac{\Delta p_i}{A}(\%) \tag{9.2.5}$$

式中 Δw_i——第 i 级含水量增量；

Δm_{w_i}——第 i 级进水质量(g)；

m_R——岩样初始干燥质量(g)；

$\Delta\sigma_i$——第 i 级膨胀应力增量；

Δp_i——第 i 级膨胀压力；

A——岩样底面积。

将处理后的数据绘制成岩石膨胀应力—含水量关系曲线，理想的曲线形态如图 9.2.5 所示，云南呈贡膨胀性泥岩膨胀应力实际试验曲线如图 9.2.6 所示。

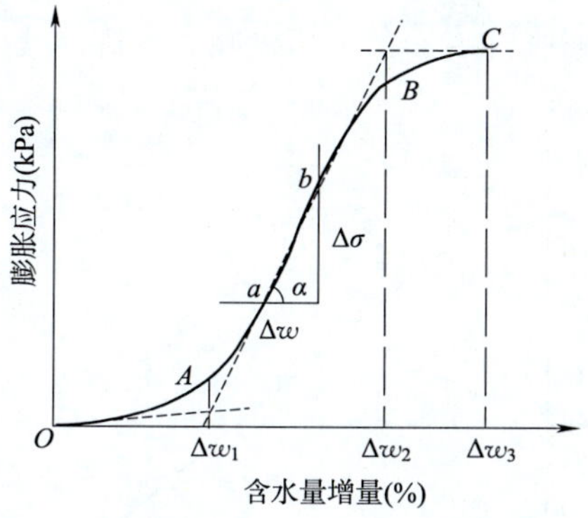

图 9.2.5 岩石膨胀应力与含水量关系理论曲线

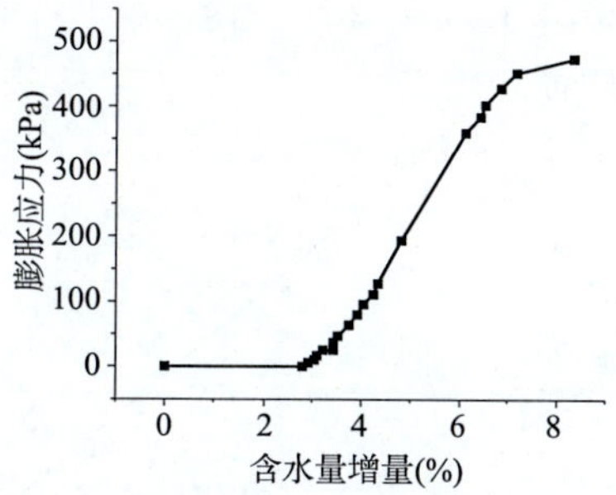

图 9.2.6 膨胀性泥岩膨胀应力试验曲线

曲线反映的膨胀应力随含水量变化的内在机制，与膨胀变形一致，在此不再复述。值得关注的是作为曲线主要部分的 AB 段直线的斜率，代表了含水量与膨胀应力之间存在的函数关系。和膨胀系数类似，我们定义其为膨胀应力系数，即单位含水量增量时膨胀应力的大小，记为

$$\alpha_e=\Delta\sigma/\Delta w \tag{9.2.6}$$

式中 α_e——岩石膨胀应力系数；

$\Delta\sigma$——岩石膨胀应力增量(kPa)；

Δw——岩石膨胀时含水量的增量。

4. 讨论和应用

从膨胀应力曲线上，很容易得到含水量变化条件下膨胀应力的变化，为边坡中因湿度改变引起膨胀应力改变而导致边坡稳定性变化的计算提供依据。同时，当边界条件改变时，膨胀应力可以转化为膨胀压力，成为结构荷载计算的依据。

膨胀应力的最大值，一般也就是通常所称的岩石膨胀力。根据膨胀力大小，可以对膨胀性岩石进行分级。具体分类标准，可参见表 9.1.1。

9.2.4 岩石强度衰减曲线

1. 试验原理及试验方法

膨胀性岩石的强度衰减，是水分子与矿物颗粒反应，减弱了岩石内部联结所致。因此，强度衰减与含水量有关。由于决定边坡稳定性的岩体强度主要是抗剪强度，因此，本节所及强度衰减，即膨胀性岩石抗剪强度随含水量的增加而降低。由此，强度衰减亦被视为含水量的函数。同前述变形试验一样，强度衰减的试验装置，主要是在传统的直剪试验装置的基础上，增加进水控制和测量系统，采用单点法直剪试验得到同级法向荷载、不同含水量条件下的剪切强度值。在没有适当的试验装置时，也可以采用不同含水量的分级试验，即制作一批不同含水量的岩样，在各级法向应力下，分别得到不同含水量的剪切强度值，最终获得不同含水量条件下的抗剪强度曲线簇，继而获得抗剪强度指标 c、φ 与含水量 w 的关系曲线。

2. 试验结果及讨论

根据分级试验方法，图 9.2.7 给出了几种膨胀性岩土的强度衰减曲线。试验结果表明，强度衰减曲线的形态基本为直线型或幂函数型，随着含水量从接近缩限到接近胀限的变化，c 值衰减了 60%～80%，φ 值衰减了 70%～90%。其中膨胀性岩石的 c 值衰减大于膨胀土，φ 值衰减小于膨胀土。

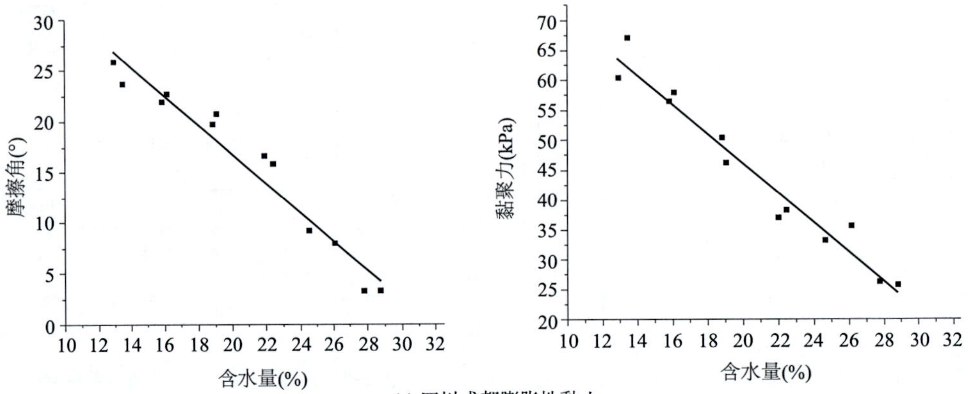

(a) 四川成都膨胀性黏土

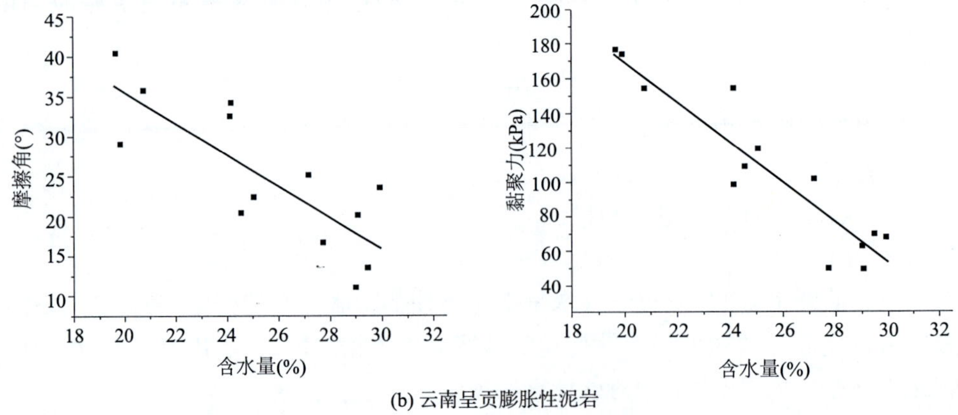

(b) 云南呈贡膨胀性泥岩

图 9.2.7

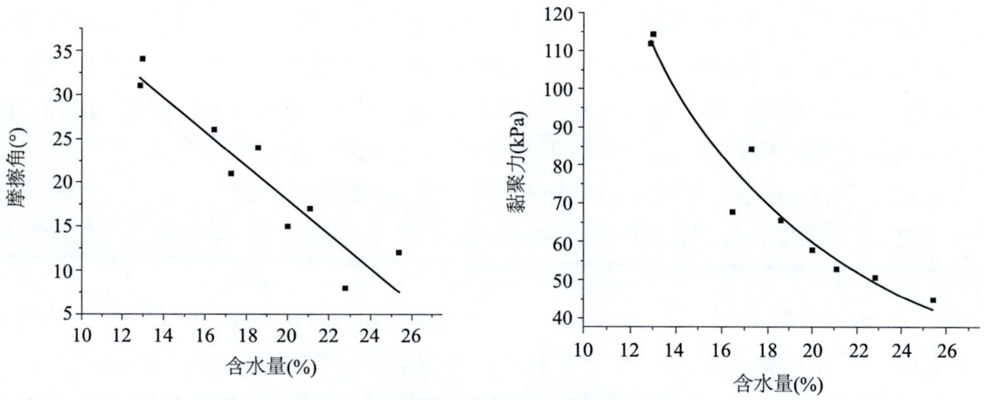

(c) 广西南宁膨胀新泥岩（据范秋燕，2008）

图 9.2.7　几种膨胀性岩土的抗剪强度衰减曲线

试验表明，通行的膨胀岩土工程设计中，采用强度参数折减作为设计计算方法，是有较好的科学依据的。但仅以强度折减来替代膨胀应力的作用，显然是有缺陷的。

9.3　膨胀性岩石边坡坡度设计及稳定性分析

岩石边坡坡度设计的本质，就是根据边坡应力和岩体强度的平衡关系，确定在自然条件下，保持边坡稳定的坡度。按此原理，膨胀性岩石边坡的坡度设计，就是考虑边坡在附加的膨胀应力作用和岩体强度衰减情况下的平衡。

在 9.1.3 部分，我们根据膨胀性岩石的性质和岩体结构，将膨胀性岩石边坡分为三类：结构性岩石边坡、类土质岩石边坡和混合型岩石边坡。本节将根据岩石膨胀性对不同类型边坡的作用和效应，分别讨论其边坡坡度的确定和稳定性分析方法。

9.3.1　结构性膨胀岩边坡坡度设计及稳定性分析

结构性膨胀岩石边坡，是以强度较好的岩块构成的结构性岩体的边坡。结构性岩石边坡的变形和破坏，是以岩块沿着结构面移动为主要类型的，岩块体本身的破坏是次要的。这种膨胀性岩石边坡，与本书第 4 章描述过的一般硬岩边坡高度相似。因此，一般岩石边坡坡度确定和稳定性分析的方法，原则上是适用的。和一般岩石边坡的不同之处在于，岩石膨胀性对结构性岩石边坡中的结构体单元(即岩块)的强度有弱化作用，以及膨胀应力提升了坡脚应力水平。块体强度弱化使边坡岩体质量降低。坡脚应力的增加，需要适当降低坡度以维持边坡的稳定性。在一般岩石边坡坡度确定的经验公式[式(4.1.5)]中，岩体质量的变化，直接影响到边坡坡度的计算结果。调整膨胀性岩石边坡的岩体质量数值，既表达了对岩体强度的弱化，也调整了边坡坡度。因此，结构性膨胀岩石边坡坡度确定的关键，是合理确定岩石膨胀作用对岩体质量的折减。

1. *岩石膨胀性对岩体质量的折减*

结构性岩石边坡中的岩石一般是指硬石膏等不易崩解的膨胀性岩石。岩石的膨胀作用主要由岩块(结构体)提供,即岩石块体的膨胀变形。在结构性岩体中,岩块的膨胀作用有两种表现形式:当结构面隙宽较大时,可以为岩石膨胀提供必要的空间,使膨胀变形得到部分或完全释放,岩块体积增加,强度降低。当结构面隙宽较小,岩块之间结合紧密时,岩块的膨胀变形受到约束,膨胀变形以膨胀压力的形式作用在结构面上,膨胀压力起到了挤密结构面的作用,实际上增加了块体之间的摩擦阻力,对边坡的稳定性起到促进作用。从边坡岩体的实际来说,由于岩块结构强度较高,膨胀变形较小,膨胀性岩体的结构面隙宽都较大。因此,岩石膨胀能够提供的膨胀压力一般都不大,对边坡稳定性的影响不明显,从安全储备考虑,可以忽略。因此,岩石膨胀性的效应主要是降低岩块强度,进而降低岩体质量。

由式(4.1.3),边坡岩体质量 $RQ=R\lg D$。显然,与膨胀性岩石强度弱化有关的参数就是岩石回弹值 R。根据回弹值对应于岩石单轴抗压强度,而膨胀性岩石的强度弱化与水有关,因此,可以将常规的岩石软化系数作为膨胀性岩石强度折减的依据。综合考虑膨胀应力对坡度的作用,提出膨胀性岩石的岩体质量折减系数(表 9.3.1)。

表 9.3.1　膨胀性岩石对边坡岩体质量的折减系数

岩石膨胀性分级	弱膨胀性	较弱膨胀性	中等膨胀性	较强膨胀性	强膨胀性
膨胀折减系数 η_e	0.8	0.55	0.35	(崩解)	(崩解)

在表 9.3.1 中,较强和强膨胀性岩石没有给出折减系数,是因为较强和强膨胀岩通常都是含膨胀性矿物较多的黏土类岩石。这类岩石水稳性极差,遇水极易崩解,边坡的破坏已由岩体结构的破坏转化为类土质边坡的整体滑动,不再属于结构性膨胀岩边坡讨论的范围。因此,结构性膨胀岩边坡坡度计算办法,仅限于中等膨胀性以下的膨胀岩。

2. 岩石边坡坡度计算式的修正

膨胀性对岩石边坡坡度经验公式的修正,是对公式中岩体质量的修正,修正后的膨胀岩体质量 RQ_e 为

$$RQ_e=\eta_e R\cdot\lg D \tag{9.3.1}$$

将式(9.3.1)代入式(4.1.5),则结构性膨胀岩石边坡坡度的计算式为

$$\alpha=14.7\ln(\eta_w\cdot\eta_e R\cdot\lg D)+13 \tag{9.3.2}$$

式中参数见本书第 4.1 节。由此,基于第 4 章一般岩石边坡坡度设计方法,建立了结构性膨胀岩石边坡坡度计算关系式。如果边坡高度超过 20 m,还要按式(4.1.6)进行高度修正。有关内容请参看本书第 4.1 节。

3. 坡度计算式的评估

根据式(9.3.2),试计算不同膨胀性等级、不同岩体质量时的边坡坡度。假定边坡岩体由中等块度 $D=40$ 的岩块构成,非膨胀状态时,岩块回弹值 $R=10\sim60$(软岩～硬岩),处于饱水状态(即地下水状态为滴水,折减系数 $\eta_w=0.7$)。根据表 9.3.1 中的折减系数,计算得到膨胀性岩石边坡坡度如图 9.3.1 所示。

试算表明,对结构性粉砂质泥岩(软岩,$R=15$),岩石为非膨胀岩时,计算坡度为 54.5°;较弱膨胀时,坡度为 51.2°;弱膨胀时,坡度为 45.7°;中膨胀时,坡度为 39°。对标准的结构性硬石膏岩(硬岩,$R=40$),岩石不膨胀时,计算坡度为 68.9°;较弱膨胀时,坡度为 65.6°;弱膨胀时,坡度为 60.1°;中膨胀时,坡度为 53.5°。以上表明,考虑膨胀性后,坡度比无膨胀性时的坡度要低 1～2 级坡比。根据工程经验,折减后的坡度较为合理,式(9.3.1)可行。

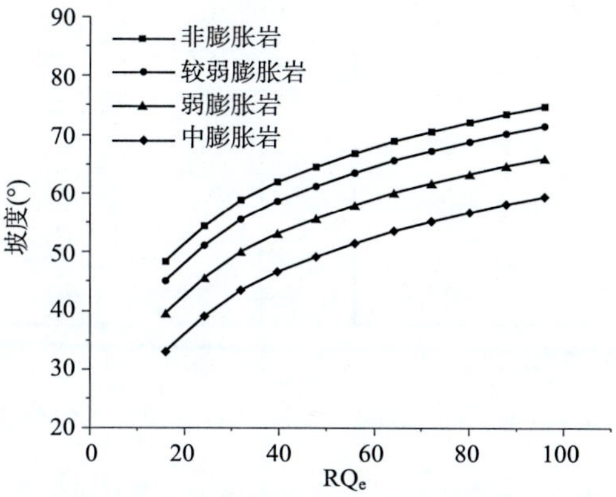

图 9.3.1 岩石膨胀性与计算坡度的关系

4. 结构性膨胀岩石边坡稳定性分析

根据前述边坡岩体膨胀效应分析，结构性膨胀岩石边坡的稳定性，主要受岩体结构面控制，膨胀性对结构面抗剪强度综合影响不大。因此，结构性膨胀岩石边坡的稳定性，沿用第4.2节岩石边坡稳定性分析方法。

9.3.2 类土质膨胀岩边坡坡度设计及稳定性分析

岩石膨胀性对类土质边坡的影响，主要是边坡岩土体的强度弱化和膨胀应力引起的坡脚剪应力的增加。边坡的设计，就是在考虑强度弱化和剪应力增加的双重作用下，选择一个适当的坡度，以平衡两方面的影响，维持边坡的稳定。为此，考虑岩石膨胀作用，采用数值模拟方法，分析边坡几何参数与边坡稳定的关系。

1. 岩石膨胀性对类土质岩石边坡力学特征的影响

膨胀性泥岩，在水的作用下，极易风化、膨胀、崩解，是典型的类土质膨胀岩石边坡。同时，根据现有调查，不同地区的泥岩，具有从较弱膨胀性至强膨胀性的分布范围。本节即以膨胀性泥岩为背景，建立基本模型，模拟分析边坡中塑性区分布状态，确定边坡的合适坡高和稳定坡度。模型参数为：单级直线坡，坡高 3～15 m，基本坡度 45°，岩石基本物理力学指标以自然状态(天然状态和饱和状态)为基础(表 9.3.2)，考虑岩石的膨胀性，暂时不考虑岩石的强度衰减。

表 9.3.2 类土质岩石边坡岩石计算参数

岩层	重度(kN/m³)	弹模(GPa)	泊松比	天然状态		饱和状态	
				φ(°)	c(kPa)	φ_r(°)	c_r(kPa)
泥岩	22	4	0.35	30	50	20	35

(1)坡高与塑性区大小的关系

研究坡高与塑性区的关系，在于从理论上确定类土质膨胀性岩石边坡的最佳单级坡高。以中等膨胀性岩石的膨胀应力为基础，分别计算坡高 3～15 m 时边坡塑性区的大小和分布特征。图 9.3.2 是部分计算结果的塑性区分布图，图中仅显示了坡高为 3 m 和 6 m 时的塑性区分布。塑性区计算的完整结果列于表 9.3.3。

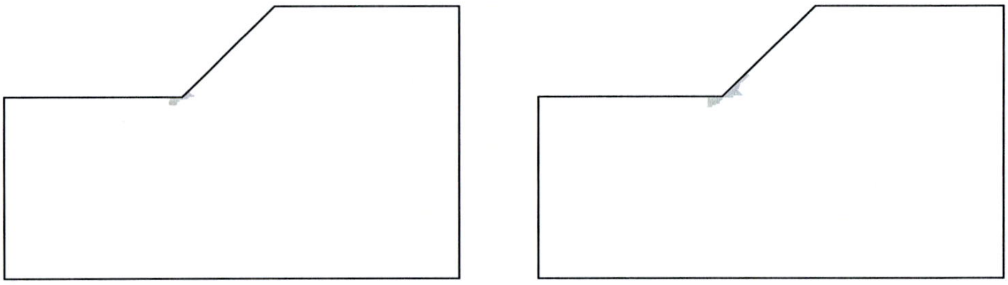

图 9.3.2 中膨胀泥岩不同坡高时塑性区分布图

表 9.3.3 中膨胀性泥岩边坡不同坡高塑性区计算结果

边坡坡高(m)	3	6	9	12	15
塑性区面积/坡面面积(%)	1.78	19.22	35.38	92.53	90.07

从图 9.3.2 中可见,边坡的破坏从坡脚开始。随着坡高的增加,坡脚塑性区向坡内增加,面积增大,同时从坡脚沿坡面向坡顶延伸。表 9.3.3 中坡面面积,是指边坡面与坡顶垂线和坡脚水平线围成的面积。从表 9.3.3 中清楚可见,当坡高为 6 m 时,塑性区面积比仅 19.22%。但对比图 9.3.2(b),可知坡面塑性区分布已达三分之一。当坡高达到 9 m 时,破坏面积比已超过 35%,坡面几乎全部处于塑性区。可以推知,如果边坡由较强等级以上的膨胀性岩石构成,即便坡高仅为 6 m,甚至 3 m,也无法保证坡面不破坏。由上分析得到结论是,对中等膨胀性以下(包括中等膨胀性)的膨胀性岩石边坡,最大单级坡高以不超过 6 m 为宜。对中等膨胀性以上(不包括中等膨胀性)的膨胀性岩石边坡,一般情况下不考虑设计为裸坡(即不设置重型支挡结构的边坡)。

(2)膨胀性与塑性区大小的关系

为宏观了解膨胀性与边坡塑性区的关系,设计同一边坡几何参数和物理力学指标,计算不同膨胀力作用下边坡塑性区的大小和分布特征。基本模型为坡高 6 m,坡度 45°,膨胀应力分别为 100 kPa、200 kPa、300 kPa、400 kPa、500 kPa,其他参数同上节。计算结果如图 9.3.3 所示,塑性区面积比见表 9.3.4。

表 9.3.4 不同膨胀应力条件下边坡塑性区计算结果

膨胀性分级	弱膨胀性	较弱膨胀性	中等膨胀性	较强膨胀性	强膨胀性
岩石的膨胀力(kPa)	100	200	300	400	500
塑性区面积/坡面面积比(%)	0.11	2.78	19.22	63.33	187.8

图 9.3.3 清晰地展现了膨胀性强弱(即膨胀应力大小)对边坡稳定性的影响。图中表明,当岩石膨胀性在中等及以下时,仅在坡脚局部范围发生剪切破坏,如图 9.3.3(a)、(b)所示。当岩石膨胀性达到中等以上时,塑性区范围明显扩大、加深,整体滑动面已经形成,如图 9.3.3(c)、(d)所示。结合表 9.3.4 中数据,中等膨胀性以上岩石边坡中,破坏面积比已高达 63%,可以视为边坡已整体破坏。

(3)坡度与塑性区的关系

根据边坡基本力学性质,降低坡度是改善边坡应力集中和塑性区大小的主要理念。采用

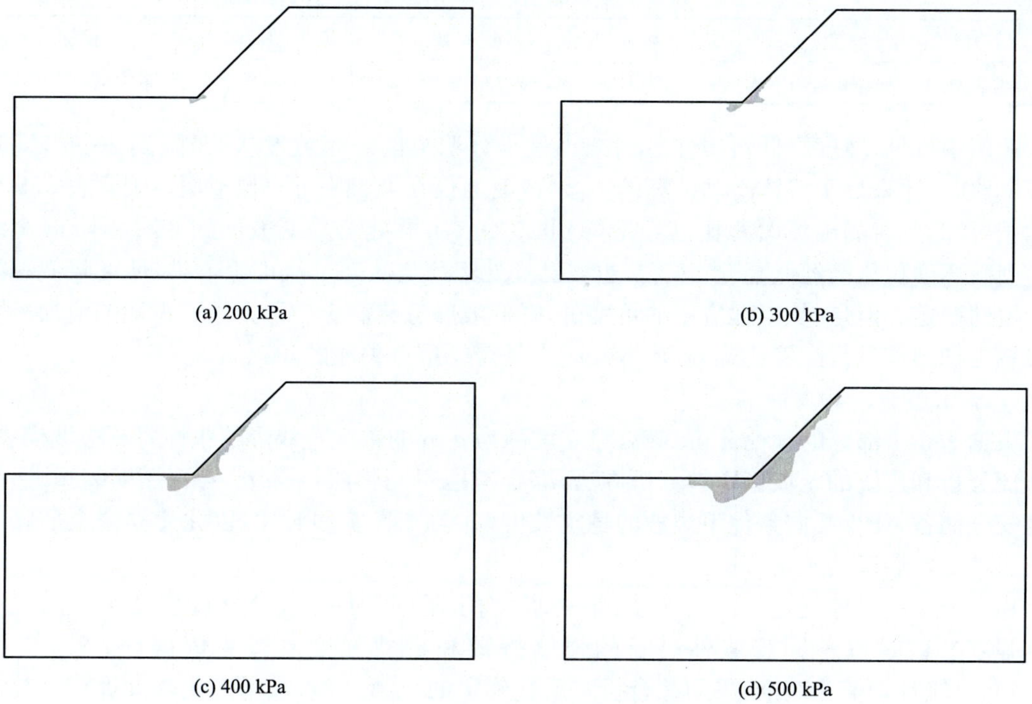

图 9.3.3　不同膨胀应力条件下边坡塑性区分布图

坡高 6 m，膨胀应力 300 kPa(中等膨胀性岩石)，计算坡度 63°～30°时边坡塑性区分布。计算结果如图 9.3.4 所示。塑性区面积比与坡度关系列于表 9.3.5 中。

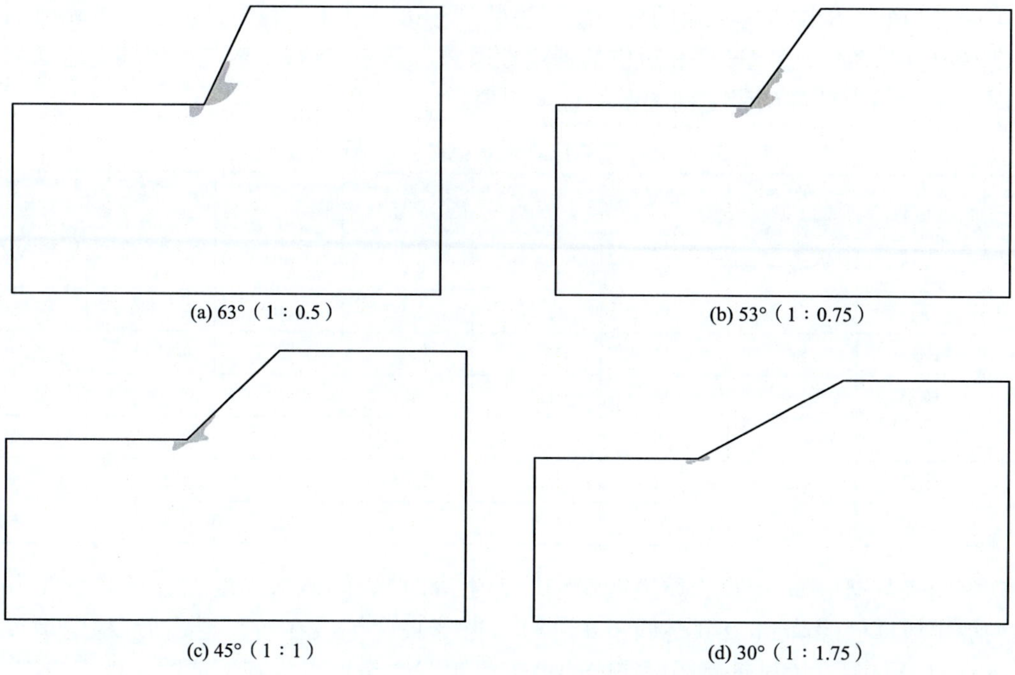

图 9.3.4　中等膨胀性岩石不同坡度边坡塑性区分布图

表 9.3.5 中膨胀性泥岩边坡不同坡高塑性区计算结果

边坡坡度(°)/坡比	63/1∶0.5	53/1∶0.75	45/1∶1	40/1∶1.25	35/1∶1.5	30/1∶1.75
塑性区面积/坡面面积(%)	73.33	35.26	19.22	9.69	5.26	3.17

从图中可见，坡度降低对塑性区的减小是十分明显的。当坡度从 63°降到 45°时，即降低两级坡比时，原来处于整体滑动破坏的边坡，改变为仅在坡脚附近表层滑塌。观察表 9.3.5 中的数据可知，此时的破坏面积比已经下降到 20%。如果继续降低坡度到 35°(再降低 2 级坡比)，则破坏面积比已经低至 5%左右，边坡已经处于稳定状态。从理论上讲，坡度降低总能获得边坡的稳定。但是，从工程应用的角度讲，降低坡度意味着土(石)方量和占地的增加。除了和设置支护结构进行经济比选外，环境效应也是需要重点关注的问题。

2. 类土质岩石坡度的确定

根据 9.3.1 部分的理论分析基础，建立坡高为 6 m 的单级直线形膨胀性岩石边坡模型，采用数值分析和传统的土坡稳定性分析方法，综合考虑不同膨胀性等级、岩石强度衰减、边坡稳定性安全储备，计算不同条件下边坡的稳定坡度，并与工程实践对比，以此建立类土质膨胀性岩石边坡稳定坡度的确定方法。

稳定坡度的具体确定方法分四步：第一步，确定不同条件下类土质膨胀性岩石的强度参数。强度参数是以不同膨胀性岩石的强度折减和抗剪强度衰减为依据(表 9.3.1 和图 9.2.7)，以统计均值为基准，采用综合折减系数确定的。第二步，采用商业软件理正计算各种参数条件下，稳定性系数不小于 1.5 的稳定边坡坡度值。第三步，采用数值分析方法，对第二步计算确定的稳定坡度下的边坡，在不同膨胀力作用下的塑性区进行计算分析，验证并确认各级膨胀性条件下的最高稳定坡度。第四步，将理论分析确定的稳定坡度与工程经验对比，根据工程实践要求进行适当调整和修正，最终提出类土质膨胀性岩石边坡的设计坡度。

第一步和第二步试算完成后的分析结果悉数列于表 9.3.6。表中显示了试算调整后的岩体强度参数折减系数、稳定坡度和对应的稳定性系数。其中，折减系数与稳定坡度之间的关系绘于图 9.3.5，可以建立两者之间关系的直观印象。

表 9.3.6 类土质膨胀性岩石边坡稳定坡度计算结果

序号	膨胀性	坡高(m)	坡度(°)	坡比	折减系数	黏聚力(kPa)	摩擦角(°)	稳定系数
1	弱	6	45	1	1	50	25	3.084
2	弱	6	39	1.25	0.92	46	23	2.968
3	较弱	6	34	1.5	0.85	42.5	21.25	2.966
4	较弱	6	30	1.75	0.8	40	20	2.936
5	中等	6	18	3	0.6	30	15	2.278
6	较强	6	14	4	0.5	25	12.5	2.486
7	强	6	6	9	0.2	10	5	1.531

观察图表数据可知，当类土质边坡膨胀性为中等时，岩体抗剪强度综合折减系数为 0.6，边坡的稳定坡度已经降到 18°(略低于 1∶3)。当膨胀性等级在较强至强后，稳定坡度仅为 6°～14°。计算结果在南昆铁路强膨胀岩边坡工程实践中是可以找到例证的。计算再次表明，在中等以上的膨胀性岩石边坡设计中，直接采用裸坡设计可能不具有实用价值。

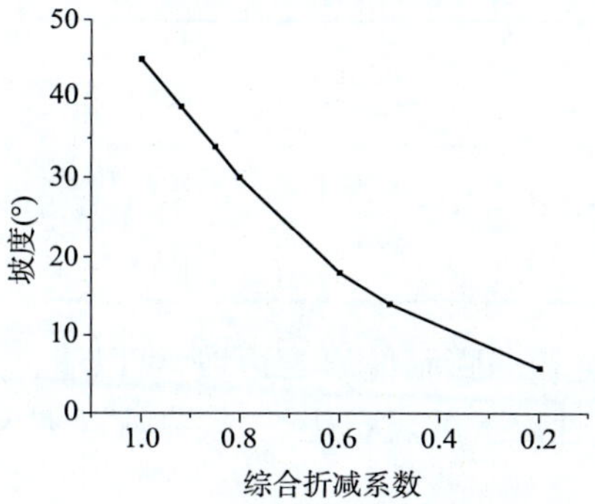

图 9.3.5 计算坡度与综合折减系数的关系

将上述结果作为下一步数值分析的基础，则确定裸坡稳定坡度的范围限制在中等膨胀性及以下等级。将弱至中膨胀性岩石的膨胀力细分为 6 级，即 0 kPa、50 kPa、100 kPa、150 kPa、200 kPa、300 kPa，采用数值分析分别计算边坡中塑性区分布情况，计算结果见表 9.3.7。

表 9.3.7 类土质膨胀性岩石边坡不同坡度塑性区计算结果

膨胀性分级		弱膨胀性			较弱膨胀性		中膨胀性
岩石的膨胀力(kPa)		0	50	100	150	200	300
塑性区面积/坡面面积(%)							
基本坡度	1∶0.5(63°)	0	1.33	8.00	10.11	26.89	73.33
	1∶0.75(53°)	0	0.15	0.59	2.07	8.74	35.26
	1∶1(45°)	0	0	0.11	0.67	2.78	19.22
	1∶1.25(40°)	0	0	0	0.18	1.24	9.69
	1∶1.5(35°)	0	0	0	0.15	0.59	5.26
	1∶1.75(30°)	0	0	0	0	0.38	3.17

如果以塑性区面积比小于 1%作为稳定坡度的划分标准，将数值分析结果与表 9.3.6 中传统土坡稳定性分析结果同时列入表 9.3.8。数据对比表明，数值分析结果相较于传统土坡稳定性分析，稳定坡度的等级普遍要高 1～2 级。考虑到土坡稳定分析结果包含的安全储备(稳定系数值)，这一结果合理且令人满意。

表 9.3.8 稳定坡度数值分析与土坡稳定性分析结果对比

膨胀性分级	弱膨胀性			较弱膨胀性		中膨胀性
岩石的膨胀力(kPa)	0	50	100	150	200	300
土坡稳定理论	—	45°(1∶1)	39°(1∶1.25)	34°(1∶1.5)	30°(1∶1.75)	27°(1∶2)
数值分析	63°(1∶0.5)	53°(1∶0.75)	53°(1∶0.75)	45°(1∶1)	35°(1∶1.5)	—

根据表 9.3.8 确定的稳定坡度，考虑类土质膨胀性岩石边坡的实际工程经验，经综合分析，提出类土质膨胀性岩石边坡稳定坡度建议值见表 9.3.9。

表 9.3.9 类土质膨胀性岩石边坡稳定坡度建议值

膨胀性分级	弱		较弱		中等及以上
岩石的膨胀力(kPa)	0～50	50～100	100～150	150～200	>200
建议坡度值	1∶0.75～1∶1(53°～45°)	1∶1～1∶1.25(45°～40°)	1∶1.25～1∶1.5(40°～35°)	1∶1.5～1∶1.75(35°～30°)	支护措施

由表 9.3.9 可知,对于弱至较弱膨胀性岩石边坡,可以通过适当调整边坡坡度来维持边坡的基本稳定。但对于中等膨胀性以上的岩石边坡,仅靠调整坡度难以维持边坡稳定,应采取必要的支护措施。

3. 类土质膨胀岩石边坡稳定性分析

类土质膨胀岩石边坡一般是指易崩解的膨胀性岩石或岩体结构接近碎裂—散体结构的岩石边坡,其破坏模式为圆弧形整体滑动,相似于传统土坡理论所描述的破坏,因此可以采用传统的土坡条分法进行稳定性评价。在本章中,虽然类土质膨胀岩石边坡坡度的确定,也是基于土坡稳定性分析的。但是,对具体的膨胀性岩石边坡而言,其岩石的膨胀性、岩石的抗剪强度以及抗剪强度随含水量的衰减变化却是随机的。因此,在根据表 9.3.9 初步选定设计坡度之后,必须根据岩土参数试验结果,进行稳定性分析。一般情况下,采用理正软件进行稳定性计算即可。对重要的、复杂条件下的边坡,也可采用数值分析与之相互印证。

9.3.3 混合型膨胀岩边坡坡度设计及稳定性分析

根据上述分析及本章 9.3.1 部分相关内容,混合型膨胀岩石边坡,是指膨胀性岩石和非膨胀性岩石组成的岩石边坡。比较典型的混合型岩石边坡,是红层中的非膨胀的砂岩和膨胀性泥岩组成的互层岩石边坡。边坡的稳定性既受膨胀性泥岩强度控制,也受砂泥岩互层所具有的岩体结构控制,与第 8.3 节中关于结构性红层岩石边坡类型相似,因此,可以依照第 8.3 节中的基本原理和方法,确定混合型膨胀岩石边坡坡度,并采用相应的稳定性评价方法。

1. 混合型膨胀岩边坡坡度设计

混合型膨胀岩石边坡中,膨胀性主要影响的是可膨胀的岩石(互层中的泥岩)的强度。根据膨胀性边坡岩体质量的定义(参见 9.3.1 部分),有

$$\mathrm{RQ_{se}}=\eta_e\left(\frac{R}{r_R}\right)\cdot\frac{D}{H} \quad 或 \quad \mathrm{RQ_{se}}=\eta_e R_s\cdot DH^{-1} \tag{9.3.3}$$

式中 $\mathrm{RQ_{se}}$——膨胀性软岩的岩体质量;

η_e——膨胀性系数,见表 9.3.1;

R——硬岩回弹值;

r_R——软硬互层岩体中硬岩与软岩的回弹比;

R_s——软岩回弹值;

D——岩体块度(cm)。

将式(9.3.3)代入在软硬互层边坡中建立的坡度计算式(8.3.4),有

$$\alpha=18.64\lg(\eta\cdot \mathrm{RQ_{se}})+30 \tag{9.3.4}$$

或完整形式

$$\alpha=18.64\lg\left[\eta_w\eta_f\cdot\left(\frac{\eta_e R}{r_R}\right)\cdot\frac{D}{H}\right]+30 \tag{9.3.5}$$

根据式(9.3.5)，即可计算混合型膨胀岩石边坡的稳定坡角。

2. 坡度计算式评估

根据实际工程样本统计数据，选取软硬互层的混合型膨胀岩石边坡数据，按不同软硬回弹比和不同膨胀性试算边坡坡度，并对试算结果进行评估。试算边坡依据的基础参数为：硬岩回弹值 $R=25$（一般性砂岩），软硬回弹比 $r_R=1\sim3$（一般性泥质粉砂岩～泥页岩），块度 $D=30$ cm，坡高 $H=12$ m，风化程度中风化，系数 $\eta_f=0.6$，地下水状态为滴水（饱和），系数 $\eta_w=0.6$，膨胀性软岩等级为弱至中等，系数 $\eta_e=0.8\sim0.35$。试算的坡度与混合型膨胀岩体质量关系曲线如图 9.3.6 所示。

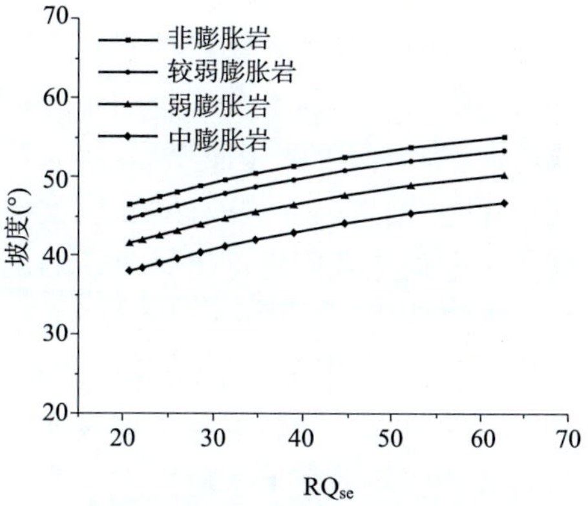

图 9.3.6　不同膨胀性混合型岩石边坡坡度与岩体质量的关系

试算表明，对比普通软硬互层岩石边坡，混合型膨胀岩石边坡的坡度，依据膨胀性的增强，平均依次下降了 2°～4°，基本是 0.5～1 级坡比。从坡度之看，当互层中存在岩体质量较差、极易崩解的软岩层时，根据膨胀性的不同，互层边坡坡度从 46.3°(约 1∶1)下降至 37.8°(约 1∶1.25)。当互层中膨胀性岩层的岩体质量较好时，互层边坡的坡度从 55.2°(约 1∶0.75)下降至 46.7°(约 1∶1)。根据大量工程实践看，上述坡度处于合理范围，因此，按式(9.3.5)计算混合型膨胀岩石边坡坡度是可行的。

3. 混合型膨胀岩石边坡稳定性评价

混合型膨胀岩石边坡仍然具有典型的层状岩体结构特征，其稳定性评价方法，采用第 8 章红层结构性岩石边坡模糊综合评判方法。需要强调的是确定抗剪强度参数(以 JRC 表达的)时，应考虑岩石膨胀性的折减。具体步骤和方法，可以参考本书 8.3.4 部分的相关内容。

9.4　膨胀性岩石边坡支护工程

从力学的角度看，边坡稳定性是边坡岩体中任一点的岩体强度与应力相互作用的结果。边坡岩体强度是岩体的自然属性。边坡中的应力，由边坡的几何特征和其他物理力学特征，如岩体重度、弹模、泊松比等，共同决定的，其中岩体的物理力学特征，也是岩体的自然属性。因此，边坡设计的本质，就是选择合理的坡度、适当的坡高等几何要素。边坡的破坏，在力学机制上，就是当边坡岩体强度低于边坡应力时，边坡会以过大的变形直至破裂面的形成、以部分岩体的移动表现出来，使边坡失去使用功能。通过设计时进行的稳定性分析，如果边坡稳定性不满足工程设计要求，在一般情况下，首先会选择降低坡度的方式进行调整。如果坡度调整仍然达不到稳定需求，也会采用降低坡高、设置台阶等方法处理。但是，放缓边坡意味着土石方量的增加和工程占地面积的扩大，需要与工程造价和环境保护综合平衡。更重要的是，对中等膨胀性以上的岩石边坡工程而言，如同前述章节的计算与讨论中反复提到过的一样，很多情况下，无法通过降低坡度来保证边坡的稳定。因此，采用人工构筑物给边坡提供反力的支挡工程，就成为膨胀性岩石边坡工程中必不可少的重要内容。在本节中，将详细讨论有关膨胀性岩石边坡支挡工程的设计计算问题。

9.4.1 支护设计基本原则

对岩石膨胀性和膨胀性岩石边坡力学特征的理论研究表明(参看第 9.1 节和第 9.3 节),岩石的膨胀性是岩石含水量的函数;膨胀性岩石边坡中存在的膨胀应力,导致坡脚塑性区形成或扩大;当坡面因膨胀而变形过大时,可能导致边坡表层发生溜坍或滑塌。为保证边坡的安全使用,防止边坡破坏失效,需要以支护结构去克服上述问题。换言之,支护结构的目的和作用,就是对上述边坡问题作出针对性的反应,提供解决问题的具体工程措施。

膨胀性岩石边坡的支护结构包括两大类:支挡(支撑)和保护(维护)。前者主要是利用人工构筑物,如抗滑桩、挡墙、各种锚固结构等,提供抵抗边坡变形破坏的支撑反力。后者主要是采用天然或人工材料覆盖边坡表面,防止水气入渗改变岩石含水状态造成岩石强度衰减,并引发边坡产生新的变形和应力。

根据上述原理,膨胀性岩石边坡支护设计的基本原则为:第一,对所有膨胀性岩石边坡的边坡坡面和坡顶一定范围采取防水封闭措施,加大坡顶截排水沟的设置范围,以确保边坡岩体含水量不发生变化。第二,对所有按稳定坡度设计的膨胀性岩石边坡,在坡脚处设置不低于 1 m 高的坡脚挡墙,防止坡脚未平衡的集中应力引起的变形破坏。对黏土类膨胀性岩石边坡,严格控制单级坡高不高于 6 m。设为多级边坡时,应保证平台宽度不小于 2 m。且在各级坡脚均应设置不低于 1 m 高的坡脚挡墙。第三,对膨胀力达到中等及以上的黏土类膨胀性岩石边坡,不做裸坡设计,均采用支挡结构维护边坡稳定。

9.4.2 支护结构类型

支护结构是支挡和防护结构的统称。支挡结构主要为边坡变形提供支撑反力,一般都是较为重型的构筑物。防护结构主要用于保护边坡岩体免受降水侵袭,一般是轻型和附属结构。合理完善的边坡支护体系,应该是坡面防护体系和坡体支挡体系的有机结合。

1. 防护结构的主要类型

常见的坡面防护结构有植被护坡、干(浆)砌片(条)石护坡、混凝土面板护坡、喷射混凝土护坡等护面结构,以及截水沟(天沟)、排水沟等截排水设施。由于膨胀性岩石胀缩变形的反复性和周期性,边坡坡面防护措施应尽量考虑柔性防护措施,以抵消坡面岩体的胀缩变形对护面结构的破坏。和普通岩石边坡不同,膨胀性岩石边坡采用植被护坡时,如果选用根系发达、根须长大的灌木、乔木时,可能因为地表水沿根系下渗,增加边坡岩体含水量,反而不利于边坡的稳定。选用植被护坡时,应根据膨胀性岩石的类型和膨胀潜力,慎重选用。同时,对膨胀潜力较大的边坡岩体,护坡宜采用浆砌等隔水防入渗的结构和工艺,严格防止因水的入渗引起岩石膨胀。

边坡设计时,在坡顶面、坡面、坡底面均应设置防排水工程。坡顶面接受降雨直接入渗,降雨入渗作用比较强,在扩大坡顶封闭区域的情况下,要确保设置在坡顶护坡外的天沟的截水排水能力。坡底面设置的排水措施,要与坡脚挡墙连为一体,不仅作为底面排水之用,更要避免水在坡脚滞留、淤积、下渗,软化坡脚,危及边坡。在工程实际中,边坡坡顶面、坡面和坡底面都可能是利用场地,如生活小区、铁路路基等,这些场地都有可能向膨胀性岩石边坡中排放生活污水、工业用水,对这些区域的水的防排措施,应与边坡的整体防排水措施结合起来。

2. 支挡结构的主要类型

边坡支挡结构是为边坡变形提供支撑反力的。由于岩石膨胀应力和强度衰减影响，使得膨胀性岩石边坡中的土压力，比一般岩石边坡中的土压力要更大，支挡结构要承担的荷载也更大。因此，膨胀性岩石边坡的支挡措施应普遍强于普通岩石边坡。

常用的支挡结构类型包括锚杆（索）框架梁、挡土墙、抗滑桩、锚拉桩等。膏盐类膨胀性岩石边坡相对变形较小，也没有与水泥浆黏结欠佳的问题，因此，锚杆（索）框架梁在这类膨胀岩石边坡中应用是合适的。抗滑桩、锚拉桩应适应性强、占用空间小、施工方便，在膨胀性岩石边坡中应用比较广泛。对膨胀性较弱的黏土类膨胀岩边坡，在经济性明显可观的条件下，挡土墙是一个合适的选择。单纯的锚杆（索）除在膏盐膨胀性岩石边坡中尚可采用外，不推荐在黏土类膨胀性岩石边坡中使用。其原因是锚杆锚索施工时，需要向钻孔内注入水泥浆作为黏结物。但水泥浆可能使膨胀性岩石崩解、软化，造成黏结强度不足，使用效果不够理想。其实，带有锚杆（索）的结构，都要评估其在黏土类膨胀岩边坡中的应用问题。

9.4.3 膨胀性岩石边坡的设计参数

膨胀性岩石边坡与普通岩石边坡的不同之处就在于岩石的膨胀性。在本书关于岩石膨胀性理论体系中，计算岩体膨胀应力所需参数，和通行方法相比，略有增加和变动。本节将描述这类增加和变动的参数。而普通的岩土物理、水理和力学参数，不在此重复。需要说明的是，在用岩粉自由膨胀率指标进行岩石膨胀性估计时，改进的试验方法请参看 9.2.1 部分。

1. 岩石的含水量

在本书中，岩石含水量包括三个含水量：天然含水量 w_0、缩限含水量 w_c 和胀限含水量 w_e。其中，岩石的天然含水量是在野外实际取样测试的。根据本书的相关理论，天然含水量是地表以下，不受当地大气降水入渗深度影响的含水量。如果地下水水面在边坡坡面深度范围内，还应该分别获取地下水面上下的含水量。从理论上讲，在钻孔取样时，加水钻进取样方式是不合适的。

岩石缩限含水量和胀限含水量是在实验室中采用一定的浸水试验方法获取的。缩限含水量是指岩石中的水分蒸发时体积收缩到极限但不开裂时的含水量，是岩石在自然条件下的最低含水量。胀限含水量是指岩石充分吸水膨胀到极限后的稳定含水量。岩石的天然含水量采用称重—烘干—称重法测试，岩石的缩限、胀限含水量采用烘干—称重—控制进水—实时观测变形—实时称重法测试。岩石含水量是计算边坡附加膨胀压力的依据之一。

2. 岩石膨胀变形与膨胀应力曲线

采用第 9.2 节描述的装置和试验方法，测试得到岩石膨胀变形和膨胀应力随含水量变化的曲线，求取膨胀系数和膨胀应力系数，评估膨胀性等级。膨胀变形和膨胀应力曲线是边坡应力、附加膨胀压力数值分析和支挡结构荷载计算的重要依据。

3. 岩石抗剪强度衰减曲线

根据 9.2.3 部分关于膨胀性岩石膨胀时抗剪强度衰减的描述，采用相应的方法，测试获得膨胀性岩石抗剪强度随含水量增加而衰减的曲线，抗剪强度衰减曲线是边坡稳定性计算参数折减的依据。

4. 降雨入渗深度

降雨入渗深度是指大气降雨时和降水后，雨水渗入边坡的有效深度。降雨入渗深度与降雨时长、降雨强度、边坡坡度、岩体渗透系数、裂隙发育程度有关，专项研究中，可以通过数值模拟、现场试验的方法确定。一般工程中多由地区经验公式估计。

通过对成都地区膨胀性岩土边坡降雨入渗的现场试验、室内模型试验和数值模拟研究，坡顶降雨入渗深度 h_r(cm)，可以由以下经验公式估计

$$\begin{cases} h_r=1.9848T+0.0104p+3\times10^3k+1.0766d_c-109, & T\leqslant9.85,\ p\leqslant6.097 \\ h_r=1.9848T+0.8228p+3\times10^3k+1.0766d_c-0.8, & T\leqslant9.85,\ p>6.097 \\ h_r=0.494T+0.8228p+3\times10^3k+1.0766d_c+9, & T>9.85,\ p\leqslant6.097 \\ h_r=0.494T+0.0104p+3\times10^3k+1.0766d_c+13.8, & T>9.85,\ p>6.097 \end{cases} \tag{9.4.1}$$

式中 T——降雨时长(h)；

p——12 h 降雨强度(mm)；

k——饱和渗透系数(m/s)；

d_c——裂隙深度(cm)。

9.4.4 膨胀荷载的计算

作用在支挡结构上的荷载，是边坡中自重应力和附加的膨胀应力作用于支挡结构的结果。根据现有的土压力计算理论，有岩土体自重产生的土压力计算方法，有基于弹性理论的理论土压力，或基于边坡岩土体破坏的极限土压力(库仑、朗金土压力)等。对岩石边坡而言，岩石因膨胀应力而产生的土压力，本质上是形变压力，应该采用弹塑性分析理论计算。但是从工程实用和习惯出发，可以将膨胀压力视为边坡中的附加荷载，从而可以方便地纳入边坡支挡结构设计计算之中。因此，本节主要讨论的内容，就是如何计算附加的膨胀压力(即膨胀荷载)。

边坡中膨胀应力的产生，是膨胀性岩石吸水膨胀的结果。岩石吸水率的不同，其膨胀量也不同。在边坡没有开挖前，除了地表作为自由界面可以释放岩石的膨胀变形外，其余部分的膨胀被约束，以膨胀应力的方式存在于边坡岩体中。当边坡挖开时，原来的平衡被打破，新形成的临空面成为以自由变形的方式释放应力的界面。当以支挡结构物来抵抗新临空面的变形、维持原有平衡时，原来失去约束的应力即以压力的方式作用于结构，形成膨胀压力，成为结构承受的荷载。我们在这里描述的仅仅是岩石膨胀产生的荷载，故称为膨胀荷载。显然，膨胀荷载的计算，要从边坡湿度场的计算开始。

1. 边坡湿度场

边坡湿度场是降水和地下水共同影响的结果。边坡开挖前，降雨影响深度以下的边坡岩体湿度场是相对恒定不变的，称为天然湿度场。在天然湿度场部分，岩石的膨胀与含水量的平衡已经建立并稳定，于是膨胀应力场也是相对恒定的。

在降雨影响深度范围内，情况要复杂些。当边坡处于非降雨时段时，即上次降雨后入渗过程已经处于稳定状态时，由于地面蒸发的影响，这部分岩石的湿度自地表向下，可能在缩限到天然含水量之间变化。当降雨时，这部分岩石的湿度自地表向下，可能在饱和(胀限)到天然含水量之间变化，也可能全部处于饱和状态。

而实际上，由于每次降雨的雨量、时长和地表岩土的状态不同，入渗深度也是一个随机变量。而且，从降水入渗深度到稳定的天然含水量之间，还存在一个过渡带。边坡湿度场的这种不确定性和复杂性，可以通过在我国不同地区，对膨胀性岩土湿度场分布进行实测的曲线展示出来(图 9.4.1)。从图中可以看出，无论雨季或旱季，地表土层由于受到大气影响，降雨和蒸

发影响显著，含水量产生巨大波动，随着土层深度的增加，波动幅度逐渐减小，到达一定深度后，达到一个稳定值，即天然含水量。

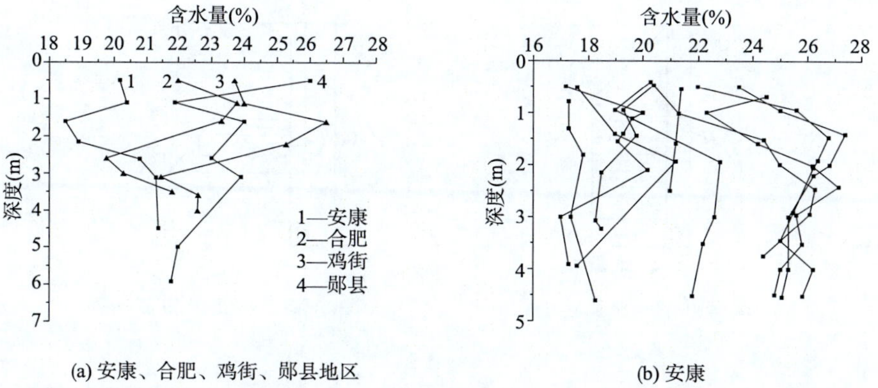

图 9.4.1　我国部分地区膨胀岩土中湿度随地下深度变化的曲线(据廖世文,1984)

和降雨入渗深度类似，我们将地表到天然含水量这部分深度称为湿度变化深度。但在工程应用中，如果有资料决定湿度变化深度并能确定这个深度范围内湿度的变化值，可以采用这些资料作为湿度场数据用于计算。如果难于获得这些资料，可以采用根据当地经验建立的经验公式估计，如式(9.4.1)。还可以根据现场强风化带深度、岩土体裂隙深度、岩土体渗透系数等进行估计。可以结合边坡工程实际情况，在 0.5～1.5 m 范围内选择使用。除按实测湿度场获取的实际含水量数据之外，在用其他方法估计得到的湿度变化深度内，均视为岩土体处于饱和状态。

2. 膨胀应力场

膨胀应力是岩石吸水膨胀，而膨胀被约束的结果。假定岩石在成岩时，由于压密、脱水等成岩作用，成岩后的岩石处于缩限状态。成岩后，由于地壳上升、构造变形、剥蚀等内外力地质作用，原来深埋的岩层在地表出露成为地表岩体。地表岩体在地表地下水的长期作用下，在岩体内部形成相对稳定的天然湿度场。在天然湿度场形成的过程中，岩石随之吸水膨胀。在边坡未开挖前，假定岩体为半无限体，岩石膨胀被约束，因而形成与天然湿度场相适应的膨胀应力场，称为原始(天然)膨胀应力场。

在不考虑大气降水或地表过水影响的情形下，原始膨胀应力场的分布有如下特征：一是岩石的膨胀是内部结构引起的体积膨胀，因此，膨胀应力在各个方向是相等的。二是地表作为自由界面，岩石的膨胀可以充分释放，因而其膨胀应力为 0。从地表开始向下，由于上部岩石的自重逐渐增加，岩石的膨胀逐渐被限制，因而膨胀应力逐渐增大，直至达到与天然含水量相应的原始膨胀应力。原始膨胀应力的分布形如梯形，可用图 9.4.2(a)示意。

图 9.4.2(a)中，我们将自重与膨胀应力相等时的地下深度称为地表影响深度，则膨胀应力 σ_{e0} 和地表影响深度 h_0 的计算如下

$$\begin{cases}\sigma_{e0}=\alpha_e\cdot(w_0-w_c)\\ h_0=\dfrac{\sigma_{e0}}{\gamma}\end{cases}\tag{9.4.2}$$

式中　α_e——膨胀应力系数；

w_0——天然含水量(%)；

w_c——缩限含水量(%)；

γ——岩石重度(kN/m^3)。

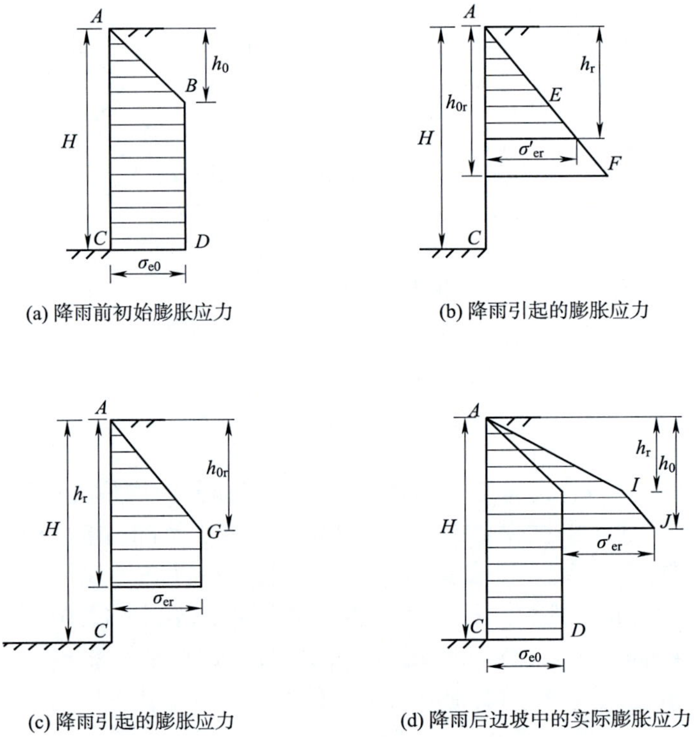

图 9.4.2 原始膨胀应力分布

在考虑降水和地面过水的情形下，由于地表水入渗，在入渗深度范围内，岩石含水量将发生变化。从工程实用角度出发，假定入渗深度的岩石都进入饱和状态，此时岩石膨胀变形达到胀限，其膨胀应力也达到最大值。同样，由于地表可自由变形，地表膨胀应力仍然为 0。此时仅由表水引起的膨胀应力分布有两种形式：当表水作用下的地表影响深度 h_{0r} 大于表水入渗深度 h_0 时，表水引起的膨胀应力为三角形分布，如图 9.4.2(b)所示。当表水作用下的地表影响深度 h_{0r} 小于表水入渗深度 h_0 时，表水引起的膨胀应力为梯形分布，如图 9.4.2(c)所示。表水作用下的膨胀应力 σ_{ee} 和地表影响深度 h_{0r} 计算如下

$$\begin{cases}\sigma_{ee}=\alpha_e\cdot(w_e-w_c)\\ h_{0r}=\dfrac{\sigma_{ee}}{\gamma}\end{cases} \tag{9.4.3}$$

式中，w_e 为胀限含水量。这样，在有地表水作用时，地表下膨胀应力的分布，就是表水作用下的膨胀应力场与原始膨胀应力场的叠加。由于入渗深度和地表影响深度的组合关系，叠加后的膨胀应力场有不同分布形式。实际上，由于具体边坡的入渗深度、地表影响深度、初始膨胀应力和降水膨胀应力之间的大小组合关系不同，最终的边坡膨胀应力的分布有多种组合形式。图 9.4.2(d)仅显示了其中的一种分布形式。边坡膨胀应力分布，是计算附加膨胀荷载的基础。

3. 膨胀荷载的分布形式

当边坡开挖后，在新形成的坡面临空面处，原来应力的平衡状态被打破。新坡面处不平衡

的应力以坡面变形来释放。此时，可通过在坡面处设置人工构筑物(支挡结构物)的方法，来抵抗应力释放产生的坡面变形，以恢复原有的应力平衡状态，则坡面处原有的应力将转换为作用在结构物上的荷载。为简便起见，在此仅讨论膨胀应力引起的荷载作用，即附加膨胀荷载作用，简称膨胀荷载作用。

首先讨论膨胀荷载的分布形式。在开挖后的坡顶部分，由于坡面处于完全自由状态，原始膨胀应力可以在不受其他条件的限制下，完全转化为对支挡结构的荷载。因而，可以认为，坡顶部分的荷载分布形式，与膨胀应力的分布形式一致。在坡脚部分，由于坡底平面以下可以视为恢复到原来的半无限介质状态，可以认为在坡脚处，原来的应力平衡状态仍然保持，边坡开挖没有给原始膨胀应力的释放提供空间，原始膨胀应力不会转换为作用在支挡结构上的压力(即膨胀荷载为 0)。在坡面的其他部分，因坡脚约束的影响，膨胀变形从坡顶的自由变形逐渐转换到受约束的变形，因而，膨胀荷载的分布也有一个从坡顶到坡脚由等于膨胀应力到为 0 的分布变化。由于坡底面同样受降水影响，假定在相同的入渗深度影响范围内，膨胀性岩土性质弱化而不能完全抵抗被动土压力，而使坡底表层岩体强度衰减，因而在坡脚以下一定范围内，支挡结构前端的岩体变形大于坡内岩体的变形，使得这部分支挡结构仍然受到膨胀荷载作用。因此，将膨胀荷载为 0 的基点下移到边坡底面以下表水入渗深度处。根据以上假定，边坡膨胀压力的理论分布模型如图 9.4.3(a)所示。

为了验证理论模型的合理性，采用数值分析方法，对设桩工况下的直立边坡桩后膨胀压力进行模拟计算。模拟计算结果如图 9.4.4 所示。对比图 9.4.3(a)和图 9.4.4，可以看出，在地表影响深度以上的坡顶部分，模拟计算得到的膨胀荷载的分布特征，与理论计算模型的分布特征基本一致。在地表影响深度以下部分，由于自重应力产生的侧向土压力与膨胀压力方向相反。受土体自重侧压力影响，数值模型计算得到的膨胀压力分布规律，与理论模型的荷载分布有所区别，但不影响对边坡膨胀压力分布特征的认识和印证。仔细观察数值模拟结果，还可以得出，荷载分布中最大值出现的部位，虽然略大于降水入渗深度，但两者非常接近，误差可以忽略。因此，可以用入渗深度作为最大压力的计算深度。因此，可以认为，膨胀压力的理论模型是合理的。

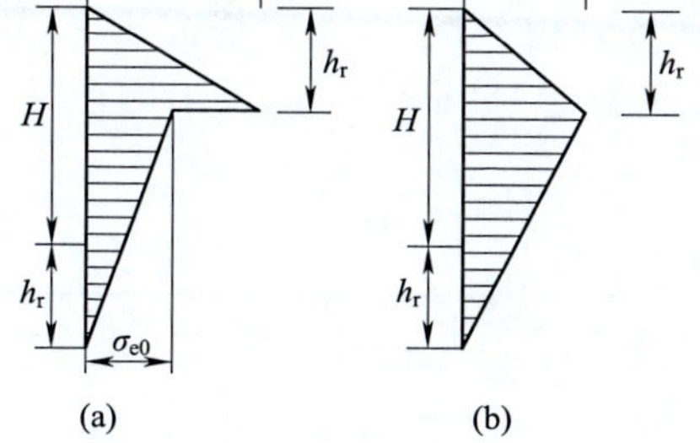

图 9.4.3 膨胀压力分布理论模型

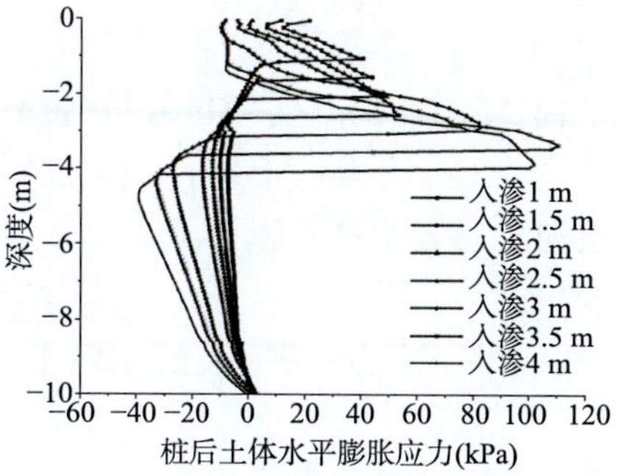

图 9.4.4 膨胀压力数值分析结果

考虑到工程实用性，对边坡膨胀压力理论模型做进一步简化。根据荷载分布面积大致等效的原则，假定膨胀应力分布的变化规律为线性，附加膨胀压力的理论分布模型可简化为单一三角形分布模型。膨胀压力最大值处的深度为入渗深度 h_r，膨胀压力计算值为天然膨胀力变化到饱和膨胀力的增量 p_e($p_e=\sigma_{ee}-\sigma_{e0}$)。简化模型如图 9.4.3(b)所示。

为了对比理论模型与简化模型的计算结果，采用实际工程中常用的理正软件，分别计算在理论模型和简化模型条件下，边坡土压力、支护桩的变形和内力。模型参数如下：坡高 $H=10$ m，直立坡。岩土重度 20 kN/m^3，入渗深度 $h_r=1.5$ m，最大膨胀力 $\sigma_{ee}=300$ kPa，天然膨胀力 $\sigma_{e0}=100$ kPa。计算结果见表 9.4.1。

表 9.4.1 不同膨胀力分布模型对比简表

膨胀力分布模型	土压力(kN/m)	桩顶位移(mm)	最大弯矩(kN·m)	最大剪力(kN)
简化模型	−1639.75～3371.8	−30.24～1.28	0～6619.57	−935.66～2577.89
理论模型	−1260.61～2572.15	−23.96～0.99	0～5184.19	−678.66～1999.98
误差(%)	30.08～31.09	26.21～29.29	0～27.69	37.87～28.90

计算结果表明，简化模型计算的土压力、变形和内力，均大于理论模型，平均大 30.16%，表明采用简化模型的计算结果比理论模型具有超过 30%的安全余量，符合工程设计要求。

由上，如图 9.4.3(b)所示，膨胀性岩石边坡附加膨胀荷载的分布及计算参数确定如下。

(1)附加膨胀荷载为三角形分布，坡顶膨胀荷载为 0。最大压力(三角形顶点)出现在距坡顶面深度为降雨入渗深度 h_r的坡面。从坡脚沿坡面向下延伸一个入渗深度 h_r的距离，作为虚拟坡脚，其膨胀荷载为 0。

(2)最大荷载的值 p_e按膨胀应力曲线上胀限应力 σ_{ee}(即极限膨胀应力)与原始膨胀应力 σ_{e0}(即天然含水率应力)之差计算，即

$$p_e=\sigma_{ee}-\sigma_{e0}=\alpha_e(w_e-w_0) \tag{9.4.4}$$

式中，各参数的含义及获取方法参见图 9.1.1 和式(9.2.6)。

以上即为膨胀性岩石边坡支挡设计中最重要的附加膨胀荷载的计算方法。具体结构设计依照相应设计规范执行即可。

9.4.5 工程实例——成都绿地蜀峰 468 超高层建筑 4 号基坑边坡

在本节中，以成都东郊绿地中心蜀峰 468 超高层城市综合体膨胀岩土 4 号深基坑边坡支挡设计为例，说明膨胀性岩石边坡支挡设计的计算过程和现场测试验证结果。

1. 工程概况及工程地质条件

基坑工程位于龙泉驿区，项目基坑等级一级，基坑开挖深度 13 m。基坑开挖揭露地层可分为 3 层：0～2.2 m 为素填土层，2.2～5.2 m 为成都黏土(膨胀土)层，以下为白垩系灌口组强风化红层泥岩。岩土基本参数见表 9.4.2。

表 9.4.2 基本岩土参数

岩土类型	重度(kN/m^3)	天然含水率(%)	缩限含水率(%)	胀限含水量(%)	摩擦角(°)	黏结力(kPa)
素填土	18.5	22	—	—	10	10
成都黏土	19.5	22	15	28	18	40
红层泥岩	23	3.88	2.6	4.5	30	50

2. 膨胀性参数试验

根据 9.2 节的试验方法，分别测得成都黏土和红层泥岩的膨胀试验结果及参数如图 9.4.5、图 9.4.6 及表 9.4.3 所示。

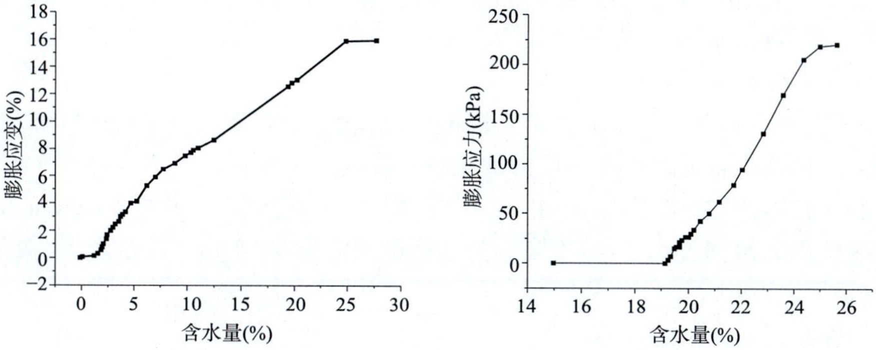

(a) 膨胀变形　(b) 膨胀应力

图 9.4.5　成都黏土膨胀试验曲线

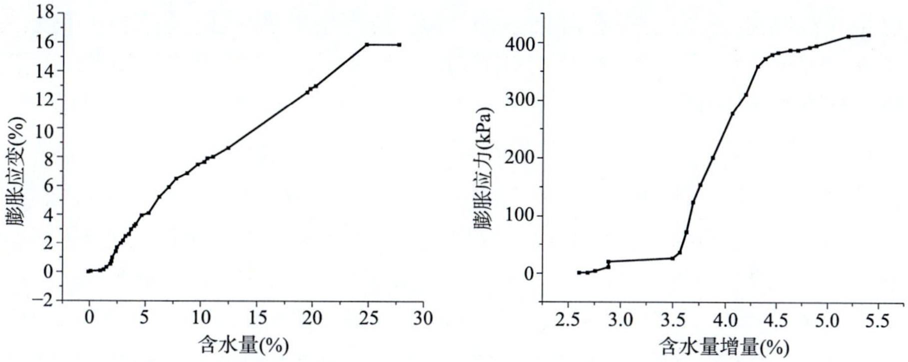

(a)膨胀变形　(b) 膨胀应力

图 9.4.6　红层泥岩膨胀试验曲线

表 9.4.3　岩土膨胀性参数

岩土类别	自由膨胀率(%)	膨胀变形(%)	膨胀应力(kPa)	膨胀系数	膨胀应力系数	膨胀性
成都黏土	44	8.71	225	0.76	39.22	中等
红层泥岩	10	0.35	414.87	0.42	343.01	较强

3. 附加膨胀荷载计算

(1)降雨入渗深度的计算

降雨入渗深度按式(9.4.1)计算。计算参数见表 9.4.4。

表 9.4.4　降雨入渗深度计算参数

序　号	参数名称	值
1	降雨时长 T	24 h
2	降雨强度 p	25 mm/12 h
3	饱和渗透系数 k	5×10^{-7} cm/s
4	裂隙发育深度 d_c	85 cm

由 $T>9.85$，$p>6.097$，取式(9.4.1)第(4)式，得

$$h_r=0.494\times24+0.0104\times25+3\times10^3\times5\times10^{-8}+1.0766\times85+13.8=117(\text{cm})$$

则边坡顶面和底面降雨入渗深度约为 1.2 m。

(2)膨胀应力分布深度计算

由于基坑边坡顶面有 2.2 m 的素填土层覆盖，素填土没有膨胀性，可不考虑降雨入渗对边坡附加膨胀应力的影响，则附加膨胀应力的起算深度为 2.2 m。

膨胀应力的计算深度是边坡高度（基坑深度）和降雨入渗深度之和，基坑开挖深度是 13 m，再加上降雨入渗深度 1.2 m，膨胀应力的计算深度为 14.2 m。综合以上，膨胀应力的分布深度为坡顶面以下−2.2～−14.2 m。

(3)附加膨胀压力大小的计算

附加膨胀压力为边坡岩土胀限膨胀力与天然含水膨胀力之差，具体数值由岩石吸水膨胀力试验测定(图 9.4.5、图 9.4.6)。基坑边坡岩土层主要分为 3 层，第 1 层是素填土，没有膨胀力，但提供了上覆压力。

第 2 层是成都黏土层，由于没有降雨入渗影响，其产生的侧向膨胀压力为初始膨胀应力，根据图 9.4.5，当天然含水量为 22%时，其膨胀压力为 94 kPa。根据土层埋深，膨胀压力与上覆土体自重的平衡深度计算如下：

素填土自重压力：$\sigma_{01}=18.5\times2.2=40.7<94$(kPa)，上覆土重小于膨胀应力。

成都黏土中应力平衡深度：$94=40.7+19.5\times h_2$，得 $h_2=-2.73$ m，累计高度 $h_{1+2}=-4.93$ m。成都黏土底面深度为−5.2 m，故成都黏土层中，从深度−2.2 m～−4.93 m，膨胀压力 53.3～94 kPa，线形分布；−4.93～−5.2 m，膨胀压力 94 kPa，矩形分布。

第 3 层为强风化膨胀性红层泥岩，埋深较深，不受降雨影响，其膨胀应力为初始膨胀应力。由图 9.4.6，当天然含水量为 3.88%时，其膨胀力为 200 kPa。受坡底约束影响，红层泥岩顶面(−5.2 m 处)的膨胀压力为最大值，与初始应力相等。在计算底面(−14.2 m)，膨胀压力为 0。由此，在红层泥岩中，从深度−5.2～−14.2 m，膨胀压力 200～0 kPa，线性分布。

综合三层土的特征，基坑边坡膨胀压力的分布如图 9.4.7(b)所示。

4. 支挡结构设计

(1)选型和结构参数

由于基坑开挖深度较大，常规土压力和附加膨胀土压力较大，以及考虑基坑开挖对周边建筑变形的影响，综合考虑选择排桩加锚索的支护形式。支护结构示意图如图 9.4.7(a)所示。

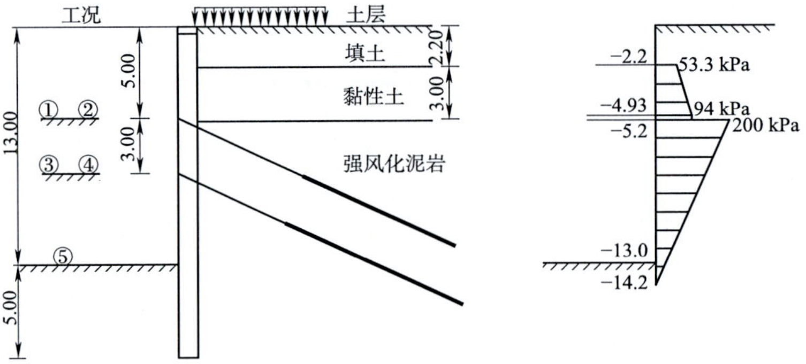

(a) 结构示意图　　(b) 附加膨胀荷载分布图

图 9.4.7　锚拉支护结构及附加膨胀荷载分布示意图(m)

支护桩截面圆形，桩径 1.2 m，桩间距 2.0 m，混凝土强度等级 C25。排桩总长度 18 m，锚固深度 5 m，桩间距 2 m，桩径 1.2 m。锚索有 2 层，第 1 层设置在 5 m 处，水平间距 2 m，入射角 25°，锚索总长 16.5 m，锚固段长度 9 m；第 2 层设置在 8 m 处，水平间距 8 m，入射角 25°，锚索总长 17 m，锚固段长度 10.5 m。

(2)结构设计计算

根据上述支护结构参数和岩土参数，采用理正软件进行结构设计计算。计算结果如图 9.4.8 所示。

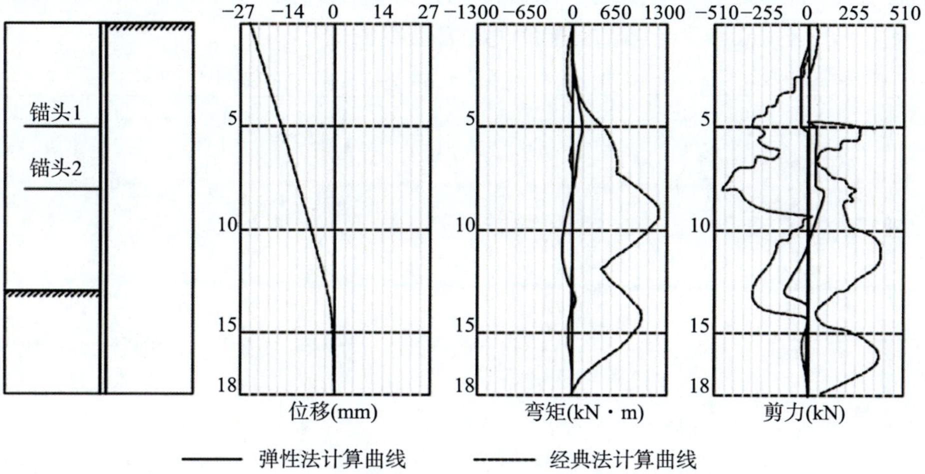

图 9.4.8　结构计算结果

计算表明，桩顶最大变形 24.43 mm。根据《建筑基坑工程监测技术规范》(GB 50497—2009)规定，最大变形不超过 30 mm，满足规范要求。桩身受力钢筋最大拉应力 8.96 kN，主筋为 HRB400 ⌀28 螺纹钢，抗拉强度 400 MPa，满足强度要求。桩身最大压应力 12.6 MPa，C25 混凝土抗压强度 25 MPa，满足强度要求。锚索轴力为 91 kN，锚索材料抗力 512.4 kN，满足抗拉强度要求。由于建筑基坑边坡要考虑邻近建筑物的安全，所以，设计重点是变形控制。因此，本例在满足变形要求的情况下，桩和锚索的设计计算内力都远小于正常值。

5. 现场测试及分析

为验证设计计算结果，开展了现场测试。主要测试桩的变形和内力。

(1)现场测试方案

在基坑边坡上，选取位于边坡中部的 560# 支护桩作为测试桩，以避开基坑转角的边界影响。在测试桩桩身中心轴线上预埋测斜管，以测试桩的轴向弯曲。在支护桩垂直坡面方向的桩身前端和后端纵向受力主钢筋上，每隔 3 m 安装一个钢筋计，以测试桩身轴向受力情况。在锚索上，安装锚索应力计，测试锚索受力情况。

(2)测试过程及主要结果

基坑自 2014 年 2 月份开始开挖，于 3 月中旬，断面开挖至约 5 m，施工第一层锚索。5 月底开挖至 8.5 m，施工第二层锚索。至 2014 年 7 月，边坡开挖完成。测试工作自 2014 年 1 月 22 日开始，2015 年 4 月 1 日结束。主要测试项目的结果如下：

①桩身测斜

不同时间桩身变形曲线如图 9.4.9 所示。测试数据表明，最大位移发生在桩顶，位移值 24.25 mm。基坑边坡分段开挖，对测斜管读数变化的影响较为明显。两次锚索施工之后，对位移的变化起到了一定的控制作用。基坑边坡开挖完成后，测斜读数呈现小幅波动增大的趋势，不过整体变化较小。开挖完成 2 个月后，变形稳定。

②桩身钢筋计应力曲线

不同时间桩身应力曲线如图 9.4.10 所示。测试数据表明，桩身钢筋应力在基坑的三次开挖过程中有明显增长，之后暂时稳定。随着基坑开挖深度的增加，桩身应力增加，最大拉应力为 20.43 kN。开挖完成约 2 个月后，钢筋计读数基本稳定。

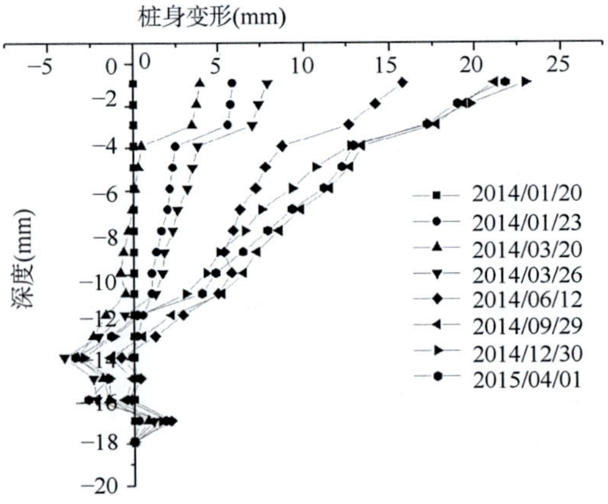

图 9.4.9　桩身位移曲线

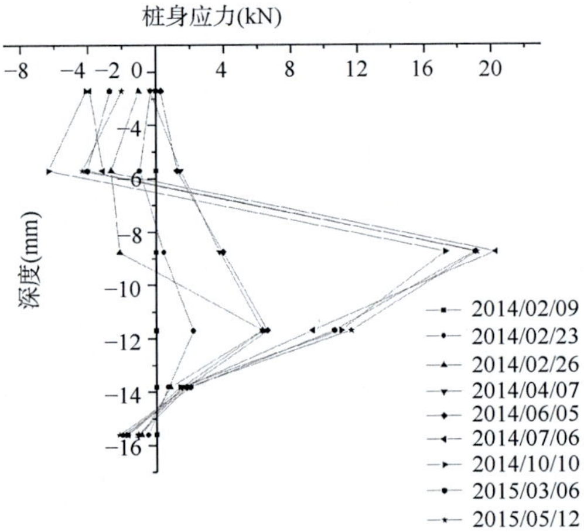

图 9.4.10　桩身钢筋应力曲线

③锚索拉力

不同时间锚索拉力变化曲线如图 9.4.11 所示。测试数据表明，锚索轴力曲线整体平稳、变化不大。从图中分析可以看出，由于锚索自身和张拉工艺及周围黏结体滑移等因素的影响，锚索拉力在刚张拉完毕后会呈现不同程度的预应力损失，不过下降值不大。之后由于基坑的开挖，支护桩向坑内变形，锚索开始受力，拉力值先增大然后趋于稳定。第二层锚索施工后，由于分担了一部分土压力，使得第一层锚索受力有所减小。

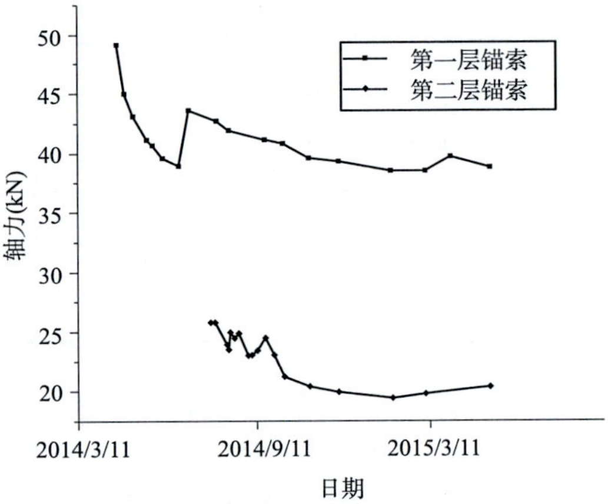

图 9.4.11　锚索拉力随时间变化曲线

(3)测试结果与计算结果的对比

为了验证本章提出的边坡膨胀荷载计算模型，将现场测试数据与模型计算结果绘(列)入图 9.4.12、图 9.4.13、表 9.4.5。

表 9.4.5　理正计算与现场实测结果对比

计算方法	桩顶最大变形(mm)	钢筋轴力最大值(kN)	第一层锚索拉力(kN)	第二层锚索拉力(kN)
模型计算	24.43	8.96	91	33
现场实测	23	20.43	38	20
差 值	1.43	−11.47	53	13

结合图表对比分析如下：

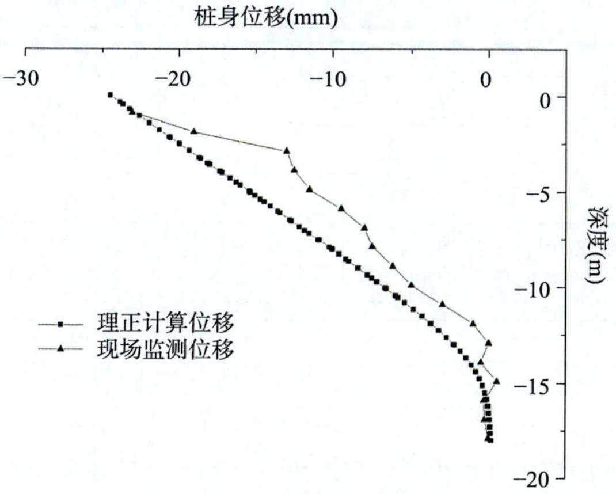

图 9.4.12　桩身变形曲线对比

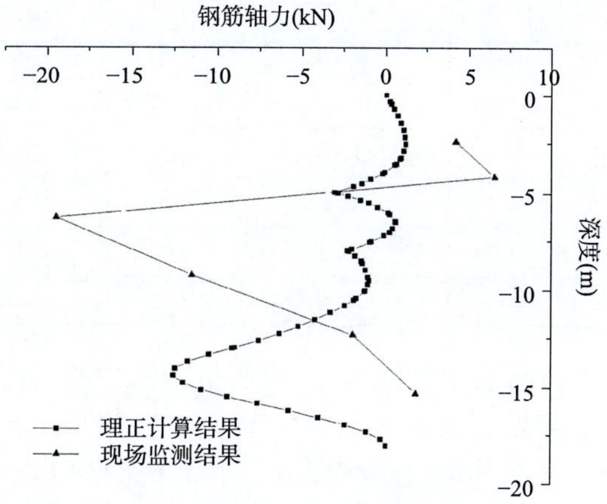

图 9.4.13　桩身轴力曲线对比

①桩身水平变形

桩身变形计算结果与监测结果的对比表明，实测曲线与计算曲线变化规律和最大变形值基本一致，对应性较好。绝对误差在 1.43～6.3 mm 之间，相对误差在 5.8%～25.8%。主要误差出现在桩身中段，分析其主要原因，是现浇钻孔桩的成桩几何要素有较大误差所致。

②钢筋轴力

桩身轴力的计算结果与监测结果对比表明，桩身轴力的变化规律与实测桩身轴力的变化规律大致一致，但最大轴力出现深度有明显差别，计算轴力大小与实测值差别较大。分析其原因，和混凝土桩的成桩工艺有极大关系。对现场浇筑的钢筋混凝土桩而言，无论桩身外形、主筋笼的几何形态和在桩身中的位置都是难以控制的。实测结果大于设计结果，与主钢筋在桩身中的空间扭转有很大关系。从这个角度看测试值与计算值之间的误差，再考虑到钢筋所具有的远超实际需要的强度余量，这个结果还是比较理想的。同时，测试结果也提示我们，当桩的结构优先考虑强度时，需要在理论计算的基础上，加大安全储备。

③锚索轴力

基坑边坡锚索的理正计算数据和监测数据对比表明，现场监测的锚索轴力与计算结果大致在相同量级，其误差是可以接受的。

(4)有关膨胀性岩土边坡计算方法的讨论

在现行膨胀性岩土边坡工程计算中，膨胀力的作用，通常以岩土抗剪强度折减的方法来体现。强度折减的可行性和合理性始终是设计人员心存疑惑但又不得已而为之的问题。利用本工程获得的实测数据，对不同折减系数的计算结果进行讨论，可以为折减法提供一个分析实例。

采用通用的理正软件，按岩土抗剪强度 1～0.3 的折减系数进行计算。计算结果见表 9.4.6。

表 9.4.6 计算结果与实测结果对比

序号	强度折减系数	最大变形		最大弯矩		钢筋最大轴力	
		计算值(mm)	实测/计算(%)	计算值(kN·m)	实测/计算(%)	计算值(kN)	实测/计算(%)
0	实测	−23		723.6		19.5	
1	1	−8.68	−62	423.19	−42	11.26	−42
2	0.9	−10.05	−56	518.73	−29	13.80	−29
3	0.8	−11.56	−50	624.6	−15	16.62	−14
4	0.7	−13.21	−42	741.82	1.25	19.74	−1.2
5	0.6	−15.02	−35	871.57	19	23.19	19
6	0.5	−17.02	−26	1015.2	38	27.02	38
7	0.4	−19.2	−16	1174.27	60	31.25	60
8	0.3	−21.6	−6.1	1350.57	84	35.94	84
9	模型	−24.4	6.1	673.2	−8.1	12.6	−35

分析表中数据可知，采用折减法计算，如果以最大变形值作为与实测值的对比标准，则折减系数需要低至 0.3 左右，而附加膨胀压力计算模型计算结果与实测值相当。如果以最大弯矩为标准，折减系数应取 0.7，而计算模型与实测值相当。如果以钢筋最大轴力为标准，折减系数应取 0.6 左右，计算模型则小于实测值。考虑到前述轴力测试中的误差，综合分析认为，在通常的膨胀性岩土边坡计算中，强度折减系数取 0.6～0.8 时，桩的强度计算基本可以满足支挡强度要求，但对变形控制较高的边坡，则可能达不到规定。而本章提出的膨胀力计算模型，能较好地适应变形和强度要求，表明其具有良好的合理性和可行性。

参考文献

[1] 罗健. 含膏岩系及其对隧道工程的影响[J]. 西南交通大学学报，1978(1).
[2] 赵梦怡. 膨胀土膨胀量理论计算方法及在土坡工程中的应用[D]. 成都：西南交通大学，2019
[3] 郭永春，陈伟乐，赵海涛. 膨胀土吸水过程的试验研究[J]. 水文地质工程地质，2016(43).
[4] 范秋雁. 膨胀岩与工程[M]. 北京：科学出版社，2008.
[5] 廖世文. 膨胀土与铁路工程[M]. 北京：中国铁道出版社，1984.
[6] 缪协兴. 软岩力学[M]. 徐州：中国矿业大学出版社，1995.
[7] 梁树. 不同降雨条件下成都黏土基坑边坡入渗深度的研究[D]. 成都：西南交通大学，2015.
[8] 中华人民共和国国家标准. 岩土工程勘察规范：GB 50021—2001[S]. 北京：中国建筑工业出版，2009.
[9] 中华人民共和国铁道部标准. 铁路工程特殊岩土勘察规程：TB10038—2012[S]. 北京：中国铁道出版社，2012.
[10] 中华人民共和国铁道部标准. 铁路工程土工试验规程：TB10102—2010[S]. 北京：中国铁道出版社，2010.
[11] 中华人民共和国住房和城乡建设部标准. 膨胀土地区建筑技术规范：GB50112—2013[S]. 北京：中国建筑工业出版社，2012.

10 崩塌落石边坡工程

崩塌落石，也常被叫作倾倒、岩崩、崩坍、危岩等。崩塌落石是铁路不良地质的类型之一。在岩石工程中，通常将陡坡上的岩体，受结构面切割，在重力、水、地震或其他外荷载作用下，脱离母体，突然落下的破坏过程和结果，称为崩塌落石。在一般概念中，崩塌落石主要指硬岩，而且主要是发生在陡坡的顶部。但是，这并不限制较软的岩体发生崩塌的情形。而且，崩塌也不限于在边坡的特定部位发生。从这个角度讲，铁路工程中的一部分错落，也可以划归到崩塌之中。

从岩石边坡工程意义上看，对崩塌落石这种边坡破坏的类型，既要在勘察设计时查明其存在，预判其稳定性，也要计算块体一旦失稳时的运动轨迹和破坏能力，以便采用合适的工程防治措施。因此，在严格意义上，崩塌落石边坡是在未来可能破坏的边坡，称作危岩边坡更合适，正如目前工程师区分顺层边坡和顺层滑坡的概念一样。但是，考虑到目前铁路行业对此约定俗成的叫法，本书仍然使用崩塌落石这个术语。

铁路行业对崩塌落石的认识由来已久。在宝（鸡）—天（水）铁路、宝（鸡）—成（都）铁路、成（都）—昆（明）铁路建设运营中多有涉及对崩塌落石的描述和研究。胡厚田（1989）的《崩塌与落石》和曾廉（1990）的《崩塌与防治》对崩塌落石边坡工程有系统论述。前者对崩塌成因分类和稳定性评价全面系统，后者对崩塌中块体的运动分析和防治工程专业实用，是国内较早崩塌边坡研究的重要著作，至今仍然有一定参考价值。其后近 30 年间，崩塌落石的研究成果较为丰富，其中，陈洪凯等（2009）对三峡库区危岩的研究具有代表性。此外，落石运动轨迹的模拟计算和以布鲁克网为代表的新一代防护工程系统的应用引人瞩目。这些新的研究和实践，大大地丰富了崩塌落石的研究成果。当然，迄今为止，有关崩塌落石成因机理、运动特征和稳定性预测等核心问题，并没有从根本上得到完美解决，仍然需要研究者们的努力。

本章并不打算对崩塌落石研究中尚未解决的理论问题深入讨论。从工程应用的角度看，目前崩塌落石边坡存在的主要问题，是如何有效地获取危岩体结构参数，正确地利用现有理论成果进行稳定性计算的问题。前一个问题在于危岩体所在陡坡部位通常人力不及，无法有效地量测到计算所需的几何尺寸和结构面特征。后一个问题在于目前的计算大多将复杂块体简化为规则块体带来误差。此外，在现行的相关研究和规范中，或多或少还存在值得探讨的计算方法问题。因此，在本章中，我们将重点放在危岩体结构参数的野外获取、落石运动特征和稳定性的合理计算上。

10.1 崩塌成因与落石运动

10.1.1 崩塌形成机制

对崩塌成因机制的正确认识，是合理计算危岩稳定性的前提。关于崩塌的成因，不同的学者基于不同的学科角度和工程应用方向,提出过不同的成因机制,少则3~4个,多则8~9个。综合这些文献,根据工程应用的目的,我们可以从危岩结构、破坏机制、运动形式等几个方面,将崩塌的成因机制总结如下。

(1)危岩结构

对岩石边坡而言,危岩的形成首先是结构面切割的结果。根据结构面的组合特征,大致分为四种情形。第一种情形是平缓的层理和近垂直于层面的两组节理的组合,其中两组节理或将块体切割为三棱柱状或四棱柱状块体。层面倾向坡外或略微倾向坡内。这种危岩在受构造作用轻微的平缓岩层地区,比如四川盆地东部,较为常见。第二种情形是两组结构面构成平面或楔形块体,平面或交线倾向坡外。这种危岩可出现在任何结构面切割有利的边坡岩体中。第三种情形是一组延长较长的结构面(如层理)陡倾,倾向不限,且发育有垂直于该长大结构面的其他结构面。一般在构造强烈地区可见。第四种情形是地形陡峻的斜坡发育有一条或数条与坡面平行、垂直水平方向延伸的卸荷裂隙,且在水平方向有其他结构面存在。这种危岩多出现在深切沟谷的硬岩岸坡上。细化危岩的形成特征,对崩塌落石边坡勘察中危岩的识别以及几何参数的获取是非常有意义的。

(2)破坏机制

危岩的崩塌破坏,是内外因共同作用的结果。崩塌的发生,在本质上是重力作用的结果。但是,重力的作用有时并不是危岩失稳的唯一因素。除重力之外,引起危岩崩塌的外因中,水的作用是多重的。水一方面软化支撑危岩稳定的基座岩石,另一方面产生不利于危岩稳定的水压力,特别是在地下水位较高的条件下,其三是水的冻结产生的冻胀压力对危害稳定性的影响。震动(地震或工程振动)时在危岩中产生的水平和竖直加速度,也是常见的崩塌外因。一些特定情况下,如植物的生长,人工荷载的增加,也会引发崩塌。上述作用改变的是危岩的受力状态。而风化、人类活动(比如开挖)会改变坡面的几何形状,造成危岩支撑基座断面减小,严重时甚至使危岩块体部分悬空,更易导致危岩失稳。

危岩失稳的内因,从力学机制上讲,是危岩体和基座岩体抵抗倾覆、滑动、断裂的能力的下降。在风化作用和长期应力腐蚀作用下,危岩后壁裂隙(卸荷裂隙或构造节理)的加深,将增加危岩倾覆的可能性。随着时间的推移,结构面的软化、蠕变,使支撑危岩的结构面抗剪强度下降,将使危岩滑塌危险性上升。基座岩石的压碎、软化、蠕变、挤出,使危岩的支撑基座变形破坏。其结果,或是改变了危岩的抗覆平衡,或是加剧未贯通结构面的扩展,最终都可能导致危岩的失稳。

(3)运动形式

危岩崩落时的运动形式,可按照失稳时启动和失稳后的运动进行描述。危岩失稳的启动,或是因为增加的倾覆力矩而使危岩围绕某个支点旋转,或是结构面抗剪强度的长期衰减失去抵抗下滑能力而滑动,或是基本悬空的危岩后壁陡斜结构面在拉应力和剪应力长期作用下扩张,使危岩失去与母体的连接能力而坠落。

危岩崩落后,根据地形、地表覆盖层特征、落石大小形状、崩落高度等条件的不同,落石的运动形式或是直接坠落留驻在坡脚,或是以翻滚、滑移、弹跳等方式向坡下运动。

危岩落石的运动形式,与边坡防治工程的布置和设计关系重大,通常需要进行专门的分析研究。

10.1.2　崩塌落石边坡的分类

根据目的和着眼点的不同，崩塌落石边坡的分类方案也不同。总体说来，以形成机制、运动模式、破坏过程等三种分类方式为代表。

胡厚田(1989)根据崩塌的运动模式或形成机制，将崩塌落石分为倾倒式、滑移式、鼓胀式、拉裂式和错断式五种崩塌类型，以及鼓胀—滑移式崩塌、鼓胀—倾倒式崩塌等过渡形式。该分类对崩塌的描述完整直观，但分类依据既有运动模式，也有破坏机制，不太统一。

陈洪凯(2004)根据危岩运动模式，将危岩分为滑塌式、倾倒式和坠落式。该分类概念清晰、直观、统一，但未能对各类危岩的性质和特征进行完整描述。

张奇华(1998)等根据危岩破坏过程，将危岩边坡的破坏分为蠕滑体滑移失稳、整体压陷倾斜崩塌、滑移倾斜交错或同步、裂隙段屈曲变形破坏、上下滑出破坏、倾斜—滑移破坏、倾斜—隐裂缝开裂—崩塌、倾斜—滑移—隐裂隙开裂—崩塌等 8 种形式。该分类对危岩崩落时的力学特征和变形过程的描述详细、具体，但分类过细，在工程应用中比较繁琐。

在本书中，对崩塌落石边坡的分类是着重于工程实际应用的，需要综合考虑识别方便、计算原理明确、简单易行等诸方面。因此，本书采用陈洪凯(2004)提出的分类名称，综合其他分类的特点，对各类崩塌落石的定义和描述做必要修改补充。修改补充后的分类见表 10.1.1。

表 10.1.1　崩塌落石边坡分类

类别	危岩结构	破坏机制	运动形式	稳定性计算原理
倾倒式	陡坡岩体发育有平行坡面的长大贯通结构面(陡倾层理、节理、卸荷裂隙等)且为平缓结构面切割或以软层作为基座；或者平缓层理被两组垂直层理的节理切割成柱状、棱状块体	外力作用下倾覆力矩大于抗覆力矩，或者基座岩体在危岩重力作用下压碎、蠕变、软化、挤出，原支撑基座不均匀变形导致危岩向坡外旋转、倾斜失稳	旋转—倾倒、弯曲—折断	倾覆力矩与抗覆力矩的平衡条件
滑塌式	危岩块体底部为一组结构面倾向坡外，或两组结构面构成的楔形块的底部交线倾向坡外，滑面或滑动交线缓倾	危岩滑动底面抗剪强度低于剪切应力而使危岩体向坡外滑移失稳	滑移—堆积、滑移—坠落	下滑力与抗滑力的平衡条件
坠落式(错落体)	危岩支撑基座岩体因风化、开挖、水流冲蚀等部分缺失，危岩块呈悬空状，危岩后壁存在直立、陡倾的贯通或非贯通结构面	后壁结构面拉张应力作用下裂隙扩展贯通拉断，或剪应力作用下裂隙扩展贯通剪断，危岩体脱离母体失稳	旋转—下坠、滑移—下坠	非贯通裂隙扩展条件和岩石抗拉、抗剪强度的相关关系

10.1.3　崩塌落石的运动特征

崩塌一旦发生，落石的运动轨迹和对防护工程的冲击力，是崩塌落石边坡工程最重要的设计参数。目前，对落石的运动轨迹多采用数值模拟，对冲击力采用理论计算估计。但是，由于块体形状、初始状态、地形条件、地表特征的复杂性，现有的计算和模拟与实际发生之间的差距很难预估。本节简要介绍有关落石运动特征的计算原理和相关计算参数的意义，并不对此展开深入讨论，也不讨论现行技术规范中的经验计算方法。

1. 落石运动轨迹

关于落石的运动轨迹，不论是学者的研究论文，或有关技术规范，都有众多成果和计算公式可供参考。前者以叶四桥(2008)的近期研究为代表,后者如铁路路基和隧道有关计算规范和手册。在这些文献中,对落石的计算繁简不同,差异极大。但计算的原理大都基于刚体运动和碰撞理论。在此,简要介绍其中的关键概念和计算原理。

(1)落石的运动方式

危岩脱离母体后开始运动。根据脱离母体的方式,可能是倾倒(转动)、滑塌或自由落体。这一过程称为落石的初始运动。落石的初始运动状态,可由危岩破坏机理和稳定性计算结果确定。例如,悬空的危岩块体开始破坏时,如果危岩后壁非贯通裂隙产状偏缓,则危岩可能因倾覆力矩使裂隙拉断而外翻,成为转动破坏;也可能因危岩自重产生的剪切力在裂隙处剪断而滑移,形成滑塌破坏。而危岩具体的初始运动形式,就由拉裂与剪切的稳定性大小的比较来推断。

危岩崩落时,根据块体形状、地形条件和初始运动状态,落石最初的运动方式,可能是沿坡面的滚动或滑动,也可能是在空中自由坠落。一般,落石在空中的运动状态称为飞行。

对于滚动和滑动,第一种情形是,当初始运动动能消耗殆尽,或者地表状态发生改变而使阻力增加,或者地形变缓等,运动缓滞。根据地形地表物质的不同,这种缓滞可能终于停止,也可能因地表软岩土的蠕变,或是降水、振动等外界条件的改变而重新加速运动。滚动或滑动的落石的第二种运动情形是,当地形条件由缓到陡发生突变,原来滚动和滑动的落石可能脱离地面进入飞行状态。

处于飞行状态的落石,与地面碰撞以后,根据块体几何特征、动能余量、地表物质的不同,可能发生弹跳进入第二次飞行状态,也可能转为沿坡面的滚动、滑动或停止。除停止运动的情形外,滚动、滑动和再次飞行的落石,又因自身动能的余量或外界条件的改变重复以上运动,直至最终停止运动,堆积于坡脚。

上述描述的内容和过程,没有涉及落石块体在飞行、滚动、滑移、碰撞中的解体。也没有涉及群块运动。由此可知,落石的运动方式是非常复杂的,且由各种内在特征和外部条件所影响的,因此,想要全面完整地描述落石的运动是非常困难的。

(2)不同运动方式的计算原理

落石运动方式的计算,基本采用刚体运动学和接触力学的分析方法。从运动特征看,落石运动分为滚动、滑移、弹跳。从运动过程看,落石首先经历从静止到失稳运动、自由下落、与地面碰撞。然后,根据接触地面的变形特征、碰撞时的速度、块体质量、坡面形状等的不同,落石产生单一的弹跳、滑移、滚动或这几种单一运动的组合运动。有关落石运动的研究极为丰富,各有所长。但是,由于失稳时的危岩状态、落下后的地形千差万别,因此,任何文献的计算都难以穷尽所有落石运动的理论计算。实际上,也没有必要将复杂的理论计算公式尽数列出。基于这一认识,在本节中,仅将各主要环节的计算原理略加阐述,所有计算公式均不做详细论述和推导。以下计算原理,均假定危岩块体为矩形或类矩形块体,除重力之外,不考虑其他外力作用,而且采用二维断面示意。

①危岩失稳的初始运动

根据危岩运动分类,危岩的失稳分为滑移、倾倒(转动)和坠落。除坠落可以视为从静止状态直接进入自由落体状态外,滑移和倾倒都具备初始运动。因此,落石落下前,已经具有初始速度。

(a)滑塌

当危岩底部结构面较陡时,在自重和外力作用下,危岩可沿底面滑移。当危岩重心移出坡际线(图 10.1.1 中 A 点)后失稳,以斜抛形式落下,发生滑落式崩塌。其基本力学模型如图 10.1.1 所示。图中实线块体为静止位置,虚线块体为崩落时的初始位置,O 为重心位置。

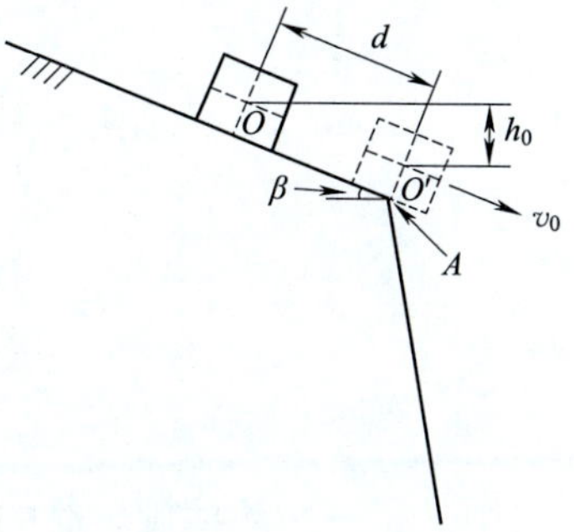

图 10.1.1 滑塌式崩塌初始运动计算模型

滑移式崩塌产生的条件为:块体沿底面滑移的下滑力 T 大于抗滑摩阻力 F,即

$$T-F>0 \tag{10.1.1}$$

式中的力包括重力、地震力、水压力、工程荷载等产生的作用力。

危岩发生滑塌时的初始速度,可根据原静止位置的势能,减去克服滑动摩擦消耗的摩擦功后,剩余能量全部转换为动能的方式求出。即

$$\frac{1}{2}mv_0^2=mgh_0-\sum F_i \cdot d \tag{10.1.2}$$

式中 v_0——落石的初始线速度(m/s);

m——危岩质量(kg);

h_0——危岩滑移前对滑塌点(眉峰)的高差(m);

$\sum F_i$——滑动方向上各种作用力的合力(kN);

d——块体重心移动的最小距离(m);

g——重力加速度(m/s^2)。

在仅考虑自重作用的天然状态下,忽略滑动面上的黏聚力,上式简化为

$$v_0=\sqrt{2agf_S} \tag{10.1.3}$$

式中 a——块体重心移动的最小水平距离(m);

f_S——滑动摩擦系数。

滑塌时,不考虑旋转,即初始角速度

$$\omega_0=0 \tag{10.1.4}$$

(b)倾倒

当危岩底部结构面较缓或底部悬空时,在自重和外力作用下,危岩可绕基座支点(图 10.1.2 中 A 点)旋转。当危岩重心移出坡际线后失稳,以转动形式落下,形成倾倒式崩塌。其基本力学模型如图 10.1.2 所示。图中实现块体为倾倒前的临界位置,虚线块体为转动到崩落时的初始位置。

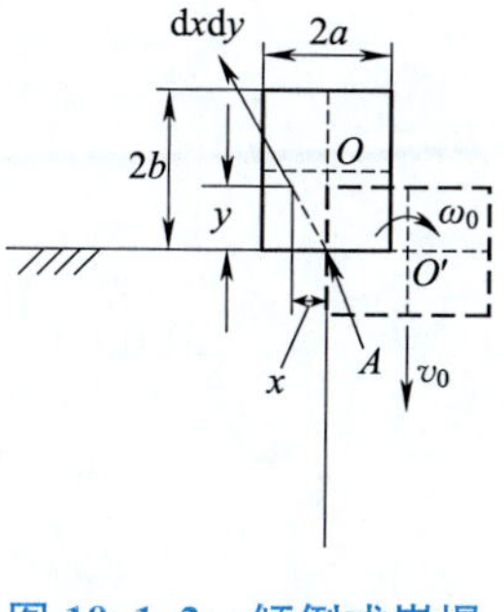

图 10.1.2 倾倒式崩塌初始运动计算模型

倾倒式崩塌产生的条件是:危岩绕基座支点向坡外转动的力矩 M^+,大于抵抗转动的抗倾力矩 M^-,即

$$M^+-M^->0 \tag{10.1.5}$$

在仅考虑自重作用的天然状态下,假定底面水平且块体悬空,其静止位置时的重心在垂直方向与转动支点重合。当危岩绕基座支点旋转 90°,重心与支点处于同一水平位置时开始下落。设块体为边长分别为 a、b 的矩形,根据重力在旋转中所做的功等于刚体转动动能增量,有

$$J=\int_{-b}^{b}\int_{-a}^{a}(x^2+y^2)\gamma \mathrm{d}x\mathrm{d}y=\frac{4}{3}(a^2+4b^2)m \tag{10.1.6}$$

$$W=\int_{0}^{\frac{\pi}{2}}mg\cdot\sqrt{a^2+b^2}\cdot\cos\theta \mathrm{d}\theta=mg\cdot\sqrt{a^2+b^2} \tag{10.1.7}$$

$$mg\sqrt{a^2+b^2}=\frac{1}{2}J\omega^2=\frac{2}{3}(a^2+4b^2)m\omega_0^2 \tag{10.1.8}$$

$$\omega_0=\sqrt{\frac{3g\ (a^2+b^2)^{\frac{1}{2}}}{2\ (a^2+4b^2)^{\frac{1}{2}}}} \tag{10.1.9}$$

式中 ω_0——块体旋转时的初始角速度(rad/s)；

W——块体旋转时重力所做的功(kJ)；

J——块体绕底边中点旋转时的转动惯量($kg\cdot m^2$)；

γ——块体密度(kg/m^3)。

由上式求出落石旋转 90°到水平位置落下时质心的线速度如下

$$v_0=\omega_0\sqrt{a^2+b^2}=\sqrt{\frac{3g(a^2+b^2)}{2\ (a^2+4b^2)^{\frac{1}{2}}}} \tag{10.1.10}$$

式中 v_0——落石的初始线速度(m/s)。

(c)坠落

坠落式崩塌,是危岩与母体连接丧失,以自由落体形式下落。其初始运动状态为静止,初始速度为 $v_0=0$。坠落时,不考虑旋转,初始角速度 $\omega_0=0$。

②落石下落

危岩崩落后,第一阶段的下落,根据崩落时运动状态的不同,可视为自由落体或斜抛运动。图 10.1.3 分别示意两种运动时,落石从 A 点落到 B 点处不同的下落轨迹。以下分别给出落石落下后在 B 点与地面第一次碰撞时的速度以及水平位置的偏移。计算时未考虑空气阻力和块体飞行中的升力。

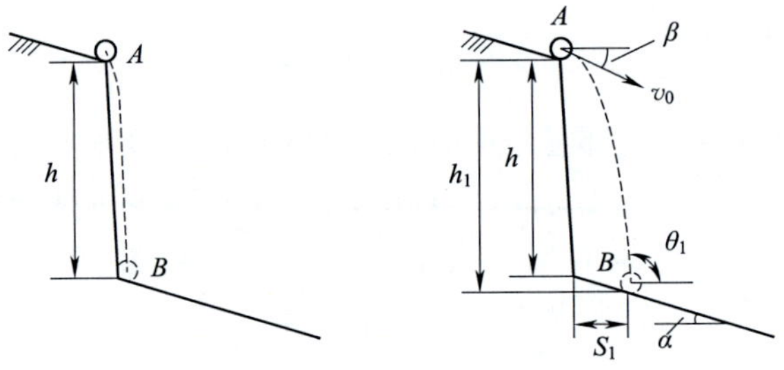

(a) 倾倒和坠落的落石轨迹　　(b) 滑塌式落石的落石轨迹

图 10.1.3　落石下落轨迹示意图

(a)滑塌

滑塌式崩塌的落石的运动,是具有水平速度的斜抛运动[图 10.1.3(b)]。由于是仅考虑重力作用,因此,落石第一次触地时的速度,可按危岩滑出坡顶 A 点时的势能,转换为触地时的动能来计算。假定触地处坡面水平,则触地时的落石速度由下式计算

$$v_1=\sqrt{v_0^2+2gh} \tag{10.1.11}$$

式中 v_1——落石第一次触地时的速度(m/s)；

h——崩塌边坡陡壁高度(m)；

v_0——初速(m/s)，按式(10.1.3)计算。

由于滑塌式危岩崩塌时存在沿滑面滑出的初速，因此，落地后的位置与下落时的位置存在水平偏移。同上假定落点地面水平，则偏移值按斜抛物体运动方程计算

$$\frac{g}{2v_0^2\cos^2\beta}S_1^2-\tan\beta\cdot S_1+h=0 \tag{10.1.12}$$

式中　S_1——落石水平偏移距离(m)。

如果地面不是水平的，那么，偏距 S_1 和落石高度 h_1(图 10.1.3(b))由式(10.1.13)方程求解

$$\begin{cases}h=-\dfrac{g}{2v_0^2\cos^2\beta}S_1^2+\tan\beta\cdot S_1\\h_1=\tan\alpha\cdot S_1+h\end{cases} \tag{10.1.13}$$

式中　α——地面坡度(°)。

落地后速度的方向由下式计算

$$\begin{cases}\tan\theta_1=\dfrac{v_0\sin\beta-gt}{v_0\cos\beta}\\t=\dfrac{S_1}{v_0\cos\beta}\end{cases} \tag{10.1.14}$$

式中　θ_1——落石触地速度 v_1 与水平方向的夹角(°)。

(b)倾倒

倾倒时，落石下落为具有初始速度的自由落体[图 10.1.3(a)]。落石与地面第一次接触时的速度按下式计算

$$v_1=\sqrt{v_0^2+2gh} \tag{10.1.15}$$

式中　v_0——初速(m/s)，按式(10.1.10)计算。

倾倒式落石落下时，不考虑落石位置与危岩初始位置的水平偏移，即 $S_1=0$。且触地速度 v_1 没有水平分量，即 $\theta_1=0$。

(c)坠落

坠落式崩塌时，落石下落为初始速度为 0 的自由落体[图 10.1.3(a)]。落石与地面第一次接触时的速度按下式计算

$$v_1=\sqrt{2gh} \tag{10.1.16}$$

坠落式落石落下时，不考虑落石位置与危岩初始位置的水平偏移，即 $S_1=0$。且触地速度 v_1 没有水平分量，即 $\theta_1=0$。

③碰撞

落石下落到地面后，将与地面发生碰撞。落石与地面的碰撞属于运动物体与固定面的碰撞。一般情况下，碰撞既不是完全弹性的，也不是完全塑性的，而是弹塑性的。碰撞后因地面产生的部分变形以及其他作用消耗了部分能量，因此，落石回弹的速度会小于碰撞时的速度(图 10.1.4)。

碰撞前后速度的比值称为恢复系数。在实际运用中，恢复系数有不同的定义方法和表达形式。最常用的是碰撞前后速度(也称为入射速度与回弹速度)之比，或速度平方之比

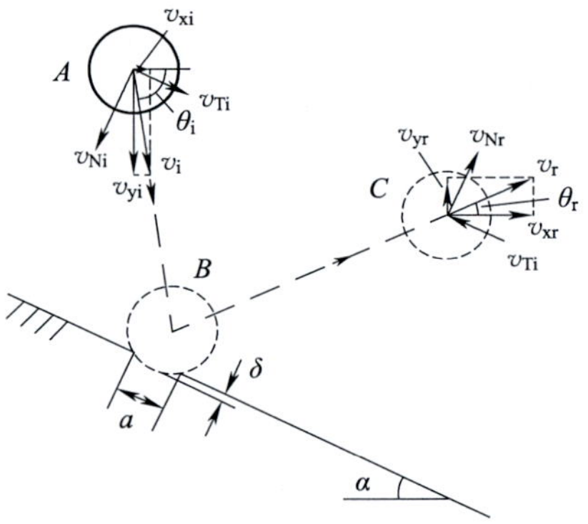

图 10.1.4 落石与地面碰撞模型

[式(10.1.17)],或分解成两者的法向速度之比和切向速度之比。后者称为法向恢复系数与切向恢复系数[式(10.1.18)]。

$$e=\frac{v_r}{v_i}\quad,e=\frac{v_r^2}{v_i^2} \tag{10.1.17}$$

$$e_N=\frac{v_{Nr}}{v_{Ni}},\quad e_T=\frac{v_{Tr}}{v_{Ti}} \tag{10.1.18}$$

式中 e、e_N、e_T——恢复系数、法向恢复系数、切向恢复系数;

v_i、v_{Ni}、v_{Ti}——入射速度(m/s)、法向入射速度(m/s)、切向入射速度(m/s);

v_r、v_{Nr}、v_{Tr}——回弹速度(m/s)、法向回弹速度(m/s)、切向回弹速度(m/s)。

对恢复系数理论计算的推导,基于这样的认识:在落石与地面碰撞时,地面因撞击产生局部变形而形成落石坑。假定落石为圆球,则落石坑形状为圆弧形,此时的碰撞可按接触理论计算其变形。落石坑的变形分为弹性可恢复部分和塑性不可恢复部分。落石的再次弹出可认为是弹性恢复对落石所做的功。Thornton(1998)根据弹塑性接触理论,推导了法向入射速度和回弹速度之比(即法向恢复系数)的理论计算公式

$$e_N=\left(\frac{6\sqrt{3}}{5}\right)^{\frac{1}{2}}\left[1-\frac{1}{6}\left(\frac{v_y}{v_i}\right)^2\right]^{\frac{1}{2}}\left[\frac{\dfrac{v_y}{v_i}}{\dfrac{v_y}{v_i}+2\sqrt{\dfrac{6}{5}-\dfrac{1}{5}\left(\dfrac{v_y}{v_i}\right)^2}}\right]^{\frac{1}{4}} \tag{10.1.19}$$

式中 v_y——碰撞达到弹性极限时的临界速度(m/s),按下式计算

$$v_y=\left(\frac{\pi}{2E}\right)^2\left(\frac{8\pi R^3}{15\,m}\right)^{\frac{1}{2}}p_y^{\frac{5}{2}} \tag{10.1.20}$$

式中 p_y——地面介质达到塑性变形时的临界应力(MPa),试验值;

R——弹性阶段落石与地面接触的曲率半径(m);

E——接触变形模量(MPa),按下式换算

$$E=\frac{E^*}{1-\mu^2}$$

式中 E^*、μ——地面介质弹性模量(MPa)、泊松比;

v_i——落石碰撞入射速度(m/s)。

对切向恢复系数,何思明(2009)以弹性接触理论和剪切加载—卸载试验曲线为基础,提出

了一种切向恢复系数的定义和理论计算方法

$$
\begin{aligned}
e_{\mathrm{T}} &= \sqrt{\frac{A_1}{A_2}} \\
A_1 &= \int_0^{\delta_{\max}} fP\left\{1-\left[1-\frac{16Ga}{3(2-\upsilon)}\delta\right]^{\frac{3}{2}}\right\}\mathrm{d}\delta \\
A_2 &= \int_0^{Q_{\max}}\left\{\delta_{\max}-\frac{3(2-\upsilon)fP}{16Ga}\cdot\left[2\left(1-\frac{Q_{\max}-Q}{2fP}\right)-\left(1-\frac{Q}{fP}\right)^{\frac{2}{3}}-1\right]\right\}\mathrm{d}\delta
\end{aligned}
\tag{10.1.21}
$$

式中 A_1——剪切加载—卸载回滞环的面积(m^2)；

A_2——剪切卸载曲线与位移围成的面积(m^2)；

f——剪切摩擦系数；

P——法向冲击力(kN)；

G——剪切模量(kPa)；

a——接触圆半径(m)；

δ——切向变形(m)；

Q——切向力(kN)。

从上述介绍可知，即便可以对恢复系数提出理论计算公式，其参数确定和公式计算也是十分复杂不便的。因此，在一般工程应用研究和实际应用中，如果确需进行落石轨迹的计算，比较实用的方法是采用经验数据。不同研究者和一些技术规范，都给出了一些简单情形下恢复系数的参考值，可在普通工程中选用。对比较重要的工程或有条件时，应该通过现场落石试验来确定恢复系数。表 10.1.2 给出了一个综合已有成果而提出的恢复系数的参考范围。

表 10.1.2 落石碰撞恢复系数参考值(据叶四桥，2008，有修改)

坡面物质情况	法向恢复系数 e_N	切向恢复系数 e_T
光滑硬岩面、铺砌面、喷射混凝土表面、圬工面	0.25～0.75	0.85～0.98
软岩面、强风化硬岩表面	0.18～0.37	0.75～0.95
块石堆积坡面	0.15～0.35	0.70～0.90
密实碎石堆积、硬土坡面，植被发育，灌木为主	0.12～0.33	0.30～0.90
密实碎石堆积、硬土坡面，无植被或少量杂草	0.12～0.32	0.65～0.90
松散碎石坡面、软土坡面，植被发育，灌木为主	0.10～0.25	0.30～0.80
软土坡面，无植被，或少量杂草	0.10～0.30	0.50～0.80

恢复系数的重要性，在于由恢复系数可以确定回弹速度，从而进入落石触地后的后续运动分析，即回弹速度是作为下一阶段的初始速度使用的。落石触地后的回弹速度由下式计算

$$
\begin{cases}
v_{\mathrm{r}}=\sqrt{v_{\mathrm{Nr}}^2+v_{\mathrm{Tr}}^2} \\
v_{\mathrm{Nr}}=e_{\mathrm{N}}\cdot v_{\mathrm{N}i},\ v_{\mathrm{Tr}}=e_{\mathrm{T}}\cdot v_{\mathrm{T}i} \\
v_{\mathrm{N}i}=v_i\cos\theta_i,\ v_{\mathrm{T}i}=v_i\sin\theta_i
\end{cases}
\tag{10.1.22}
$$

式中，θ_i为落石触地时的入射速度 v_i 与地面方向的夹角。当地面水平时，θ_i由式(10.1.14)计算。当地面坡度为 α 时，θ_i通过坐标换算得到(图 10.1.4)

$$
\tan\theta_i=\frac{\cos(\theta_1-\alpha)}{\sin(\theta_1-\alpha)}
\tag{10.1.23}
$$

式中，θ_1是入射速度 v_i与水平面的夹角，由式(10.1.14)计算。

同理，回弹速度 v_r与地面的夹角 θ_r和与水平面的夹角 θ_2由下式计算

$$\tan\theta_r=\frac{v_{Nr}}{v_{Tr}}=\frac{e_N v_r}{e_T v_r}=\frac{e_N}{e_T} \tag{10.1.24}$$

$$\tan\theta_2=\frac{\cos(\theta_r-\alpha)}{\sin(\theta_r-\alpha)} \tag{10.1.25}$$

由于初始运动条件的差异，落石在碰撞前，除平动之外，倾倒式崩塌形成的落石还存在转动。不考虑空气阻力的影响，且假定落石的形态退化为以长边(轴)为直径的圆，在下落过程中不因落石形状而改变转动速度，则碰撞前转动角速度和初始角速度相等。碰撞后，由于落石与地面的撞击和摩擦，转动速度将发生改变。

碰撞后角速度的变化，通常通过转动动能与平动动能之比来推算。定义

$$\xi=\frac{E_R}{E_S} \tag{10.1.26}$$

式中 ξ——碰撞后转动动能与平动动能之比，其值与碰撞坡度有关，需要通过试验确定。综合已有研究(叶四桥，2008)，当坡度在45°以下时，从0°开始，可按每增加5°，增加0.05估算。当坡度大于45°时，该项计算的实际工程意义较平动计算的意义要小，可以省略；

E_R——碰撞后转动动能(kJ)；

E_S——碰撞后平动动能(kJ)。

根据动能定义，可以计算碰撞后的转动角速度ω_r：

$$\frac{1}{2}\xi m v_r^2=\frac{1}{2}J\omega_r^2 \tag{10.1.27}$$

$$\omega_r=v_r\sqrt{\frac{\xi m}{J}} \tag{10.1.28}$$

如果仍以类矩形块体转动[式(10.1.6)]，则上式变为

$$\omega_r=\frac{v_r}{2}\sqrt{\frac{3\xi}{a^2+b^2}} \tag{10.1.29}$$

至此，通过式(10.1.22)～式(10.1.29)，即可得到碰撞后落石的速度和方向，为下一步运动分析做好了准备。

④弹跳

碰撞后，如果与地面垂直的法向回弹速度 $v_{Nr}>0$，则落石发生弹跳，第二次(后续类推)离开地面进入抛射运动状态。根据运动学理论，假定地面仍为单一斜坡，落石的运动轨迹及相关参数见图10.1.5，运动方程如下列各式：

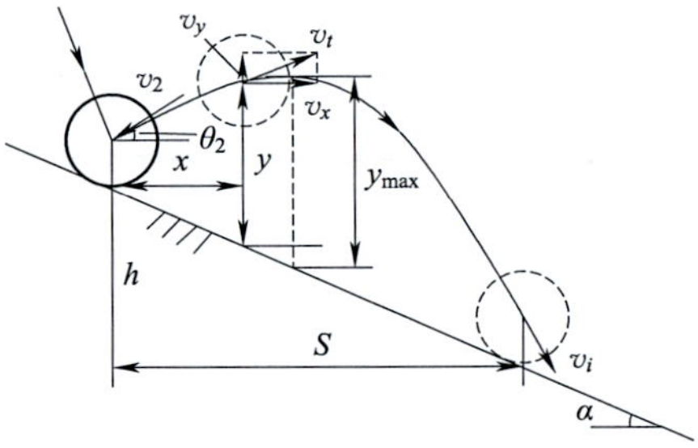

图 10.1.5 落石弹跳后的运动轨迹

(a)弹跳后任一时刻的落石位置(回弹起飞点为原点)

$$x=v_2 t\cos\theta_2,\ y=v_2 t\sin\theta_2-\frac{1}{2}gt^2+x\tan\alpha \tag{10.1.30}$$

式中 v_2——弹跳时的起跳速度(m/s)，数值与上一次碰撞后的回弹速度 v_r相同；

θ_2——弹跳方向与水平面的夹角(°)；

t——时间(s)；

α——地面坡度(°)。

通过此式，可以计算拦挡结构物所需要的高度尺寸。

由式(10.1.30)，可计算得到最大弹跳高度 $y_{\max}$

$$y_{\max}=\frac{v_2^2}{2g}(\sin\theta_2+\cos\theta_2\cdot\tan\alpha)^2 \tag{10.1.31}$$

(b)弹跳后任一时刻的速度 v_t 和方向 θ_t

$$\begin{cases}v_t=\sqrt{v_x^2+v_y^2}\\ v_x=v_2\cos\theta_2, v_y=v_2\sin\theta_2-gt\end{cases} \tag{10.1.32}$$

$$\tan\theta_t=\frac{v_y}{v_x} \tag{10.1.33}$$

式中 v_x, v_y——弹跳后任一时刻的水平速度和垂直速度(m/s)。

此时的落石动能 E_t 为

$$E_t=\frac{1}{2}mv_t^2+\frac{1}{2}J\omega_t^2 \tag{10.1.34}$$

式中 ω_t——落石角速度(rad/s)，不考虑飞行中因空气阻力和块体形态造成的转动能的改变，则其值与上一次回弹转动速度 ω_r 相同。

通过此式，可以计算此时刻落石飞行的动能，为拦挡结构的设计提供荷载参数。

(c)弹跳后落石再次落地的速度、方向、距离等参数，与式(10.1.11)～式(10.1.14)的计算方法相同，只需将原式中初始速度 v_0 用 v_2 代替，初始运动方向 β 用 θ_2 代替，最大落差 h_1 用 h 代替，最大落距 S_1 用 S 代替，这样分别重新定义参数即可。

⑤滚动

落石触地后，在假定块体为类矩形的情形下，要发生沿地面的滚动，必须满足两个条件：第一，法向回弹速度 $v_{Nr}=0$ 且切向回弹速度 $v_{Tr}>0$。第二，块体重心 O 与块体触地点 A 的水平距离 u_R 以前进为正。计算模型如图 10.1.6 所示。

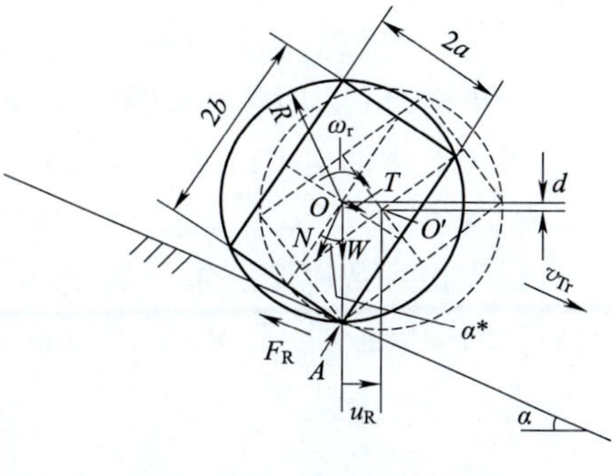

图 10.1.6 滚动计算模型

根据图中几何关系，当落石重心 O 落后(相对向坡下滚动方向)于触地点 A 时，落石重力和滚动摩擦力产生的向后转动的反向能，必须小于向前转动的能，才能保持落石向前滚动。注意到落石由原始位置向前滚动时，质心位置 O 变化到 O' 的垂直距离 d，假设落石概化为矩形对角线为直径的圆，满足向前滚动的条件为

$$mg[R(1-\cos\alpha^*)+u_R\tan\alpha]+F_R\cdot R\cos(\alpha+\alpha^*)\cdot\frac{\alpha^*\pi}{180}\geqslant\frac{1}{2}mv_{Tr}^2+\frac{1}{2}J\omega_r^2 \tag{10.1.35}$$

$$u_R\geqslant\frac{1}{\tan\alpha}\left[\frac{1}{2}v_r^2+\frac{4}{3}R\omega_r^2-R(1-\cos\alpha^*)-f_Rg\cdot R\cos(\alpha+\alpha^*)\cdot\frac{\pi\alpha^*}{180}\right] \tag{10.1.36}$$

式中 R——落石外接圆的半径(m)，$R=\sqrt{a^2+b^2}$；

α^*——重心垂线与接地点连线的夹角(°)，$\sin\alpha^*=\dfrac{R}{u_R}$；

f_R——滚动摩擦系数。

当落石具备向前滚动条件后，假定落石为纯滚动(即落石在运动中不沿地面滑动)，此时保持落石运动的动能必须大于摩擦力所做的功。由此，可以计算落石在地面斜坡上滚动时的动能和最大滚动距离

$$E_R=\frac{1}{2}mv_{Tr}^2+\frac{1}{2}J^*\omega^2-f_Rmg\cos\alpha\cdot R\theta \tag{10.1.37}$$

$$S=R\theta=\frac{v_r^2+\frac{1}{3}(a^2+b^2)\omega_r^2}{2f_Rg\cos\alpha} \tag{10.1.38}$$

式中 E_R——落石滚动时的动能(kJ)，当 $E_R\leqslant 0$ 时停止滚动；

θ——滚动时转过的圆心角度数(rad)；

m——落石质量(kg)；

J^*——矩形绕质心的转动惯量($kg\cdot m^2$)，$J^*=\dfrac{m}{3}(a^2+b^2)$。

(6)滑动

当落石法向回弹速度 $v_{Nr}=0$，切向恢复速度 $v_{Tr}>0$，且达不到向前滚动条件时，如果向下滑动的合外力，大于阻止下滑的摩擦力，则落石将沿地面斜坡向下滑动。滑动计算模型如图 10.1.7 所示。

当不考虑落石与地面之间的黏聚力时，滑动条件为

$$f\leqslant\frac{v_r}{gt\cos\alpha}+\tan\alpha \tag{10.1.39}$$

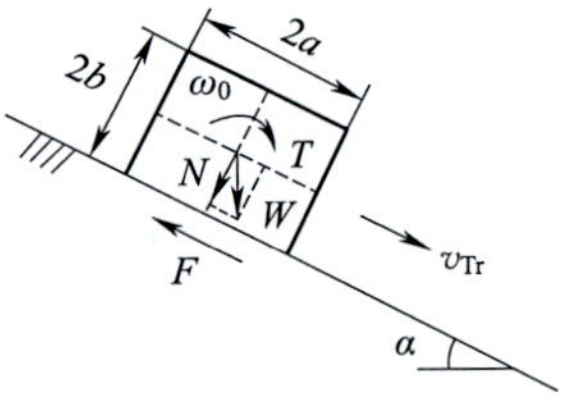

图 10.1.7 滑动计算模型

式中 f——落石与地面的滑动摩擦系数；

t——滑动的时间(s)。

向下滑动过程中，下滑的速度等于落地时的速度(滑动初速，即回弹切向速度)与指向坡下的合外力产生的速度之和：

$$v_S=v_r+gt(\sin\alpha-f\cos\alpha) \tag{10.1.40}$$

设摩擦系数以摩擦角 φ 表示，即 $f=\tan\varphi$，则对式(10.1.40)分析可知，当地面坡度 $\alpha<\varphi$ 时，落石做减速滑动。反之，落石将做加速滑动。做减速滑动时的最大滑动距离由下式计算

$$S_{max}=\frac{2v_r^2}{g(\sin\alpha-f\cos\alpha)} \tag{10.1.41}$$

至此，有关落石运动的理论计算全部叙述完毕。从上述叙述可知，任何一个理论计算公式，都是以特定落石形态、特定地形、特定运动或力学条件为前提的，因而，任何一个计算式都是特例。所以在不同的文献中，计算式的表达均不尽相同。在任何一个实际工程应用中，可能都需要根据特殊条件，建立专门的计算式。这就是落石运动方式的分析十分复杂繁琐的原因。

2. 落石的冲击力

在实际工程应用中，仅仅分析落石的运动规律只是问题的一半。对落石防护工程而言，还必须获得结构设计所需要的荷载参数。在落石防护工程设计中，除了通过轨迹选择防护工程的布置之外，最重要的参数，就是落石冲击力的估计。

对边坡工程而言，落石冲击力的实用价值主要集中在两个方面：一是作为拦挡结构物对落

石运动的阻挡，此时的力学模型可视为运动刚体对固定刚体(被动防护网除外)的冲击。二是在需要保护的结构物上方设置缓冲层，以减缓落石对下伏结构的破坏，或者消减落石能量，以便减缓或终止落石的运动。前者需要考虑的是拦挡结构物抵抗外荷载的能力，后者需要考虑消能。

现有文献中，关于落石冲击力的计算，比较有代表性的是基于冲量理论的铁路隧道计算方法，基于刚体动力学和土力学理论的铁路、公路路基计算方法，基于 Hertz 接触理论和试验数据的日本道路协会方法，杨其新等(1996)基于试验研究建立的经验公式，Thornton(1998)基于弹塑性接触理论提出的理论计算公式，叶四桥(2008)基于冲量理论的改进计算方法，向欣(2010)通过地基受荷载作用的极限承载力简化模型建立的计算方法等。根据叶四桥(2008)的对比研究，这些计算方法得到的结果差别极大，以日本公路协会的方法为上限，铁路隧道手册为下限，差值可高达数十倍。之所以出现这样的结果，正如我们在前文提到的一样，落石的形状、落下的状态、地表物质等因素随机性极大，任何一种理论模型或任何一批试验数据都难以覆盖野外实际情况。因此，目前为止，比较实用的方法，仍然是由具体工程的现场试验来取得数据。在本节中，我们仅仅根据边坡工程应用中，常用的防护结构形式，介绍其理论计算模型。

如果将遮盖型的防护结构(如明洞、棚洞等)划入隧道工程专业领域，则在边坡工程中，落石防护的主要设计理念是消能和阻挡。在实际运用中，具体的防护结构一般都兼有两种功能。例如典型的路基拦挡结构形式，多半为拦挡墙和墙后软垫层缓冲平台。这样的结构设计意图非常明显，就是尽可能利用缓冲平台消耗落石的动能，然后再利用拦挡墙终止落石与软垫层平台碰撞后还可能存在的运动。因此，落石对拦挡结构的作用，可细分为软垫层(或地面)的消能和对墙的冲击。

利用软垫层消能的机理，是将冲击时的动能，转化为变形能。通过软垫层的变形，大大地降低落石运动速度，使之破坏程度降低。

在布鲁克柔性被动防护网之前，拦挡结构物基本都可简化为刚性平面结构体。拦挡结构物的设计，除了考虑拦挡位置和防护高度的最优选择外，重要的设计参数就是结构本身抗冲击的能力。从这样的理念出发，落石对拦挡结构物的冲击力，在落石直接砸中墙体的最不利条件下，其力学模型就是落石块体对静止墙体的碰撞问题，不论落石是直接来自空中还是地面，也不论落石的运动状态是平动还是滚动。

基于以上认识，对冲击力的计算方式，大体上都是建立在刚性碰撞和变形体碰撞理论基础上的。比较有代表性的计算理论有三种，大部分的经验公式也是以这些理论为基础的。以下简要介绍其基本计算原理。

(1)基于冲量的计算方法

假定落石和拦挡结构物都视为刚体，且不考虑落石在碰撞时解体，也不考虑碰撞时墙的位移变形时，根据物理学知识，刚体碰撞时的冲量与冲击力和速度有如下关系(假定为平面问题)

$$\begin{cases} F=\sqrt{F_x^2+F_y^2} \\ F_x=\dfrac{mv_{2x}-mv_{1x}}{\Delta t} \\ F_y=\dfrac{mv_{2y}-mv_{1y}}{\Delta t} \end{cases} \tag{10.1.42}$$

式中 v_{1x}、v_{2x}——落石撞击前后速度的水平分量(m/s)；

v_{1y}、v_{2y}——落石撞击前后速度的垂直分量(m/s)；

Δt——碰撞时间(s)。

实际上，当冲击发生时，冲击力经历一个从 0 开始，迅速达到峰值，然后又迅速下降为 0 这样一个变力作用过程。上式中按动量原理计算出的冲击力的大小，实际上是冲击过程中变力的平均值(图 10.1.8)。而峰值时的瞬时冲击力比平均值要大得多。

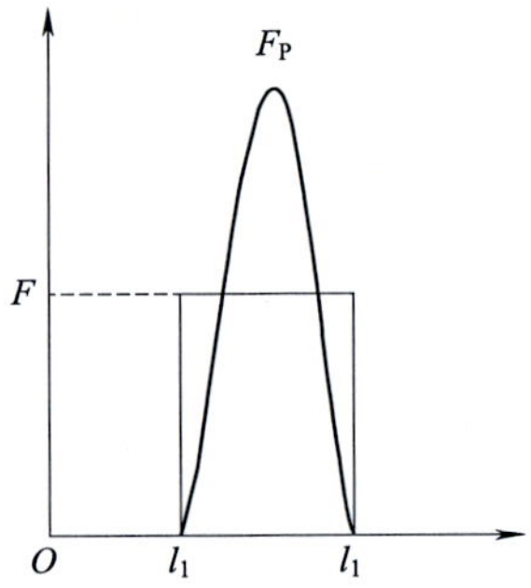

图 10.1.8 冲击力与作用时间关系

在上述公式的应用中，碰撞时间Δt 是一个非常重要的参数。由于冲量的几何意义是瞬时变力随时间变化曲线围成的面积，它与由平均冲力和碰撞时间围成的矩形面积相等(图 10.1.8)。因此，如果碰撞时间越长，则计算出的平均冲力越小。

工程实践的经验表明，按冲量计算的冲击力偏小。究其原因，首先，在理论上存在着峰值冲击力与平均冲击力差值，以及作用时间的精度两个问题。目前，解决这两个问题的主要办法，是通过试验，获得有关参数的修正参数，以适应工程需要。

对碰撞时间的估计问题，杨其新等(1996)通过室内试验建立了自由落体与软垫层碰撞时间的经验公式

$$\Delta t=\frac{1}{100}\left(0.097W+2.21h+\frac{0.045}{H}+1.2\right) \tag{10.1.43}$$

式中 h——缓冲软垫层厚度(m)；

H——落体的高度(m)；

W——落石重量(kN)。

该公式建立时的试验数据，是利用 5～8 N 的圆柱形重锤，在 30 cm 高的试验架上，以自由落体冲击下面不同厚度的软垫层条件下取得的。它在斜撞、不同软垫层性质、不同落石形状等方面的适用性没有很好地评估过。尽管如此，在没有更系统的研究和经验公式可利用之前，该公式仍有参考价值。

关于瞬时峰值冲击力 F_P与平均冲击力 F 的关系，叶四桥(2008)提出用放大系数来估计，即

$$F_P=kF \tag{10.1.44}$$

式中，k 是大于 1 的系数，称为放大系数。在叶文中，k 值的确定，是以日本公路协会的经验公式为背景，考虑 B. Pickler 进行的野外落石试验数据，计算规整后提出的(图 10.1.9)。叶文给出的放大系数与落石等效直径、落石碰撞时的速度有关。

按照上述经验公式，我们可以对冲击力进行试算与讨论。

假定，在 30 m 高的普通灰岩边坡坡顶处，一块尺寸为 1.5 m×1.5 m×1.5 m 的危岩，以自由落体的方式垂直下落。灰岩的重度为 25 kN/m³，地面设置有浆砌片石(片石材料同样为普通灰岩)拦挡墙，墙后铺设 1 m 厚的松散软土层。

情况 1：落石直接击中墙体

此时的碰撞为落石与硬岩墙体的碰撞。根据自由落体速度公式，计算碰撞前速度：

$$v_1=\sqrt{2gH}=\sqrt{2\times 9.81\times 30}=24.26(\text{m/s})$$

由表 10.1.2，取法向恢复系数为 0.6，不考虑切向恢复速度，计算碰撞后的速度为

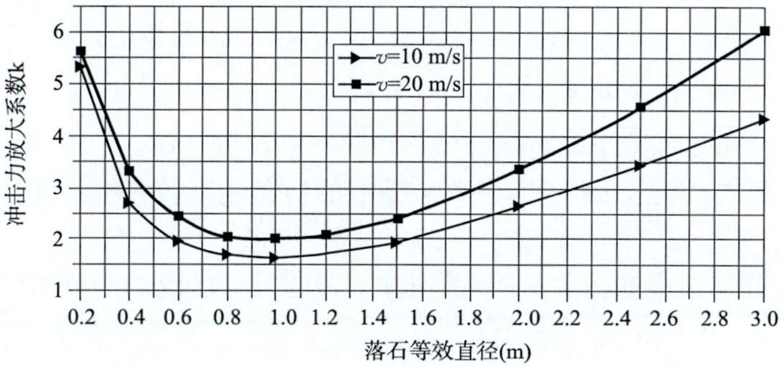

图 10.1.9 冲击力放大系数(据叶四桥,2008)

$$v_2=v_{Nr}=0.6v_1=0.6\times24.26=14.56(\text{m/s})$$

由式(10.1.43),直接击中墙体,先不考虑墙体变形形成的缓冲,则 $h=0$,计算碰撞时间

$$\Delta t=\frac{1}{100}\left(0.097W+\frac{0.045}{H}+1.2\right)=\frac{1}{100}\times\left(0.097\times25\times1.5^3+\frac{0.045}{30}+1.2\right)=0.094(\text{s})$$

由式(10.1.42),不考虑水平分力,则冲击力

$$F=F_y=\frac{m(v_2-v_1)}{\Delta t}=\frac{(25/9.81\times1.5^3)\times(14.56-24.26)}{0.094}=-887.87(\text{kN})$$

负号表示冲击力回弹的方向与运动方向相反。再由式(10.1.44)和图 10.1.9,速度取 25 m/s,则放大系数 $k=2.5$,最大冲击力

$$F_{max}=kF=2.5\times887.87=2\,220(\text{kN})$$

根据试算可知,在没有考虑落石块体形状的情况下,计算出的最大冲击力为 2 220 kN。如果假定墙体是完整连续的岩石,试算落石分别以面、边、角的接触方式与墙体相撞时的表面应力。

①最安全的碰撞方式,即落石以块体表面与墙体接触,由于表面起伏的影响,假设有效接触面积为块体表面面积的 30%,则冲击时的表面应力

$$\sigma=\frac{F_{max}}{A^*}=\frac{2\,220\times10^3}{0.3\times1.5^2}=2.19(\text{MPa})$$

②落石以棱边与墙体接触,棱边的接触宽度假定为 10 cm,冲击时的表面应力

$$\sigma=\frac{F_{max}}{L\cdot\delta}=\frac{2\,220\times10^3}{1.5\times0.1}=14.8(\text{MPa})$$

③最危险的碰撞方式,即落石以角与墙体接触,角的接触面积假定为 10 cm×10 cm,冲击时的表面应力

$$\sigma=\frac{F_{max}}{\Delta A}=\frac{2\,220\times10^3}{0.1\times0.1}=222(\text{MPa})$$

普通灰岩的抗压强度约 100 MPa。由此理论试算,在落石的角与墙体碰撞的情况下,落石块体或墙体将破坏。

情况 2:落石落到地面回弹后击中墙体

假定落石不是直接击中墙体,而是落到地面,反弹后击中墙体。设地面坡度 30°,地面法向恢复系数为 0.3,切向恢复系数为 0.8,墙体参数和落石触地速度如前。假定碰撞后的切向速

度被地面变形消除，与地面碰撞后仅有法向回弹速度

$$v_{Nr}=0.3v_1\cos\alpha=0.3\times24.26\times\cos30=6.30(m/s)$$

$$v_{Tr}=0.8v_1\sin\alpha=0.8\times24.26\times\sin30=9.70(m/s)$$

$$v_r=\sqrt{v_{Nr}^2+v_{Tr}^2}=\sqrt{6.3^2+9.7^2}=11.57(m/s)$$

假定弹起的落石与墙体正面碰撞，忽略碰撞后的切向速度，则碰撞后的速度

$$v_{2r}=0.6v_r=0.6\times11.57=6.94(m/s)$$

计算反弹后与墙体相撞的碰撞时间，采用叶四桥(2008)修改的杨其新(1996)公式

$$\Delta t=\frac{1}{100}\left(0.097W+\frac{0.045}{v^2}+1.2\right)=\frac{1}{100}\times\left(0.097\times25\times1.5^3+\frac{0.045}{11.57^2}+1.2\right)=0.094(s)$$

不考虑碰撞分力，计算冲击力

$$F=\frac{m(v_2-v_1)}{\Delta t}=\frac{(25/9.81\times1.5^3)\times(6.94-11.57)}{0.094}=-424(kN)$$

考虑放大系数，速度取 10 m/s，则 $k=2$，最大冲击力

$$F_{max}=kF=2.0\times424=848(kN)$$

试算落石分别以面、边、角的接触方式与墙体相撞时的表面应力。

①落石以块体表面与墙体接触，假设有效接触面积为块体表面面积的 30%，则冲击时的表面应力

$$\sigma=\frac{F_{max}}{A^*}=\frac{848\times10^3}{0.3\times1.5^2}=0.8375(MPa)$$

②落石以棱边与墙体接触，棱边的接触宽度假定为 10 cm，冲击时的表面应力

$$\sigma=\frac{F_{max}}{L\cdot\delta}=\frac{848\times10^3}{1.5\times0.1}=5.653(MPa)$$

③最危险的碰撞方式，即落石以角与墙体接触，角的接触面积假定为 10 cm×10 cm，冲击时的表面应力

$$\sigma=\frac{F_{max}}{\Delta A}=\frac{848\times10^3}{0.1\times0.1}=84.8(MPa)$$

通过试算可知，不考虑接触应力时，当触地反弹的落石以角撞击墙体时，墙体材料可能破坏。

情况 3：落石直接落入缓冲层

不考虑切向回弹，则回弹速度

$$v_2=v_{Nr}=0.1v_1=0.1\times24.26=2.43(m/s)$$

碰撞时间

$$\begin{aligned}\Delta t&=\frac{1}{100}\left(0.097W+2.21h+\frac{0.045}{H}+1.2\right)\\&=\frac{1}{100}\times\left(0.097\times25\times1.5^3+2.21\times1+\frac{0.045}{30}+1.2\right)=0.116(s)\end{aligned}$$

冲击力

$$F=\frac{m(v_2-v_1)}{\Delta t}=\frac{(25/9.81\times1.5^3)\times(2.43-24.26)}{0.116}=-1619(kN)$$

最大冲击力

$$F_{max}=kF=2.5\times1619=4048(kN)$$

试算表明，落石直接撞入缓冲土层时，冲击力达 4 048 kN。考虑到松软土层极低的强度，落石将贯入土层。但由于计算理论基于刚体力学，所以，无法直接计算出落石贯入土层的深度，也无从评估落石对土层下面的结构物有多大的影响。因此，在基于冲量的计算方法中，都要利用其他理论进行下一步的分析。例如，采用落石接触土层表面，根据应力扩散的概念进行后续计算。

情况 4：落石落到地面反弹后落入缓冲层

利用上述计算结果，直接计算 2 次回弹速度

$$v_{2r}=0.1v_r=0.1\times11.57=1.16(\mathrm{m/s})$$

碰撞时间

$$\Delta t=\frac{1}{100}\left(0.097W+2.21h+\frac{0.045}{v^2}+1.2\right)$$
$$=\frac{1}{100}\times\left(0.097\times25\times1.5^3+2.21\times1+\frac{0.045}{11.57^2}+1.2\right)=0.116(\mathrm{s})$$

冲击力

$$F=\frac{m(v_2-v_1)}{\Delta t}=\frac{(25/9.81\times1.5^3)\times(1.16-11.57)}{0.116}=-771(\mathrm{kN})$$

最大冲击力

$$F_{\max}=kF=2.0\times771=1542(\mathrm{kN})$$

综合上述试算结果，可以做如下讨论：

①除了落石直接击中砌体结构物这种情况之外，利用冲量理论计算冲击力都存在难以克服的理论缺陷，即无法直接考虑落石在与地面碰撞和落入软垫层时，岩土介质的变形对落石动能的消耗，也无法直接评估软垫层是否会被落石击穿。所以，以冲量为理论基础的计算方法，最终都会根据其他理论和试验数据加以改造，使之成为经验公式。

②在落石直接击中砌体结构物的情况下，落石的形状和落石与结构物的接触方式，对冲击结果影响很大。冲量计算的理论公式，并不考虑这种情况。实际上，多数基于该理论的计算都没有涉及这一点。因此，即便是工程界熟悉的经验公式，在这个方面仍然还有很多研究工作要做。

③计算中的关键参数之一的碰撞时间。目前，根据缓冲软层试验得到的碰撞时间的经验公式，本身就与刚体碰撞的冲量理论不符，这样的应用是否合理适用还是有疑问的。

(2)基于地基承载力的计算方法

囿于冲量理论不能解决落石进入缓冲软垫层的计算问题，因此，采用落石撞入缓冲层阻力所做的功与落石动能相等的假定，来计算冲击力。根据功等于作用力与作用距离的乘积的物理学原理，阻力所做的功，等于阻力与落石进入缓冲层的深度的乘积。落石进入的过程中，阻力是变化的，上述关系表达为

$$E_d+E_p=\int_0^z F(z)\mathrm{d}z \tag{10.1.45}$$

式中　E_d——落石达到地面(缓冲层)时的动能(kJ)；

E_p——落石从地面贯入地面(缓冲层)最大深度处的势能(kJ)；

$F(z)$——地层对落石的阻力(kN)，是与贯入过程中深度有关的函数。根据作用力与反作用力关系，其值和冲击力相等；

z——贯入深度(m)。

上式中，动能可以通过前述章节落石运动方程获得。因此，依据式(10.1.45)求解冲击力的关键是得到变阻力函数 $F(z)$和贯入深度 z。

向欣(2010)将落石与地面接触时的作用视为基础荷载，地面土层为地基，在落石作用下达到塑性破坏的极限状态。引入 Terzaghi(太沙基)地基极限承载力公式，将极限承载力作为落石冲击力计算。向欣法在建立基本力学模型时，假定落石几何形态为立方体，落入地面时以立方体的角正对地面贯入(图 10.1.10)，贯入的块体部分视为 Terzaghi 理论中的弹性核，以此建立相关计算式。根据向欣法的计算原理，建立相关计算式。注意以下推导与向欣法是不同的。

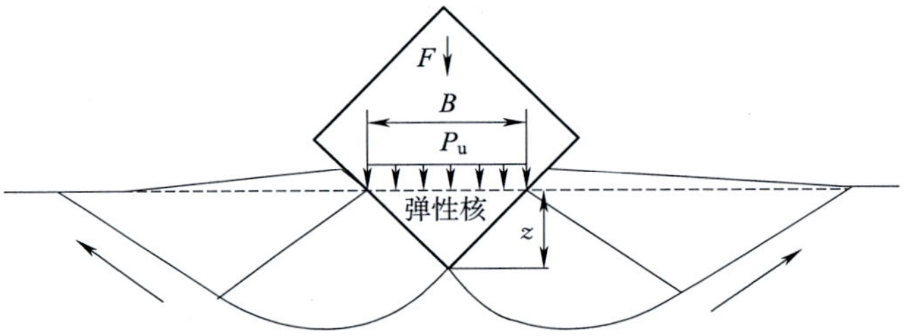

图 10.1.10 基于 Terzaghi 极限承载力的冲击力计算模型(据向欣，2010，有修改)

当基底完全粗糙且为方形基础时，Terzaghi 建议的地基极限承载力计算公式

$$p_u = 1.2cN_c + \gamma DN_q + 0.4\gamma BN_\gamma \tag{10.1.46}$$

式中 c——地基土层的黏聚力(kPa)；

γ——地基土层重度(kg/m^3)；

D——基础埋深(m)；

B——基础宽度(m)；

N_c、N_q、N_γ——地基承载力系数；

φ——地基土层的摩擦角(°)。

假定不考虑埋深，$D=0$；忽略土层的黏聚力，$c=0$。则式(10.1.46)简化为

$$\begin{cases} p_u = 0.4\gamma BN_\gamma \\ N_\gamma = \dfrac{1}{2}\left(\dfrac{\tan^2(45+\varphi/2)}{2\cos^2\varphi} - 1\right)\tan\varphi \end{cases} \tag{10.1.47}$$

落石楔入土层时，任一时刻基础的计算宽度 B(根据 Terzaghi 弹性核假定计算)与楔入深度 z 可由图 10.1.10 中的几何关系得到

$$B = \frac{2z}{\tan\varphi} \tag{10.1.48}$$

地基对落石的反作用力等于地基极限承载力乘以基础面积

$$F(z) = p_u \cdot A = p_u \cdot B^2 = 0.4\gamma\left(\frac{2z}{\tan\varphi}\right)N_\gamma \cdot \frac{4z^2}{\tan^2\varphi} = \frac{3.2\gamma N_\gamma}{\tan^3\varphi}z^3 \tag{10.1.49}$$

设落石楔入地基的作用距离等于落石楔入深度，则落石楔入做的功

$$W = \int_0^{z_{max}} F(z)\mathrm{d}z = \int_0^z \frac{3.2\gamma N_\gamma}{\tan^3\varphi}z^3\mathrm{d}z = \frac{0.8\gamma N_\gamma}{\tan^3\varphi}z^4 \tag{10.1.50}$$

当考虑落石为初速为 0 的自由落体时，落入地基的总能量

$$E = mg(H+z) \tag{10.1.51}$$

当 H 远大于 z 时，根据式(10.1.45)：

$$mgH=\frac{0.8\gamma N_\gamma}{\tan^3\varphi}z^4 \tag{10.1.52}$$

$$z=\left(\frac{mg\tan^3\varphi}{0.8\gamma N_\gamma}H\right)^{\frac{1}{4}} \tag{10.1.53}$$

代入式(10.1.49)，得到落石冲击力

$$F=\frac{3.2\gamma N_\gamma}{\tan^3\varphi}z^3=(3.2\gamma N_\gamma)^{\frac{1}{4}}\left(\frac{4mg}{\tan\varphi}H\right)^{\frac{3}{4}} \tag{10.1.54}$$

在此，以前述算例，用式(10.1.54)试算落石冲击力。

设地基土层重度 $\gamma=20\ \text{kN/m}^3$，摩擦角 $\varphi=25°$，其余参数同前，则

$$N_\gamma=\frac{1}{2}\times\left[\frac{\tan^2(45+25/2)}{2\times\cos^2 25}-1\right]\times\tan 25=0.1165$$

$$z=\left(\frac{20\times1.5^3\times\tan^3 25}{0.8\times20\times0.1165}\times30\right)^{\frac{1}{4}}=110.15^{\frac{1}{4}}=3.2396(\text{m})$$

$$F=\frac{3.2\times20\times0.1165}{\tan^3 25}\times3.2396^3=2500(\text{kN})$$

试算结果和冲量计算结果(情况 3)相比可知，当假定落石直接落入缓冲土层(设为 1 m 厚)时，不考虑放大系数，则冲量法计算结果为 1619 kN，为本计算结果的 65%。如果考虑放大系数，则冲击力为 4048 kN，比本计算结果大 62%。

通过计算式的建立和试算，对基于地基承载力的落石冲击力计算方法讨论如下：

①关于计算方法。该方法在计算原理上，将落石贯入后的状态作为静态边界来考虑。实际上，在落石楔入过程中，土层被楔入时受到的推挤、压密、摩擦热、鼓出等土体本身的变形与运动所需的能量(可以称为成坑能量)，在计算中并没有考虑进去。因此，落石的动能不仅仅被落石楔入后的位置状态消耗，还将被其他变形和运动消耗。如果这样的话，冲击力的计算结果会小很多。这一点，从现在计算中，落石的贯入深度过大的结果，就可以看出其影响。

②关于基本力学模型，向欣法将立方形落石的一角构成的三角形近似为 Terzaghi 理论模型中的弹性倒三角形核。但是，Terzaghi 弹性倒三角形核的两个斜边与水平地面的夹角，在完全粗糙时等于地基土的摩擦角 φ。而在立方体落石形状条件下，这个角度是固定的 45°。其二，Terzaghi 理论模型中，弹性核与地基土之间为土—土摩擦，而向欣模型中变为土—石摩擦。这两点，就和 Terzaghi 建立的平衡条件以及承载力系数中定义的参数有区别。在本节中，虽然按照 Terzaghi 模型进行了修改，但基础宽度是根据摩擦角虚拟的。因此，在计算式的推导中能否直接引用 Terzaghi 极限承载力的相关公式，误差多少等问题并没有得到讨论。

③关于计算结果。该方法的重要计算结果有两个，冲击力和贯入深度。关于冲击力，向欣认为计算出的冲击力偏小，需要乘以 2.2 的放大系数。如果按本节公式计算冲击力，即便乘以 2.0 的放大系数，那么，其计算结果将远大于按叶四桥法计算的结果。关于贯入深度，基于地基极限承载力的计算方法，能够在形式上给出落石贯入地面土层的深度。但是，算例中的理论深度达 3.2 m。根据经验判断，这个数值太大。

(3)基于弹塑性接触理论的计算方法

在前述两种计算方法中，都缺乏对落石进入地面土层时，土体变形和落石运动的详细描述，因而在理论上并不完善，计算方法的说服力不强。根据弹塑性接触理论，落石落入地面，进

入土层时，土体在落石的冲击下产生变形，形成落石坑。如果冲击应力小于土层的弹性极限，则落石动能转变为弹性变形能，速度降到0，冲击作用停止。随后土层弹性变形恢复，作用于落石，落石获得能量而重新运动。如果冲击应力超过土层的弹性极限，土层在弹性变形的基础上产生塑性变形。弹性变形和塑性变形共同消耗落石的动能，冲击作用停止。随后，弹性变形恢复，重新将其中的弹性变形能回馈给落石，落石开始回弹。在其中，变形时能量的转换和塑性变形大小（落石坑的面积和深度等）与土层的力学性质有关。由此，可以根据能量转换和土层的变形建立冲击力计算公式。

Thornton（1998）以及杨海清（2009）、何思明（2010）等均按此原理推导过落石冲击力计算公式。下面根据基本计算原理，介绍推导过程。

假定落石为一个半径为 R 的圆球，落入地面时，球的一部分接触并压入地面形成一个半径为 a，深度为 δ 圆形落石坑。根据 Hertz 弹性接触理论，接触区的应力分布（图 10.1.11）

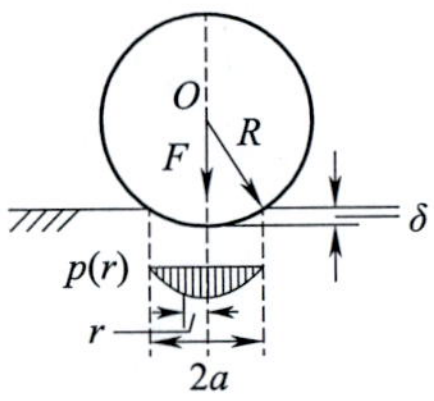

图 10.1.11 Hertz 接触关系示意图

$$p(r)=\frac{3F}{2\pi a^2}\left[1-\left(\frac{r}{a}\right)^2\right]^{\frac{1}{2}} \tag{10.1.55}$$

式中 p——距接触区中心任一半径 r 处的接触应力（kPa）；

r——圆形凹陷内任一点到中心的距离（半径）（m）；

F——作用在接触区中心处的集中荷载（kN）。

接触区内最大接触应力位于中心（$r=0$）

$$p_{\max}=\frac{3F}{2\pi a^2} \tag{10.1.56}$$

接触圆的半径

$$a=\left(\frac{3FR}{4E}\right)^{\frac{1}{3}} \tag{10.1.57}$$

式中 E——模量（kPa），由下式计算

$$E=\frac{E_s}{1-\mu_s^2} \tag{10.1.58}$$

式中 E_s、μ_s——地面土层的弹性参数。

在式（10.1.56）、式（10.1.57）中消去 F，则得到接触圆半径与中心接触应力的关系

$$a=\frac{\pi R}{2E}p_{\max} \tag{10.1.59}$$

圆球与地面碰撞时，在弹性变形阶段，凹陷深度 δ 与荷载 F 之间的关系，由 Johnson（1985）提出

$$\delta=\frac{a^2}{R}=\left(\frac{9F^2}{16RE^2}\right)^{\frac{1}{3}} \tag{10.1.60}$$

或者

$$F=\frac{4}{3}E\sqrt{R}\cdot\delta^{\frac{3}{2}} \tag{10.1.61}$$

假定落石以自由落体落入地面，落石的动能全部转换为落石贯入地面所做的功，根据功能原理，建立以下关系：

$$mg(H+\delta)=\int_0^{\delta}F\mathrm{d}\delta=\int_0^{\delta}\frac{4}{3}E\sqrt{R}\cdot\delta^{\frac{3}{2}}\mathrm{d}\delta=\frac{8}{15}E\sqrt{R}\cdot\delta^{\frac{5}{2}} \tag{10.1.62}$$

当 $H \gg \delta$ 时，从上式可得

$$\delta=\left(\frac{15\ mgH}{8E\sqrt{R}}\right)^{\frac{2}{5}} \tag{10.1.63}$$

将此式代入式(10.1.61)，得到弹性状态下冲击力的计算公式

$$F_e=1.9442\left(E\sqrt{R}\right)^{\frac{2}{5}}(mgH)^{\frac{3}{5}} \tag{10.1.64}$$

根据式(10.1.59)、式(10.1.60)，当落石冲击土层，使土层变形达到塑性临界条件(弹性极限)时，凹陷深度 δ_y 与中心应力 p_y(即地面土层的屈服强度)的关系为

$$\delta_y=\left(\frac{\pi\sqrt{R}}{2E}p_y\right)^2 \tag{10.1.65}$$

假定落石冲击作用使土层进入塑性临界状态的速度为 v_y，中心荷载为 F_y，动能全部转换为变形能，有

$$\frac{1}{2}mv_y^2=\int_0^{\delta_y}F_y\mathrm{d}\delta \tag{10.1.66}$$

将式(10.1.61)代入，解出 δ，并将式(10.1.65)代入，得

$$v_y=\left(\frac{\pi}{2E}\right)^2\left(\frac{8\pi R^3}{15\ m}\right)^{\frac{1}{2}}(p_y)^{\frac{5}{2}} \tag{10.1.67}$$

根据式(10.1.61)、式(10.1.65)，此时的临界荷载

$$F_y=\frac{\pi^3R^2}{6E^2}p_y^3 \tag{10.1.68}$$

当落石冲击应力超过地面土层塑性条件时，落石坑弹—塑性变形区分布如图 10.1.12 所示。

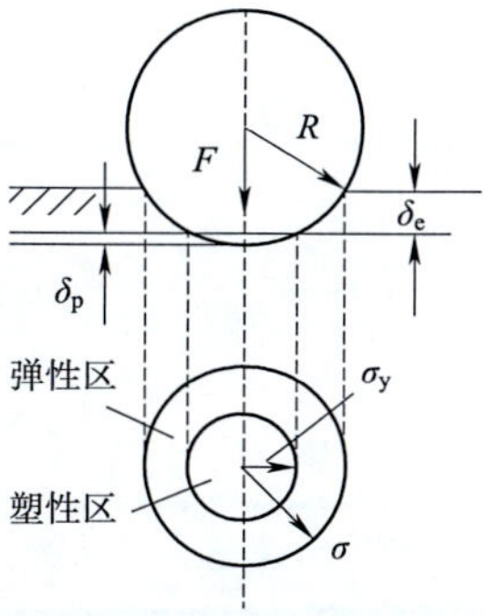

图 10.1.12 落石坑弹—塑性变形区分布

Thornton(1988)假设土层为理想塑性体，超过屈服应力后的接触应力为恒值，则可推导出中心荷载 F 与凹陷深度 δ 及塑性临界深度 δ_y 有如下关系

$$F=F_y+\pi p_yR(\delta-\delta_y) \tag{10.1.69}$$

令

$$K_N=\pi p_yR \tag{10.1.70}$$

式中，K_N 可视为切向刚度。

考察式(10.1.69)，根据公式的物理意义，定义 $\delta_p=\delta-\delta_y$，则式(10.1.69)改写为

$$F=F_y+K_N\delta_p \tag{10.1.71}$$

如果同样假定，在此弹塑性条件下，落石的动能完全转换为落石冲击地面所做的功，根据功能原理，则以下关系成立

$$mg(H+\delta_e+\delta_p)=\int_0^{\delta_y}F_e(\delta_e)\mathrm{d}\delta_e+\int_{\delta_y}^{\delta_y+\delta_p}F_p(\delta_p)\mathrm{d}\delta_p \tag{10.1.72}$$

由 $\delta_e=\delta_y$，$H\gg\delta_e+\delta_p$，上式变为

$$mgH=\int_0^{\delta_y}\frac{4}{3}E\sqrt{R}\delta^{\frac{3}{2}}\mathrm{d}\delta+\int_{\delta_y}^{\delta_y+\delta_p}(F_y+K_N(\delta-\delta_y))\mathrm{d}\delta$$

$$mgH=\frac{8E\sqrt{R}}{15}\delta_y^{\frac{5}{2}}+\frac{1}{2}K_N\delta_p^2+(F_y-K_N\delta_y)\delta_p \tag{10.1.73}$$

式(10.1.73)是关于塑性凹陷深度δ_p的一元二次方程,可解出δ_p,代入式(10.1.71),即可求得落石(圆球)在弹塑性条件下对土层的冲击力F。

按上述理论公式试算落石对土层和墙体的冲击力。假定地面土层的相关参数为:$E_s=10000$ kPa,$\mu_s=0.3$,则$E=10989$ kPa。根据何思明(2010)计算方法,岩土层屈服应力用极限承载力的5倍估计,即$p_y=5\sigma_y$。土层极限承载力$\sigma_y=300$ kPa,$p_y=1500$ kPa。墙体的相关参数为:$E_r=5\times10^6$ kPa,$\mu_r=0.2$,则$E=5.2083\times10^6$ kPa。墙体岩石$p_y=80000$ kPa。其他条件如前述算例。

情况1:落石落入地面

计算塑性临界速度。由式(10.1.67)

$$v_y=\left(\frac{\pi}{2\times10989}\right)^2\left[\frac{8\pi\times(1.5/2)^3}{15\times(25/9.81)\times1.5^3}\right]^{\frac{1}{2}}\times1500^{\frac{5}{2}}=0.51(\mathrm{m/s})$$

由计算可知,对土层而言,只要落石达到很小的速度,或从很小的高度($H_y=0.013$ m)落下,就能进入塑性状态。

计算式(10.1.73)中的各项系数

$$K_N=\pi\times1500\times(1.5/2)=3534.29(\mathrm{kN/m})$$

$$\delta_y=\left[\frac{\pi\times\sqrt{(1.5/2)}}{2\times10989}\times1500\right]^2=0.03448(\mathrm{m})$$

$$F_y=\frac{\pi^3\times(1.5/2)^2}{6\times10989^2}\times1500^3=81.24(\mathrm{kN})$$

$$\tilde{a}=\frac{1}{2}K_N=\frac{1}{2}\times3534.25=1767.15$$

$$\tilde{b}=F_y-K_N\delta_y=81.24-3534.29\times0.03448=-40.621$$

$$\tilde{c}=\frac{8E\sqrt{R}}{15}\delta_y^{\frac{5}{2}}-mgH=\frac{8\times10989\times\sqrt{(1.5/2)}}{15}\times0.03448^{\frac{5}{2}}-25\times1.5^3\times30=-2530.1$$

$$\delta_p=\frac{-\tilde{b}+\sqrt{\tilde{b}^2-4\tilde{a}\tilde{c}}}{2\tilde{a}}=\frac{40.621+\sqrt{40.621^2+4\times1767.15\times2530.1}}{2\times1767.15}=1.2081(\mathrm{m})$$

$$F=F_y+K_N\delta_p=81.24+3534.29\times1.2081=4351(\mathrm{kN})$$

情况2:落石直接击中墙体

如果假定为弹性碰撞,则按式(10.1.64)

$$F_e=1.9442\times\left[5.2083\times10^6\times\sqrt{(1.5/2)}\right]^{\frac{2}{5}}\times(25\times1.5^3\times30)^{\frac{3}{5}}=1.1679\times10^5(\mathrm{kN})$$

如果按弹塑性计算,则主要计算结果为

$v_y=0.047$ m,$\delta_y=0.0004$ m,$F_y=54.8647$ kN,$\delta_p=0.1640$ m,$F=3.0973\times10^4$ kN。

通过上述试算,对按弹塑性接触理论计算落石冲击力的方法讨论如下:

①情况1中的计算条件,与冲量计算中的情况3,以及极限承载力法的计算条件是一致的。三种计算结果对比表明,计算出的冲击力弹塑性法最大(4351 kN),修正的冲量法(即考虑放大系数)次之(4048 kN),极限承载力法较小(2956 kN),冲量法最小(1619 kN)。如果以叶四桥法的研究结果衡量,弹塑性法的计算结果是不需要修正的。对落石入地深度,极限承载力法较大(3.4255 m),弹塑性法较小(1.2081 m),冲量法不能直接计算深度。虽然由于计算

模型所用的落石形态不同，不便于直接比较，但据经验判断，弹塑性法计算的落石坑深度较为合理。

②就落石冲击计算结果的准确性而言，目前并没有大量的试验数据作为评价依据。在国内的一些研究中，认为现有公式计算的冲击力偏小的判断，主要是根据叶四桥(2008)的对比研究作出的。而叶四桥法主要依据是 Pichler 现场试验结果。同时，叶四桥法采用日本公路学会经验公式计算的冲击力为基础，将其提高 40%作为建议放大系数的依据。而同样是以 Pichler 试验作为验证依据，何思明(2010)认为日本公式计算的冲击力过大。在本书中，选择 Pichler 试验中质量为 18 260 kg、等效直径 2.38 m、最大落高 18.85 m 的六面体落石试验为背景，根据经验给定碎石垫层的相关参数，试算了落石楔入深度和冲击力。计算表明，按本书推导出的上述公式计算的落石坑深度为 0.95 m，比试验值 0.85 m 大 11%，冲击力为 7 152 kN，比试验值小 10%。Pichler 的试验是将立方体型花岗岩块从吊车上掉落在人工铺设的碎石垫层上，以岩块的一角入地的状态完成的。在 Pichler 的论文中，并没有详细描述碎石垫层以及以下地层条件等要素。实际上，由于落石冲击力与落石形状、三维比例、尺寸、块体与地面物理力学性质、坡面形态、下落高度等众多因素有关，仅仅根据少量试验作为参考依据并不充分。即便如此，在不加入放大系数的情况下，在三种计算方法中，弹塑性接触法计算出的结果，是最接近 Pichler 的试验数据的。

③对落石与墙体的碰撞而言，弹塑性法的情况 2 与冲量法的情况 1 计算条件相同，极限承载力法无法计算。计算结果对比表明，修正冲量法计算结果(2 220 kN)远小于弹塑性法的计算结果(30 973 kN)。究其原因，冲量法碰撞时间的计算，是以软垫层试验数据为基础的。和刚性垫层碰撞时间相比，要长得多。对接触理论而言，是否考虑塑性变形对计算结果的影响极大。在本例中，弹性计算和弹塑性计算相差 3.77 倍。对圆球接触的假定而言，由于最初的接触几乎可以想象成一个点的接触，在冲击作用下，接触点很快进入塑性状态。因此，完全弹性碰撞很难出现。如果采用弹塑性作为计算模型，那么可以试着对比计算一下落石与墙体相撞时的碰撞时间。根据算例，当按式(10.1.19)计算恢复系数时，$e=0.2488$，$v_1=24.26$ (m/s)，$v_2=ev_1=6.0366$ (m/s)。由冲量公式，计算出$\Delta t=0.0051$(s)。当按冲量法情况 1 取恢复系数时，$e=0.6$，$v_1=24.26$ (m/s)，$v_2=6.0366$ (m/s)。由冲量公式，计算出$\Delta t=0.0027$ (s)。比按杨其新(1996)经验公式计算的碰撞时间分别小 46%和 71%。由此看出，对碰撞时间的计算，还需要进一步研究。

④弹塑性接触理论最大的问题，是对块体形状的假定难以涵盖长、宽、高不均等对撞击状态的影响。这也是目前所有理论计算存在的问题。但是，不论从理论依据的完善还是计算结果，都显示出接触理论更有优势。从目前的理论研究和工程需要看，以弹塑性接触理论为基础，通过大量试验积累数据，最终建立工程实用的落石冲击力计算经验公式，是解决目前理论和实践困境的较好途径。这就要求，在今后的工程勘察中，在崩塌落石地区，要将落石现场试验，列入技术规范，就如同其他岩土参数试验一样。经年积累，使相关工程技术水平得以提升和发展。

3. 落石运动特征的数值模拟

在有关落石运动轨迹和冲击力计算公式的介绍中，可以看出，即便是实际工程中简单坡形或简单块体形状，都会使计算公式和计算过程十分繁杂。而且，像群崩、冲击的动荷载分析等，是理论公式难以计算的。因此，在实际工程应用中，一般采用软件进行数值模拟。

能用于落石模拟的软件很多，从满足分析要求、使用普遍、操作简单的角度看，最常用的软件主要有 RocFall、UDEC/3DEC、ANSYS、FLAC 等。以下简单介绍这些软件在落石分析中的应用情况。

(1)UDEC8/3DEC

UDEC/3DEC(以下统称 DEC)是目前模拟危岩运动的较常用的软件之一。和其他软件相比，较为突出的特点是可以模拟“群崩”。缺点是对地面性质的描述较为单一，难以适应落石触地后的多种运动特征。图 10.1.13 是一个典型的危岩落石模拟结果。

图 10.1.13　UDEC 模拟结果图示(据袁志辉，2008)

和 DEC 软件计算原理相同的另一款软件 PFC2D/3D(通称颗粒流)也可用于落石的计算。但它的基本颗粒模型为圆形，和 DEC 有一定的差别。

(2)RocFall

DEC 软件对任意几何形状的块体的运动模拟有非常成功的一面。但对块体在下落过程中与不同介质特性的坡(地)面的碰撞以及后续运动的模拟，就比较困难了。而落石的运动学特征(速度、方向、位置等)，不论对边坡拦挡结构物的布置还是冲击力的计算，都是非常重要的。因此，一般采用一些专用的落石运动模拟软件进行分析。其中，比较常见的有 STONE、CSRP、RocFall。这 3 款软件各有特点，但都有不足。下面以最常用的 RocFall 为例，介绍其特点。

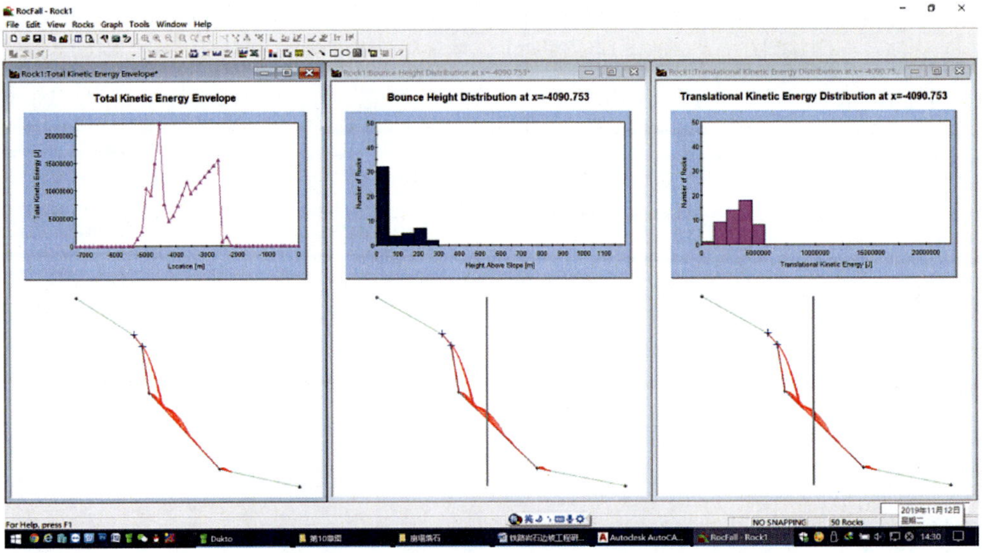

图 10.1.14　RocFall 模拟结果图示

RocFall 计算的基本依据是冲量定理和能量守恒。在 RocFall 中，块体被假定为质量集中的质点，因而不能考虑块体形状对碰撞的影响。软件的基本计算模型为二维边坡断面，可以根据现场测绘获取。除了落石的重量，计算所需的参数有两类：一类是坡（地）面不同坡（地）段的介质属性，主要指标是法向/切向阻尼系数（和恢复系数相当）、岩块与地面摩擦系数、边坡粗糙度等；一类是落石运动的初始状态，包括位置、速度、方向。前者在软件中预置了部分介质类型的阻尼系数，也可根据本书表 10.1.2 选用。注意，可以对每一坡（地）段分别赋值，但不同坡（地）段要用剖面线段区分。后者可根据前述章节的理论计算赋以初值。软件可以设置同一初始位置时不同的块体，也可设置块体随机运动的模拟次数。计算完成后，软件提供对这些落石块轨迹任一位置的速度、动能、离地高度等参数的统计，可供分析和设计所用。一个典型的 RocFall 计算界面和结果如图 10.1.14 所示。图中所示为落石模拟崩落 50 次后，在不同水平位置的落点、确定位置落石动能和弹跳高度的结果。

（3）ANSYS/FLAC

使用 ANSYS 进行落石冲击坡（地）面模拟时，主要使用的是 ANSYS/LS-DYNA 提供的瞬态动力学分析模块，模拟落石对地面的冲击效果。对于模型的材料，一般假定落石为刚体，而对坡（地）面材料的选用，不同的研究者有不同的选择。荆宏远（2006）认为选择 Drucker-Prager 模型与土体比较相符，谢国海（2017）选用弹塑性模型。对接触模型，可根据实际计算的力学模型，选择点—面、面—面接触类型。设定阻尼时，一般采用 Rayleigh 阻尼。对荷载，可以采用 Ricker 子波模拟冲击荷载作用。落石触地时的速度，可根据落石运动的理论计算结果。

图 10.1.15 是四面体平面着地时，撞击在缓冲垫层上的模拟结果。

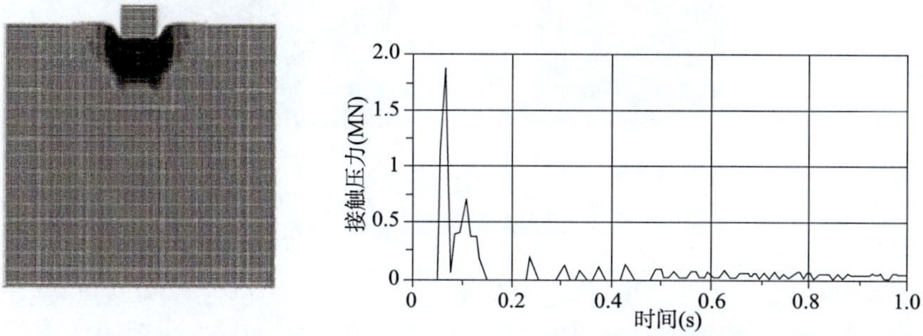

(a) 位移云图　　(b) 冲击力时程曲线

图 10.1.15　ANASYS 模拟计算结果示意图（据易林佳伦，2016）

10.2　危岩体几何参数量测与计算

危岩运动特征和稳定性计算，最基本的参数就是危岩的几何参数。危岩的几何参数，包括危岩的体积、危岩滑动时接触面的面积以及危岩一些可见或不可见的边长、高度、形心、重心位置等。这些参数，都必须要在现场调查时直接或间接地获得。然而，由于危岩的形成环境大都处于高陡斜坡之上，采用接触式直接量测非常困难，很多情况下无法进行接触式量测。对危岩勘察的常规非接触式测量，如采用全站仪等，除非特别重要的工点，才有可能采用。即便常规的测量仪器，也因为或是距离太远精度难以保证，或是距离太近，视场受异物遮挡不能通视，或是地形陡立，无法安置测量觇标等原因使测量不能进行。因此，危岩几何参数的野外量测，是危岩勘察中不小的问题。

随着技术的发展，一些新的测量方法被用于危岩几何参数的量测，取得了很好的效果。在本节中，将介绍目前可用于危岩测量的几种方法。

10.2.1 简易量测方法

危岩几何参数，主要是构成危岩体各面的空间方位和棱边的长度，这些参数必须通过现场量测获得。通常，只要地形条件允许，勘察人员一般都需要用罗盘和卷尺进行接触式直接测量。但对于体积较大、攀爬困难、地形受限的危岩，则无法采用接触法直接测量，而采用仪器测量。但在一般情况下，地质勘察人员都不会随身携带经纬仪、全站仪这些测量设备。而且，即便调来设备，也可能因为无法竖立觇标使测量失败。传统情况下，勘察人员会利用随身携带的罗盘和卷尺作三角测量，但精度很难保证。因此，利用现有的一些新型测距元器件，自行组装便携式简易量测工具，是非常有实用价值的。

孙彩婷(2016)利用市售普通激光测距仪和云台组装过一台简易测量装置，该装置由激光测距仪、激光瞄准镜、电子倾角仪、全景云台组成(图 10.2.1)。

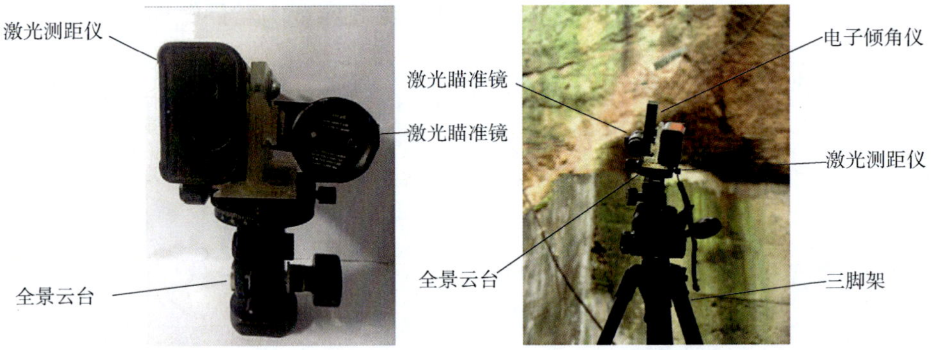

(a) 主要结构　　(b) 现场测量

图 10.2.1　简易测量装置(据孙彩婷，2016)

装置的基本测量原理，是在现场选定可以通视危岩各角的位置作为站点，测量各角点与站点连线的水平夹角、倾斜角度和斜距，从而解析出危岩几何要素(图 10.2.2)。

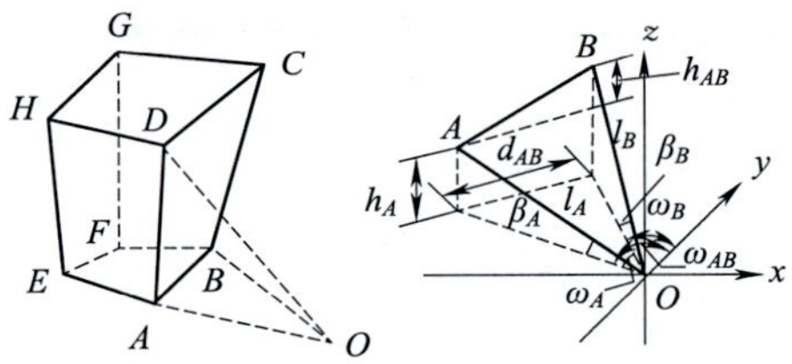

图 10.2.2　测点与站点的几何关系

根据图 10.2.2 所示的测量原理，危岩体水平方向的边长 AB 的测量过程及计算如下：

设 O 为测量站点。先将激光瞄准器瞄准 B 点，读取 OB 水平度数 ω_B、倾角 β_B 及测距 l_B。再将激光器瞄准 A 点，读取 OA 水平度数 ω_A、倾角 β_A 及测距 l_A。则 AB 的长度 l_{AB} 由下式计算：

A、B 点的高差 h_{AB}

$$h_{AB}=|l_A\sin\beta_A-l_B\sin\beta_B| \tag{10.2.1}$$

A、B 点的水平距离 d_{AB}

$$d_{AB}=l_A^2\cos^2\beta_A+l_B^2\cos^2\beta_B-2l_Al_B\cos\beta_A\cos\beta_B\cos\Delta\omega_{AB} \tag{10.2.2}$$

$$\Delta\omega_{AB}=\begin{cases}|\omega_B-\omega_A|, & \omega_{AB}\leqslant 180\\ 360-|\omega_B-\omega_A|, & \omega_{AB}>180\end{cases} \tag{10.2.3}$$

棱边 AB 的长度 l_{AB}

$$l_{AB}=\sqrt{d_{AB}^2+h_{AB}^2} \tag{10.2.4}$$

同样的方法可以测量并计算任意可视的棱边长度。这种简易测量装置主要用于测量难于攀爬的危岩体的边长数据。危岩体各面的产状，由罗盘测量。

10.2.2 三维激光扫描成像

采用地质罗盘和常规或简易测量工具，在野外实测危岩体的基本几何要素，最主要的限制就是必须直接接触或近距离可视。比如结构面的产状必须采用接触式测量，危岩体边长等几何要素虽然可以借助仪器测量，但距离一般不大。对专业的全站仪等仪器，虽然测量距离可达几百米，但需要在测点安装反光镜，这一条件在危岩测量中常常难以满足。采用民用激光测距仪等简易装置，其测量距离受天气、反射面的性质等限制，为保证测量精度，距离也不宜超过20～30 m。这些限制，对危岩边(斜)坡工点的测量都是不利的。很多情况下，危岩体出露于陡坡坡顶附近，要么难以接触，要么不可直视全貌，无法展开有效测量。因此，近 20 年来，远程非接触式的危岩测量技术在一些重要工点开始应用。其中之一就是三维激光扫描成像技术。

1. 测量原理

三维激光扫描测量的基本原理，是利用激光管从测站 O'发射激光脉冲到达被测目标 p_1、p_2等后，激光束被目标反射回发射点 O'，根据发射、反射时间和激光波速，计算出测点和被测目标点间的距离 d_{pi}。按此原理，逐点对被测目标的表面扫描，获取被测目标表面离散后各点的水平角 ω_i、竖直角 β_i及距离数据 d_{pi}。根据测面的基准距离(通常是目标表面与测站的平均距离)与表面各点的距离差，建立以基准平面(x、z 平面)和距离差(y 轴)构成的自由坐标系，获得目标的三维模型(图 10.2.3)。

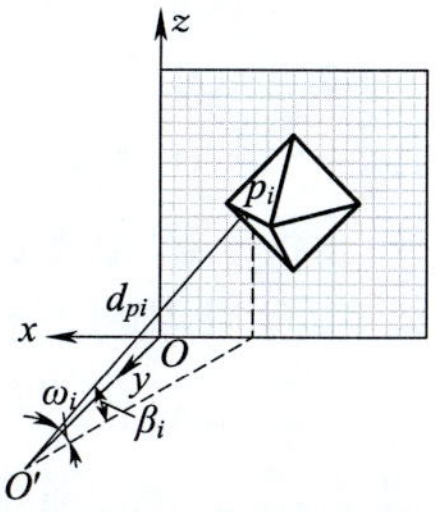

图 10.2.3 三维激光扫描成像仪测量原理

三维激光扫描的测量精度由激光波长(y 轴精度)、激光束的散射角与测量距离(x、z 平面精度)、激光功率和被测目标反射率等确定，一般地面目标测量精度为厘米级，测量距离 100～300 m。

2. 常见仪器和现场测量

(1)仪器的选用

用于地面三维激光扫描的仪器主要有瑞士 Leica 公司 ScanStation 三维激光扫描仪，加拿大 Optech 公司 ILRIS 三维激光影像扫描仪(图 10.2.4)，奥地利 Riegl 公司 VZ 三维激光扫描仪等。这些不同厂家的仪器都具备扫描测量的基本功能和数据处理软件。在工程应用中，普通用户对不同仪器的选用，考虑的功能和参数如下。

①测量距离和扫描范围。仪器的测量距离与被测物体的反射率有关。地面植被、水体、深色和表面粗糙的物体等，都是反射率较差的物体。在厂家提供的仪器参数表中，一般都会标明高低不同反射率的测量距离。例如 ScanStation C10，被测物体反射率为 90%时，测量距离为

300 m,被测物体反射率为18%时,被测距离134 m。而ILRIS 3D(图10.2.4),被测物体反射率为80%时,测量距离为1200 m,被测物体反射率为10%时,被测距离400 m。岩石的反射率根据岩类和颜色的不同,反射率从5%～80%不等。

图10.2.4 ILRIS 3D三维激光影像扫描仪

大部分有颜色的岩石的反射率一般在20%～40%,部分浅色坚硬的岩石,如大理岩、石英岩等反射率可达70%～80%。测量距离越大,在野外实际测量时对测站选择的限制就越小。

扫描仪的扫描范围包含两个概念,固定机头的扫描范围和旋转机头的扫描范围,一般用视场角度表示。对不加装旋转底座的固定机头机型而言,一般在40°左右,如ILRIS 3D。而具有旋转机头的机型,一般水平视角都是360°,垂直视角可达270°(从前视—顶视—后视),比如ScanStation C10。视角越大,单个测站测量范围就越大,可以大大减少测站的设置,减轻仪器拆装移动的不便。特别是垂直方向的旋转,可以应付高陡斜坡倾斜视场的危岩无法采用等高程平视扫描的不利环境。

②测距和扫描精度。测距精度可以理解为对被测物体表面高低起伏的测量精度,扫描精度可以理解为对被测物体表面的采样测量点的最小间距。在激光扫描仪中,影响测量精度的仪器因素包括激光波长、光斑大小、激光器驱动电机的角步进等。其中激光器的波长对视场中非测量对象有一定的过滤作用,但实际效果不明显。对危岩体测量而言,市售扫描仪都能满足测量精度为厘米级的要求。而且,一般仪器都可以多次重复扫描,每次扫描时采样点位置的不同,通过叠加来提高测量精度。

③便携性与易用性。满足地面测量要求的三维激光扫描仪主机重量都在十几千克,本身谈不上便携性。但是其他附属部件的便携性是可以考虑的内容。这些附属部件主要包括电源、脚架、保护箱、是否需要外接笔记本控制电脑等,特别是电源。如果所需电源功率较大,需要备用大量沉重的普通铅酸电瓶,则对野外环境下的使用有较多限制。

易用性主要是现场操作的方便、简单、智能。主要体现在仪器启动方便快捷、电源或信号接口可靠、控制软件操作智能等。此外,是否具有GPS、电子罗盘等地质测量的重要器件,也是需要考虑的内容。

④后期软件的成熟度和智能化。

（2）现场测量

使用三维激光扫描仪进行危岩现场测量时，主要任务是获取危岩的几何要素，比如边长、结构面产状等，内容相对简单，精度要求不高。基本测量过程及要求如下。

①测站选择。测站即仪器架设位置。测站的选择最好满足四个基本原则：视场通视、视线水平、视距合理、场地平整。

a. 视场通视，是指在测站位置，可以无障碍地看见被测对象的整个范围，有利于完成测量任务，提高测量精度，减少仪器移动。

b. 视线水平，是指测站高度与被测对象的高度尽可能相同或在固定机头可视范围内。对旋转机头，虽然可以通过垂直旋转采用仰（俯）视角度扫描被测物体，但是由于仪器对“景深”（即被测对象扫描范围内距测站最大最小距离的点的差值）处理的限制和精度计算的要求，仰（俯）视角度不宜过大，最好不超过45°。实际上，如果被测物体表面局部起伏过大，仪器无法在设定的误差范围内正确计算出平均距离，也将导致测量无法继续。

c. 视距合理，首先是仪器测距限制，而这个限制是与被测对象表面反射条件有关的。在此前提下，综合考虑视场大小和测量精度（测距越近测量精度越高）的平衡，确定视距。

d. 场地平整，是指架设仪器场地的地面坡度，尽可能不超过20°，且范围尽可能不小于$(5\times5)\ m^2$，以确保仪器稳定、安全，并满足布设电源、笔记本电脑以及人员操作的场地空间。

②仪器架设和测站测线定位。在选定的测站按要求可靠地架设好仪器并连接电源、笔记本电脑等。电脑与主机的通信采用线缆，不提倡采用无线连接。开机并通过机载屏幕或电脑查看视场是否满足要求并调整，确认后利用机载GPS或手持具有GPS功能的设备定点，用机载和手持电子罗盘测定主视线的水平方位和倾斜角度。其中测站的定位，对多站点扫描时后期点云图像的拼接极为重要。测线的定位，对后期岩体结构几何要素的计算和换算十分重要。因此，有条件的情况下，宜在被测物体表面选择明显突出的点位定位（或设置靶标），并测量各点位（靶标）之间的距离，用罗盘测量结构面的产状，供后期资料处理之用。

③扫描参数设定。根据仪器的不同，具体操作有所不同。下面以ILRIS 3D为例，说明关键操作过程。

在信号网线可靠正确连接、主机开机、控制电脑开机后，在电脑上启动控制软件ILRIS 3D Controller PC，主窗口如图10.2.5所示。

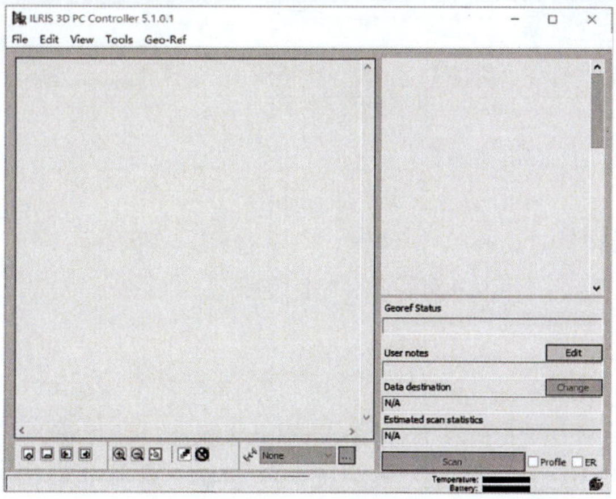

图 10.2.5 ILRIS 3D Controller PC 主窗口

点击菜单栏 file/connect，Connection type 选择 Ethernet，填写设备 IP 地址 192.9.206.248:1039。点击 ping 按钮，出现 ping ok 即匹配成功。点击 connect 按钮，若主窗口左下工具栏由灰色变为高亮，此时控制电脑和主机连接已成功。

设置相机曝光。点击菜单栏 tool/camera setting，根据现场条件选择 Sunny Bright Day(晴天强光)、Sunny Day(晴天)、Cloudy Day(Bright)(阴天明亮)、Cloudy Day(dark)(阴天灰暗)。点击 set 按钮，主机显示屏即可显示图像。

获取图片及图片选区设置。点击 Captures，控制电脑软件主窗口图片区显示出与三维激光扫描仪显示屏相同的图像。点击工具栏上按钮 add，在可视区出现一个绿色的图框，可根据需要拉动图框及角点，选定扫描图像位置与大小，图框内所圈定区域即为需扫描区域(图 10.2.6)。

点击右上部的 Acquire 按钮，软件计算后在对话框内显示仪器中心到框内所有目标物的平均距离。距离数值可用来估计采集点之间的间距，即扫描精度。

主窗口右侧中部为扫描点距设置的对话框。其中 x 为水平点距，y 为垂直点距，单位为 mm。关于扫描精度的设置，如果仅是危岩几何要素的测量，可以粗一点，比如 10～100 mm。如果需要解析岩体结构面要素，比如作 JRC 测量，则可细一些，比如 10～20 mm。如果需要测量统计隙宽，则需要多次扫描叠加以提高精度。

④扫描测量。参数设定完毕，点击主窗口右下 Scan 按钮即可开始扫描。扫描开始后，会有任务进度条显示(图 10.2.7)。这个过程根据仪器、采样间距、选择视场大小、扫描次数的不同，在半小时至数小时之间。

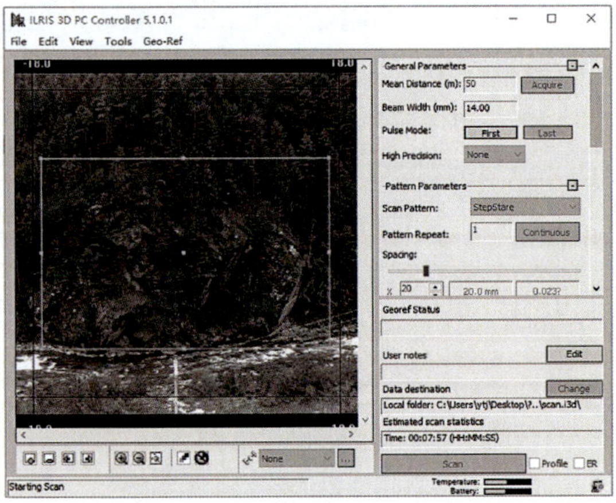

图 10.2.6　扫描设置窗口

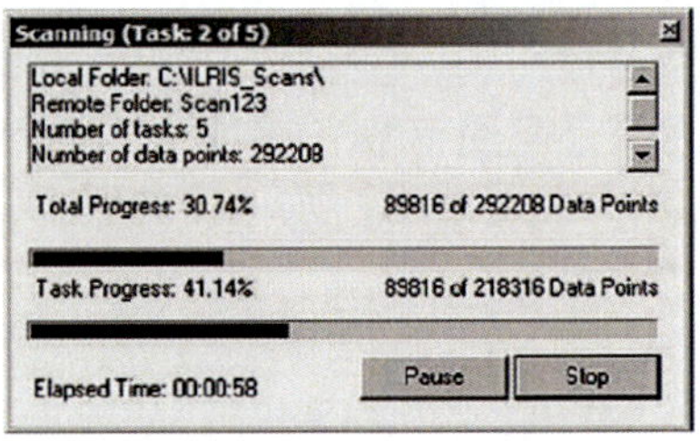

图 10.2.7　扫描进行时的对话框

⑤完毕后，扫描数据将以 *.asc、*.blk、*.jpg 等多种格式图片文件保留在预先设定的文件夹中。为保险起见，应在不同的储存介质上复制多个备份，关机，结束测量。

3. 资料处理

扫描后资料的处理，主要是计算结构面的产状、危岩体棱边边长等。不同的仪器配置的软件操作界面和功能有所不同，但都具有数据导入、拼接、去噪等数据预处理以及数据拟合(建模)、提取几何要素等基本功能。下面以 ILRIS 3D 为例，说明主要操作过程。

①数据预处理。ILRIS 3D 随机提供的预处理软件为 Parser，可以将扫描时获得的图像数

据文件中的点云数据经过区选后，转为后续处理所使用的 *.txt、*.csv、*.pf 等数据格式文件。这样可为后期数据提取软件的开发，提供通用数据格式文件。

②数据解析软件。ILRIS 3D 随机提供的数据解析软件为 PolyWorks 2015，默认使用的点云数据文件格式为 *.pf 文件。解析时首先生成三维模型，简称建模，其目的就是将野外扫描获得的图像数据中，那些有测量意义的点、面、线提取出来，建立坐标数据。打开 PolyWorks/IMAlign 模块（图 10.2.8），调入点云数据，生成模型文件 *.stl。

图 10.2.8　PolyWorks/IMAlign 模块窗口

③结构面产状的解析。PolyWorks 提供的解析平面方向的功能可以通过两种方法实现。其一是在 PolyWorks 主窗口左侧调入的图像项目中右击鼠标，选择“输入至 IMEdit”，即打开 PolyWorks/IMEdit 窗口（图 10.2.9）。此时在 IMEdit 窗口菜单栏中选择“工具/平面/创建/锚定三点”，在待测平面至少选择不在同一直线上的三点，即可建立该平面。

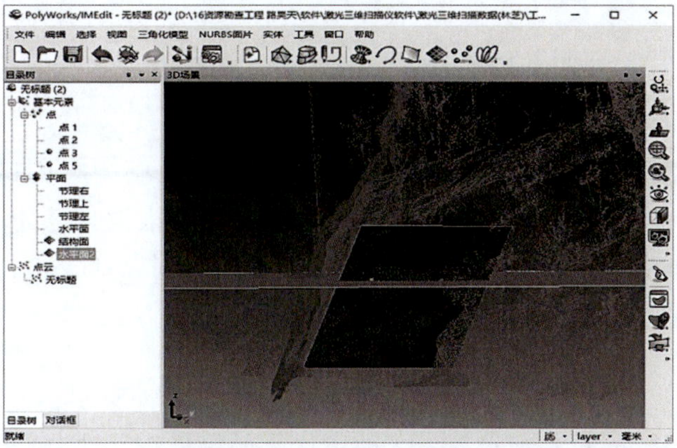

图 10.2.9　PolyWorks/IMEdit 模块窗口

要得到该平面的方向，可以通过建立水平面与该平面的交线的方法来获取。方法是：在 IMEdit 窗口菜单栏中选择“工具/平面/创建/从 XY 平面”即可生成一水平平面。当该水平面不在待测区域时，选择“工具/平面/创建/平行于平面”，在左侧对话框中选中参考平面为刚刚所生成的水平面，于所测区域选择合适的点即可建立所测区域范围的一水平面。同时选中主窗口左侧目录树下的待测平面与刚生成的水平面，点选“工具/测量角度/从 2 平面”，即可在弹出窗口显示出平面与水平面的夹角(倾角)，其两面的交线的方向即为平面走向。

解析平面方向的第二种方法，可以通过提取平面上不在同一直线上的 3 点坐标，来解析空间平面的法线方向。点坐标提取的方法是：在 IMEdit 窗口菜单栏的工具中，点击“点位”，在左侧项目栏中右击点的条目，查看属性，即获取点的坐标。用三个点的坐标，组成两条直线，通过直线向量的叉乘，可获得平面的方向数。通过方向数换算为方位和倾斜角。然后通过测量时测定的测线方位来换算结构面产状。

ScanStation C10 提供的 Cyclone 数据处理软件，可以选取平面图像上的一定区域，采用将该选区内所有点的坐标拟合成平面，并计算平面法线向量。这样的后处理，对提高测量精度非常实用，但获得的法线向量，也要通过计算和换算才能转换为地质产状。相关计算方法可参考本书 10.2.3 部分和 10.2.5 部分。

④在 PolyWorks 主窗口的工作区 IMAlign 项目选项下点选所需解析项目，右击鼠标，点击“输入至 IMinspect”，打开 PolyWorks/IMinspect 模块窗口(图 10.2.10)。

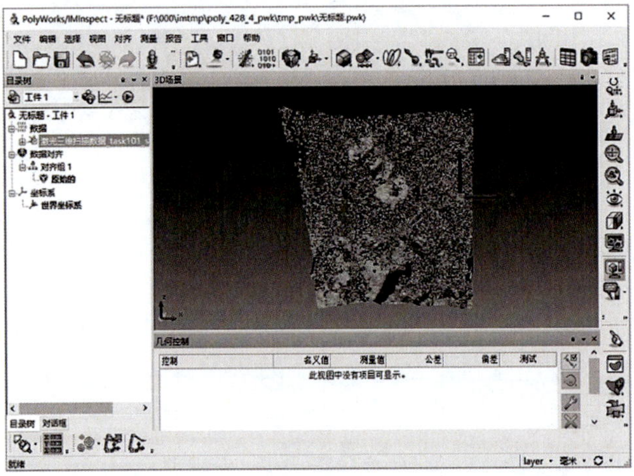

图 10.2.10 PolyWorks/IMinspect 模块窗口

在 IMinspect 窗口菜单栏中选择“测量/互动测量/土木勘测”，即可进行两点间的测量。选择测量菜单后窗口左侧即弹出“创建土木测量”选项框，可根据自己的需求勾选所测参数，点击“点选两点”，鼠标即变为铅笔形状，用其点击所需测的两端点，此两端点的长度、角度即可显示在图像上(图 10.2.11)。

4. 关于三维激光扫描测量

三维激光扫描测量，在危岩体非接触测量中的优点是显而易见的。在上文叙述中的危岩体，体积较大，表面光滑，而且在河流对岸无路可达。如果采用普通测量方法，由于难以接触岩面，因而用罗盘测量各结构面的产状是十分困难的。危岩体上各结构面的长度，更是不可能用正常手段量取。因此，非接触式测量就是最佳选择。从三维激光扫描仪的元件构成可知，其精度远远超过危岩体地质测量所需精度。在某种情形下，是一种浪费。对野外地质测量而言，三维激光扫描测量的局限性也是十分明显的。首先，仪器体积和重量都难以支持野外个人随身携带，必须要有车辆运送，且有路可达。其次，对山区峡谷陡坡危岩测量而言，可通视的场地与

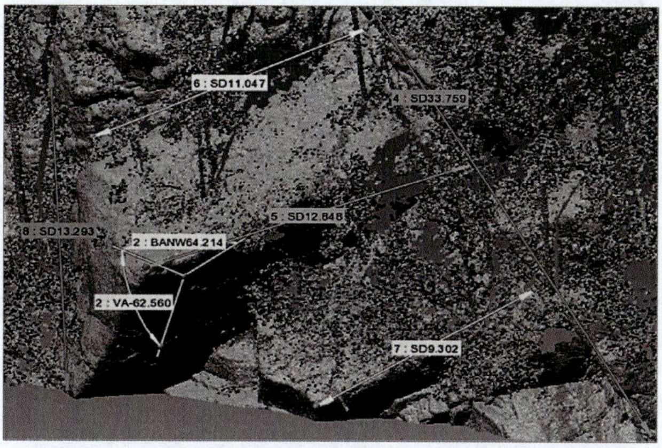

图 10.2.11　图像上两点间的长度和角度解析

测量距离之间的矛盾是非常突出的，这是经常无法实现测量的原因之一。第三，如果现场条件不具备，对陡坡顶面上发育且不出露在坡面的结构面（通常是重要的卸荷裂隙）难以测量。因此，除了一些极其重要、且精度要求极高的工点，三维激光扫描仪的普遍应用还需时日。

10.2.3　近景摄影测量

近景摄影测量是摄影测量的一个类型，其基本设备就是相机。利用相机按一定的要求对被测物体拍摄两张视场重叠度有一定要求的照片，通过解析，即可获取被测对象的三维坐标信息，也是非接触式测量的一种。摄影测量起源于航空地面测绘，已有近 70 年的历史。在国内，近景摄影测量至少也有近 30～40 年历史。随着数码相机的发展和普及，该方法已经进入非测量专业人员视线。虽然在传统的测量学中，近景摄影一般定义为 100 m 视距以内的摄影，但实际上，随着设备的发展，近景摄影远超这个界线。近年来，在此原理基础上，已发展出照相式三维扫描仪（3D 相机）。

1. 测量原理

最简单的近景摄影测量原理如图 10.2.12 所示。将摄影相机分别架设在 O_1、O_2 两个位置，对同一被测物体获取两张像片（称为像片对或简称像对），则被测物体在两张相片上具有同一对象、但位置和形状不重合的图像。假定两张像片在与水平面（地面）垂直的同一空间平面上，则两相机的光轴相互平行，距离为 O_1O_2。假定两张图像的中心等高（视差为 0），则中心点 O_1O_2 的连线与水平面（地面）平行。

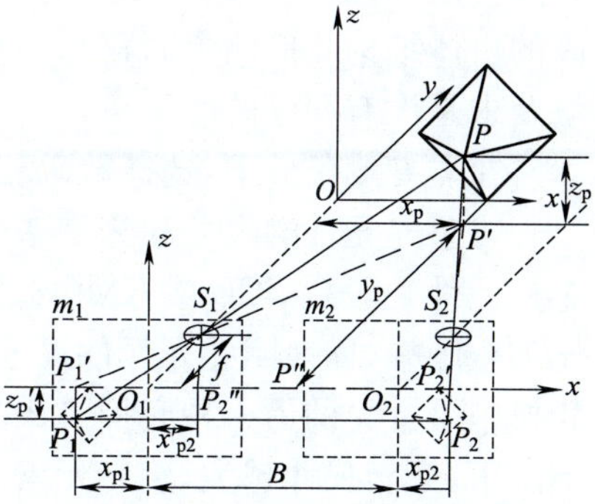

图 10.2.12　近景摄影测量原理图

建立自由坐标系：以左像中心为坐标原点，像对平面为 x 轴（水平、向右）、z 轴（垂直、向上）构成垂直平面，与像对平面垂直、指向被测物体的方向为 y 轴（水平、向内），y 轴与 x 轴构成水平平面。物体上任一点 P 坐标为 (x_p, y_p, z_p)，P 点在水平面 xy 上的投影为 P'，则 P 点坐标可由像对平面上的投影距离与相机焦距的关系求出。

图 10.2.12 中，S_1、S_2 为相机镜头（中心投影焦点），O_1、O_2 为相机光轴在图像上的投影（图像中心），O_1、O_2 所在平面为 xy 水平面，P_1、P_2 为 P 点分别在像对上的投影，P' 点为 P 点在水

平面上的投影，P_1'、P_2'为 P'在像对上的投影，f 为相机的焦距。

设光轴之间的距离为 B，P'在图像 m_1 上的投影 P_1'与光轴 O_1 的距离为 x_{p1}，P'在图像 m_2 上的投影 P_2'与光轴 O_2 的距离为 x_{p2}。过 S_1 作 S_2P_2'的平行线，交 O_1O_2 的连线于点 P_2''。从图 10.2.12 可知，$\triangle P_1'P'P_2'$与$\triangle P_1'S_1P_2''$相似，于是下列关系成立

$$\frac{P_1'P_2'}{P_1'P_2''}=\frac{y_p}{f}=\frac{x_p}{P_1'O_1},\quad \frac{x_p}{P_1'O_1}=\frac{z_P}{z_P'}$$

由 $P_1'P_2'=-x_{P1}+B+x_{P2}$，$P_1'P_2''=-x_{P1}+x_{P2}$，$P_1'O_1=-x_{P1}$，考虑到 $B\gg -x_{P1}+x_{P2}$，则

$$\begin{cases} x_P=-\dfrac{x_{P1}}{f}\cdot y_P \\ y_P=\dfrac{B}{(-x_{P1}+x_{P2})}\cdot f \\ z_P=-\dfrac{y_P}{f}\cdot z_P' \end{cases} \tag{10.2.5}$$

在数码照片中，由于已对图像做了中心对称的转换，上式改写为

$$\begin{cases} x_P=\dfrac{x_{P1}}{f}\cdot y_P \\ y_P=\dfrac{B}{(x_{P1}-x_{P2})}\cdot f \\ z_P=\dfrac{y_P}{f}\cdot z_P' \end{cases} \tag{10.2.6}$$

通过式(10.2.6)，即可在非接触状态下，解析实景上任意点坐标的计算原理式。

2. 设备与现场测量

(1)设备与简单校正

对摄影测量而言，设备主体就是相机。相机几乎是野外勘察人员的必备装置。近 20 年来，数码相机的普及以及相机分辨率的大大提高，为摄影测量提供了大众化基础。从测量专业的角度看，摄影测量所用的相机必须是专门生产的，其中主要是严格限制镜头的球面误差，具有图像框标，提供严格测试过的内方位元素校正系数以及水平对准元件等。但对精度要求不高的岩体结构几何测量而言，好一点的普通单反相机，在合理使用的条件下，满足普通危岩测量要求是没有问题的。

在非专业条件下，选择数码相机时主要考虑的参数和性能有以下几点：

①感光元件的尺寸和分辨率。感光元件的尺寸，就是俗称的底板大小。对数码相机而言，感光元件一般是 CCD 或 CMOS。感光元件的大小是以原 135 胶片相机的胶片大小来描述的。比如全画幅，即表明感光元件尺寸为 36 mm×24 mm，和传统 135 相机底片和尺寸一致。数码相机中最常见的另一种底板 APS-C(残幅)，大小为 23.6 mm×15.8 mm 左右。在同样分辨率标准下，底板尺寸越大，感光元素的间隔较大，像素间的干扰小，对成像质量、特别是以像素作为计算单元的摄影测量的图像质量有益。除上述两种规格之外，还有底板尺寸为 2/3～1/2.7 英寸等规格的消费级相机，但不宜做正式摄影测量之用。

数码相机的分辨率指的是底板上感光元素(颗粒)的密度，通常以总像素表示，目前常见的单反数码相机有 4 000×3 000 千万级像素、6 000×4 000 两千万级像素等规格。同一视场下，像素越多，意味着对目标表面的成像点距越小，精度越高。以全画幅、距离 100 m、焦距镜头 200 mm 估算，千万级的成像精度为 9 mm，两千万级的成像精度为 6 mm，对除隙宽以外岩体

结构面参数的测量而言，已经完全满足要求了。

②镜头。摄影测量对镜头的要求主要是最大光圈大小、解像力(解析力)、球面误差、镀膜、焦距等，这些参数综合影响图像质量。对摄影测量而言，好的图像质量是画面畸变小、清晰度高、锐度好、色散小。而摄影中对色彩还原度具有高要求，对摄影测量较为次要。光圈越大，进光量越大，对光线的要求越低(表现为图像噪点少)，光强的敏感度越高，越容易获得高质量的图像。解像力越高，图像的细节和锐度越高，对后期数据解析越好。球面误差越低，图像畸变越小，色差(彩色镶边)越小，对正确的图像解析和测量计算越好。镀膜对提高进光量、消除眩光(图像发雾)有非常积极的作用。焦距主要影响视距。焦距越长，同样视场条件下采样精度越高。但是一般说来，焦距越长，拍摄时的抖动对成像质量的影响越大。此外，从摄影测量的角度看，最好用固定焦距镜头，这样内方位元素的误差容易控制和校正。对远距离的危岩摄影测量而言，推荐焦距长度为 200 mm。至于镜头的选择，则是一分价钱一分货。

③相机其他功能。对非摄影专业人员而言，相机的对焦方式(雷达、光学、红外对焦等)、白平衡、自动曝光、是否带框标，都是要着重考虑的问题。这些功能，对在野外获取一张清晰、明亮、通透、色彩保真、定位准确的照片，还是很有帮助的。此外，相机自带 GPS 模块，可为测量结果的后期处理带来方便。附加一点，就是相机的图片格式。对摄影测量而言，应具备非压缩存储、非经渲染处理的 RAW 图片格式，避免产生新的误差。

④附属设备。坚固结实带三维云台的三脚架，加装支持蓝牙连接的电子陀螺仪和 GPS，或带 GPS、电子陀螺仪(电子罗盘、水平仪/倾斜仪)的手机，可方便相机空间姿态的调整，并可快速测量测站位置、相机空间状态和光轴方位。快门遥控器，可避免手按快门拍摄时相机的抖动。便携式激光测距仪，方便测量基线长度、标识点距、视距。激光手电筒，可以方便准确地在野外标识参考点。

在相机使用前，可以通过拍摄矩形标识进行简单校正，以便为后期数据解析提供参数。简单校正的方法如下：

①找具有平整白底、干净空白墙面和平整水平地面的场地，墙面与地面尽可能严格垂直，可用电子水平仪/倾斜仪检查。为减小校正误差，在离墙面 10 m 以上处架设相机并调整到合适的拍摄高度，固定好三脚架。在三维云台上装上相机，用电子罗盘、水平仪/倾斜仪调整相机底座水平，背面和墙面平行。事先用刻上十字丝的金属钉或画上十字丝的贴纸制作好靶标，靶标与墙面颜色反差要明显。打开相机，通过取景器中心十字丝等对中标志，引导在墙面固定中心靶标。通过相机取景器，引导在墙面固定 4～8 个靶标形成矩形的 4 个角点和四边中点，构成矩形标识。为减小误差，矩形标识宜在取景器视场中达到 80%以上。检查矩形标识的两条对角线是否相交于中心靶标。

②在矩形中心靶标地面投影与相机镜头地面投影之间，画一条连接直线，作为地面中线。检查该直线与墙面是否垂直。精确测量墙面矩形各边边长、两条对角线长度和地面中线长度，拍下照片 1。

③过三脚架对中点，在地面上画一条以地面中线为中点、与墙面平行的直线作为测量基线。将架好的相机沿基线向一侧平移，平移位置以墙上矩形标识大部分在取景器中可见为参考。量取此时脚架中心与地面中线的距离，作为基线长度的一半。检查并校准相机背面与墙面平行，拍下照片 2。然后，以地面中线为对称线，沿基线反向对称平移相机，检查并校准相机背面与墙面平行，拍下照片 3。

④查看照片 1 上矩形标识的范围，估计图像视场与取景器视场的大致误差。将照片 1 载入 CAD，精确量取图像上各边、角标识与矩形中心标识的距离与角度。根据对称性计算相机光轴与图像中心误差、图像畸变等误差，以备数据校准之用。

⑤将照片 2、照片 3 载入 CAD，根据像对上相同点在不同图像上的偏移值，按式(10.2.5)计算靶标的几何坐标，并与实测值对比。

(2)现场摄影测量

①测站选择。测站选择的视场通视、视线水平、视距合理和三维激光扫描要求相同，但场地要求要高于激光扫描。摄影测量需要两个或两个以上的机位。从理论上讲，如果两机位处于同一水平位置，在视场满足重叠覆盖要求的情况下，就可以完成摄影测量工作。如果不能满足两机位处于同一水平位置，则可能需要通过多机位达到满足数据解析的覆盖要求。

场地选择的另一个要求就是机位距离(基线长度)的选择。在测量专业中，考虑测量误差，有一个基线范围的理论估计公式。在采用两机位等高、平行光轴且垂直基线摄影(正直摄影)的情况下，基线长，对提高测量精度有利，但可用于解析的图像范围(重叠度)有限，增加野外作业工作量。在实际作业中，需兼顾拍摄精度和测量物体范围的要求。实际操作中，一般按图像重叠度 60%估计。

②摄影方式。对非测量专业做摄影测量而言，为了不叠加累计成像误差，在条件许可的条件下，宜采用正直摄影。在现场，应尽量保证双机光轴水平、平行、等高且垂直基线，以方便后期人工处理数据。调正相机位置可采用的方式，一是在条件许可的情况下，在被测物体相应位置标识相机对中位置；二是采用激光手电筒将对中位置照射在被测物体上提供给相机对中时使用。

当现场条件不满足正直摄影要求时，也可以采用其他摄影方式。其他方式主要包括：a. 等偏摄影，即两光轴水平、平行，但与基线有一定水平偏角。b. 交向摄影，即两光轴水平、但不平行，光轴在与被测物体方向(相机前方)相交。c. 等倾摄影，即两光轴平行，但不水平，与被测物体成仰(俯)视。上述各摄影方式中，如果光轴不在同一水平面上，则光轴在垂直方向的高差称为视差。

③天气条件选择。摄影测量利用的是自然光。为了获得清晰锐利通透的图像便于后期处理，要选择晴朗白天上午 10:00～下午 4:00 之间阳光斜射—正射物体的时段作业。对陡峻斜坡上的危岩，一般阴影与本体的比例不大于 1∶1。在河谷地区，还要注意避开地面、水面水汽升腾严重时段作业。

④作业程序。选定好机位后，用 GPS 定位机位地面坐标，用激光测距仪或卷尺测量机位间的基线长度，并用电子罗盘测量基线方位和倾角。在两个机位先后分别正确架设相机，用电子罗盘/陀螺仪调正机座的水平和相机的方向(或通过取景器对准对中标识)，精确对焦，设定图片格式为 RAW+JPG，并使用不同曝光参数拍摄照片。为了后期数据解析方便，可以在拍摄时用激光手电筒照射并同时拍下被测物体容易识别的部分。拍摄完成后，可以在现场用携带的笔记本电脑检查图片质量，合格后方可结束作业。最好当场复制多个副本，以确保所拍图像安全保存。

3. 资料处理

近景摄影测量后期数据处理一般使用软件完成。可用于数据处理的软件很多，最常见的软件如 Photomodeler、Pix4D、Erdas Imagine 等。这些软件功能强大，可以处理大量航带图像并生成3D产品。但对危岩体测量而言，如果我们只需要获取少量危岩的几何要素，也可以借助计算机用人工解析数据。

人工方法解析几何数据，可以根据前述基本原理，提取计算所求面、线、点的坐标，按几何关系计算出危岩体上棱边的长度、表面产状、关键线面的角度。具体操作可以分成误差校正、内方位参数计算、关键点坐标计算、危岩体几何要素计算、地质参数计算等部分。下面简要介绍人工计算方法，软件处理方法留待10.2.4中无人机摄影测量中介绍。

(1)相机误差的简单校正

相机误差是相机制造中不可避免的，特别是非测量专业相机。相机的误差是根据相机内部元素来修正的。相机内部元素主要指焦距 f、光轴在像片上的投影和像片中心的偏移值 (x_0, z_0)。在测量学中，将相机内部方位称为内方位，(f, x_0, z_0) 称为内方位元素。相应地，被测物体的方位称为外方位或物方位。一般情况下，镜头的焦距和感光元件的尺寸是已知的，但偏移值是未知的。通过简单校正拍摄的照片，可以得到相机误差。

相机误差可分为两个部分。一是镜头光轴没有落在感光底板的中心；二是感光底板与光轴不垂直。根据图10.2.13所示几何关系，设光轴偏移值为 (x_0, z_0)[图10.2.13(a)]，感光底板在 x、z 轴方向的倾斜角为 (α, γ)，则图像上的测量值与真实值的非专业修正如下：

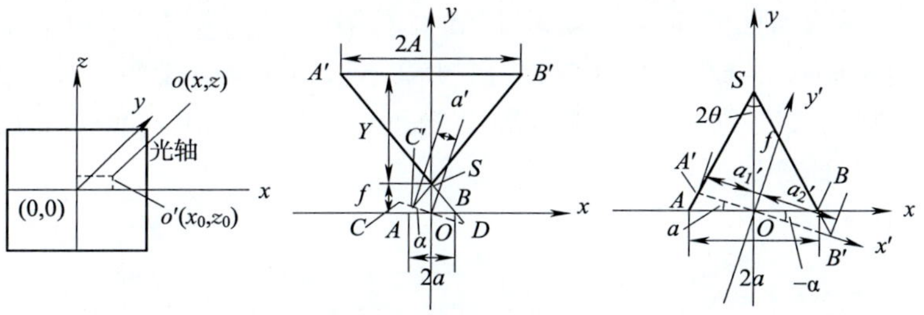

(a) 光轴偏移修正　(b) 底板倾斜校正　(c) 倾斜误差修正

图10.2.13　相机误差修正原理图

①在CAD上调入照片1。以图像长边中线为 x 轴，短边中线为 z 轴，像片中点为坐标原点。量取像片大小，按感光元件的尺寸，计算图像比例λ

$$\lambda = \frac{\text{图像长边边长} + \text{图像短边边长}}{\text{感光元件长边边长} + \text{感光元件短边边长}} \tag{10.2.7}$$

查找图像(内方)中心靶标中心并量取坐标，记为 (x_0, z_0)。假定均偏向 x、z 轴正向，如图10.2.13(a)所示。

②分别量取内方矩形长、短边两个半轴的长度，检查是否相等(或误差小于0.5%～1.0%)。如果不等(超出误差)，则表明像片倾斜(即像片平面与光轴不垂直)，应予修正。

设像片在 x、z 轴上的倾斜角为 $(\alpha、\gamma)$。由图10.2.13(b)，根据相机校正时的测量数据，已知外方矩形长边 $A'B'$ 的边长为 $2a$，$A'B'$ 到镜头焦距的距离为 Y，镜头焦距为 f，根据相似关系计算出 $A'B'$ 的内方位理论成像长度(真长度) AB 为 $2a$

$$a = \frac{Af}{Y} \tag{10.2.8}$$

$A'B'$ 在像片的视长度为 $C'D$。在图像上量出 $C'D$ 短边长度 OC' 为 a'，按下列方法计算像片在 x 轴方向的倾斜角 α。

a. 图解法：以λ为比例，作底边长度为 $2a$、高为 f 的等腰三角形。以底边中点为圆心，以 a' 为半径画圆，圆周交于等腰三角形任一斜边上的一点。连接交点和底边中点，则该连线与底边的夹角即为图像在 x 轴方向的倾斜角 α。

b. 计算法：计算原理同图解法。在以等腰三角底边为原点的坐标系中，建立圆和斜边直线方程，解出交点坐标，则可计算交点与原点连线与 x 轴的夹角。公式如下

$$\sin\alpha=\frac{a^2f-\{(a^2f)^2-(a^2+f^2)[a^2-(a')^2]f^2\}^{\frac{1}{2}}}{a'(a^2+f^2)} \tag{10.2.9}$$

同理，z 轴方向的倾斜角 γ 由式 10.2.10 计算

$$\begin{cases} b=\dfrac{Bf}{Y} \\ \sin\gamma=\dfrac{b^2f-\{(b^2f)^2-(b^2+f^2)[b^2-(b')^2]f^2\}^{\frac{1}{2}}}{b'(b^2+f^2)} \end{cases} \tag{10.2.10}$$

式中 B——外方位矩形标识短半轴长边的长度；

b'——在图像中量取的矩形短半轴短边的长度。

以上公式假设感光底板向 x、z 轴正向倾斜。

③假设感光底板向 x、z 轴正向倾斜，由图 10.2.13(c)可知，在 x 轴负向，OA' 为 a_1'；在 x 轴正向，OB' 为 a_2'。在 x 轴正负向，真长度 OA、OB 均为 a。由图 10.2.13(c)中的几何关系，在 x 轴负向，在△SOA' 中，OS、OA' 和两边的夹角可知，则 SA' 可求，继而 θ 可求。在直角△SOA 中，θ 和 OS 已知，则真长度 OA 可求。OA 就是修正后的像片长度。根据上述原理，x 轴负向修正后的像片长度 a 计算如下：

令 $SA'=b_1'$，则

$$\begin{cases} (b_1')^2=[(a_1')^*+x_0]^2+f^2-a[(a_1')^*+x_0]f\sin\alpha \\ \cos\theta=\dfrac{(b_1')^2+f^2-[(a_1')^*+x_0]^2}{2b_1'f} \\ a=f\tan\theta \end{cases} \tag{10.2.11}$$

式中 $(a_1')^*$——在 x 轴负向量取的视长度。

相似的原理，令 SB' 的长度为 b_2'，则在 x 轴正向修正后的图上投影长度 a 计算公式为

$$\begin{cases} (b_2')^2=[(a_2')^*-x_0]^2+f^2+2[(a_2')^*-x_0]f\sin\alpha \\ \cos\theta=\dfrac{(b_2')^2+f^2-[(a_2')^*-x_0]^2}{2b_2'f} \\ a=f\tan\theta \end{cases} \tag{10.2.12}$$

式中 $(a_2')^*$——在 x 轴正向量取的视长度。

同理，可以推导 z 轴方向的修正公式，在此不再列出。

(2)数据误差校正

根据以上计算方法，利用简单校正时拍摄的照片 2 和照片 3，量取图像上矩形上各边中点和四个角点像对上个标识点的坐标，按修正公式修正后，根据公式(10.2.35)计算各标识点的外方位实际坐标，与实测的各标识点坐标比较，可以计算相机及摄影测量误差大小，以备对实际摄影测量结果校正并估计误差。

(3)计算内外方位坐标

以一个摄影测量实例为例，来说明数据解析的步骤和计算。该实例中的像片取自消费级

无人机，其相机和拍摄均达不到近景摄影的要求。以此举例，可以很好地了解近景摄影测量的精度和实际效果。

假定相机校正完成，野外采用正直摄影，无视差。相机和野外参数见表 10.2.1。像对及测量点如图 10.2.14 所示。

表 10.2.1 摄影测量参数表

项目	焦距(mm)	CMOS(mm^2)	偏移值	倾斜角	比例	基线长度(m)	摄影方向
数值	3.61	6.317×4.738	−0.005,0	0,0	0.006317	4.9046	−89°

图 10.2.14 像对及测量点

当在某些特殊情况下，机位采用 GPS 坐标定位时，其基线长度 D 和光轴方位 ω_C 按下式计算

$$D=R\cos^{-1}(\sin Y_1\sin Y_2+\cos Y_1\cos Y_2\cos(X_2-X_1))$$
$$\omega_C=\tan^{-1}\left|\frac{\cos Y_2\sin(X_2-X_1)}{\sin Y_2\cos Y_1-\cos Y_2\sin Y_1\cos(X_2-X_1)}\right|-90 \tag{10.2.13}$$

式中 X_1、X_2——两机位的经度；

Y_1、Y_2——两机位的纬度；

R——地球半径，取 6371004 m。

①在 CAD 中调入像对，注意根据图幅绘制边框和中线。两条相互垂直的中线的焦点为坐标原点，确定像对中两张像片相同方位为 x、z 轴，以向右、向上为正向。初步选定需要测量计算的边坡坡面、岩体结构面和迹长。在选定的面上相对平整且能代表该面方向的区域，标注不在同一直线上的三个点。如图 10.2.14，在像对的两张像片上找到同一点位，分别标注并编号为(A、B、C)(图 10.2.14)。

②在像对上依次分别读出同一点在各自像片上的 x、z 坐标，按后文公式(10.2.35)分别计算各点的内外方位坐标并校正，结果见表 10.2.2。

表 10.2.2 内外方位各点坐标

点号			A	B	C
图像	左	x	−19.13	−15.54	−17.09
		z	−15.27	−17.96	−19.96

续上表

点　　号			A	B	C
图像	右	x	−15.71	−11.28	−12.63
		z	−15.28	−17.96	−19.92
内方位(mm)	左	x'	−1.2590	−0.9817	−1.0796
		z'	−0.9646	−1.1346	−1.2609
	右	x'	−0.9924	−0.7125	−0.7978
		z'	−0.9653	−1.1346	−1.2584
外方位(m)		X	−23.16	−17.89	−18.79
		Y	66.42	65.79	62.84
		Z	−17.75	−20.68	−21.95

4. 计算平面方位和线段长度

平面方位的计算，可以按平面上的三点构成两条直线，两直线以倾斜平面上 z 值最高的点为交点，以交点向其余两点为方向，计算直线的向量(l,m,n)。按右手方向向上确定直线 1 转向直线 2，两直线向量的叉乘就是平面的法线向量(A,B,C)。计算如下

$$(A,B,C)=\begin{vmatrix} l & m & n \\ x_2-x_1 & y_2-y_1 & z_2-z_1 \\ x_3-x_1 & y_3-y_1 & z_3-z_1 \end{vmatrix} \tag{10.2.14}$$

由表 10.2.2 中的数据，按 AC、AB 构成两直线向量，计算得平面法线向量

$$\overrightarrow{AC}\otimes\overrightarrow{AB}=(A,\ B,\ C)=(7.852,\ -9.350,\ 16.12)$$

根据方向数以及地质平面产状的定义，平面的倾向 ω_F和倾角 α_F由下式计算

$$\begin{cases} \tan\omega=\dfrac{B}{A}, & \begin{cases} A\times C>0, & \omega_F=\omega \\ A\times C<0, & \omega_F=180+\omega \\ A=0,\ B>0, & \omega_F=90 \\ A=0, B<0, & \omega_F=270 \end{cases} \\ \cos\beta_F=\dfrac{|C|}{\sqrt{A^2+B^2+C^2}} \end{cases} \tag{10.2.15}$$

计算得到：$\omega_F=310$，$\alpha_F=37$。根据光轴方位换算真方位角：

$$\omega^*=\omega+\omega_C \tag{10.2.16}$$

再换算为地质方位，$\omega_F=450-310+(-89)=51$，计算最终得到该结构面产状为 51°∠37°，在现场像片解析点附近用罗盘测得的同组层面参考产状为 52°∠27°，倾向大致相符，但倾角偏大。考虑到像片的来源，现场测点与相片解析点的距离，以及岩层面弯曲起伏引起的倾角变化，这个结果还是可以接受的。从该例也可以看出，对在野外无法企及的地点，即便采用不很严格且解析对象偏小的一对像片，也可以获得有一定精度的地质测量数据。

在实际计算中，为保证不出现采点和计算错误，一般要求至少用四个点，分别组成不同的直线计算。考虑到结构面实际存在的凹凸不平，为提高精度，采样点越多越好。但对手工操作而言，这种方法就失去了它简便易行、粗略估算的意义。

对已知两端点坐标的直线，其长度的计算见后文公式(10.2.44)，在此不再例算。

5. 关于近景摄影测量

近景摄影测量在非接触测量中的优点是非常明显的。首先是设备的便携性和价格亲民，而且对设备精度的要求较低，几乎人人均可配备和携带。第二是设备的易用性。就设备本身而言，不存在使用限制。在野外使用时，对摄影者的技术要求不高。而且在目前非接触式测量设备中，野外工作量是最少的。第三，如果测量工作量不大，可以不借助专业的测量软件解析数据，方法简单易学。第四，关于近景摄影测量的精度，肯定不能和百万元级的三维激光扫描设备相比。但如果选用万元级的相机产品，经过室内校正，在野外摄影时尽量满足摄影方式的理论几何学要求，其测量结果将超出普通地质测量精度的要求。近景摄影测量的缺陷，与三维扫描有共通之处。比如，视距与通视的矛盾问题，无法测量坡顶裂隙问题等。除此之外，还是测量误差问题。近景摄影测量的最大误差来源是野外测量时的相机空间方位。由于很难直接确定相机本身的内方位误差，因此，野外测定的光轴方位、不同机位的视差、基线方位等数据误差很难在两张照片构成的像对中纠正。缩短视距是改善误差的最好方式，但对危岩测量而言，这是悖论。减小误差的另一种方式是增加像对中的照片数，但有时需要考虑野外工作量和场地因素。而且，不借助专业软件，人工计算将变得十分复杂。即便如此，在视线、视距理想的情况下，近景摄影测量是优先考虑的方式。

10.2.4 微小型无人机航空摄影测量

微小型无人机航空摄影测量既具有航空摄影测量的特点，又有近景摄影测量的便利性。其基本系统构成是将相机搭载到无人机上，通过空中飞行拍摄获取一系列有重叠的航摄像片，采用摄影测量的软件，解析地面岩体几何要素的空间坐标，计算岩体几何数据。

无人机在空中沿一条曲线连续飞越过程中拍摄的前后重叠的一系列像片序列称为航带。为保证解析出地面物体坐标（特别是高程）的精度，至少需要两条及以上有重叠的航带像片。

由于无人机可以在空中贴近被测物体，首先可克服无法接近的困难，其次可有效避开视线被遮挡，还能因距离缩短使测量精度大为提高。这些优势，使无人机测量日益成为野外困难地形地面物体测量的常备技术手段。

和专业的无人机摄影测量不同，本节所叙述的是普通消费级微小型无人机。使用它不需要具有专业资质和专业人员，是作为普通勘察人员随身装备来使用的。

1. 测量原理

在摄影像片中，每一个像点对应地面物体的一个真实的点位（物点）。在透镜（镜头）成像时，像点通过透镜中心与物点连成一条空中直线（摄影光束）（图 10.2.15）。

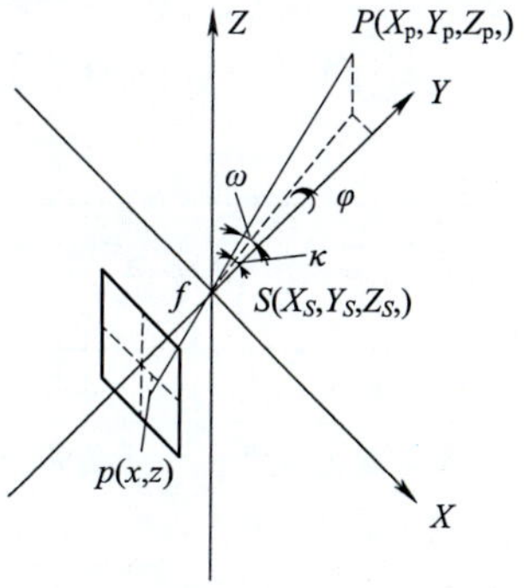

图 10.2.15 物点和像点与镜头中心投影关系

建立以摄线外方（物方）水平方向为 Y 轴，与 Y 轴垂直的右手水平方向为 X 轴，垂直向上为 Z 轴的摄影坐标系。设相机镜头 S 以内方向（像方）像点 p 坐标和焦距为 (x,y,f)，镜头中心的坐标为 (X_S,Y_S,Z_S)，物点 P 坐标为 (X_p,Y'_pZ_p)，光束绕 X、Y、Z 轴旋转的空间角度为 (ω,φ,κ)。其中 (X_p,Y_p,Z_p) 和 (ω,φ,κ) 称为外方位元素。

如果物点和像点同时位于经过镜头中心的一条直线上，根据几何关系，内、外方位元素间必然满足方程

$$\begin{cases} x-x_0=-f\dfrac{a_1(X_p-X_S)+b_1(Y_p-Y_S)+c_1(Z_p-Z_S)}{a_3(X_p-X_S)+b_3(Y_p-Y_S)+c_3(Z_p-Z_S)} \\ y-y_0=-f\dfrac{a_2(X_p-X_S)+b_2(Y_p-Y_S)+c_2(Z_p-Z_S)}{a_3(X_p-X_S)+b_3(Y_p-Y_S)+c_3(Z_p-Z_S)} \end{cases} \tag{10.2.17}$$

式中　a_i、b_i、c_i——方向余弦，计算如下

$$\begin{cases} a_1=\cos\varphi\cos\kappa-\sin\varphi\sin\omega\sin\kappa \\ a_2=-\cos\varphi\cos\kappa-\sin\varphi\sin\omega\cos\kappa \\ a_3=-\sin\varphi\sin\omega \\ b_1=\cos\omega\sin\kappa \\ b_2=\cos\omega\cos\kappa \\ b_3=-\sin\omega \\ c_1=\sin\varphi\cos\kappa+\cos\varphi\sin\omega\sin\kappa \\ c_2=-\sin\varphi\cos\kappa+\cos\varphi\sin\omega\cos\kappa \\ c_3=\cos\varphi\cos\omega \end{cases} \tag{10.2.18}$$

在摄影测量中，此方程称为共线条件方程式，简称共线方程。考察该方程，内方位元素(x_0，y_0，f)是相机校检参数，像点坐标 $p(x,y)$在像片上获取，投影中心(相机)坐标 $S(X_S,Y_S,Z_S)$在野外测量时可知。物点 P 坐标 $P(X_p,Y_p,Z_p)$及空间角(ω，φ，κ)共六个未知量。根据式(10.2.17)，每张照片图像可建立两个方程，则包含相同被测物点的三张像片就可建立六个方程，从而获得解出全部未知数的方程数量。为了提高解析精度，三张像片不宜在同一航带上。如果包含 P 点的像片越多，则可以通过统计拟合方式提高坐标精度，计算相机误差。这就是无人机航摄测量的基本原理。

2. 设备和现场测量

(1)设备

作为非专业测量用的微小型无人机，主要考虑的指标和功能分为无人机部分和摄影云台部分。

无人机部分在功能上，基本要求飞行平稳，姿态控制良好，可按规定的航线飞行，飞行速度满足拍摄图像重叠度要求。操作则要求越智能越好。

摄影平台要求能稳定获取空间位置和智能控制相机空间姿态，能满足按时间间距定时拍摄照片。搭载的相机的要求同近景摄影，但精度可以降低一些。

下面以最常见消费级微小型无人机大疆无人机为例，说明其主要技术指标(表 10.2.3)。

表 10.2.3　大疆 Phantom 4 Pro 部分技术指标

项　目	指　标	项　目	指　标	项　目	指　标
重量	1388 g	最大飞行高度	500 m	相机底板	1 英寸 CMOS
轴距	350 mm	最大控制距离	3500 m(CE)	焦距	8.8 mm/94°
最大起飞高度	6000 m	最大飞行时间	30 min(单电池)	最大图像尺寸	5472×3678
最大承受风速	10 m/s	工作环境温度	0～40 ℃	连拍	3～16 张
悬停精度	垂直 0.1～0.5 m 水平 0.3～1.5 m	云台稳定系统	三轴	定时间隔	2～60 s
		卫星定位	GPS/GNOLASS	机载储存介质	Micro SD 卡

从上述指标看，该机型无须操作执照，除国家和地方规定的禁飞区外，无须申请空域即可

飞行。但一块电池飞行时间有限，根据经验，在一次正常的危岩摄影飞行工作时段内，配备4块电池可基本满足需要。

虽然消费级无人机操作比较简单，但在正式测量前，应经过练习熟练掌握基本操控技术，特别需要熟练掌握航线设定和航点飞行技术。以免在野外因反复操作，电池用尽而耽误任务。

(2)现场测量

以下以大疆无人机为例，介绍现场飞行测量作业过程及注意事项。

①出发前的准备。检查设备、遥控器、桨片是否正常。检查电池、充电器、储存卡是否正常。了解工作区禁飞情况。预判飞行高度、温度、风速等情况。检查固件升级、应用升级等。

②在现场驻地每天作业前所有无人机电池、遥控器和控制显示设备(手机/平板电脑)充电完成。根据地图研究大致起飞地点和飞行线路。

③现场观察起降点和空域的净空条件，尤其要注意高压输电线、电气化铁路接触网、大型无线信号站等情况。这些设施会严重干扰无人机飞行和控制，可能导致严重后果。

④预飞行。连上设备，设置好自动返程的飞行高度。通过控制屏幕和地图窗口观察监测到被测目标的飞行高度、水平距离、空中视距、飞行范围、卫星定位信号和控制信号的强度(图10.2.16)，并拍摄被测物体周围地形、环境照片。特别是空中拍摄起止位置可能需要反复确认。

⑤采用垂直面上多水平航带的倾斜摄影(斜射摄影)方式，准备确定航点飞行的航点。根据前述预飞行，规划各水平飞行的起止位置，操控无人机达到第一航带拍摄位置的起点，调整云台使相机为水平视线，适当转动无人机，使镜头光轴与被测物体主平面(坡面)尽量垂直。点击左侧航点飞行图标进入航线飞行模块，点击小对话框“记录航点”设定第一个航点(图10.2.17)。

图10.2.16 大疆无人机操作界面

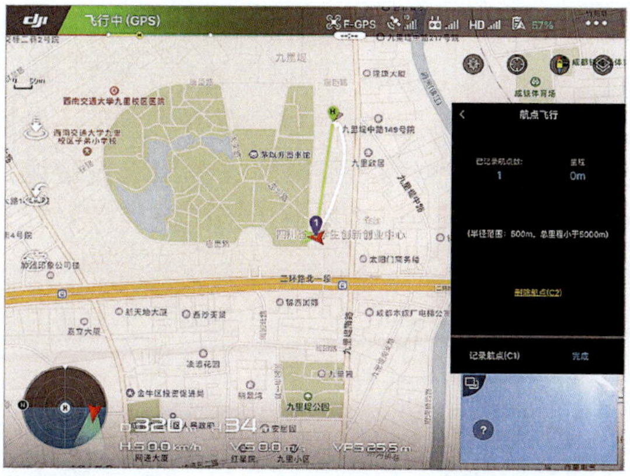

图10.2.17 航线飞行的航点设置

保持无人机方向、高度不变，水平移动无人机到达第一个水平航带拍摄位置的终点，设置第二航点，此时完成一条航带的定位。在垂直方向向下(或向上)垂直移动无人机达到下一航带拍摄高度，注意量航带之间的重叠度(旁向重叠度)大于30%，设置第二航带拍摄起点。然后在水平方向反向(即向第一航带起点方向)水平移动无人机，达到第二航带拍摄终点，设置航点。依次设置计划的其余计划航带航点。注意，在此过程中，保持云台状态不变。在航点设置的移动过程中，不要重复、反复飞行。所有航点设置完毕，保存航线航点。

⑥操控无人机到达第一航点附近，设置定时拍摄时间间隔和飞行速度。注意，飞行速度和

定时拍摄间距是关系到像片在飞行方向(航向)重叠度的重要参数,航向重叠度与飞行速度成反比,为安全起见,可以将速度降低以保证重叠度,必须估算并确认(图 10.2.18)。

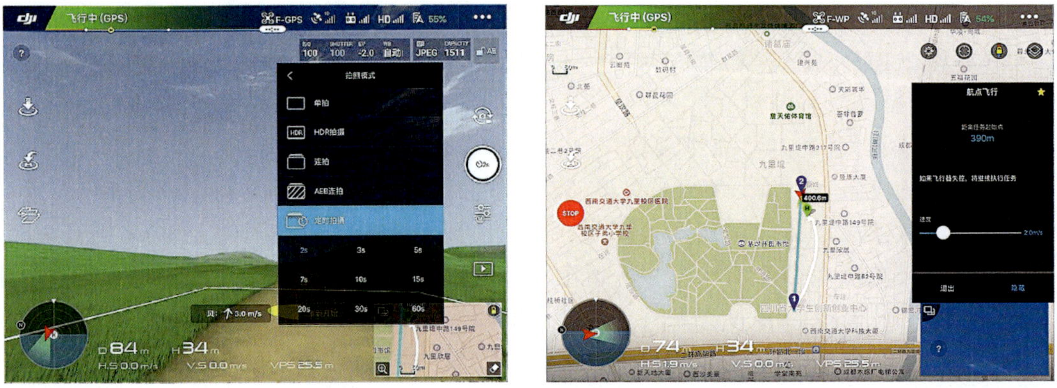

图 10.2.18　设置定时拍摄和飞行速度

点击主界面右侧拍摄设置图标,开启 2 s 定时拍摄模式,点击主界面左侧航点飞行图标,设置飞行速度不大于 2 m/s。点击飞行速度设置框下面的“立即执行”,无人机按设定的航线进入自动飞行,其间相机已启动自动定时拍摄。

航线飞行拍摄完毕,无人机根据事先设定可自动按返航高程返回,也可悬停人工操控返航。如果航线较长,电池电量不足以支持一次拍摄完毕,需要将航线规划为多段并保存,分次飞行。

返航后,将机上像片复制到随身携带的笔记本电脑上,并查看像片质量,必要时补飞。

3. 资料处理

无人机拍摄的航带数字图像通常采用计算机软件处理。可用于航摄像片处理的软件较多,功能不一。下面以最易用的软件 Pix4D 为例说明,以使非测量专业人员能自行处理野外资料。

①数据预处理。数据预处理主要对航带图片进行内方位元素计算、自动提取相同点在不同图像的坐标、矢量化等初始化处理,并内插加密测点(点云)等计算和建立模型。主要步骤有:新建项目—选择斜射模式—调入航带像片(图 10.2.19)。然后,在地图窗口显示地理位置和航带像片系列,并开始初始化处理(图 10.2.20)。

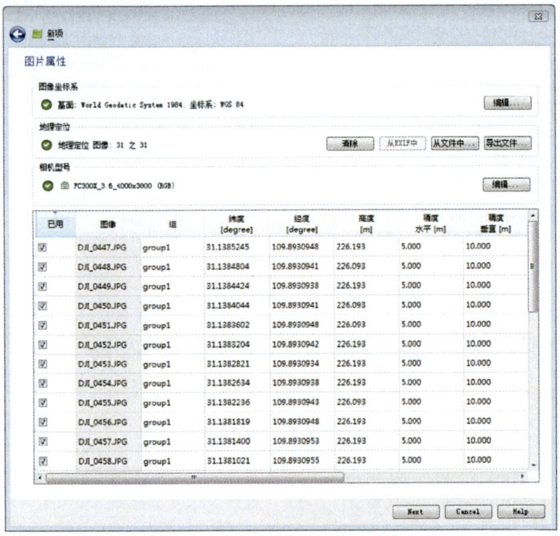

图 10.2.19　调入航带图片

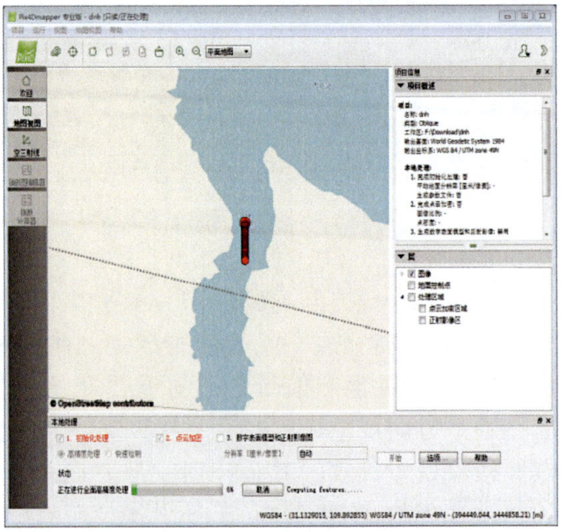

图 10.2.20　航带地理位置及初始化处理

②点云加密和建立模型。初始化完成后，软件采用内插计算等方法加密点云数据，为进一步解析数据建立数字模型。计算完成后，选中左侧项目栏中的“点云”和“三角网络”选框，主窗口显示出地表数字图像和航带在空间的展布位置。此时数据模型建立完成并可供解析之用(图 10.2.21)。点击数字地面模型，在有数据的点位会显示点标与相关像片关系，并在右侧上窗口显示大地坐标数据(图 10.2.22)。

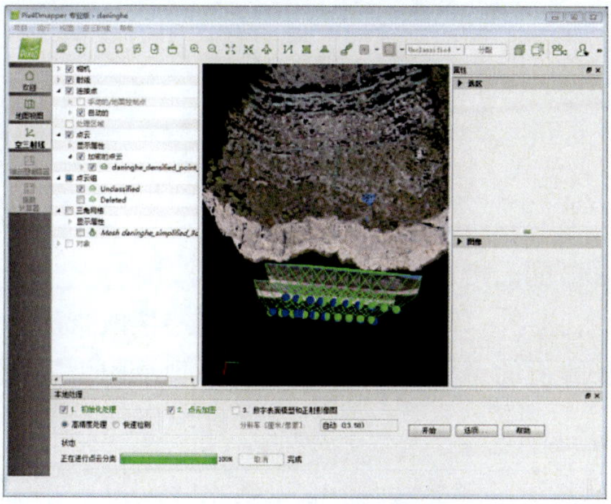

图 10.2.21　地面数字模型

图 10.2.22　获取点的坐标

③建立手动点或加入地面控制点。当指定测量点不是有效数字点时，或有地面控制点需要加入数字模型时，可采用手工加点处理。方法是：在菜单栏/工具栏点击加入点的图标，在弹出的对话框中先后点击右侧“添加连接点”和右下“平面编辑器”，在弹出的操作窗口中分别先后选择左侧像片列表中两张相邻像片，在右下图像窗口中选择相同的点，点击。当选点操作无误后，在上部列表框中显示该点的坐标值，表明添加成功(图 10.2.23)，点右下“OK”按钮保存，回到主界面。

添加成功的连接点在主画面中以绿色十字标记显示，点击时即可在右上信息框中显示相关信息(图 10.2.24)。

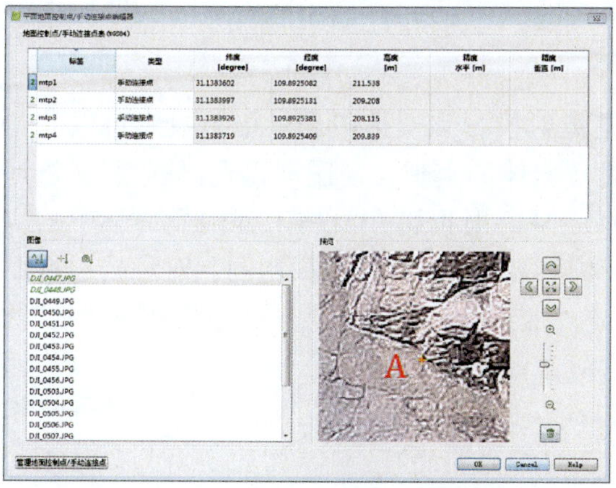

图 10.2.23　添加连接点

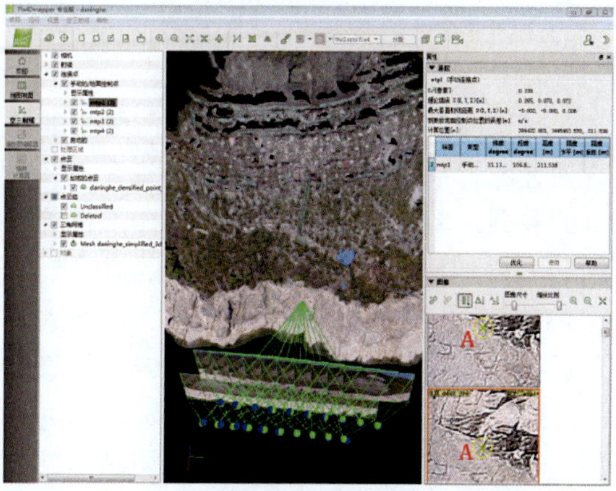

图 10.2.24　连接点信息和显示

④坐标获取。Pix4D不能直接处理斜摄图像的几何数据，只能通过获取需要测量的被测物体表面的点的坐标，另行计算相应的平面产状和边长。方法同近景摄影测量一样，不过，Pix4D提取出来的坐标已经换算为大地坐标(表10.2.4)，可以直接按式(10.2.14)～式(10.2.15)计算并换算为地质方位，但不再进行光束方位换算。具体计算不再赘述。但由于航带处理使用了多张图像，使误差减少，精度提高。以近景摄影法中结构面为例，计算如下：

表10.2.4 Pix4D解析的航带航片数据

连接点	X	Y	Z	线段方向
A	394422.003	3445463.57	211.538	AC:2.881,3.559,−3.423 AB:0.508,4.372,−2.33
B	394422.511	3445467.942	209.208	
C	394424.884	3445467.129	208.115	

计算结构面法线方向为$(A,B,C)=(6.672885999,4.973846,10.78776)$，按后文公式(10.2.37)，计算方位角为36.7，换算为地质方位为53.3。计算倾角为37.6，最终按航带航片计算得到的结构面产状为53°∠38°，与近景摄影法解析的产状51°∠37°相符，与现场附近实测的参考产状52°∠27°倾向接近，倾角有差别。

4. 关于微小型无人机摄影测量

利用微小型无人机摄影测量，最大的优势是解决了视线与视距的矛盾，可以大比例、近距离获取图像，为数据的解析提供了很好的基础。除了在禁飞区，几乎不存在获取数据的限制。而且，对微小型无人机来说，不需要专门的飞手资格，除特殊地区外，目前也没有飞行申请的繁杂，不存在携带不便的问题，完全可以成为勘察人员的常用装备。微小型无人机的缺点是精度问题。由于是消费级产品，其飞行的稳定性还是不足的，挂载的相机质量也不高。虽然视距可以在一定程度上弥补其不足，但对精度要求较高的测量而言，误差还是较大的。如果要进行诸如隙宽、边坡变形之类的精细测量，仍然需要专业级的无人机产品。但是，随着新技术新装备的出现，如拍照式三维立体扫描仪取代普通相机，微小型无人机的运用前景十分可观。

10.2.5 危岩块几何参数计算

根据以上各节获取的危岩体产状、迹长或间距等几何数据，可以求解出计算危岩稳定性所需的几何参数，主要方法有图解法和解析法。

1. 图 解 法

采用图解法计算危岩体的几何要素的原理，是极射投影和实体投影。极射投影可以非常方便地图解危岩体各表面的空间关系，实体投影是危岩体的直观几何图形再现，是危岩分析计算的利器。图解的基本原理参见孙玉科等(1980)《赤平极射投影在岩体工程地质力学中的应用》一书。但是，以往的习惯是依照赤平投影作实体俯视投影图和侧视投影图。对危岩边坡而言，俯视投影和正视视角不一致，因而不太直观。本书推荐采用正视投影图与侧视投影图进行分析。利用CAD图解的具体方法如下(图10.2.25)：

假定危岩体由下边坡面S_d[$ocdo'$面，见图10.2.25(c)，下同]、上边坡面S_d($oo'fe$面)组成。边坡岩体分别被四组结构面切割，其中左右(以坡向为前面)两组结构面J_3($o'fl'ld$面)、J_4($ocll'e$面)构成危岩体的左右侧面，结构面J_2($el'f$面)构成危岩体后壁，结构面J_1(cdl面)构成危岩体底面。从图可知，该危岩体被切割后的形态为一不规则的六面体。将图中上下边

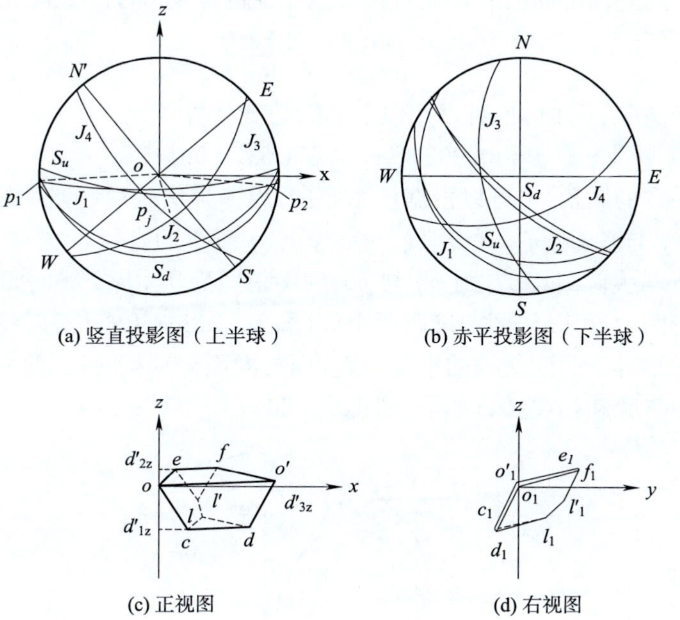

图 10.2.25 危岩体投影图

坡面和各结构面的产状绘入赤平极射投影图[图 10.2.25(b)]，则各面及面与面的交线产状可从图中读出。

(1)赤平极射投影图的绘制

①作水平线为 EW 轴，垂直线为 SN 轴。以交点 $o(0,0)$ 为圆心，R_0 为半径作基圆。在赤平极射投影中，该基圆即空间圆球在水平面上的投影，称为赤平面。此时，直径向上的方向为 $0°(N)$，顺时针依次旋转 90°分别为 $E(90°)$、$S(180°)$、$W(270°)$，回到 $N(360°)$。

②空间平面与空间圆球的交线在基圆平面上的极射投影，即平面与球面交线上的点与垂直赤平面极轴的极点(过球心的直径与球面交点)连线的集合。在非垂直水平面的情况下，空间平面在赤平面上的迹线为圆弧，通常称为大圆圆弧，此即空间平面的赤平极射投影，参看图 10.2.25(b)。假定任意空间平面(坡面、结构面)的倾向为 ω，倾角为 α，则该平面大圆在赤平极射投影中圆弧的圆心 (x,y) 和半径 r 由下式计算

$$\begin{cases} x=-R_0\tan\alpha\cdot\cos\omega \\ y=-R_0\tan\alpha\cdot\sin\omega \\ r=R_0/\cos\alpha \end{cases} \tag{10.2.19}$$

由于常用的地质坐标与 CAD 定义的数学坐标方位不同，式(10.2.19)中的倾向需要按 $\omega=450-\omega_{geo}$[详见后文公式(10.2.28)]换算。换算后的倾向称为数学倾向，简称倾向。而野外实测的倾向，称为地质倾向(下同)。

公式(10.2.19)为下半球投影，如果做上半球投影，则 x、y 取正值。

投影图中空间平面的走向，为圆弧与基圆相交的两个交点连线(基圆直径)与 SN 轴的夹角。平面的倾向，为与大圆圆弧直径垂直，过基圆圆心，指向基圆圆周，与基圆相交的半径与 SN 轴自 $N(0°)$ 起右转方向的夹角(方位角)。特别地，当平面为水平时($\alpha=0°$)，投影圆和基圆圆周重合。当平面为垂直时($\alpha=90°$)，投影为一条与倾向垂直($\omega\pm90°$)的直径。

倾向线上圆弧到基圆圆周的距离 d_j，代表该平面的倾角 β_j，按下式由试算法计算

$$\frac{1-\sin\beta_j}{\cos\beta_j}=\frac{R_0-d_j}{R_0} \tag{10.2.20}$$

对精度要求不高（<1°）时，也可以用以下回归公式计算

$$\beta_j=0.0033d_j^2+0.5766d_j-0.1416 \tag{10.2.21}$$

求基圆内任一点的倾角，也可以根据作图原理，用图解法获得，方法是（参看图 10.2.26）：作 J_1、J_2圆弧交点 j 与基圆圆心 o 的连线，过 o 作与 oj 垂直的直径 pq。按 p、q、j 三点作大圆。连接基圆直径上 p 与大圆圆心 o_1，则 pq 与 po_1 的夹角即为 J_1、J_2交线的倾角 β_j。

③在极射投影图中，可以作图并读取两个面（图 10.2.26 中的 J_1、J_2）之间的夹角 θ_j（二面角）。其原理是：作垂直于两面交线的平面，该垂面与两面分别相交，其两交线之间的夹角即为两面角。具体作图步骤和相关计算如下（图 10.2.26）：

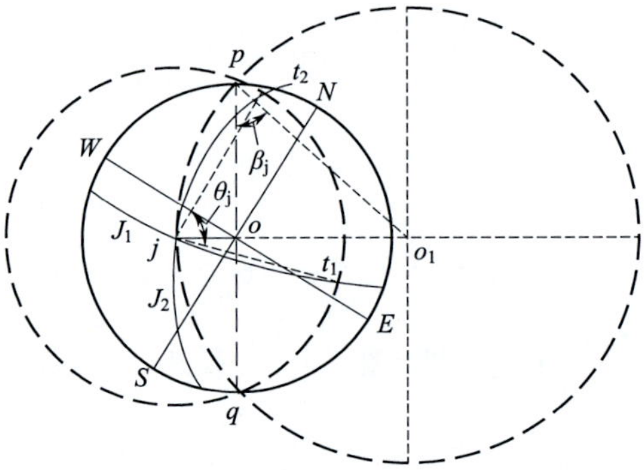

图 10.2.26 求基圆内任意点倾角及两平面夹角的图解法

量取过 j 的基圆圆心 o 与大圆圆心 o_1的长度 oo_1。以 j 为圆心，以 oo_1为半径画圆，分别交 J_1、J_2圆弧于 t_1、t_2。连接 jt_1、jt_2，则 jt_1和 jt_2之间的角度 θ_j即为 J_1、J_2之间的夹角。

④如果空面平面的极射投影不是投影在赤平面，而是投射到竖直面，则需要做竖直极射投影[图 10.2.25(a)]。竖直极射投影是图解危岩体正视投影图的基础。

作竖直投影图的基本原理与赤平投影相似。所不同的是需要将空间平面在以赤平面为基准的产状，换算为以竖直面为基准的投影坐标系中去。采用图解法换算请参考文献[21]，但不太方便。本书采用计算法换算，并直接作图。在本书中，转轴后的产状以下标 90 标识。具体换算方法见本章后文的解析法一节。图 10.2.25(a)即为通过产状换算后绘制的竖直极射投影图。为方便由极射投影图作实体投影图，图 10.2.25(a)已经按规定的实体投影坐标系方向向左旋转到坡面倾向正南位置（参见下一小节）。

(2)实体比例投影图的绘制

设投影坐标系（$oxyz$），如图 10.2.25(c)、(d)所示。规定坐标系是 x 轴与下坡面的走向一致，指向右。在实体投影图中，危岩体任一条边均为相关两平面的交线。依据极射投影的原理，面与面的交线为代表该两相交平面的大圆圆弧的交点，交线的方向为交点与圆心的连线，交线的倾角由交点在极射投影图中的位置读取。由此，作实体投影如下[作图结果参见图 10.2.25(c)、(d)]：

①为与视觉一致，以竖直极射投影图（以下简称投影图）中 S_d走向的直径为基准，向左旋转

到该直径为水平线位置，即与 x 轴平行的位置，此时下边坡坡面 S_d 倾向正南[图 10.2.25(b)]。平行投影图中下坡面 S_d 走向(即圆弧 S_d 的直径)，建立实体正视投影图(以下简称正视图)坐标系 oxz[图 10.2.25(c)]。平行于正视图的 x、z 轴，建立右侧视实体投影图(以下简称侧视图)的坐标系 oyz[图 10.2.25(d)]。确定坐标系的比例。

②作正视图。作实体投影图的过程，就是绘制危岩体所有表面交线的过程。其基本原理是:先确定待画交线是哪两个平面的交线，然后在极射投影图中，连接圆心与代表该两平面圆弧的交点，作为实体投影图中交线的方向。根据坐标系的规定，确定交线经过的定位点和已知长度。在正视图中，过该定位点，作与投影图中该交线与圆心连线的平行线，按已知交线长度完成绘制。其中需要注意的是交线的延伸方向。在投影图中，当代表交线的交点位于出露坡面的外方(交点在坡面圆弧的圆外方向)时，线段指向 z 轴的负向，反则反之。当交线长度不是已知，而是由不平行的两条交线相交确定时，待另一交线画出后再截取完成。如果野外实测得到的是危岩体棱边长度，设 $oo'=d_x$、$oe=d_y$、$oc=d_z$，关键线段画法如下述。如果野外实测的是结构面间距，画法见后文相关部分。

画坡肩线 oo'。坡肩线为上下坡面 S_u、S_d 的交线。在投影图中，S_u、S_d 的交线为交点 p_0。在正视图中过原点 o 作平行于投影图中 op_0 的平行线，长度为野外实测迹长 d_x 在竖直面上的投影 d_x'，按作图比例截取。d_x' 按下式计算

$$d_i'=d_i\cos\theta_{90i}, i=x,\ y,\ z \tag{10.2.22}$$

式中 θ_{90i}——oo' 交线在竖直面上的倾角，可在投影图上求得。

画上坡面线段 oe。oe 为右侧面 J_4 与上坡面 S_u 的交线，在投影图中为交点 p_1。过 o 点，在正视图中作平行于投影图 op_1 的平行线，延伸方向根据 p_1 出露在下坡面 S_d 大圆圆弧的内外方向确定，长度为 d_y'。

画下坡面线段 oc。oc 为右结构面 J_4 与下坡面 S_d 的交线，在投影图中为交点 p_2。过 o 点，在正视图中作平行于投影图 op_2 的平行线，延伸方向根据 p_2 出露在下坡面 S_d 大圆圆弧的内外方向确定，长度为 d_z'。

同样的方法，可以根据交线的构成，确定投影图中交线的方向。根据交线方向和正视图中所经过的点，依次画出。作图的一般顺序为上坡面 oo'、oe、ef、$o'f$，下坡面 oc、cd、$o'd$，底面(J_1)cl、dl，后壁面(J_2)el'、fl'，底交线 ll'。作底交线 ll' 时，交线两端应与先期画出的 cl、dl 和 el'、fl' 的交点重合。如果不能重合且超出正常的作图误差时，应检查作图错误。通常是从投影图引交线的平行线时的错误。正视图作图完毕且正确后，根据面与面的遮挡关系，将被遮挡的线段改为虚线，完成作图，参看图 10.2.25(c)。

③作侧视图。在侧视图中，危岩体各表面在 z 轴方向投影位置，可以从正视图中，按对应点引与 x 轴(侧视图中 y 轴)的平行线获得。在 y 轴方向的坐标位置，通过各面在 o_1yz 坐标平面上的投影迹线，与引自正视图的平行线的交点确定。方法如下:

画上下坡面线。在赤平极射投影图中，通过 S_d 在 z 轴上交点与对应圆周的连线的距离，确定下坡面在侧视图中的视倾角 θ_d'。视倾角也可由下式计算

$$\tan\theta_k'=\tan\theta_k\cos\Delta\omega_k, k=u,d,J_1,J_2,J_3,J_4 \tag{10.2.23}$$

式中 θ_k——平面/交线在赤平面上的真倾角；

$\Delta\omega_k$——平面/交线倾向与 z 轴所在垂面 o_1yz 的夹角；

$u,d,J_1\sim J_4$——上、下坡面和结构面。

在侧视图坐标系 o_1yz 中，过坐标原点 o_1 向 z 轴负向作与 y 轴交角为 θ'_d 的射线 o_1c_1（或 o_1d_1），即为侧视图中的下坡面线。

在正视图中，分别过 o'、c、d，引 x 轴的平行线，交于侧视图中的下坡面线，得到 o'_1、c_1、d_1。分别在赤平极射投影图上读取或按式(10.2.23)计算交线 o_1e_1、o'_1f_1、$e_1l'_1$、c_1l_1 的视倾角 θ'_e、θ'_f、$\theta'_{l'}$、θ'_l。分别过 o_1、o'_1、c_1 点，作与 y 轴夹角为 θ'_e、θ'_f、θ'_l 的射线，与引自正视图中相应点、与 x 轴的平行线分别交于 e_1、f_1、l。过 e_1 点，作与 y 轴夹角为 $\theta'_{l'}$ 的射线，与引自正视图中 l' 点、与 x 轴的平行线交于 l'_1。连接 d_1l_1、e_1f_1、$f_1l'_1$、$l_1l'_1$，根据面与面的遮挡关系设定实线与虚线，完成作图[图 10.2.25(d)]。

④如果在野外获取的不是危岩体棱边的长度，而是结构面间距，可按照组成块体的结构面间距换算为结构面投影坐标轴上的截距来作图。当块体中对应的两组结构面构成前后、两侧、上下面时，取间距较小的一组结构面的间距，作为构成最小完整块体的长度数据。根据间距换算交线投影截距的计算稍显复杂，方法如下：

a. 计算相关结构面在坐标轴上的截距

$$\begin{cases} d_{ix}=\dfrac{d_i}{\sin\beta_i\sin\Delta\omega_i} \\ d_{iy}=\dfrac{d_i}{\sin\beta_i\cos\Delta\omega_i} \quad (i=J_1,\ J_2,\ J_3,\ J_4) \\ d_{iz}=\dfrac{d_i}{\cos\beta_i} \end{cases} \tag{10.2.24}$$

式中 d_i——结构面 J_i 的间距；

d_{ix}、d_{iy}、d_{iz}——结构面 J_i 在 x、y、z 轴上的截距；

β_i——结构面 J_i 的倾角；

$\Delta\omega_i$——结构面 J_i 的倾向与坡向间的夹角。

按块体构成与坐标系方向的规定，计算右侧面 J_3 在 x 轴的截距 d_{3x}，底面 J_1、后面 J_2 在 z 轴的截距 d_{1z}、d_{2z}，其中 d_{1z}、d_{2z} 取负值，d_{3x} 取正值。该式还将用于解析法中。

b. 计算关键迹线在坐标轴上截距

选 J_2、J_3 在上坡面的投影迹线 ef、$o'f$[图 10.2.25(c)，下同]、J_1 在下坡面的投影迹线 cd 为关键迹线，按下列各式分别计算 $o'f$ 在 x 轴和 ef、cd 延长线在 z 轴上的截距

$$\begin{cases} d'_{3x}=\dfrac{d_{3x}\sin\Delta\omega_3\cos\Delta\omega_u}{\sin(\Delta\omega_3-\Delta\omega_u)} \\ d'_{2z}=\dfrac{d_{2z}\cos\beta'_2\cos\beta'_u}{\sin(\beta'_u-\beta'_2)} \\ d'_{1z}=\dfrac{d_{1z}\cos\beta'_1\cos\beta_d}{\sin(\beta_d-\beta'_1)} \\ \Delta\omega_i=\omega_i-\omega_d \qquad i=u,\ 1,\ 2,\ 3 \\ \tan\beta'_k=\tan\beta_k\cos(\Delta\omega_k) \quad k=u,\ 1,\ 2 \end{cases} \tag{10.2.25}$$

式中 ω_u/β_u、ω_d/β_d——坡面 S_d、S_u 倾向/倾角；

ω_i/β_i——结构面倾向/倾角，$i=J_1$、J_2、J_3。

作图时，平行投影图中 S_u 与 J_3 的交点与圆心的连线方向，为正视图中 $o'f$ 的方向，x 轴上截取 d'_{3x} 长度，作为 $o'f$ 的定位点，即在正视图中画出 $o'f$[图 10.2.25(c)]。用同样的方法，画

出 cd、ef，再依次画出其他各交线，修整多余线段并设置虚线，即可完成正视图的绘制，并同前述画出侧视图。

(3)几何要素计算

①危岩体棱边的长度。在正视图中量出代表该棱边的线段长度，即可获得对应棱边的竖直投影长度，根据该棱边在竖直面上的倾角，按下式计算棱边实际长度 d

$$d=\frac{d_V}{\sin\theta_{90}} \tag{10.2.26}$$

式中　d_V——棱边在正视图上的投影长度；

θ_{90}——棱边在竖直面上的倾角，可从竖直极射投影图中读取。

②危岩体表面面积的计算。在正视图中量出该表面在竖直投影上的面积，根据该面在竖直面上的倾角，按下式计算实际面积 S

$$S=\frac{S_V}{\sin\beta_{90}} \tag{10.2.27}$$

式中　S_V——表面的竖直投影面积；

β_{90}——该表面转轴后的换算倾角。

③危岩体的体积。当采用三维 CAD 建模时，根据在正视图和侧视图上读取危岩体各交点的坐标(x_i，y_i，z_i)，建立各表面面域，再由面域建立实体，从而获得实体的体积和质心等计算数据。当采用普通二维图解时，可由各顶点的坐标，按多面体体积公式计算，具体计算方法在解析法一节中给出。

(4)算例

设野外危岩边坡如图 10.2.25(b)所示，边坡及危岩各面的名称、交点名称如前文所述。坡面、结构面、棱边长度原始数据见表 10.2.5。绘图单位为 CAD 默认单位。

表 10.2.5　危岩边坡产状数据及投影图要素

序号	地质产状(°/°)	数学产状(°/°)	间距(m)	圆心(x_c，y_c)	半径 r_c
S_d	220/70	230/70	—	178.60，210.47	292.38
S_u	210/20	240/20	—	18.20，31.52	106.42
J_1	230/15	220/15	0.4	20.53，17.22	236.62
J_2	222/65	228/65	0.5	143.50，159.37	103.53
J_3	260/55	190/55	0.6	140.64，24.80	174.34
J_4	160/50	330/50	0.8	−40.76，112.00	155.57

①赤平投影图

在 CAD 上，以基圆圆心的坐标 $o(0,0)$、半径 $R_0=100$ 画基圆。各面产状换算为数学坐标方位角后，按式(10.2.19)分别计算各平面大圆圆弧的圆心坐标和半径(表 10.2.5)，在基圆内画出大圆圆弧，得到赤平投影图[图 10.2.25(b)]。

②竖直投影图

根据解析法一节中的转轴换算[式(10.2.36)～式(10.2.37)]，将表 10.2.5 中各平面产状换算为竖直极射投影坐标系中的产状，并按上半球投影计算投影图几何要素(表 10.2.6)。按表中数据绘出竖直极射投影图，并根据坐标系规定，将投影图左旋 40°，使 S_d向南[图 10.2.25(a)]。

表 10.2.6 竖直投影图中各平面产状和几何要素

平面	地质产状(°)	转轴后的数学产状(°)	圆心坐标(x_c,y_c)	半 径 r_c
S_d	220/70	50/20	23.40,27.88	106.42
S_u	210/20	46/70	192.84,202.38	296.89
J_1	230/15	53/75	230.08,301.64	392.33
J_2	222/65	54/25	27.32,37.99	110.40
J_3	260/55	93/51	−5.52,123.96	159.36
J_4	160/50	4/67	240.56,17.22	261.08

在投影图中,可读出各关键棱边倾角,供计算棱边实际长度之用。例如,为获得坡肩线 oo' 的竖直倾角,首先在竖直极射投影图[图 10.2.25(a)]上确定 S_d、S_u 的交线 p_0,以及 p_0 点与圆心的连线 op_0。采用直接作图法得到其倾角为 1.5114°。将 op_0 延伸至圆周,读得 p_0 点到圆周的距离为 2.6,采用式(10.2.20)试算得到其倾角为 1.5092°,采用回归公式[式(10.2.21)]计算的结果为 1.3799°。试算表明,由于角度较小,几种方法之间有一定误差,但在 1°之内。采用解析法得到的精确解为 1.5114°,表明直接作图法求解的精度较高。

③正视图及侧视图

建立 $oxyz$ 坐标系。在 CAD 上以竖直投影图中下边坡 S_d 圆弧在基圆中的直径(及圆弧两端与基圆圆周交点的连线)作平行线为俯视图的 x 轴,方向向右。垂直 x 轴作 z 轴,方向向上,坐标原点为 o。确定正视图和侧视图的作图比例为 1∶120。根据表 10.2.5 中各平面产状和式(10.2.24)~式(10.2.26),计算关键交线在坐标轴上的截距(表 10.2.7):

表 10.2.7 关键交线作图截距计算表

	$J_3(o'f)$	$J_2(oe)$	$J_1(oc)$	S_d	S_u
ω / β(°/°)	220/55	228/65	190/15	230/70	240/20
d(m)	0.6	0.5	0.4	—	—
$\Delta\omega$(°)	−10	−2	−40	0	10
平面截距(m)	d_{3x}:1.1395	d_{2z}:−0.5517	d_{1z}:−0.4141	—	—
视倾角 β'(°)	—	64.99	14.78	70	19.72
交线截距(m)	d'_{3x}:0.9416	d'_{2z}:0.1108	d'_{1z}:−0.4581	—	—

根据前述作图法,完成正视图、侧视图绘图[图 10.2.25(c)、(d)]。在正视图上,读出各面面积的竖直投影,按比例及式(10.2.27)计算面积。在正视图及侧视图上读取并按比例计算各端点的三维坐标作后续分析之用。

④二面角和体积

根据图解法求两平面夹角的方法,图解得到 J_3、J_4 的夹角 θ=75.71°。

危岩体体积可在 CAD 中按顶点坐标三维建模后计算。方法是通过顶点三维坐标,用_line 画出棱边直线,将共面的棱边用_region 建立面域,通过_surfsculpt 将面域围成实体,然后读取实体体积。上述操作在 AutoCAD2014 以上版本中实现。

2. 解 析 法

借助 CAD 用图解法图解危岩体的几何要素是比较直观的。但在某些情况下,特别是需要大量分析作业时，宜采用程序批量计算危岩体几何要素，此时，解析法则是必然选择。以下介绍解析法的计算原理和主要计算公式。

(1)计算原理

根据地质学的定义，在边坡中的任意平面，不论是坡面还是结构面，其倾向和倾角均可视为该平面的法线。在边坡中，任何一个平面都可以通过直接量测或间接计算，确定其在边坡中包含某点的位置。根据数学原理，一个平面可以通过该平面上的一点和法向矢量建立平面方程。任意三个互不平行的面相交，可以确定唯一的交点。而危岩体上任何一个顶点，均可视为某三个互不平行的面的交点。由此，根据坡面与结构面的相互组合关系，通过联立求解三个平面方程，即可解得危岩体所有顶点的坐标。根据顶点坐标，即可计算危岩体的全部几何要素。

(2)主要计算公式的建立

①建立计算坐标系

在野外地质测量所使用的罗盘，其水平坐标方位的定义与常用的数学坐标方位的定义是不同的。地质坐标采用以正北(上边)为 0°，顺时针方向旋转一圈至 360°。而普通数学坐标以正东(右边)为 0°，逆时针方向旋转一圈至 360°。两者的换算关系如图 10.2.27 所示。

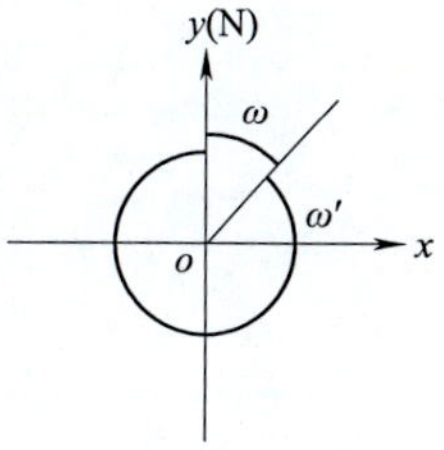

图 10.2.27　地质水平方位坐标与数学坐标的换算关系

$$\omega=450-\omega_{geo} \tag{10.2.28}$$

式中　ω——数学坐标表示的方位角；

ω_{geo}——地质坐标表示的方位角。

当需要将计算结果用计算机作图时，将地质方位角依上公式换算为普通数学方位角比较方便。

建立以下坡面走向向右为 x 轴，水平方向向里为 y 轴，垂直 xy 平面向上为 z 轴的右手直角坐标系。假定坐标原点 o 位于坡肩线与右结构面(J_4)的交点处，如图 10.2.25 所示。各坡面和结构面在此坐标系中的倾向 ω' 由下式计算

$$\omega_i'=270+\omega_d+\omega_i \tag{10.2.29}$$

式中　ω_d——下坡面的地质方位角；

ω——其他平面的地质方位角。

为简便起见，以下将转换后的倾向 ω' 简写为 ω。

②平面的法线向量。根据平面产状的地质学定义，设平面的倾向(方位角)为 ω、倾角(平面与水平面的夹角)为 β。根据法线向量的定义，平面法线向量的方向数与平面产状有如下关系

$$(A,B,C)=(\sin\beta\cos\omega,\ \sin\beta\sin\omega,\ \cos\beta) \tag{10.2.30}$$

③平面的点法式方程。设平面经过已知点 $p_i(x_i,y_i,z_i)$，根据数学定义，该平面的点法式方程为

$$A(x-x_i)+B(y-y_i)+C(z-z_i)=0 \tag{10.2.31}$$

令 $D=Ax_i+By_i+Cz_i$，则上式改写为

$$Ax+By+Cz=D \tag{10.2.32}$$

式(10.2.32)即为以平面产状和面上一个已知点表达的方程。

④由三个平面确定点的坐标 $p(x,y,z)$。当三个平面互不平行时，交点坐标由三个平面方程联立求解。设三个平面方程为

$$\begin{cases}A_1x+B_1y+C_1z=D_1,D_1=A_1x_1+B_1y_1+C_1z_1\\A_2x+B_2y+C_2z=D_2,D_2=A_2x_2+B_2y_2+C_2z_2\\A_3x+B_3y+C_3z=D_3,D_3=A_3x_3+B_3y_3+C_3z_3\end{cases}\tag{10.2.33}$$

式中 A_i、B_i、C_i——各平面的法线向量，$i=1,2,3$；

x_i、y_i、z_i——各平面上已知点的坐标，$i=1,2,3$。

令

$$\boldsymbol{D}_0=\begin{vmatrix}A_1&B_1&C_1\\A_2&B_2&C_2\\A_3&B_3&C_3\end{vmatrix},\boldsymbol{D}_x=\begin{vmatrix}D_1&B_1&C_1\\D_2&B_2&C_2\\D_3&B_3&C_3\end{vmatrix}$$
$$\boldsymbol{D}_y=\begin{vmatrix}A_1&D_1&C_1\\A_2&D_2&C_2\\A_3&D_3&C_3\end{vmatrix},\boldsymbol{D}_z=\begin{vmatrix}A_1&B_1&D_1\\A_2&B_2&D_2\\A_3&B_3&D_3\end{vmatrix}\tag{10.2.34}$$

则

$$x=\frac{\boldsymbol{D}_x}{\boldsymbol{D}_0},y=\frac{\boldsymbol{D}_y}{\boldsymbol{D}_0},z=\frac{\boldsymbol{D}_z}{\boldsymbol{D}_0}\tag{10.2.35}$$

⑤将水平产状转换为竖直产状。在作危岩体正视图时，需要将平面产状转换为竖直产状。在经典的赤平投影图解中，坐标旋转较为不便，而采用解析法则容易些。其基本原理是：各结构面法线向量保持不动，假想将赤平投影坐标系绕 x 轴向右手方向（原 y 轴负向）旋转 90°，计算出结构面法线向量在旋转后的坐标系中的向量，即可换算为旋转坐标系中的产状。

按照上述原理，新旧坐标系的对应关系为 $x\rightarrow -x_{90}$，$y\rightarrow -z_{90}$，$z\rightarrow y_{90}$，依据式(10.2.30)，可以得到转轴后的结构面法向向量及倾角。为使转轴后的竖直极射投影与赤平极射习惯的下半球投影在视觉一致，竖直极射投影改作上半球投影，则

$$(A_{90},\ B_{90},\ C_{90})=(-\sin\beta\cos\omega,\ -\cos\beta,\ \sin\beta\sin\omega)\tag{10.2.36}$$

式中的方位角 ω 是数学方位。由下式计算转轴后各平面的数学方位和倾角

$$\begin{cases}\tan\omega_{90}=\dfrac{B_{90}}{A_{90}},\begin{cases}A_{90}\times C_{90}<0, & \omega_{90}=\omega_{90}\\A_{90}\times C_{90}>0, & \omega_{90}=180+\omega_{90}\\A_{90}=0,\ B_{90}>0, & \omega_{90}=90\\A_{90}=0,\ B_{90}<0, & \omega_{90}=270\end{cases}\\ \cos\beta_{90}=\dfrac{|C_{90}|}{\sqrt{A_{90}^2+B_{90}^2+C_{90}^2}}\end{cases}\tag{10.2.37}$$

⑥两平面交线的产状。根据数学知识，两平面交线的方程，可以两平面方程表示。由于仅考虑方向，设交线经过坐标原点 $p_0(0,0,0)$，则两平面方程为

$$\begin{cases}A_1x+B_1y+C_1z=0\\A_2x+B_2y+C_2z=0\end{cases}\tag{10.2.38}$$

由数学知识，交线方向向量等于两平面法线向量的叉乘，于是

$$\vec{n}_{\mathrm{L}}=(l,m,n)=\begin{vmatrix}l&m&n\\A_1&B_1&C_1\\A_2&B_2&C_2\end{vmatrix}=(B_1C_2-B_2C_1,C_1A_2-C_2A_1,A_1B_2-A_2B_1)\tag{10.2.39}$$

式中 l、m、n 为交线的方向数。根据方向数和方向余弦的关系以及直线产状的地质学定义，设直线的走向为 ω_L、倾角为 β_L，由方向角与直线倾角互余，有

$$\begin{cases}\tan\omega_L=\dfrac{m}{l}, & \begin{cases}l\times n<0, & \omega_L=\omega_L\\ l\times n>0, & \omega_L=180+\omega_L\\ l=0, & \omega_L=90\end{cases}\\ \sin\beta_L=\dfrac{|n|}{\sqrt{l^2+m^2+n^2}}\end{cases} \tag{10.2.40}$$

上述倾向是以下坡面为基准的局部数学坐标系中的方位，如果需要换算为真实的地质方位，按下式计算

$$\omega_{geoL}=\omega_{geod}-\omega_L-90 \tag{10.2.41}$$

式中 ω_{geoL}——交线的地质倾向；

ω_{geod}——下坡面的地质倾向。

⑦两平面的夹角。根据两平面的法线向量，两平面的夹角（二面角）为

$$\cos\theta=\frac{A_1A_2+B_1B_2+C_1C_2}{\sqrt{(A_1^2+B_1^2+C_1^2)(A_2^2+B_2^2+C_2^2)}} \tag{10.2.42}$$

由于建立平面法向矢量时，是以法线向量的模为 1 时推导的，所以上式可简化为

$$\theta=\cos^{-1}(A_1A_2+B_1B_2+C_1C_2) \tag{10.2.43}$$

⑧危岩体任意边的边长。在解出所有顶点坐标的基础上，任何一边的边长可按点的距离计算。设边长两个端点的坐标为(x_1,y_1,z_1)、(x_2,y_2,z_2)，则边长

$$d=\sqrt{(x_1-x_2)^2+(y_1-y_2)^2+(z_1-z_2)^2} \tag{10.2.44}$$

⑨危岩体各表面的面积。设表面 i 的顶点坐标按逆时针排列为：(x_1,y_1,z_1)、(x_2,y_2,z_1)、…、(x_n,y_n,z_n)，则空间多边形的面积计算如下

$$S_i=\frac{1}{2\cos\beta_i}\left\{\begin{vmatrix}x_1 & y_1\\ x_2 & y_2\end{vmatrix}+\begin{vmatrix}x_2 & y_2\\ x_3 & y_3\end{vmatrix}+\cdots+\begin{vmatrix}x_n & y_n\\ x_1 & y_1\end{vmatrix}\right\} \tag{10.2.45}$$

式中 n——多边形表面的顶点数；

β_i——表面的倾角。

⑩危岩体的体积。危岩体的体积可划分为 m 个多棱锥体。设锥体的锥顶坐标为(x_0,y_0,z_0)、底面多边形的 n 个顶点坐标为(x_1,y_1,z_1)、(x_2,y_2,z_2)、…、(x_n,y_n,z_n)，按右手方式指向坐标正向排列，则单个锥体的体积计算如下

$$a_{1i}=x_i-x_0,\quad a_{2i}=y_i-y_0,\quad a_{3i}=z_i-z_0,\quad i=1,\ 2,\ \cdots,\ n \tag{10.2.46}$$

$$V_j=\frac{1}{6}\left\{\begin{vmatrix}a_{11} & a_{12} & a_{13}\\ a_{21} & a_{22} & a_{23}\\ a_{31} & a_{32} & a_{33}\end{vmatrix}+\begin{vmatrix}a_{11} & a_{13} & a_{14}\\ a_{21} & a_{23} & a_{24}\\ a_{31} & a_{33} & a_{34}\end{vmatrix}+\cdots+\begin{vmatrix}a_{11} & a_{1n-1} & a_{1n}\\ a_{21} & a_{2n-1} & a_{2n}\\ a_{31} & a_{3n-1} & a_{3n}\end{vmatrix}\right\} \tag{10.2.47}$$

危岩体总体积，等于 m 个锥体体积之和，即

$$V=\sum_{j=1}^{m}V_j \tag{10.2.48}$$

实际计算时，在危岩体的多面体上选定一点（一般选坐标原点所在的 o 点）为锥顶点，其坐标为(x_0,y_0,z_0)，计算出所有其他顶点坐标与该锥顶坐标的差值，确定出不与锥顶共面的其他面分别与锥顶构成多棱锥体，计算各锥体的体积，负值时取为正值，求和即得到危岩体的体积。

⑪危岩体质心。危岩体的质心是计算危岩稳定性必须要用的几何参数。对危岩块体这种不规则的多面体,质心的计算可以采用和计算体积类似的方法,将多面体分割成若干四面体,计算每个四面体质心的坐标。然后按计算行星质心的方法,得到危岩块体的质心。计算如下:

四面体的质心

$$x_{tk}=\frac{1}{4}\sum_{i=1}^{4}x_i,\quad y_{tk}=\frac{1}{4}\sum_{i=1}^{4}y_i,\quad z_{tk}=\frac{1}{4}\sum_{i=1}^{4}z_i \tag{10.2.49}$$

由若干四面体组成的多面体的质心

$$x_p=\frac{\sum_{k=1}^{n}x_{tk}m_{tk}}{\sum_{k=1}^{n}m_k},\quad y_p=\frac{\sum_{k=1}^{n}y_{tk}m_{tk}}{\sum_{k=1}^{n}m_k},\quad z_p=\frac{\sum_{k=1}^{n}z_{tk}m_{tk}}{\sum_{k=1}^{n}m_k} \tag{10.2.50}$$

式中 x_i、y_i、z_i——任一四面体顶点的坐标,$i=1,2,3,4$;

x_{tk}、y_{tk}、z_{tk}——第 k 个四面体的质心坐标,$k=1,2,\cdots,n$;

m_k——第 k 个四面体的质量,$k=1,2,\cdots,n$。当设物体密度等于 1 时,质量等于体积,且计算结果与实际物体密度无关。

上述危岩体的几何要素,在危岩稳定性计算中将会用到。

(3)算例

野外坡面、结构面产状及危岩体已知棱边长度如图解法算例。

根据式(10.2.28)~式(10.2.35),计算边坡坡面(转到正南)及各结构面的法向矢量,确定面上一点坐标,其中 J_1、J_2、J_3 的坐标根据式(10.2.24)计算。注意 d_{3x}、d_{2y} 恒取正值,d_{1z} 恒取负值,计算结果见表 10.2.8。

表 10.2.8 各平面法向矢量和坐标计算表

平面(点)	倾向(°)	倾角(°)	法向矢量(A,B,C)	坐标(x,y,z)(m)
$S_d(o)$	270	70	(0.0,−0.9397,0.3420)	(0,0,0)
$S_u(o)$	280	20	(0.05939,−0.3368,0.9397)	(0,0,0)
$J_1(c)$	260	15	(−0.04494,−0.2549,0.9659)	(0,0,−0.4141)
$J_2(e)$	268	65	(−0.3163,−0.9058,0.4226)	(0,0.5520,0)
$J_3(o')$	230	55	(−0.5265,−0.6275,0.5736)	(1.1395,0,0)
$J_4(o)$	330	50	(0.6634,−0.3830,0.6428)	(0,0,0)

根据式(10.2.28)~式(10.2.37),计算转轴后各平面的产状见表 10.2.9。

表 10.2.9 换算后竖直面为基准的各平面产状

平面	换算法向矢量(A_{90}、B_{90}、C_{90})	换算倾向 ω_{90}(°)	换算倾角 β_{90}(°)
S_d	(0.0、−0.3420、−0.9397)	50	20
S_u	(−0.05939、−0.9397、−0.3368)	46	70
J_1	(0.04494、−0.9659、−0.2549)	53	75
J_2	(0.03163、−0.4226、−0.9058)	54	25
J_3	(0.5265、−0.5738、−0.6275)	92	51
J_4	(−0.6634、−0.6428、−0.3830)	4	67

根据式(10.2.38)～式(10.2.40)，计算 J_3、J_4的交线产状见表 10.2.10。

表 10.2.10 关键交线产状计算表

交线	方向数			倾向(°)	倾角(°)
	l	m	n		
oj	−0.1837	0.7190	0.6180	284.33	39.79

由式(10.2.30)、式(10.2.34)、式(10.2.35)，计算所有顶点坐标(表 10.2.11)。

表 10.2.11 危岩体各顶点坐标计算表

顶点	坐标(x,y,z)(m)	顶点	坐标(x,y,z)(m)
o	(0,0,0)	e	(0.1594,0.6506,0.2231)
o'	(1.8768,−0.02878,−0.07906)	f	(0.6042,0.6162,0.1827)
c	(0.3345,−0.1605,−0.4409)	l	(0.4673,0.2707,−0.2309)
d	(0.8685,−0.1505,−0.4134)	l'	(0.4174,0.4660,−0.1531)

由式(10.2.43)和表 10.2.10 中数据，计算 J_3、J_4的两面夹角

$$\theta_{3-4}=\cos^{-1}(A_3A_4+B_3B_4+C_3C_4)$$

$$=\cos^{-1}((-0.5265)\times0.6634+(-0.6275)\times(-0.3830)+0.5736\times0.6428)=74.95°$$

由图解法得到的夹角为 75.71°。

按式(10.2.45)，计算危岩体在下坡面出露的表面面积。表面积主要用于摩擦力计算，在此以左侧摩擦面 J_3为例试算。结构面 J_3的表面由点 $o'fl'ldo'$五个顶点构成多边形，依据右手旋转方向排列坐标并计算(表 10.2.12)：

表 10.2.12 危岩体部分表面面积

顶点	o'	f	l'
坐标(m)	1.8769,−0.02878,−0.7906	0.6042,0.6162,0.1827	0.4174,0.4660,−0.1531
顶点	l	d	o'
坐标(m)	0.4673,0.2707,−0.3209	0.8685,−0.1505,−0.4134	1.8769,−0.02878,−0.7906
面积(m²)	0.3839		

按前文及式(10.2.46)～式(10.2.48)的计算方法，选 o 点为锥顶，排除与 o 点共面的上下坡面 S_d、S_u和右侧面 J_4，危岩体可分为三个以 o 点为锥顶、底面分别是 ldc、efl'、$o'dll'f$ 的三个多棱锥。计算上述 3 个多棱锥的体积，求和，则可计算出整个危岩体体积(表 10.2.13)。

表 10.2.13 危岩体分块体积及总体积计算

编号	顶点组成	体积(m³)
1	l-d-c	0.01580
2	e-f-l'	0.01443
3	o'-d-l-l'-f	0.07679
合计		0.1070

根据式(10.2.49)～式(10.2.50)，计算该危岩体的质心(表 10.2.14)

表 10.2.14 质心计算表

四面体	o-ldc	o-efl′	o-o′dl	o-o′ll′	o-o′l′f	危岩块
质心(m)	0.4176, −0.01005, −0.2938	0.2952, 0.4332, 0.06318	0.6059, 0.02287, −0.2033	0.4931, 0.1770, −0.1383	0.5273, 0.2634, 0.006138	0.4920, 0.1756, −0.1094
体积(m^3)	0.016	0.014	0.025	0.018	0.034	0.1070

10.3 典型条件下危岩体稳定性计算方法

危岩体的稳定性既是对危岩的安全性、破坏性进行评价，也是危岩边坡工程设计的主要依据之一。危岩的稳定性计算方法主要有定量分析及定性分析两种。定量分析方法主要有静力解析法、数值模拟等。定性分析方法包括工程地质类比法、地质力学模拟试验及赤平投影图解法等。在工程实践中，最常用的方法是赤平投影图与静力解析计算相结合的方法。采用赤平投影图，可以定性分析危岩体的构成和运动趋势；而静力模型则是稳定性水平和工程设计参数之必须。

任何一种静力计算都建立在基本力学模型的基础上。在本章第 10.1.2 部分中，根据危岩运动破坏模式，将危岩分为倾倒、坠落(错落)和滑移三种类型。根据类型的不同，其力学破坏机制也有区别，由此建立的理论计算公式亦不相同。本节将叙述三种危岩类型的破坏模式、计算方法并讨论。需要说明的是，本章建立的计算模型，只是典型模型的计算原理。实际应用中，应根据这些原理建立具体的计算模型。

10.3.1 作用在危岩上的外力

危岩上的静力，除了本身自重之外，还要根据所处的地质环境和边界条件，考虑影响危岩稳定的外力。一般工况下，主要是地震力和地下水压力。

1. 地 震 力

在拟静力法的地震作用力计算中，传统的方法是仅考虑水平地震力的作用，水平地震力等于地震系数与自重的乘积，地震系数与本地区基本烈度相对应。随着地震学科和抗震工程学科的发展，特别是近 10 余年西部山区大地震的发生，为地震作用力的科学计算提供了更多成果。较为突出的有两点，一是在原有考虑水平地震力的基础上，要考虑竖直地震力的问题；二是水平地震系数的取值问题。前者的主要依据是地震波到达岩土体时，岩土体会出现向上运动，减小了对基座面、滑动面的正压力，使摩擦力减小，不利稳定。同时，向上的惯性力对危岩的倾覆也是不利的。后者主要是地震动峰值加速度比的细化。

关于竖向地震力的计算，在拟静力法中，其基本计算公式和水平地震力的计算公式的形式是一致的，需要确定的是竖直地震系数。地震系数的本质是地震动峰值加速度与重力加速度的比值。对竖直加速度如何取值，工程界还没有统一标准。部分认为，竖直加速度约为水平加速度的 1/3～2/3。水电行业按 2/3 取值计算。但实际地震监测表明，至少在接近震中的地区，竖直加速度与水平加速度相当甚至大于水平加速度。因此，在具体计算中，竖直加速度如何取值，还是一个需要各相关专业进行系统研究的问题。在一般的计算中，对峰值加速度值在 0.2 以下的地区，可以取水平加速度 2/3 的值。峰值水平加速度在 0.2 以上的地区，可以与水平加速度取相同值，以策安全。

关于地震系数的取值，以前都是与基本烈度对应的。但现行的地震专业标准中，已经采用50年超越概率来表征不同级别的地震水平。根据地震专业规定，当50年超越概率为63%、10%、2%时，对应的地震称为多遇地震、基本地震和罕遇地震(GB 18306—2015)。其中，基本地震的烈度对应于以前的基本烈度。这三个地震分别对应于小震、中震和大震，即抗震工程中“小震不坏、中震可修、大震不倒”的地震三水准。

按现有的地震分级标准，在地震力的计算中，原来按基本烈度对应的地震系数，变成了直接采用动峰加速度与重力加速度的比值(单位为 g 或 gal，$1g=981$ gal)。原来所习惯的与Ⅵ～Ⅸ度地震烈度相对应的5个等级的地震系数，变成了 $0.05g$、$0.1g$、$0.15g$、$0.2g$、$0.3g$、$0.4g$ 六个等级。而且，$0.1g$ 和 $0.15g$ 都相当于Ⅶ度，$0.2g$ 和 $0.3g$ 都相当于Ⅷ度，即习称7.5度、8.5度。在按旧的基本烈度计算地震力时，要进行必要的查验和转换。同样，在使用地震数据时，也可以根据上述概念作相应换算。

上述关于地震力计算的概念是建立在拟静力法基础上的。近年来，不少学者和工程技术人员一直在对地震力的计算方法进行改进，以期更符合动力学理论。主要研究成果为拟动力法和动力学数值模拟。动力学方法和静力学方法主要的不同，是需要考虑反应谱特征和持续时长。这样的改进无疑使地震作用的计算更加科学合理，但是要在工程中普遍应用，还需要积累经验。

2. 地下水压力

岩石边坡，特别是崩塌落石边坡的地下水压力计算问题，是一个还没有得到很好解决的问题。在单一块体构成的岩石边坡稳定性计算中，地下水压力的分布形式，通常沿用Hoek假定，即当边坡后方没有竖直张裂缝时，最大水压力在滑动面中部，坡顶和坡脚为0。当后方有竖直张裂缝时，最大水压力与张裂缝中水头高度 z_0 有关，位于裂缝底部，滑动面前缘水压力为0(图10.3.1)。

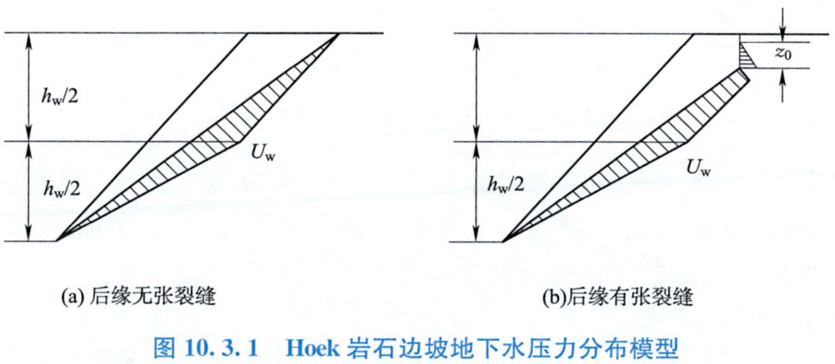

图10.3.1 Hoek岩石边坡地下水压力分布模型

这样的模型，无论在理论上还是在应用中都是有缺陷的。首先，是模糊了边坡岩体是透水介质，还是隔水介质的不同。其次，未区分边坡中的水是稳定的地下水还是一次性的大气降水。根据地下水动力学原理，如果将边坡岩体视为含水介质，比如孔隙性较好的碎屑岩或裂隙发育的其他岩类，且处于具有稳定地下水位的环境中，边坡中的水压分布应该遵循浸润线形态来计算各点的水头值，而且，浸润线以下的岩体要按浮容重计算[图10.3.2(a)]。如果将岩块体视为隔水介质，那么块体背部和底部的裂隙将视为管道。根据水力学理论，应该由补给和排泄的关系来计算水压。分三种情况：①当补给小于排泄时，水压为0；②当补给和排泄相等时，满足 Hoek 模型中无后张裂缝的情况[图 10.3.1(a)]；③当补给大于排泄时，水压按线性分布，坡脚处的水压为最大值[图 10.3.2(c)]。而 Hoek 模型中有后张裂缝的分布模型，仅当张裂缝超过坡高的一半，或者仅当后张裂缝部位所在地层为具有稳定水位的含水层，张裂缝以下岩层为隔水层，且补给等于排泄的特殊情况下才能成立。

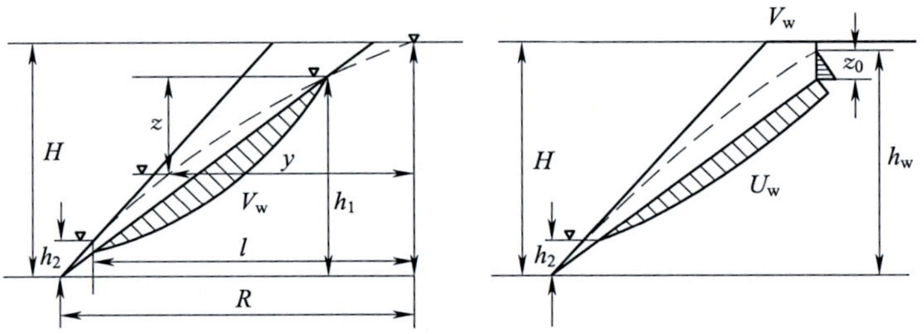

(a) 假定危岩为透水介质

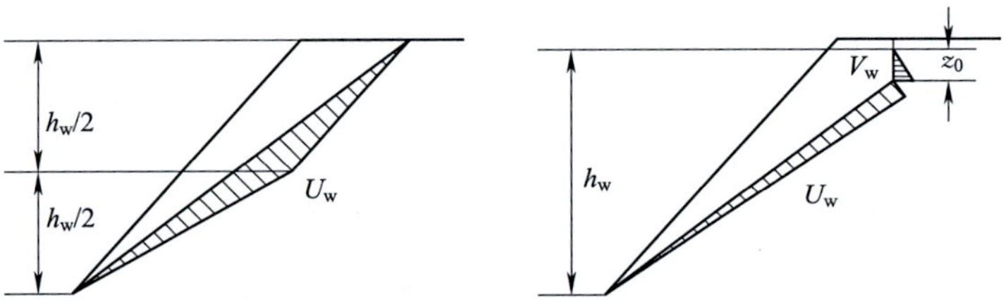

(b) 假定危岩为隔水介质且补给等于排泄

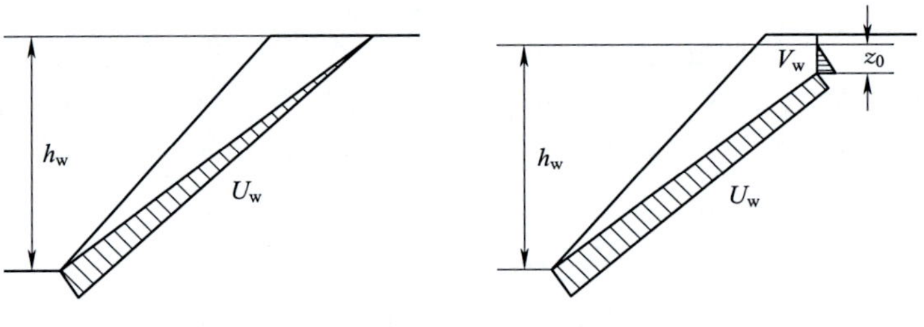

(c)假定危岩为隔水介质且补给大于排泄

图 10.3.2　边坡中的水压分布模型

在不考虑动水压力的情况下，一般静水压力分布如图 10.3.2 所示。以下分别考虑不同情况下的水压分布和总水压力计算方法。坐标系规定为水平面为 xy 平面，x 轴方向与坡面平行，y 轴与坡面倾向一致但指向坡内，z 轴为垂直水平面向上。

(1)边坡岩体为含水介质

对边坡岩体为含水层的情况，水压分布按地下水浸润线与危岩体底边的高差计算。浸润线是与含水层性质、水力参数、边界条件有关的，可按渗流微分方程求解，计算比较复杂。周玉新(2004)根据裘布依(Dupuit)公式提出的简便计算方法如下

$$\begin{cases} z=h_1-\sqrt{h_1^2-\dfrac{h_1^2-h_2^2}{l}y}, & \text{潜水} \\ z=\dfrac{(h_1-h_2)}{l}y, & \text{承压水} \end{cases} \tag{10.3.1}$$

式中　z——浸润线在 y 处的与 h_1 的高差(m)，如图 10.3.2(a)所示，下同；

h_1——影响半径以外水头高度(m)；

h_2——坡面地下水溢出处的水头高度(m)。

无法调查时 h_2 按下式估计

$$h_2=\zeta\frac{\sin\alpha}{1-\cos\alpha}(\sqrt{R^2+h_1^2}-R)$$

式中 α——边坡坡度(°)；

ζ——坡度修正系数，见表 10.3.1

表 10.3.1 坡度修正系数

α(°)	90	75	60	45	30
ζ	0.75	0.74	0.69	0.67	0.64

l——溢出口到影响半径处的水平距离(m)；

y——计算点到影响半径 R 处的水平距离(m)，R 按吉哈尔特和库萨金公式计算

$$\begin{cases}R=2(h_1-h_2)\sqrt{Kh_w}, & \text{潜水}\\ R=10(h_1-h_2)\sqrt{K}, & \text{承压水}\end{cases}$$

式中 K——含水层平均渗透系数(m/s)；

h_w——含水层厚度(m)。

设危岩体底面线的倾角为 β_L，则 y 处的水压力为

$$p_w=\gamma_w[h_1-z-(R-y)\tan\beta_L]=\gamma_w[(h_1-z)-(R-y(z))\tan\beta_L]$$

$$y(z)=\begin{cases}\dfrac{(h_1-z)zl}{h_1^2-h_2^2}, & \text{潜水}\\[2ex] \dfrac{zl}{h_1-h_2}, & \text{承压水}\end{cases} \tag{10.3.2}$$

无后壁裂缝时总水压：

$$U_w=\int_0^{h_1-h_2}p_w[y(z)]x(z)\mathrm{d}z \tag{10.3.3}$$

式中，$x(z)$是危岩在 z 处竖直面上投影(即迎水面)的宽度，由块体的几何形状而定。

有后壁裂缝时水压：

$$\begin{cases}V_w=\displaystyle\int_0^{z_0}\gamma_w x(z)z\mathrm{d}z\\ U_w=\displaystyle\int_{z_0}^{h_w-z_0-h_2}p_w[y(z)]x(z)\mathrm{d}z+\int_0^{z_0}\gamma_w z_0 x(z)(h_w+z_0-z)\mathrm{d}z\end{cases} \tag{10.3.4}$$

(2)边坡岩体为隔水介质

如果将边坡岩体视为隔水介质，则地下水渗流模型就成为水在裂缝中流动的模型。根据前述原理，要根据补给和排泄的流量关系来判断水压力是否存在，因此，可以按普通水力学公式来评估产生不同水压力分布的前提条件。

假设补给区的流量为 Q_i，对地下水补给，可按含水层流量估计

$$Q_i=KJA \tag{10.3.5}$$

式中 K——渗透系数(m/s)；

J——水力梯度；

A——过水截面面积(m^2)。

对降水补给,按暴雨流量与地表及岩体渗透性计算,具体计算方法比较繁杂,精度要求不高时,可按地表径流作粗略估计

$$Q_i=(1-\psi)qA \tag{10.3.6}$$

式中 ψ——径流系数,0.2(砂土)～0.8(不透水岩石);

q——降雨量,暴雨(50～100) mm/d,或(30～70) mm/12 h;

A——流入危岩的地表水汇流面积(m^2)。

通过裂缝排泄的流量为 Q_e。对岩体裂缝,可按立方定理估计

$$Q_e=\frac{ga^3}{12\nu}J \tag{10.3.7}$$

式中 a——裂缝有效宽度(m);

ν——水的黏滞系数,在 20 ℃时,约为 1×10^{-3} Pa·s;

J——水力梯度,等于出入点的水头高差与流经路径长度之比。

在式(10.3.7)中,需要说明的是关于裂缝有效宽度的问题。在野外调查中,隙宽的测量一般多在地表进行。由于危岩边坡的卸荷、表面风化等原因,实际裂缝的宽度分布类似上宽下窄的楔形。而由于裂隙面的起伏粗糙,或者还有一定的充填,在地表测得的隙宽通常要大于水流实际流程中的有效隙宽。计算取值时,应根据实际情况,对测量的隙宽进行合理折减。

根据上述分析,水压分布情况如下:

①当 $Q_i< Q_e$时,静水压力为 0。

②当 $Q_i=Q_e$时,水压力分布按图 10.3.2(b)的假定计算,水压力分布为

$$p_w=\begin{cases}\gamma_w z, & z\leqslant\dfrac{h_w}{2}\\ \gamma_w(h_w-z), & z>\dfrac{h_w}{2}\end{cases} \tag{10.3.8}$$

当危岩不存在后壁裂缝时,总水压

$$U_w=\int_0^{\frac{h_w}{2}}\gamma_w x(z)z\mathrm{d}z+\int_{\frac{h_w}{2}}^{h_w}\gamma_w x(z)(h_w-z)z\mathrm{d}z \tag{10.3.9}$$

当后壁裂缝存在时,总水压

$$\begin{cases}V_w=\displaystyle\int_0^{z_0}\gamma_w x(z)z\mathrm{d}z\\ U_w=\displaystyle\int_{z_0}^{h_w-z_0}\gamma_w x(z)(h_w-z)\mathrm{d}z\end{cases} \tag{10.3.10}$$

③当 $Q_i> Q_e$时,水压力分布如图 10.3.2(c)所示,水压分布为

$$p_w=\gamma_w z \tag{10.3.11}$$

当后壁无裂缝时的总水压

$$V_w=\int_0^{h_w}\gamma_w y(z)z\mathrm{d}z \tag{10.3.12}$$

当后壁存在裂缝时的总水压力

$$\begin{cases}U_w=\displaystyle\int_0^{z_0}\gamma_w x(z)z\mathrm{d}z\\ V_w=\displaystyle\int_{z_0}^{h_w}\gamma_w x(z)z\mathrm{d}z\end{cases} \tag{10.3.13}$$

(3)危岩体迎水面几何特征计算

在传统的岩石边坡或危岩水压力计算中,大部分都是将边坡岩体或危岩体在 x 轴方向视为等厚几何形态,这样的假定对岩石边坡也许是可行的,但对复杂裂隙切割的多边形危岩体就不合理了。因此,对单一块体的危岩体的水压计算,应该根据其在地下水流线垂直方向竖直面上的投影面(即迎水面)来计算水压力。当不考虑动水压力时,也可以将与危岩体运动方向垂直的竖直面上的投影面作为迎水面来计算。

危岩体迎水面的几何形态事关水压力计算公式中 $x(z)$ 函数的确定。危岩体迎水面的几何形态由危岩体的切割条件决定,较为复杂,难以用解析公式涵盖完全,因此可采用图解法来获取迎水面投影。由于迎水面与块体的正视投影一致,因此,可按本书 10.2.5 部分绘制的正视图作为水压计算的图形。由此可进一步说明,本书推荐采用正视图替代传统的俯视图作为主图,除了视觉直观,在迎水面计算中,须采用正视图也是一个重要原因。

根据得到的危岩体迎水面实体比例投影图[图 10.2.25(c)],不难写出该面以及各结构面 x 轴方向的长度与 z 轴的函数关系 $x(z)$,从而获得作用在各结构面上的总水压力。实际上,任何一个危岩的竖直投影面(迎水面)的多边形,都可以按水平线划分为上下边平行的梯形,所不同的是上下底边的长度有不同的组合方式(图 10.3.3)。对三角形的面,可以认为是某一底边的边长为 0 的特殊梯形。只要给出基本梯形的水压力计算式,即可根据不同组合,计算不同形状的迎水面上的水压力。

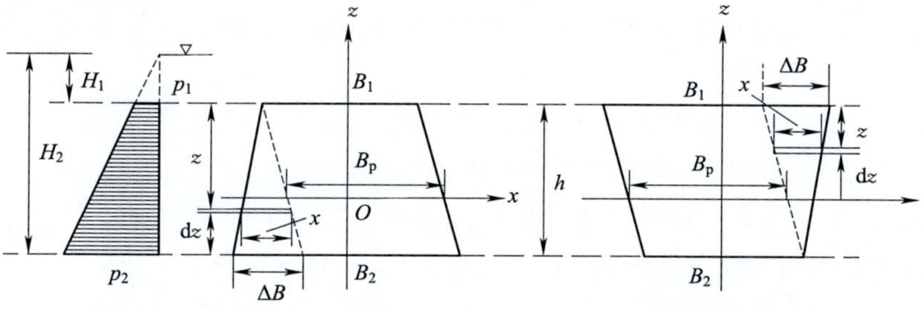

图 10.3.3　危岩体基本迎水面总水压力计算示意图

设梯形的高为 h,上底宽为 B_1,下底宽为 B_2,上下底宽度之差为 ΔB。当梯形分解为平行四边形和三角形时,B_p为平行四边形的底,ΔB 为三角形的底。由上述定义

$$\Delta B = |B_1 - B_2|,\quad B_p = \min(B_1, B_2) \tag{10.3.14}$$

设上底的水压为 p_1,下底的水压为 p_2,h_i为水头,由计算原理图 10.3.3,在距上底为 z 的高度处的水压为

$$p_z = \frac{(p_2 - p_1)}{h} z + p_1,\quad p_1 = \gamma_w h_1,\quad p_2 = \gamma_w h_2 \tag{10.3.15}$$

①平行四边形部分,或 $B_2 = B_1$时的水压为

$$V_P = \int_0^h B_p \cdot p_z \mathrm{d}z = \int_0^h B_p \cdot \left[\frac{(p_2 - p_1)}{h} z + p_1\right] \mathrm{d}z$$

$$= \frac{B_p h}{2}(p_2 + p_1) \tag{10.3.16}$$

②当 $B_2 > B_1$时,三角形部分为正三角形。由图 10.3.3(a),$x = \frac{\Delta B}{h} z$

$$V_\Delta = \int_0^h x p_z \mathrm{d}z = \int_0^h \frac{\Delta B}{h} z \cdot \left[\frac{(p_2 - p_1)}{h} z + p_1 \right] \mathrm{d}z$$

$$= \frac{\Delta B h}{6}(2p_2 + p_1)$$

$$V = V_\Delta + V_p \tag{10.3.17}$$

③当 $B_2 < B_1$ 时，三角形部分为倒三角形。由图 10.3.3(b)，$x = \frac{\Delta B}{h}(h-z)$

$$V_\nabla = \int_0^h x p_z \mathrm{d}z = \int_0^h \frac{\Delta B}{h}(h-z) \cdot \left[\frac{(p_2 - p_1)}{h} z + p_1 \right] \mathrm{d}z$$

$$= \frac{\Delta B h}{6}(p_2 + 2p_1)$$

$$V = V_\nabla + V_p \tag{10.3.18}$$

在危岩体的稳定性分析中，将作用于各结构面的水压力以集中力的形式用于计算时，还要注意作用方向和作用位置。仅考虑静水状态时，水压力的方向与结构面法线方向一致。总水压力作为集中力考虑时，作用点位置分别在三角形或梯形底边(长边)一侧的 1/3 高处，顶点或顶边与底边的中线上，且要根据分块分别计算，并注意长边所在的位置。计算出的水压用于危岩体的稳定性计算时，还要按结构面方向与块体运动方向的偏斜，对水压进行分解。

(4)算例

危岩体基本几何特征如前例，仅以右侧结构面 J_3 为例，计算水压力。

图 10.3.4 为危岩体中 J_3 的正视图，也是迎水面投影图。迎水面各顶点坐标见表 10.2.12。根据本节计算法，以端点 O'、l'、l 为基准，将迎水面划分为两个三角形和两个平行四边形。假设水面正好与迎水面顶端点相同，根据式(10.3.14)～式(10.3.18)，试算结果见表 10.3.2。

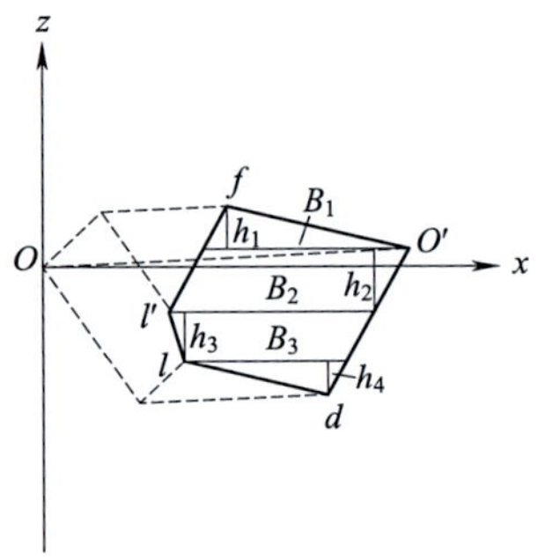

图 10.3.4 J_3迎水面计算图

表 10.3.2 J_3水压力计算结果

序号	B(m)	ΔB(m)	B_p(m)	h(m)	水压(kN)	作用点坐标(x,y,z)(m)
0	0	—	—	—	—	—
1	0.6291	0.6291		0.2617	0.1663	0.7168,0.3622,0.008184
2	0.6218	0.6217	0.6218	0.07401	0.1510	0.8481,0.1272,−0.1284
3	0.4619	0.1599	0.4619	0.1678	0.4029	0.7082,0.1197,−0.2650
4	0	0.4619		0.09248	0.1200	0.7550,0.001155,−0.3518
合　计					0.8402	—

如果按传统的水压力计算方法，当考虑水压线性分布时，总水压力为 2.3978 kN。当考虑水压分布为折线形(等腰三角形)分布时，总水压为 1.1022 kN。与试算结果的对比表明，在传统计算方法中，线性水压值比本书计算的水压大 185%，比折线形水压大 31%。如果再考虑到传统计算中，一般不对结构面产状与块体运动方向存在偏斜而进行水压分解，则实际计算出的差值更大。虽说传统计算方法偏于安全，但过于保守的计算，将带来工程费用不必要的增加。而且，在实际分析中，也会带来计算结果和野外调查相悖的情况。

10.3.2 倾倒式崩塌

1. 基本计算模型

危岩产生倾倒式破坏的充要条件，是向坡外的倾覆力矩之和大于抗覆力矩之和。一般情况下，产生倾覆力矩的外力有水平和垂直地震力，危岩后壁水压力。抗覆力矩则由倾覆转轴与危岩重心之间的关系以及危岩后壁裂缝是否贯通决定。如果危岩体的重心落在倾覆转轴内侧（相对坡面），则重力是抗覆力。反则反之。后壁裂缝如果不贯通，则危岩体与母岩体连接在一起，岩石内部的连接力为抗覆力。如果裂缝贯通，则连接力不存在。需要注意的是，上述模型是一个通用模型，在一个具体的倾倒式危岩中，这些条件不一定会同时出现。

根据上述条件，建立的基本计算模型如图 10.3.5 所示。图中，O 点是危岩体的重心，$A'MM'B'$是后壁裂缝，$MC'D'M'$是为贯通裂缝的岩石连接面，不考虑危岩在底面 $CDD'C'$ 上滑动。设倾倒时绕 CD 边转动，其中点为旋转支点。忽略危岩体运动时沿 z 轴方向的旋转对倾倒的影响。

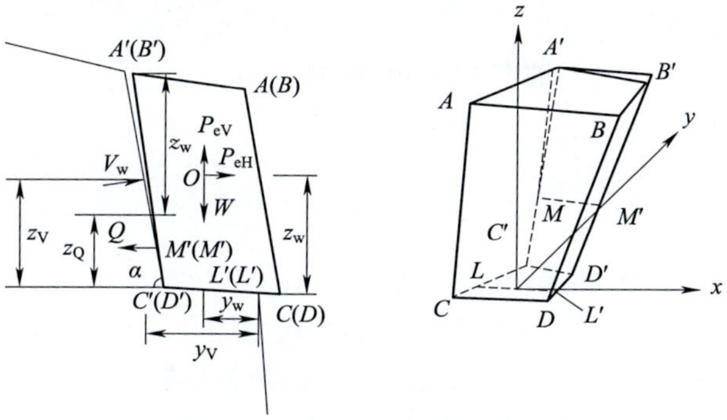

图 10.3.5 倾倒式崩塌计算模型

2. 稳定性系数计算

定义倾倒式破坏的稳定系数为

$$K_T=\frac{\text{抗覆力矩}}{\text{倾覆力矩}} \tag{10.3.19}$$

设坐标原点在 LL'的中点，x 轴平行坡面方向，指向右手方向；y 轴和 x 轴组成水平面，指向坡内，z 轴垂直向上，忽略危岩体底边的微小倾斜。各作用力对转轴的力矩如下：

（1）重力力矩

$$M_W=W\cdot y_W=V_{A\sim D'}\gamma\cdot y_W \tag{10.3.20}$$

（2）岩石连接力力矩

$$M_Q=\frac{1}{2}Q\cdot z_Q=\frac{1}{2}A_{M\sim D'}\sigma_t\cdot z_Q \tag{10.3.21}$$

（3）地震力力矩

$$M_P=P_{eH}\cdot z_W+P_{eV}\cdot y_W=W(k_{eH}z_W+k_{eV}y_W) \tag{10.3.22}$$

（4）水压力力矩

$$M_V=V_w\left[\sin\beta\cos\Delta\omega\cdot\left(\frac{1}{3}z_M+z_Q\right)+V_w\cos\beta\cdot y_V\right] \tag{10.3.23}$$

稳定系数

$$K_T=\begin{cases}\dfrac{M_W+M_Q}{M_P+M_V}, & y_W\geqslant 0\\[2mm] \dfrac{M_Q}{M_P+M_V+M_W}, & y_W<0\end{cases} \tag{10.3.24}$$

式中 $V_{A\sim D'}$——由端点 $ABCD$-$A'B'C'D'$ 围成的危岩体体积(m^3)；

γ——危岩体重度(kN/m^3)；

$A_{M\sim D'}$——由端点 $MC'D'M'$ 围成的面积(m^2)；

y_W、z_W——危岩体质心到旋转支点的水平、竖直距离(m)；

z_Q——未贯通裂缝的竖直高度(m)；

z_M——贯通裂缝的竖直高度(m)；

y_V——水压力作用点到旋转支点的水平距离(m)；

σ_t——危岩体抗拉强度(kPa)；

k_{eH}、k_{eV}——水平、竖直地震系数；

V_w——后壁裂缝总水压力(kN)，计算方法见 10.3.1 部分；

β——后壁裂缝的倾斜角(°)；

$\Delta\omega$——后壁裂缝倾向与坡向的夹角(锐角)(°)。

10.3.3 坠落式崩塌

1. 基本计算模型

危岩发生坠落式破坏的充要条件，是底边临空，后壁裂缝陡倾并倾向坡外，且危岩体下坠的合力大于阻止危岩下坠的合力。在计算中，坠落式崩塌和滑移式崩塌，以滑面或滑动交线是否大于 45°作为数学标准。在本书中，坠落式破坏与铁路不良地质中的错落体划作同一类。一般情况下，使危岩下坠的力有重力、水平地震力、水压力。阻止危岩下坠的力主要为摩擦力。如果后壁裂缝没有贯通，则阻坠力还有危岩体与母岩体之间的连接力。由此，建立的坠落式崩塌基本计算模型如图 10.3.6 所示。计算时，当考虑危岩块的倾倒破坏时，将坐标原点设在后壁裂缝下端出口 $C'D'$ 中点，按 10.3.2 部分的方法计算。

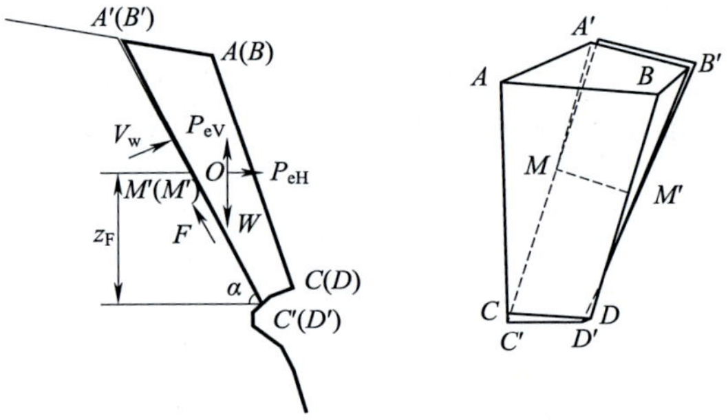

图 10.3.6 坠落式崩塌计算模型

2. 稳定性系数计算

定义坠落式破坏的稳定系数

$$K_D=\frac{\text{抗坠阻滑力}}{\text{坠落下滑力}} \tag{10.3.25}$$

各作用力的计算如下：

(1)岩体连接力

$$F_{Q}=A_{M\sim D'}\tau \tag{10.3.26}$$

(2)重力下滑分力

$$F_{W}=W\sin\alpha=V_{A\sim D'}\gamma\cdot\sin\alpha \tag{10.3.27}$$

(3)水平地震力下滑分力

$$F_{e}=P_{eH}\cos\alpha=k_{eH}W\cos\alpha \tag{10.3.28}$$

(4)后壁裂缝摩擦力

$$F_{F}=(W\cos\beta-W(k_{eH}\sin\beta+k_{eV}\cos\beta)-V_{w})\tan\varphi+c\cdot A_{A'\sim M'} \tag{10.3.29}$$

稳定系数：

$$K_{D}=\frac{F_{F}+F_{Q}}{F_{W}+F_{e}+F_{V}} \tag{10.3.30}$$

式中 $A_{A'\sim M'}$——由端点 $A'MM'B'$ 围成的面积(m^2)；

τ——危岩体的抗切强度(kPa)；

c——后壁裂缝天然或饱和黏结力(kPa)；

φ——后壁裂缝天然或饱和摩擦角(°)。

其余参数同前，下同。计算中，忽略了竖向地震力抗坠分力，有利安全。

实际计算时，应分别按滑坠和倾坠计算其稳定系数，取稳定系数小的值作为最终值。

10.3.4 滑移式崩塌

1. 基本计算模型

危岩发生滑移式破坏的充分必要条件是危岩体底部结构面或结构面组合倾向坡外，倾角小于坡角，且下滑合力大于抗滑合力。一般情况下，假定滑移式崩塌的结构面均已贯通，抗滑力主要是结构面摩擦力，下滑力是重力、地震力、水压力。由于现场危岩体的形状较为复杂，在此建立的基本模型仅考虑四组结构面切割的情况。基本计算模型如图 10.3.7 所示。

同样，如果不考虑转动(倾倒)，可以不建立坐标系。如果要考虑转动，可在危岩体滑出底边 CD 的中点设置坐标原点。转动稳定性按前述倾倒模式计算。

图中虚拟面 $LL'M'M$ 为与底面或两面交线垂直的面。

2. 稳定性系数计算

定义滑移式破坏的稳定性系数为

$$K_{S}=\frac{\text{抗下滑力}}{\text{下滑力}} \tag{10.3.31}$$

各作用力计算如下：

(1)重力的下滑分力

$$F_{W}=\begin{cases}W\sin\beta_{0}, & \text{沿平面滑动}\\ W\sin\theta, & \text{沿交线滑动}\end{cases} \tag{10.3.32}$$

(2)水平地震力下滑分力

$$F_{e}=\begin{cases}P_{eH}\sin\beta_{0}=k_{e}W\sin\beta_{0}, & \text{沿平面滑动}\\ P_{eH}\sin\theta=k_{e}W\sin\theta, & \text{沿交线滑动}\end{cases} \tag{10.3.33}$$

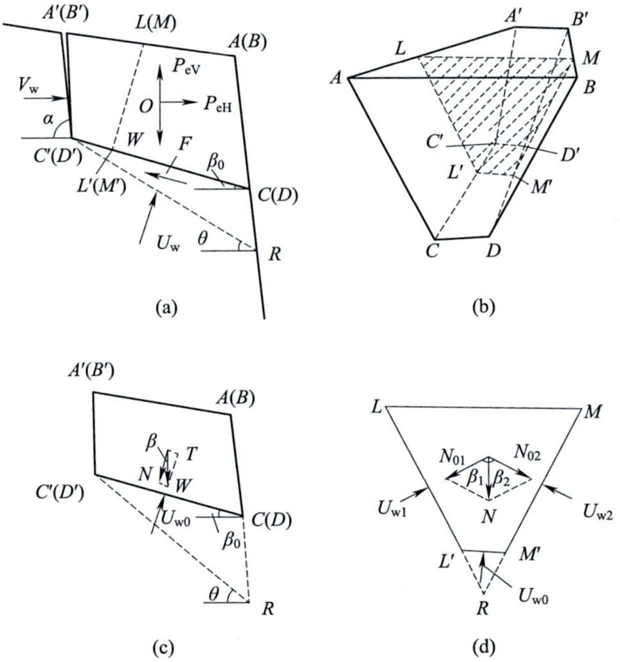

图 10.3.7 滑移式崩塌计算模型

式中 β_0——底面的倾斜角(°)；

θ——楔底交线的倾伏角(°)。

(3)后壁水压力下滑推力：

$$\begin{cases} F_{VT}=V_w \sin\beta_3 \cos\Delta\omega_3 \cdot \cos\beta_0, & \text{沿平面滑动} \\ F_{VT}=V_w \sin\beta_3 \cos\Delta\omega_3 \cdot \cos\theta, & \text{沿交线滑动} \end{cases} \quad (10.3.34)$$

式中 β_3——后壁裂缝的倾斜角(°)；

$\Delta\omega_3$——后壁裂缝倾向与坡向的夹角(锐角)(°)。

(4)情况一:滑动面为底面

假定滑动方向与坡向一致,忽略危岩体沿平面或交线滑动时,视倾角与真倾角之间的差值(有利安全,下同)。当底面 J_0 在坡面走向方向的倾斜较小时,滑动面为底面,摩擦力由重力 W、地震力 P 和水压力 U 等在底面上的分力的合力提供。在两侧面 J_1、J_2 上无正压力,仅考虑黏结力。

①作用在滑动面上的重力正压力 N_W

$$N_W=W\cos\beta_0 \quad (10.3.35)$$

②作用在滑动面上的地震力正压力

$$N_e=W(k_{eH}\sin\beta_0+k_{eV}\cos\beta_0) \quad (10.3.36)$$

③作用在底面和左右侧面上的水压力

分解为下滑力 F_{UT} 和托举力 N_U。

$$\begin{cases} F_{UT}=(U_1\sin\beta_1\cos\Delta\omega_1+U_2\sin\beta_2\cos\Delta\omega_2)\cos\beta_0 \\ N_U=U_0 \end{cases} \quad (10.3.37)$$

式中 U_0、U_1、U_2——底面和左右侧面的水压力(kPa)；

ω_0、ω_1、ω_2——底面和左右侧面倾向与坡向的夹角(锐角)(°)；

β_0、β_1、β_2——底面和左右侧面的倾角(°)。

④总摩擦力

$$F_F=(N_W-N_e-N_U)\tan\varphi+C(A_0+A_1+A_2) \tag{10.3.38}$$

式中 A_0、A_1、A_2——底面和左右侧面面积(m^2)；

由上述各式，滑移稳定系数为

$$K_S=\frac{F_F}{F_W+F_e+F_{VT}+F_{UT}} \tag{10.3.39}$$

计算中，忽略了水压和竖直地震力的抗滑分力，有利安全。下同。

(5)情况二：滑动面为左右侧面

当危岩体由左右侧面 J_1 和 J_2 组成楔形滑动面，滑动方向为交线倾向。两滑动面上的摩擦力由重力、地震力和水压力分力提供。

①重力分力提供的正压力 N_{W1}、N_{W2}

作用于两滑面的正压力向量之和为$\vec{N}_W=\vec{N}_{W1}+\vec{N}_{W2}$，$N$ 为重力在垂直交线方向的分力。由图 10.3.7(c)、(d)中的几何和力三角形关系，有

$$\begin{cases}\dfrac{N_{W1}}{\cos\beta_2}=\dfrac{N'_W}{\sin(\beta_1+\beta_2)}=\dfrac{W\cos\theta}{\sin(\beta_1+\beta_2)}\\[2ex]\dfrac{N_{W2}}{\cos\beta_1}=\dfrac{N'_W}{\sin(\beta_1+\beta_2)}=\dfrac{W\cos\theta}{\sin(\beta_1+\beta_2)}\end{cases} \tag{10.3.40}$$

由此可得：

$$\begin{cases}N_W=N_{W1}+N_{W2}=k_{wdg}W\cos\theta\\[1ex]k_{wdg}=\dfrac{(\cos\beta_1+\cos\beta_2)}{\sin(\beta_1+\beta_2)}\end{cases} \tag{10.3.41}$$

式中，k_{wdg}称为楔形系数。

②地震力正压力分力

由式(10.3.41)，容易得到地震力的正压力分力

$$N_e=k_{wdg}W(k_{eH}\sin\beta_0+k_{eV}\cos\beta_0) \tag{10.3.42}$$

③水压力

水压力作用方向与滑动面法向一致，则水压力提供的正压力为

$$N_U=U_1+U_2 \tag{10.3.43}$$

④总摩擦力

$$F_F=(N_W-N_e-N_U)\tan\varphi+C(A_0+A_1+A_2) \tag{10.3.44}$$

稳定系数

$$K_S=\frac{F_F}{F_W+F_e+F_{VT}} \tag{10.3.45}$$

(6)情况三：滑动面为底面和两侧侧面

底面 J_0 和左右侧面 J_1、J_2 共同分担重力的正压力分力，此时为超静定状态，需要提供额外条件或设置假定才有唯一解。比如假定重力的正压力分力按三个面在底滑面上的投影面积分担等。读者可自行演绎推导。

在滑移式破坏模型中，如果地震、水压作用较大，需要考虑危岩的倾倒稳定性。当同时计

算滑移和转动时，按稳定系数较小的模式做评价。

10.4 工程实例——姑咱崩塌

1. 概　　况

崩塌灾害发生于康定姑咱镇大渡河峡谷东岸岸坡中部陡崖(图 10.4.1)，2006 年 6 月 18 日崩塌方量约 300 m^3，落石沿坡体崩塌、翻滚，造成了坡上及坡脚部分民宅被损毁，十一人死亡、数人受伤的严重后果。受 2008 年“5 · 12”特大地震影响，该处岸坡又发生危石下坠，造成坡下水电施工人员及路过的两名初中生遇险。

崩塌区地处大渡河中高山深切峡谷，自然坡度在 30°～70°，峡谷基本呈南北走向。大渡河水面高程 1350～1400 m，Ⅰ级阶地分布高程 1406～1412 m 附近，左岸Ⅱ级阶地分布高程 1430～1435 m 附近，左岸Ⅲ级阶地 1450 m 高程附近可见零星分布。其中在Ⅰ、Ⅱ级阶地上覆盖有一定厚度的崩坡积物和倒石堆。大致在 1430 m 以上坡面局部还可见到冰水堆积物，1480 m 高程以上多为基岩出露。崩塌段山脊高程 2900～3600 m，崩塌所在陡崖高程 1900～2100 m，高差 200 m，延长 300 m。发生崩塌的陡崖部分高程 2065 m～2125 m，高差为 60 m，坡度为 70°，坡向 230°，上坡面坡度为 43°(图 10.4.2)。岩性以元古代斜长花岗岩($\gamma_2^{(4)}$)为主。大致可分为 5 个分区。

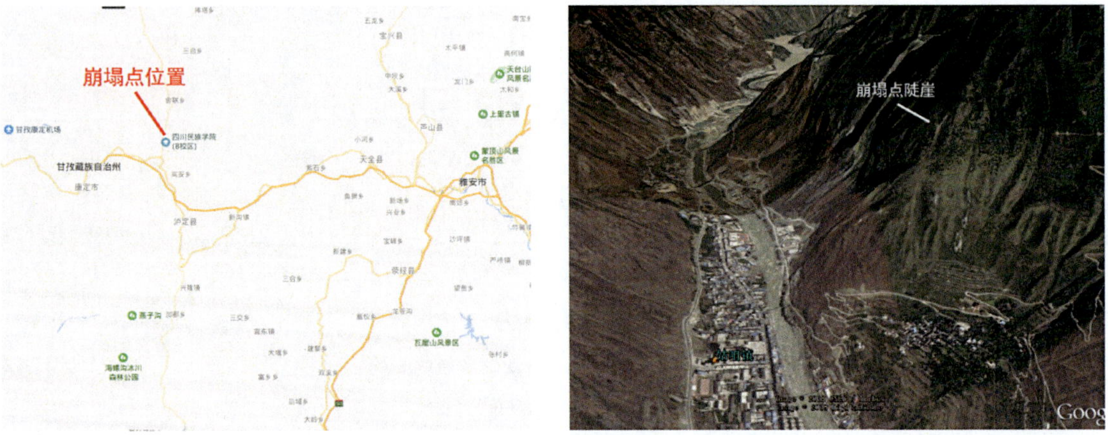

图 10.4.1　姑咱崩塌地理位置及地貌

该区所在地区属旱河谷亚热带气候，因地势复杂多样，垂直差异明显，立体气候特征显著，降雨集中在 5～9 月，降雪 10～4 月，年平均降雨量 500～800 mm，年平均气温 7.1 ℃，1 月平均气温 −2.5 ℃，7 月平均气温 15.7 ℃。

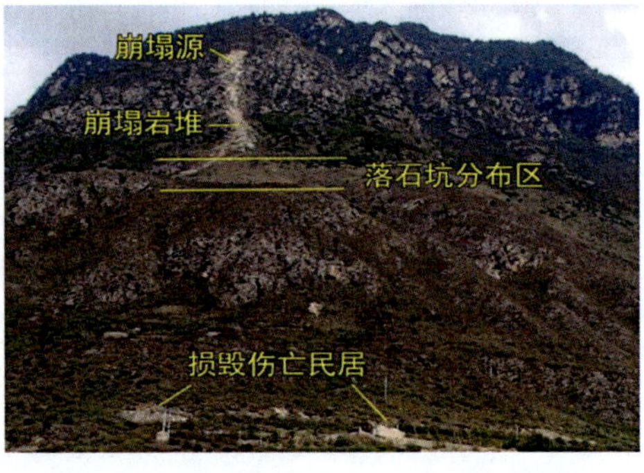

图 10.4.2　崩塌全景(引自中铁二院勘察报告)

崩塌区为鲜水河地震带东南段和龙门山地震带西南段的接壤部位。就其地震频度和强度而论，鲜水河地震带的地震活动性最为强烈，对本区的波及和影响较大；龙门山地震带地震活动性相对较弱，影响较小。2008 年汶川(距离 140 km)"5·12"8 级地震对场地影响烈度Ⅵ度，2013 年芦山(距离 94 km)7 级地震对场地影响烈度为Ⅶ度。根据中国地震局地震安评报告，该区为 7 级潜在地震区，50 年超越概率 10%水准时基岩场地地震动峰值水平加速度为 222 gal，基本烈度为Ⅷ度。

崩塌区东侧为大渡河大断裂，有活动性，距崩塌点超过 5 km，区内无大断裂通过。受强烈构造作用影响，区内岩体节理发育，卸荷松弛强烈，裂隙张开，多呈块状到块裂结构。

2. 现场调查及分析

现场调查表明，崩塌形成新鲜岩面(图 10.4.3)。在崩塌陡崖下方为浅色花岗岩碎块石崩塌岩堆。岩堆平面几何尺寸为不规则形状，顺下坡斜长 100 m，横向宽度 8～25 m，厚 0.2～3 m。块径 10～30 cm，块石含量 100%，多为尖棱状，松散堆积。

在高程 1830～1900 m 的斜坡平台上，较密集分布落石坑，形状不规则，有的呈扇形，有的呈长条形，有的呈纺锤形。落石坑具有明显的撞击—滑移现象，坑深约 0.3～0.5 m，规模 1～15 m(长边)大小不等。坑内有少量的花岗岩碎、块石，次棱角状，无植被和杂草生长(图 10.4.3)。

崩塌陡崖岩体结构面十分发育，两组或两组以上"X"节理将岩体切割成 0.5～3 m 的块体(图 10.4.4)。由于多次发生崩落，有多处岩壁出现了"凹腔"，危岩体极易发生坠落。

图 10.4.3 落石坑

图 10.4.4 崩塌陡崖危岩带

现场对危岩带其中一个分区的危岩体，采用三维激光扫描和人工量测得到主要结构面有 4 组，分别是：

*J*1：产状 350°∠12°。该结构面缓倾坡内，发育，为构成危岩的主要结构面。闭合紧密，间距 1～1.5 m，延伸长度 3～8 m，强卸荷，弱风化，平直光滑。

*J*2：产状 190°∠86°。该组结构面发育，为构成危岩的主要结构面。陡倾坡外，岩体卸荷强烈，弱风化，结构面间距 0.8～1.5 m，延伸 8 m。

*J*3：产状 305°∠55°。该组结构面较发育，平直光滑，间距 0.5～1 m，延长超过 10 m。张开度 1～2 cm，局部闭合，大多无充填，个别缝宽 5～10 cm，夹岩块、泥，强卸荷，弱风化。

*J*4：产状 110°∠85°。该组结构面发育，为构成危岩的主要结构面。间距 0.5～2 m，贯通性较好，可见迹长 5～10 m 以上，卸荷张开，张开度 1～5 cm，中间局部充填土和碎石，结构面

平直粗糙。

采用赤平投影及实体比例投影，对危岩体进行稳定性分析。根据竖直投影与赤平投影图(图 10.4.5)并结合现场调查确定(图 10.4.6)，危岩体基本特征及主要类型如下：

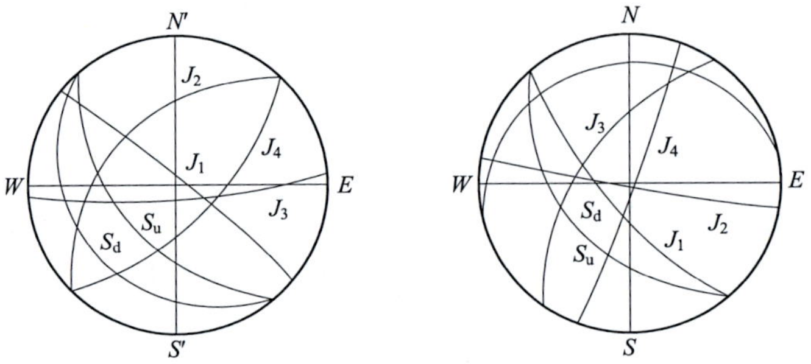

(a) 竖直投影图（上半球）　(b) 赤平投影图（下半球）

图 10.4.5　崩塌陡崖赤平投影图

(a) 照片　(b) 模型

图 10.4.6　危岩体照片和组合块体模型

(1)主块体以 J_1 构成反倾顶底面，以 J_2 构成陡倾正面和背面，J_4 重复构成左右侧面，形状为有底平面的不规则六面体，称为主六面体[图 10.4.7(a)]。由于底面反倾，在下部其他块体存在的情况下，考虑本区地震和降雨，破坏模式为倾倒破坏。在下部基座块体丧失的情况下，可沿 J_2 滑坠。

(2)在坡面完好的情况下，在主块体的前面可存在前块体。前块体以下坡面构成正面，以上坡面或 J_1 构成顶面，J_1 构成反倾底面，J_2 构成陡倾背面并与主块正面共面，J_4 重复构成两侧，形状为有底平面的不规则六面体，称为前六面体[图 10.4.7(b)]。当下部块体存在时，前六面体的破坏模式为倾倒。当下部块体丧失后，可沿 J_2 滑坠。

(3)陡坡上存在的另一类型的块体以 J_1 构成反倾顶面，陡倾节理 J_2 构成正面和背面，以稍缓斜交的 J_3 和与陡倾斜交的 J_4 构成楔形，为上平下楔的五面体[图 10.4.7(c)]。该五面体与主六面体组合切割，称为主五面体。由于 J_3、J_4 交线反倾，块体的主要破坏模式是倾倒。在底部悬空时，可沿 J_2 滑坠。

(4)其他组合方式对构成危岩块体意义不大或属内部块体，不纳入分析。

根据上述分析，由赤平投影图、竖直投影图和结构面测量数据，可以得到上述四种潜在危

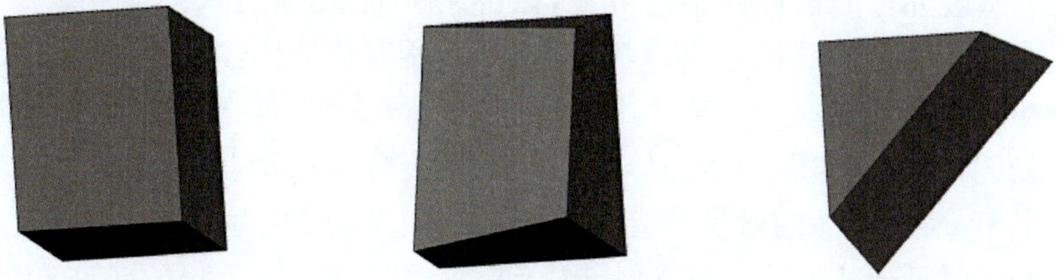

(a) 主六面体　　(b) 前六面体　　(c) 主五面体

图 10.4.7 主危岩块体实体投影图

岩体几何要素，见表 10.4.1。

表 10.4.1 危岩体几何要素

项目	主六面体		前六面体		主五面体	
块体构成	J_1-J_2-J_4		S_d-J_2-S_u/J_1-J_1-J_4		J_1-J_2-J_3-J_4	
崩塌类型	滑坠	倾倒	滑坠	倾倒	滑坠	倾倒
体积(m^3)	4.6108		2.6201		1.8987	
重度(kN/m^3)	26.5					
摩擦面积(m^2)	11.53	—	8.45	—	7.48	—
滑面/滑线倾角(°)	−12	—	−12	—	−18	—

根据勘察，平时无稳定地下水面。以本地区 1 小时暴雨量 35 mm 估计，取径流系数 0.45，花岗岩为不透水岩石，主结构面有效隙宽 0.015 m。根据危岩体最大迎水面宽度 2.10 m，陡崖上汇流面水平长度 70 m，由式(10.3.6)～(10.3.7)估算降水补给与裂缝排泄流量

$$Q_i=(1-0.45)\times 0.035\times 2.10\times 70=2.83(m^3/h)$$

$$Q_e=\frac{9.81\times 0.015^3}{12\times 10^{-3}}\times 0.09465\times 2.10\times 3600=0.2015(m^3/h)$$

估算表明，暴雨时补给量大于排泄量，为线性水压。由上述数据，计算得到各块体在自然、地震和暴雨等工况下的稳定系数见表 10.4.2。

表 10.4.2 危岩体稳定性计算表

项目		主六面体		前六面体		主五面体	
崩塌类型		滑坠	倾倒	滑坠	倾倒	滑坠	倾倒
天然/饱和摩擦角(°)		35/25	—	35/25	—	35/25	—
天然/饱和咬合力(kPa)		30/5					
水平/垂直地震系数		0.222/0.222					
水平/垂直水压(kN)		17.00/−3.22		15.00/−1.69		5.24/13.74	
稳定系数	自然	稳定	稳定	稳定	稳定	稳定	稳定
	暴雨	稳定	5.43	稳定	2.80	稳定	4.32
	地震	稳定	2.61	稳定	2.87	稳定	3.15
	暴雨+地震	稳定	1.37	稳定	1.06	稳定	1.31

从表中可见，由于底面或底交线反倾，块体仅在底部悬空时才可能出现滑坠，因此，正常状

态下均不发生滑坠破坏。分析计算结果可知，在自然工况下，所有块体都处于稳定状态。这与危岩正常状态能保持稳定的现状相符。暴雨工况下，所有块体的倾倒稳定性仍然较好，仅前六面体的安全储备较低。这与现场前块体不易在陡壁保留，而大都直接出露主块体的现状吻合。在单纯地震工况下，主六面体和前六面体安全储备不充分，有倾倒的可能。在地震和暴雨同时出现的极端工况下，所有块体的倾倒稳定系数均小于1.5，安全性明显不足，易发生倾倒。其中前六面体稳定系数低于1.06，已不能保证稳定。

综上分析，认为本处危岩失稳主要是由于坡面风化或局部块体崩滑，导致坡面表层块体崩落，或使主块体下部基座丧失，或直接导致主块体稳定性降低。地震和暴雨加剧这种不利情况的发生和发展。在后续的地震、暴雨工况下，特别是地震＋暴雨的极端工况下，陡坡上主要危岩块体极易发生滑坠或倾倒。上述分析，与该处危岩崩塌通常发生在地震和暴雨之后相吻合，也和陡坡危岩的现状（图10.4.6）一致。因此，维护坡面完整，是防止该处危岩崩落的主要途径。

3. 防治参数与措施建议

根据稳定性分析结果，不稳定危岩体将发生崩塌。考虑防治措施时，需要计算落石的运动轨迹和运动动能。

根据危岩块体的几何尺寸、产状、破坏模式，计算崩塌时的滑移初速和转动初速。以主六面体为例计算。由式(10.1.3)、(10.1.4)、(10.1.9)、(10.1.10)，按倾倒考虑，得

$$\omega_0=\sqrt{\frac{3\times 9.81\times(1.1566^2+0.9194^2)^{\frac{1}{2}}}{2\times(1.1566^2+4\times 0.9194^2)^{\frac{1}{2}}}}=3.16(\text{rad/s})$$

$$v_0=3.19\times(1.1566^2+0.9194^2)^{\frac{1}{2}}=4.67(\text{m/s})$$

采用RocFall分别模拟危岩各主要块体的运动轨迹，并提取不同设防位置的落石弹跳高度及动能。模拟参数见表10.4.3。模拟结果如图10.4.8、图10.4.9和表10.4.4所示。

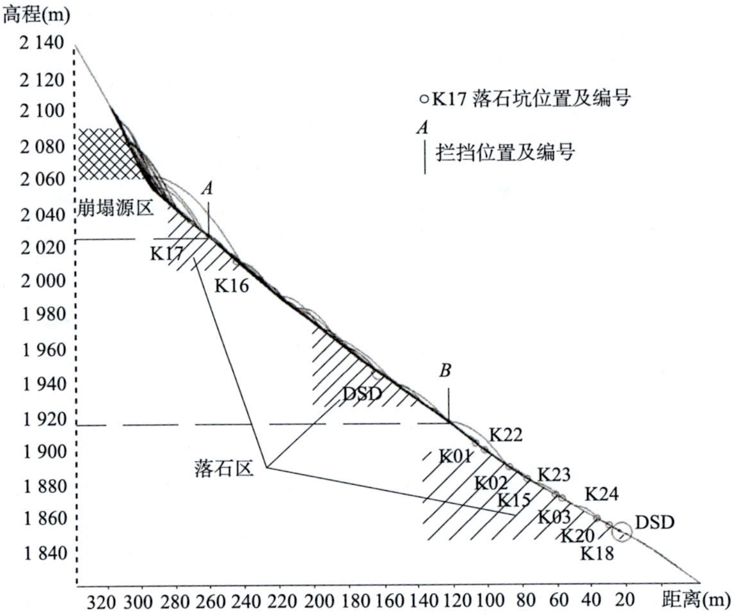

图10.4.8 落石运动轨迹

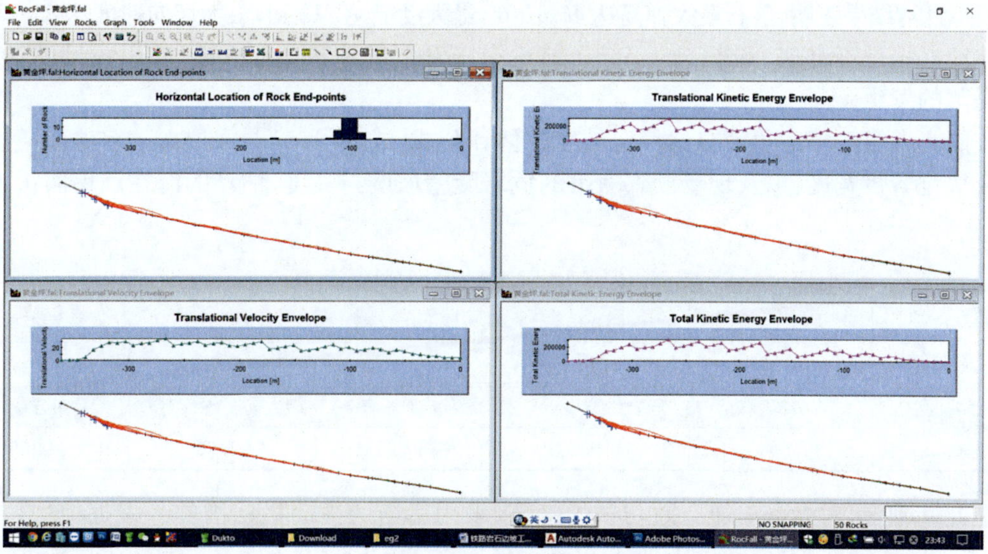

(a) 运动参数包络线

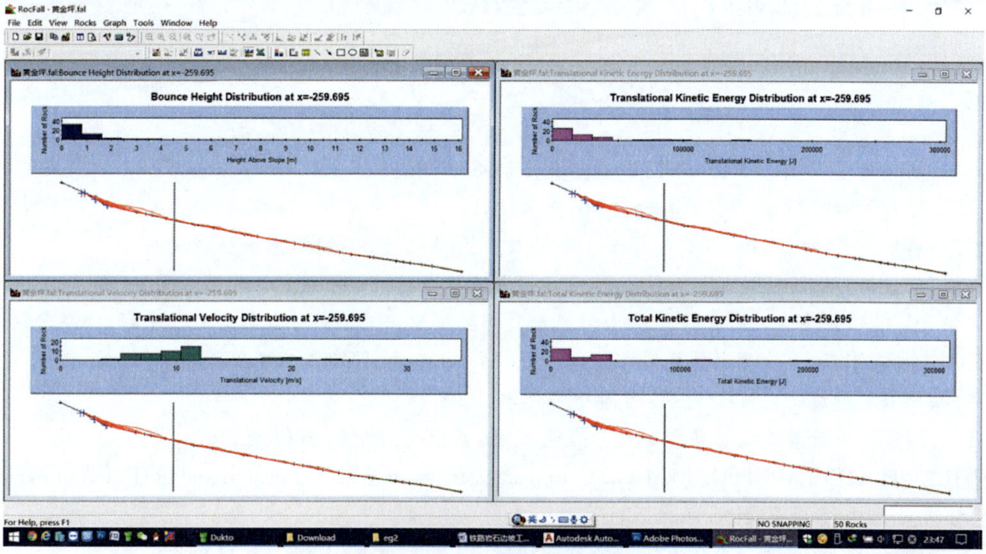

(b) 高程2 025 m的运动参数

图 10.4.9 RocFall 模拟的落石运动参数

表 10.4.3 落石轨迹模拟地面参数

参　数	法向恢复系数	切向恢复系数	节理摩擦角(°)	地面摩擦角(°)
均值	0.42	0.76	35(湿)	25(湿)
离散值	0.04	0.04	2	2

表 10.4.4 理论拦挡位置的落石高度及动能

位　置	高度(m)	总动能(kJ)	切向动能(kJ)	切向速度(m/s)
A:高程 2049 m	0.4～13.6	7.8～195	7.6～145	4.33～23.43
B:高程 1912 m	0.4～1.2	7.8～117	7.6～83.8	0.86～2.6
均值/最大值	4.47/16.13	138/312	—	20.16/34.71

模拟计算结果表明,落石最大弹高达 16.13 m,最大动能达 312 kJ,最大切向速度达 34.71 m/s,采用被动拦挡是不合理、不经济的。结合前述崩塌发生机理和过程分析,应以主动防护为主,防止崩落的发生。

按照本书第 4 章对边坡自然稳定坡度的估计公式[式(4.1.5)],并根据数字地面模型确定的本区块危岩带宽度,以及现场勘察获得的危岩陡壁坡度与高度,估计的潜在崩塌防护方量见表 10.4.5。

表 10.4.5 潜在危岩方量计算表

坡高(m)	块度(cm)	回弹值	地下水系数	高度系数	稳定坡度(°)
200	110.67	39	0.95	0.8	61.29
危岩带坡度(°)	危岩带高度(m)	危岩带宽度(m)	危岩截面积(m^2)	最大防护深度(m)	潜在方量(m^3)
70	60	44	330.83	11.03	14 556

在此基础上,对少量未能有效防护的落石,采用适当的被动拦挡措施。根据模拟,在高程 2025 m 设第 1 道防护网,高度不低于 5 m。在高程 1 912 m 设置第 2 道防护网,高度不低于 3 m,作为安全储备和辅助防护措施,以策安全。

参考文献

[1] 胡厚田. 崩塌与落石[M]. 北京:中国铁道出版社,1989
[2] 曾廉. 崩塌与防治[M]. 成都:西南交通大学出版社,1990
[3] 陈洪凯,唐红梅,王林峰,等. 危岩崩塌演化理论及应用[M]. 北京:科学出版社,2009
[4] 陈洪凯,唐红梅,王蓉. 三峡库区危岩稳定性计算方法及应用[J]. 岩石力学与工程学报,2004,23(4).
[5] 张奇华,彭先忠,付少兰,等. 链子崖危岩体变形破坏系统辨识[J]. 岩石力学与工程学报,1998,17(5).
[6] 康景文,谢强,陈云. 山地蓄水地质灾害治理工程[M]. 北京:中国建筑工业出版社,2015.
[7] 谢强. 铁路岩石边坡研究[D]. 成都:西南交通大学,1998.
[8] 叶四桥. 隧道洞口段落石灾害研究与防治[D]. 成都:西南交通大学,2008.
[9] PICHLER B, HELLMICH C, MANG H. Impact of rocks onto gravel design and evalution of experiments [J]. Int. J. of Impact Engineering,2005,31(5).
[10] 杨其新,关宝树. 落石冲击力计算方法的试验研究[J]. 铁道学报,1996,18(11).
[11] JOHNSON K L. Contact mechanics[M]. Camgridge Univ. Press,1985.
[12] THORNTON C, NING Z. A theoretical model for the stick/bounce behavier of adhesive, elastic-plastic spheres[J]. Power Technology,1998,99.
[13] 何思明,吴永,李新坡. 滚石冲击碰撞恢复系数研究[J]. 岩土力学,2009,30(3).
[14] 杨海清,周小平. 边坡落石运动轨迹计算新方法[J]. 岩土工程,2009,30(11).
[15] 向欣. 边坡落石运动特征及碰撞冲击作用研究[D]. 武汉:中国地质大学,2010.
[16] 何思明. 滚石对防护结构的冲击压力计算[J]. 工程力学,2010,27(9).
[17] 袁志辉. 延长县崩塌的数值模拟和运动机理研究[D]. 西安:长安大学,2008.
[18] 荆宏远. 落石冲击下浅埋管道动力学响应分析与模拟[D]. 武汉:中国地质大学,2007.
[19] 谢国海,王鹏. 基于 ANSYS/LS-DYNA 的落石冲击力研究[J]. 路基工程,2017(3).
[20] 易林佳伦. 落石冲击路基边坡滑塌机制模拟[D]. 重庆:重庆大学,2015.
[21] 孙玉科,古迅. 赤平极射投影在岩体工程地质力学中的应用[M]. 北京:科学出版社,1980.

[22] 孙彩婷. 三峡库区危岩稳定性计算方法研究[D]. 成都：西南交通大学，2016
[23] 韦进. 三维空间任意多面体体积的一种坐标计算法[J]. 湖州师专学报(自然科学)，1997，19(3).
[24] 刘伟鹏. 成贵铁路危岩体三维激光测量技术研究[D]. 成都：西南交通大学，2016
[25] 杨力龙. 基于轻小型无人机的航空摄影测量技术在高陡边坡几何信息勘察中的应用研究[D]. 成都：西南交通大学，2016
[26] 周玉新，周志芳. 矿山边坡地下水浸润线的简便计算[J]. 矿冶工程，2004，24(3).
[27] 朱磊. 大渡河黄金坪水电站地下厂房后山高陡边坡稳定性评价研究[D]. 成都：西南交通大学，2016.
[28] 中华人民共和国行业标准. 铁路工程不良地质勘察规程：TB 10027—2012[S]. 北京：中国铁道出版社，2012.
[29] 中华人民共和国地方标准. 地质灾害防治工程勘查规范：DB 50/T 143—2018[S]. 重庆：重庆市质量技术监督局，2018.
[30] 中华人民共和国行业协会团体标准. 崩塌防治工程勘察规范(试行)：T/CAGHP011—2018[S]. 武汉：中国地质大学出版社，2018.